Trans-Pacific Conversations
Doing History in a Global Age

跨 洋 话 史
在全球化时代做历史

王希　肖红松　主编

商务印书馆
The Commercial Press

2017年·北京

图书在版编目（CIP）数据

跨洋话史：在全球化时代做历史/王希，肖红松主编.
—北京：商务印书馆，2017
ISBN 978-7-100-12862-9

Ⅰ.①跨⋯　Ⅱ.①王⋯②肖⋯　Ⅲ.①世界史—研究
Ⅳ.①K107

中国版本图书馆CIP数据核字（2017）第001722号

权利保留，侵权必究。

跨洋话史
在全球化时代做历史
王希　肖红松　主编

商务印书馆出版
（北京王府井大街36号　邮政编码100710）
商务印书馆发行
北京图文天地制版印刷有限公司印刷
ISBN 978-7-100-12862-9

2017年1月第1版　　　开本787×960　1/16
2017年1月北京第1次印刷　印张34
定价：69.00元

河北大学历史学院世界史系列丛书

前　言

2014年初夏，河北大学历史学院与美国宾夕法尼亚州印第安纳大学（Indiana University of Pennsylvania，简称IUP）历史系在古城保定联合举行了"全球化时代的世界史研究与教学"研讨会。来自两校的30多位历史学者在会上分享各自的近期研究内容，交流在中美高校讲授历史课程的心得体会，并针对全球化时代历史学家共同面临的挑战进行了非常热烈的讨论。会议之后，两校学者对论文进行了修订和补充。这里呈现的是这次极为难忘的国际学术合作的成果。

我们生活在一个全球化时代，这已经是一个不争的事实。不同经济体之间的冲突、渗透与融合，资本、技术、思想与人口的跨国快速流动，核武器的存在与扩散，以及环境、气候和资源构成的挑战，正在改写传统的经济规律和政治秩序，将人类命运更加紧密地锁定在一起。虽然全球化的进程始于5个世纪之前的地理大发现，但我们比过去任何时候都更加强烈地感受到它的冲击和影响。居住在不同地区的人群对全球化有不同的理解和感受，但所有人都分享一种共同的感受：在全球化的时代，我们需要重新反思过去和重新想象未来。

历史研究与历史教学也面临同样的挑战。传统的信息屏障被打破，无数埋没的史料得以发掘，知识的分享达到了前所未有的速度、深度和广度，历史的讲述变得更为多元，讲述的方式不断翻新，讲述的材料也更为丰富多彩，所有这一切对传统的知识结构、思维方式、历史叙事，甚至价值观念都提出了挑战，也迫使历史学家反思史学知识的生产与传播。如何在全球化时代从事历史研究和历史教学，成为历史学家不得不思考的一个大问题。

在某种意义上，本书代表了对这个"大问题"进行思考的一种努力，但它提供的不是一个直截了当的回答——目前可能也没有人能够提供这样的回答。本书呈现的可谓是一种"思想碎片的组合"。如何理解呢？本书23篇文章按主题大致可以分为史学方法介绍、史学史梳理、专题研究、历史教学法讨论、历史研究与教学的国际案例等几类。每篇文章讨论的是某个领域内的具体问题，作者的训练背景和他们服务的大学体制也非常不同，有些繁杂。然而，他们却分享一个共同的职业身份——历史学家，并且分享对全球化时代的史学研究和教学的深切关怀。正是这种共同的身份和共同的关切，构成了对上述"大问题"共同进行思考的基础，因此也就有可能产生意义相关的"思想碎片"。

就史学方法的介绍而言，波琳、莫思特、康艾琳、慧黛米分别介绍了老年史学、数字史学、口述史学和环境史学的近期发展与研究方法。老年史学在西方学界的兴起的历史也不长，在国内则可能是一个全新的领域。波琳对"老年"作为新分析概念所具有的跨学科潜能的讨论应该对国内学者具有启发性。在2015年第22届国际历史科学大会在济南举行之后，数字史学似乎已在国内形成先声夺人之势，但莫思特的切入角度十分独特，他除了介绍该领域在美国史学界的起源和发展之外，也讨论了如何"合理合法地"将其纳入现行专业评估体制的程序。康艾琳刻意在讨论中加入对中国口述史传统的梳理，彰显这一学科并非是西方学界的独创。慧黛米对影响力巨大的《大自然与权力》的深入点评则展示了环境史学在纵横双向上具有的广大研究空间。

讨论史学史的6篇文章中，韩玲和卢淑贞分别梳理了两个不同领域——中国的美国移民政策史研究和美国的冷战史研究——的史学史，覆盖的时段都是从20世纪80年代开始至今。两者分别提及研究方法和研究视角的变化，包括从宏观研究走向微观研究（韩玲），从注重政治和国内因素到注重文化和国际因素（卢淑贞）。如康艾琳一样，卢淑贞也讨论了中国的冷战史研究对美国冷战史学的贡献，而她列举的文化分析和跨国史研究的著作案例应该对对外关系史领域的学者极有帮助。包安廉与薄卫恩虽然讨论的学术史主题——美国的现代中国史和美国革命史——不同，但写作却很相似。他们在讨论史学史之前，都事先描述各自领域的起源与变迁，这种综述可以帮助国内读者弄清讨论的语境。包安廉的史学史不是综述，而是精选该领域的3部近著，展现西方学界对中华民国史研究的新的切入角度——职业精英、公众舆论、民间组织的社会网络。薄卫恩则结合自己的研究，提出用区域史和新军事史的方法来测试美国革命史领域中那些理所当然的结论。两者都表现了对传统的宏观叙事史学模式的质疑。贝柯丽文章的重心放在公元10世纪伊斯兰帝国的史学史之上，但质疑的是后世历史学家过度倚重由不同王朝编撰的带有偏见的史料。她实际上提出了传统和当代史学家都必须面临的一个经典问题——如何追求史料本身的"平衡"与"公正"。刘研的文章严格地讲不是讨论史学史，而是对《独立宣言》中的关键观念及其汉译的质疑，而他企图用中国古典哲学的观念来解读18世纪末美国政治家的思想也不失为一种别出心裁的努力。

专题研究的选题虽然是多样化的，但都反映出作者的现实关怀。程爱勤通过追溯东南亚文明的产生及其与汉文明和古印度文明的关系，提供了一个文明交融的古代案例；而郭云艳讲述的罗马—拜占庭帝国与丝绸之路贸易关系的故事，则说明即便在古代，"国内"的政治与社会变化对"国际"贸易有不可避免的外延影响。从中世纪到近代国家的转型一直是世界史研究的重点领域，现代化是其中的一个经典课题，张殿清、张家唐、欧保罗、连会新、宋东亮分别写作的5篇文章在不同程度上分享这一宏观背景。张殿清叙述了都铎王朝时代英国王室领地在数量和管理方面发生的变化，从而揭示了英国从领地财政走向议会财政的过程；欧保罗则考察了意大利自由主义在思想、文化、民族认同和阶级组合方面的纠结，并叙述了它最终如何在20世纪初与法西斯主义合流的过程；连会新通过分析明治宪法与生俱来的专制成分，探讨了二战前日本政党政治为何失败的原因；张家唐通过讲述波菲里奥·迪亚斯的崛起与衰落，勾画了墨西哥在19世纪后期至20世纪初走向现代化所经历的波折；宋东亮对美国现代化做了一种宏观意义上的观察，并提出领土、资源、移民、文化精神和政治体制等是"拓荒性"资本主义在美国成功的主要原因。在另外两篇专题文章中，马约夫通过观察美国内战之前天主教修女的教育和慈善活动，第一次提出了"修道院革命"的概念，并认为其具有的社会进步性可以与19世纪其他组织化的妇女慈善社团所从事的公益事业相媲美。海安迪对20世纪中叶美墨劳工领袖的跨境组织活动的研究在多重意义上具有开拓性：它可以为卢淑贞关于跨国史的综述提供一个有用的实例，也代表了劳工史、移民史和农业资本主义史研究的方向，还可以为宋东亮对美国"拓荒性"资本主义的宏观观察提供一些具有商榷意义的细节。

在关于历史教学的论文中，孙艳萍针对国内《世界古代史》课程面临的挑战，提出了一系列改革的建议，包括整合和改革教材、利用现代信息、扩宽教学渠道、组织参观、实施双语教学等。费凯伯则讲述了他带领学生走完法国和西班牙境内500英里长的朝圣之旅的故事，来展示他称之为"体验式教学"在中世纪宗教史课程中的运用与效果。在史学研究和教学的国际案例方面，傅雪仑考察了芬兰的教育体制，尤其讲述了这个北欧国家的中学历史教育以及中学教师的训练对该国教学成功的影响。王希勾画了美国史研究与教学在中华人民共和国第一个60年中的发展，指出外国史研究与教学不可避免地受到国内外政治的影响，但历史学者不是完全没有发挥能动性的空间。

这些文章是否回答了全球化时代如何"做"历史的问题，我们并不确定，但我们可以确定的是，它们共同引发我们去思考超出各自研究之外的问题，并至少在三个方面给我们带来了一些重要的启示。首先，在研究视野方面，以民族国家为基础的历史研究虽依然占据主流位置，但力图突破和跨越这种传统分界的主题研究正在蓬勃兴起，标志着历史学家希望重新发现那些被"民族国家"的思维框架所遮掩和淡化的历史，跨国史研究对于认识民族国家历史本身也是极为重要的。

这种新的视野不光体现在老年史、妇女研究、环境史、移民史、国际商贸史、古代文明交流史的研究中，而且在较为传统的政治史、经济史、外交史、军事史、思想史和劳工史中也得到采用。其次，在研究方法方面，我们观察到，"跨域借鉴"正在成为一种普遍的史学实践。"跨域借鉴"是卢淑贞教授在描绘外交史领域的史学史发展时使用的词，可以直白地理解为是一种跨学科的研究方法。但我们认为，"跨域借鉴"的含义更为深远和丰厚。它的含义不单是指从其他学科借鉴研究方法或解释模式，它并不主张在方法论上的生搬硬套，它也不否认史学拥有独特的实践形式。在哲学意义上，"跨域借鉴"有一种更高的欺许——它赋予历史学家一种新的观察和想象历史的眼光，它鼓励历史学家摆脱过去那种以单一知识结构、单一方法训练和单一语言和单一种类的材料（包括口述和文字材料）作为基础来生产历史知识的模式。历史学家必须以一种更为开放的心态和眼光来做历史和开辟新的史学路径。再者，在研究工具与研究技能方面，我们注意到，随着电子技术的发展，历史材料的收集、整理、保存和呈现已经发生了革命性的变化，变化的速度远远超出我们的预料。这种变化直接影响到此刻和未来的研究质量，也决定着历史学作为一个学科的发展。我们深感，历史学家不仅需要熟悉和驾驭电子化的史料资源，而且还需要积极参与到电子化史料的建设之中，这已经成为不可回避的趋势。"工欲善其事，必先利其器"，这句古训在全球化时代并不过时，未来历史学家的训练必须加强针对电子化信息的使用的技能训练。

我们同时认为，至少在另外两种意义上，本书具有独特的价值。首先，它是中美学术一次特殊合作的历史记录。中美学术交流的历史源远流长，形式多样，但发生在历史学者之间的、以专业院系为基础的集体交流与合作，应该并不多见，很有可能这是第一次，所以意义非同寻常。其次，本书也是一次打破"行业隔阂"的尝试。因为专业分工的原因，隔行如隔山，不同史学领域的同事，即便在同校同系共事，也很少有机会坐在一起，就共同关心的史学问题进行有深度的交流或合作出版文集。本书则力图显示，不同背景的历史学者能够坐在一起，通过思想的冲撞，学会欣赏彼此的工作，并找到能够分享的东西。应该说，这也是一种将我们对全球化时代历史学者工作方式的想象付诸实践的结果。

2014 年会议和本书的出版得到了河北大学和 IUP 校方的鼓励和全力支持。两校签署的学术合作协议为历史院系的交流奠定了坚实的基础。河北大学历史学院和 IUP 人文社会科学学院为会议和文集提供了特别项目基金的支持。河北大学副校长杨学新教授、河北大学原副校长王凤鸣教授、河北大学原人事处处长冯军教授、河北大学历史学院领导班子和郭献庭教授、IUP 人文社会科学学院院长伊奥·阿什莫博士、IUP 历史系主任莫思特教授、IUP 亚洲研究项目主任包安廉教授为促成此项合作给予了坚定、持续和热情的支持。河北大学张殿清教授为本书出版的前期工作付出了大量心血。IUP 教授卢淑贞、包安廉、庞瑾、波琳等校读了全部或部分译稿。卢淑贞与慧黛米还对文章题目和书名的翻译提出了及时的修订建议。河北大学孙艳萍副教授帮助修订和校读了部分文稿。北京大学历史学系博士研究生张大鹏应邀通读和订正了全书文稿。谢明光博士阅读了欧保罗教授的文稿，并提出了专业的改正意见。IUP 历史系行政助理葛丽斯为项目提供了高质量的技术支持。我们对上述所有人提供的帮助和支持表示由衷的感谢。

最后，我们向本书所有的作者致谢，感谢他们为会议和本书贡献文稿。我们也衷心希望读者能够从阅读他们的文章中获益，并一起来思考在全球化时代如何"做"历史和如何"做更好的"历史的大问题。

编　者

2016 年 7 月 31 日

Preface

In the early summer of 2014, the History College of Hebei University (HBU) and the History Department of Indiana University of Pennsylvania (IUP) held a joint international symposium, in the ancient city of Baoding, devoted to discussing the "Study and Teaching of World History in a Global Age." The symposium was attended by more than thirty HUB and IUP historians, who presented their research findings, shared teaching experiences, and engaged in an inspiring conversation on how to meet the challenges confronting historians across the globe. Papers written for the symposium were subsequently revised, updated, and translated; they eventually evolved into the present volume, which may duly claim to be the fruit of this memorable international collaboration between Chinese and American historians.

We indisputably live in an age of globalization, which has witnessed the conflict, penetration and integration of different economic systems; the rapid movement of capital, technology, ideas and people has challenged conventional economic and political systems. The diffusion of weapons of mass destruction, the challenges posed by the deteriorating environment and limitations on natural resources, have interlocked our fates as human beings and societies more intimately than before. As a historical process, globalization may have begun five centuries ago with the Voyages of Discovery, but now more than ever do we feel its impact and influence. People living in different parts of the world may understand globalization differently, but none would deny that we are compelled to reevaluate the past and reimagine the future in this global age.

The profession of history also confronts similar challenges. Traditional barriers to the flow of information have been dismantled, innumerable amounts of new historical materials have been uncovered, and knowledge of great breadth and depth has been transmitted with unprecedented speed. As a result, history is now being told much more diversely, the way it is told is changing more frequently and the materials used for telling history have been greatly enriched. All of these developments have posed serious challenges to historians' knowledge structures, ideological patterns, narratives and even basic values, and have compelled them to rethink the production and diffusion of historical knowledge. Thus, how historical research and teaching should be conducted in our time has become an unavoidable "big question" for historians.

To some extent this book represents an effort to address the "big question" although it does not provide a straightforward and simple answer. No one, perhaps, can provide such an answer at this moment. What the book presents, however, might be described as "a collection of fragmented ideas" derived from varied thinking of the "big question." How do we approach this? As far as themes or subjects are concerned, the twenty-three articles included in the volume may be classified into such categories as historical approach, historiography, specialized research, pedagogy and international case studies, with each focusing on a specific topic in a specialized area. The authors' professional backgrounds and training experience vary, as do the academic cultures of the institutions they serve. Inevitably, the subject matter represented here is less cohesive than that appears in a more traditional collection of essays. In spite of this apparent diversity, all contributors share a common identity as historian, who have a profound concern about historical research and teaching in the age of globalization. This common identity and concern are the foundation for the participants' willingness to engage in this conversation about the "big question," thus making it possible to produce this diverse but related set of ideas on common concerns.

The category of historical approaches and historiography include contributions from Lynn Botelho, Scott Moore, Erin Conlin and Tamara Whited, who respectively introduce the latest developments in the fields of old age studies, digital history, oral history and environmental history. Old age studies, as a field of academic study, has not existed for long even in the West and can be safely called as a brand new field in China. Botelho's discussion of "old age" as an analytic conception and its potential usefulness for cross-disciplinary studies will surely serve as a welcome inspiration for Chinese scholars. Digital history, as a fledging field of history in China, has been developing rapidly since the 22nd International Congress of Historical Sciences, which was held in Jinan, China, but Moore's approach to the subject is rather unique. In addition to a narrative of how the field originated and evolved in American academy, he offers a substantive discussion of how the scholarship of the new field should be "legitimately" handled by the current systems of faculty evaluation. In her article on oral history, Conlin includes a discussion of the history of Chinese oral history tradition to demonstrate that the field is not exclusively a product of Western scholarship. Whited's penetrating critique of Joachim Radkau's influential *Nature and Power* outlines the vast potentials of the field of environmental history, both vertically and horizontally.

Of the six pieces devoted to historiographical changes in various fields, the articles by Han Lin and Soo Chun Lu respectively cover the post-1980s development in two fields – the Chinese study of the history of American policy-making regarding immigration and Cold War studies in the United States. Both highlight the changes in research methodology and perspective, including research foci shifting from grand topics to more concrete issues (Han) or from political and domestic factors to cultural and international factors (Lu). Like Conlin, Lu also discusses Chinese scholars' contributions to American Cold War studies, furthermore the works she lists as successful examples of cultural analysis and transnational history should be very helpful to Chinese scholars in the field. Alan Baumler and Wayne Bodle discuss the historiography of two seemingly unrelated fields—the history of modern China and that of the American Revolution—but their essays share a similar structure, that is, a concise narrative of the evolution of the field preceding the discussion of the field's recent scholarship. Such an arrangement offers a useful context for Chinese readers and enables them to appreciate the intellectual richness of their discussions. Instead of giving a sweeping synthesis, Baumler carefully selects three representative monographs for his discussion, demonstrating how American China specialists have adopted new perspectives—looking at professional elites, public opinion, and the social networks of non-governmental organizations—to study the history of Republican China. Bodle, on the other hand, makes use of his own current research to suggest that two new approaches—regional history and the new military history—can be used to challenge some of the conclusions commonly taken for granted in the conventional histories of the American Revolution. Both authors express strong skepticism about the accuracy and durability of traditional grand-theme-based narratives. In her study of the writings on the Islamic empires of the tenth century, Christine Baker expresses concerns that historians have so heavily relied on historical sources that were created and retained by various dynasties. Here she raises the most fundamental question that confronts both past and present historians—how historians should deal with historical evidence in order to pursue and maintain a legitimate and fair-minded balance in historical research and presentation. Liu Yan's article in this category, strictly speaking, is not a historiographical inquiry but a study of some key concepts of the American Declaration of Independence and the validity of their Chinese translations. His effort to interpret the ideas of the 18th century American political thinkers alongside ancient Chinese philosophies is a rather creative exercise in comparative history.

Specialized research is characterized by diversity in topics, but all the authors in these category reveal how historians' writing remains driven by contemporary concerns. Through his discussion of the origins of Southeast Asian culture and how it was related to the ancient Han and Hindu civilizations, for example, Cheng Aiqin offers a case study of civilizational interactions and adaptations in ancient times; similarly, in her story focusing on the interactions between the Roman and the Byzantine Empires and the Silk Road trade, Guo Yunyan shows that, even in ancient times, "domestic" politics and social upheavals inevitably disrupted the order of "international" trade relations.

The evolution of modern state seems to be a prominent and shared topic in world history and modernization, as a subject, never loses its perennial appeal. This grand context is shared in the contributions from Zhang Dianqing, Zhang Jiatang, Paul Arpaia, Lian Huixin, and Song Dongliang. Zhang Diaqing studies how the scale and management of English royal manors was transformed under the Tudor monarchs and how this process had led England to evolve from essentially a royal-manor-based fiscal state to a parliamentary-controlled fiscal state; Arpaia examines how the evolution of Italian liberalism was shaped by other contemporaneous developments, including national identity, class division, cultural debates and foreign affairs, and how it ultimately merged with the idea and practice of fascism in the early twentieth century; Lian Huixin, by analyzing the authoritarian elements inherent in the Meiji Constitution, explores the factors that contributed to the failure of party politics in Japan before World War II; Zhang Jiatang outlines the trajectory of Mexican modernization from the late nineteenth to the early twentieth century by telling the story of the rise of fall of Porfirio Diaz; and finally, Song Dongliang offers a sweeping review of the historical experience of the modernization of the United States, arguing that the nation's successful modernization lay largely in what he calls the "frontier-pioneering capitalist development model," which relied on spectacular territorial growth, liberal immigration, "pioneer-oriented" culture, and durable political system. From a different but related angle, Joseph Mannard looks at the process of American modernization by studying the rapid growth of Catholic convents during the antebellum period and proliferation of educational and social services that such growth had created. In this highly original piece, Mannard, for the first time, articulates the concept of a "convent revolution," which, in his view, was a movement comparable to the other 19th century women's organized charity and benevolence societies. Andrew Hazelton's study of the transnational labor organization between Mexico and the United States in the 1950s is groundbreaking in several ways: it provides an effective example for Soo Chun Lu's synthesis of transnational history; it represents renewed efforts to study the history of labor, immigration and agricultural capitalism, and, finally, it offers some critical historical details that challenge Song Dongliang's "frontier-pioneering capitalist development model."

Among the papers on the teaching of history, Sun Yanping discusses the challenges she has encountered when teaching *Ancient World History* and makes a number of suggestions to improve pedagogy, including integrating and revising the textbooks, making use of modern information, exploring new instructional methods, incorporating museum visits, and adopting bilingual instruction. Caleb Finegan shares his experience of taking students on a 500-mile trek along the Camino de Santiago(pilgrim trail) across Northern Spain, demonstrating the use of what he calls "experiential learning" in his course on medieval religious history. In an international case study of historical research and teaching, Sharon Franklin-Rahkonen examines the educational system of Finland and its evolution, with a focus on how the Finnish middle-school history curriculum and middle-school teachers' training have contributed to the educational success of this northern European nation. Wang Xi, in his study of the evolution of American history research and teaching in the People's Republic of China from 1949 to 2009, examines the relationship between international and domestic politics and the study of "foreign histories" and the role played by historians in producing and diffusing historical knowledge.

Have these articles answered the question of how to do history in the global age? We are not sure. What we can be sure, however, is that the articles have jointly inspired us to think beyond the limits of our individual research topics and have brought us important revelations in at least three aspects. First, in terms of research perspective, although historical research based on the traditional boundaries of nation-states continue to dominate much of the profession, new research themes are on the rise, signaling historians' strong desires for rediscovering the histories that have been overshadowed or ignored by nation-state-based histories. This transnational turn is in fact vital to understanding national history. Such perspectives are not only used in the studies of old age, women, the environment, immigration, international trade and ancient civilizational exchange, but is also adopted by those who do more traditional histories, including political history, economic history, diplomatic history, military history, intellectual history and labor history. Second, in terms of approaches, we notice that"cross-pollination"has increasingly become a common practice for historians. The term"cross-pollination"is used by

Professor Soo Chun Lu in her discussion of the trends of Cold War studies and may be literally understood as a method of cross-disciplinary research or merging research methods from different disciplines into one. But in our understanding, "cross-pollination" means much more. Its meaning is not confined to borrowing research methods or interpretative models from other disciplines. It does not advocate a mechanical transplantation of research methodology. It does not deny that history as an academic discipline has its own form of practice. Philosophically, "cross-pollination"has a higher expectation-it equips historians with a way of envisioning history; it encourages historians to cast off the old methods of producing knowledge that rely on a single disciplinary method, a single language or type of text(including oral and written sources), or single way of organizing knowledge. Historians must now *do* history and *break new grounds* with a more open-ended mindset and vision. The third revelation comes from the area of research instruments and skills. With the advance of digital technologies, revolutionary changes have already occurred in the collection, organization, preservation and presentation of historical sources. The speed with which the changes occurred went far beyond our expectations. Such changes directly affect our current and future research and will inevitably shape history as an academic discipline. We feel it urgent for historians not only to familiarize themselves with and ultimately master digitized historical sources but also to take part in the process of constructing them. The old Chinese saying—"In order to do a good work, one must first sharpen his tools"—remains applicable even in the age of globalization. Research skills for using digitized information cannot be neglected in training the coming generations of historians.

We also believe that the volume is valuable in two other respects. First, it is a historical testimony to a special cooperation between Chinese and American academics. Sino-American academic exchange has come a long way and taken many different forms, but it has been rather rare to have a scholarly collaboration of historians issuing from two departments. This might well be the first and only volume of its kind and therefore is especially significant. Second, the book is an attempt to break disciplinary barriers among historians. Specialization in historical studies has prevented historians from learning from each other. Even among colleagues from the same department or institution, historians seldom have the opportunity to sit down to have a conversation on mutually interesting academic questions, much less write a book together. We intend to show that it is quite possible for historians with different training and backgrounds to sit together to learn and appreciate one another's work. In other words, the book represents an effort to put into practice what we have imagined about how historians should be working in the global age.

In the process of preparing the conference and the volume, we have received encouragement and full support from HBU and IUP. The agreement signed by both universities provided a solid foundation for the collaborations of two history departments. The History College at HBU and the College of Humanities and Social Sciences at IUP provided special grants to respectively cover the cost of conferences and publication. A number of individuals from HBU deserve our special thanks for their firm and warm support for the project, including Professors Yang Xuexin (Vice President of HBU), Wang Fengmin (former Vice President of HBU), Feng Jun (former head of Office of Human Resources at HBU), Guo Xianting (former director of Office of International Exchange at HBU), and the leadership group of History College at HBU. We also want to thank Dr. Yaw Asamoah (Dean of the College of Humanities and Social Sciences at IUP), Professor Scott Moore (Chairperson of the History Department at IUP), and Professor Alan Baumler (Director of the Asian Studies Program at IUP) for their unwavering support. Professor Zhang Dianqing of HBU has made painstaking efforts to ensure the success of the conference and book. Four IUP faculty members, including Soo Chun Lu, Alan Baumler, Pang Jin and Lynn Botelho read all or part of the translated texts and made timely and important corrections. Soo Chun Lu and Tamara Whited also made valuable suggestions to improve the English titles and text. Professor Sun Yanping of HBU helped with revising the manuscript and proofreading. Zhang Dapeng of Peking University devoted considerable time to proofreading the entire manuscript. Dr. Xie Mingguang generously lent his expertise to help us read and edit the translated text of Paul Arpaia's article. Ms. Denise Gryczuk of the History Department at IUP provided effective administrative support throughout the process. We wholeheartedly thank everyone as mentioned above for their generous assistance and support.

Last but not the least, we want to thank all of the contributors for sharing their scholarship at the conference and within the volume. We sincerely hope that readers will benefit from their writings and will, as the result of reading, join us in thinking of the big questions of how we should do history—and do it better—in the age of globalization.

Editors
July 31, 2016

目　录

第一部分　史学方法与史学史

波　琳　近代早期欧洲的老年妇女：作为分析范畴的年龄 / 3

莫思特　数字史学：它的过去、现在与未来的 20 年 / 37

康艾琳　作为公共史学的口述史：通过见证来创造和解释过去 / 60

卢淑贞　外交官、公民与跨国网络：21 世纪的美国冷战史研究 / 74

韩　玲　20 世纪 80 年代以来国内的美国移民政策史研究 / 90

包安廉　美国学界对中华民国史的近期研究 / 110

慧黛米　多棱镜下的《大自然与权力》：环境史写作的再思考 / 134

第二部分　专题研究（世界史）

程爱勤　东南亚与中国、印度的文明对话：从东南亚文明多样化谈起 / 157

郭云艳　罗马—拜占庭帝国的社会变迁在丝路交往中的影响 / 171

贝柯丽　统一天下的雄心与力不从心的权力：公元 10 世纪伊斯兰帝国的权争 / 191

张殿清　英国都铎王室领地探析 / 215

欧保罗　从欧洲自由主义走向意大利法西斯主义：历史的反思 / 237

连会新　二战前日本政党政治探析 / 269

第三部分　专题研究（北美史）

　　张家唐　论墨西哥波菲里奥时代的现代化 / 285

　　海安迪　布拉塞罗项目期间的美墨跨境劳工组织研究，1948—1955 / 298

　　薄卫恩　美国革命究竟有多革命？从"新军事史"中寻求答案 / 330

　　刘　研　《独立宣言》阐微 / 350

　　马约夫　"我们亲爱的家园在此、在彼，无处不在"：论内战前美国的修道院革命 / 364

　　宋东亮　美国现代化进程论纲：略论"拓荒型"资本主义发展模式 / 392

第四部分　世界史教学

　　孙艳萍　《世界古代史》课程教学的挑战与变革 / 413

　　费凯伯　在21世纪亲历中世纪宗教史：来自朝圣之旅的反思 / 423

　　傅雪仑　历史教学：芬兰模式及其全球影响力 / 450

　　王　希　作为政治的历史知识：中国的美国史书写与教学（1949—2009）/ 473

作者、编者简介 / 505

索引 / 515

Contents

Part I Historical Approach and Historiography

Lynn Botelho   Old Women in Early Modern Europe: Age as an Analytical Category / 3

R. Scott Moore Digital History: Its Past, Present, and the Next Twenty Years / 37

Erin Conlin   Oral History as Public History: Creating and Interpreting the Past through Testimony / 60

Soo Chun Lu   Diplomats, Citizens, and Transnational Networks: U. S. Cold War History in the 21st Century / 74

Han Ling   The Post-1980 Chinese Studies of the History of American Immigration Policies / 90

Alan Baumler   Recent American Historical Scholarship on the History of Chinese Republic / 110

Tamara Whited   *Nature and Power* through Multiple Lenses: A Rethinking of the Writing of Environmental History / 134

Part II Thematic Research (World History)

Cheng Aiqin   The Cultural Dialogues between Southeast Asia and China and India: An Inquiry into Civilizational Diversity in Southeast Asia / 157

Guo Yunyan   Social Transformations within the Roman-Byzantine Empires and Their Impact on the East-West Interactions along the Silk Road / 171

Christine Baker	Universal Ideals and Limited Power: Competing Tenth-Century Islamic Empires / 191
Zhang Dianqing	The Royal Manors in Tudor England: An Analysis / 215
Paul Arpaia	From European Liberalism to Italian Fascism: A Reflection / 237
Lian Huixin	An Analysis of Japanese Party Politics before WWII / 269

Part III   Thematic Research (North American History)

Zhang Jiatang	A Study of Porfirio Díaz's Modernization in Mexico / 285
Andrew J. Hazelton	Labor Organizing Across National Borders during the Bracero Program, 1948-1955 / 298
Wayne Bodle	How Revolutionary Was the American Revolution? Seeking Answers from the "New Military History" / 330
Liu Yan	A Textual Analysis of the American Declaration of Independence of 1776 / 350
Joseph Mannard	"Our Dear Houses Are Here, There, and Everywhere": On the Convent Revolution in Antebellum America / 364
Song Dongliang	On the Process of American Modernization: A Discussion of the "Frontier-Pioneering" Model of Capitalist Development / 392

Part IV   The Teaching of World History

Sun Yanping	The Teaching of Ancient World History in China: Challenges and Reform / 413
Caleb Finegan	Living Medieval Religious History in the 21st Century: Perspectives on the Pilgrimage to Santiago de Compostela / 423

Sharon Franklin-Rahkonen   Teaching History: The Finnish Model and Its Global Influence / 450

Wang Xi   Historical Knowledge as Politics: The Writing and Teaching of United States History in China (1949-2009) / 473

Contributors / 505

Index / 515

第一部分　史学方法与史学史

波　琳
(Lynn A. Botelho)

近代早期欧洲的老年妇女
作为分析范畴的年龄[①]

　　夫人、女主人、母亲、老太婆、老鸨、魔女、巫婆，这些称谓只是近代早期欧洲（1648—1815）社会用来称呼老年妇女的一部分用语，但它们却覆盖了一个范围广泛的人群，从贵族到罪犯都包括在内。无论她们是备受尊重的社区成员，还是有道德瑕疵的人，或者干脆就是为社区所憎恶的人，这些称谓反映出朋友和邻居对老年女性的印象。显然，妇女在变老的过程中没有变成同类的和平等的人。凭什么她们会变成同类的和平等的人呢？所有妇女，无论她们拥有什么国籍，或信仰何种宗教，或处于什么样的社会地位，最终都是要变老的。这些妇女的最后岁月反映了她们完整的生活经历，而这种经历则是由她们社区（无论大小）的文化模式和期望铸就而成的。换言之，妇女的种类有多少，老年妇女的种类就有多少。然而，我们对老年妇女的历史研究却没有将这种复杂性反映出来。

　　事实上，专门针对老年妇女的学术研究几乎不存在。做一名妇女意味着什么，或者说，做一名生物学意义上的女性意味着什么，随着妇女的变老，这个问题的答案也随之发生变化。虽然在过去几十年里，

[①] 本文经阿什盖特出版公司(Ashgate Publishing)的慷慨支持而翻译出版。我感谢凯瑟琳·麦克拉汉纳(Catherine McClenahan)、安妮·库格勒(Anne Kugler)、牛顿·基(Newton Key)阅读本文并与我讨论本文的主题。

研究妇女和社会性别的学者揭示了前现代欧洲女性经历的复杂性与多元性，但我们对中年之后的女性生活知之甚少。如果将老年妇女和她们变老的过程排除在关于性（sex）和社会性别（gender）的讨论之外，我们对近代早期妇女的了解将是断裂的、不完整的。因此，本文强调老年妇女研究的重要性，并提出应该将"老年"（old age）作为一个分析范畴引入对近代欧洲历史的研究之中。

"老年"研究是在最近才起步的一个领域。尽管早在20世纪70年代几位著名的社会史和文化史学者——如皮特·拉斯莱特、理查德·沃尔、基斯·托马斯等——就发出呼吁，[1] 但直到20世纪90年代"老年"作为一个具有独立身份的研究主题才开始在史学界立足。[2] 这10年的老年史研究形成了趋势，建立起规范，为当今的史学史奠定了基础，但与此同时也暴露出许多被学者们忽略的主题。

然而，有一点无疑是清楚的，即至今为止我们还没有一部关于老年史的宏观叙事，无论切入的角度是宗教、现代化、退休等概念，还是其他的同样具有排他性的概念——如衰弱或变老过程的早期"黄金时代"等。这并不是说再也没有什么需要被发现或探讨的主题、方法和趋势了，而是说我们到目前为止还没有找到一个单一的解释性框架来界定"老意味着什么"。[3]

---

[1] P. Laslett and R. Wall, eds. *Household and Family in Past Time* (Cambridge: Cambridge University Press, 1972); K. Thomas, "Age and Authority in Early Modern England," *Proceedings of the British Academy* LXII (1977): 205-248.

[2] P. Laslett, "The History of Aging and the Aged," in *Family Life and Illicit Love in Earlier Generations: Essays in Historical Sociology* (Cambridge: Cambridge University Press, 1997), 174-213.

[3] L. Botelho and P. Thane, "Introduction," in *Women and Ageing in British Society since 1500*, ed. L. Botelho and P. Thane (Harlow: Longman, 2001), 1-12. 关于老年研究的史学史概览，见：A. Classen, ed., *Old Age in the Middle Ages and Renaissance: Interdisciplinary Approaches to a Neglected Topic* (Berlin: Walter de Gruyter, 2007); P. Thane, "Social Histories of Old Age and Aging," *Journal of Social History* 37 (2003): 93-111; D. Troyansky, "The History of Old Age in the Western World," *Ageing and Society* 16(1996): 233-243.

关于历史上的老年人，我们知道这样两个事实。第一，老并不意味一个人具有了稀有价值。在整个17世纪，老年人在人口中的数量和比例一直持续上升。例如，1632年澳大利亚人口的5.5%是年龄在60岁以上的人。这个数字在1671年变成了6.9%，并在1779年达到了8.6%。[1] 北欧（具体说，低地国家和英国）地区的老年人群的增长出现得更早，增幅也更大。1581年英国人口中大约7%的人的年龄在60岁以上，这个数字在1671年达到将近9%。[2] 换言之，近代早期英国的人口年龄结构与20世纪60年代不列颠王国人口结构的版图十分接近。欧洲的每个社区都住有老年人，所以人们对老年人并不陌生。人们对老年人表示尊重，是出于传统和宗教教导的原因，而不是因为老年人是罕见的珍品。

第二，妇女在老年人群中占有绝对的多数。人口统计学家的研究结果告诉我们，能够活到老年的女性人数要多于男性，不仅如此，女性并能继续活到一个相当高寿的年龄。[3] 但直到不久之前，这一事实却被"丢失"了。一代又一代的评论家不假思索地接受了亚里士多德的传统观点：女性比男性老得更快，死得更早。[4]

---

[1] M. Mitterauer and R. Sieder, *The European Family. Patriarchy to Partnership from the Middle Ages to the Present,* trans. K. Osterveen and M. Horziager (Chicago: University of Chicago Press, 1983), 146.

[2] E. A. Wrigley et al., *English Population History from Family Reconstitution, 1580-1837* (Cambridge: Cambridge University Press, 1997), 614-615.

[3] L. Botelho, "Old Age in Seventeenth-Century Europe," in *The Long History of Old Age,* ed. P. Thane (London: Thames and Hudson, 2005), 150. 在15世纪的威尼斯，情况正好相反，那里的男人要比女人活的时间长。J. S. Grubb, *Provincial Families of the Renaissance: Private and Public Life in the Veneto* (Baltimore: Johns Hopkins University Press, 1996), 59. 关于18世纪，见：S. Ottaway, *The Decline of Life: Old Age in Eighteenth-Century England* (Cambridge: Cambridge University Press, 2004), 21-23; D. Troyansky, *Old Age in the Old Regime: Image and Experience in Eighteenth-Century France* (Ithaca: Cornell University Press, 1989), 8-26.

[4] D. Shafer, *Old Age and Disease in Early Modern Medicine* (London: Pickering & Chatto, 2011), 164-165.

最初提出要研究老年妇女的是马乔里·范森在 1985 年发表的名为《老年学研究中的妇女在哪里？》的文章。① 其他学者则认为这样的研究根本无法进行。"母权制和老年妇女的文化，"乔尔·罗森塔尔写道，"无论是她们自身的或在大家族内的，几乎是一个被忘却的话题，虽然值得做，但却很难做，最多只能被当作轶事趣闻来处理。"② 对于范森问题的回应来得十分迟缓。讨论妇女变老过程的论文集倒是出了好几部，但专著却十分稀少。③ 事实上，整个英语世界中专门研究老年妇女的专著只有两部，而且都是近期之作，研究的问题也很雷同，都是对老年女性作家的分析。④

老年妇女是什么？

至少就我们的理解而言，人的身体会随着时间的推移发生巨大的变化。近代早期欧洲对于人体的理解主要来自盖伦的四体液/四气质

---

① C. Feinson, "Where are Women in the History of Aging," *Social Science History* 9(1985): 429-452.

② J. Rosenthal, *Old Age in Late Medieval England* (Philadelphia: University of Pennsylvania Press, 1996), 30.

③ 关于老年妇女的论文集，见：L. Botelho and P. Thane, eds., *Women and Ageing in British Society since 1500* (Harlow: Longman, 2001); A. B. Mulder-Bakker and R. Nip, eds., *The Prime of Their Lives: Wise Old Women in Pre-Industrial Europe* (Leuven: Peeters, 2004); C. H. Winn and C. Yandell, eds., *Vieillir à la Renaissance* (Paris: Champion, 2009). 关于对这些问题的概括性讨论，见：L. Botelho and S. Ottaway, "General Introduction," in *The History of Old Age in England, 1600-1800*, eds. L. Botelho and S. Ottaway (London: Pickering & Chatto, 8 vols, 2008, 2009), Vol. 1, xxxix-liii; N. Pellegrin, *Veufs, Veuves et Veuvage dans la France d'Ancien Regime* (Paris: Honoré Champion, 2003). 一个早期的来自北美的例外是：T. L Premo, *Winters Friends: Women Growing Old in the New Republic, 1785-1835* (Urbana and Chicago: University of Illinois Press, 1990).

④ D. Looser, *Women Writers and Old Age in Great Britain, 1750-1850*, (Baltimore: Johns Hopkins University Press, 2008); J. H. Stewart, *The Enlightenment of Age: Women, Letters and Growing Old in Eighteenth-Century France* (Oxford: Voltaire Foundation SVEC, 2010). 同时参见：Winn and Yandell, eds., *Vieillir à la Renaissance*.

说，或亚里士多德的四元素说，或世界构成的四基石（热、干、冷、湿）说。如众所周知的传说中所描述的，女性原本是一个拥有男性体型的男人，但因为缺少关键的热量，阴茎没有"弹出来"，结果就变成了女性。然而，老年妇女却"改变"了自己的性别：她变成了医学意义上的男性。

根据希波克拉底的学说，正是变老的过程和更年期的经历抹掉了妇女的女性特征，直接将老年女性变成了老年男性。老年女性和老年男性原本分离的变老模式最终交汇在一起，从此两者开始分享同样的身体特征和同类疾病。"更年期，"希波克拉底写道，"象征着女性身体再次被同化到男性（此后更易控制的）身体的过程的开始。"[1] 在老年阶段，人类只有一种"性别"——即男性。

丹尼尔·谢佛通过基于大学的医学和老年治疗的研究证实，近代早期医生的诊断和治疗方式与希波克拉底学说十分接近："很多迹象表明，在近代早期和18世纪初，更年期被视为是妇女女性生活的结束以及'一种奇特的中性或男性存在'时代的开始。"[2]

虽然更年期是女性性别发生这种根本位移的关键，但如同迈克尔·斯托伯格及时指出的，这种现象却很少被男性知识分子讨论过。[3] 民间流传的医学知识——无论是正规印制的还是食谱手稿上记录的民间知识——也很少予以讨论。我自己的研究也证实，妇女在留下的手

---

[1] L. A. Dean-Jones, *Women's Bodies in Classical Greek Science* (Oxford: Oxford University Press, 1994.), 107; S. Mendelson and P. Crawford. *Women in Early Modern England* (Oxford: Oxford University Press, 1998), 23; Shafer, *Old Age and Disease*, 164.

[2] Shafer, *Old Age and Disease*, 168.

[3] M. Stolberg, "A Woman's Hell? Medical Perceptions of Menopause in Preindustrial Europe," *Bulletin of the History of Medicine* 73(1999), esp. 404-411. 同见：P. Crawford, "Attitudes to Menstruation in Seventeenth-Century England," *Past and Present* 91(1981): 47-73, esp. 55-56; S. Read, *Menstruation and the Female Body in Early Modern England* (London: Palgrave Macmillan, 2013); and J-M. Strange, "Menstrual Fictions: Languages of Medicine and Menstruation, c. 1850-1930," *Women's History Review* 9(2000): 607-628.

稿和日记中也很少谈及这种情况。的确，随着妇女进入老年，她们的由文化认知而建构的女性身体从公众和私人的视野中消失了。这不是说，老年妇女不曾存在过，或者变老的妇女不曾经历过更年期，而是说，老年妇女的身体被看成是老年男人的身体：缺乏弹性，干瘪无力，枯萎无形。"老年妇女并不存在，"谢佛写道，"她们完全被男性变老的原则所吞没了。"①

然而，老年人并没有从医学实践中消失。我目前进行的研究挑战了一种被普遍接受的文化迷思——即历史上的老年人是在被动地接受变老的过程。我从医学书籍的手稿、民间流传的印刷品和拉丁文写就的医学论述中发现，到17世纪末时，老年人开始成为一个特殊的医学群体，拥有一组属于自身的医学问题。这些材料也显示，此刻的医生和老年人群已经意识到老年疾病的存在，即便这些疾病不能治愈的话，他们也希望予以医治。换言之，虽然当时并不使用这个名称，但"老年病学"的起步时间要比原来想象的要早150年左右。②

老年病学和老年医疗学却是引发激烈争论的领域。库尔德尔特认为老年疾病的医疗化始于17世纪，但她的结论来自对医学典籍和小册子的研究，而不是具体的医学实践。③ 康德拉维兹、谢佛和斯特斯却对

---

① Shafer, *Old Age and Disease*, 172.
② 同见：A. P. Courdert, "The Sulzbach Jubilee: Old Age in Early Modern Europe and America," in *Old Age in the Middle Ages and Renaissance*, ed. Classen, 532-556 and P. Thane, "Geriatrics," in *Companion Encyclopaedia of the History of Medicine*, 2 Vols, ed. W. F. Bynum and R. Porter (London: Taylor & Francis, 1993), 1092-1118. 关于18世纪，见：Troyansky, *Old Age in the Old Regime*, 109-124. For prolongevity: G. J. Gruman, *A History of Ideas about the Prolongation of Life: The Evolution of Prolongevity Hypotheses to 1800* (Philadelphia: American Philosophical Society, 1966: reprint, New York: Springer Publishing, 2003). 关于这一时代对资深老年的想象的研究，见：P. Laslett, "The Bewildering History of the History of Longevity," in *Validation of Exceptional Longevity*, eds. B. Jeune and J. W. Vaupel, online, (Odense: Odense University Press, 1999).
③ Courdert, "The Sulzbach Jubilee," 532-556.

此表示反对。但谢佛承认，近代早期的老年保健的某些方面"看上去"有些像医疗化运动的一部分。① 学者们为何对此有如此激烈的争论，原因尚不清楚；但我认为，至少有一部分原因是为了坚持这一观点——即普遍意义上的职业化，尤其是医学行业的职业化，发生在19世纪，而不是更早。② 显然，我们需要更多的案例研究和理论讨论，来帮助我们加深理解老年女性和老年男性在近代早期历史中所处的位置。

永恒之问：多老才是老？

然而，受孕和生育期的结束算是女性进入老年的开始吗？如果老年是由严格的生物学标志来界定的话，那男性的老年期开始又该如何决定呢？舒拉米斯·谢哈尔的著作对中世纪的老年问题做了广泛的讨论，举出一大堆因为年老而被免除向王室或国家提供服务的规定。这些免责规定的截止年龄显示，男性的老年有时从60岁开始算起，但也有晚到70岁才开始的。③ 但政府和法律文件不是用来理解女性生命周期的最合适的材料。最初，妇女的老年与她的更年期和生育期的结束联系在一起。令人感到惊奇的是，关于这一主题的不同表述持续了很长一段时间，最近的著作是在2004年出版的。④

---

① H-J. von Kondratowitz, "The Medicalization of Old Age: Continuity and Change in Germany from the Late Eighteenth to the Early Twentieth Century," in *Life, Death, and the Elderly. Historical Perspectives,* eds. M. Pelling and R. M. Smith (London: Routlege, 1991), 140-141; Shafer, *Old Age and Disease,* 179-181; P. Stearns, *Old Age in European Society: The Case of France* (New York: Holmes & Meier, 1976), 81.

② L. Botelho, "A Respectful Challenge to the Nineteenth-Century's View of Itself: An Argument for the Early Modern Medicalization of Old Age," in *Interdisciplinary Perspectives on Ageing in Nineteenth-Century Culture,* eds. Katharina Boehm, Anna Farkas and Anne Zwierlein (Routledge, 2014), 21-37.

③ S. Shahar, *Growing Old in the Middle Ages: "Winter Clothes s in Shadow and Pain",* (初版为希伯来语，1995, London and New York: Routledge, 1997), 35.

④ A. B. Mulder-Bakker and R. Nip, "Introduction," in *The Prime of Their Lives,* eds. Mulder-Bakker and Nip, x-xiv.

然而，老年是人生的一个阶段，并没有一个事先设定的或正式的时刻来标志它的开始。相反，如同塞恩和我所解释的，每个人有三种年龄：实际年龄（chronological）、功能年龄（functional）、文化年龄（cultural）。"实际年龄"并不能准确而恰当地代表老年，一个50岁但健康状况很糟糕的人，可能比一个70岁的人看上去还"更老"。"功能性老年"是谢哈尔用来作为界定男性的老年开始的中世纪标志（the medieval marker），而不是医学标志（not medical marker），指的是一个人不能再像以前那样发挥所有的功能。"文化年龄"是从人类学领域借鉴而来的概念，这可能是研究妇女的最有用的方法。

根据中世纪哲学家迈蒙尼德的说法，一个妇女变成老年的时候，是在她被人称为"老"而不表示抗议的时候。研究妇女的学者使用了范围广泛的材料，企图来决定一个象征着老年开始的年龄，但他们的结论与他们引用的材料一样的繁多。在我对英国乡村的研究中，我使用了教区重建的档案、姓名记录册，以及与年龄相关的荣誉称谓（如"Old"或"Mother"）来证明：50岁大概是"实际年龄"的截点，此刻的妇女从外表看上去开始变老。我认为，更年期的体型变化（譬如说，驼着的背）、加上营养不良，而不是生育期的结束，使贫穷的乡村妇女看上去显得很老，并因此会被称为"老人"。[1] 法国的文学传统所反映的也是如此。作家们时常将脸上的皱纹和变形的身体用来形容老年。[2] 阶级地位和生活方式也与妇女老年阶段的开始有很大的关系。[3] 库格勒、卢斯尔和奥塔维等对英国妇女的研究以及斯图尔特通过对法国妇女的研究发现，享有良好饮食和舒适居住环境的女性进入老年的时候较晚，

---

[1] L. Botelho, "Old Age and Menopause in Rural Women of Early Modern Suffolk," in *Women and Ageing,* eds. Botelho and Thane, quote 43.

[2] S. Gordon, "Representations of Aging and Disability in Early-Sixteenth [Century] French Farce," in *Old Age in the Middle Ages and Renaissance,* ed. Classen, 421-436.

[3] Botelho, "Old Age and Menopause," 58.

差不多在快到60岁的时候。① 与此同时，马尔德—贝克和雷内·尼普则认为早期老年的开始是在40岁左右。② "自20世纪60年代后期起，"埃克·比姆写道，"历史学家一直企图建立起工业化时代之前的老年的起点，提出从40岁开始往后的任何10年，取决于不同的语境；艺术史学者倾向于40岁的时段，文化历史学家认为是50岁的时段，而社会史学者认为是60岁的时段。"③ 比姆最终总结说，考虑到老龄化是一个"很个性化、渐进的（进程），包括了多样而相互冲突的维度"，再加上"妇女"也在不断被重新界定，因此，要界定女性老年的开始几乎是不可能的。④ 这些结论在多大程度上能够支撑岁数年龄的覆盖或横跨阶级地位的分析，尚不得知，我们仍然需要更多的研究。

但我们知道，无论从何时开始，老年并不是立即走向衰老的开始，而是进入到一种由一系列不同阶段构成的生活方式之中。⑤ 在一个富有活力、积极的老年——即拉斯莱特在20世纪所称的"第三年龄"，或亨利·卡夫在16世纪所称的"老龄的青年期"（Green Old Age）——

---

① A. Kugler, " 'I feel myself decay apace'Old Age in the Diary of Lady Sarah Cowper (1644-1720)," in *Women and Ageing,* eds. Botelho and Thane, 66-88; Looser, *Women Writers and Old Age in Great Britain,* 9; Ottaway, *The Decline of Life,* 16-64; Stewart, *The Enlightenment of Age.*
② Mulder-Bakker and Nip, "Introduction," *The Prime of Their Lives,* eds. Mudler-Bakker and Nip, ix-xxv.
③ A. C. L. Beam, " 'Should I as Yet Call You Old?' Testing the Boundaries of Female Old Age in Early Modern England," in *Growing Old in Early Modern Europe: Cultural Representations,* ed. E. Campbell (Aldershot: Ashgate, 2006), 97. 同见：H. Covy, "The Definitions of the Beginning of Old Age in History," *International Journal of Aging and Human Development* 34 (1992): 325-337; C. Gilbert, "When did a Man in the Renaissance Grow Old?," *Studies in the Renaissance* 14(1967): 7-32; M. Pelling, "Old People and Poverty in Early Modern Towns," *Society for the History of Medicine Bulletin* 34(1984): 42-47, esp. 43; A. Tobriner, "Honor for Old Age: Sixteenth Century Pious Ideal or Grim Delusion?," *Journal of Religion and Aging* 1 (1985): 1-21.
④ Beam, " 'Should I as Yet Call You Old?' " 98.
⑤ 除了罗森塔尔外，大多数学者都采用编年史的路径，但罗森塔尔关注的主要对象是男性。见：Rosenthal, *Old Age in Late Medieval England.*

之后，将是一个体力减弱时期。斯图尔特通过阅读妇女的通信来发现女性变老的不同阶段，马尔德—贝克和尼普编辑的论文集则研究了一个范围广泛的老年女性的群体，即她们所称的"睿智的老女人"群体。这些研究社会性别的学者通过对横跨欧洲的案例研究指出，早期的老龄是一个活动、权威和独立性都在倍增的时段，直到18世纪的时候，根据马加·范·蒂尔伯格的说法，"当现代的妇女性认同开始登上中心舞台的时候，所谓'睿智的老女人'的概念就消失了——妇女不同于男人，但她们是对男性的补充。"①

物质世界：老年妇女住在何处？

许多年来人们始终错误地认为，所有的祖母都与成年子女一起住在某种形式的大家庭中。人口统计学家根据地理分布指出了几种不同的老年人家庭结构。② 在南欧，的确存在一种以主干家庭为主的三代同堂居住的情况；或在法国的部分地区内，兄弟姐妹与他们的配偶住在一起，一起变老。在意大利，配偶的年龄差距尤其大，如在威尼斯的精英家族中，一般的年龄差距在13岁左右，有的时候会达到15岁。③

---

① Stewart, *The Enlightenment of Age,* passim; Mulder-Bakker and Nip, *The Prime of Their Lives,* passim; M. van Tilburg, "Where has 'the Wise, Old Woman' Gone …?: Gender and Age in Early Modern and Modern Advice Literature," in *The Prime of Their Lives,* eds. Mulder-Bakker and Nip, 165.

② R. Wall, "Elderly Persons and Members of Their Households in England and Wales from Preindustrial Times to the Present" in *Aging in the Past: Demography, Society and Old Age,* eds. D. Kertzer and P. Laslett (Berkeley: University of California Press, 1995), 81-106; E. A. Hammel, "The Elderly in the Bosom of the Family: *La Famille Souche* and Hardship Reincorporation", in *Aging in the Past,* eds. Kertzer and Laslett, 107-128; R. Andorka, "Household Systems and the Lives of the Old in Eighteenth- and Nineteenth-Century Hungary," in *Aging in the Past,* eds. Kertzer and Laslett, 129-155.

③ D. Herlihy, "Growing Old in the Quattrocento," in *Old Age in Pre-Industrial Society,* ed. P. Stearns (New York: Holmes & Meier, 1982), esp. 108-109; M. E. Wiesner, *Women and Gender in Early Modern Europe* (Cambridge: Cambridge University Press, 1993), 57.

这种情况的后果之一是家族人口中寡妇的比例会较高。对社会各阶层而言，将寡妇留在男性家族中可以帮助保留家庭的财富。反对寡妇再婚的道德规劝则进一步保证失去丈夫的妇女将在去世丈夫的家族中待下去并在其中变老。①

在南欧和天主教欧洲的一些老年妇女，尤其是那些拥有财富的人，选择加入宗教教会，无论她们是否宣誓成为修女。她们将把自己的余生贡献给祈祷和对上帝的敬畏，两者被认为是非常适合老年人所做的事情。② 不管是与一个志同道合的宗教女性群体在一起，还是在她们去世丈夫的家族中居住，这些地区的大多数妇女都不是单独居住的，而是与其他人在一起生活。

北欧的老年妇女的生活环境则完全不同。这一地区的家庭模式主要是核心家庭的结构，通常是两代人住在一起。这是一种理想模式，老年人可以说很努力地维持这种模式，即便是在老年的时候。作为寡妇，妇女也努力维系她们的独立生活方式，如同奥塔维写道的：在18世纪的英国，"只有（最多）不到23%的人……住在由她们的孩子当家的家庭之中"。③ 当英国经济更全面地进入到原始资本主义阶段，传统的"退休"合同（即父母的主要财产被转让到一个成年子女的手中，以换取后者为父母提供居住和保养的责任）逐步为以现金为基础的养

---

① Amongst others, see: J. Harwick, "Widowhood and Patriarchy in Seventeenth-Century France," *Journal of Social History* 26 (1992): 133-148; J. M. Lanza, *From Wives to Widows in Early Modern Parish: Gender, Economy & Law* (Aldershot: Ashgate, 2007), 1-50.
② R. Nip, "Family Care: Ludeke Jarges (-1469) and Beetke of Raskwerd (-11554): Two Strong Women for Grongingen," in *The Prime of Their Lives*, eds. by Mulder-Bakker and Nip, 39-64; R. C. Trexler, "A Widows' Asylum of the Renaissance: The Orbatello of Florence," *Old Age in Pre-Industrial Society*, ed. Stearns, 119-149.
③ S. Ottaway, "The Old Woman's Home in Eighteenth-Century England," in *Women and Ageing in British Society*, edited by Botelho and Thane, 131; A. Schmidt, "The Winter of her Life?: Widowhood and the Lives of Dutch Women in the Early Modern Era," in *The Prime of Their Lives,* eds. Mulder-Bakker and Nip, 137-148.

探访祖母

老金和对拥有单独住所的期盼所代替，这种保持独立的理想便比较容易地得以实现。① 上了年龄的父母与成年子女都希望在彼此相近的地方居住，成年子女仍然希望帮助他们的老年父母，但愿意住在同一屋檐下的家庭却寥寥无几。

核心家庭具有的价值度很高，但仍然有足足40%的寡妇选择单独居住。② 北欧的贫穷老年妇女组成了一种她们自己的家庭圈，称为"寡妇群"，或者她们会与一个较为年幼的孩子住在一起，无论与孩子是否有血缘关系。对穷人来说，这种安排在为一个穷人孩子提供住所的同时，也为贫穷的老年妇女提供了一个帮手，而后者的成年子女说不定自己仍然处于贫困之中。③ 此外，大约英国女性人口中有10%—20%的

---

① L. Botelho, "'The Old Woman's Wish': Widows by the Family Fire? Widows' Old Age Provision in Rural England," *The Journal of Family History* 7(2002): 59-78; E. Clark, "Some Aspects of Social Security in Medieval England," *Journal of Family History* 7(1982): 307-320; R. M. Smith, "Ageing and Well-Being in Early Modern England: Pension Trends and Gender Preferences under the English Old Poor Law, c. 1650-1800," in *Old Age from Antiquity to Post Modernity,* eds. P. Johnson and P. Thane (London: Routledge, 1998), 64-95; Troyansky, *Old Age in the Old Regime,* 125-155.

② Botelho, "Old Age in Seventeenth-Century Europe," 151.

③ L. Botelho, *Old Age and the English Poor Law, 1500-1700* (Woodbridge: Boydell and Brewer, 2004); Ottaway, *The Decline of Life,* 14.

人终身都是独居的。这个老年妇女群体展示了高度的居住独立性,她们可以选择与姐妹、朋友或远方亲戚分享住所,而不愿意被强迫接受由男性家长主导的居住模式。[1] 不管她们的家庭结构如何的不同,老年妇女一般不会再婚,人们认为她们将以单身生活的方式度过余生。在所有的情况下,这些另类的居住安排是一种对该区域的核心家庭结构的模仿,但它们强调老年阶段的独立生活的需要和能力。

因此,对于妇女来说,活到进入老年阶段,往往成为一种个人的单独经历,而不是一种夫妇的共同经历,因为大部分人的配偶都会先于她们而去世。鳏夫再婚的时间比女性要快,再婚的年龄也更大一些;而对妇女来说,50岁之后再婚一般不会发生。[2] 然而,也有一些老年妇女再婚的案例,玛格丽特·佩林对诺里奇(英国)贫穷人口统计资料的开创性研究揭示,另类婚姻往往被用来作为一种生存的体制安排。在这些情况中,新丈夫比起比他年长的妻子来要小数十岁左右。佩林将这样的结合称为"不平等婚姻";她展示了在最贫穷的人群中,这种安排将双方的有价值的生存技能联合起来,并帮助他们作为一个整体而生存下去。[3] 在这种不同寻常的情况下,年长的妇女会将一定的财富或将她去世丈夫留下的商业带入到婚姻之中,而年轻的男性带入婚姻的则是力量、能力和男性地位,他们将继续经营先前的事业或开创新

---

[1] A. Froide, "Old Maids: The Lifecycle of Single Women in Early Modern England," in *Women and Ageing in British Society*, eds. Botelho and Thane, 89-110.

[2] Botelho, "Old Age in Seventeenth-Century Europe," 151; A. Fauve-Chamoux, "Marriage, Widowhood, and Divorce" in *Family Life in Early Modern Times, 1500-1700*, eds. M. Barbagli and K. I. Kertzer (New Haven: Yale University Press, 2001), 243-244.

[3] M. Pelling, "Old Age, Poverty, and Disability in Early Modern Norwich: Work, Remarriage, and Other Expedients," in *Life, Death, and the Elderly*, eds. Pelling and Smith, esp. 87-90 and M. Pelling, "Who most needs to Marry? Ageing and Inequality Among Women and Men in Early Modern Norwich," in *Women and Ageing in British Society*, eds. Botelho and Thane, 243-244.

的事业。但在多数情况下，年龄和社会性别比起财富来，对于新家庭的创建更为重要。

物质世界：老年妇女如何"谋生"？

对于来自中产阶级和富人背景的妇女来说，虽然老年生活的花费问题不完全是无忧无虑的，但她们不会靠体力劳动来维持生存。她们在老年阶段的经济保障取决于投资与管理，但经济失败的厄运也不是完全没有可能的。① 对于贫穷妇女来说，不平等婚姻和非常规家庭安排是北欧的老年妇女生存的一种形式，另外一种则是劳动。

妇女工作的历史是早期的妇女和社会性别学者探索的最早领域，大量的成果从此得以产生。劳动妇女——无论她们是纺织工、花边编织工、奶酪制作工、还是裁缝——终其一生将一直从事获得酬劳的工作。② 这点在欧洲大陆和英国十分相似。值得注意的是，与男性劳工不同的是，妇女的工作并不主要依赖于体力；另外一个不同之处是，老年妇女几乎一直不停地在工作，很少中断。根据我做的一个微观史案例研究，这是因为妇女工作始终如一，并不随时间的变化而改变，所以她们能够在老年幸存下来，比男性多活2—3年。③ 事实上，单身女性在老年的日子"最容易"过，因为她们在经济上和感情上已经有了自己的社会关系网的支持，而不必依赖于丈夫和孩子，而且这种关系网很早之前就已经建立起来。④ 其他的英国案例研究显示，老年男性对生存问题的担忧最为迫切。⑤ 对最为贫困的人群来说，老年阶段的生存

---

① Botelho, "'The Old Woman's Wish'," 59-78; A. M. Poska, "Gender, Property, and Retirement Strategies in Early Modern Northwestern Spain," *Journal of Family History* 25(2000): 313-325.
② Botelho, *Old Age and the English Poor Law*, 128-132.
③ Botelho, *Old Age and the English Poor Law*, 155.
④ Froide, "Old Maids," 90.
⑤ Pelling "Who most needs to Marry?", 31-42.

只能依赖一种"经济上的权宜之计"的安排：工作、邻里的慈善帮助、向教区求取帮助和乞讨，所有这些都彰显了体力衰退带来的恐惧。①

当前老年女性研究中的一个潜力很大的领域是，妇女在多大程度上参与了医护方面的工作。传统的学术研究将女性的医疗实践界定为"老妇人的故事"。这种看法曾遭到早期的女权主义者的反击，认为它将老年女性看成是"颇有心计的丑老太婆"。近期的研究则凸显了老年生活经验的复杂性，勾画了那些从事医护工作的老年妇女的命运变化的轨迹。②在许多地方，对贫穷老年妇女的照顾通常是由一个处境不错的乡村妇女来承担的，而这些老妇人曾经抚养过她们。③老年在这种时刻往往代表了知识和权威。在城市里，教区时常会雇用一些老年贫穷妇女来帮助寻找死者（即那些检查和核对无人认领的尸体，确定死因等），所以这些人最终要报告关于死者的医疗信息，供伦敦《死亡周报表》收集和汇编。④随着男性医生的使用在城市之外地区逐渐普及，女性医护者的职位便开始减少，这是一种对女性医护人员的工作价值的联合起来的破坏，但最终没有获得成功。

---

① Botelho, "Old Age and Menopause," 59-78; C. Schen, "Strategies of Poor Aged Women and Widows in Sixteenth-Century London," in *Women and Ageing,* eds. Botelho and Thane, 13, 30; Smith, "Ageing and Well-Being in Early Modern England," 125-155.
② M. E. Fissell, "Introduction: Women, Health, and Healing in Early Modern Europe," *Bulletin of the History of Medicine* 82(2008): 1-7.
③ M. Pelling, "Thoroughly Resented?: Older Women and the Medical Role in Early Modern London," in *Women, Science and Medicine, 1500-1700: Mothers and Sisters of the Royal Society,* eds. L. Hunter and S. Hutton (Stroud: Sutton, 1997), 63-88.
④ K. Siena, "Searchers of the Dead in London Eighteenth-Century London," in *Worth and Repute: Valuing Gender in Late Medieval and Early Modern Europe. Essays in Honour of Barbara Todd,* eds. K. Kiippen and L. Woods (Toronto: Centre for Reformation and Renaissance Studies, 2011), 123-152; D. E. Harkness, "A View from the Streets: Women and Medical Work in Elizabethan London," *Bulletin of the History of Medicine* 82(2008): 52-85; M. Pelling, *The Common Lot: Sickness, Medical Occupations and the Urban Poor in Early Modern England* (London: Longman, 1998), 170-202.

文化因素的考虑：老年妇女的本质

我们所知的关于老年和老年人生活现实的知识主要来自对英国的研究，而我们对老年人文化地位的了解则来自对欧洲大陆的研究结果。但这种方法论的划分在老年妇女研究的领域中并不存在。

近代早期欧洲对于老年妇女的位置和地位有着相互冲突的定位：她们要不就是"好的"，要不就是"坏的"，很少介于两者之间。考虑到近代早期时代的父权制社会本质，老年女性的形象——尤其是通过文学作品所表现的——更多的是负面形象。[1] 第一批关于老年史研究的许多成果，深受它们使用的材料中所包含的古老偏见的影响，通常会对女性做出极为严厉的谴责，对老年女性更是如此。近代早期的许多评论家似乎也不断重复这类苛责谩骂，但并非人人都是这样。老年妇女因为拥有传统上为"男性"特质的智慧和虔诚而受到赞赏。[2]

关于文学和视觉表现的研究主要发表在范围广泛的老年史论文集中。[3] 然而，艾琳·坎贝尔的《在近代早期欧洲变老：文化表征》一书则完全聚焦于老年人，并采用一种正在形成的新方法论，企图在"好/坏"文化两分法中找到一种更均衡的处理方式。非常重要的是，

---

[1] J. Panek, *Widows and Suitors in Early Modern English Comedy* (Cambridge: Cambridge University Press, 2004); D. H. Fowler, L. J. Fowler, and L. Lamdin, "Themes of Old Age in Preindustrial Western Literature," in *Old Age in Pre-Industrial Society*, ed. Sterns, 19-45; G. Mieszkowsi, "Old Age and Medieval Misogyny: The Old Woman," in *Old Age in the Middle Ages and Renaissance,* ed. Classen, 249-320; K. Pratt, "*De Vetula*: The Figure of the Old Woman in Old French Literature," in *Old Age in the Middle Ages and Renaissance,* ed. Classen, 321-342.

[2] N. Taunton, "Time's Whirligig: Images of Old Age in *Coriolanus,* Francis Bacon, and Thomas Newton," in *Growing Old in Early Modern Europe*, ed. Campbell, 11-20.

[3] For example, A. Janssen," The Good, the Bad, and the Elderly: The Representation in Netherlandish Prints (ca. 1550-1650)," in *Old Age in the Middle Ages and Renaissance,* ed. Classen, 437-484.

坎贝尔的集子用了差不多同样比例的规模来研究男人和妇女，并使用了跨界的媒介（从绘画到医学），因此这个集子成为未来研究的一个很好的起点，帮助我们理解在近代早期欧洲的带有社会性别意识的文化表述。①

一般来说，文化表征分成文学表征和视觉表征两个种类。文学研究者是最早开始探讨历史中的老年妇女所处的位置的，如1984年马格兰的论文"中世纪文学中的性别与衰老"。②这些早期的研究集中讨论老年妇女带有的负面形象，无疑是因为文学作品中使用了大量生动的——与恶毒的——语言来描写她们。其他人，如吉特里奇，也认为这一时代文风自有其阴暗的心理和对女性的厌恶，但同时认为这种文风也是出自一种对老年女性——尤其是老处女和寡妇——所掌握的权力和权威的真实恐惧感。③

巴农："女性的三种年龄及死亡"

早期的视觉表征研究也关注老年妇女的负面素质。例如，我自己在2002年对英国木刻艺术的研究关注的是那些被认为是巫婆的老年

---

① Campbell, ed., *Growing Old in Early Modern Europe,* passim. See also: Thane, "The Cultural History of Old Age," 23-39.
② R. Magnan, "Sex and Senescence in Medieval Literature," in *Aging in Literature*, ed. L. Porter and L. Porter (Troy, MI: International Book Publisher, 1984), 13-30.
③ K. Kittredge, "'The Ag'd Dame to Venery Inclid'd": Images of Sexual Older Women in Eighteenth-Century Britain," in *Power and Poverty: Old Age in the Pre-Industrial Past*, eds. S. Ottaway, L. A. Botelho, and K. Kittredge (Westport, CT,: Greenwood Press, 2002), 247-264. 同见：E. O'Brien, "Imagining an Early Modern Matria? The Representation of Age in Zayas and Carvajal," *Forum for Modern Language Studies* 47(2011): 197-209.

妇女。①然而，近期的许多研究却针对从前的史学史做了重要的改正，如坎贝尔对妇女作为预测先知、圣女、和母权主义者的形象的探讨、列维主编的讨论视觉文化中的寡妇形象的论文集等。②最后，考虑到近代早期欧洲所具有的社会性别建构，当时得到认可的女性艺术家的人数并不多，而那些其老年生活可供学者分析的女性艺术家的人数更是少之又少，其结果是，我们对进入老年的艺术家的研究主要集中在男性身上。③

女性视觉艺术家要获得职业生涯是非常困难的，更不用说那些进入老年的人。但学者们发现，尽管这一时期要求妇女保持"安静、服从和纯洁"，老年女性却能够并的确也做到了挺身而出，将自己表现为值得尊重和具有荣誉的人。贫穷的、没有受过教育的和底层社会的妇女也经常通过另外的角色来这样表现自己，如通过对一个人的地方名声做出判断，或在背后嚼舌头根子对他人评头论足。她们也通过对其他妇女的身体拥有的所谓"有形权威"来表现自己的价值，如她们会判断一个女性的"诚实或不纯洁，判断她是否怀孕，防止杀婴行为的发生"等。④受过教育和有学识的老年妇女则通过文学作品来体现自身

---

① L. Botelho, "Images of Old Age in Early Modern Cheap Print: Women, Witches, and the Poisonous Female Body," in *Power and Poverty* eds. Ottaway, Botelho, and Kittredge, 225-246.

② E. Campbell, "Prophets, Saints, and Matriarchs: Portraits of Old Women in Early Modern Italy," *Renaissance Quarterly* 63(2010): 807-849; A. Levy, ed. *Widowhood and Visual Culture in Early Modern Europe* (Aldershot: Ashgate, 2003).

③ 例如，见：E. Campbell, "The Art of Ageing Gracefully: The Elderly Artist as Courtier in Early Modern Art Theory and Criticism," *The Sixteenth Century Journal* 22(2002): 321-331; A. Ellis, *Old Age, Masculinity and Early Modern Drama: Comic Elders on the Italian and Shakespearean Stage* (Aldershot: Ashgate, 2007); P. Sohm, *The Artist Grows Old: The Aging of Art and Artists in Italy, 1500-1800* (New Haven: Yale University, 2007).

④ L. Gowing, *Common Bodies: Women, Touch and Power in Seventeenth-Century England* (New Haven: Yale, 2003), 75-81, quotes 80, 81.

的价值。① 经常写作并有作品发表的女性并非是呆坐着变老,眼睁睁地看着她们的作品被他人诋毁或忘却。卢斯尔的《女性作家与老年》描述了老年女性作者在出版界组织起来,发起活动,要求重新印刷她们的小说、书评和给主编的信件等。② 库格勒对塞拉(考珀夫人)的私人手稿和日记的阅读和研究令人印象深刻,她解释了塞拉·考珀通过不同方式使用和滥用了其他人的写作,无论是从富有学问的布道辞里,或是从《闲谈者》(Tatler)里,从而创造出有分量的属于自己的写作,以回应来自她家庭的质疑,并力图把自己描绘成一个有价值的、能够扮演资深女政治家和资深顾问的角色。③

其他的来自妇女和社会性别领域的研究也表明,老年妇女期望获得权威和发布命令的地位。在老年阶段的早期,荷兰的家庭主妇将自己的行动和权威带入到社区中,甚至到法庭去起诉。④ 在英国,玛丽·费恩给儿子写了四封训导的信件,而格里斯·迈尔德梅提醒她的孙子,他身上的高贵血统得缘于她的传承,并在庭审开始前在一系列问题上给他提供指导。⑤ 有意义的是,这些老年女性写给年轻男性的文献得以保存下来,因为它们的价值得到承认,并随之被作为重要文献纳入家族的指南文献中,代代相传。但如库格勒指出的,英国的精英妇女们能够继续自如地指导她们的后代,是因为英国人保持了对地位和等级的敬畏,而她们的新英格兰同行对于这种文化所牵涉的传统

---

① R. Blumenfeld-Kosinski, "The Compensations of Aging: Sexuality and Writing in Christine de Piazn, with an Epilogue on Colette," in *The Prime of Their Lives*, eds. Mulder-Bakker and Nip, 1-16.
② Looser, *Women Writers and Old Age*.
③ Kugler, " 'I feel myself decsy apace' ," 66-88.
④ A. B. Mulder-Bakker, "Women as Keepers of the Common Interest," in *The Prime of Their Lives*, eds. Mulder-Bakker and Nip, 123-136.
⑤ L. Botelho, "Introduction to Volume 3," in *The History of Old Age in England, 1600-1800*, eds. Botelho and Ottaway, Vol. 3, 80-81.

实践和古老传统的顾忌则要少许多。① 这类研究对改正过去那种肆无忌惮的毁誉性评论发挥了重要的作用。

在17世纪结束之时，关于祖母的社会建构开始出现。在近代早期，祖母当然是存在的。② 事实上，南部欧洲的三代同堂的家庭的存在有力地说明了她们的存在。但至少在北欧，老年妇女的身份开始发生变化。从常年劳动中"退休"，对一个不断增长的人群来说，开始成为一种选择，老年人为自己创造了新的角色。具有亲情感的祖父母的概念开始出现，为妇女的老年阶段提供了一种正面的、积极的身份。在大家族中，老年女性更有可能成为"祖辈"，因为她们要比自己的丈夫活得更久。至于在南欧的多代人构成的家族里，其中的老年妇女是否已经如此看待自己扮演的角色、而北欧的老年妇女所做的不过只是在"追赶"而已，则需要更多的研究来证明。

但是，对老年人的尊重并非都是来自正面意义的文化建构。对于有些老年妇女，尊重感来自恐惧感：对巫术的恐惧。巫术本身是一个巨大和复杂的题目，我无法在这里展开讨论，但需要指出的是，一个巫婆似的老女人的形象在当时给人们造成的恐惧感与今天是一样的强烈。尽管巫婆的形象经常被描述成是老女人，但事实上巫婆并非都是上了年纪的女人。艾莉森·罗兰兹的论文《近代早期德国的巫术与老年女性》极有见地地剖析了近代早期对巫婆和妇女的文化建构的本质，以及两者具有的名声在其中发挥的作用。这篇论文也是展示将年龄作

---

① Kugler, "'I feel myself decsy apace'," 66-88. See also H. Wilcox, "'A Wife and Lady Oneself": Maturity and Memory in the Diaries of Lady Anne Clifford (1590-1676)," in *The Prime of Their Lives*, eds. Mulder-Bakker and Nip, 65-86.
② Botelho, "Old Age in Seventeenth-Century Europe," 171-173; V. Gourdon, "Are Grandparents Really Absent from the Family Tradition? Forbears in the Region of Vernon(France) around 1800," *The History of the Family* 4 (1999), 8; V. Gourdon, "Les grand-parents en France du xiie siècle," *Histoire Economie et Societe* 18 (1999): 511-525; Looser, *Women Writers and Old Age*, 4-6; Ottaway, *The Decline of Life*, 155-165.

为一种分析范畴的重要性的典范。巫婆之所以是"老的",是因为作为巫婆的女人需要用很长的时间来创建自己作为巫婆的名声,同样,社区也需要一段很长的时间来将她们的行为定性为巫术。这样,正如罗兰兹强调的,一般来说,只有在老年的时候,女性才被公开地谴责或宣布为是"巫婆"。[1] 尽管"巫婆"的称号代表了对生命和身体的威胁,它仍然是一种力量和权力的象征,强有力地揭示了并非所有的老年女性都像当时的谚语所描绘的那样是软弱无能、无权无势的。

文化因素的考虑：老年妇女关注的事物

老年妇女扮演的巫婆或祖母的角色分享一套关注的内容：家庭、生育、宗教和爱情。我们对老年妇女的了解,有一部分来自研究社会性别和妇女史的学者对家庭的研究成果,在这些研究中,老年妇女扮演了一系列有用的角色,包括：照顾孩子的人、家庭历史和家族传奇的讲述者、备受尊重的厨房主管,最重要的是,生育方面的专家。巫婆们也是将自己的行动集中在给这一套传统造成干扰和破坏之上：让牛奶变质、伤害孩子、导致母亲断奶等。总之,她们的形象正好是慈祥和善的祖母的反面。[2]

宗教被认为是为老年人的保留的专门领域,即便是老年女性,也被认为要加入老年男性,追求一种个人虔诚,和模仿上帝和宗教的生

---

[1] A. Rowlands, "Witchcraft and Old Women in Early Modern Germany," *Past and Present* 173 (2001):50-89 and her "Stereotypes and Statistics: Old Women and Accusations of Witchcraft in Early Modern Europe," in *Power and Poverty*, eds. Ottaway, Botelho, and Kittredge, 167-186. See also D. Beaver, "Old Age and Witchcraft in Early Modern Europe," in *Old Age in Pre-Industrial Society*, ed. Stearns, 150-190.

[2] Botelho, "Images of Old Age," 234-238.

活方式。① 事实上，在老年研究中，老年人在基督教思想中的角色与位置，是被提及最多的话题；但在基督教的思想范式中，妇女的位置却很少被提及。② 马杰里·肯普是史学史中的一个值得注意的例外，她进入老年之后，仍然能够离家去旅行，并为自己建构了一种圣女般的生活方式。③ 但布莱恩·帕特里克·麦奎尔认为，这样的女性有时也需要男性支持者对她们的行动予以支持，即便是马杰里·肯普，也不例外。④ 尽管男性仍然对宗教女性发号施令，但基督教的虔诚和一种想象中的与上帝的密切关系，被视为是一种好的老年女性不证自明的一种素质，巫婆也证实了老年妇女与上帝之间存在着亲密联系，但事实与之相反。巫婆不是与耶稣基督越走越近，她们是一群神灵的亵渎者、一群令人感到特别恐惧的异教徒、拒绝耶稣，毁害救赎。《圣经》命令人们"尊重白发老人"，这些女人正好是受人尊重的老年妇女的反面。

最后，也是令当时的人颇为焦虑的是，性的问题总是与老年女人联系在一起。⑤ 首先，她缺乏生育能力的特点被非常突出地表现在文化建构中。第二，她被视为是一个性方面的专家，精通所有与性相关的事情，还能帮助那些一大堆运气不好的或容易上当受骗的求爱之人拉

---

① M. Erler, "Widows in Retirement: Religion, Patronage, Spirituality, Reading at the Gaunts, Bristol," *Religion and Literature* 37 (2005): 51-75; Lanza, *From Wives to Widows*, 51-82; G. Warnar, "Ruubsroec's Letters: Mystical Maturity and Age in Medieval Dutch Writing for Women," in *The Prime of Their Lives*, eds. Mulder-Bakker and Nip, 87-102.

② Troyansky, *Old Age in the Old Regime*, 77-108.

③ L. H. McAvoy, " ' [A] peler of holy cherch':Holiness, Authority and the Wise Woman in the Book of Margery Kempe," in *The Prime of Their Lives*, eds. Mulder-Bakker and Nip, 17-38.

④ B. P. McGuire, "Visionary Women Who Did What They Wanted and Men Who Helped Them," in *The Prime of Their Lives*, eds. Mulder-Bakker and Nip, 103-122.

⑤ Magnan, "Sex and Senescence," 13-30.

皮条。^①第三，老年妇女也被想象成具有特殊的能耐，可以终止不合时宜的孕期。第四，她被认为是始终在寻找年轻的男性来满足她的愿望。第五，她在更年期后的性生活更是令欧洲父权主义者头疼不已：因为她不再怀孕，因此也就不会再受到对一个放荡不羁的妇女进行公众羞辱的惩罚了。医学理论甚至证实她与性行为之间的联系，解释说她对各种方式的性交的需要，尤其是她的子宫有经常性"性营养"的需求等。作为寡妇，生理上的需要更促使她以各种方式走向了理想中的、虔诚的、终日守着家中壁炉的老妇人的反面。通过强调她们在安息日的性放荡和与魔鬼的交配，巫婆的形象再一次被用来放大人们对她的恐惧。

令人惊奇的是，关于近代早期欧洲老年妇女的文化研究同样显示，它也多少陷入了这个时代的思维方式：老年女性，如同所有的老人，或者是好人，或者是坏人，或者是巫婆，或者是祖母，居中的人很少。[②]

然而，当前史学史没有表现的是老年妇女自身可能有的对爱情和性的问题的感受。有些较老的妇女，如塞拉·考珀和比她早300年的马杰里·肯普，对于进入老年感到一种慰藉，因为她们可以摆脱夫妻关系的行为，将注意力集中在上帝之上。这对我们来说也许不是什么奇怪的发现，但对于斯图尔特的《年龄的启蒙》（*The Enlightenment of Age*）所研究的妇女来说，她们也许并不同意这样的描述。斯图尔特生动地呈现了一些老年女性，用她们写给比她们年轻许多的男性的信来揭示，并非所有的妇女都希望独自相处或过一种没有爱情的生活。她

---

① J. Herrero, "Celestina: The Aging Prostitute as Witch," *Aging in Literature,* eds. Porter and Porter, 31-47; C. L. Scarborough, "Celestina: The Power of Old Age," in *Old Age in the Middle Ages and Renaissance*, ed. Classen, 343-356.

② Van Tilburg, "Where has 'the wise, old woman' gone … ?," 149-166.

们也许愿意放弃性的需要，但她们仍然希望寻找和得到爱情和感情上的亲密。

重塑早期近代史中的老年，老年重塑近代早期的历史

妇女的生活曾一度被认为不可能重构的，除了女王的生活经历之外，然而社会性别和妇女研究的学者最终重建了近代早期欧洲的一大批、范围非常广泛的不同的女性生活经历。发表在本论文集（指 *Ashgate Research Companion to Women and Gender in Early Modern Europe* [2013]——译者）的文章充分和清楚地展现了这个领域的活力，以及将继续展开的方法论的创新。我们对工业化社会之前的老年妇女的了解尤其归功于妇女研究和社会性别研究领域的研究成果，它们向我们证明了发现和重构老年妇女的生活经历同样也并不是"不可能的"。与传统的史学史模式相反的是，事实上我们对老年女性的了解要多于对老年男性的了解。

从目前这个史学史评述中，我们至少可以得出三点观察，这些观察也对我们如何重塑对近代早期欧洲史的老年研究提出方法论上的建议：除了总体上需要更多的研究之外，未来的研究应该在哪些领域展开，以及哪些主题在目前是最受争议的。首先，我们对老年妇女和她们的生活知道的仍然很少。除了最近的几部著名研究之外，我们所知道的仍然是从带有其他目的的妇女研究的成果中梳理出来的。或者说，我们所学到的东西仍然只是有限研究的产品，如书的章节或论文。简言之，我们需要针对老年妇女的具体的、细致的和广泛的研究，在此之前，我们无法写作关于近代早期欧洲的老年妇女的通史，也无法对这样的写作抱有信心。

第二，因为第一个观察的原因，有两个研究领域将使得近代早期欧洲老年妇女的研究站稳脚跟。我们需要更多地了解代际关系的本质。老年人如何与年轻人打交道？中年人如何与老年人打交道？"祖母"究竟意味着什么意思？事实上，2011年的伯克希尔女性历史学家会议（Berkshire Conference of Women Historians）关注的焦点是"代际"（generation）的问题，包括妇女的不同代际关系。为了懂得老年女性，我们同时需要更多地了解老年男性。具有讽刺意味的是，史学研究通常是先研究男人和男性活动，然后才研究妇女和女性文化，但现在我们对老年女性的了解要多于对老年男性的了解。当学者们企图反击史料传统中——这种传统将"男性"视为正常，将"女性"视为不值得评论——的社会性别偏见的时候，还没有十分准确而得当地设置男性（masculinity）和男性老年（male old age）引申出来的问题。社会性别和社会性别关系存在于一种既相互依存又相互对立的对话之中；如果我们不能更好地懂得男性的老年经历和生活，我们也无法完整地懂得作为一个老年女性究竟意味着什么。

第三，目前只有关于三个问题的辩论吸引了研究者和批评者的积极参与。第一个、也是最有影响力的一个问题是"多老才算是老"的问题。第二个问题是关于"老年病学"和对老年疾病的医学治疗是否是这个时期（近代早期）的产物。或者，如果不是的话，不断增长的对老年人特殊需求的认知对于与近代早期欧洲的文化背景来说意味着什么？最后一个讨论的问题是关于历史对老年的一般看法：老年是一个黄金时代，还是一个衰退的时代？然而，即便是这些差别现在也都处于沉默状态，随着学术研究不断揭示出生活经历的复杂性，包括老年人的生活经历。通过进行更多的整体研究，通过将我们对老年妇女的理解与对老年男性的理解结合起来，通过继续建构关于变老的不同过程，我们能够重新塑造我们对近代早期欧洲历史中老年问题的认知框架。

通过研究老年人，将年龄作为一个分析概念引入史学分析之中，我们会重塑对近代早期世界的认识。作为妇女研究和社会性别研究的学者，我们在研究和认识基于种族、阶级和一大堆其他的变量——如童年时代、青年时代等——之上的差异性方面做得十分成功，这些变量都被融入到"妇女"概念的建构之中。然而，在很多情况下，我们所研究的妇女——无论她的肤色或社会地位是什么——通常多少是可以复制的。她既不是太年轻，也不是太老。在近代早期欧洲，她——即"每个妇女"——看上去经常会是一个健康的、母性十足的、会生育孩子的、会养育孩子的，有的时候还会埋葬孩子的妇女。即便是寡妇，她们也许会是老年人，但通常并不老，也发现她们的生活与孩子、生育和再婚相关。对于那些从未结婚的妇女来说，她们的数量令人惊奇地占人口的 20%，仍然是根据她们所处的地位，参照核心家庭或长期的生育单位的构成，在社会和法律中来界定她们的地位。简而言之，这些处在生育年龄段的妇女并不老，但"老"则改变了作为一个"妇女"的内涵。因此，在学者们经常使用的三件套——即社会性别、种族和阶级——的研究范畴中，我们必须加入第四个范畴——老年。（王希　译）

参考书目　Andorka, R. "Household Systems and the Lives of the Old in Eighteenth- and Nineteenth Century Hungary." In *Aging in the Past: Demography, Society and Old Age*, eds. D. Kertzer and P. Laslett, 129-155. Berkeley: University of California Press, 1995.

Beam, A. C. L. "'Should I as Yet Call You Old?' Testing the Boundaries of Female Old Age in Early Modern England." In *Growing Old in Early Modern Europe: Cultural Representations*, ed. E. Campbell, 95-116. Aldershot: Ashgate, 2006.

Beaver, D. "Old Age and Witchcraft in Early Modern Europe." In *Old Age in Pre-Industrial Society*, ed. Stearns, 150-190. New York: Holmes & Meier, 1982.

Botelho, L. "Images of Old Age in Early Modern Cheap Print: Women, Witches, and the Poisonous Female Body." In *Power and Poverty: Old Age in the Pre-Industrial Past*, eds., L. A. Botelho, and K. Kittredge, 225-246. Westport, CT.: Greenwood Press, 2002.

Botelho, L. "Introduction to Volume 3." In *The History of Old Age in England, 1600-1800*, eds. L. Botelho and S. Ottaway, Vol. 3, 80-81. London: Pickering & Chatto, 8 vols, 2008, 2009.

Botelho, L. and S. Ottaway, eds. *The History of Old Age in England, 1600-1800*. London: Pickering & Chatto, 8 vols, 2008, 2009.

Botelho, L. "A Respectful Challenge to the Nineteenth-Century's View of Itself: An Argument for the Early Modern Medicalization of Old Age." In *Interdisciplinary Perspectives on Ageing in Nineteenth-Century Culture*, eds. Katharina Boehm, Anna Farkas and Anne Zwierlein, 21-37. New York and Abingdon, Oxon: Routledge, 2014.

——. *Old Age and the English Poor Law, 1500-1700*. Woodbridge: Boydell and Brewer, 2004.

——. "Old Age and Menopause in Rural Women of Early Modern Suffolk." In *Women and Ageing in British Society since 1500*, eds. Botelho and Thane, 43-65. Harlow: Longman, 2001.

——. "Old Age in Seventeenth-Century Europe." In *The Long History of Old Age*, ed. P. Thane, 113-173. London: Thames and Hudson, 2005.

——. "'The Old Woman's Wish': Widows by the Family Fire? Widows' Old Age Provision in Rural England." *The Journal of Family History* 7 (2002): 59-78.

—— and P. Thane, "Introduction." In *Women and Ageing in British Society since 1500*, ed. L. Botelho and P. Thane, 1-12. Harlow: Longman, 2001.

——. eds. *Women and Ageing in British Society since 1500*. Harlow: Longman, 2001.

Blumenfeld-Kosinski, R. "The Compensations of Aging: Sexuality and Writing in Christine de Pizan, with an Epilogue on Colette." In *The Prime of Their Lives: Wise Old Women in Pre-Industrial Europe*, eds. A. B. Mulder-Bakker and R. Nip, 1-16. Leuven: Peeters, 2004.

Campbell, E. "The Art of Ageing Gracefully: The Elderly Artist as Courtier in Early Modern Art Theory and Criticism." *The Sixteenth Century Journal* 22 (2002): 321-331.

——. ed. *Growing Old in Early Modern Europe: Cultural Representations*. Aldershot: Ashgate, 2006.

——. "Prophets, Saints, and Matriarchs: Portraits of Old Women in Early Modern Italy." *Renaissance Quarterly* 63 (2010): 807-849.

Clark, E. "Some Aspects of Social Security in Medieval England." *Journal of Family History* 7 (1982): 307-320.

Classen, A., ed. *Old Age in the Middle Ages and Renaissance: Interdisciplinary Approaches to a Neglected Topic*. Berlin: Walter de Gruyter, 2007.

Courdert, A. P. "The Sulzbach Jubilee: Old Age in Early Modern Europe and America." In *Old Age in the Middle Ages and Renaissance: Interdisciplinary Approaches to a Neglected Topic* ed. A. Classen, 532-556. Berlin: Walter de Gruyter, 2007.

Covy, H. "The Definitions of the Beginning of Old Age in History." *International Journal of Aging and Human Development* 34 (1992): 325-337.

Crawford, P. "Attitudes to Menstruation in Seventeenth-Century England." *Past and Present* 91 (1981): 47-73.

Dean-Jones, L. A. *Women's Bodies in Classical Greek Science*. Oxford: Oxford University Press, 1994.

Ellis, A. *Old Age, Masculinity and Early Modern Drama: Comic Elders on the Italian and Shakespearean Stage*. Aldershot: Ashgate, 2007.

Erler, M. "Widows in Retirement: Religion, Patronage, Spirituality, Reading at the Gaunts, Bristol." *Religion and Literature* 37 (2005): 51-75.

Fauve-Chamousx, A. "Marriage, Widowhood, and Divorce." In *Family Life in Early Modern Times, 1500-1700*, edited by M. Barbagli and K. I. Kertzer, 221-256. New Haven: Yale University Press, 2001.

Feinson, C. "Where are Women in the History of Aging?" *Social Science History* 9 (1985): 429-452.

Fissell, M. E. "Introduction: Women, Health, and Healing in Early Modern Europe." *Bulletin of the History of Medicine* 82 (2008): 1-7.

Fowler, D. H., L. J. Fowler and L. Lamdin. "Themes of Old Age in Preindustrial Western Literature." In *Old Age in Pre-Industrial Society,* ed. P. Stern, 19-45. New York: Holmes & Meier, 1982.

Froide, A. "Old Maids: The Lifecycle of Single Women in Early Modern England." In *Women and Ageing in British Society, since 1500,* eds. L. Botelho and P. Thane, 89-110. Harlow: Longman, 2001.

Gilbert, C. "When did a Man in the Renaissance Grow Old?" *Studies in the Renaissance* 14 (1967): 7-32.

Gordon, S. "Representations of Aging and Disability in Early-Sixteenth [Century] French Farce." In *Old Age in the Middle Ages and Renaissance: Interdisciplinary Approaches to a Neglected Topic*, ed. A. Classen, 421-436. Berlin: Walter de Gruyter, 2007.

Gourdon, V. "Are Grandparents Really Absent from the Family Tradition? Forbears in the Region of Vernon (France) around 1800." *The History of the Family* 4 (1999): 77-94.

——. "Les grand-parents en France du xiie siècle". *Histoire Economie et Societe* 18 (1999): 511-525.

Gowing, L. *Common Bodies: Women, Touch and Power in Seventeenth-Century England.* New Haven: Yale, 2003.

Grubb, J. S. *Provincial Families of the Renaissance: Private and Public Life in the Veneto.* Baltimore: Johns Hopkins University Press, 1996.

Gruman, G. J. *A History of Ideas about the Prolongation of Life: The Evolution of Prolongevity Hypotheses to 1800.* Philadelphia: American Philosophical Society, 1966: reprint, New York: Springer Publishing, 2003.

Hammel, E. A. "The Elderly in the Bosom of the Family: La Famille Souche and Hardship Reincorporation." In *Aging in the Past: Demography, Society and Old Age*, eds. D. Kertzer and P. Laslett, 107-128. Berkeley: University of California Press, 1995.

Hardwick, J. "Widowhood and Patriarchy in Seventeenth-Century France." *Journal of Social History* 26 (1992): 133-148.

Harkness, D. E. "A View from the Streets: Women and Medical Work in Elizabethan London." *Bulletin of the History of Medicine* 82 (2008): 52-85.

Herlihy, D. "Growing Old in the Quattrocento." In *Old Age in Pre-Industrial Society*, ed. P. Stearns, 104-118. New York: Holmes & Meier, 1982.

Herrero, J. "Celestina: The Aging Prostitute as Witch." In *Aging in Literature*, eds. Porter and Porter, 31-47. Troy, MI: International Book Publishers, 1984.

Janssen, A."The Good, the Bad, and the Elderly: The Representation in Netherlandish Prints (ca. 1550-1650)." In *Old Age in the Middle Ages and Renaissance: Interdisciplinary Approaches to a Neglected Topic*, ed. Classen, 437-484. Berlin: Walter de Gruyter, 2007.

Johnson, P. and P. Thane, eds. *Old Age from Antiquity to Post Modernity.* London: Routledge, 1998.

Kertzer, D. and P. Laslett, eds. *Aging in the Past: Demography, Society and Old Age.* Berkeley: University of California Press, 1995.

Kittredge, K. "'The Ag'd Dame to Venery Inclid'd': Images of Sexual Older Women in Eighteenth-Century Britain." In *Power and Poverty: Old Age in the Pre-Industrial Past*, eds. S. Ottaway, L. A. Botelho, and K. Kittredge, 247-264. Westport, CT: Greenwood Press, 2002.

Kondratowitz, H-J. von. "The Medicalization of Old Age: Continuity and

Change in Germany from the Late Eighteenth to the Early Twentieth Century." In *Life, Death, and the Elderly: Historical Perspectives*, eds. M. Pelling and R. M. Smith, 112-137. London: Routledge, 1991.

Kugler, A. "'I feel myself decay apace': Old Age in the Diary of Lady Sarah Cowper (1644-1720)." In *Ageing in British Society since 1500*, eds. L. Botelho and P. Thane, 66-88. Harlow: Longman, 2001.

Lanza, J. M. *From Wives to Widows in Early Modern Parish: Gender, Economy & Law*. Aldershot: Ashgate, 2007.

Laslett, P. "The Bewildering History of the History of Longevity." In *Validation of Exceptional Longevity,* edited by B. Jeune and J. W. Vaupel, online. Odense: Odense University Press, 1999.

——. ed. "The History of Aging and the Aged." In *Family Life and Illicit Love in Earlier Generations: Essays in Historical Sociology*, 174-213. Cambridge: Cambridge University Press, 1997.

—— and R. Wall, eds. *Household and Family in Past Time*. Cambridge: Cambridge University Press, 1972.

Levy, A., ed. *Widowhood and Visual Culture in Early Modern Europe*. Aldershot: Ashgate, 2003.

Looser, D. *Women Writers and Old Age in Great Britain, 1750-1850*. Baltimore: Johns Hopkins University Press, 2008.

Magnan, R. "Sex and Senescence in Medieval Literature." In *Aging in Literature,* edited by L. Porter and L. M. Porter, 13-30. Troy, MI: International Book Publishers, 1984.

McAvoy, L. H. "'[A] peler of holy cherch': Holiness, Authority and the Wise Woman in the Book of Margery Kempe." In *The Prime of Their Lives: Wise Old Women in Pre-Industrial Europe*, eds. Mulder-Bakker and Nip, 17-38. Leuven: Peeters, 2004.

McGuire, B. P. "Visionary Women Who Did What They Wanted and Men Who Helped Them." In *The Prime of Their Lives: Wise Old Women in Pre-Industrial Europe*, eds. Mulder-Bakker and Nip, 103-122. Leuven: Peeters, 2004.

Mendelson, S. and P. Crawford. *Women in Early Modern England*. Oxford: Oxford University Press, 1998.

Mieszkowsi, G. "Old Age and Medieval Misogyny: The Old Woman." In *Old Age in the Middle Ages and Renaissance: Interdisciplinary Approaches to a Neglected Topic*, ed. Classen, 249-320. Berlin: Walter de Gruyter, 2007.

Mitterauer, M. and R. Sieder. *The European Family. Patriarchy to Partnership from the Middle Ages to the Present*, trans. K. Osterveen and M. Horziager.

Chicago: University of Chicago Press, 1983.

Mulder-Bakker, A. B. "Women as Keepers of the Common Interest." In *The Prime of Their Lives: Wise Old Women in Pre-Industrial Europe*, eds. Mulder-Bakker and Nip, 123-136. Leuven: Peeters, 2004.

Mulder-Bakker, A. B. and R. Nip, eds. *The Prime of Their Lives: Wise Old Women in Pre-Industrial Europe*. Leuven: Peeters, 2004.

Nip, R. "Family Care: Ludeke Jarges (-1469) and Beetke of Raskwerd (-11554): Two Strong Women for Grongingen." In *The Prime of Their Lives: Wise Old Women in Pre-Industrial Europe*, eds. Mulder-Bakker and Nip, 39-64. Leuven: Peeters, 2004.

O'Brien, E. "Imagining an Early Modern Matria? The Representation of Age in Zayas and Carvajal." *Forum for Modern Language Studies* 47 (2011): 197-209.

Ottaway, S. *The Decline of Life: Old Age in Eighteenth-Century England*. Cambridge: Cambridge University Press, 2004.

——. "The Old Woman's Home in Eighteenth-Century England." In *Women and Ageing in British Society since 1500*, edited by L. Botelho and P. Thane, 131. Harlow: Longman, 2001.

——, L. A. Botelho, and K. Kittredge, eds. *Power and Poverty: Old Age in the Pre-Industrial Past*. Westport, CT: Greenwood Press, 2002.

Panek, J. *Widows and Suitors in Early Modern English Comedy*. Cambridge: Cambridge University Press, 2004.

Pellegrin, N. *Veufs, Veuves et Veuvage dans la France d'Ancien Regime*. Paris: Honoré Champion, 2003.

Pelling, M. *The Common Lot: Sickness, Medical Occupations and the Urban Poor in Early Modern England*. London: Longman, 1998.

—— and R. M. Smith, eds. *Life, Death, and the Elderly: Historical Perspectives*. London: Routlege, 1991.

Pelling, M. "Old Age, Poverty, and Disability in Early Modern Norwich: Work, Remarriage, and Other Expedients." In *Life, Death, and the Elderly: Historical Perspectives*, eds. M. Pelling and R. M. Smith, esp. 87-90. London: Routlege, 1991.

——. "Old People and Poverty in Early Modern Towns." *Society for the History of Medicine Bulletin* 34 (1984): 42-47.

——. "Thoroughly Resented?: Older Women and the Medical Role in Early Modern London." In *Women, Science and Medicine, 1500-1700: Mothers and Sisters of the Royal Society,* edited by L. Hunter and S. Hutton, 63-88. Stroud: Sutton,

1997.

Pelling, M. "Who most needs to Marry? Ageing and Inequality Among Women and Men in Early Modern Norwich." In *Women and Ageing in British Society since 1500*, eds. L. Botelho and P. Thane, 31-42. Harlow: Longman, 2001.

Porter, L. and Porter, L. M. eds. *Aging in Literature*. Troy, MI: International Book Publishers, 1984.

Poska, A. M. "Gender, Property, and Retirement Strategies in Early Modern Northwestern Spain." *Journal of Family History* 25 (2000): 313-325.

Premo, T. L. *Winters Friends: Women Growing Old in the New Republic, 1785-1835*. Urbana and Chicago: University of Illinois Press, 1990.

Read, S. *Menstruation and the Female Body in Early Modern England*. London: Palgrave Macmillan, 2013.

Rosenthal, J. *Old Age in Late Medieval England*. Philadelphia: University of Pennsylvania Press, 1996.

Rowlands, A. "Stereotypes and Statistics: Old Women and Accusations of Witchcraft in Early Modern Europe." In *Power and Poverty: Old Age in the Pre-Industrial Past*, eds. S. Ottaway, L. Botelho, and K. Kittredge, 167-186. Westport, CT: Greenwood Press, 2002.

———. "Witchcraft and Old Women in Early Modern Germany." *Past and Present* 173 (2001): 50-89.

Scarborough, C. L. "Celestina: The Power of Old Age." In *Old Age in the Middle Ages and Renaissance: Interdisciplinary Approaches to a Neglected Topic*, ed. A. Classen, 343-356. Berlin: Walter de Gruyter, 2007.

Schen, C. "Strategies of Poor Aged Women and Widows in Sixteenth-Century London." In *Women and Ageing in British Society since 1500*, eds. L. Botelho and P. Thane, 13-30. Harlow: Longman, 2001.

Schmidt, A. "The Winter of her Life?: Widowhood and the Lives of Dutch Women in the Early Modern Era." In *The Prime of Their Lives: Wise Old Women in Pre-Industrial Europe*, eds. A. B. Mulder-Bakker and R. Nip, 137-148. Leuven: Peeters, 2004.

Shafer, D. *Old Age and Disease in Early Modern Medicine*. London: Pickering & Chatto, 2011.

Shahar, S. "Who Were the Old in the Middle Ages?" *The Society for the Social History of Medicine* 6 (1993): 313-341.

Siena, K. "Searchers of the Dead in London Eighteenth-Century London." In *Worth and Repute: Valuing Gender in Late Medieval and Early Modern Europe. Es-*

says in Honour of Barbara Todd, edited by K. Kiippen and L. Woods, 123-152. Toronto: Centre for Reformation and Renaissance Studies, 2011.

Sohm, P. *The Artist Grows Old: The Aging of Art and Artists in Italy, 1500-1800.* New Haven: Yale University, 2007.

Smith, "R. M. Ageing and Well-Being in Early Modern England: Pension Trends and Gender Preferences under the English Old Poor Law, c. 1650-1800." In *Old Age from Antiquity to Post Modernity*, eds. P. Johnson and P. Thane London: Routledge, 1998, 64-95.

Stearns, P. *Old Age in European Society: The Case of France.* New York: Holmes & Meier 1976.

——. ed. *Old Age in Pre-Industrial Society.* New York: Holmes & Meier, 1982.

Stewart, J. H. *The Enlightenment of Age: Women, Letters and Growing Old in Eighteenth-Century France.* Oxford: Voltaire Foundation SVEC, 2010.

Stolberg, M. "A Woman's Hell? Medical Perceptions of Menopause in Preindustrial Europe." *Bulletin of the History of Medicine* 73 (1999): 404-428.

Strange, J-M. "Menstrual Fictions: Languages of Medicine and Menstruation, c. 1850-1930." *Women's History Review* 9 (2000): 607-628.

Taunton, N. "Time's Whirligig: Images of Old Age in Coriolanus, Francis Bacon, and Thomas Newton." In *Growing Old in Early Modern Europe: Cultural Representations*, ed. E. Campbell, 11-20. Aldershot: Ashgate, 2006.

Thane, P. "The Cultural History of Old Age." *Australian Cultural History.* 14 (1995): 23-39.

——. "Geriatrics." In *Companion Encyclopaedia of the History of Medicine*, 2 Vols, edited by W. F. Bynum and R. Porter, 1092-1118. London: Taylor & Francis, 1993.

——. ed. *The Long History of Old Age.* London: Thames and Hudson, 2005.

——. "Social Histories of Old Age and Aging." *Journal of Social History* 37 (2003): 93-111.

Thomas, K. *"*Age and Authority in Early Modern England.*"* *Proceedings of the British Academy* LXII (1977): 205-248.

Tilburg, M. van. "Where has 'the Wise, Old Woman' Gone …?: Gender and Age in Early Modern and Modern Advice Literature. " In *The Prime of Their Lives: Wise Old Women in Pre-Industrial Europe*, eds. A. B. Mulder-Bakker and R. Nip, 149-166. Leuven: Peeters, 2004.

Tobriner, A. "Honor for Old Age: Sixteenth Century Pious Ideal or Grim Delusion?" *Journal of Religion and Aging* 1 (1985): 1-21.

Trexler, R. C. "A Widows' Asylum of the Renaissance: The Orbatello of Florence." In *Old Age in Pre-Industrial Society*, ed. Stearns, 119-149. New York: Holmes & Meier, 1982.

Troyansky, D. "The History of Old Age in the Western World." *Ageing and Society* 16 (1996): 233-243.

——. *Old Age in the Old Regime: Image and Experience in Eighteenth-Century France*. Ithaca: Cornell University Press, 1989.

Wall, R. "Elderly Persons and Members of Their Households in England and Wales from Preindustrial Times to the Present." In *Aging in the Past: Demography, Society and Old Age*, eds. D. Kertzer and P. Laslett, 81-106. Berkeley: University of California Press, 1995.

Warnar, G. "Ruubsroec's Letters: Mystical Maturity and Age in Medieval Dutch Writing for Women." In *The Prime of Their Lives: Wise Old Women in Pre-Industrial Europe*, eds. A. B. Mulder-Bakker and R. Nip, 87-102. Leuven: Peeters, 2004.

Wiesner, M. E. *Women and Gender in Early Modern Europe*. Cambridge: Cambridge University Press, 1993.

Wilcox, H. "'A Wife and Lady Oneself:' Maturity and Memory in the Diaries of Lady Anne Clifford (1590-1676)." In *The Prime of Their Lives: Wise Old Women in Pre-Industrial Europe*, eds. A. B. Mulder-Bakker and R. Nip, 65-86. Leuven: Peeters, 2004.

Winn, Collette H. and Yandell, Cathy eds., *Vieillir à la Renaissance*. Paris: Champion, 2009.

Wrigley, E. A., et. al. *English Population History from Family Reconstitution, 1580-1837*. Cambridge: Cambridge University Press, 1997.

莫思特
(R. Scott Moore)

数字史学
它的过去、现在与未来的 20 年

"历史，作为一种探索知识的领域，此刻正站在其观念被颠覆的悬崖边上。"[1]

"在 21 世纪的早期，我们很可能会面临史学专业的重造，这一新使命的广阔前景将令我们受益无穷。"[2]

归根结底，历史学是一个再简单不过的学术领域了。它的最基本的功能是记录和追述过去。古希腊和古罗马的历史学家们对作为历史学家的职业了然于心，即当那些被选定的事件发生之时，将它们记录在册。希腊历史学家希罗多德在公元前 5 世纪写作了一部关于希腊人与波斯人的战争史，他在导言中提及为何要记录这场战争历史的原因："哈利卡纳索斯人希罗多德在此发表他的研究成果，他这样做是为了使希腊人和异邦人所创造的令人惊异的各项成就，不致因年代久远而湮

---

[1] Toni Weller, "History in the Digital Age," in *History in the Digital Age*, ed. Toni Weller (Routledge: London, 2013), 1.

[2] Roy Rosenzweig, "Scarcity or Abundance? Preserving the Past in a Digital Era," *American Historical Review* 108, no. 3 (June 2003): 735-762. 可从下列网址下载：http://chnm.gmu.edu/digitalhistory/links/pdf/introduction/0.6b.pdf

灭无闻,特别是为了把他们发生冲突的原因记载下来。"① 他的继任者,也就是后来被称为"史学之父"的修昔底德,在其所著的《伯罗奔尼撒战争史》的导言中也表示了同样的目的:"作为雅典人,我修昔底德写作了这部发生在伯罗奔尼撒人与雅典人之间的战争的历史。在这次战争刚刚爆发的时候,我就开始写我的历史著作,相信这是一次伟大的战争,比从前发生的任何战争都更有记忆的价值。"② 罗马历史学家李维在他的《罗马史》中写道:

> 我打算做的是记录罗马人自建城以来所取得的各种成就,是否能够获取与这项劳作相称的成果,我一无所知;即便可以做到,我是否又敢于承认这样一个事实:如我想见的一样,新一代历史学家会不断前来,他们相信自己掌握信息更真实的事实,或拥有比前人的写作更优越的方法,他们不仅会证明这个题目的老朽,而且会证明过去研究的迂腐。即便如此,如果我能尽我所能记述这个世界上最伟大的民族的行为,我就感到心满意足了;如果我的名字被如此众多的作者所湮没,我将从那些令我相形见绌的作者的盛名与辉煌之中寻求慰藉。③

一千八百年之后,著名德国历史学家兰克对历史学领域做了几乎完全相同的描述:"史学被赋予了评判过去、并指引人们从中获取对未来的教益之功能。但当前的史学并不期望去承担如此高远的责任。从

---

① Herodotus 1.preface;译文参考了希罗多德:《希波战争史》,重庆:重庆出版社,2003年。
② Thucydides 1.1. 译文参考了修昔底德:《伯罗奔尼撒战争史》(上),谢德风译,北京:商务印书馆1979年版,第2页。
③ Livy, *Ab Urbe Condita*, 1, preface.

根本上讲，它希望做的只是展示事情是如何发生的。"[1]作为一个领域，从最早的历史学家开始，史学始终如一地保持了自身的研究方法。这并不是说它从未改变过（尤其针对过去一个世纪而言），而是说它发生的变化并没有改变历史学家使用的基本方法和欲达到的基本目标。譬如，历史学家及时而正确地扩展了研究主题，将更为多元的群体（如妇女、少数族裔和其他被从前史学忽视的群体等）纳入到研究的范围、并发展和借鉴了新的哲学方法论（如社会史、马克思主义史学、后现代理论等），然而，史学研究方法的根本并没有改变。[2]但在过去的25年里，这种"静态"开始发生松动和变化；随着越来越多的历史学家对史学研究、成果呈现与出版技术的掌握，在未来的20年内，史学研究技术的进步及其随之产生的新史学将给这个领域带来更大的变化。

"数字史学"（digital history）是历史研究的一个新的分支领域，它强调在史学研究中更多地使用数字技术。正是它的发展导致了史学正在经历的一系列巨大而深刻的变化。虽然历史学家经常使用"数字史学"一词，它也频频为网络、出版物、访谈、学术会议或大学网站所用，但它却没有一个精确而具有共识的定义。不同的人和机构对它的使用既有关联却又不同。一方面，这是一个人人都能识别并可描述的词；另一方面，要对他人准确说明该词的定义又是十分困难的。在一种最宽泛的意义上，"数字史学"也许可以被定义为是一种"……任何使用数字技术来创造、强化或传播历史研究和史学成果的实践（研究方法、期刊文章、专著、博客写作、课堂活动）"。[3] 我在本文中将使用这个定义，因为它最具有包容性；如果数字史学作为一个领域要想获取成功的

---

[1] Leopold Van Ranke, *The Theory and Practice of History*, ed. Georg G. Iggers and Konrad von Moltke (Indianoplis: Bobbs-Merrill, 1973), 137.

[2] Patrick Joyce, "The End of Social History?" *Social History* 20, no. 1 (January 1995): 73-91.

[3] "Interchange," *Journal of American History* 95, no. 2 (September 2008): 452-491, 同时参见：http://www.journalofamericanhistory.org/issues/952/interchange/(retrieved 1/15/2015).

话，它必须将与自己相关的所有方面（研究、出版和教学）都包括在内。

这个新的分支领域虽然最初的起步缓慢，但在过去 10 年里进步迅速，并在可见的未来会更快地成长。尽管如此，人们对它仍然存有诸多的误解，包括历史学家在内。为此，我们需要对数字史学的演进、围绕它所产生的种种误解以及它对未来史学研究的影响进行讨论，从而不仅为它的实践者而且为更大范围的史学实践者展示该领域的价值所在。

数字史学领域的发展

如果使用最具包容性的定义（即任何使用数字技术来创作、强化或传播史学写作的实践）的话，那么最早的"数字史学"研究项目应该是出现在另外一个名为"计量史学"（quantitative history）的史学分支领域内。"计量史学"或"计量经济学"（*cliometrics*）是 20 世纪 50 年代创造的词汇，用来描述一种使用统计学方法来进行历史研究的方法，包括对不同组合的历史数据——如选票和人口普查数据等——进行分析等。[1] 20 世纪 60 年代的某些计量历史学家也可被称为是"数字历史学家"，尤其是当他们开始使用大型计算机来分析从"政治与社会研究大学联盟"（Inter-university Consortium for Political and Social Research）获取的大量不同的政治数据组合的时候。美国历史学会（AHA）也组建了一个"美国历史数据收集委员会"负责收集自 1824 年以来美国所有县级选举的结果，这一举动也推动了计量史学的发展进程。在国家科学基金会提供的研究基金的支持下，该委员会首先收集和审查了所有能够获得的县级选举的结果，并将其转换成为数字形式。转换后的所有数据对有兴趣的研究者开放，而后者则使用电脑来分析这些

---

[1] Margo Anderson, "Quantitative History," in *The Sage Handbook of Social Science Methodology*, eds. William Outhwaite and Stephen Turner (London: Sage Publications, 2007), 246-263.

选举结果。①

　　数字史学在20世纪70、80年代的成长虽然缓慢但却十分稳定。大型计算机在大学的使用变得更为常见。微型电脑的研发始于20世纪70年代初，家用电脑开始进入市场的时间是1977年，要等到20世纪80年代中期，它才变成了美国人的日常用品。② 电脑的普及、数据处理的效率以及电脑记忆功能的飞速成长，意味着人口中有相当一部分人此刻已经可以非常熟练地使用电脑了。

　　数字史学的下一个重大飞跃发生在20世纪80年代后期和90年代初期，它的发生主要归功于互联网和网络浏览器（包括World Wide Web、MidasWWW、Mosaic）等技术的发展。这些发明允许电脑使用者能够访问其他人的网页。类如NCSA Mosaic的图像浏览器——即后来被称为Netscape的浏览器——的发明对互联网的普及使用尤其重要，因为它是第一个具有在文字网页上展示图像的功能的浏览器。这种将多媒介与文字合为一体的技术对于普通的或非专业的使用者来说具有极大的吸引力。③ 在互联网技术的第一波浪潮中，网页制作成为焦点，个人和单位纷纷针对自己的爱好、人员、地域和事件——包括历史遗址和历史话题等——制作专门的网页。④ 最早上网的历史文献集之一（如果不是最早的项目的话）是1971年由迈克尔·哈特创办的古登堡项目，

---

① "ICPSR," The Founding and Early Years, http://www.icpsr.umich.edu/icpsrweb/content/membership/history/early-years.html (retrieved 1/15/2015).

② Marsha Walton, "IBM PC Turns 25," CNN.com, http://www.cnn.com/2006/TECH/biztech/08/11/ibmpcanniversary/ (retrieved 3/1/2015).

③ Tim Berners-Lee, "What were the first WWW browsers?" World Wide Web Consortium, http://www.w3.org/People/Berners-Lee/FAQ.html#browser (retrieved 2/15/2015).

④ Douglas Seefeldt and William G. Thomas, "What Is Digital History?" *Perspectives on History*, http://www.historians.org/publications-and-directories/perspectives-on-history/may-2009/intersections-history-and-new-media/what-is-digital-history (retrieved 2/21/2015).

项目的名称取自15世纪活字印刷技术的发明者之一的名字。①哈特的目标基于这样一种哲学思考之上，即"……凡是可以输入到电脑中的东西，均可被无止境地复制"。哈特将这种哲学命名为"复制器技术"（Replicator Technology），并将它运用到对书籍和文件进行数字化处理的进程中。古登堡文献集中的第一份历史文献是一份《独立宣言》的扫描复印件。现在该文献集已经存储了46,000多部历史作品。②

  因特网从不起眼的开始迅速成长起来，随着各类图书馆、历史学会和政府机构不断利用电脑技术将各自的馆藏文献做数字化的处理，并放在网上供大众使用，因特网开始拥有了不少的大型的文献数据库。针对这种从世界上任何地方（当然是任何能够上网的地方）获取数字化资料的现实，《英国联网》杂志的执行主编约翰·布朗宁曾精炼地描述道："……那些曾被埋没在地下室书架上的书籍将被扫描到电脑中，通过高速网络，在几乎是眨眼的瞬间内，提供给来自任何地方的任何人使用。"③但这个技术进步及它对未来的影响并没有得到所有历史学家的肯定。格特鲁特·希默尔法布就曾警告说，"……因特网不区分真实与错误、重要与琐碎、永久与暂时……屏幕上出现的每一条资料与其他资料具有同样的分量和可信度；没有任何资料比其他资料更为'特殊'。"④

---

① Project Guttenberg, https://www.gutenberg.org.

② Michael Hart, "The History and Philosophy of Project Gutenberg," Project Guttenberg, https://www.gutenberg.org/wiki/Gutenberg:The_History_and_Philosophy_of_Project_Gutenberg_by_Michael_Hart (retrieved 2/20/2015).

③ Lewis J. Perelman, "School's Out: The Hyperlearning Revolution Will Replace Public Education," *Wired Magazine*, http://archive.wired.com/wired/archive/1.01/hyperlearning.html (accessed February 21, 2015); and John Browning, "Libraries Without Walls for Books Without Pages," *Wired Magazine*, http://archive.wired.com/wired/archive/1.01/libraries.html.

④ Gertrude Himmelfarb, "A Neo-Luddite Reflects on the Internet," *Chronicle of Higher Education* (1 November 1996), A56.

尽管互联网信息的质量受到不无道理的质疑，但即刻获取信息的便利却使它获得了大众的青睐，并在后者的心目中迅速从一种令人愉悦的惊喜转化成为一种更高的期待。人们对信息的要求催生和推动了无数的数字化项目的发展，可获取的信息量以令人目不暇接的速度和数量增长。历史文献数据的快速增长曾导致历史学家罗伊·罗森维格发出感叹："历史学家事实上将要面临一个根本性的范式转换，从一种匮乏的文化转化为一种富足的文化"。① 劳拉·曼德尔对此表示赞同。当她被问到历史研究将要面临的最大挑战是什么的时候，她便使用了一种略为不同的语言回答说："我认为，最大的挑战将与搜索相关，尤其是与懂得为何有些信息找得到、而有的信息找不到的含义相关。"② 此话是否准确可以通过历史研究技能的变化以及在过去 10 年里因面临不断增长的网络信息而持续进行的改变来检测。"在过去，当文学研究者或历史学家提出某些观点时，他们的观点只需使用几个案例来支持，但今天当你提出一种观点或见解时，你可能需要考虑成千上万个案例、甚至可能数百万条信息。"③

当前的问题与关于数字史学的认识误区

不幸的是，数字时代因特网的发展与与之相伴的即时可得信息的成倍增长也导致了对数字史学及其未来的错误认识。这些错误认识可能会阻碍倾向于固守传统的历史学家下定决心来探索这个新领域，或

---

① Rosenzweig, "Scarcity or Abundance? Preserving the Past in a Digital Era," 735-762.
② Bridget Draxler, "Interview: Laura Mandell, 18thConnect" HASTAC, http://www.hastac.org/blogs/bridget-draxler/interview-laura-mandell-18thconnect (retrieved 2/20/2015).
③ Brian Matthews, "Millions of Sources: the disruption of history and the humanities?" The Ubiquitous Librarian at *The Chronicle of Higher Education*, http://chronicle.com/blognetwork/theubiquitouslibrarian/2015/01/12/millions-of-sources-the-disruption-of-history-and-the-humanities/?cid=wc&utm_source=wc&utm_medium=en (retrieved 1/30/2015).

参与到数字史学项目中来，从而减缓该领域的成长速度。对数字史学的误解也可能对其在高校的发展造成潜在的阻力，因为校方和资深教授可能会设置某些人为障碍，打击年轻同事探索这一新领域的勇气。我们需要对常见的认识误区进行剖析，展示其错误所在。

首先，在线教学的兴起以及和与之相伴的授课方式的变化被认为是一种与数字史学不同的实践，这种看法在高校内尤其盛行。一方面，这些变化被视为高等教育界内正在发生的一种普遍现象，囊括了所有的领域和学科，并不只是发生在史学领域内。另一方面，新技术和新方法的使用在其他领域内得到更经常的使用，而史学领域，尤其是历史教学，被学界许多人（包括史学界内部和外部的学者）认为是一个保守僵化、不愿改变的领域。[1] 其他的领域，尤其是自然科学领域，已经开辟了"同伴指导"（peer instruction）和"互动学习"（interactive learning）的教学实验。这方面最有名的例子是哈佛大学物理学和实用物理学教授埃里克·梅热的"同伴指导"教学。他和同事们利用新技术，以创新的方式，重新设计了课堂教学，创造出更为有效的指导学生的方法。[2] 我并不是说史学教授在这方面就没有创新。马克·卡恩斯在巴纳德学院发明的互动式教学游戏《回应历史》就是历史学教授所创造的创新作品之一。《回应历史》设计了一组游戏角色，让学生在阅读原始文献的基础上，创造和发展分配给他们扮演的历史人物角色。这个游戏的目标是"……将学生吸引到过去之中，鼓励他们带着伟大思

---

[1] Glen Jeansonne, "Historians Change at a Slower Pace Than History," *Perspectives on History*, http://www.historians.org/publications-and-directories/perspectives-on-history/april-2006/historians-change-at-a-slower-pace-than-history (accessed March 1, 2015).

[2] Craig Lambert, "Twilight of the Lecture," *Harvard Magazine* (March-April 2012), http://harvardmagazine.com/2012/03/twilight-of-the-lecture (retrieved 2/21/2015).

想去参与（还原的历史情境），提高他们的思考和学习技能"。① 在课堂中使用游戏的做法从使用《回应历史》的游戏扩展到包括更为传统的电子游戏。在过去 10 年，研究者开始研究电子游戏在教学上（无论是在课内还是课外）拥有的潜力。②

许多史学教授仍继续依赖于传统的教学法，即所谓"信息传递模式"，以课堂讲课为主。近期的研究则显示，对于今天的大学生来说，要他们吸收和消化通过传统讲课方式传递给他们的知识是极为困难的。③ 而一些教授又对要他们对因应新技术的发展来改变教学法的建议非常抵触，这种建议也在教授之间造成了强烈的对立，支持和反对改革的两派都坚持认为，自己的教学法是正确的，而对立派的教学法是错误的。这种争论无法产生出对双方有益的辩论。许多主张大学教学法变革的文章都喜欢引用阿伯特·卡莫斯的一句话——"有人在睡着的时候说话；讲课之人却是在别人睡觉的时候说话"——不幸的是，此话有的时候并不失真。

另外一个问题是"数字人文学科"（Digital Humanities）的人气攀升与那种认为它将要把"数字史学"收编于麾下的错误看法。2009 年，在费城召开的美国语言学会（MLA）年度会议上，威廉·潘帕克尔写道："2009 年 MLA 年会到处可见时运不济和穷愁潦倒的现象，唯一的一个看上去活得潇洒自如的领域是：数字人文学科。不仅如此，在所有相互竞争的分支领域里，数字人文学科看上去就好像是久盼之中

---

① "About Us," *Reacting to the Past*, https://reacting.barnard.edu/about (retrieved 2/20/2015).
② Matthew Wilhelm Kapell and Andrew B.R. Elliott, *Playing with the Past: Digital Games and the Simulation of History* (New York: Bloomsbury, 2013), 3.
③ Emily Hanford, "Rethinking the Way College Students are Taught," *American RadioWorks*, http://americanradioworks.publicradio.org/features/tomorrows-college/lectures/rethinking-teaching.html (retrieved 2/12/2015).

的"下一波大手笔"中的第一个，因为数字技术将影响到每一个领域。"[1]在过去10年，数字人文学科领域发展迅速，各高校纷纷招聘数字人文学家，并建立起数字人文学科的本科和研究生项目。尽管"数字人文"显示出一副要包揽所有人文学科领域（包括英语、历史、哲学、宗教研究等）的架势，它的批评者们却只是将它称为"数字英语"学科。

此外还有一个经久不衰的误解，即对于数字史学、数字人文这样的研究或领域，学校和教员都需要投入大量的资源和财政支持。如果这种说法属实，数字史学的发展将在那些十分富裕和注重研究的学校受到严重的限制。事实上，情况可能正相反，小规模高校的教员在这方面可能比大规模学校和研究机构的同事更具有优势。譬如，小学校的教员更拥有参与（数字史学）项目的自由，而项目的最终结果可能不必是那种经同行匿名评审的正规出版物。[2]此外，除了那些像"古登堡项目"或"谷歌书库"（Google Books）这样的大型项目需要有大额年度财政的支持之外，许多数字（史学）项目对人力和财政资源的要求是有限的，它们唯一需要的重要投资是时间。

关于数字史学的最后一个误解是，它需要操作电脑的高超技能。此话不假，但只限于该领域的初创阶段。有几个理由可以说明高超的电脑技能并非是在史学领域中运用数字技术的必要条件。首先，为了创造必要的电脑环境，早期开创者必须学习如何使用相关的电脑操作系统，但现在电脑运作的能力大大提高，许多的软件得以开发并可随时从商店买到，这说明从事数字史学的研究、出版和教学只需要掌握

---

[1] William Pannapacker "The MLA and the Digital Humanities," *Brainstorm: The Chronicle of Higher Education*, http://chronicle.com/blogPost/The-MLAthe-Digital/19468/ (retrieved 1/30/2015).

[2] William Pannapacker, "Stop Calling it 'Digital Humanities,' " *The Chronicle of Higher Education*, http://chronicle.com/article/Stop-Calling-It-Digital/137325/ (retrieved 2/19/2015).

基本的电脑技能即可。我这里讲的"基本电脑技能"是指当今每个在美国生活的人所拥有的电脑技能（包括使用文字处理软件、网页浏览器、接收和发送电子邮件等），或那些通过自我指导能够迅速掌握的电脑技能。第二，当需要使用更先进的技能的时候，它们可通过与其他学者和其他领域的合作被带入到合作项目中来。主题建模（topic modeling）的目标是对一个文本或一组文本进行分析，从而找到那些能够相互绑定的词，这些词被称为"主题"。主题建模可以用于建设小规模的数据库，数据库越大，分析则越有成效。[1]虽然主题建模已经出现好几年了，但对于大部分研究者来说，仍然还是一个未曾探索过的新领域。如果学者们对通过主题建模来做研究感兴趣的话，可以通过两种方式去接触这一技术。首先，学者们可以通过自学来掌握它，尽管这样做需要拥有超出电脑初学者的技能，但对于任何掌握了中等电脑操作技能、愿意投入大量时间、并对攻克学习难关拥有足够耐心的人来说，自学这个技能是完全可能的。这要求学者首先对它的概念和使用有一个基本的了解，这可以通过访问几个相关的网站来实现，如安德鲁·戈德斯通和泰德·安德伍德的名为"PMLA 主题建模"的博文。[2]然后学者需要准备大量的数据来做分析，而数据准备则可能会是非常困难的一件事。《学术期刊在线收集》（JSTOR）提供了一个名为"研究数据"的免费服务，学者可从 JSTOR 的档案中将选取的内容下载来做主题建模分析。[3]接下来，如果使用戈德斯通和安德伍德的网文作为指南的话，

---

[1] Megan Brett, "Topic Modeling: A Basic Introduction," *Journal of Digital Humanities* 2 (2012), http://journalofdigitalhumanities.org/2-1/topic-modeling-a-basic-introduction-by-megan-r-brett/ (retrieved 2/20/2015).

[2] Andrew Goldstone, "Topic-Modeling PMLA," Andrew Goldstone, http://andrewgoldstone.com/blog/2012/12/13/pmla/; 同时在 The Stone and the Shell 网站发表，见：http://tedunderwood.com/2012/12/14/what-can-topic-models-of-pmla-teach-us-about-the-history-of-literary-scholarship/ (retrieved 2/1/2015).

[3] JSTOR, Data for Research, http:// dfr.jstor.org (retrieved 2/13/2015).

学者需要学会如何使用 Mallet 的软件,[①]下载一些文稿来做拼接。由此可见,掌握整个过程的操作不是不可能的,但主要取决于研究者的电脑技术熟练程度。另外一种选项(也是正在变得十分热门的做法)是与其他学者组成团队,从他人那里学习技术。例如,新南威尔士大学建立了一个《文本挖掘合作项目》,它"通过为那些有兴趣使用自动语言处理技术的人提供一个汇集工具、方法、出版物、联络和教育资源的储存库,从而将跨越不同领域的研究者联系起来。"[②]

数字史学发展面临的最后一个问题是,如何改进对从事数字史学研究和教学的历史学家们的支持,这些支持主要来自他们各自所在的系、学院和学校。[③]购买相关的技术设备当然需要财政支持,但对于数字史学家来,另外一种类型的支持则对他们的成功更为关键,这就是史学专业的支持。我这里指的是历史系在对教员考核、晋升和终身职的评定过程中,需要将数字史学的研究和项目纳入到专业评审的内容和程序之中,但并非不公正地使用评审传统学术产出(会议论文、发表论文、专著和研究基金)的标准来评审数字史学的项目。有幸的是,在过去 30 年里,很多历史系已经在学校层面被迫面对公共史学的成长。当历史系招聘公共历史学家的时候,它们认识到,目前使用的评估体制对于公正地评审这些历史学家的工作并不是完全恰当的,关于这个问题的对话也随即展开,但不幸的是开展这样的对话并不是一个容易或迅速的过程。2010 年,由美国历史学会组织的"评审公共历史学家学术成果工作小组"发布了一份名为《关于终身职、晋升与公共领域接触的专业历史学家的报告》,其中包括了下列重要的内容(着重号为

[①] MALLET (Machine Learning for Language Toolkit), http://mallet.cs.umass.edu/. (retrieved 2/21/2015).

[②] The Text Mining Collaboration, http://text.mine.unsw.edu.au/. (retrieved 2/13/2015).

[③] William Thomas, "The Future of Digital History, #rrchnm20," William G. Thomas, III, http://railroads.unl.edu/blog/?p=1146 (retrieved 2/26/2015).

我所加）：

> 目前史学界为获得终身职和晋升所使用的学术成果评估标准，并未能反映出教员所从事的极为多样化的史学实践，包括正在不断增大的公共史学和合作性的学术成果。评审终身职的程序往往忽视教员所从事的与公众相联系的、合作式的学术成果，而强调由单个作者所著述的专著和论文，牺牲了其他类型的学术产出。与此同时，管理终身职申请和评定的工作指南也没有承认各校招收的负责指导公共史学项目或指定讲授公共史学课程的教员人数正在不断增大的事实。
>
> 那些宣布以公共史学家的资格来公开招聘、面试和雇用教员、并期望新招教员继续从事公共史学研究的历史系，在合同上有责任将公共史学的活动视为是符合专业标准的，并在终身职和晋升评审过程中对这些历史学家予以奖励。就公平而言，这些历史系也应感到，它们有责任采用终身职和晋升的指南，将以公平而合适的方式来评估公共史学家的学术成果和教学。
>
> 特别值得指出的是，这些问题不仅会影响到从事公共史学——即，历史学家与各种"公共"领域 / 对象通过合作从而将过去变成对于公众有用的东西的联合努力——的教员，而且也会影响到其他与公众相关的、合作类型的学术成果，如跨学科和数字史学项目等。[1]

---

[1] Working Group on Evaluating Public History Scholarship, "Tenure, Promotion, and the Publicly Engaged Academic Historian: A Report," *Perspectives on History*, American Historical Association (September 2010), http://www.historians.org/publications-and-directories/perspectives-on-history/september-2010/tenure-promotion-and-the-publicly-engaged-academic-historian-a-report (retrieved 2/24/2015).

如工作小组报告所指出的,这些问题不仅对公共历史学家有影响,也对其他领域——如数字史学——也有影响。随着历史呈现/发表的渠道成倍的增长,历史系需要就如何评估这些非传统的出版成果做出决定。从学术上接受和承认这些新的出版成果所遭遇的最大障碍,正好也是因特网的最被正面认可的特点之一——任何人可以不受检测地在网上发布自己的任何写作。这在传统的同行评审体制面前显得无法相提并论,后者从理论上保证学术成果的发表得到了学术同行的严格审查。一篇从未在一个传统学术期刊上发表过、但在 *Academia.edu* 网站上发表的文章应该被如何评价?[1]或者,一系列针对本领域面临的重要问题的博文又应该如何得到评价?威廉·托马斯对这些问题给出了一个简单的回答——"评审更多(的博文)—对数字史学的学术评审很少,这限制了该领域的发展。我们在研究基金申请程序中依赖同行评审的意见,在评审终身职和晋升的过程也多少这样做,但数字史学的未来要求学者对数字史学使用的或包含的解释性程序进行批判性审查。"[2] 为此已经出现了几种富有积极意义的努力,其中的努力之一是 *Open Context* 网站的创办,它的目的是发表"……研究者通过一个经过了评审、编辑、并符合标准的程序而贡献的数据"。[3] 除了向考古学的研究者提供一个出版他们的经过同行评议之后的数据之外,该网站还将这些数据免费开放。这种做法与传统期刊的做法形成了鲜明对比,后者不仅在读取通道方面设限,而且还收取费用,出版商并不断向作者索取数额越来越大的出版资助。类似 *Open Context* 的网站虽然是往正确的方向迈出了一步,但不幸的是,因为财政资源的缺乏,这样的网站数量有限。

---

[1] Academic.edu, http://www.academia.edu/ (retrieved 2/21/2015).
[2] Thomas, "The Future of Digital History, #rrchnm20."
[3] "About," Open Context, http://opencontext.org/about (retrieved 2/13/2015).

这类问题将主要对年轻学者的发展产生影响；因为他们并不清楚同系的同事们会如何评价这类项目，他们也许会因此而对进入到数字史学领域之中而犹豫不决，更可能继续选择以更为传统的方式进行研究，直到获得终身职和晋升为教授。学术期刊对这些问题也并不是一无所知。"对于那些面临'一锤定音'的终身职评审的年轻教员来说，这些危险性显得尤其真实。主要的问题包括：在多人参与的项目中学分的分布如何设置，同行评议的复杂程序，以及因印刷和数字产品的相称性所引发的标准混乱等。"[1] 大家对问题的后果都看得很清楚，但尚拿不出可行而现实的解决办法。这是数字史学最不需要遭遇的负面发展。历史学家和历史系需要鼓励年轻学者在方法和思考上创新，而不是打击他们在这方面的积极性。

领域的未来

数字史学在过去10年里得到快速成长，它拥有在不远的将来得到更快成长的潜力。一部分原因是电脑技术将不断获得日新月异的进步，并带来技术花费价格的下降，后者将为更多的历史学家提供更大的便利。虽然未来总是难以预测的，但就数字史学的未来而言，其中的一个预期是，它将被"……更全面地嵌入到文化产品和媒体之中"。[2] 所有的经过数字化处理的东西似乎都将与过去以更新的、更现实的方式发生更为频繁的互动。虽然曾由《第二次生命》[3] 所承诺的虚拟现实烟消云散了，但不容置疑的是，人们仍然在不断寻求与他人互动的新

---

[1] Amanda Seligman, "Urban History Encyclopedias: Public, Digital, Scholarly Projects," *The Public Historian* 35.2 (2013): 26.

[2] Thomas, "The Future of Digital History, #rrchnm20."

[3] Second Life, http://secondlife.com/ (retrieved 2/16/2015).

方式。①互动性将成为未来实用的关键因素之一，也是给历史学家提供的一次机会，鼓励他们将史学从一种静态呈现推进到一种邀请（人们）积极参与的状态之中。

随着技术的变化和演进，历史学家需要做好适应和迈步向前的准备。如果史学希望被视为是一个与时俱进而充满活力、而不是一个戴着一副保守而僵化的面具的领域的话，这将是它必须接受的一个挑战。正如奥威尔·伯顿在2005年所警告的（着重号为我所加）：

> 在积极有为并身体力行的历史学家的努力下，类似数字图书馆和在线教育材料等被发展成为了用得上的、有效的教学和研究工具。然而，历史学家必须采取主动行动。一支由历史学家组成的开拓者队伍已经奠定了基础，现在专业历史学家必须接受和支持他们的工作，继续向前推动，否则这个工作将会由那些不是历史学家的人来为我们完成。②

不幸的是，接受新技术的挑战仍然是一个不断重复的呼吁，不光只是针对历史学，而且也是针对数字人文的更大领域。③这是一个将要决定数字史学未来的重要问题。如同伯顿所指出的，拒绝接受新技术的后果将导致非历史学家（如网页设计师、电脑工程师、大众传媒等）来整合本应由受过正规训练的历史学家所做的工作。从根本上讲，这

---

① Karyne Levy, "Second Life Has Devolved Into A Post-Apocalyptic Virtual World, And The Weirdest Thing Is How Many People Still Use It," *Business Insider*, http://www.businessinsider.com/second-life-today-2014-7. (retrieved 2/27/2015).
② Orville Burton, "American Digital History," *Social Science Computer Review* 23, no. 2(2005): 206-220.
③ Christine L. Borgman, "The Digital Future is Now: A Call to Action for the Humanities," *Digital Humanities Quarterly* 3, no. 4(2009), http://www.digitalhumanities.org/dhq/vol/3/4/000077/000077.html (retrieved 2/20/2015).

个看法也是针对历史学界曾长期以来不够积极卷入公共史学的批评的一种延伸——因为这种不作为带有同样的由那些愿意做历史的人取代专业历史学家的威胁。"任何人都可以做史学——新闻记者、电影制作人、政策分析师、政治家、小说家等都声称会做史学，或至少会在他们的作品中使用历史。与医生和律师不同的是，我们不能拒绝让那些没有（历史学）博士学位的人来做史学。"[1] 如果我们历史学家想要在历史是如何发生的和如何呈现的问题上拥有声音的话，我们需要采取行动，掌握新技术，只有这样我们才能保持在这个领域中的领袖地位。有幸的是，有迹象表明，历史学家对这些新技术表示欢迎和接受。一个重要的象征是获得国家人文基金数字启动基金奖励的具有历史元素的项目的数量在不断增加。[2] 另外一个正面象征是专注于向历史学家介绍新技术、分享创新性研究项目和鼓励数字合作的学术会议和工作坊的数量也在不断增加。[3]

当数字史学在力图创造更多的实践者的时候，已经接受了新技术的人则获得了对未来史学发展具有巨大潜力的渠道。一个被数字史学囊括在内的是 3D 扫描技术。摄影技术在过去几十年为研究者用来记录历史和考古遗址，并用来制作影像遗址方案，但数码照相机和相关的软件的发展帮助学者们能够捕捉并复制 3D 数据。[4] 此外，激光扫描机

---

[1] Alexandra Lord, "The View from Outside the Ivory Tower," *Perspectives on History*, http://www.historians.org/publications-and-directories/perspectives-on-history/january-2005/the-view-from-outside-the-ivory-tower (retrieved 2/21/2015).

[2] "Grant News," Office of Digital Humanities, http://www.neh.gov/divisions/odh/grant-news/announcing-17-digital-humanities-start-grant-awards-march-2015 (retrieved 3/27/2015).

[3] "Doing Digital History NEH-ODH Summer Institute," Roy Rosenzweig Center for History and New Media, http://chnm.gmu.edu/doing-digital-history-neh-odh-summer-institute/ (retrieved 2/23/2015).

[4] Jamie Quartermaine, Brandon R. Olson, and Matthew Howland, "Using Photogrammetry and Geographic Information Systems (GIS) to Draft Accurate Plans of Qazion," *Journal of Eastern Mediterranean Archaeology & Heritage Studies* 1 (2013): 169-174.

的发展使制作极为精确的电脑模型变成了现实。这种通过 3D 技术允许他人体会一个历史遗址的能力，使得其他学者和大众更易获取历史，也尤其更有利于课堂教学。传统的史学教学法主要依赖二维视觉形象，虽然显示过去图像的幻灯放映机已经由文稿演示器取代，但学生与过去进行互动的方式并没有改变。3D 模式的使用提供了从正面改变这种互动的可能性。但现有的 3D 模型还有一些缺点：它们首先是非常昂贵，例如，一台莱卡三维激光扫描仪需要 75,000 美元，每年的软件更新需要追加 3,000 美元；设备也相对复杂，不宜操作，而且需要长期的训练才能操作；最终的结果也不便于输出到不匹配的软件做显示处理。基于图像的建模软件最近的发展，尤其是三维模型生成软件，有希望发展出更快、更简单和更经济的 3D 模型。

另外一个对于历史研究和呈现具有重要潜力的领域是数字技术在空间意义的使用，尤其引人注目的是全球定位系统（GPS）和地理信息系统（GIS）。空间应用为历史学家提供了利用图像显示数据的机会。GIS 在过去几十年里成为地理学家的主要工具，但它的使用现在已经扩展到其他领域，包括人类学、考古学、生物学、政治学等。随着 GIS 软件不断简化并变得得更容易使用，与之相关的 GPS 技术和 GIS 软件的费用也大幅度下降，历史学家开始将这项技术纳入到他们的研究和呈现报告之中。"历史学家正在关注 GIS，因为他们一般要面对复杂的、充满动力的、非线性的体制，因此他们需要一种能够将大量的变量信息组织起来的系统，并能识别那些对该系统的稳定与转型最具有内在影响力的变量。"① 除了在多方面从视觉表现的研究数据中获益之外，这项技术为课堂教学制作不同类型的历史地图也是完全可

---

① J.B. Owens, "What Historians Want From GIS," ESRI, http://www.esri.com/news/arcnews/summer07articles/what-historians-want.html (retrieved 2/23/2015).

能的。①

除了激发新的研究可能之外，数字史学领域也正在见证另外一个重要的发展，即将它纳入到（本科和研究生）课程和项目设置中。一份 2012 年的调查问卷显示：

> ……（64.5%）的返还答卷的项目主任报告说，他们项目中的研究生毕业时将拥有数字史学和新媒介的能力。59% 的公共史学项目主任表示，数字史学和新媒介的内容被纳入到既存课程之中，还有 46.2% 的返还答卷称他们的项目中已经加入了一门或多门关于新媒介和数字史学的课程。项目主任还报告说，多于三分之一（35.9%）的公共史学项目正在训练学生学习制作或设计数字史学或新媒介资料的能力。②

接受训练的数字史学家的人数增长对于该领域的成长是一个重要的具有正面意义的迹象。随着更多的学生习得数字史学的技能并进入史学领域，最终会带来对实践数字史学项目同时具有资格和意愿的历史学家人数的增长。

数字史学起步阶段的成长是缓慢的，有限的技术和获取这些技术的高成本给历史学家设置了限制。随着个人电脑和因特网在 20 世纪 90 年代的迅速发展，这种情况已经大为改观。该领域已经不再受到技术的局限，而是受到历史学家自设的限制，历史学未能向其他领域那样

---

① Richard White, "What is Spatial History?" Spatial History Project, https://web.stanford.edu/group/spatialhistory/cgi-bin/site/pub.php?id=29. (retrieved 2/23/2015).
② Steven Burg, "The future is here: Public history education and the rise of digital history," http://publichistorycommons.org/the-future-is-here-public-history-education-and-the-rise-of-digital-history/ (retrieved 2/25/2015).

将新技术融入到自己的领域之中。历史学领域现在处于一个关键时刻，或者获得快速增长，或者将数字史学项目并入到其他领域之中，后者正在急速将自己的研究、出版和成果表现扩展到传统上为历史学家所控制的范围中。有幸的是，解决这个问题有一个现成的方法——历史学家需要拥抱技术，需要将技术融入到他们的研究和教学之中。拥抱技术并非是一种要么全有、要么全无的选择——它不要求历史学家变成无所不能的技术全才。它只是要求历史学家对新技术可以提供的可能性保持关注，并在他们能够和愿意的时候利用它们。更为重要的是，历史学家需要对那些愿意为数字史学项目投入时间和精力的同事予以学术承认和财政支持。最后，也许是历史学家帮助数字史学得以成长的最重要方式，就是鼓励历史系的学生（无论是本科生还是研究生）考虑将数字史学当成一套重要的技能添加到他们作为历史学家的工具箱里。简而言之，数字史学在将来的成功，要求当代历史学家以任何他们认为合适的方式拥抱技术，并鼓励当代和未来历史学家将数字史学视作一种有效的职业通道。（王希　译）

参考书目（原始材料）

>Herodotus. *The Histories*.
>Livy. *Ab Urbe Condita*.
>Thucydides. *History of the Peloponnesian War*.

参考书目（二手材料）

>"About Us." Reacting to the Past. Accessed February 20, 2015. https://reacting.barnard.edu/about.
>"About." Open Context. Accessed February 13, 2015. http://opencontext.org/about.
>"ICPSR." The Founding and Early Years. Accessed January 15, 2015. http://www.icpsr.umich.edu/icpsrweb/content/membership/history/early-years.html.
>"Interchange." *Journal of American History* 95.2 (Sept. 2008). http://www.journalofamericanhistory.org/issues/952/interchange/
>Academic.edu. Accessed February 21, 2015. http://www.academia.edu/.

Amanda Seligman, "Urban History Encyclopedias: Public, Digital, Scholarly Projects," The Public Historian 35.2 (2013): 26.

Anderson, Margo. "Quantitative History." In the *Sage Handbook of Social Science Methodology*, edited by William Outhwaite and Stephen Turner, 246-63. London: Sage Publications, 2007.

Berners-Lee, Tim. "What were the first WWW browsers?" World Wide Web Consortium. Accessed February 15, 2015. http://www.w3.org/People/Berners-Lee/FAQ.html#browser.

Borgman, Christine L. "The Digital Future is Now: A Call to Action for the Humanities." *Digital Humanities Quarterly* 3.4 (2009). Accessed February 20, 2015. http://www.digitalhumanities.org/dhq/vol/3/4/000077/000077.html.

Brett, Megan. "Topic Modeling: A Basic Introduction." *Journal of Digital Humanities* 2 (2012). Accessed February 20, 2015. http://journalofdigitalhumanities.org/2-1/topic-modeling-a-basic-introduction-by-megan-r-brett/.

Browning, John. "Libraries Without Walls for Books Without Pages." *Wired Magazine*. Accessed February 21, 2015. http://archive.wired.com/wired/archive/1.01/libraries.html.

Burg, Steven. "The future is here: Public history education and the rise of digital history." In the Academy. Accessed February 25, 2015. http://publichistorycommons.org/the-future-is-here-public-history-education-and-the-rise-of-digital-history/.

Burton, Orville. "American Digital History." *Social Science Computer Review* 23.2 (2005): 206-220.

"Doing Digital History NEH-ODH Summer Institute." Roy Rosenzweig Center for History and New Media. Accessed February 23, 2015. http://chnm.gmu.edu/doing-digital-history-neh-odh-summer-institute/.

Draxler, Bridget. "Interview: Laura Mandell, 18thConnect." HASTAC. Accessed February 20, 2015. http://www.hastac.org/blogs/bridget-draxler/interview-laura-mandell-18thconnect

Goldstone, Andrew. "Topic-Modeling PMLA." Andrew Goldstone. Accessed February 1, 2015. http://andrewgoldstone.com/blog/2012/12/13/pmla/.

"Grant News." Office of Digital Humanities. Accessed March 27, 2015. http://www.neh.gov/divisions/odh/grant-news/announcing-17-digital-humanities-start-grant-awards-march-2015.

Hanford, Emily. "Rethinking the Way College Students are Taught." American RadioWorks. Accessed February 12, 2015. http://americanradioworks.publicradio.org/features/tomorrows-college/lectures/rethinking-teaching.html.

Hart, Michael. "The History and Philosophy of Project Gutenberg." Project Guttenberg. Accessed February 20, 2015. https://www.gutenberg.org/wiki/Gutenberg:The_History_and_Philosophy_of_Project_Gutenberg_by_Michael_Hart

Himmelfarb, Gertrude. "A Neo-Luddite Reflects on the Internet." *Chronicle of Higher Education* (1 November 1996), A56.

Jeansonne, Glen. "Historians Change at a Slower Pace Than History," *Perspectives on History*. Accessed March 1, 2015. http://www.historians.org/publications-and-directories/perspectives-on-history/april-2006/historians-change-at-a-slower-pace-than-history.

Joyce, Patrick. "The End of Social History?" *Social History* 20 (1995): 73-91.

JSTOR, Data for Research. Accessed February 13, 2015. http:// dfr.jstor.org.

Kapell, Matthew Wilhelm and Andrew B.R. Elliott. *Playing with the Past: Digital Games and the Simulation of History*. New York: Bloomsbury, 2013.

Lambert, Craig. "Twilight of the Lecture." *Harvard Magazine* (March-April 2012). Accessed February 21, 2015. http://harvardmagazine.com/2012/03/twilight-of-the-lecture.

Levy, Karyne. "Second Life Has Devolved Into A Post-Apocalyptic Virtual World, And The Weirdest Thing Is How Many People Still Use It." *Business Insider*. Accessed February 27, 2015. http://www.businessinsider.com/second-life-today-2014-7.

Lord, Alexandra. "The View from Outside the Ivory Tower." *Perspectives on History*. Accessed February 21, 2015, http://www.historians.org/publications-and-directories/perspectives-on-history/january-2005/the-view-from-outside-the-ivory-tower.

MALLET (Machine Learning for Language Toolkit). Accessed February 21, 2015. http://mallet.cs.umass.edu/.

Matthews, Brian. "Millions of Sources: the disruption of history and the humanities?" The Ubiquitous Librarian at *The Chronicle of Higher Education*. Accessed January 30, 2015. http://chronicle.com/blognetwork/theubiquitouslibrarian/2015/01/12/millions-of-sources-the-disruption-of-history-and-the-humanities/?cid=wc&utm_source=wc&utm_medium=en.

Owens, J.B. "What Historians Want From GIS." ESRI. Accessed February 23, 2015. http://www.esri.com/news/arcnews/summer07articles/what-historians-want.html.

Pannapacker, William. "Stop Calling it 'Digital Humanities.'" *The Chronicle of Higher Education*. Accessed February 19, 2015. http://chronicle.com/article/

Stop-Calling-It-Digital/137325/.

Pannapacker, William. "The MLA and the Digital Humanities." Brainstorm at *The Chronicle of Higher Education*. Accessed January 30, 2015. http://chronicle.com/blogPost/The-MLAthe-Digital/19468/.

Perelman, Lewis J. "School's Out: The Hyperlearning Revolution Will Replace Public Education." *Wired Magazine*. Accessed February 21, 2015. http://archive.wired.com/wired/archive/1.01/hyperlearning.html.

Project Guttenberg. https://www.gutenberg.org.

Quartermaine, Jamie, Brandon R. Olson, and Matthew Howland. "Using Photogrammetry and Geographic Information Systems (GIS) to Draft Accurate Plans of Qazion." *Journal of Eastern Mediterranean Archaeology & Heritage Studies* 1 (2013): 169-174.

Ranke, Leopold Van. *The Theory and Practice of History*. Edited by Georg G. Iggers and Konrad von Moltke. Indianoplis: Bobbs-Merrill, 1973.

Rosenzweig, Roy. "Scarcity or Abundance? Preserving the Past in a Digital Era." American Historical Review 108.3 (June 2003): 735-762.

Second Life. Accessed February 16, 2015. http://secondlife.com/.

Seefeldt, Douglas and William G. Thomas. "What Is Digital History?" *Perspectives on History*. Accessed February 21, 2015. http://www.historians.org/publications-and-directories/perspectives-on-history/may-2009/intersections-history-and-new-media/what-is-digital-history

The Text Mining Collaboration. Accessed February 13, 2015. http://text.mine.unsw.edu.au/.

Thomas, William. "The Future of Digital History, #rrchnm20." William G. Thomas, III. Accessed February 26, 2015. http://railroads.unl.edu/blog/?p=1146.

Walton, Marsha. "IBM PC Turns 25." CNN.com. Accessed March 1, 2015. http://www.cnn.com/2006/TECH/biztech/08/11/ibmpcanniversary/.

Weller, Toni. "History in the Digital Age." In *History in the Digital Age*, edited by Toni Weller, 1-20. Routledge: London, 2013.

White, Richard. "What is Spatial History?" Spatial History Project. Accessed February 23, 2015. https://web.stanford.edu/group/spatialhistory/cgi-bin/site/pub.php?id=29.

Working Group on Evaluating Public History Scholarship. "Tenure, Promotion, and the Publicly Engaged Academic Historian: A Report." Perspectives on History, American Historical Association (September 2010). Accessed February 24, 2015. http://www.historians.org/publications-and-directories/perspectives-on-history/september-2010/tenure-promotion-and-the-publicly-engaged-academic-historian-a-report.

康艾琳
（Erin Conlin）

作为公共史学的口述史
通过见证来创造和解释过去

口述史是公共史学的一种形式，它使用个人和社区成员的故事来表现过去的意义，并将个人观察的视角融入到官方历史记录中。20世纪60、70年代期间，随着社会史学的发展，学者们开始不断思考普通人如何创造历史这类问题，口述史于是作为一种正式学术领域得以出现。① 尽管口述史的使用在今天已经十分普遍，学者们仍在小心翼翼地界定它的理论和实践，并继续讨论如下的问题：口述史是如何兴起的、如何演进的？口述史如何与传统史学的研究方法兼容？它是否真的有用，又是否真的可靠？它的最佳实践的方式是什么？我们应该如何最有效地将口述史付诸实践？本文意图回答上述问题，希望通过中美两国口述史领域的观察，展现该领域所取得的重要发展，并为从事与上述问题相关研究的中国学者提供一些基础文献的建议。与此同时，本文也将讨论口述史在创造历史和创造解释过去的新方法方面所具有的潜力。

---

① Hilda Kean, "Introduction," in *The Public History Reader*, edited by Hilda Kean and Paul Martin (New York: Routledge, 2013), xvi. 如同基恩指出的，早期的著作还包括：Edward Thompson's *The Making of the English Working Class*; Sheila Rowbotham's *Hidden from History: 300 Years of Women's Oppression and the Fight Against It*, 以及由斯塔兹·特克尔和阿莱桑德罗·珀特利收集的口述史。

一个不断演进的领域

托马斯·L. 查尔顿等人曾主编过一本名为《口述史的历史：基础与方法》的著作，该书不仅信息量丰富，而且通俗易懂。丽贝卡·夏普勒斯在书中贡献了一篇关于口述史史学史的精湛叙述，将现代口述历史学家的位置还原到极为丰富的口述传统中。[①] 她指出，为了写作波斯战争的历史，希罗多德曾访谈过当时的人民；她并指出，即便公元前中国周代的皇帝也曾"收集民间传说，为宫廷史官所用"。[②] 她同时指出，随着19世纪末科学在西方的崛起，学者们抛弃了口述见证的使用价值，直到20世纪30年代之前，口述史一直得不到学界的青睐。[③]

20世纪30年代是美国口述史学发展的关键年代，因为当时联邦政府通过《联邦作家项目》提供经费，支持对一万多名普通百姓进行口述采访。[④] 记录普通人的生活经历曾在20世纪30年代流行一时，但在20世纪40、50年代，哥伦比亚大学的艾伦·内文斯等学者却致力于收集和整理"伟大人物"的历史，因为这样的项目可以吸引到更大笔的

[①] Thomas L. Charlton, Lois E. Myers, and Rebecca Sharpless, eds., *History of Oral History: Foundations and Methodology* (Lanham, MD: AltaMira Press, 2007).

[②] Sharpless, "The History of Oral History," 9.

[③] Ibid., 10.

[④] 也许其中名气最大（也是最有争议）的项目是《前奴隶叙事》(Former Slave Narratives)。这是20世纪30年代由美国联邦政府通过Works Progress Administration下属的联邦作家项目(Federal Writer's Project)实施的项目，内容是采集2,300份"关于奴隶制的当事人回忆录"(https://memory.loc.gov/ammem/snhtml/snhome.html)。这个项目后来受到质疑，原因之一是进行访谈的环境对被访谈者提供的信息有影响。如同我们今天所知，种族、社会性别、阶级对于访谈过程有很深刻的影响。《前奴隶叙事》是美国口述史实践的先行者，在当时这类问题并没有得到充分的承认和探讨。尽管如此，这些访谈不仅为了解奴隶制及其影响提供了深刻的洞见，也帮助学者深入讨论人们记忆和讲述奴隶制的方式。

外来资金的赞助。① 其结果是，内文斯的工作被认为是"档案性明确、信息量丰富、以精英人物为主"。② 但20世纪60年代则极大扩展了"口述史传统的哲学基础"，将其变成了"一种记载普通人民生活的主要工具"。③

当前口述史的史学发展主要基于西方学界的实践，尽管学者们也努力呈现一些与中国相关的例证来修正这种情形。例如，1992年邝兆江曾在《口述史评论》上发表文章，希望帮助关于口述史的学术对话摆脱西方视角的主导。但与此同时，一些在中国工作的西方学者感到，中国在口述史方面落后于西方。邝兆江指出，这种看法根植于西方对口述史传统的特定认知之中。在邝兆江看来，（西方）学者似乎期望获取一种经过整理的、有记载的和编入档案的史料，如同在美国可能发现的那样，而在中国这并非是一种现实的期待。他认为，中国本身拥有极为丰富的口述传统，但其材料的形式和使用与美国相比有时是极

---

① 艾伦·内文斯从20世纪30年代后期开始收集口述史的材料，但他的注意力放在名声显赫的美国政界和商界领袖以及文化名人身上。他于1948年建立了哥伦比亚大学的口述史项目，并长期在其中开展他的工作 (Ibid., 11-12)。从1958到1976年，哥伦比亚大学的东亚研究所对中华民国时代 (1912-1949) 的17位著名人物做了口述史访谈。这些访谈的记录可以通过网站获得：http://library.columbia.edu/locations/eastasian/chinese/oral_history.html. (Luke S. K. Kwong, "Oral History in China: A Preliminary Review," *Oral History Review*, 20, nos. 1 & 2(Spring-Fall, 1992), 23-24. 唐德刚教授是当代中国口述史学会的创办人，20世纪40年代曾在哥伦比亚大学学习历史，当时内文斯正在创办该校的口述史项目。唐德刚积极参与了这个项目，并在获得博士学位后继续在哥大东亚图书馆的中文部担任研究员、教师和主任。(http://www.chineseoralhistory.org/tang-en.html) 虽然丽贝卡·夏普勒斯的史学史概览没有提及，但在不断增长的名人访谈项目中有一个引人注目的例外，即戴维·鲍德尔在1946年所做的屠犹幸存者的访谈录音。鲍德尔收集了第一批幸存者的见证材料。(更多的细节参见：Allen Rosen, *The Wonder of Their Voices: 1946 Holocaust Interviews of David Boder*).
② Michael Frisch, *A Shared Authority: Essays on the Craft and Meaning of Oral and Public History* (Albany: State University of New York Press, 1990).
③ Sharpless, "The History of Oral History," 13-14. 夏普勒斯提出，英国比美国历史学家更早地领导了记录普通人生活的活动。

不一样的。① 他提出，对口述史领域应该有一种更为开放的定义，以便新的西方传统之外的视角被纳入其中。②

与世界上其他许多文明一样，中国的口述史传统悠久，可以追溯到几千年以前。口述传奇、神话故事和史料构成了写作的混合基础，产生了一种"自有的史学传统，并逐渐为上层的精英文化所统筹"。③但"史学写作中出现的一些对口述材料的滥用"导致中国历史学家"对文字史料有一种相对于口述史料而言更好的偏爱"。④尽管如此，口述材料的使用并没有中断，仍然以短篇文献的方式在"笔记"或"散论"中得到大量的应用。⑤这种方式一直延续了几百年，口述史料有的时候甚至偶尔也会出现在史学写作的精品中。⑥例如，在清末民初学术界极为活跃的梁启超（1873—1929），就曾在其著作中交替使用过中西史学的研究方法。⑦

在他写于20世纪20年代的巨著《中国历史研究法》中，梁启超解释道，如果以美国历史学家班克罗夫特为榜样——即使用"从那些亲身参与历史或见证近期重要历史事件的人那里收集口述见证"的方法，中国学术将从中获益甚多。⑧根据邝兆江的观察，梁启超的话在当时并没有引发中国史学写作方式的巨大改变。但随着时间的变化，当

---

① Kwong, "Oral History in China," 23, 26.
② Ibid., 26.
③ Ibid., 26.
④ Ibid., 26.
⑤ Ibid., 28.
⑥ 邝兆江将明末谈迁(1593-1657)的《国榷》引为早期学术著述中使用口述材料的最佳样板。他认为清代的章学诚(1738-1801)"使用访谈的方法实施了一个完整的项目"。(Ibid., 28)
⑦ Kwong, "Oral History in China," 29.
⑧ 引自 Kwong, "Oral History in China," 29. 赫伯特·豪·班克罗夫特 (Hubert Howe Bancroft [1832-1918]) 是一位研究美国西部史的多产历史学家；他发表了多部关于美国西部、尤其是关于加利福尼亚历史的著作。班克罗夫特不仅描述新的通常是盎格鲁裔定居者抵达西部时所带来的巨大变化，同时也描述长期居住在这一地区的各种不同群体的土著居民。

教育被精英阶层逐渐普及到普通民众之中后，精英阶层开始对普通男女人民的生活发生了兴趣。① 这些变化也反映了政治气候的变化。包括毛泽东在内的政治领袖人物，后来也接受了新的民间访谈的实践。他们深入到乡村地区，从普通民众那里收集见证材料。② 类似的民间访谈一直延续到 20 世纪 50、60 年代。参与这种实践的人，尤其是在文化大革命期间，通常会受到鼓励，参与到记录和创作自身历史的过程中，并强调历史可以如何被用来为现实服务。③ 但在许多人眼中，20 世纪 50、60 年代所做的民间访谈，因被视为是"一种为统治群体发动政治斗争而服务的工具"，丧失了史料的可信度。④ 即便口述史不再受大多数中国学者的青睐，但该领域在 20 世纪 60 年代仍然出现了一些引人注目的成果，推动了它在中国的发展。

在这一时期内，中美史学史再度出现了重叠。瑞典作家兼新闻记者简·米尔达尔⑤ 的作品《来自一个中国乡村的报告》是基于中国的口述材料而写成的，是它激发了美国作家斯塔兹·特克尔创作了他的名

---

① Kwong, "Oral History in China," 29.
② Ibid., 31. 毛泽东在 1927 年深入湖南农村，与当地农民做了访谈。
③ Ibid., 32, 39.
④ 1959 年，中国人民政治协商会议对中国文史资料的收集表示支持，要求材料"基于个人经历，依赖人们所听到和看到的，而不是对既存文本记录的解读"。目的是动员公众的参与。Yang Liwen, "Oral History in China: Contemporary Topics and New Hurdles," *Oral History Review* 26/2 (Summer/Fall 1999), 138.
⑤ 简·米尔达尔 (Jan Myrdal) 是一位瑞典作家，也是诺贝尔经济学奖的获得者阿尔瓦·米尔达尔和冈纳·米尔达尔夫妇的儿子。冈纳·米尔达尔的《美国的困境：黑人问题与当代民主》(*An American Dilemma: The Negro Problem and Modern Democracy*) 是研究美国种族关系的奠基之作。简·米尔达尔 1962 年在中国山西北部的柳林庄呆了一个月，于 1965 年用瑞典语发表了一部题为《来自一个中国乡村的报告》(*Report from A Chinese Village*)。这部著作的主要内容是与当地居民的访谈，但提问部分没有包括在书内。米尔达尔希望弥合人民生活的现实与其他人对人民生活的描述之间造成的差距。John R. Lloyd, "Reviewed Work: Report from a Chinese Village by Jan Myrdal," *Science and Scoiety* 30, no. 3 (Summer 1966), 374.

著《狄维逊街》的灵感。① 特克尔是芝加哥一家无线广播电台的一位访谈节目主持人，也是口述史行业的先行者。他利用做节目访谈的机会，将普通人的生活经历展现出来，与大众分享。口述史鼓励人民使用自己的语言，来解释他们是如何使所生活的世界变得有意义。特克尔后来利用口述史料，写了好几部著作。随着时间的流逝，类似《狄维逊街》的著作又流传到东方学者的手中。邝兆江认为，特克尔和其他西方作者的作品再度激发了中国作者的创作灵感，鼓励他们再度开启与平民百姓做访谈的工作，记录那些亲历和见证历史的人的生活经历。但一些西方学者并未能将这些后来出版的史学作品视为传统的口述史，因为它们读上去更像是文学作品或政治工具，而不像是"历史"。② 尽管如此，这些作品仍然表现了中国学术长期以来使用口述见证材料的传统。

通过口述见证创造和解释过去

越来越多的学者意识到，口述史不仅具有通过对声音、经历和生活故事的记录来创造历史的力量，而且还具有以新的方式来解释过去的力量。在运用口述材料来写作时常被人忽略的人民史、地方史和事件史方面，斯塔兹·特克尔和阿莱桑德罗·珀特利是早期的领袖

---

① Kwong, "Oral History in China," 41. 斯塔兹·特克尔的《狄维逊街》(*Division Street*)，与米尔达尔的《来自一个中国乡村的报告》一样，也基本上是一部经过编辑的访谈录，目的是为70多位曾于20世纪60年代生活在芝加哥的人所经历的多元日常生活提供特殊的见解。它向读者展示了社会的不同侧面，访谈对象的年龄分布从15岁到90岁，来自不同的种族、阶级、教育程度、性取向和地理位置。他的目的是揭示在一个激烈的社会和政治变化的时期中居住在美国一个大城市中的居民的不同视角和经验。Paul Durica, "Reading to Myself: Division Street, America." Let's Get Working: Chicago Celebrities Studs Terkel. 见 http://studs.uchicago.edu/reading-to-myself-division-street-america/ (retrieved 1/11/2016).

② Kwong, "Oral History in China," 42-43.

人物。①他们的著作以如此精美的方式呈现，使得整个过程看上去直截了当——几乎是过于简单。但对于口述史的新手而言，收集和使用口述见证完全可能会是一个令人望而却步的任务，随时有可能掉入潜在的陷阱之中。许多口述史学家的目标是直接与大众接触，来创造历史，然后在公众论坛上分享他们发现的信息。本文的下一部分将以几位备受尊重的口述历史学家——包括特克尔、珀特利和迈克尔·弗莱希——的作品为榜样，来展开讨论本领域中那些备受关注的问题，包括方法论、伦理和解读方法等。除上面提到的几位学者之外，读者还可在本文的脚注中获得更多的相关资源。我在此的目的是为本领域的入门者提供一种概览，帮助初学者获取适合自己需要的、与本领域许多方面相关联的实际知识而提供一些有用资源。②

当斯塔兹·特克尔开始做口述史的时候，他让人们讲述自己的工作和生活情况，然后通过他们的故事，他抓住那些美国生活中的阶级和种族等具有挑战性的主题。③当今的口述史实践者仍然通过对口述材料的记录和使用来表现过去的意义，但比起40年前来，他们拥有数量众多的指南性著作来指导他们的实践。许多历史学家还为不同层次的

---

① 20世纪80年代，像科大卫（David Faure）和韩起澜（Emily Honig）这样的研究中国的学者利用口述史，作为一种有益的工具来研究江苏移民的工作和身份认同。廖亦武和冯骥才等中国作家也收集了来自成都和宁波等地的关于地方民怨的故事。他们同时使用了口述材料和档案文字材料，来补充和甚至挑战官方叙事。见：Di Yin Lu, "Doing Oral History in the PRC," http://dissertationreviews.org/archives/950。当今，温州大学已经建立起口述史研究所，专门致力于中国的口述史教学和实践。 http://oralhistory.wzu.edu.cn 。

② 许多建议的著作来自加州大学洛杉矶校区图书馆的口述史研究中心提供的参考书目（http://oralhistory.library.ucla.edu/bibliography.html）和《哥伦比亚大学口述史中心的研究指南》（http://library.columbia.edu/content/dam/libraryweb/locations/ohro/The%20Oral%20History%20Bibliography%20-%20A%20CCOH%20Publication.pdf）。

③ 参见 Studs Terkel, *Hard Times: An Oral History of the Great Depression* (New York, Pantheon Books, 1970); *Race: How Blacks and Whites Think and Feel about the American Obsession* (New York: New Press, distributed through Norton, 1992).

实践者创作出了适用的工作指南，帮助他们为访谈做好准备。[1] 口述史学会（The Oral History Association，简称为 OHA）也在自己的网站上提供了关于口述访谈的基本原则和最佳实践的指南。[2] 这些文献为从事口述访谈的人提供了手把手的指导，鼓励他们从头到尾对自己的项目做通盘考虑。这种方式可保持材料收集的连贯性和共同性，增强参与者的理解和支持，不光是针对访谈，而且也针对口述材料内容的使用。

与活着的人做访谈，给口述史学家带来了更多的伦理方面的挑战。学术机构或主管单位往往针对参与者的同意制定了具体的政策指南。但"同意"的概念远远超出了填写各类适当的表格的范围。最好的口述史实践是在访谈者与被访谈者之间的相互信任和合作的基础之上的。口述史学家弗莱希曾在 1990 年出版的、备受赞誉并被频繁引用的《共享的权威：论口述史与公共史学的技能与意义》一书中，讨论了访谈者/被访谈者之间的关系。[3] 弗莱希将讨论带出简单的"同意"概念之外，向读者提出了一个极有挑战性的问题："对一部口述历史来说，归根到底，到底谁是最终的作者？"他引导读者去认识到，口述史是一种历史学家与被访谈者的共同努力，由历史学家提出问题，并编辑与被访谈者谈话的结果，但必须获得后者的同意、并得到后者的配合，在

---

[1] James Hoopes, *Oral History: An Introduction for Students* (Chapel Hill: University of North Carolina Press, 1979), Donald A. Ritchie, *Doing Oral History* (New York: Twayne Publishers, 1995), Paul Thompson, *The Voice of the Past: Oral History* (Oxford: Oxford University Press, 1988), Valerie Raleigh Yow, *Recording Oral History: A Practical Guide for Social Scientists* (Thousand Oaks, California: Sage Publications, 1994).

[2] Oral History Association http://www.oralhistory.org/about/principles-and-practices/. 课程教学指导是由佛罗里达大学的保罗·奥尔蒂斯 (Paul Ortiz) 博士 (http://oral.history.ufl.edu/research/tutorials/) 和位于加拿大蒙特利尔的康考迪亚大学的口述史和讲故事数据化研究中心 (COHDS) 提供的 (http://storytelling.concordia.ca/toolbox/webinars/introduction-oral-history-and-interviewing).

[3] Frisch, *A Shared Authority*.

这个过程中，被访谈者的"语言是由此而产生的文本的心脏"。①这种交流及成果被弗莱希界定为"共享的权威"，这句话宣示了当代口述历史学家所遵循的最根本的原则之一。②"同意"远远超出了为从事访谈而商定的最初协议，而包括了对这些口述材料的解释和使用。③

从伦理上讲，口述史实践者有责任与被访谈者一起来解读材料，并以尊重后者和以准确地反映他们的经历与视角的方式，来整理和使用访谈材料。与那些与文本材料打交道的历史学家一样，口述史学者必须对访谈材料进行严格的审视和透彻的分析，但他们也必须按照访谈者与被访谈者共同认可的方式来使用材料。正是通过这个过程，一种介于访谈的参与者之间的"共享话语权"得以出现。

弗莱希对口述史学者和公共历史学家"重新界定和重新分配智识权威"的能力大加赞赏，④但他同时也提醒读者，"口述史过程本身并不先天性地担保由此产生的作品会得到有意识的理解，其材料更不会被用来创造一种准确地反映参与者视角的历史版本。"⑤人们讲述的故事也许不能反映一种事实上"准确"的历史情境，因为人民的故事是基于他们的记忆之上的。

"记忆"——即人们记忆事件、构建叙事，分享信息的方式——因此在口述史的研究和实践中占有一个中心位置。斯塔兹·特克尔在《艰难时光》的开篇中提到，此书是"一部记忆的著作，而不是一部充满过硬的事实和精确的统计数字的著作"。⑥从第一页开始，特克尔清楚地

---

① Frisch, *A Shared Authority*, xx.
② Ibid., xx.
③ COHDS主任斯蒂芬·海伊 (Steven High) 在该中心的网站上就伦理问题提供了一个清楚的解释，并提供了研究资源。(http://storytelling.concordia.ca/toolbox/ethics)
④ Frisch, *A Shared Authority*, xx.
⑤ Ibid. xx, 71.
⑥ Terkel, *Hard Times*, 3.

告诉读者,《艰难时光》不是讲述"生活究竟'真的'是怎么一回事,而是关于人民是在如何记忆过去"。[1] 弗莱希则提出,"记忆是活着的历史,是一种活在当下的被铭记的过去,具有一种为抵制"强制性的正统和受官方支持的历史解读而进行换位记忆"的力量。[2] 与此同时,他也谨慎地提出,"记忆是一种文化工艺作品"。[3] 它也可能被制作和操纵,从而变异成为一种"对文化权力和文化权威的支撑",而不是对文化权威的挑战。[4] 然而,对此持有警惕性的学者完全可以对记忆建构和记忆解释这个复杂过程进行研究和分析,从中获取真实和重要的历史洞见。

记忆是一种永无止境的谈判,一个人与一个社区始终在解读他们以往的经历,弗莱希因此将《艰难时光》视为一种极有价值的贡献,因为它衍生出口述历史学家面临的方法论问题。[5] 弗莱希告诫读者,不要只是从表面上来阅读《艰难时光》,将其看成是一种单纯的关于大萧条的回忆录,而应该思考其中的访谈过程——记忆如何得以制作和分享——以及历史与现实之间持续进行的谈判关系。[6]

与特克尔、弗莱希和其他的优秀学者一样,珀特利在著作中也讨论了记忆问题。珀特利认为,个人和社区的记忆存在缺陷、有的记忆是不准确的,甚至有时是完全错误的,但不能因此将这些故事视为是毫无用处的。相反,通过仔细的观察和严格的询问与调查,记忆仍然会帮助揭示经历的意义。在《路易吉·特拉斯图利之死:口述史学的形式与意义》一书中,珀特利要求读者仔细思考,一个事件如何为个

---

[1] Frisch, *A Shared Authority*, 9-10.

[2] Ibid., xxiii.

[3] Ibid., xxii.

[4] Ibid., xxiii.

[5] Frisch, Chapter One, "Oral History and *Hard Times*: A Review Essay," in Frisch, *A Shared Authority*.

[6] 参见 Frisch, Chapter One, "Oral History and *Hard Times*: A Review Essay," in Frisch, *A Shared Authority*.

人和社区所记忆，又如何随着时间的推移被赋予新的不同的含义。他的书讲述的是意大利特尔尼社区的人民如何利用特拉斯图利之死，将其变成该地区的工人阶级经历的一种象征，尽管此事发生在该地区经历最显著的变革之前。他展示了为什么人们总是有理由来记忆和叙说某些过去的经历，他们如何用特定的方式来讲述那些故事。特尔尼社区的成员将发生在历史上不同编年秩序中的事件并列在一起，包括特拉斯图利的死亡，以在当前的背景之下呈现他们过去经验的意义。①

在李静君、杨国斌所主编的《重新想象中国革命：中国改革的集体记忆的政治与浪漫主义》一书中，研究中国的学者也对记忆、政治和文化的交汇进行了讨论。正如书名所显示的，两位主编对集体记忆表现出极大的兴趣。他们将集体记忆视作是与官方历史有区别的，因为集体记忆"是从经历过历史的底层人民那里重建而来的"，所以它们"并不关于过去的客观的编年史，而更多是一种对过去的共同经历的回想"。②与珀特利一样，该书的作者发现，人们对同一事件有不同的记忆，其解释也是五花八门的，这些记忆和解释也都受到当前的政治、文化和社会背景的左右。书中的文章特别指出了"对中国革命经历的带有怀旧感、创伤性或批评性的记忆"，并指出，在一个"所谓的'后革命'的改革时代"里，中国仍然存在一种"'革命记忆'的回潮"。③所以该书的目标就是"解析不同社会群体和国家在不同时代对中国革

---

① Alessandro Portelli, *The Death of Luigi Trastulli and Other Stories: Form and Meaning in Oral History* (New York: State University of New York Press, 1991), 14-20. 工人们将特拉斯图利的谋杀与后来的工人暴动混合在一起，即便这两件事情的发生相距几年。珀特利注意到，有的时候很难分清被访谈者在讲述时何时从一个事件转向另一个事件，因为他们会在记忆中把这些不同的事件混为一谈。

② Portelli, *The Death of Luigi Trastulli and Other Stories*, 3.

③ Ching Kwan Lee and Guobin Yang, eds. *Re-envisioning the Chinese Revolution: The Politics and Poetics of Collective Memories in Reform China* (Stanford, CA: Stanford University Press, 2007), 2.

命经历的多重理解和使用"。[1]两位作者展示了解释超出了简单地了解和懂得人民的经验的局限。相反，解释要求对那些回忆在一种特定的历史语境下进行分析，以更好地理解那些影响记忆的事件。他们也特别指出，不同的个人、群体和国家本身如何培育和使用集体记忆，以推动某一纲领或某一自身偏好的历史解释。

编辑性解释对口述史学者和公共历史学家提出了另外一个挑战，因为讲述故事的方法对听众接受和理解故事的方式有极大的影响。一些学者也许会对特克尔在《艰难时光》中大幅度地编辑他的访谈者的记忆的做法不以为然——那些由他编织起来的趣闻轶事讲述了另外一种真实——他的访谈对象所记忆的真实。[2]在分享他们的故事时，特克尔将访谈对象介绍给他的读者，而后者通过阅读前者在大萧条中所经历的遭遇而产生一种与他们的联系和共鸣。但富有创造性的编辑会更加拉大读者与原始口述材料的真实性之间的距离。在面对这个问题时，珀特利曾在他的近作《哈兰县传说：一部口述史》中的导言中曾就解释和录音副本制作做过一个简短但颇有启发的讨论。[3]珀特利指出，"在口述史中，（故事的）意思不仅是通过讲述的内容来表现的，也是通过讲述的方式来表现的。"录音副本制作的过程对一些文字的删除，也导致许多内容的丢失。[4]他认为，"并没有什么中立的录音访谈副本：每一个逗号都是一个解读的行动。"[5]他因此明确地将他制作录音副本的方

---

[1] Ibid., 2

[2] Sharpless, "The History of Oral History," 21; Terkel, *Hard Times*, 3. 最近出版的编辑程度较轻的著作包括：William Chafe, Henry, Raymond Gavins, and Robert Korstad. ed. *Remembering Jim Crow: African Americans Tell About Life in the Segregated South* (New York: New Press, 2001).

[3] Alessandro Portelli, *They Say in Harlan County: An Oral History* (New York: Oxford University Press, 2012).

[4] Portelli, *They Say in Harlan County: An Oral History*, 10.

[5] Ibid., 10.

法直截了当地告知他的读者。① 珀特利写道，既然他的目的是用人民自己的语言讲述故事，而不是通过文字来重新复制口述",他并不根据自己的需要以删减或编织的方式来"翻译（或转换）访谈（副本）"。②

结　论

既然口述史注定要依靠"公众"来获取材料，本文是在公共史学的语境下讨论口述史，展现口述史学家如何利用他们的作品来挑战或改变公众社会对熟知的历史叙事的传统理解和假设。一个基本的史学史概述揭示了随时间演进而来的不同但相互重叠的研究领域。针对方法论、伦理和解读的富有思考的辩论则展示了口述史学者始终以批判和发展的态度来推动本领域的演进，如同那些依赖于传统的文字记录进行创作的历史学家一样。口述见证的收集、保管和使用为历史记录增加了新的材料，也创造了历史。口述史通过检视那些经常被传统的文本历史档案忽略的普通人的故事、记忆和经历，也为历史提供了新的解释。

珀特利明智地提醒我们，"口述史并非是以另外种类的真实来取

---

① Ibid., 10. 他的副本制作原则包括绝不将人们没有说过话的话当成他们的话。他使用方括号来处理必要的插入词语。他一方面努力保留一些"话语表现的影响力"（词汇、语式和结构等），他"避免针对阿巴拉契亚口音的发音而提供相应的文字拼写——这种努力总是包含负面的意义，带有过度的'他者'干预。例如，当 something 这个词没有 g 的发音时，他避免使用撇号。对所有口述史学者而言，制作访谈录音文本都是一个挑战，许多人担心当口语转换成书面语时许多的内容会丢失。弗莱希在《共享的权威》第五章中讨论了副本制作。有些作者，如查菲（William Chafe）在《记忆吉姆·克罗》（*Remembering Jim Crow*）中选择将访谈录音的 CD 包括在内作为书的一部分内容。同样，康考迪亚大学的 COHDS 发展了一种免费的名为 Stories Matters 的软件，学者可以通过它来制作一种便捷的线上访谈资料库。这个访谈资料库允许感兴趣的人聆听所选部分的完整访谈内容。这个软件可以免费获取，并从下列网址下载：http://storytelling.concordia.ca/toolbox/stories-matter-software.
② Ibid., 10. 这包括在时序上变换和转移，尽管访谈是在 20 年内的不同时间进行的。一些访谈看上去是当代的，尽管许多可能是在过去做的。

代先前的真实……它让我们不情愿地意识到历史真实本身具有的不确定性"。[1] 在约翰·斯坦贝克的著名小说《愤怒的葡萄》中,乔德家的父亲问凯西牧师,那人是否"讲的是真话"。凯西回答说,"他讲的是真话,是的。对他来说,是真话。"[2] 口述史不会指引我们去发现"真实",但通过了解同时存在的许多不同的"真实",能够加深和丰富我们对历史的理解。(王希 译)

---

[1] Portelli, *The Death of Luigi Trastulli and Other Stories*, viii-ix.
[2] John Steinbeck, *The Grapes of Wrath* (New York: Viking Press, 1939), 261, quoted in Studs Terkel, *Hard Times*, 3.

卢淑贞
(Soo Chun Lu)

外交官、公民与跨国网络
21世纪的美国冷战史研究

在美国，专门研究美国外交史/对外关系史的历史学家拥有一个专业组织，名为"The Society for Historians of American Foreign Relations"（美国对外关系史学会，简称 SHAFR）。该组织出版的期刊 *Diplomatic History*（《外交史研究》）是这一领域的旗舰刊物。这两个名称会唤起人们对该领域的不同印象和想象。"外交史"包含了与外交相关的事务，而外交则是那些执掌国家权力的精英人物的专属领域。"对外关系"则是指美国与外部世界发生交往的所有方面；用《美国对外关系的主要问题》一书的主编的话来说，"对外关系"的说法更贴切地"包含了（美国与外部世界进行交往的）各种形式，通过这些形式，不同的人民、文化、经济、国家政府、非政府组织、区域合作组织和国际机构之间相互进行交往"。[①] 就冷战时期的美国对外关系的研究而言，这两种名称的结合准确地反映出该领域在美国学界的现状。

首先，20世纪80年代在其他领域出现的"文化转向"激发起冷战史学者去追求新的问题，强调新的重点。一些历史学家对于意识形态、

---

① Thomas G. Patterson and Dennis Merrill, *Major Problems in American Foreign Relations Volume 1: To 1920*, 7th ed. (Boston: Cengage Learning, 2007), xviii.

社会性别、种族、阶级相关的问题予以关注，并研究它们对美国与世界的交往所产生的影响；另外一些人则致力于探讨冷战时期的文化外交问题。其次，一种国际史（internationalist）/跨国史（transnational）导向的研究方法在本领域日渐醒目：一些历史学家开始使用多语种和多国别的档案来回答新问题，或重新审视旧问题；另外一些学者则探讨那些超越了国家领土边界的新问题；还有一些人则使用比较的视角来设计他们的研究。第三，冷战时期美国对外关系的写作也受到来自其他领域的"跨域借鉴"的影响。这种趋势在两个方面得以展现：对外关系领域的学者不断从其他领域中汲取方法和理论，与此同时，那些并不自认为专长于研究对外关系的学者也在自己的研究中给予美国与世界的交往更多的关注。

要想弄清楚史学写作新趋势的命名原因并非易事；企图将某一具体的研究定性为是国际史或跨国史性质的则更是麻烦不断，因为这些术语经常被交替使用。本文所用的"国际史"概念，主要指那些继续关注国家和国家权力、但使用来自不同国家的史料并在一种更为宏观的语境之中对美国外交政策进行分析的写作。在美国学界，最竭力鼓吹和推动此类冷战史研究的是冷战国际史研究项目，而它在中国的合作伙伴则是位于上海华东师范大学的国际冷战史研究中心。[①] 本文所用的是"跨国史"的概念，主要用于描述那些针对超越了传统国家疆界的题目的研究，或针对通过不同形式的跨国网络而流动的人口、政策和思想的研究，这些研究并不必然将国家（在本文中，即美国）看

---

① 冷战国际史研究项目 (CWIHP) 于 1991 年建立，属于威尔逊国际学者中心的一部分。它的主要工作包括（但不限于）通过出版、工作坊和会议来发布和分享新发现的来自前"共产主义阵营"国家的材料。关于该组织的更多信息，见：https://www.wilson-center.org/program/cold-war-international-history-project.

作是唯一重要的分析对象。① 受文化转向影响的研究倾向于将非精英群体、非政府组织纳入到研究范围中来，或从其他领域借鉴研究方法——如话语分析等——来分析美国与世界的关系，以及其他文化可能对美国行动者或美国机构产生的影响。②

目前的这些学术趋势当然不只出现在美国对外关系史领域，也并非只是过去15年才出现的，但它们反映了（美国）主流历史学整体所经历的一种带有震撼性的转向。事实上，在20世纪80年代，美国对外关系史研究曾因自身的封闭而落后于其他史学分支而备受指责。③ 从那时起至今，美国冷战史研究早已超越了过去那种围绕现实主义、修正主义或后修正主义研究方法的辩论，曾几何时，类似辩论所产生的成果充斥了研究生训练的必读书目。历史学家麦克马洪认为，美国对外关系研究中已经出现一种"多元化的视野"。在美国冷战史的研究

---

① 关于跨国转向的讨论，见：C.A. Bayly, et al, "AHR Conversation: On Transnational History," *American Historical Review* 111, no. 5 (Dec 2006): 1440-1464. 关于对美国对外关系和冷战史研究中的跨国转向问题的讨论，见：Akira Iriye, "Transnational Turn," *Diplomatic History* 31, no. 3 (Jun 2007): 373-376, Penny von Eschen, "Locating the Transnational in the Cold War," in *The Oxford Handbook of the Cold War*, eds. Richard Immerman and Petra Goedde (Oxford: Oxford University Press, 2013), 451-468, and Mae M. Ngai, "Promises and Perils of Transnational History," *Perspectives on History: The Newsmagazine of the American Historical Association* December 2013, http://www.historians.org/publications-and-directories/perspectives-on-history/december-2012/the-future-of-the-discipline/promises-and-perils-of-transnational-history (retrieved 6/10/2014). 同见：Erez Manela, "The United States and the World," in *American History Now*, eds. Eric Foner and Lisa McGirr (Philadelphia: Temple University Press, 2011), 201-220.
② 关于文化转向的简论，见：Lawrence B. Glickman, "The 'Cultural Turn,'" in *American History Now*, eds. Foner and McGirr, 221-241.
③ 首先发起批评的是查尔斯·梅尔，见：Charles S. Maier, "Marking Time: The Historiography of International Relations," in *The Past Before Us: Contemporary Historical Writing in the United States*, ed. Michael Kammen (Ithaca: Cornell University Press, 1980), 355-387. 同时参见：Sally Marks, "The World According to Washington," *Diplomatic History* 11, no. 3(Summer 1987): 265-282.

中，这种视野的存在也已是不争的事实。[1]

作为文化史的冷战研究

"文化"是一个可塑性极大的概念，要准确地将它归类和定位并非易事，这也许可以部分地解释为什么文化转向在美国对外关系研究中产生出数量如此众多的突破传统研究边界的成果。在美国的冷战史研究中，文化转向推动学者们去研究政府主导的文化外交，剖析文化产品的内容与形式，审视文化传播与文化帝国主义之间的关系，分析像种族、阶级和社会性别等概念是如何影响了美国的行动与组织，并因此又如何影响了美国与世界的交往。有好几位学者对政府主导的跨国文化项目进行了跟踪分析。他们在写作中观察这些项目是如何设计、展示的，从而将文化转向与跨国史转向的范式结合起来。[2] 那些不为早期冷战史学包括在内的行动者与题目已经成为当今冷战研究中司空见惯的主题。[3]

对冷战的文化分析将学者的注意力指向主管公共事务的政府官员、美国新闻总署（USIA）的官员、个体公民和民间组织的行动与工作。例如，肯尼斯·奥斯古德的著作全面介绍了艾森豪威尔政府如何运用文化工具——艺术展览、无线广播、对外新闻节目、体育训练班、书籍、音乐与舞蹈表演等——在海外赢得民心的情况。但是，正如杰西卡·基诺—赫克特所展示的，这些官方文化政策的实施并

---

[1] Robert J. McMahon, "Toward a Pluralist Vision: The Study of American Foreign Relations as International History and National History," in *Explaining the History of American Foreign Relations*, eds. Michael J. Hogan and Thomas G. Paterson (New York: Cambridge University Press, 2004), 35-50.

[2] 例如，见：Jessica Gienow-Hecht, *Transmission Impossible: American Journalism as Cultural Diplomacy in Postwar Germany, 1945-1955* (Baton Rouge: Louisiana State University Press, 1999).

[3] 其中的一个例子是 Christopher Endy, *Cold War Holidays: American Tourism in France* (Chapel Hill: University of North Carolina Press, 2004).

不总是按照美国机构所期望的方式进行。①

　　文化外交的研究为观察政府—民间在冷战中的结盟提供了新的视角。彭尼·冯埃辛关注的是由美国国务院资助的爵士乐团作为文化大使在海外的巡回表演。这类访问和演出实际上反映了冷战期间为争夺人心而划定的战场,一部分目的是为了转移国际上对吉姆克罗制度(即美国南部的种族隔离制度——译者)的批评,另一部分目的则是对外出口至少在美国国务院看来是地道的美国艺术形式。冯埃辛认为,如果不是与非洲有渊源上的连接,或不与20世纪50年代出现的民权运动有关联,黑人艺术的输出是不可能的。迈克尔·克伦关注的是国务院与美术界人士在商讨如何将美国美术作品送到海外展出的合作中就展览目的所产生的分歧。究竟应该选择什么类型的美术作品,如何最佳地表现美国文化外交的效果,两者在这些问题上意见不同。这样的分歧也揭示了两者所建构的对美国国家和社会的认知是不同的。② 美国政府也曾以中央情报局为掩护,从民间组织中招聘和组建起一个隐秘的网络,来帮助其阻止共产主义世界影响的蔓延,尤其阻止在发展中国家内的扩散。这个网络包括了从私人基金会到劳工组织在内的各种机构,也包

---

① Kenneth Osgood, *Total Cold War: Eisenhower's Secret Propaganda Battle at Home and Abroad* (Lawrence: University Press of Kansas, 2006). 美国自然不是唯一启用这类文化战略的国家。我目前正在进行的关于冷战期间东南亚华人的研究显示,为赢得这一地区华人的民心,包括北京、华盛顿、伦敦以及台北在内的相距遥远的首都或首府都为此费尽心机。在她对美国资助的西德报纸《新报》(*Neue Zeitung*)的精心研究中,杰西卡—基诺—赫克特发现,该报主编依赖德国文化的传统来实施对德国知识精英的再教育,这种做法与美国最初的设想正好相反。那些在报社工作的人针对受过教育的德国读者,对美国人宣扬民主价值观的信息做了适当的调整。基诺—赫克特以此说明,文化传播并不只是一种美国将自己的价值观和思想强加于一个被动的人民之上的简单表现形式。见:Jessica Gienow-Hecht, *Transmission Impossible: American Journalism as Cultural Diplomacy in Postwar Germany, 1945-1955*.

② Penny von Eschen, *Satchmo Blows Up the World: Jazz Ambassadors Play the Cold War* (Cambridge: Harvard University Press, 2004, and Michael Krenn, *Fallout Shelters for the Human Spirit: American Art and the Cold War* (Chapel Hill: University of North Carolina Press, 2005).

括了来自欧洲和美国的知识分子、艺术家和剧作家等。①

对美国冷战政策的文化分析也揭示了种族、阶级和社会性别等概念在建构美国人对自身和他人的认知中所产生的影响。当然，如一些批评者所指出的，这样的分析并没有解释两者之间的因果关系，但展示了政策并非是在意识形态的真空中制定的事实，增加了我们对人类经验的理解。例如，劳拉·贝尔蒙特对美国新闻总署为"销售"美国生活方式而设计的材料进行了剖析，揭示了一种被理想化了的20世纪50年代美国社会的自我认知。罗伯特·迪恩的《帝国兄弟》分析了那种为美国政策制定圈子中的男性精英们所分享的崇尚阳刚之气的意识形态。与之相对应的是克里斯蒂娜·克莱恩对"中等知识阶层"文化产品中的东方主义的分析，这些产品包括詹姆斯·米切纳的小说《夏威夷》(*Hawai'i*)、理查德·罗杰斯和奥斯卡·汉默斯坦（Oscar Hammerstein）的歌舞剧《南太平洋》(*South Pacific*)和《国王与我》(*The King and I*)，以及艾森豪威尔政府的"人民对人民"的项目，从而揭示了一个西方人与之交往的"被想象的"亚洲，而这种想象可被纳入到冷战时期美国在亚洲展示力量和影响的策划之中。同样，直子涩泽的研究展示了美国驻日军队、大众媒体、大众文化和民间组织等如何"重构"了一个新日本的形象，从而为此刻的日本成为美国的冷战盟友而做了铺垫。麦拉尼·麦卡利斯特则研究美国的大众文化，从中寻找

---

① Frances Stone Saunders, *The Cultural Cold War: The CIA and the World of Arts and Letters* (New York: New Press, 2001), 英国版的书名为：*Who Paid the Piper? CIA and the Cultural Cold War* (London: Granta, 2001); Hugh Wilford, *The Mighty Wurlitzer: How the CIA Played America* (Cambridge: Harvard University Press, 2008).

美国人所拥有的中东形象的材料来源。[1]

去殖民化和冷战的进程与美国南部的种族隔离现实的交集带来了关注国际领域中种族问题所发挥的影响的研究成果。在玛丽·达德齐亚克的开拓性研究之后，一大批关于冷战时代的民权研究的成果接踵而至，展示国内存在的种族不正义状况如何与美国的冷战政策和亚非去殖民化运动之间的相互影响。[2] 在对英属西印度群岛的案例研究中，詹森·帕克尔展示了冷战背景下种族意识形态与美国针对去殖民化的政策之间的联系。[3]

总结而言，文化转向所产生的研究成果对非政府行动者，以及对思想以何种方式影响了政策的制定，给予了更大的关注。尽管许多这样的研究主要聚焦于美国，相当一部分甚至几乎完全依赖于来自美国的英语材料，但每一部著作都提出了不同的问题，它们因此也共同丰

---

[1] Laura Belmonte, *Selling the American Way: U. S. Propaganda and the Cold War* (Philadelphia: University of Pennsylvania Press, 2010); Robert Dean, *Imperial Brotherhood: Gender and the Making of Cold War Foreign Policy* (Amherst: University of Massachusetts Press, 2001); Christina Klein, *Cold War Orientalism: Asia in the Middlebrow Imagination, 1945-1961* (Berkeley: University of California Press, 2003); Naoko Shibusawa, *America's Geisha Ally: Reimagining the Japanese Enemy* (Cambridge: Harvard University Press, 2008); 以及 Melani McAlister, *Epic Encounters: Culture, Media, and U. S. Interests in the Middle East since 1945* (Berkeley: University of California Press, 2005).

[2] 相关例子，见：Mary Dudziak, *Cold War Civil Rights: Race and the Image of American Democracy* (Princeton: Princeton University Press, 2000; reprint with a new preface, 2011), Thomas Borstelmann, *The Cold War and the Color Line: American Race Relations in the Global Arena* (Massachusetts: Harvard University Press, 2001); 以及 Carol Anderson, *Eyes off the Prize: The United Nations and the African American Struggle for Human Rights, 1944-1955* (New York: Cambridge University Press, 2003).

[3] Jason Parker, *Brother's Keeper: The United States, Race, and Empire in the British Caribbean* (New York: Oxford University Press, 2008). 同见：Gerald Horne, *Cold War in a Hot Zone: The United States Confronts Labor and Independence Struggles in the British West Indies* (Philadelphia: Temple University Press, 2007).

富了美国冷战史的研究成果。①

国际史/跨国史导向

这类导向的研究成果可用光谱来形容。在光谱的一端是那些继续重视以民族国家和国家行动者为基础的研究。位于另外一端的研究则关注冷战时代的跨越国界项目，或不再从"美国"国家的特权地位出发将其作为分析的基本单位，或同时采取上述两种立场。跨国史的研究讨论那些超越国家地理边界的新课题，考察各种各样的跨国网络，并采用比较的视野来提出问题。

对于那些继续关注民族国家和官方政策的学者来说，过去20年里对先前保密的档案材料的逐步开放，使他们可以在自己的研究中加入一种国际视角。因为如此，张曙光在探讨美国领导的针对中华人民共和国的经济禁运时同时使用了中美两国的档案材料；与此同时，夏亚峰在关于中美两国大使级会谈的研究中，描述了两国关系走向缓和的过程，揭示了国内发展如何影响了中国做出对外开放的决定。菲利普·卡顿和爱德华·米勒利用越南档案和其他的越南语材料对吴庭艳政权的政策和华盛顿—西贡关系的演进做出了更为精致的描述。马克·阿特伍德·劳伦斯则依据英国、法国和美国的记录，叙述了在越南反殖民主义斗争中美国就是否应该支持法国而进行的辩论。他对美国最终做出支持法国的决定的分析放在美国与欧洲盟友的复杂关系和

---

① 关于其他研究的例子，见：Petra Goedde, *G.I.s and Germans: Culture, Gender, and Foreign Relations, 1945-1949* (New Haven: Yale University Press, 2002); and Donnah Alvah, *Unofficial Ambassadors: American Military Families Abroad and the Cold War* (New York: New York University Press, 2007); 以及 Philip Muehlenbeck, ed., *Religion and the Cold War: A Global History* (Nashville: Vanderbilt University Press, 2012).

后者持有的帝国野心的背景之中进行的。①

英语学者从那些具有广泛区域研究专长的学者的研究成果中受益匪浅。陈兼与翟强用英文发表的关于中国外交政策的著作属于这类成果的第一波。洪清源、罗伯特·布里格姆、马克·布拉德利、阮莲芃等从越南——包括南越和北约——的角度来重新讨论越战。维拉蒂斯拉夫·朱布克和其他人的著作提供了了解冷战时代苏联的打算和政策制定过程的机会,与此同时,斯维特纳·萨瓦兰斯卡耶亚最近从谢尔戈·米高扬档案中协助筛选和翻译了一大批文件,为他关于苏联处理古巴导弹危机的研究增添材料。其他的学者,如洛伦茨·卢西和奥斯丁·杰西尔德,研究了中苏联盟及其最终的破裂,瑟奇·拉琴科则在其新著中细致描述了苏联的亚洲政策。文安立的著作则强调了一个事实,即冷战不止是一场超级大国之间的斗争,而这场斗争所产生的最具伤害力的影响是由第三世界国家来承受的。②

国际史的视角带来了对那些受到美国政策影响的国家和人民——

---

① Zhang Shuguang, *Economic Cold War: America's Embargo Against China and the Sino-Soviet Alliance* (Palo Alto: Stanford University Press, 2002); Yafeng Xia, *Negotiating with the Enemy: U. S.-China Talks during the Cold War, 1949-1972* (Bloomington: Indiana University Press, 2006); Philip E. Catton, *Diem's Final Failure: Prelude to America's War in Vietnam* (Lawrence: University Press of Kansas, 2002); Edward Miller, *Misalliance: Ngo Dinh Diem, the United States, and the Fate of South Vietnam* (Cambridge: Harvard University Press, 2013); Mark Atwood Lawrence, *Assuming the Burden: Europe and the American to War in Vietnam* (Berkeley: University of California Press, 2007).

② 关于中国的研究,见:for example, Chen Jian, *Mao's China and the Cold War* (Chapel Hill: University of North Carolina Press, 2001); Zhai Qiang, *China and the Vietnam Wars, 1950-1975* (Chapel Hill: University of North Carolina Press, 2000); 还有先前提及的张曙光的早期著作 *Mao's Military Romanticism: China and the Korean War, 1950-1953* (Lawrence: University Press of Kansas, 1995). 关于越南的研究,见:Ang Cheng Guan, *The Vietnam War from the Other Side: The Vietnamese Communists' Perspective* (London: Routledge Curzon, 2002) 以及 *Ending the Vietnam War: The Vietnamese Communists' Perspective* (London: Routledge Curzon, 2004); Robert Brigham, *ARVN: Life and Death in the South Vietnamese Army* (Lawrence: University Press of Kansas, 2006);(转下页)

尤其是在第三世界或全球化进程中的南部的国家和人民——更为精确的研究。随着美国对外关系学者在一个更为广泛的国际背景之下来为美国与世界的交往——包括它的双边关系——定位，他们继续探讨美国政策如何为第三世界所接受，第三世界领袖的行动又如何对超级大国产生影响这类问题。学者也开始更为强调其他种类的地缘政治的发展——在此仅举去殖民化和现代化两例——这些发展作为分析的透镜具有同等（如果不是更为重要）的意义。例如，乔伊·郎在讨论美国国家安全政策、文化和新闻项目、外援和工会活动的研究中，详细叙述了推动去殖民运动的地方和区域动力以及它们对英美政策制定者的影响力。在中东研究中，沙利姆·阿古柏讨论阿拉伯民族主义与美国冷战政策的首选目标——尤其是那些包括在艾森豪威尔主义中的内容——的冲突。阿古柏用阿拉伯语的材料作为美国档案的补充，勾画了中东的地区动力冲突的场景，细数艾森豪威尔政府企图在纳赛尔主义者与伊拉克、约旦、黎巴嫩和沙特阿拉伯之间求得平衡而屡遭失败的过程。坦亚·哈默在最近出版的讨论冷战在拉美的研究中，不仅揭

（接上页）Mark Bradley, *Vietnam at War: The Search for Meaning* (New York: Oxford University Press, 2009); 以及 Lien-Hang T. Nguyen, *Hanoi at War: An International History of the War for Peace in Vietnam* (Chapel Hill: University of North Carolina Press, 2012). 关于苏联方面的研究的例子，见：Vladislav Zubok, *A Failed Empire: The Soviet Union in the Cold War from Stalin to Gorbachev* (Chapel Hill: University of North Carolina Press, 2007) 以及 *Zhivago's Children: The Last Russian Intelligentsia* (Cambridge: Belknap Press, 2009). 尽管后一部著作不是关注苏联的政策制定过程，但它描绘了一个受过教育、并期望苏联成为民主社会主义国家的俄罗斯精英群体的社会文化背景。关于中苏联盟的研究，见：Lorenz Lüthi, *The Sino-Soviet Split: Cold War in the Communist World* (Princeton: Princeton University Press, 2008); Austin Jerslid, *The Sino-Soviet Alliance: An International History* (Chapel Hill: University of North Carolina Press, 2014) 以及 Sergy Radchenko, *Unwanted Visionaries: The Soviet Failure in Asia and the End of the Cold War* (New York: Oxford University Press, 2014). 同见：Odd Arne Westad, *The Global Cold War: Third World Interventions and the Making of Our Times* (New York: Cambridge University Press, 2005). 关于冷战在拉美的研究，见：Grandin, *The Last Colonial Massacre: Latin America in the Cold War* (Chicago: University of Chicago Press, 2004).

露了美国对推翻阿连德政府行动的卷入，而且还讨论了由智利人组成的不同群体在美洲体系的行动。①类似的著作使美国对外关系的研究不再局限于单向的模式，而是将其他并非超级大国——如中华人民共和国、欧洲国家等——所发挥的作用包括在内。②

位于国际史/跨国史光谱另外一端的研究注重探讨冷战时代的跨国项目，关注通过跨国渠道流通的思想、人口，甚至政策等。塞拉·施耐德和詹森·帕克尔的研究显示，那些继续关注政府决策过程的学者完全可以采用跨国史的框架来组织和呈现自己的研究。施耐德的研究讨论了美国、西欧和苏联围绕赫尔辛基最后议案的政府决策，这项议案在1975年关于欧洲的安全与合作的赫尔辛基会议上被采纳，施耐德对会议之后到1990年的后续会议进行跟踪研究。她不光是关注官方的协商与讨论，而同时也观察一个由媒体专业人员、人权活动分子和持不同政见者组成的"赫尔辛基网络"的活动，这个网络的活动不断地将公众注意力指向对《赫尔辛基协议》第七条的违反行为。③

同样，前面提到的詹森·帕克尔关于英属西印度群岛去殖民化的研究也显示，研究国家与国家之间关系的学者也可在自己的研究中采用跨国转向的范式。他跟踪研究了从20世纪30年代到冷战头20年连接美国、英国和英属西印度群岛三者的三角关系，以及英国殖民地如

---

① Joey Long, *Safe for Decolonization: The Eisenhower Administration, Britain, and Singapore* (Kent: Kent State University Press, 2011); Salim Yaqub, *Containing Arab Nationalism: The Eisenhower Doctrine and the Middle East* (Chapel Hill: University of North Carolina Press, 2004); 以及 Tanya Harmer, *Allende's Chile and the Inter-American Cold War* (Chapel Hill: University of North Carolina Press, 2014). 同见 Robert J. McMahon, *The Cold War in the Third World* (New York: Oxford University Press, 2013) 中的论文。
② 关于欧洲冷战的研究，见：Poul Villaume and Odd Arne Westad, eds., *Perforating the Iron Curtain: European Détente, Transatlantic Relations, and the Cold War, 1965-1985* (Denmark: University of Copenhagen Museum of Tusculanum Press, 2010).
③ Sarah Snyder, *Human Rights Activism and the End of the Cold War: A Transnational History of the Helsinki Network* (New York: Cambridge University Press, 2011).

何演进为西印度群岛联邦,最终演进成为不同的独立国家的过程。到冷战时代,美国对国家安全的关切和政府奉行的反共取向不断地影响了它在去殖民化等问题上的态度变化。英美官方的声音在著作中占有很大比例,但帕克尔也引用了西印度群岛的政治领袖和海外移民的观点,讨论了由非裔美国人活动家和全国有色人种协进会(NAACP)为去殖民化而组成的跨国网络。其结果,该著作成为一部多面相的研究,非常细致地将不同的观点和声音包含其中,尽管它对各时段的覆盖并不均衡。①

冷战研究中出现了一大批针对现代化或发展问题,以及针对洛克菲勒基金会和其他慈善组织等跨国组织的研究,它们也可被视为一种跨国转向范式的研究,尽管有人会批评它们仍然以美国为研究重点,而且有的成果缺乏对美国之外的材料的使用。在冷战时期,美国官员和民间组织希望将自己关于现代化和发展的思想强加于欠发达国家头上,如同他们的前辈多年前曾经做过的一样,尽管冷战的需要时常会影响他们的选择。迈克尔·莱瑟姆采用社会科学家常用的现代化理论来分析肯尼迪时代的项目,如和平队、拉美的进步联盟和越南的战略村等,展示了美国机构如何将美国经验输出到世界的其他地方。最近的一个例子是尼可拉斯·卡拉瑟尔对亚洲反贫困和反饥饿的研究——两者都被视为是对稳定的国际秩序的威胁。在这部布局宏大、复杂的研究里,卡拉瑟尔集中呈现了在华盛顿和亚洲各国首都进行的关于现代化项目的政治辩论、为解决阿富汗、印度次大陆、菲律宾、南越等地的粮食短缺而进行的技术革新,以及为改变亚洲乡村地区农民的态度和行为而发起的社会动员等。这些行动同时导致了期望获取和并不

---

① Parker, *Brother's Keeper*.

期待的结果。①

其他学者研究了国际基金会和慈善组织的跨国工作。如周爱灵探讨了来自中国大陆的难民知识分子之间的合作、类似雅礼协会这样的美国慈善组织、亚洲协会和福特基金会、英国殖民当局为教育中国青年在香港建立新亚学院的活动。她一方面强调这类非政府组织在文化教育方面所扮演的角色的模糊性，以及它们与美国政府保持距离的努力，同时也认为这种态度或许削弱了美国官方意图遏制共产党中国的效果。有人也许会对这个结论提出质疑，但周的研究也讲述了一个不为人知的重要故事，即一个由中国知识分子和美国人组成的跨国网络——网络最初是由雅礼协会这样的组织很早之前创立的——如何为在香港培养一个知识精英群体而提供中国文化的教育的。②

跨域借鉴

前面的史学史讨论反映出持续不停的跨域借鉴，这种现象在美国对

---

① Michael Latham, *Modernization as Ideology: American Social Science and "Nation Building" in the Kennedy Era* (Chapel Hill: University of North Carolina Press, 2000); Nicholas Cullather, *The Hungry World: America's Cold War Battle against Poverty in Asia* (Cambridge: Harvard University Press, 2010). 同见：Bradley Simpson, *Economists with Guns: Authoritarian Development and U. S.-Indonesian Relations, 1960-1968* (Palo Alto: Stanford University Press, 2010) 以及 David C. Engermann, Nils Gilman and Mark Haefele, eds., *Staging Growth: Modernization, Development and the Global Cold War* (Amherst: University of Massachusetts Press, 2003).

② Grace Chou Ai Ling, *Confucianism, Colonialism, and the Cold War: Chinese Cultural Education at Hong Kong's New Asia College* (Leiden: Brill, 2011). 同见：Volker R. Berghahn, "Philanthropy and Diplomacy in the 'American Century,'" *Diplomatic History* 23, no. 3 (Summer 1999): 393-419, *America and the Intellectual Cold Wars in Europe: Shepard Stone between Philanthropy, Academy, and Diplomacy* (Princeton: Princeton University Press, 2001); Tim B. Mueller, "The Rockefeller Foundation, the Social Sciences and the Humanities in the Cold War," *Journal of Cold War Studies* 15, no. 3 (Summer 2013): 108-135; Inderjeet Parmar, *Foundations of the American Century: The Ford, Carnegie, & Rockefeller Foundations in the Rise of American Power* (New York: Columbia University Press, 2012).

外关系领域中四处可见。首先，对外关系的专家在不同程度上从其他领域不断借鉴概念和方法，采用不同材料来源——包括电影、艺术和文学作品等——超出了官方记录和精英人物的私人档案的范围。先前讨论的现代化研究引用了社会科学关于发展理论的研究。路易斯·佩雷斯关于美国人对古巴形象的建构的研究虽然不全是针对冷战时代，但提供了另外一个跨域领借鉴范式的例子。佩雷斯收集了一大批美国人——包括政府官员、新闻记者、作家，甚至学者等——用于在公共想象中建构古巴形象的文本和图像材料，借用语言学家、社会学家、人类文化学家和心理学家的分析方法，来检讨美古关系中的比喻所发挥的力量。[1]

另外一种跨领域借鉴的表现方式是，那些原本不是研究对外关系的学者也开始涉足这一领域，撰写关于美国在世界中的地位的著作，并在美国对外关系学会年会上分享研究成果。H-Diplo 是外交史学者的网络讨论群，它也经常请学者组织圆桌讨论，评论那些由非外交史专家撰写的专著。这种情形反映出持续不断的跨领域借鉴正在丰富冷战史的研究。[2]

结　论

本文所勾画的冷战史写作并非是在没有争议的情况下得以演进的，至少在外交史分支领域内，争议是存在的。人们对需要使用非美国的材料来检讨美国的政策或需要研究其他国家如何影响了美国的政策和思想这一点并没有多少异议；争议的焦点集中在如何看待国家扮演

---

[1] Louis Pérez, *Cuba in the American Imagination: Metaphor and the Imperial Ethos* (Chapel Hill: University of North Carolina Press, 2008).
[2] 其中的一个例子是 Michael Szonyi, *Cold War Island: Quemoy on the Front Line* (New York: Cambridge University Press, 2008). 见 Thomas Maddux (ed.), H-Diplo Roundtable Review (10)(5)(24 February 2009), www.h-net.org/~diplo/roundtables/PDF/Roundtable-X-5/PDF (retrieved 6/10/2014).

的角色和发挥的作用。如：在何种程度上，在冷战研究中应该将美国"去中心化"？在何种程度上，主要依赖英语语言材料进行研究的学者，如果忽略了非英语语言写作的冷战研究或冷战史学，可以继续称他们是在写作国际史视角的研究？2009年《美国史研究》组织的一次圆桌讨论为我们了解这场继续进行的对话提供了一个机会。①

本文因专注于讨论美国冷战史研究的主流趋势，省略了对那些紧贴传统美国外交史写作范式的研究的讨论，但这并不意味否定这些著作对我们理解冷战所做出的重要贡献。那些主要基于美国官方材料之上的优秀著作继续得以写就，它们对我们理解美国政策的形成和美国外交的目的仍然是极有帮助的。

流行的国际史/跨国史转向和文化转向的范式也提出了一些具有挑战性的问题。这些新的趋势是否变成新的正统研究范式？如果是的话，它们对训练新的历史学家、对研究和写作意味着什么？安妮·福斯特曾参与了对丹尼尔·韦默关于毒品控制与外交政策之间的关系的专著的讨论，她曾提出了下列问题："有什么问题或提出问题的方式，可以仅靠一个国家的档案材料就能回答吗？如果不能的话，这对我们如何从专业上来建立自身认同意味着什么？我们又应该如何培养我们的研究生呢？我们应该如何在一个资源受到限制的时代满足（高质量的）研究的期望呢？"这些问题是所有负责讲授、写作和研究历史的人和那些培养史学学生的机构必须思考的问题。② 无论最终的答案是什么，有

---

① 见：Thomas Zeiler, "The Diplomatic History Bandwagon: A State of the Field," *Journal of American History*(March 2009): 1053-1073, 以及 Fredrik Logevall 的评论, "Politics and Foreign Relations," Mario Del Porto, "On the Limits of Thomas Zeiler's Histographical Triumphalism," Jessica C.E. Gienow-Hecht, "What Bandwagon? Diplomatic History Today," Kristin Hoganson, "Hop off the Bandwagon: It's a Mass Movement, Not a Parade," 1074-1091.
② Anne L. Foster, "Introduction," H-Diplo Roundtable Review of Daniel Weimer, *Seeing Drugs: Modernization, Counterinsurgency, and U. S. Narcotics Control in the Third World, 1969-1976* (Kent: Kent State University Press, 2011), H-Diplo Roundtable Review 13 (28) (May 2012), www.h-net.org/~diplo/roundtables/PDF/Roundtable-XIII-28.pdf.

一点看上去是不容怀疑的，那就是，在美国的冷战史研究中，那些曾将不同领域割裂开来的旧的障碍，或那些将不同领域局限在各自狭窄范围中的种种藩篱，已经被不断地被跨越和突破，在有的情况下，它们已经被拆除了。

既然本文是为在中国举行的会议写作的，在结束时提及中国的冷战研究现状看上去也是恰当的。正如夏亚峰和其他作者所报告的，冷战国际史研究在中国是一个充满活力、正在茁壮成长的领域。他们的调查关注的是那些以多国档案为基础、以国家为中心的研究。2000年启动的"当代中国外交口述史"项目也显示，中国学者正在努力记录那些亲身参与外交工作的人的经历。最后必须提及的是，像沈志华、李丹慧这样的中国学者对于国际冷战史研究所做出的巨大贡献再怎么强调也不会过分。[1]（王希　译）

---

[1] 见：Zhi Liang, Yafeng Xia, Ming Chen, "Recent Trends in the Study of Cold War History in China," ECNU-WWICS Occasional Paper Series, Occasional Paper #1, (October 2012), http://www.wilsoncenter.org/sites/default/files/ECNU-WWICS_Occassional_Paper_Recent_Trends_in_the_Study_of_Cold_War_History_in_China.pdf (retrieved 6/10/2014). See also Yafeng Xia's earlier piece, "The Study of Cold War International History in China: A Review of the Last Twenty Years," *Journal of Cold War Studies* 10, no. 1 (Winter 2008): 81-115. 关于口述史的提及在第95页。尽管夏亚峰等人的报告没有包括对中国冷战的文化分析的研究成果，但我相信相关的研究一定存在。如新加坡国立大学的中国研究专家 Xu Lanjun 就曾经在2014年的亚洲研究学会的年会上宣读过名为《重构"亚洲电影"：毛泽东的革命化的世界观，电影节与在亚洲的冷战》的论文。

韩 玲

20世纪80年代以来国内的美国移民政策史研究

在全球化进程日益加速的今天，无论是发达国家还是发展中国家，人口跨国迁徙浪潮日见兴盛。尤其是伴随中国经济的迅猛崛起，以中国为核心的东亚地区"作为全球移民的目的地正在兴起"。[①] 因此，深入探讨传统的移民国家——美国的移民政策发展史，对中国制定外籍人入境、就业和定居的相关政策，意义尤为重大。实际上，国内学者很早就对这一问题有所涉猎，尤其是改革开放以来，相关研究从未间断，研究成果日见增多。[②] 本文将尝试对国内美国移民政策史的研究历程、阶段性特征、争论焦点以及研究中存在的不足做一简要评述。由

[①] United Nations, Department of Economic and Social Affairs, Population Division, *Global Migration: Demographic Aspects and Its Relevance for Development*, Technical Paper, No.2013/6, New York: United Nations, 2013, p.21, http://www.un.org/en/development/desa/population/ migration/publications/ technicalpapers /docs/ EGM. Skeldon_17.12.2013.pdf (2016年6月16日下载)。

[②] 目前已有学者发表关于国内美国移民史研究的综述性文章，但由于研究主题所限，对移民政策史的研究概况有所涉猎但并不全面。见：许国林：《20余年来我国学者对美国移民史的研究》，《郑州大学学报》（哲学社会科学版）2004年第5期；《改革开放以来国内的美国移民史研究》，《世界历史》2013年第3期。

于笔者水平有限，评述中难免挂一漏万，敬请方家斧正。[1]

一、研究历程与发展趋向

（一）20 世纪 80 年代研究的兴起

国内学者对美国移民政策的关注最早可追溯到 20 世纪 30 年代。1934 年，法学家丘汉平在《东方杂志》发表《美国排华律之过去与现在》一文，首次对美国排华法案的形成过程、主要法律条文及美国移民局管辖华人入境的权力等做了简要阐述，开创了国内美国移民政策研究之先河。[2] 中华人民共和国成立后，留美归国学者丁则民先生撰写出版了国内首部美国移民政策史专著——《美国排华史》，该书对美国排华法案的出台及内容做了详细的探讨。[3] 以上成果寥寥可数，然其历史地位不可小觑，它们拉开了中国美国移民政策史研究的序幕。然而，由于冷战和"文革"等非学术性因素的影响，此后相关研究中断了数十年。

1978 年中共十一届三中全会提出了"解放思想、实事求是"的思想路线，为包括美国史在内的史学领域摆脱政治权力和政治意识形态的支配、回归"学术"正途营造了良好的氛围。1979 年中美两国建交结束了两国敌对状态，开启了两国交流互动的历程，也为国内美国史

---

[1] 在美国学界，移民政策有狭义和广义两种含义，狭义的移民政策仅指"联邦政府针对将成为美国永久居民的外国人制定的入境政策"，这一概念通常仅指国会的立法行为。广义的移民政策既指外来移民入境规则，也包括对已入境移民的相关政策。在广义的移民政策下，对外来移民的同化政策、难民政策、控制和遣返非法移民法案及地方、州和联邦对外来移民生活的相关规定都被纳入外来移民法范畴加以考虑。参见：Eytan Meyer, "Theories of International Immigration Policy—A Comparative Analysis," *International Migration Review*, 34, no. 4 (Winter 2000):1245-1282. Erika Lee, "Immigration and Immigration Law: A State of the Field Assessment," *Journal of American Ethnic History*, 18, no. 4 (Summer 1999): 85-114.

[2] 丘汉平：《美国排华律之过去与现在》，《东方杂志》31 卷 12 号，1934 年。

[3] 丁则民：《美国排华史》，北京：中华书局，1952 年。

研究提供了诸多有利的条件。①

伴随着中国美国史研究"迎来了自己的春天",美国移民政策史重新进入学者的研究视野。需要指出的是,虽然这一时期学术研究的外部环境大为改观,但是,处于中美复交初始阶段的中国美国史研究,依然受到史料、经费和史学理论积淀不足等因素的掣肘,研究队伍虽然有壮大之势但青年学者依然处在成长阶段。在这种条件下,中国美国移民政策史领域最早的一批研究成果问世了。② 其中具有代表性的是丁则民先生的《百年来美国移民政策的演变》和邓蜀生先生的《美国移民政策的演变及其动因》。两篇文章均以宏阔的视野,对美国移民政策进行了纵向阐述,并对政策变化的原因提出了自己的观点。对当时学术界的年轻学子来说,两位老先生的成果是难得的教材性读物,同时也为国内美国移民政策史研究奠定了必要的学术基础。实际上,除研究成果之外,这些老一辈学者的学术精神、为学科建设做出的贡献更令人敬重。他们在人才培养方面所做出的不懈努力,成为今天国内美国史研究出现繁荣局面的关键性因素。现在活跃于各大高校科研单位的美国史研究者,包括美国移民政策史研究专家,大多是老一辈学者在这个时期培养的人才成长的结果。

(二)20 世纪 90 年代研究的迅速发展

对中国而言,20 世纪 90 年代是一个迅速发展的时期,经济加速增长、政治更加稳定,与世界的联系日益密切。新的时代催生了国内美国史研究新生代的成长。他们追随时代的步伐,表现出强大的冲击力,

---

① 李剑鸣:《改革开放以来中国的美国史研究》,《史学月刊》2009 年第 1 期,第 31 页。
② 丁则民:《百年来美国移民政策的演变》,《东北师大学报》(哲学社会科学版),1986 年第 3 期;邓蜀生:《美国移民政策的演变及动因》,《历史研究》1989 年第 3 期。此外还有:王英文:《十九世纪下半期美国排华运动的扩展》,《辽宁师范大学学报》(社科版)1988 年第 6 期;郝贵远:《美国排华问题初探》,《历史档案》1983 年第 4 期;曹前:《晚清美国排华政策及清政府的态度》,《华侨历史》1986 年第 4 期。

不仅观点新，资料多，而且积极利用不断增多的中美交流机会，直接与外国同行切磋探讨。在学术研究实践中，新一代学者表现出了一系列新的研究取向：一、强烈的现实关怀，选取研究对象更关注中国现实需要；二、追求学术创新的能力，不再满足于传统研究方式的重复，而是将新方法、新资料不断引入研究当中；三、选题趋向小而具体，更关注研究的深度而不是广度；四、不断完善美国史领域的研究结构，除传统的政治史、外交史之外，城市史、移民史、妇女史等领域也受到关注。在此背景下，移民政策史研究顺势进入了一个迅速发展期。据不完全统计，这一时期共出版专著3部，[①]公开发表论文30余篇。[②]新的研究成果鲜明地体现了新时代美国移民政策史研究的新趋向。

首先，从选题规模看，宏观、"中观"研究依然占主体，微观研究趋向明显。梁茂信于1996年出版的《美国移民政策研究》可谓宏观研究的佼佼者。作为当时新兴的一名世界史研究者，他表现出了强烈的与美国学者对话的意愿。正如他自己所言，美国学界"微观琐细的研究居多，宏观整体的分析甚少"。[③]为此，梁茂信以自己的研究对美国学界的这一缺憾做出回应。实际上，兴起于20世纪60、70年代的新社会史，在20世纪90年代的美国依然盛行，甚至走向极端，由此导致的史学研究的"碎片化"已经受到某种程度的诟病。同时，至20世纪90年代，美国移民政策发展已有百年历史，进行回顾总结显然是必要之事，正是在这样的背景下，梁茂信写就了《美国移民政策研究》

---

① 三部著作分别为：邓蜀生：《美国与移民：历史·现实·未来》，重庆：重庆出版社，1990年；梁茂信：《美国移民政策研究》，长春：东北师范大学出版社，1996年；戴超武：《美国移民政策与亚洲移民(1849—1996)》，北京：中国社会科学出版社，1999年。
② 择其要者：梁茂信：《20世纪20年代美国移民限额制度的促成因素》，《河北学刊》1996年第2期；李晓岗：《美国的难民政策与冷战外交》，《美国研究》1999年第1期；梁茂信：《美国的非法移民与政府政策效用分析》，《史学集刊》1997年第4期；丁则民：《美国亚洲移民政策的演变》，《河北师院学报》(社会科学版) 1997年第2期。
③ 梁茂信：《美国移民政策研究》，第12页。

一书,他在着力把握"美国经济、政治发展和移民政策这两条主线"的基础上,"系统考察了美国建国以来各个历史时期移民政策的发展变化,重点论述了移民限额制度的产生和变化,深入剖析了全球移民限额制的形成及其影响"。①

相对来讲,戴超武在3年后出版的《美国移民政策与亚洲移民》则是一本研究宽度和长度都有所收缩的著作。该书采用所谓的"中观研究"(介于宏观与微观之间)视角,重点考察了1849至1996年之间美国对亚洲移民政策的演变,而美国移民政策只是作为其背景而存在。值得一提的是,该书已不仅仅探讨政策本身发展演变,在政策对外来移民模式及族裔群体产生的影响方面也给予了同样的重视,将移民政策、外来移民模式和移民社区三者贯通起来。

在宏观研究和"中观研究"的基础上,考察较短时期内移民政策或单一移民法案的微观研究开始增多,预示着国内美国移民政策史研究开始向纵深发展。梁茂信从19世纪末美国的时代特征、移民来源、理论基础及社会运动等方面全面细致地探讨了20世纪20年代美国移民限额制度的形成因素。②戴超武的《东南亚难民与美国〈1980年难民法〉》则从越南战争后大量东南亚难民入境谈起,考察了《1980年难民法》的决策过程、内容及影响。③

其次,选题视角更加多元。难民政策、非法移民政策以及移民政策的影响等内容纷纷进入研究者的视野。李晓岗的《美国的难民政策与冷战外交》探讨了冷战时期美国难民政策演变及其与冷战外交政策之间的紧密联系。梁茂信的《美国的非法移民与政府政策效用分析》在考察非法移民历史与现状的基础上,深入探讨了美国历史上第一部

---

① 梁茂信:《美国移民政策研究》,第9页。
② 梁茂信:《20世纪20年代美国移民限额制度的促成因素》。
③ 戴超武:《东南亚难民与美国〈1980年难民法〉》,《世界历史》1998年第4期。

非法移民法案——1986年《移民改革和控制法》的出台、内容及效用。梁茂信在其另一篇文章《60年代美国移民政策改革及其影响》中，不仅探讨20世纪60年代移民政策本身，还关注了政策对美国入境移民结构的影响，拓展了移民政策研究的视野。①

再次，历史研究的客观中立意识增强。比如，在对华移民政策上，研究者的视野超越了专注排华政策的窠臼，扩展到更广阔的时段。出于民族感情，早期学者比较关注对中国怀有敌意的美国排华政策。实际上，从"淘金热"时期华人进入美国至今，美国对华移民政策是一个不断变化的过程，从客观的角度全面审视这一过程，才是学术研究的"正途"。庄锡昌的《美国对华人移民政策的演变》一文是对美国对华移民政策纵向发展进行全面梳理和探讨的典范。②梁茂信的《19世纪后期美国的对华移民政策》则考察了19世纪后期华人先受欢迎后受排斥的经历，值得一提的是，作者立足中美两国视角，深入剖析了美国对华移民政策的转变原因及其影响，展现出了客观求实的学术态度。③

不难看出，20世纪90年代国内美国移民政策史研究成果颇丰，但存在的问题亦不可忽视，尤其是研究队伍较为薄弱，研究阵地寥寥无几，这些现实问题严重阻碍了国内美国移民政策整体水平的提高。

（三）新世纪以来研究的进一步深化和扩展

进入21世纪以来，中华民族在大国复兴的道路上阔步前进，尤其是加入世贸组织后，中国与世界的联系愈加紧密。在国家快速发展

---

① 梁茂信：《60年代美国移民政策改革及其影响》，《河北师院学报》（社会科学版）1994年第4期。
② 庄锡昌：《美国对华人移民政策的演变》，《历史教学问题》，1998年第4期。
③ 梁茂信：《19世纪后期美国对华移民政策》，《东北师大学报》1998年第6期。此外参见：梅伟强：《美国对华人移民政策的历史演变》，《五邑大学学报》（社会科学版）1993年第2期；沈已尧、吴蘩：《19世纪以来美国的对华移民政策》，《民族译丛》1993年第5期；丁则民：《美国亚洲移民政策的演变》，《河北师院学报》（社会科学版）1997年第2期。

的背景下，史学界日益认识到，"大国需要研究外国历史，不了解、不研究其他国家，就会到处碰壁。"[①] 这一自觉因为下列因素而为史学研究注入了前所未有的动力：2011 年，国务院学位委员会和教育部下发通知，将世界史升级为一级学科；20 世纪 90 年代中后期至 2007 年中国高校学科建设高潮中，涌现出大批世界史博士点为人才培养拓宽了平台；互联网的普及和数据库的建设为史料的查阅提供了革命性的工具。学术环境的优化，加上前期积蓄的力量，中国的世界史和美国史研究迎来了一次飞跃性发展，各项专题研究迅速跟进。以美国移民政策史研究为例，据不完全统计，2001—2015 年出版相关学术专著 8 部，[②] 公开发表论文 80 余篇[③]；这些成果在发扬和深化 20 世纪 90 年代研究特点的基础上，表现出了更加令人振奋的研究趋向。

首先，微观的专深研究渐成主流。肖炜蘅的《遏制还是纵容？——浅析美国移民制度对中国非法移民的影响》颇具代表性，它选取美国移民政策中的政治庇护制度和雇主制裁条例作为分析对象，用以揭示美

---

① 刘潇潇：《世界史升级为一级学科开启历史学科发展新阶段》，《中国社会科学报》2011年4月7日，第3版。

② 专著统计只包括以移民政策为研究对象或以比较大的篇幅讨论相关移民政策的著作。八部著作为：邓蜀生：《时代悲欢"美国梦"——美国移民历程及种族矛盾》，北京：中国社会科学出版社 2001 年；钱浩：《美国西裔移民研究——古巴、墨西哥移民历程及双重认同》，北京：中国社会科学出版社 2002 年；李晓岗：《难民政策与美国外交》，世界知识出版社，2004 年；姬虹：《美国新移民研究（1965 年至今）》，北京：知识产权出版社，2008 年；梁茂信：《现代欧美移民与移民多元化研究》，北京：商务印书馆，2011 年；闫金红：《解读难民政策：意识形态视域下美国对社会主义国家的研究》，北京：人民日报出版社，2014 年；陈积敏：《非法移民与美国国家战略》，北京：九州出版社，2013 年；梁茂信：《美国人才吸引战略与政策史研究》，北京：中国社会科学出版社，2015 年。

③ 择其要者：肖炜蘅：《遏制还是纵容？——浅析美国移民制度对中国非法移民的影响》，《华侨华人历史研究》2005 年第 4 期；徐红彦、梁茂信：《美国吸引外籍技术人才的政策与实践》，《美国研究》2015 年第 4 期；王恩铭：《优生学与美国移民政策》，《历史教学问题》2015 年第 4 期；唐慧云：《美国非法移民立法改革与利益集团因素研究》，《美国研究》2014 年第 3 期。

国移民体制中存在的漏洞及自相矛盾之处,并对这些悖论对非法移民尤其是中国非法移民的形成与发展产生的影响进行了探讨。① 王恩铭的《优生学与美国移民政策》一文,以优生学为主线,考察优生学如何影响了20世纪20年代美国移民政策的制定过程,视角新颖而细致。东北师大徐红彦博士近期就美国临时技术劳工制度作了大量研究,同样展现了国内美国移民政策史研究的微观化取向。② 国内美国早期史研究专家李剑鸣教授曾指出,"一个领域要进步,就必须从一个一个具体的课题着手,进行深入而彻底的研究。"③ 可以说,国内美国移民政策史研究正在践行着这一路径。

其次,某些学者不再满足于单纯史实的阐释,而是力图在研究中搭建一个理论架构或建立一个核心性的问题。以梁茂信的《美国人才吸引战略与政策史研究》为例,作者从移民与市场经济的角度出发,借鉴伊曼纽尔·沃勒斯坦的世界经济体系理论,全方位探讨了20世纪美国人才吸引战略的发展,并对每个时期的人才吸引政策及其与美国移民政策变化的关系进行对比分析。此外,唐慧云的《美国非法移民立法改革与利益集团因素研究》则以利益集团为观察视角,阐述了利益集团如何通过多种方式和路径游说国会,进而对相关立法产生了重大影响。这些学术成果显著提升了国内美国移民政策史的研究水平,同时对于我们深入理解美国移民政策也大有裨益。

众所周知,原始资料的占有程度直接影响研究成果的权威性和创新性,也是衡量学术水平的重要指标之一。然而,就20世纪90年代国内美国移民政策史研究成果而言,一手资料的大量使用并不多见。

---

① 肖炜蘅:《遏制还是纵容?——浅析美国移民制度对中国非法移民的影响》。
② 徐红彦:《美国临时技术劳工计划研究》,博士学位论文,东北师范大学历史与文化学院,2015年;徐红彦、梁茂信:《1990-2000年美国增加临时技术劳工的原因分析》,《东北师范大学学报》(哲学社会科学版)2015年第4期。
③ 李剑鸣:《改革开放以来中国的美国史研究》,第46页。

新世纪以来,伴随着世界史研究环境的不断优化,这一现象大为改观,从著作到学位论文再到期刊论文,有意识地引入一手资料作为论述的基础已经非常普遍。譬如,梁茂信的《美国人才吸引战略与政策史研究》一书参考的一手资料达 113 种。[1] 伍斌的博士学位论文《自由的考验:"百分之百美国主义"的理论与实践》也参考近百种一手资料。[2] 这一局面的出现固然与互联网的普及和中美交流的频繁直接相关,同时,研究者学术素养的不断提高也是关键因素。

如前所述,20 世纪 80、90 年代国内美国移民政策史研究人员数量少且集中,新世纪以来,情况则大为改观。研究队伍不仅日益壮大,而且呈现遍地开花之势,来自华东师范大学、武汉大学、外交学院及上海外国语大学等机构的研究人员表现活跃,新作不断,极大地丰富了国内的美国移民政策史研究。

二、争论中的几个焦点问题

从纵向看,自 20 世纪 80 年代以来至今,国内美国移民政策史研究逐步向前推进,不仅研究成果日增,而且创新能力持续提升。从横向看,由于研究者所处时代、研究立场及所掌握的资料等方面的不同,对某些问题的认知也存在分歧。从某种程度上讲,正是学者们对下列焦点问题的持续关注,并由此产生的各种观点的激烈争锋才体现出了这一领域的学术研究价值和繁荣程度。

(一)对华移民政策研究

华人最早进入美国始于"淘金热"时期,漂洋过海而来的大批华人为美国的矿产开发、铁路修建等做出了巨大贡献。然而,由于文化

---

[1] 梁茂信:《美国人才吸引战略与政策史研究》,第 401-414 页。
[2] 伍斌:《自由的考验:"百分之百美国主义"的理论与实践》,博士学位论文,东北师范大学历史文化学院,2014 年。

差异、工作竞争及种族歧视等因素，白人很快发起了排斥华人的运动并于19世纪80年代达到顶峰。雪上加霜的是，19世纪末正值美国工业经济从劳工密集型向技术密集型转化时期，对外来劳动力的需求大幅降低。因此，在白人劳工的压力之下，联邦政府于1882年通过了《排华法案》。此项法案是美国第一部针对某一个种族群体的排斥法令，是美国移民政策的一个重大转折点，并对华人移民产生了深远影响。虽然近年来个别美国学者倡导重视美国对华移民政策，但在美国学界的研究远没有得到与其历史地位相称的关注。① 相对而言，国内学者的探讨则较为丰富，其中三个问题争议颇多：排华法案的动因、影响及废除。

关于排华法案的出台动因，国内学者的认知存在一个变化的过程。20世纪90年代之前的研究成果普遍带有浓厚的意识形态色彩，侧重从美国一方着手展开分析。譬如，王英文就曾认为《排华法案》是"美国资产阶级长期执行种族主义政策的结果。"② 郝贵远则提出，美国排华的真正原因在于美国国内政治斗争的需要，华人作了"美国政治斗争的牺牲品。"③ 20世纪90年代以来，伴随着研究氛围、条件的变化及研究者本身的成长，相关认知开始出现多元化，并变得相对细致和深入。张晓涛认为，排华法是白人劳工、种族主义和政治需要三个因素推动的结果。④ 李晓静提出略有不同的三点论，认为白人劳工、政治选举需要及华人不断增多共同促使美国国会加快了排华进程。⑤ 虽然华人人口

---

① 历史学家罗杰·丹尼尔斯是代表人物之一，他认为，1882年排华法案的重要性长期以来没有得到足够重视，应该将其视为美国移民政策史上的一个关键点。参见：Roger Daniels, *Guarding the Golden Door: American Immigration Policy and Immigrants since 1882* (Farrar, Straus and Giroux, 2004), 3.
② 王英文：《十九世纪下半期美国排华运动的扩展》，第84页。
③ 郝贵远：《美国排华问题初探》，第103页。
④ 张晓涛：《美国对华政策的演变及其影响》，《世界民族》2007年第5期，第49页。
⑤ 李晓静：《19世纪中期到20世纪初美国排华政策对华人社区的影响》，《山东师范大学学报》（哲学社会科学版）2007年第4期，第84页。

的增多是否起到推波助澜的作用仍存在争议，但毕竟来自华人一方的因素开始被纳入分析当中。

与以上观点不同的是，梁茂信从跨国和跨文化的视角出发，提出排华法是"不平等基础上的职业竞争和中美不同社会形态下两种文化与生活方式的碰撞，也源于美国社会结构的变化和中美不平等的外交关系"。[1] 这一观点视野广阔，思路多维，具有更强的说服力。

排华法产生何种影响呢？大部分研究者强调其对华人移民和华裔社区的不利影响。李晓静的《19世纪中期到20世纪初美国排华政策对华人社区的影响》比较有代表性，其历数了排华政策对华人社区的负面影响：剥夺了华人加入美籍的权利、华人的数目在很长一段时期内出现负增长、人口老化严重、华人无法融入美国社会、华人社区的经济结构被破坏等等。[2] 这些分析固然符合历史事实，但显然不够全面。梁茂信则提出了更为全面和客观的观点，他认为，排华政策的实施不仅标志着美国限制外来移民的开始，恶化了旅美华人的生活环境，同时也对美国产生了不利的影响，比如，美国西部的开发、对华贸易及中美关系等都因此受挫。[3]

美国参加二战后，为加强与中国之间的同盟关系，开始重新考虑对华移民政策。最终，时任美国总统富兰克林·罗斯福于1943年12月17日签署《马格纳森法案》（《废除排华法律、规定移民配额及其他事项的法案》），废除自1882年以来一系列排华法律。这是美国对华移民政策的又一重大转折，其用意何在？国内对此有比较激烈的争论。

梁茂信从实用主义立场出发，认为此举"是美国维护其自身利益

---

[1] 梁茂信：《论19世纪后期美国对华移民政策》，《东北师大学报》1998年第6期，第1页。
[2] 李晓静：《19世纪中期到20世纪初美国排华政策对华人社区的影响》，第84-85页。
[3] 梁茂信：《论19世纪后期美国对华移民政策》，第5-7页。

的需要"，即中美结盟，联合抗日。[①]郑丽以同样视角，提出除战争需要、中国人在战争中的优秀表现发挥了作用；此外，郑丽还提出另一个因素，即前瞻性考虑。所谓前瞻性考虑，是指美国在战时就意识到战争结束后美苏会有一场对抗，"只有摘掉种族歧视的帽子，才能灵活应对战后世界"。[②]与实用主义派不同的是，戴超武则侧重考虑思想方面的因素，认为中国人的英勇抗战与华人社区的变化"导致美国社会种族思想观念产生转变"，[③]进而推动美国废除排华法。

学界对于废除排华法案动因的争论延伸到了对这一行为意义的探讨。一些学者持乐观态度，将美国废除排华法案视作一个对美国华侨有重大意义的事件，代表着一个新时代的开始。[④]而另外一些学者态度则较为谨慎，认为这只是一个权宜之计，一个象征性姿态，本身没有实质性意义。[⑤]就历史事实来讲，以上两种观点都略偏极端，相比之下，戴超武的评价似乎更为客观。他指出，一方面，排华法的废除对华人和亚洲其他族裔集团都产生了积极意义，这是主流；另一方面又存在诸多缺陷，比如限额数量极少、作为战时法律未冲击到移民政策、也未授予华人配偶及未成年子女非限额身份等。[⑥]

（二）美国总体移民政策演变的动因研究

美国移民政策史极为漫长，从1875年联邦政府制定第一部控制移民的法案至今，已百年有余。在此期间，美国政府不断对政策进行调整，那么，究竟何种因素在推动政策的不断演变？这是国内学者又一

---

① 梁茂信：《美国移民政策研究》，第159页。
② 郑丽：《论实用主义在美国对华移民政策演变中的体现》，《理论月刊》2006年第3期，第150页。
③ 戴超武：《美国移民政策与亚洲移民》，第101页。
④ 杨国标等：《美国华侨史》，广州：广东高等教育出版社，1989年版，第538页。
⑤ 张庆松：《美国百年排华内幕》，上海：上海人民出版社，1998年版，第432页。
⑥ 戴超武：《美国移民政策与亚洲移民》，第110-111页。

个探讨较多的问题。

一些学者通过分析综合的方法，总结出了一个影响美国移民政策不断变化的一以贯之的因素。譬如，丁则民先生通过对 1882 至 1965 年美国移民政策的发展背景、政策内容及政策实施情况的考察，提出美国移民政策的变化一方面取决于其社会经济的发展变化，另一方面也取决于国内国际政治斗争的需要。① 邓蜀生先生以历史学和社会学双重视角，探讨了美国建国以来至 20 世纪 80 年代将近 200 年的美国移民政策发展历程，认为这一政策归根结底"都是为美国自身的发展与强大、短期目标和长远利益服务的"。② 还有学者提出更为具体的因素，譬如，蓝强通过梳理美国移民政策的三个阶段（自由移民时期、排斥和限制时期、限制和选择时期），将影响美国移民政策演变的因素归纳为三点：经济发展的内在要求、关于移民作用的争论、美国社会自由主义思潮和排外主义思潮的较量和斗争。③ 还有学者提出，不同时期的移民政策受到不同因素的影响。付美榕就认为，美国移民政策先后经历了自由开放、限制与选择、限制松动、全面改革及 9.11 事件之后几个时期，每个时期的动因特点分别表现为经济至上、种族主义、政治动因、政治与经济并重、国家安全因素。④

不论是总结一个一以贯之的因素，还是对不同阶段的政策给予具体的解读，学者们都表达出了一个共同的认知：影响美国移民政策发展的因素是多元的，只是在不同的时期，某个层面的因素发挥作用的程度不同。

---

① 丁则民：《百年来美国移民政策的演变》，第 39 页。
② 邓蜀生：《美国移民政策的演变及动因》，第 164 页。
③ 蓝强：《论美国移民政策的演变》，《赣南师范学院学报》2004 年第 4 期，第 61-64 页
④ 付美榕：《美国移民政策动因分析》，《哈尔滨工业大学学报》（社会科学版）2003 年第 4 期，第 16-25 页。

（三）难民政策研究

难民是移民群体中的一个特殊类别，自北美殖民地时期以来，难民同一般移民一样自由进入美国。然而，至19世纪末20世纪初，美国移民政策开始"风云大变"，最终建立了以限额制度为基础的美国移民政策框架。由于该政策并没有专门针对难民的条款，因此难民随之失去了自由进入美国的机会。1945年二战的结束及随后冷战的开启，导致大量战争难民和政治难民流离失所，以"自由世界"领导者自居的美国经过多方考量，开始就难民问题进行立法。从《1948年流亡人员法》的出台，到《1980年难民法》最终通过，美国社会就难民政策问题进行了数十年的辩论。因为关于难民政策的探讨发生于冷战时期，制定过程中又通常与美国国内和国际的意识形态之争捆绑在一起，所以导致这一政策极为复杂，学者们对其认知亦存在差异。

李晓岗认为，美国难民政策"包含着很强的意识形态因素"，与冷战外交紧密相连。同时，他也承认难民的接纳和安置在客观上产生了一定的人道主义效果。[①] 闫金红以美国对苏联、东欧、古巴、越南和中国的难民政策为考察个案，认为自二战以来至今，美国对社会主义国家的难民政策均建立在反共意识形态基础之上，与美国强权战略一致并为其服务。[②] 同时，也有研究者提出不同意见。马晓旭则强调对难民政策应具体问题具体分析。美国在接纳欧洲犹太难民和对欧洲知识难民的庇护上表现出了一定程度的人道性，但在冷战时期，因国家实力、对外政策和国际格局的影响则具有浓厚的政治性。[③] 对前者，胡小芬也给予认同，即1933至1945年罗斯福政府在拯救和安置犹太难民方面

[①] 李晓岗：《美国的难民政策与冷战外交》，第66-67页。
[②] 闫金红：《解读难民政策：意识形态视域下美国对社会主义国家的研究》。
[③] 马晓旭：《试论美国难民政策的政治性和人道性》，《宜春学院学报》2010年第3期，第94页。

的做法是人道主义行动。①

可见，政治性与人道性之间的衡量是当前难民政策研究中的核心问题。从本质来讲，二者都是从难民政策与外部世界的关系出发来分析难民政策，这也是美国学者分析其难民政策的传统视角。考虑到政策出台的冷战背景，这一视角的合理性是不言而喻的。值得注意的是，近年来，美国学界的研究出现一个新的趋向，即从美国社会内部的变化来考察冷战时期的难民政策。② 这一新的研究视角拓宽了难民政策的研究范畴，提出了不同于传统观点的解释框架。然而，国内学者到目前为止似乎还未就此展开探讨。

（四）非法移民政策研究

自 20 世纪 70 年代开始，美国非法移民迅速增加，并逐渐演变成为一个严重的社会问题。在各方压力之下，美国政府就治理非法移民问题展开探讨并于 1986 年制定了第一部专门针对非法移民的法案——《移民改革和控制法》。作为奠定美国非法移民政策法律基础的一部法案，1986 年法案主要内容包括：处罚雇用非法移民的雇主、有条件的大赦居美的非法移民及强化移民执法。时隔十年之后，美国又出台《非法移民改革及移民责任法》，作为对先前法案做的补充。然而，日益完善的政策并没有阻止美国非法移民数量的上升且有越演越烈之势，至今依然是美国社会的焦点问题和重要政治议题之一。这一现象引起了国内学者的注意，大部分学者基本认为，美国政府的非法移民政策没有产生预期的效用或者效果差强人意。虽然也有研究者提出，短期内非法移民法案达到了控制非法移民的目的，但是，从长期看，它并没有

---

① 胡小芬、曾才：《1933-1945 美国的欧洲犹太难民政策》，《理论月刊》2008 年第 7 期，第 15 页。

② 参见 Carl J. Bon Tempo, *Americans at the Gate: The United States and Refugees during the Cold War,* (Princeton: Princeton University Press, 2008).

达到目的。^①那么，造成政策失效的原因是什么？学者们则有不同认知。

一部分学者着重关注美国非法移民政策本身存在的问题。比如，梁茂信认为，制约1986年法案发挥效用的根本原因在于制定法案时的战略性失误。第一，决策者视野狭窄，没有考虑与周边国家合作，只考虑国内的非法移民。第二，决策者对持非移民签证合法入境但逾期不归者没有做相关规定，导致此类非法滞留者依然大量增加；第三，美国境内非法移民多为年轻的单身男性，其原籍国家有很多亲属希望与他们团聚，然而，非法移民获取永久居留权的等待期过于漫长，其亲属很难在短时间内合法入境，因此，一部分人会选择非法入境。^②

政策实施环节出现的问题也得到一些学者的关注。唐慧云认为，雇主制裁政策的实施"缺乏力度"^③，陈积敏也指出，"雇主处罚条款"执行中困难重重，如非法移民伪造证件，联邦政府人力资源不足都降低了该法的执行效果。同时，陈积敏通过列举民意调查结果，认为社会舆论对"大赦"方案不利，因此也必然影响到"大赦"方案的实施效果。^④

也有一些学者试图从更深的层次挖掘美国非法移民政策治理的困境。谈昕晔从官方决策者和非官方参与者两个维度，分析9·11事件后美国非法移民政策失效的因素，她认为政策失败的根源是非法移民并未触及美国核心的国家利益。^⑤陈积敏也意识到，美国政治本身的特点（笔者按：不同利益集团之间的妥协性）决定了非法移民问题解决

---

① 参见：梁茂信《美国的非法移民与政府政策效用分析》，第53页；陈积敏：《全球化时代美国非法移民治理研究》，博士学位论文，外交学院，2011年，第135页；唐慧云：《二战后美国国会非法移民立法研究 (1945-2012)》，博士学位论文，华东师范大学国际关系与地区发展研究院，2013年，第43页。
② 梁茂信《美国的非法移民与政府政策效用分析》，第53页。
③ 唐慧云：《二战后美国国会非法移民立法研究 (1945-2012)》，第44页。
④ 陈积敏：《全球化时代美国非法移民治理研究》，第136-137页。
⑤ 谈昕晔：《9.11事件后美国非法移民政策研究》，上海外国语大学，硕士学位论文，2009年。

的艰难性。[1]

不难看出，就各自选取的特定的研究对象而言，学者们的解释都具有一定的合理性，但是，如果探讨整体的美国非法移民政策的效用，则需要更全面的视角。实际上，从政策内容的设定，到实施环节中主客观因素的制约，再到该项政策在整个国家政策体系中的地位，以及主要非法移民来源国国内的变动，都会不同程度地影响政策效果。

同时需要指出的是，除却以上几个研究中的主要问题，近些年，国内美国移民政策史研究中也出现一些相对比较新的课题，比如美国为拓展人才来源渠道而制定的临时技术劳工计划、针对已入境移民的同化政策等，虽然在这些问题上尚未形成激烈的争锋局面，但其研究潜力不可小觑。

三、研究中的不足

新世纪以来，美国学界关于美国移民政策史的研究颇为丰富，呈现井喷式发展局面，可谓名副其实的学术研究热点。相比之下，国内美国移民政策史研究虽然也出现相对繁荣的态势，但研究空间依然有待拓展。

（一）19世纪之前的州级移民政策研究不足；重要转折阶段的政策研究欠缺

19世纪末美国移民政策联邦化之前，除移民归化政策外，其他移民事务均由各州负责，即使后来的美国联邦移民政策，也是在参考之前各州移民政策的基础上制定而成的。因此，研究建国后至19世纪末的州级移民政策对深入全面地理解美国移民政策实为必要。[2] 然而，当

---

[1] 陈积敏：《全球化时代美国非法移民治理研究》，第136-137页。
[2] 美国学者已有相关研究成果出现，参见：Gerald L. Neuman, "The Lost Century of American Immigration Law (1776-1875)", *Columbia Law Review*, 93, no. 8 (December 1993): 1833-1901.

前国内学者对这一问题并未给予足够重视，现有研究成果中对此只有少量提及。①可以说，这样的美国移民政策史研究是残缺不全的，也阻碍我们真正地理解美国移民政策的发展历程。

二战结束至1965年是美国移民政策史上承上启下的时期，也是美国20世纪初期形成的移民政策体系向现代移民政策体系的转折期。在此期间，民族来源限额体制被全球限额制所取代，一套以家庭团聚为基础的移民优先体制建立起来。同时，这一时期也是美国社会经济及冷战复杂交错的时期，由于移民政策既影响到外交政策，也和国内社会密切相关，因此成为众多利益、观念交锋的战场。②所以，对这一阶段移民政策改革的深入研究，是了解二战后美国社会的绝佳窗口。国内一些学者似乎也意识到了这一问题的重要性，对期间某些个别法案已有所研究，但能够展现这一时期移民政策改革内在逻辑的整体研究非常欠缺。③

（二）研究中的单向度倾向

现有研究中存在两种单向度倾向：

第一种单向度是指，强调移民政策对外来移民模式及国内族裔群体产生的影响，而对少数族裔或其他外部力量对移民政策的回应较少关注。这样的历史叙事显然是不完整、不真实的。作为受到移民政策直接影响的群体——外来移民及其相关族裔集团以何种方式对官方政策做出回应？做出怎样的回应？这种回应在何种程度上影响了移民政

---

① 梁茂信在其《美国移民政策研究》一书中，有专门一节讲述建国初期至19世纪末各州鼓励移民的政策。
② Philip Eric Wolgin, "Beyond National Origins: The Development of Modern Immigration Policymaking," (Ph.D. diss., University of California, Berkeley, 2011).
③ 戴超武：《美国1952年移民法对亚洲移民和亚裔集团的影响》，《东北师范大学学报》（哲学社会科学版）1997年第2期；戴超武：《美国1965年移民法对亚洲移民和亚裔集团的影响》，《美国研究》1997年第1期。

策的制定与实施？如若不对以上问题详细澄清，我们则难以把握美国移民政策发展的真实轨迹。

第二种单向度是指，现有研究偏重于政策的制定过程及政策内容分析，而对政策实施环节关注不够。前者固然重要，它确立了政策的合法性及政策预期，然而，这些并不足以保证政策目标的实现。对一项政策来说，其实施结果与政策预期是有距离的，甚至可能是相悖的，因为执行者的个人倾向、公众舆论、行政部门的干预都有可能影响政策的实施过程及其效果。正如美国学者卡尔·J. 邦坦波在研究美国冷战时期的难民政策时所感触到的，"一项政策得以形成或一项法律获得通过只代表成功了一半，另一半主要发生在国务院的某个局或移民和归化部门。"[1]

（三）侧重外来移民入境政策，对已入境移民政策研究缺乏

美国移民政策是一个极为庞杂的体系，甚至被某些美国法学家视作仅次于税收法律的"最庞大、最复杂的法律体系之一"。[2] 的确如此，我们通常所说的美国移民政策包括两部分内容，外来移民入境政策和针对已入境移民的政策，后者又包括移民遣返政策、归化政策、移民同化政策、福利政策、移民子女教育政策等等。目前国内的研究主要涉及移民入境政策，而其他相关政策的研究成果极为有限。[3]

综上可见，与美国学界的研究相比，国内的美国移民政策史研究尚存极大的拓展空间。当然，我们有待推进的方面绝不仅限于此，比

---

[1] Carl J. Bon Tempo, *Americans at the Gate: The United States and Refugees During the Cold War*, 6.
[2] Edward P., *Legislative History of American Immigration Policy, 1798-1965*, (Philadelphia: University of Pennsylvania Press, 1981), xiii.
[3] 主要成果包括：高伟浓：《越战后美国对印支难民的安置与其地区分布分析》，《南洋问题研究》2007 年第 4 期；伍斌：《自由的考验："百分之百美国主义"的理论与实践》；王莹：《20 世纪初美国政府强制同化移民政策的形成与实施》，《东北师范大学学报》（哲学社会科学版）2008 年第 2 期。

如研究的理论性、学术性有待提升，专深研究的推出以及研究中重复性现象的克服等。同时，也必须指出，从国内世界史和美国史研究的历史基础、中美文化差异及现实中存在的诸多困境来讲，我们也不能急功近利，而应循序渐进，通过继续加强国际学术交流、充分利用国内外资源，逐步解决上述问题并取得令人满意的成果。

包安廉
(Alan Baumler)

美国学界对中华民国史的近期研究

当今，美国大学开设的世界史课程一般都会包括近现代中国史的题目，而其中的中华民国史是最受欢迎的课程之一。美国学生为什么会对这一段中国历史特别感兴趣呢？美国学界对近现代中国史的研究又如何反映了美国史学的整体变化趋势呢？这是本文希望讨论的两个问题。第二次世界大战之前，美国大学极少开设专门的中国史课程，但二战之后中国研究在美国高校得到了迅速的发展，一方面是因为美国高等教育的规模在二战后迅速地扩大，另一方面是因为美国政府出于地缘政治的考虑增加了对高校研究的资助。如今，美国大众对中国的兴趣与日俱增，高校的中国研究和中国史教学也因此得到更快的发展。本文的第一部分将粗略勾画中华民国史研究在美国学界的演进。[①]

早期的中华民国史研究关注的是革命史、政治史和民族建构这类话题。这些是（美国）政府感兴趣的话题，也与政府的政治目标有着密切的关系，而新近的中国史研究则对从前的宏大叙事保持一种批判性的审慎态度。本文的第二部分将介绍和讨论几部最近出版的针对近现代中国史的研究著作，从而展示西方学界研究外国历史的学者在

[①] 我这里所指的"美国学界"的含义比较宽泛，准确地讲，应该是"英语学界"，涉及的学者包括在北美高校和研究机构从事中国史研究的学者（含华裔学者），也包括在美国和其他英语国家（尤其是英国、澳大利亚等）接受学术训练并用英语在北美、英国和澳大利亚等地发表研究成果的学者。

"世界史"领域内所分享的一些重要的主题和研究方法。

当代中国研究在美国的起源与演进

所有国家似乎都对这种世界史的定义不持异议,即所谓世界史就是那些不属于我们本国的历史。所有的现代国家对学习和研究本国史都表现出鼓励和支持的态度,因为这是民族建构所需要的重要内容。[1]但在对待外国史的研究和教学的问题上,情形便不是那么乐观。为什么要学习外国史呢?人们难免要问,中美都一样。这也是目前中美两国高校都面临的一个重要问题。美国高校因为学校和政府预算的紧缩,最近一直在辩论如何削减现有本科生训练的规模和内容,外国史首当其冲,岌岌可危。而在高等教育突飞猛进的中国,高校也在讨论如何扩展本科生训练的规模和内容,外国史的研究和教学因此可望得到进一步发展的机会。中美两国无疑都将历史视作国民教育中不可或缺的内容,但外国史在历史教学中处于什么样的位置,是否能得到高校的支持,仍然是没有定论的问题。我想在此先简短回顾一下近代中国史研究在美国高校的兴起过程及演变,也许这段故事会对高校的决策者们有所启发。

在某种程度上,美国高校的学术研究是政府和民间基金组织基于兴趣推动而得以发展的。就史学而言,来自学生(或大众)的要求也是动力之一。绝大部分美国大学不愿意或不能够聘用不给学生上课的专职研究人员。换言之,教员必须上课,或开设学生想选的和必修的

---

[1] 关于近现代中国国家史在中国的兴起,见:Brian Moloughney(倪来恩)and Peter Zarrow(沙培德),*Transforming History: The Making of a Modern Academic Discipline in Twentieth-Century China* (Hong Kong: The Chinese University Press, 2011); Q. Edward Wang(王晴佳)*Inventing China through History: The May Fourth Approach to Historiography* (Albany: State University of New York Press, 2001).

毕业课程。①中国史研究近来很热，主要是因为美国大学生对中国的崛起充满兴趣，并越来越愿意参与其中；②除一些华裔学生希望了解自己的族裔传统之外，还有其他一些学生希望深入了解美国与亚洲的历史联系和中国文化。这些来自学生的要求与兴趣构成了如今中国研究和中国史教学在美国高校得以蓬勃生长的动力。

兴趣（与资助）的扩展自然令研究中国的学者们感到高兴，但实际上美国人对中国历史的兴趣起源更早，而当代中国史与美国企图通过基督教、资本主义或冷战而改变世界的雄心也是密切相关的。1842年组建的美国东方学会将自己的目标界定为：将基督教的恩赐和欧洲的艺术与科学输入中国和传播关于中国及中国语言的知识，让我们的同胞从中受益。③针对中国的学术研究则起源于1941年成立的远东协会，即今天的亚洲研究学会。这个学术性更强的组织由3名哥伦比亚大学的学者发起，它对宗教传播不感兴趣，而只是关注1500年以来的亚洲发展史。《远东季刊》（*Far Eastern Quarterly*，即《亚洲研究》的前身）的第一期于1941年11月出版，学会创始人之一的厄尔·普里查德曾担心，一月之后发生的珍珠港事件对这桩事业是一个沉重的打击。④然而，二战标志着美国对亚洲事务的更深卷入，并带来政府（对亚洲研究）的财政支持的迅速扩大，政府需要的诸多研究也因此得以推进。

---

① 学生毕业所需课程要求一般是由教员集体商定的，因此美国高校对学生应该选多少学分的历史课并无统一的规定，但几乎所有高校都认为，一个受过教育的人至少应该对历史知识有所了解。

② 这是新近出现的情况。直到20世纪80年代，美国的中国研究者所面临的问题一直是解释中国为何未能发展起来，而解释一个亚洲国家将如何主宰未来的工作则往往是由研究日本的学者来承担的。

③ John Pickering, "Address at the First Annual Meeting," *Journal of the American Oriental Society* 1, no. 1 (January 1843): 43.

④ Earl H. Pritchard, "The Foundations of the Association For Asian Studies, 1928-1948," *The Journal of Asian Studies* 22, no. 4 (August 1963): 514.

费正清将在日后成为美国的中国研究领域内的大师级人物,他在二战期间曾作为美国政府雇员在中国待过多年,负责向中国民众传播关于美国的知识,并同时为美国政府收集和整理关于中国的知识。用他的话来说,我们不能让美国式生活方式自己推销自己,而与此同时,我们希望我们的中国问题会随着时间的推移变得越来越重要。目前的中国为自卫的需要必须进行工业化,而且需要快速推进,而唯有通过美国资本和技术的援助,这个过程才能有效地进行……在这种情况下,我们至少要掌握知识。我们需要搞清楚谁是谁。[1]

这两种早期的冲动——需要传播美国生活方式和需要了解亚洲——将一直延续到冷战时代,但它们推动了中国研究在美国高校的起步与发展。1946年时,全美国只有4所重要大学设有中国研究的项目;到了1951年,设有中国研究项目的美国大学增加到11个;到1973年,这个数量变成了76个。此外,十多所大学在1960年启动了汉语教学的项目。[2]

参与这一波扩展的许多学者曾是参加过太平洋战争的老兵,他们中的许多人将以学者身份进入美国政府各部门任职。费正清的第一批学生中包括了史华慈,他在二战服役期间学会了日语,后来成为了中国研究的领衔学者。史华慈的战友比尔·尼尔森也是费正清的第一批

---

[1] John King Fairbank, *Chinabound: A Fifty-Year Memoir* (New York: Harper Collins, 1982), 234, 237; 中文版见:《费正清对华回忆录》,陆惠勤、章克生译,上海:知识出版社,1991版。

[2] 并非所有的亚洲研究项目都是以中国为研究焦点,见:Samuel Hideo Yamashita, "Asian Studies at American Private Colleges," in Barnett, Suzanne Wilson, and Van Jay Symons. *Asia in the Undergraduate Curriculum: A Case for Asian Studies in Liberal Arts Education* (Armonk: M.E. Sharpe, 2000), 37. Eugene W. Wu(吴文津), "Organizing for East Asian Studies in the United States: The Origins of the Council on East Asian Libraries, Association for Asian Studies," (paper presented at the conference "The Evolving Research Library and East Asian Studies, Beijing," 1996). http://www.eastasianlib.org/ceal/OriginsofCEAL.pdf (retrieved 10/7/2014).

学生中的一个,他后来在美国中央情报局主管远东分部。① 正如理查德·兰伯特所提到的:

> 这些(中国研究)中心及它们拥有的教员事实上构成了一个专业知识和专家的储藏库,政府可以委以重任,从中汲取研究成果、接受咨询、并招聘临时雇员。中心所培养的研究生是美国外交机构所需人才的重要来源。那些为国际机构图书馆所收藏的写作,多出自这些中心的学者。美国政府也使用这些中心来培训在职雇员。②

早期中国研究的代表作之一是费正清的名著《美国与中国》。该书最初于1948年由美国外交政策图书馆出版,瞄准的读者是外交政策界的公众。③ 书名似乎暗示这将是一部美中关系史,但实际上却是一部关于中华文明的通史性著作,且偏重近代,目的是向美国人介绍中国。于是,关于中国的知识一时间变成了所有自称见多识广的美国人的必备常识,费正清及其追随者也似乎承诺将不断提供这种知识。随着中国研究学术成果的增多,《美国与中国》也多次修订再版。初版的阅读建议部分只有18页,到1983年该书第四版的时候,阅读建议已经长达一百多页。在1987年出版《伟大的中国革命》一书时,费正清干脆写了一个"反参考书说明",坦承中国研究的成果实在太多,已经多到无人可以在梳理时做到一网打尽的程度。④

---

① Fairbank, *Chinabound*, 326; John Prados, *Lost Crusader: The Secret Wars of CIA Director William Colby* (Oxford: Oxford University Press, 2003), 198.
② Suzanne Wilson Barnett and Van Jay Symons, *Asia in the Undergraduate Curriculum: A Case for Asian Studies in Liberal Arts Education* (Armonk: M.E. Sharpe, 2000), 39.
③ Fairbank, *Chinabound*, 326-327. *United States and China* 再版过多次。中文版见:〔美〕费正清:《美国与中国》(第四版),张理京译,北京:世界知识出版社,1999年版。
④ John King Fairbank, *The Great Chinese Revolution 1800-1985* (New York: Harper Perennial, 1987).

费正清和他这一辈子的研究都深受现代化理论的影响，他把 1800 年以来的中国史描绘成是一个外国和中国的改革家们企图以一个全面现代化的中国来取代"传统"中国的故事。^① 在他编写的中国研究领域的一本重要著作中，吉尔伯特·罗兹曼将现代化描述成一个科学和技术革命的影响转换社会的过程……现代化因此应被理解为是一种影响社会各方面的进程；而中国研究的目的则是理解并帮助推进这一进程，具体讲，就是帮助识别中国社会里那些有利于和不利于现代化进程的因素。^② 显然是一种将五四运动与两个列宁主义政党串连起来做研究的思路：它们都试图在中国制造一种天翻地覆的变化，将旧中国扫进垃圾堆，用一个全新的中国取而代之。这种对现代化的关注也与美国史学界的发展是相辅相成的。譬如，曾有五位研究中国的学者担任过美国最重要的史学专业组织美国历史学会（简称 AHA）的主席：赖德烈（1948）、费正清（1968）、魏斐德（1992）、史景迁（2004）与彭慕兰（2013）。五人中只有史景迁可被算作是研究前现代中国史的学者，而且五人担任这一职务的时间全都是在二战之后。^③ 后来成立的关心亚洲问题学者委员会等组织对亚洲学界与美国政府的帝国主义政策之

---

① 关于这个问题的研究，见：Joseph Levenson, *Confucian China and Its Modern Fate* (Berkeley: University of California Press, 1972)，尤其是第一部分。中文版见：〔美〕列文森：《儒教中国及其现代命运》，郑大华、任菁译，北京：中国社会科学出版社，2000 年。
② Gilbert Rozman, ed., *The Modernization of China* (New York: The Free Press, 1981), 3. 虽然他对马克思主义不屑一顾，但他的对现代化的过于吝啬的定义是"权力的非生命力与生命力来源之间的比率"（"the ratio of inanimate to animate sources of power"）。〔美〕吉尔伯特·罗兹曼主编：《中国的现代化》，国家社会科学基金"比较现代化"课题组译，南京：江苏人民出版社，1988 年。
③ 赖德烈来自学界之外的传教士运动。这几位美国历史学会 (AHA) 主席的主席演讲提供了研究方法变化的见证。我们仅举两例：魏斐德在演讲开始时提到的他的第一次历史记忆是关于珍珠港事件。到 2013 年，彭慕兰呼吁写作少受民族国家局限的历史 (Histories for a Less National Age)，呼吁历史学家超越方法论上的民族主义。http://www.historians.org/about-aha-and-membership/aha-history-and-archives/presidential-addresses/by-year (retrieved 7/1/2015).

间的联系持有强烈批评的态度,即便如此,它也无法拒绝现代化研究模式的影响。根据该组织的创建宣言,它的成立是为了反对美国在越南的野蛮政策,反对我们行业对这项政策的默许和沉默。该组织希望能够发展出一种对亚洲社会具有人文精神和知识性的理解,但它的政治性十分明显,其目标是改变美国对亚洲的政策。

无论对政府的亚洲政策的态度有何不同,所有这些专业组织和学者个人都把对中国的研究与为美国的利益服务联系起来。但这种努力不过是在原来汉学研究的传统之上构建一套新的学术关怀体系,而欧洲学界则一直将汉学研究保留为对中国研究的主流模式。① 早在冷战时代的现代安全国家出现之前,西方对中国的研究就已经开始。汉学研究的动机来自美国学界普遍接受的一种人文思想——即所有人类的文明与社会都值得研究。正如费正清在 1968 年所指出的,对国家利益的现实考虑和出于思想兴趣的人文关怀在美国教育体制中得到普遍的接受,并成为将对东亚地区(的研究和教学)引入我们的中学和大学教育之中的理由。② 兰克称,在上帝面前,所有的时代都是同等的重要;也就是说,所有的历史时期都值得研究。美国大学的历史系基本遵循这个思路,期望尽可能全面地覆盖世界历史。一般来说,美国大学历史系有一半的教员讲美国史,另一半讲世界其他地方的历史,但对欧

---

① 汉学在欧洲有很久远的历史。关于它的发展和与中国的汉学的关系,见:Harriet Thelma Zurndorfer(宋汉理), *China Bibliography: A Research Guide to Reference Works About China Past and Present* (Leiden: Brill, 1995), 4-44. 欧洲汉学与费正清的区域研究在方法论上并非是等同的。参见:Geremie R. Barme(白杰明), New Sinology, http://ciw.anu.edu.au/new_sinology/index.php (retrieved 2/3/2016).

② John K. Fairbank, "Assignment for the '70s," (presidential address read at AHA annual meeting, December 29, 1968), http://www.historians.org/about-aha-and-membership/aha-history-and-archives/presidential-addresses/john-k-fairbank (retrieved 7/1/2015).

洲史的覆盖明显要多于其他的世界史。①在中国史研究领域内，按兰克的思路，当然是要鼓励对所有时期的中国历史的研究，而不仅仅限于近现代中国。然而在实践中很难做到这一点，因为美国大学中只有为数不多的几个规模最大的历史系才有能力聘用一人以上的中国史研究专家，而这些专家之中研究前现代中国史的人恐怕不会超过一个。

汉学传统的根本是主张在西方国家的中学里，将汉语作为一种基础人文学科来讲授，可与拉丁语和古希腊语的学习结合起来，或作为两者的替代选项；它反对在某些美国大学内实施的过度专门化和非人文情怀化的趋势，并反对汉学研究与政府之间的那种隐秘而不健康的联系。② 所有上述这些发展对北美地区的中国史研究都产生过极大的影响。如果说冷战曾是费正清学派的发展动力，那么，随着时间的推移和学者们兴趣的扩展，中国史研究领域在目标、性质和方法上也发生了很大的变化。

从全球史的角度研究中华民国史

如前面提到的，当代西方的中国史研究对宏大的现代化叙事持有的态度更多的是质疑，而不是全盘接受：所有的社会在现代都发生了巨大的变化，但推动社会转型的关键力量并不是单一的，而且转型也并非遵循某种统一模式的进程。现代化与权力的关联密切，其进程也是一个对大众实施控制和利用的进程。如许多研究所指出的，大众对现代化的抵制并不只是一种小农非理性行为的表现，而更是一种普通

---

① 关于 AHA 收集的各史学领域的博士论文统计数据，见：http://www.historians.org/publications-and-directories/perspectives-on-history/january-2013/the-2012-jobs-report (retrieved 10/7/2014). 欧洲史研究在美国十分重要，这是因为大部分的美国文化源自欧洲模式。而中国则不同，它当时不被看成对美国的国家发展具有重要的影响，而日本、韩国和越南则有这种影响。

② Simon Leys, *The Hall of Uselessness: Collected Essays* (New York: NYRB Classics, 2013), 344.

人对精英阶层的控制和利用所进行的有意识反抗。这种趋势不仅可以在中国史中找找到例证，也同样发生在世界上的其他地方。冷战后期，中国史研究领域发生的第一个重要变化是研究支点向以中国为中心的方向移动。柯文的著作《在中国发现历史》是这一潮流的杰出代表。①柯文将这种研究思路描述为：(1) 它以源自中国的中国史、而不是以源自西方的中国史为起点，尽可能地从人文的角度采用内部的（中国的）、而不是外部的（西方的）标准来决定什么是中国历史上的重要内容；(2) 它将中国平行地分解成为不同的区域、省、行政区、县和城市，从而使区域史和地方史的研究成为可能；(3) 它将中国社会"垂直地"分解为一些相互独立的层次，以帮助发展关于底层的——同时包括大众喜欢的和不为大众熟悉的——历史题目的研究与写作；(4) 它欢迎在中国史研究中借鉴史学领域之外的理论、方法和研究技能。②

柯文的方法论在某种意义上，用杜赞奇的话说，将史学从民族国家（的局限）中解救出来。他希望超越那些宽泛的、包揽无余的精英建构。③这是一个重要而极有价值的贡献，不仅帮助许多极为优秀的研究成果得以产生，而且产生了延伸至今的影响力。中国中心论的研究模式并非没有内在的缺陷。它关注的重点是中国如何回应西方，考虑到外部影响对这一时期受过教育的中国人的冲击，这样做是可以理解

---

① 关于此书的一些评论，见：Hanchao Lu（卢汉超），"A Double-Sided Mirror: On Paul Cohen's Discovering History in China, *The Chinese Historical Review* 14, no. 2 (Fall 2007): 189-91.

② Paul A. Cohen, *Discovering History in China: American Historical Writing on the Recent Chinese Past* (New York: Columbia University Press, 2010). 中文版见：〔美〕柯文：《在中国发现历史：中国中心观在美国的兴起》，林同奇译，北京：中华书局，1989年。

③ Prasenjit Duara, *Rescuing History from the Nation: Questioning Narratives of Modern China* (Chicago: University of Chicago Press, 1995)；〔美〕杜赞奇：《从民族国家拯救历史：民族主义话语与中国现代史研究》，王宪明、李海燕译，北京：社会科学文献出版社，2003年，Cohen, *Discovering History*, 4.

的，但它也有贬低外部影响的趋势。近期的中国史研究也注重解构中国，但它们会将中国之外的更大世界纳入思考之列。这些新的研究认为，外部影响的重要性是不可忽视的，因为它为中国人提供了可以选取和使用的许多不同的现代化模式。正是近代早期在贸易和思想领域中所发生的传播、相互影响和交融，使得现代世界的形成成为可能。①中国史研究出现的这种新趋势与史学专业的大趋势十分吻合。对其他历史学家来说，中国如何走向现代化的问题引发了做比较研究的兴趣。所有的历史学家对传播、相互影响和融合等主题都会感兴趣，事实上，社会变化既可以是通过思想的相互影响或关系网络的运作发生的，也可以是通过对于外部模式的有意识和强制性的借鉴而发生的。

为进一步说明上面提到的这种研究趋势，我将在下面讨论三部著作，包括林东的 *A Passion for Facts: Social Surveys and the Construction of the Chinese Nation-State, 1900-1949*，林郁沁的 *Public Passions: The Trial of Shi Jianqiao and the Rise of Popular Sympathy in Republican China*，高万桑与宗树人合著的 *The Religious Question in Modern China*，通过它们来展示西方中国史写作的现代趋势。

赛先生

林东的著作关注的是现代统计学与现代管理人才群体在中华民国时代的兴起。②他研究了晚清的人口资料和民国时代利用现代社会科学方法来管理和改造中国人的种种企图，就此而言，它与从前的研究相比具有特殊的价值。创造一个可通过统计学对其进行管理的中国人民，

---

① Lam, *Passion for Facts*, 11.
② James C. Scott, *Seeing Like a State: How Certain Schemes to Improve the Human Condition Have Failed* (New Haven: Yale University Press, 1998) 对这种研究法做了很好的介绍。

正是现代中国所期望的伟大目标之一。传统现代化进程的研究往往以定县研究为代表，这是美国改革者投入大量时间予以关注的模范县之一。关于定县实验的英文研究已经出版了好几种，① 这些著作的目的，如同定县项目本身一样，是为了弄清楚中国到底在哪里做错了以及应该如何纠正错误；它们企图识别和解决的基本问题是中国人没有能力来推动自身的现代化进程。如晏阳初在谈到定县时所说的中国人并不看重事实和精确度……中国人常说的"差不多"——意为"与此相近"或"大概是"——在受过教育和没受过教育的人都普遍使用。精确表述并非中国人令人难忘的美德之一。②

所以，对于外部和内部的改革者来说，中国社会需要的是一种在政治体制、社会和心态方面的彻底转型。悉尼·甘布尔在20世纪50年代发表的定县研究包括了人口统计、家庭预算、地方工业、宗教等方面的内容，这意味着乡村社会的所有方面都需要分析、登记和测量，以便被替换和改进。

而林东的研究方法则不同。他明确地将中国放在一个全球性殖民主义进程的背景之中，而不是因循冲击—回应或中国中心论的研究模式。③ 他覆盖的时段从1900年开始，但与许多当代学者一样，他并不将高层政治的变化——如从清帝国到北洋政府、再到国民党政府之间的权力转移等——作为关注的重点。描述社会调查的用语是"实事求是"，此话被广泛使用，与清代文献考证的学者和毛时代的研究者都可发生联系。但对林东而言，借用贝纳德·科恩的说法，这些人不是在发现而是在制造事实。与其他许多受到当代批评理论影响的学者一样，

---

① 同见：Charles Hayford（何复德），*To The People: James Yen and Village China* (New York: Columbia University Press, 1990).

② Introduction to Sidney Gamble, *Ting Hsien: A North China Rural Community* (Stanford: Stanford University Press, 1954).

③ Lam, *Passion for Facts*, 11.

林东对社会科学抱有一种特殊的警惕，担心它可能会制造而不是描述现实。他也讨论了人民为何会反对现代化。早期研究将现代化描述成一种纯粹正面的进程，任何对它的抵触和反对都被视为是落后的和非理性的。但在林东看来，政府对数据的收集是一种行使权力和控制人民的方式，所以当人们对政府因为征税和管理的需要而要进行人口登记的做法加以拒绝时，林东对这种反抗并不感到难以理解。

统计数据是政府需要的，但它们是由统计学家创造出来的，而后者可能抱有与政府不同的动机。林东斥专章讨论了民国时代统计学家的自我认知。他们中的许多人十分看重田野调查，不光因为田野调查可以接触到更好的数据，而也因为这是与受苦受难联系在一起的进程。受难象征着牺牲，说明一个人经历了自我修养的过程。这是古代哲学家朱熹能够理解的一种磨砺性格的方式：

> 须是一棒一条痕！一掴一掌血！看人文字，要当如此，岂可忽略！[①]

对早期的研究者来说，将古代儒家精英与推崇现代化的精英放在一起并列研究是荒唐的。五四运动和国共两个革命政党都是力图将旧的精英阶层连根拔掉，以一个新的精英阶层取而代之，然而林东的研究则显示，新式统计学的精英们将自己的训练与古代儒家精英的经历视为同类的为求取成功的呕心沥血之道。林东的著作绝不是唯一一部讨论现代科学如何创造了中国的著作。墨磊宁的 *Coming To Terms with the Nation: Ethnic Classification in Modern China* 讨论的是毛泽东时代

[①]《朱子语类·学四·读书法上》24, http://ctext.org/text.pl?node=587039&if=en#n587063 (retrieved 2/3/2016).

对中国国内民族和族裔群体进行分类的过程，这也是一个与国家控制有着密切联系的项目。① 沈德容的 *Unearthing the Nation: Modern Geology and Nationalism in Republican China* 讨论的是现代地质学在中国的起源与发展。② 这类题目在早期的研究中是不可想象的，因为它们需要有很多的初级准备工作做为铺垫。早期的研究者也许认为，类似的现代组织几乎没有机会得以存在，或在一个强有力的中央政权建立之前，它们不会对中国社会产生任何影响力。因此，他们可能认为，在一个现代国家产生之前，研究现代组织或现代职业这样的题目是毫无意义的。③ 事实上，不仅地质学与国家权力之间存在联系，新地质学的精英分子与传统的儒学精英之间也存在着相似之处。

中国地质学家抛弃了针对政治与社会秩序的儒家价值学说，视其为一种坐井观天、自鸣得意的狭隘思想。但他们接受了儒家学说中关于士的深层价值观，视"士"为国家和社会的"仆人与向导"，并学会了将这种传统角色与进步主义和道德自律等结合起来，以回应当代社会对自我批评和自我更新的号召。地质学家对中国性的分享意识来自于他们内心深处的自责和希望自我改造的决心。作为一个学科，地质学不仅要将国家从崩溃的边缘挽救回来，还将改造本学科的实践者。④

地质学家的想法几乎与林东所引用的考古学者李济的话如出一辙：

---

① Thomas Mullaney, *Coming to Terms with the Nation: Ethnic Classification in Modern China* (Berkeley: University of California Press, 2011).
② Grace Yen Shen, *Unearthing the Nation: Modern Geology and Nationalism in Republican China* (Chicago: University of Chicago Press, 2014).
③ Julia C. Strauss（朱莉）, *Strong Institutions in Weak Polities: State Building in Republican China, 1927-1940* (Oxford: Oxford University Press, 1998); Xu Xiaoqun（徐晓群）, *Chinese Professionals and the Republican State: The Rise of Professional Associations in Shanghai, 1912-1937* (Cambridge: Cambridge University Press, 1997). 两书都是最初超越这种模式的写作。
④ Shen, *Unearthing the Nation*, 10.

他们（指欧洲人）决心要到中国来调查我们的语言、丈量我们的身体、出土我们的古代文物，研究我们所有的习俗。这些"原始的学术材料"无疑被欧洲人日复一日地转移和盗走了。[①]

这些研究关注的是统计数字和分类，但它们将两者看成是一个创造类比和地位群体的过程，而不只是为已经存在的群体和类别取名。它们都注意到不同精英阶层之间存在的连续性。但它们也认识到，创造一个可从统计学意义上实施管理的国家，也许是因袁世凯或蒋介石等政治领袖人物的命令而启动的，但这个进程的实施者却公民社会组织、国际性的科学和文化团体，更为重要的是那些拥有自我意识的受过教育的中国精英阶层。精英阶层总认为自己对国家是极为忠诚的，并将为国服务视为己任。但这并不意味他们希望以政治领袖的理解方式来解读他们的爱国行为。

军阀割据

民国史研究的另外一个重要主题是军阀割据问题。早期研究通常将1916—1927年描绘成一个动荡不定、政治崩溃、全面断裂的时代，与先前的时代没有任何连续性可言。研究也主要集中在重要的政治人物身上，或专注对军阀割据的结构进行政治分析。英语世界至今没有一部关于保定军校及其毕业生的研究专著。原因之一是1911—1927年的档案材料十分有限；即便是弄清楚史实的基本线索，也需要做大量的工作。更重要的是，要将这一时段发生的事情与国家复兴和政治改革的叙事结合起来是非常困难的，而历史学家们感兴趣的往往是后

[①] Lam, *Passion for Facts*, 101.

一类话题。如果所有的地方军阀不过是一群自吹自擂之徒并最终将在1927年被赶下历史舞台（并在1949年被再次赶下历史舞台）的话，他们有什么可值得研究的呢？五四运动及相关的文化和思想变化已经得到众多学者的青睐，但这一时代的政治却无人问津。《剑桥中国史》民国卷反映的基本上是老派观点，它对军阀割据时代的政治的叙述极为吝啬，只有屈指可数的寥寥几页。①

最近几年，麦科德和林霨提供了关于这一时代的一幅更为精细的画面。麦科德从地方层次来研究军阀主义的含义，林霨则在研究军阀政治的本质之外，选择从全球背景的角度来讨论中国军阀主义的特征。②但我在此想特别讨论的是林郁沁那部颇受欢迎的关于施剑翘和她如何刺杀军阀孙传芳的著作。③这是民国历史上的一桩奇案，但林郁沁却将它作为一个研究案例，来呈现法治社会是如何在早期民国运作的。在书中，她讨论了孝顺观念和女性在法治社会中所扮演的角色，更重要的是，她将此案当作一个公众同情心兴起的一个案例。施剑翘在实施刺杀之后，并没有企图逃跑，而是等待被捕，并散发解释自己行为的传单。经过一场万众瞩目的审判之后，她最终被无罪释放，但她在法庭上却毫不掩饰地套用一种国家话语来为自己辩解，说她不光是为了报杀父之仇、也是为拯救整个国家而采取行动的。

一桩谋杀案在过去可以说是一个微不足道的研究题目，但林郁沁的写作反映了近期研究的一种趋势——关注源自地方的具体案例，说

---

① 《剑桥中华民国史》，杨品泉译，北京：中国社会科学出版社，1993 [i.e. 1994]。

② Edward A. McCord, *The Power of the Gun: The Emergence of Modern Chinese Warlordism* (Berkeley: University of California Press, 1993); Waldron, *From War to Nationalism: China's Turning Point, 1924-1925* (Cambridge: Cambridge University Press, 1995); Arthur Waldron, "The Warlord: Twentieth-Century Chinese Understandings of Violence, Militarism, and Imperialism." *The American Historical Review* 96, no. 4 (1991): 1073-1100. doi:10.2307/2164996.

③ Eugenia Lean, *Public Passions: The Trial of Shi Jianqiao and the Rise of Popular Sympathy in Republican China* (Berkeley: University of California Press, 2007).

明史学界希望远离宏大叙事，通过案例研究来展示宏大主题是如何在具体的实践中得以呈现的。[1]更重要的是，这是一部关于主观情感的研究。早期研究趋向于将现代与传统做为对立面划分开来，一个人或一个体制要么是传统的，要么是现代的（或者，要么是革命的，要么是反革命的），无需多言。但林郁沁感兴趣的问题是，她的主人公是如何运用她能掌握的那些关于法律和正义的思想的。从她的着装（虽然是具有现代风格但却十分纯朴）到谋杀武器的选择（一把勃朗宁手枪而不是一把剑），在所有的细节上，施剑翘都力图把自己表现为是一个既极有孝心的女儿，又极倾向于进步的现代女性。两套思想的不同侧面都能派上用场。她是一名女性，但在此刻却采取了公开的政治行动，从而使她看上去像是一位现代女性。一方面她敢于在大庭广众面前接受一个名义上具有理性的和现代性的法庭的公审（最终被原谅），另一方面她又向公众发出诉诸情感和传统观念、请求帮助的呼吁，获取动之以情，晓之以理之间的平衡。[2]她在这方面做得十分成功，以至于逃脱了杀人偿命的惩罚。林郁沁对施剑翘如何利用不同观念进行自救和其他人对她的案件如何做出回应这两个问题都充满了好奇。精英们——即那些在报纸和杂志上发表意见的人——倾向于对她的行为表示谴责。与传统精英阶层一样，这些新精英对民众的情绪始终抱有一种怀疑态度。作为精英群体的成员，他们对施剑翘诉诸大众的同情、而不是诉诸法律体制的理性而甚为不满。这桩案例呈现了精英与大众在针对如何处理中国社会问题之上的冲突。

　　林郁沁的研究方法对她使用的材料也有影响。中国中心论曾使得研究者感到兴奋的原因之一是 20 世纪 80 年代中国档案第一次对外国

---

[1] 这与中国国内进行的关于"碎片化"的辩论并不完全相同。见：王笛：《不必担忧"碎片化"》，《近代史研究》2012 年第 4 期，第 30-33 页。
[2] Lean, *Public Passions*, 109.

研究者开放。林对公共话语充满了兴趣，所以她对出版材料比对档案材料更感兴趣。许多外国历史学家的确也在使用中国的档案材料，但他们感兴趣的问题，以及在阅读和使用中国档案的方面所出现的日益增多的问题，也许会将学者的注意力更多地推向到出版材料的关注。

林郁沁感兴趣的题目是主观情感的体验以及传统概念是如何被包装成现代思想的这类问题。李海燕的对爱情的研究则揭示了传统的"情"如何演变成现代的"爱情"概念的过程。此外，还有许多关于报纸和公共空间的研究（尤其是纪家珍）的写作。它们利用传统概念中的"公"和儒学关于精英如何扮演民众领袖的角色的议论来讨论相关的问题。所有这些研究都受到研究其他国家或地区的"世界史"的历史学家的影响，他们也关注主观情感等现代思想的演进。

宗教与关系网络

上述研究大都关注精英阶层和他们的活动。而高万桑和宗树人的 *The Religious Question in Modern China* 关注的是通过宗教形式而表现的大众行为。[①] 直到10年之前，关于中国的热门讨论一直将宗教实践归类为一种莫名其妙的习俗，属于那个正在迅速消失的过去，或只是存在于古代圣贤们的漫无边际的高谈阔论之中。[②] 同样，这是一个可以与现代化和五四运动密切联系起来的研究支点。任何关于宗教的思想都属于封建社会的残余，必将在现代中国销声匿迹，如同现代欧洲所经历过的世俗化现象一样，这种看法在中国的精英阶层和中国研究学界也十分盛行。高万桑和宗树人讨论的是各种将庙宇改换成为有用的地方（如学校等）的努力，以及国共两党的反宗教运动。这些运动受到一种

---

① Vincent Goossaert and David A. Palmer, *The Religious Question in Modern China* (Chicago: University of Chicago Press, 2011).
② Ibid., 1.

西方对宗教的界定的推动,而这种界定与大部分传统的中国宗教实践并不相吻合。这些运动导致了许多宗教——尤其是佛教——力图改革自己的宗教,以靠拢西方宗教的模式。这是近期的宗教研究成果所提出的关键性思考之一。早期的宗教研究往往认为中国的宗教实践不值得研究,而高万桑和宗树人则检讨了(中国人)对基督教规范模式的借鉴以及它对个人和团体行为乃至国家政策所产生的影响。①

高、宗两人研究方法的有用性体现在他们对一贯道、红卍字会等救世性组织和各种灵学组织的讨论上,这些组织明显地建构在中西方双重模式及其影响之上。国共两个改良主义政权对这些组织实际上都感到头疼。国民党将它们称之为"迷信组织",共产党则称它们为"反动教派"和"秘密组织"。国共两党都试图将"迷信"与"封建"分离开来,但至少对"真正的"宗教还保留一种容忍的态度——尤其是对伊斯兰教、藏传佛教等——因为它们有助于控制少数民族。国共两党也都企图将武术和气功等传统社会的构成成分进行划分,这些成分在历史上曾与宗教有过密切的联系,但它们现在被分离出来,变成一种国粹,用来为国家的目的服务。在民国时代,"武术"变成了"国术"。所谓"精武体育会"(该会的名字将西方的体育与更传统的精武结合起来使用)立志要将"儒学的自制力、佛教的平等概念、基督教的博爱观传播到中国的每个角落。"②与其他近期的著作一样,高、宗二人对中国本土内外的宗教都做了考察。宗教网络,与其他许多种类的关系网络一样,并不对国家疆界抱有特殊的尊重。佛教、基督教和伊斯兰教提供了三个关于网络和先于民族国家的认同形式的最好榜样,而且它

---

① Ibid., 73-74.
② Ibid., 114. 他们将此与基督教青年联合会做比较。见 Andrew D. Morris(毛岸俊),*Marrow of the Nation: A History of Sport and Physical Culture in Republican China* (Berkeley: University of California Press, 2004).

们与民族国家的关系也时常是麻烦不断。但高万桑和宗树人并不全是将这个故事讲述为国家对宗教信仰的压制，他们所呈现的同时也是一个中国人主动从外部借鉴宗教模式和主动去理解外部信仰的故事。

高家龙对商业网络的研究反映了许多类似的主题。[1] 与那些在跨国背景下运作的宗教人物一样，商人在许多情况下与国家有着并不顺畅的关系，有时甚至是敌对的关系。与宗教人物一样，他们也被国家视为希望同时对其加以利用和进行控制的个人和组织。

结　论

费正清的最后一部著作取名为《伟大的中国革命（1800—1985）》。这个书名反映了北美中国历史研究界在该书出版时（1987）的主要关切。中国历史是一个关于政治变化的故事，是一个一种政治和社会制度通过革命的方式对另一种政治和社会制度取而代之的故事。尽管费正清本人并不能被称作是一个马克思主义历史学家，但他的确借鉴了不少马克思对历史的看法，包括对特定历史阶段和激进断裂等概念的使用。然而，即便在 1987 年，关于中国的解释已经开始发生变化。如果他是在 1977 年完成这部著作，该书覆盖的时段也许可能是 1840—1975 年，因为他在那个时候也许将 1840 年和第一次鸦片战争界定为一个关键的剧变时刻，而此后他不像从前那样尤其强调外部冲击和政治事件的分量。当代的历史学家当然不会抛弃政治和宏观叙事，但也不会步前辈历史学家的后尘，将中国史研究仅看成是一种对政治和粗糙而简单的体制转型的研究。我在本文中讨论的三部著作展示了一种不同的研究途径。

林东研究的是如何借鉴外国思想、如何重新创造一个新的精英阶

---

[1] Sherman Cochran, *Chinese Medicine Men: Consumer Culture in China and Southeast Asia* (Cambridge: Harvard University Press, 2006).

层、如何将人们变成理性思考的人民，以及人民为何要抵制这种努力。林郁沁研究的是关于主观情感，以及国家、家庭和自我的关系。高万桑和宗树人研究的则是关于社会转型和超越中国的关系网络。这些研究在两个方面将中国变成了一个全球史的话题。首先，它们都十分明确而具体地破解了以中国为中心的研究思路，它们强调国际间的联系，强调关注那些与民族建构直接相关的历史侧面。[1] 其次，它们使用的研究方法和研究主题能够激发其他的世界史学者的兴趣。将社会变得理性化以及对这种企图的抵制，个人的主观情感以及它如何与宏观叙事发生连接，还有现代社会转型的复杂性等，这些是所有历史学家都感兴趣的题目。直到不久以前，美国的中国史研究一直是一个仅能引发中国研究者的兴趣的专门领域，而研究者所问的问题也主要针对中国、并与中国在 20 世纪所遭遇的政治困境相关。这个领域也从外部引入了研究思想和模式，但正如柯律格指出的：

> 对于研究中国的历史学家来说（或研究印度、墨西哥、瑞典、摩洛哥、土耳其……的历史学家），没有什么比卷入一场去攀比"我也是"，或更糟糕的"我最先"的竞争更令人感到乏味和无益的了。[2]

我并不完全赞同这个判断。通过对先在西方发展出来的模式的借鉴和使用，中国史研究已经产生出了一大批有用的研究成果，而且更多的新成果还会产生。这对于中华民国史的研究尤其重要，因为在这

---

[1] 美国史领域内也有这种趋势。见：王立新：《在国家之外发现历史：美国史研究的国际化与跨国史的兴起》，《历史研究》2014 年第 1 期。
[2] Craig Clunas, "Modernity Global and Local: Consumption and the Rise of the West," *The American Historical Review* 104, no. 5 (December 1, 1999): 1497-1511.

一时期，所有的中国人都在试图引进不同的外国模式，而且有的引入是成功的。然而，我们将欣喜地看到民国史研究最终将超越所谓"我也是"的阶段，利用那些在其他领域使用过的史学研究模式，创造出既有原创性又具备重要性的作品。中国学曾经是一个外人难以读懂的分支领域，现在它已经成为主流史学实践的一部分了。这些发展趋势对中国学者有什么意义？我想可能最有启发的是，我们有足够的理由"将史学从国家（史）中拯救出来"。如同林东所展示的，即便像现代统计学的发展这样的题目，虽然它们与民族性国家（national state）和革命性国家（revolutionary state）的目标有明显的关系，也能够通过将它们与中国内外某一特殊群体的目标和愿望更多地联系起来的方式得以理解，而在很多情况下无需过多牵涉国家的目标。如同林郁沁所展示的，个人与国家的整体关系是极为复杂的，要比那种关于一个落后的人民被一个革命国家所改变的简单叙事所描述的情况要复杂得多。高万桑和宗树人不光展现了所谓封建宗教信仰的重要性，而且也展现了在懂得历史变化过程中国家边界所具有的有限的重要性。所有这些趋势在西方史学界都是常见的研究模式，它们也许能激发中国历史学家的兴趣。（王希　译）

参考书目　Barnett, Suzanne Wilson, and Van Jay Symons. *Asia in the Undergraduate Curriculum: A Case for Asian Studies in Liberal Arts Education.* Armonk: M.E. Sharpe, 2000.

Barme, Geremie R. "New Sinology, http://ciw.anu.edu.au/new_sinology/index.php (retrieved 2/3/2016).

Clunas, Craig. "Modernity Global and Local: Consumption and the Rise of the West." *The American Historical Review* 104, no. 5 (December 1, 1999): 1497-1511. doi:10.2307/2649347.

Cochran, Sherman. *Chinese Medicine Men: Consumer Culture in China and Southeast Asia.* Cambridge: Harvard University Press, 2006.

Cohen, Paul A. *Discovering History in China: American Historical Writing on the Recent Chinese Past.* Columbia University Press, 2010.

Duara, Prasenjit. *Rescuing History from the Nation: Questioning Narratives of Modern China.* Chicago: University of Chicago Press, 1995.

Fairbank, John King. *Chinabound: A Fifty-Year Memoir* New York: Harper Collins, 1982.

——. *The Great Chinese Revolution 1800-1985.* New York: Harper Perennial, 1987.

Gamble, Sidney. *Ting Hsien; a North China Rural Community.* Stanford: Stanford University Press, 1954.

Goossaert, Vincent, and David A. Palmer. *The Religious Question in Modern China.* Chicago: University of Chicago Press, 2011.

Hayford, Charles W. *To the People: James Yen and Village China.* New York: Columbia University Press, 1990.

Judge, Joan. *Print and Politics: "Shibao" and the Culture of Reform in Late Qing China.* Stanford: Stanford University Press, 1997.

——. *The Precious Raft of History: The Past, the West, and the Woman Question in China.* Stanford: Stanford University Press, 2010.

Lam, Tong. *A Passion for Facts: Social Surveys and the Construction of the Chinese Nation-State, 1900-1949.* Berkeley: University of California Press, 2011.

Lean, Eugenia. *Public Passions: The Trial of Shi Jianqiao and the Rise of Popular Sympathy in Republican China.* Berkeley: University of California Press, 2007.

Lee, Haiyan. *Revolution of the Heart: A Genealogy of Love in China, 1900-1950.* Stanford: Stanford University Press, 2010.

Levenson, Joseph R. *Confucian China and Its Modern Fate: A Trilogy.* Berkeley: University of California Press, 1972.

Leys, Simon. *The Hall of Uselessness: Collected Essays.* New York: NYRB Classics, 2013.

Lu, Hanchao. "A Double-Sided Mirror: On Paul Cohen's Discovering History in China." *The Chinese Historical Review* 14, no. 2 (Spring 2007): 189-191. doi:10.1179/tcr.2007.14.2.189.

McCord, Edward A. *The Power of the Gun: The Emergence of Modern Chinese Warlordism.* Berkeley: University of California Press, 1993.

Moloughney, Brian and Peter Zarrow. *Transforming History: The Making of a Modern Academic Discipline in Twentieth-Century China.* Hong Kong: The Chinese University Press, 2011.

Morris, Andrew D., and Joseph S. Alter. *Marrow of the Nation: A History of*

Sport and Physical Culture in Republican China. Berkeley: University of California Press, 2004.

Pickering, John. "Address at the First Annual Meeting." *Journal of the American Oriental Society* 1, no. 1 (January 1843): 43.

Prados, John. *Lost Crusader: The Secret Wars of CIA Director William Colby*. New York: Oxford University Press, 2003.

Pritchard, Earl H. "The Foundations of the Association For Asian Studies, 1928-1948" *The Journal of Asian Studies* 22, no. 4 (August 1, 1963): 513-523.

Rozman, Gilbert, ed., *The Modernization of China*. New York: Free Press, 1982.

Schwartz, Benjamin I. *In Search of Wealth and Power: Yen Fu and the West*. Cambridge: Belknap Press of Harvard University Press, 1964.

Scott, James C. *Seeing Like a State: How Certain Schemes to Improve the Human Condition Have Failed*. New Haven: Yale University Press, 1998.

Shen, Grace Yen. *Unearthing the Nation: Modern Geology and Nationalism in Republican China*. Chicago: University of Chicago Press, 2014.

Strauss, Julia C. *Strong Institutions in Weak Polities: State Building in Republican China, 1927-1940*. Oxford: Oxford University Press, 1998.

Têng, Ssu-yu, and John King Fairbank. *China's Response to the West: A Documentary Survey,* 1839-1923. Cambridge: Harvard University Press, 1979.

Waldron, Arthur. "The Warlord: Twentieth-Century Chinese Understandings of Violence, Militarism, and Imperialism." *The American Historical Review* 96, no. 4 (1991): 1073-1100.

——. *From War to Nationalism: China's Turning Point,* 1924-1925. Cambridge: Cambridge University Press, 1995.

王笛：《不必担忧"碎片化"》，《近代史研究》2012年第4期，第30-33页。

王立新：《在国家之外发现历史：美国史研究的国际化与跨国史的兴起》，《历史研究》2014年第1期。

Wang, Q. Edward. *Inventing China through History: The May Fourth Approach to Historiography*. Albany: State University of New York Press, 2001.

Wu, Eugene W. "Organizing for East Asian Studies in the United States: The Origins of the Council on East Asian Libraries, Association for Asian Studies" (paper presented at the conference "The Evolving Research Library and East Asian Studies Beijing, 1996), http://www.eastasianlib.org/ceal/OriginsofCEAL.pdf (retrieved 10/7/2014).

Xu, Xiaoqun. *Chinese Professionals and the Republican State: The Rise of Professional Associations in Shanghai, 1912-1937*. Cambridge: Cambridge University Press, 1997.

Yamashita, Samuel Hideo, "Asian Studies at American Private Colleges," in Barnett, Suzanne Wilson, and Van Jay Symons. *Asia in the Undergraduate Curriculum: A Case for Asian Studies in Liberal Arts Education.* Armonk: M.E. Sharpe, 2000.

Zurndorfer, Harriet Thelma. *China Bibliography: A Research Guide to Reference Works about China Past and Present.* Leiden: Brill, 1995.

慧黛米
（Tamara L. Whited）

多棱镜下的《大自然与权力》
环境史写作的再思考

中文版导言

  下文选自美国《社会科学历史》2013 年秋季特刊。[①] 该刊一共发文 7 篇，其中 6 篇是历史学家针对环境史领域的一部重要新著——约阿希姆·纳得考的《大自然与权力：一部环境的全球史》——所做的学术评论。[②] 第 7 篇文章是纳得考本人对著作的说明以及对相关书评的回应。我的文章最初是为 2010 年在芝加哥举行的社会科学历史学会年会的一个圆桌讨论而写作的，经修订后由《社会科学历史》期刊发表。2009 年我在美国宾夕法尼亚州印第安纳大学（IUP）的研究生阅读课中曾使用《大自然与权力》作为主要读本，因此下文也反映了这次教学带给我的一些反思。

  我希望向读者推荐罗伯特·史华慈为《社会科学历史》特刊写作的导言，题目是"扩大研究规模：约阿希姆·纳得考与全球环境史的

[①] Tamara L. Whited, "*Nature and Power* through Multiple Lenses," *Social Science History* 37, no. 3 (Fall 2013): 347-359.

[②] Joachim Radkau, *Nature and Power: A Global History of the Environment* (Cambridge: Cambridge University Press, 2008).

研究"。① 环境史研究于20世纪60年代后期起源于美国，今天已经发展成为一个更加成熟和多元的领域，遍布于世界各地的高校之中；史华慈在导言中勾画了这一发展经历，并阐述了环境史学的趋势、目标和方法论。事实上，从起步开始，便有学者采用宏观叙事的方法来讨论人类与大自然的关系。克莱伦斯·格莱肯的《罗兹海岸的踪迹》虽然将研究范围局限在西方世界之内，但它对刚出现的环境史方法论的探讨却涵盖了不同主题，并跨越了数个世纪，② 其研究范式在随后数十年内一直被视为是一种丰碑式的成就。与之不同的是，艾尔弗雷德·克罗斯比则是首位提出"哥伦布大交换"关键地影响了随后美洲和欧洲的历史发展的历史学家；他对这一巨型问题的最初探讨至今仍在不断引发新的研究和争议。③

然而，一种更有意识地采用全球视野的环境史学——即对所有文明和地理区域的同类现象进行跟踪和研究——却是一种晚近趋势。环境史研究的全球化归功于全球联系的不断深化，而后者也同时激发起其他史学领域和其他学科对同一研究趋势的追求。此外，环境史学者目前之所以能够推进全球化导向的研究，更是因为有大量发表的专著为其奠定了基础——这些专著覆盖了环境史学家们关切的重要主题，包括关于环境的思想史和文化史、不同种类的农业体系、不同的城市环境、工业化、殖民主义历史、林业研究和水文研究等。然而，推动环境史研究全球化的最根本原因是人们对一系列环境问题所具有的全球

---

① Robert M. Schwartz, "Scaling Up: Joachim Radkau and the Project of Global Environmental History," *Social Science History* 37, no. 3 (Fall 2013): 311-324.
② Clarence J. Glacken, *Traces on the Rhodian Shore: Nature and Culture in Western Thought from Ancient Times to the End of the Eighteenth Century* (Berkeley: University of California Press, 1967).
③ Alfred W. Crosby, *The Columbian Exchange: Biological and Cultural Consequences of 1492* (Westport: Greenwood Press, 1972).

性拥有越来越深刻的认知，居于问题之首的就是气候变化。获取这种认知的目的不是为了将人类当前面临的环境危机推卸给历史，而是为了考察人类社会在不同的时空中如何回应大自然所强加给人类的同类制约。①

约阿希姆·纳得考的著作是一部难得的综述性著作，由一位作者单独完成，并覆盖了从史前至今的全球环境史。他的第一章很有意义，包含了他对环境史研究的诸多反思——不仅针对环境史的重要性，也针对该领域一些理所当然的老生常谈以及人们对环境史研究的应用和滥用。领域内外的人时常将环境史研究作为一种工具，不停地拿过去的例子来谴责人类社会或为其对当今环境困境应该承担的责任进行开脱。纳得考认为这样的做法是对史学研究方法的否定，因为史学研究必须对意料之外和无法预测的后果始终保持一种开放的态度。他通过大量的例子来说明，生态保护的乐观主义者和悲观主义者对环境史研究的使用具有同等的危险性。历史从来不会提供一种准确无误的行动指南，因为任何宏观的叙事都经不起严格的审查。②

---

① 关于新全球环境史的写作样本，见：Edmund Burke and Kenneth Pomeranz, eds., *The Environment and World History* (Berkeley: University of California Press, 2009); J. Donald Hughes, *An Environmental History of the World: Humankind's Changing Role in the Community of Life*, 2d ed. (London: Routledge, 2009); Shepard Krech III, et al., eds., *Encyclopedia of World Environmental History* (London: Routledge, 2004); J. R. McNeill and Erin Stewart Mauldin, eds., *A Companion to Global Environmental History* (Chichester: Wiley, 2012); J. R. McNeill, *Something New under the Sun: An Environmental History of the Twentieth-Century World* (New York: Norton, 2000); Stephen Mosley, *The Environment in World History* (London: Taylor and Francis, 2010); John F. Richards, *The Unending Frontier: An Environmental History of the Early Modern World* (Berkeley: University of California Press, 2003); and I. G. Simmons, *Global Environmental History* (Chicago: University of Chicago Press, 2008).

② Radkau, *Nature and Power*, 35. 纳得考在他的文章中做了同样的陈述："环境研究方法论为找到一种更有创新意义的全球史写作提供了机会，因为人类与自然之间的关系带有许多惊奇、许多曲折的发展，它不是一个关于进步的或关于衰落的宏观故事。" Radkau, "Nature and Power: An Intimate and Ambigious Connection," *Social Science History* 37, no. 3 (Fall 2013): 338.

纳得考的全时段研究从对农耕文化之前不同形式的生存经济的讨论开始，以"全球化的迷宫"①作为结束，对后者的讨论涉及了核子末日、环保政策以及癌症恐惧等一系列不同的主题。将这部历史巨著串联起来的主题是作者对不同规模的权力的关切——如他在文章中所宣称的：他关切的不光是……抵抗大自然的权力、征服大自然的权力，也是关于大自然的权力和根据大自然的力量所分配的权力"。②在思考制度权力的同时，纳得考还考察了重要的"历史公共资源"③——如森林、水和牧场——的环境史。纳得考围绕这些自然的和文化的人为建构来设计本书是十分得当的。正是由森林、水和牧场构成的不同组合强化了本书讨论的许多社会性权力的基础。此外，好些建构可持续发展模式的思路都是围绕森林、水和牧场而展开的，权力体制不仅决定着它们的使用，而且也围绕它们来巩固自身的存在。

读者很快会发现，我的讨论并不忠实地跟随纳得考著作的组织框架。如本文的题目"多棱镜下的《大自然与权力》"所示，我的讨论集中在几个问题之上：创伤经历，欧洲例外论，工业化，林业开发与可持续发展，以及水利工程。我的评论是将纳得考的观点和证据与其他的、更专门的环境史著作进行对照阅读。这种方式只是针对综述著作的诸多评论方法中的一种，为此我必须强烈推荐读者去读刊登在《社会科学历史》特刊中的其他几篇评论文章。

多棱镜下的《大自然与权力》

"所有关于环境史的简单画面都将面临挑战"，④这句出自约阿希

---

① 这句话是《大自然和权力》一书最后一章的题目。
② Radkau, "Nature and Power: An Intimate and Ambigious Connection," 334.
③ "历史公共资源"(historical commons) 指那些在不同历史时期和地方为公众所拥有和使用的资源，如森林、水和牧场。
④ Radkau, *Nature and Power*, 313.

姆·纳得考的格言,在《大自然与权力:一部关于环境的全球史》中得到了充分的使用。纳得考并不打算呈现一幅"简单画面",但他对许多例子和案例的使用却不可避免地打开了遭遇挑战的大门。在本文中,我将自己的评论局限在对照阅读《大自然与权力》和其他的(和更短的)著作所产生的观察和思考范围之内。我所选择的也许对一部大部头综述著作的最显而易见的评论方式。我感到这种方式在四个主题的讨论方面尤其有用:创伤经历,欧洲例外论,林业开发、工业化和可持续发展,水利工程。当然,这种颇为节制的方法对于《大自然与权力》一书来说是不公平的,因为纳得考的著作就像是一个多姿多彩、结构丰富的万花筒,不同的模式在一个均匀对称的总体中来回移动。阅读《大自然与权力》带给我的最大愉悦就是见证了这个万花筒可以同时转化成为一台望远镜和一台显微镜,不仅展示了纳得考对比较史学的兴趣,而且也凸显了他对小规模体制和地方条件的重视。

创伤体验

环境史学家曾通过分析大量的令人感到压抑的案例,来展示了人类社会赖以生存的生态基础遭受致命打击的不同形式。总体而言,人类社会遭遇大自然力量冲击的时间似乎更多一些;无论是突然爆发的,还是因长期的积累而导致的,这些自然力量都对人类的适应能力提出了严峻的挑战:我们常用的"人类协助而导致的灾害"短语可以用来描述这两个主题(即由自然力量和人类行为造成的灾害)的交汇。[①]《大自然与权力》的第2章"生存经济的生态与隐性知识"和第4章"殖民主义作为环境史的一个分水岭"的一部分为这一分析思路提供了更

---

① "人类协助而导致的灾害"(human-assisted disaster)指由于人类的偶然或无意活动及其后果增加了自然灾害带来的破坏力,譬如,如果地震在那些住房建筑质量低劣的地区发生,其造成的人员伤亡和财产损失的后果将会更加严重。

多的材料，①它们可以与贾里德·戴蒙德的著作《崩溃：社会如何选择失败或成功》的第2章"复活节岛的暮光"对照起来阅读，并会很有收获。②这种并列阅读可将纳得考的"创伤体验"直接运用到复活节岛的研究中。③纳得考著作第2章的框架是自给自足的"原始"经济，虽然暂时没有界定，但这个概念似乎同时包括了狩猎者—采集者社会和小规模的农耕社会。这些社会经常要承受"原始生活中的某些创伤——即来自干旱、寒冷、饥饿和干渴、洪水以及森林火灾的打击"。④这样的经历帮助人们意识到环境的限制以及环境本身的脆弱性。纳得考将这个观点予以发挥并指出，能够自给自足的社会更可能以一种可持续的方式为自己争取在地球上的生存机会："环境保护在下列地方是最容易获得成功，即当地的环保意识无需通过自上而下的组织而产生出来，而是因为一种特殊的生活方式而成为一种内在素质，在这些地方，环境受人类活动的影响较小，其影响也比较容易观察到，而环境破坏者自身也将承受行为的后果。"⑤这一重要观点需要与对其他问题的辩论联系起来，包括"更新世岩层的过度消耗"、"公地的悲剧"⑥以及粗放型相对于密集型放牧与种植具有的相对可持续性。纳得考在这一章中对这三个问题都进行了讨论，并愿意对自己的立论进行限定，最后对以狩猎和刀耕火种的农耕方式谋取"生存食物"的生态传统进行

---

① Radkau, *Nature and Power*, 36-85, 152-194.
② Jared M. Diamond, *Collapse: How Societies Choose to Fail or Succeed* (New York: Viking, 2005), 79-119.
③ 复活节岛的例子是一个环境史研究的经典案例，展示小规模的文明如何通过耗尽自己的资源基础而走向毁灭的过程。
④ Radkau, *Nature and Power*, 37.
⑤ Radkau, *Nature and Power*, 38.
⑥ "公地的悲剧"(the tragedy of the commons)是一个错误的历史立论，它假设"公地"的不同使用者会过度使用可使用的资源，因为使用者在公地资源保护方面并没有既定利益。它假设只有私人拥有的财产才能构成资源保护的基础。这个看法已经被证实为是不正确的。

了严厉的指责。如同在书中其他许多地方一样，正是在这里，否定之否定为《大自然与权力》提供了说服的力度与精到。针对保罗·马丁提出的"过度消耗"的观点，纳得考问道："我们在什么程度上将野生生命的灭绝看作是大自然的一种损失，取决于我们如何界定'自然'。树木之所以得以生长是因为得益于巨型动物数量的减少。"[1]

从表面上看，复活节岛所发生的生态、文化和人口意义上的内部崩溃所留下的最挥之不去的环境比喻可以将任何对自给自足可持续性的建构驳得一钱不值。该岛所经历的环境创伤是以对森林的缓慢开伐为起点的，但最终在1772年荷兰探险家约各布·拉吉范登岛之前，该岛变成了寸草不长的、土壤变质的、干涸的土地。戴蒙德将造成复活节岛的悲剧的原因归咎于社会和政治上的短视，而造成这种短视的是由9种物理因素构成的大背景，正是这些因素使复活节岛变成了一个环境上极为脆弱的地方。这些物理因素包括纬度、经度、干燥度与复活节岛火山的相对年龄，以及它相距亚洲沙尘的遥远距离；当森林砍伐加速了林地的不可持续性的时候，这些因素联合起来阻止了森林的再生。不同种类的棕榈树、雏菊、陀罗米洛树被用来做燃料、"独木舟梯子"，或用来为运送巨型雕塑以及安装它们需要的架子，或为农耕文明开路而被清除掉。这些植物在15世纪初至17世纪在复活节岛上逐渐绝迹了。[2]虽然戴蒙德认为岛上的人可能有（环保）"意识"（"砍掉复活节岛上最后一棵棕榈树的人知道他在做什么吗？"），但这种自作自受的创伤经历显然并没有改变人们的行为方式，直到创伤变得更加严重，最终演化成为一种深层的危机，强迫人们在除了食人和人口彻底崩溃的选择之外寻求另外一种新的生存方式。[3]

---

[1] Radkau, *Nature and Power*, 49.
[2] Diamond, *Collapse*, 107, 116-118.
[3] Diamond, *Collapse*, 114.

正是这种新的生存方式帮助岛上原有人口中的一小部分幸存下来，但后者几乎遭到了欧洲人、秘鲁人和智利人的毁灭。纳得考对复活节岛历史的讨论极为简短，并集中在后期阶段。"（该岛）的居民一定毁灭了岛上的森林，而且他们知道自己在做什么，因为这个岛太小了，人们一定知道他们正在砍掉岛上剩下的最后一棵树，"纳得考在书中这样写道。① 他随后立即将转移话题去讨论与欧洲人的接触所带来的影响："或者，复活节岛的真实故事也许不是一个自杀的故事，而是一个谋杀的故事？"纳得考看似在借用拉吉范对"兴旺的农业"的观察（他显然回避了这位探险者所做的更难听的评论）来说明复活节岛在18、19世纪之前一切都是正常的。遗憾的是，他对证据的快速浏览无法令人感到信服：他提出的岛上的无树状况早在"一千年之前就已经存在"之说虽然对戴蒙德的观点提出了质疑，② 但并没有动摇后者的说服力；戴蒙德的结论建立在更为细致的研究之上，是基于对找到的棕榈树种子和核心样本的核放射性碳的测试基础上的。这些日期显示，采伐森林不仅与人类在公元900年之后进入该岛的时间是巧合的，而且采伐的最高峰时间在公元1400年左右，此刻也正是平台建筑和塑像建筑的进程在复活节岛达到顶峰的时候③。纳得考将"岛屿—生态崩溃的模式"（它将人类与这个小岛交往的重要性降低成为一种次要的现象）与最近几个世纪中欧洲人的剥削活动糅合在一起，这种处理方式并不具备说服力。④

---

① Radkau, *Nature and Power*, 166. 这种论述的方式不可能是有意识地回答戴蒙德的问题，因为《大自然与权力》的德语版是2000年出版的。
② Radkau, *Nature and Power*, 166.
③ Diamond, *Collapse*, 97, 106-107.
④ 纳得考显然参考了许多关于复活节岛的研究。非常希望他能够使用更多的证据来支持他写在一个尾注的结论："复活节岛看似提供了一个需要对森林砍伐灾难的场景进行批判性反思的模式。" Radkau, *Nature and Power*, 373, n32.

欧洲例外论

在第4章中，纳得考提出了欧洲例外论的观点，即欧洲人与他们的基础资源之间创造了一种"例外的"——换言之，可持续发展的——的关系。约翰·理查兹的《无尽的边疆》一书的部分内容为我们测验纳得考的判断提供了一个有用的参照基础。在对早期殖民主义的分析中，理查兹对可能发生的例外论所做的唯一暗示出现在他对欧洲人的贪得无厌的勾画中，他把这种贪得无厌集中在对"世界狩猎"的讨论中——即对大群的野生哺乳动物、鸟类和鱼类进行有计划的过度捕杀，其目的是将它们销售到远方的市场。理查兹将近代早期的"世界狩猎"活动的核心内容描述如下："人类贪得无厌地和系统地以更大的规模并在更大的范围内对野生动物进行寻找、捕杀、处理、包装、运输、定价、销售和消费。"[1] 在他看来，导致这种利润丰厚的商业性掠夺的原因出自狩猎者们的"新型的肆无忌惮和残忍"。尽管他描述的主要是欧洲人和他们在北美的后裔所从事的狩猎实践，他也提到了日本人和西伯利亚人对鲸鱼的捕杀。相反，纳得考对近代早期殖民主义的行为只是含糊地提及。他的欧洲具有一种在环保方面的"例外"行为方式，其根源来自欧洲内部可能拥有的长期的和可持续发展的农业。在纳得考看来，欧洲农民的成功在于他们很好地利用了这种可能性，欧洲人应该对他们的土壤表示感激：他们的土壤一般来说享有充足的雨水，得到了很好的灌溉，因而很少有机会受到盐碱的腐蚀和破坏；欧洲人也应感激欧洲的地貌特征和森林，两者都有效地保护了土地不会变质或遭遇腐蚀（如果我们所指的是地中海北部的欧洲部分）。总之，相对于近东、非洲的部分和东亚地区来说，欧洲的地形和地貌看上去不大容

---

[1] John F. Richards, *The Unending Frontier: An Environmental History of the Early Modern World* (Berkeley: University of California Press, 2003), 9.

易受到干旱和沙漠化的影响。在将欧洲描述为拥有一个可持续发展的人口增长，引用众所周知的人口特征，包括晚婚模式、受孕和秘密的杀婴行为等，纳得考显然有些走过了头。但在接下来的一段中，几乎没有相关背景的铺垫，我们便一步跨越到对海外殖民地的讨论，后者提供了缓解"国内人口压力的一种安全阀"的功能。[1] 人口压力此刻不露声色地纳入到纳得考的分析之中。我们从许多［海外殖民地］定居者那里得知，土地和燃料的缺乏加速了他们从欧洲出走的步伐。

将殖民主义与都市的可持续发展的经济联系起来的概念是"幽灵土地"，即依靠从殖民地进口的替代粮食和其他物质以及从殖民地水域进口的水产品减轻了国内土地承受的生存物质的压力。[2] 纳得考并没有使用这一术语，但将它用于他对殖民主义和欧洲生态的分析是十分恰当的。简而言之，幽灵土地的存在究竟是减弱了还是加强了欧洲内部的可持续性？如通常的情况一样，《大自然与权力》对观点的表述是微妙的。西班牙和英国是主要的殖民主义国家，它们通过圈地运动分别发展出游牧羊群的饲养和精耕细作的农业，但这两种被广泛传播的实践并没有造成人们想象的生态灾害。西班牙高原的羊群牧场产生出高度的生物多样化。纳得考提到，环保主义者经常把旧的游牧路线吹捧为是一种"连接在一起的生态群"。然而，他并没有对伊比利亚中部大片地区的森林砍伐状况视而不见；他接受了这样的怀疑："西班牙的殖民主义导致了对西班牙经济的忽视，也导致了对环境的忽视。"[3]

英国似乎对都市的可持续性提供了一个更清晰的案例。根据纳得

---

[1] Radkau, *Nature and Power*, 188.

[2] "幽灵土地"（ghost acreage），后来被埃里克·琼斯（Eric L. Jones）的《欧洲的奇迹：欧亚历史上的环境、经济和地缘政治》(*The European Miracle: Environments, Economies, and Geopolitics in the History of Europe and Asia.* [Cambridge: Cambridge University Press, 1981]) 和其他的著作所采用。

[3] Radkau, *Nature and Power*, 189.

考的观点，在受商业利益驱动的专业化农业来到英国之前，圈地庄园上的农业耕种强化了可耕地与牧场之间的平衡："从圈地上拾起羊群的肥料更加容易一些，而藩篱则变成了英国乡村风景的一种特征，直到今天都为自然的喜好者所热爱，并能提供木材"。[1] 如果他将圈地运动与可持续性等同起来尚不至于让许多环境史学家感到震惊的话，他对苏格兰高地的评论则一定会：他承认高原的森林开采是一种社会罪行，纳得考强调，高原自身的生态衰退至少是有争议的。在这里与其他地方一样，纳得考企图提出反面的例子，来掩饰将不正义与生态灾害混为一谈的简单做法："一种社会名声不良的发展，并不见得就会造成生态灾害"。[2] 但反面的证据非常多。詹姆斯·温德尔指出了一种学界共识，苏格兰高原被转化为大型的牧羊场，导致了土壤酸化、腐蚀、和席草与欧洲蕨类植物的蔓延。[3] 斯莫特展示了虽然高地土壤中矿物质的长期缺失的结论还无法定论，但植物和昆虫多样性的消失确实是不容置疑的。[4]

与他举出的西班牙和英国—苏格兰的例子相比，他对德国林业的讨论与其说是质疑，不如说是微妙的赞赏。近代早期的德意志诸国缺乏海外殖民地，为了获得可持续的木材生产，它们率先开创林业科学的事业。这三个例子加在一起显示，殖民地的存在或缺少对推动欧洲的可持续性发展并不是一个关键的因素。而理查兹所描绘的荷兰共和国"黄金时代"出现的生态退化与纳得考的描述形成鲜明的对比。这个世界的第一商业强国见证了国内资源的强力使用与远洋贸易"对整

---

[1] Radkau, *Nature and Power*, 193.
[2] Ibid., 192.
[3] James Winter, *Secure from Rash Assault: Sustaining the Victorian Environment* (Berkeley: University of California Press, 1999), 68-71.
[4] T.C. Smout, *Nature Contested: Environmental History in Scotland and Northern England since 1600* (Edinburgh: Edinburgh University Press, 2000), 124-130.

个近代早期世界的风景和人民的级联效应（cascading effects）是同时发生的。① 到1550年时，事实上已经没有可以做燃料的木材而言了；在接下来的一个世纪里，荷兰北部半岛上的所有自然湖以及它们的水生态系统已经丧失殆尽；重叠的泥炭沼泽也积满了水，有些这样的领土被重新开垦出来用作农业耕种。② 人们不仅对欧洲环境史的多样性产生怀疑，而且也要质疑《大自然与权力》这样覆盖面极其广泛的研究所使用的例子的代表性。尽管他对欧洲经历抱有一种乐观的态度，纳得考的总体结论是劝告性的：欧洲模式最终变成了工业化模式，带有密集耕种的农业和对水与能源的大力使用，过去不能够、将来也无法转移到其他的、尤其是世界上更干燥的地区。在欧洲本身，经济增长阶段的起飞带来的生态后果只是被"推迟了和被掩盖了"。③

工业化、林业与可持续性

起飞增长的主题在第五章"大自然的极限"中重现；纳得考在这一章提出，工业革命是从一个可持续的基础上凭空出现的。④ 这种判断是欧洲例外论旋律中的一个强音，但纳得考同时也提供了关于工业化本身的一套独特观点。他认为，欧洲工业化是以定量增长和必要的分散增长为起点的，这是因为工业化发生的基础来自传统的能源资源。这种发展模式导致了对"隐藏在森林深处的"资源进行"自然极限允许下的"的争抢。⑤ 然而，因为"一群不同利益之间的相互竞争"，不断加速的砍伐并没有立即导致不可逆转的致命短缺；换言之，不同的利益群体对获得木材和水资源都抱有兴趣，他们相互之间形成了一种

---

① Richards, *The Unending Frontier*, 47.
② Ibid., 53-55.
③ Radkau, *Nature and Power*, 194.
④ Ibid., 195-249.
⑤ Ibid., 196.

钳制力量。① 这样，纳得考采用了赖利对早期工业化的描绘，即就农业和木材生产而言，这是一种基于太阳能源之上的高级有机经济，其间人口不仅意识到了大自然的局限性，而且显然愿意朝着可持续的方向发展。② 至少这是一种趋势。至此为止，他的观点还可以做到自圆其说。纳得考对工业革命导致森林砍伐的理论做了限定——这种理论认为，用于供暖和工业需要的木材资源的短缺，推动对能源的争夺从森林转向煤——他认为地方化的木材短缺是在工业化进程的后期才感觉到的，它不是能源转向的催化剂之一。纳得考最终强调，那种基于最大限度地创造"可再生资源"之上的新经济模式并不总是能够获得生态平衡的。

纳得考笔下的工业革命在此遇到的困难是，这个革命没有具体的起源：它"打乱了拥有（通向可持续发展的经济的）希望和潜力的趋势"。③ 不同的木材和水资源的使用者企图操纵传统习俗权利和法律禁令为自己谋利，我们至多对这一命题感到难以理解。至于工业化之前的时期："前现代文明史的生态危机从根本上讲经常是一种因管制而引发的危机"。④ 管制的主题，与当时意图取得的和后来偶然获得的效果一起，再次浮现，与纳得考在第3章"水、森林和权力"中对威尼斯的生动描述遥相呼应；在此刻的威尼斯，16世纪的权力政治导致了土地开采的要求和对淡水湖的保护。但纳得考的解读忽略了另外一个被大量研究所证实的趋势，即：在18世纪最后三分之一的时段之前，在英国，矿煤生产在英国处于上升阶段，被利用的方式日渐增多，如窑烧石灰、染料生产和酿造业以及为家庭取暖所用。这些为人们熟悉

---

① Ibid., 201.
② Ibid., 195.
③ Ibid., 204.
④ Ibid., 204.

的煤矿，通常坐落在英国的通航水道的旁边，可将我们带回到数个世纪之前。

其他的专家也同意这样的结论，即木材的绝对缺乏是一种过于简单化的建构，但他们同时也强调，木材供应在面临当时不断增长和扩大的经济的确是处于一种停滞状态。埃德蒙·伯克支持这样的说法，即：到1800年的时候，或者在此之前，一种能源危机对"西欧、日本和中国的大部分地区，以及美洲大陆的某些部分"都造成了影响。[1] 就英国而言，能源从木材转向煤所带来的经济优势是巨大的；不容置疑的是，成千上万英亩的土地此刻可以被解放出来，用于农业耕种，而不是专门用来种植树木。[2] 纳得考赞同罗尔夫·皮特·西夫勒的描述——冶铁业与森林保护之间存在紧密的联系：冶铁生产并没有将森林推向绝境，但将高林地转化成为了"短期种植的能源产地"。[3] 然而，18世纪后期英国的能源需求不断上升，而能够用于冶炼的木炭十分有限，工业制造很快将面临缺乏能源的困境的程度。西夫勒认为，冶铁生产的扩大只能在"这个时刻发生，即当一种更易获得、同时也是更为廉价的能源——煤——变成可以获取、并可以使用的时刻"。[4]

也许他首先想到的是冶铁业，纳得考提出，工业化首先在那些生态"已经不断变得稳定的"地区开始的。[5] 我发现这一令人费解的观点无法与事实相吻合，即英国诸岛整体的植物造林率并不高，而且兰开

---

[1] Edmund, Burke III, "The big story: Human history, energy regimes, and the environment," in Edmund Burke III and Kenneth Pomeranz (eds.) *The Environment World History* (Berkeley: University of California Press, 2009), 33-53.

[2] 彭慕兰 (Kenneth Pomeranz 2000: 276) 上调了安东尼·里格利 (Anthony Wrigley) 对幽灵土地 (用于取代煤的森林土地) 的估计，他估计到1815年时需要2100万英亩幽灵土地。

[3] Rolf Peter Sieferle, *The Subterranean Forest: Energy Systems and the Industrial Revolution* (Isle of Harris: White Horse, 2001), 114.

[4] Sieferle, *The Subterranean Forest*, 115.

[5] Radkau, *Nature and Power*, 204.

夏郡和约克郡西区的农业也并不处于中心位置，两者最初都不是冶炼中心，而是纺织工业革命的心脏地区。[1] 遗憾的是，纳得考并没有为自己的观点提供佐证。他在第 3 章中提出的相关论点——"正是当森林需要得到保护的时候，它得到了保护"[2]——看上去悍然不顾由英国的整体情况，以及冶铁或森林保护等提供的反面例证。理查兹的研究提供了一个有用的关于英国诸岛森林资源的消失的总结。[3] 温特的分析特别强调了维多利亚时代对森林资源抱有的一种漫不经心的态度。总体来说，在整个 19 世纪，自由贸易为英国从世界各地获得了木材（幽灵土地），这使得英国政府可以将发展一个职业化的林业保护的服务推迟。只有第一次世界大战拉响了英国缺乏软木的警报；这个新意识到的短缺立即成为了一个与国际安全相关的问题。[4] 我们需要记住，工业革命的"森林史"展示的不是对木材需求的绝对下降，而是软木战胜硬木的胜利，因为后者，职业化的林学开始崛起。无论我们是观察在工业化前因制造轮船和获得燃料而产生的对硬木的需求，还是观察工业化中期为建造廉价建筑和制作纸浆而增加的对软木的需求，或因铁路建设对硬木的需求，英国所提供的例子与纳得考所描述的"稳定化的"生态都有着不小的距离。[5]

对纳得考发出的警告——即对官方代表所声称的关于木材短缺和森林毁灭的说辞要抱有一种审慎的态度——我觉得更能接受，因为这些说辞往往为政府的干预提供了重要的理由。但此刻我们所面临的是

---

[1] Sidney Pollard, *Marginal Europe: The Contribution of Marginal Lands since Middle Ages* (Oxford: Oxford University Press, 1997), 221-254.
[2] Radkau, *Nature and Power*, 149.
[3] Richards, *The Unending Frontier*, 221-227.
[4] Winter, *Secure from Rash Assault*, 100-103.
[5] 温德尔的分析所表现的丰富内容在于，他力图将专业林学的缺失与对传统的、"平衡的"英国乡村风景的长期保护联系起来。

中欧而不是英国诸岛的情形。纳得考的观点之一是，森林意识受到来自上下两方面的推动而产生，中欧地区的森林资源的使用"部分受制于法律的管理"，这一事实是被用来支持可持续使用的论点的。大量的对森林使用的限制不可避免地造成了冲突，这些冲突"激化了森林意识，带来了关于谁是森林的最好保护者的辩论"。① 他接受了生态学者的研究成果对欧洲农民的赞赏，认为是后者维护了森林和牧场；他并继续描绘了一幅稳定状态的城市经济，后者在近代早期非常合理和正确地使用了森林资源。纳得考承认木材短缺是一种历史存在，但这也只是局限在个别地方。② 这些观察为我们了解欧洲森林的不同使用做出了知识上的贡献。

纳得考的最有力的反面例子——与欧洲的例子形成鲜明的对比的——当然是中国。但重要的是，应具体提出，他关于中国的案例提出的主要论点是什么。这不仅仅是准确地指出不可逆转的森林灭绝的致命时刻是在何时发生的，而也是为了展示"对森林的统治"与国家权力之间缺乏必要的联系。我们知道，古代中国的统治者主要是对可耕种的土地感兴趣；围绕航海活动的建设很少推动森林保护或森林再植的事业；"皇家狩猎"是一个影响很小的因素；因此规模较小的动物饲养业并不激发农民对森林牧场的兴趣；此外，森林与冶炼之间的联系则更弱，因为自中世纪起，矿煤就开始得以使用。所有这些观察自然都用来支持他的观点，即"需要的"森林即是"得以保护的"森林，但它们也用来强调纳得考的主旋律之一：即小规模的管制和体制是连接人类社会与他们的物质世界的真实的结缔组织，而不是像在中国的案例中，是一个巨大的中华帝国或道家或儒家的力量。③ 他的中国例子

---

① Radkau, *Nature and Power*, 141.
② Ibid., 139.
③ Ibid., 106, 114-115.

从反面支持了他针对中欧农民的森林意识的论点。

水利工程

同样,第 3 章似乎也是对大型农业生态结构的力量发出警告,如灌溉系统和建造梯田等。两者都无法决定一系列可预见的生态后果的出现,它们也不是由社会政治特征所决定的,如集权官僚体制的权力等。纳得考在这里提及了卡尔·奥古斯特·维特福格尔的关于水利社会的理论,但他对此做了更为仔细的解读和发挥。① 如纳得考对建造梯田所做的结论中所说,"梯田的生态环境取决于当地条件,包括文化上的和自然的。"② 他对这样的改造型项目的处理可以与戴维·布莱克本的《征服自然》一书中的前两章放在一起来对照比较。③ 他们研究的分别是 18 世纪普鲁士国家对奥德布鲁赫的开垦工程,奥德布鲁赫是一条沿着奥德河下游西岸大约 35 英里长的沼泽地带;和对难以驯服的莱茵河的治理,由巴登国的工程师约翰·哥特弗拉德·图拉设计的。两个项目的生态后果的确都是不可预测的。

奥特布鲁赫的案例和 18 世纪开垦土地所展示的是布莱克本使用的区域研究法,与纳得考采用的比较、全面的生态视野形成对比。在《大自然与权力》的第 3 章和第 5 章,这两种分析方法——全球性的和区域性的——所具有的区别被非常明显地表现出来。纳得考更倾向于全球性视野,将各种不同的欧洲农业项目,与中国的类似项目进行比

---

① Wittfogel, Karl August, Oriental Despotism: A Comparative Study of Power (New York: Vintage, 1981 [1957]). 关于维特福格尔观点的一个有用的讨论,见 Donald Worster, *Rivers of Empire: Water, Aridity, and the Growth of the American West* (New York: Pantheon 1985), 22-30.

② Radkau, *Nature and Power*, 102.

③ David Blackbourn, *The Conquest of Nature: Water, Landscape, and the Making of Modern Germany* (New York: Norton, 2006), 21-119.

较,强调18世纪人类的共同愿望——将自然资源充分地利用到极限,不留任何多余的空间,不留任何空闲的保留地。"①"开垦土地是18世纪欧洲最常见的做法,从奥德到坎帕尼亚均是如此。"对纳得考来说,18世纪开垦土地的生态后果是"划时代的",因为它们重新书写了可持续性农业的条件:

> 直到此时,农业的可持续性在许多情况下不仅是通过肥料和休耕的方式来保证的,而且也是通过这样的事实,即人们可以根据需要来使用半野生的偏远地区:公地、森林、荒地、沼泽、湿地等。这类区域越是减少——在20世纪之前,这是一个缓慢的过程——农业便越加依赖于一种内在的、更为精确地得以界定的可持续性。只有到了这个时刻,人们才被迫开始清楚地界定可持续性的意思究竟是什么。②

如果这是现代农业历史上的关键性质变,那纳得考将影响看得比行动者更重并无不妥。然而,国家权力仅仅是潜伏在幕后;除了提到腓特烈大帝对那些企图破坏奥德布鲁赫大坝的人威胁使用死刑之外,令人感到诧异的是,纳得考竟然没有在"大自然与权力"的大背景下,对绝对君主制国家的体制进行分析。③与之形成对比的是,布莱克本的分析则凸显了高度军事化的普鲁士政府对暴力和镇压的使用,两者都对奥德布鲁赫的转型产生了重要的影响。布莱克本认为,把控来自自然界"野

---

① Radkau, *Nature and Power*, 111.
② Ibid., 197.
③ Radkau, *Nature and Power*, 126. 纳得考所指的"国家"(在这里,主要是由斯特拉斯堡的拿破仑建立的莱茵政府)要比他在对图拉整治莱茵河以及当地渔民对其权力所表现的无能为力的讨论中更为明确一些。见199-200。

蛮"角落的秩序,代表了18世纪开明专制的真实声音"。① 湿地代表了不确定的边界,对军队造成了障碍。土地开垦的活动赶走了那些居住在湿地的人,最终铲除了他们基于捕鱼和放牧之上的两栖生活方式。② 纳得考使用的更为偏向于跨文化的研究法和他采用的对18世纪的深广视野致使他在这个案例的研究中忽略了政治与国家建构的内容。

如果对水资源的流动和分配的警觉位于政治史的"开始"和"结束"的话,纳得考在讨论古代和当代对于水资源的冲突时都提到这一点,③ 那么,在奥德布鲁赫的案例中,布莱克本所从事的规模更为细小和论题更为集中的研究帮助澄清了这个规模更大的问题。但两者之间存在的另外一个、同等重要的区别在于,纳得考感到不可逆转的变化——那种标志着近代早期环境史的结束的变化——正在来临之中;在他对清除半野生地区进行清除的讨论中,他的表述"没有未被侵占的储存公地"在此再度回响起来。这是一个预兆不祥的变化,而纳得考对它的启用与他早些时候在书里对"公地的悲剧"的批评,形成一种自相矛盾。④ 真正的悲剧是,换句话说,公地消失在追求现代的人的手中。布莱克本则采用一种相对论的方法来看待环境史,他认为,湿地在土地开垦之前和之后始终代表了一种极富动力的自然与文化的重叠:数个世纪以来,人类的居住、狩猎活动、上游的水控制、高地的森林采伐等都给这个生态体系留下了痕迹,所以它无法提供一个"基准线"来确认"在土地开垦中所'失去'的那个世界"。⑤

---

① Blackbourn, *The Conquest of Nature*, 45.
② Ibid., 58-61.
③ Radkau, *Nature and Power*, 89.
④ 在回应加里特·哈定(Garrett Hardin)的相当抽象的公地概念和回应早期农业改革者的批评时,纳得考(2008:72)为历史性"公地"进行了辩护。他的辩护基于两个事实之上:这些土地是由彼此之间相互认识的社区成员严格管制的,这些公地的可持续性使用取决于它们在"生存经济框架之内"的存留。
⑤ Blackbourn, *The Conquest of Nature*, 75.

在结束这个显然不连贯的一组观察时，我想说，《大自然与权力》对我来说，仍然是一部极有成效的著作，它超出了我对一部综述性环境史著作的期待。使用其他著作进行比照阅读，可以呈现对立的论点，也帮助澄清一些观点，帮助我们注意到纳得考的证据偶尔显得薄弱的地方，同时也使我们更加欣赏他最深刻的洞见。我们必须感谢纳得考对环境史的写作提出的激发争议的观点，这些观点挑战了本领域的习以为常的观念和主流叙事。

致 谢

我在设计环境史的研究生阅读课程时想到了使用《大自然与权力》一书，并打算采用每周阅读一章、同时从其他相关读本选取章节，与该书配合构成学生能够掌控的阅读量。我于 2010 年春季学期在宾夕法尼亚州印第安纳大学开了这门课。这种方法的效果显示，随着每周阅读的延伸，课堂讨论会不断回到先前的议题之中。我感谢选课的学生帮助我更清楚地确定了如何对《大自然与权力》做出反应。我也感谢罗伯特·史华慈对本文初稿的修订所提出的建议。（王希 译）

第二部分　专题研究（世界史）

程爱勤

东南亚与中国、印度的文明对话
从东南亚文明多样化谈起[①]

东南亚，这个在第二次世界大战中形成的军事区域概念，因以英国学者霍尔为代表的诸多学者的努力，越来越多地被作为一个区域整体来对待了。目前，关于东南亚整体性的研究已经远远不像早期那样局限于历史、政治、经济、军事等与现代生活紧密相关的领域之内了，而是开始广泛地波及文化、宗教、民族，甚至史前文化的研究领域。

本文的主要目的在于阐述东南亚在族群和文化上与中印间存在的源流关系，以及这种传播惯性给东南亚发展带来的影响。即确认"中国—东南亚—印度"交往线中"东南亚"这一环节的地位，最终得出世界两大古老文化——汉文化和古印度文化——以东南亚为中介或转移平台，实现了具有深远历史意义的首次接触，而东南亚文化体也在这个交融过程中正式形成。

一、东南亚是华南文化早期南下的主要目的地

人类文化的迁徙行为虽然是多种多样的，但由于各种客观的和历

[①] 本文系 2016 年河北省社会科学基金"海上丝绸之路创建期的宗教性研究"（项目批准号：HB16LS011）和 2015 年河北省社会科学发展研究课题"构建 21 世纪海上丝绸之路文化共生模式研究"（课题编号：2015020312）之阶段性研究成果。

史的原因形成的迁徙规律也是毫无疑问地存在的。以中国为例，东北的移民大多来自山东和河北一带，甘肃、青海的移民则多来自河南、陕西一带，印支半岛的移民则多来自云南、广西一带，除印支半岛以外的东南亚地区的移民则多来自华南特别是东南沿海一带。除了地域邻近的因素之外，历史形成的迁徙惯性也是不可忽视的。这种移民定式既然是历史形成的，就必然具有一定的稳定性和持续性，其间或有部分的变异，但总的趋势是不变的，尤其是在古代，更是长期不变的。

严格说起来，在东南亚地区史前时期从华南地区移民那里接受到的文化还不能算是真正的"汉文化"，或者说，其主体并不是"汉文化"，而是被"汉文化"视为异质的"百越文化"。在公元前的一千年期间，源于中原的"汉文化"与源于华南的"百越文化"之间正处于历史上最为激烈的磨合时期，我们从这千年间的中原政权南扩的过程可以深切地感受到这一点。直到秦始皇"开岭南"和汉武帝"设九郡"，中原"汉文化"才在这个区域大获全胜，才使中原汉文化的南下过程告一段落。

从汉文化发展史的角度而言，周王朝奠基了"汉文化"的基本概念，汉王朝最终确立了"汉文化"的范畴，同时也确立了"汉民族"的范畴，所以说，该文化体才得以用"汉"字来命名和界定。这应该是得到大多数学者同意的观点。以后各朝各代的历史只是不断地充实这个范畴中的内容，包括那些来自非汉族区域的文化。它们只是扩大了"汉文化"的内涵，丰富了"汉民族"的成分，却从来没有真正改变它的内核。从这个意义上讲，"汉文化"的外扩应该是从汉朝正式开始的。

笔者的观点是，终整个汉王朝，甚至可以说是整个汉魏时期，就中国的南方对外交通行为者而言，其终点（包括主观上的和行为上的）就在东南亚地区，而且主要就在东南亚半岛地区。笔者这样主张，并不是说就否认在这个时间段内有中国人到达印度甚至更远地区的行为存在，尤其是个人行为，但那绝对不是属于常规概念下的行为。常规概念下的行为应该是，无论陆路还是水路，无论是经商还是求异，中国人远行的既定目的地就是东南亚半岛地区。他们在这里交换货物、商品，在这里接触到异质文化（包括印度、阿拉伯、罗马，甚至东非文化）。

《汉书·地理志》的记载只是表明在当时有这么一条海上航线可以通往印度，但并不表明要得到印度物产就一定要亲自到印度去不可。如果是那样，还要商人何干？因中印南海航线的存在而形成的东南亚地区国家或政权（如扶南、顿逊等）的繁盛如何解释？在那里又怎么会有"日积万人"的大商业中心存在？

有大量的史料证实，在汉魏时期甚至以后相当长的一段时期内，中国与印度、罗马、阿拉伯，甚至东非地区的物资交流基本都是通过中介商来间接进行的。这条贯穿东西的大商道是由四个大的商贸站点连接起来的，即中国、东南亚、印度和亚历山大。真正能够独立完成整个流程的商业行为几乎没有。间接贸易是当时主要的贸易方式。

所以说，汉朝官方虽然建立了与南洋贸易中心的关系，"但无论如何，华人并没有控制着贸易"。[1]控制这条贸易线（或者说是控制贸易内容和市场）的是东南亚地区的商人，可能当地的政权也参与其中。

中国与印度的贸易就是建立在以东南亚地区贸易点为中介的间接贸易行为。中国商人只需要将国内的产品带到东南亚地区的商业中心，换回当地或印度、罗马、阿拉伯等地的产品即可，这样既可以在比较短的时间内获取利润，同时又可以极大地减少商业风险以及长途海上航行所带来的风险。只有肩负特殊使命的人员才有可能不计成本地亲

---

[1]〔澳大利亚〕王赓武：《南洋华人简史》，张奕善译，台北：水牛出版社，1969年，第2页。

自前往印度，如为皇帝寻找各种奇物的"黄门使者"就不惜从涉海到陆行，从乘中国船只到乘"蛮夷贾舶"，多番折腾，历经数载才得以往返。这样的行为已经不是以谋取经济利益为最终目的的商人们所为的了。而且在当时的历史背景下，商业规模和商人财资都不可能完成如此长线的商业行为。接力式的区域间贸易应该是当时最主要的商业行为，不断地交换易手，不断地增值，从一地到另一地，从一人手中到另一人手中，最终到达中国或印度。这才是符合该时期商人所追求的快速、稳妥、小规模的交易方式。

近代考古在印度、西亚、罗马、埃及等地发现的中国古代商品的遗物，只是表明这些商品经过各种渠道进入了这些地区，而并不能表明它们一定是由中国商人亲自带到这些地方去的。

当然，从广义上来讲，商品本身就是一种文化的载体，是某种文化特征的物质化体现，但少量的商品在某个具体文化体内所发生的作用可以说是微乎其微的，更谈不上具有社会意义的文化影响了。

笔者认为，要想确认中国人的足迹是否到达了某一地区，需要的不仅仅是对某些商品的源地归属的考证，更重要的是对当地族群文化归属的认定，如风俗、血缘、建筑等，而这些东西正是我们以往在研究上述地区与中国关系中所缺少的。

中国与东南亚地区间存在着复杂的文化关系，涉及考古学、民族学、人类学、民俗学、历史学、遗传学、文献学、语言学的大量资料。它让我们确认了公元前一千年至公元后的几个世纪间，中国与东南亚地区的亲缘关系，这一切都是使东南亚成为"汉文化"南传中转站的基础，贸易只是这些基础的一个外在表现形式而已。

所以我们说，东南亚地区就是汉魏时期南海航线的主要目的地，也是当时"汉文化"南下（转而西进）的主要中转站。

二、东南亚是早期印度文化东输的中转站

关于印度文化进入东南亚地区的过程和相关问题，笔者认为，公元前最后几个世纪里，印度文化可能已经进入东南亚地区。从一般的宗教观念出发，教徒由于其与所信仰宗教的密切程度不同，大致可以分为三类：

其一是大量的普通信仰者。他们只是出于某种精神与物质上的需求，在思想和行为上接受某一宗教的部分教义和教规，但并不严格以其来规范自己的思想与行为。他们只是偶尔地参加与宗教有关的活动，并在不损害个体生活的前提下接受宗教教义。

其二是为数较少的虔诚的信仰者。他们的思想意识基本是建立在某一宗教的教义之上的，他们的思维和行动的核心基本是宗教的，并会用相应的教义和教规来指导和规范自己的思想与行为。他们会定期参加宗教活动，并进行一些纯属宗教层面上的活动。他们构成了宗教信仰的中坚群体。

其三是少数的职业宗教群体。他们以宗教为人生的全部内容，负责制定、解释和传播教义，主持各种宗教活动，是整个宗教群体的核心。他们所到之处所进行的几乎所有行为，都是与宗教有关的。所以，这个群体的存在，可以说就意味着宗教的存在和传播。

以此理论来观察不同时间段进入东南亚地区的印度文化携带者，就可以明显地看出他们之间的不同。

最初进入东南亚的印度文化像在印度国内一样分为两类，一是吠舍文化，二是婆罗门文化。他们的携带群体也是不同的。前者以商人（吠舍）群体为主，后者以婆罗门群体为主。由于两者社会身份的不同，行为目的不同，接触的社会阶层自然不同，所产生的最终结果之间的差异是可以想象的。

吠舍文化是由到东南亚地区经商的商人们带来的，他们可能曾经在东南亚建有定居点，以便展开活动。但由于其影响似乎主要在社会下层或者有自己相对封闭的文化圈，或许是因为这些传播者本身的受教育水平有限，或者果真像博什所说的，单凭商业接触是不能够将一个民族较高的文化传给另一民族。① 总之，除了个别的尚不确定的考古遗物发现外，我们现在还没有发现更多的他们留下的文化踪迹。但有一点笔者觉得是正确的，如果这时期印度商人真的在东南亚存在，其目的地应该就是东南亚地区。原因很简单，在一向"重史"的中国史籍中，我们只发现在这时期有极少数有关印度商人来华的史料，这与当时相对繁荣的贸易交往态势十分不符。

婆罗门文化是由来自印度的出身婆罗门的人带来的（他们不一定是婆罗门教僧侣或信徒）。他们到达东南亚地区的时间同样不可确定，如果按赛岱斯的"先贸易，后文化"的观点，他们来到东南亚地区的时间应该晚于商人们。②

现在有资料确定最早到东南亚的婆罗门是"征服"扶南的"混填"。据笔者的考证，他的到来是在一世纪末至二世纪初，因为以他的名字"填（调便）"和原来扶南女王的名字"柳叶"合称的国家"叶调国"曾在公元132年初到汉朝访问。③

多数研究者倾向于认为这个"混填"是来自印度（虽然他可能不是直接从印度到扶南的）的"婆罗门"，至少是具有婆罗门身份的东南亚人。从他很自然地乘商人舶到扶南的经历来看，商人到达在先是一

---

① F. D. K. Bosch, *The Problem of the Hindu Colonization of Indonesia*, in *Selected Studies in Indian Archaeology* (1961), 10. 参见 http://www.springer.com/us/book/9789401756914
②〔法〕G. 赛岱斯：《东南亚的印度化国家》，蔡华、杨保筠译，北京：商务印书馆，2008年，第32-35页。
③ 在程爱勤所著《叶调国研究》（郑州：中州古籍出版社，1993年）第六章"叶调与扶南国关系论"中，曾用大量篇幅论证了"叶调"就是"扶南"的观点，可资参考。

定的，而且在此之前有婆罗门到过东南亚地区应该也是可能的。他们带来的是流行于印度上层的婆罗门文化，外在表现形式以宗教为主。

从有关史料来看，这些婆罗门似乎都是以东南亚当地社会的上层为活动对象的，他们的行为所涉及的内容在形式上看也多属宗教的，实质上却是有关稳固政权或加强统治的东西，如王权神化。对于那些与实际统治关系不大，或者与当地文化有强烈冲突的东西，东南亚地区的原统治者们一般是拒绝的。这说明两个问题，一是这些来自印度的宗教传播者，知道当地统治者能接受什么；二是这时的东南亚地区的统治集团并不是完全被动地接受外来文化，而是有选择地、主动地吸收外来文化。

有研究者指出，印度文化"最先传入东南亚的，是印度的婆罗门教（包括印度教）及佛教，使东南亚的历史步入另一个阶段"。[1] 虽然我们还没有确切的资料来标定印度文化进入东南亚的具体时间，但根据《汉书·地理志》中的记载[2]和在东南亚地区发现的考古资料，以及古印度梵文文献中的传说，认为在公元前最后二三个世纪时印度文化已经进入东南亚地区应该是没有太大问题的。

这时候的印度担当着三大任务，一个是将自己的商品和文化传入东南亚地区（当时印度人所认为的"东方"），同时还要将来自罗马等地的商品和文化中转到东南亚地区，再就是将东南亚的特产或来自中国的物产运回印度。换句话说，相对古罗马（埃及亚历山大）文化向东南亚地区（东方）传播而言，印度是中介者。而印度文化自身向东方的传播过程，却是以东南亚地区为终点的。印度是始端输出者，东

---

[1] 〔新加坡〕邱新民：《东南亚文化交通史》，新加坡：新加坡亚洲研究学会与文学书屋联合出版，1984年，第150页。
[2] 《汉书·地理志》中的"粤地条"对从徐闻、合浦出发，经马来半岛，到古印度沿岸港口的航线有详细的记载，这足以说明在公元前2世纪甚至更早时期，古印度与东南亚地区，尤其是半岛地区存在着相对密切且固定的关系。

南亚是中继者，中国是终端接受者。

反过来也一样。由于当时的印度商人与中国基本上还没有形成直接贸易，东南亚地区的中介作用是不可缺少的。中国的汉文化以东南亚地区为中介，对印度文化也产生着影响，当然，也会通过印度向更远的地区传播。

中印间直接贸易行为的发生是公元1世纪以后的事，海上直航贸易行为则更是4世纪以后的事了。

印度人在向东南亚输出自己的商品与文化的同时，还将来自罗马、埃及、西亚、东非等"西方"的商品和文化传到东南亚，并将来自东南亚和中国的文化带回去，传出去。就这点而言，印度又成了中介者，东南亚则将这些舶来品，再次转运到中国等最"东方"的地区，最终形成了"中国—东南亚—印度—亚历山大"这条贯穿东西的大通道。

三、中印文化登陆与东南亚文化的形成

对印度文化与汉文化在东南亚地区的相会，其实早有研究者意识到，只是没有进一步的探讨罢了。

具有马来亚官方背景编纂出版的《马来亚历史纲要》说："公元前140至87年汉武帝遣使由海道到印度，以代替经云南和缅甸的艰险陆路。也许从这时起，中国帆船已开始航行至马六甲海峡，中国的史籍也开始提到马来亚。那是中国人利用东北季候风航行到马来亚来，又利用西南季候风回去的。印度商贾的到达马来亚，可能差不多和中国人在同一时期。"[①] 中国著名东南亚史学者金应熙先生也说："到公元1世纪时，从东地中海到华南海岸的海上航路初步接通，航线从华南经印度支那、马来半岛、印度尼西亚西部通至印度东南岸一带，于是越南

---

① 转引自〔马来西亚〕伯园：《佛教的由来与华人文化的融汇》，雪兰莪，《宗教与礼俗论集》，马来西亚雪兰莪中华大会堂，1985年，第101页。

南部与马来半岛北部成为当时东南亚国际贸易的焦点。"①

这明显地是说,在公元前2世纪的时候,汉文化与印度文化已经相会于东南亚了。

还有学者对为什么印度文化与汉文化在东南亚后来的发展结果不同作了探讨,认为:"印度人的最早据点在西海岸的吉打,他们建立了一个政权,叫做迦吒诃(Kataha)。华人虽也在公元初到达马来半岛,但他们是负着使命往印度去而路过此地,所以他们不像印人那么大批移入,建立政权。"②

笔者认为,这其中其实还有一个十分重要的区别,那就是汉文化是俗文化,而古印度文化是神文化。

东南亚地区不仅仅起了连接印度文化和汉文化的历史性作用,而且也从这种媒介身份中获益匪浅。正是印度的印度教文化和佛教文化的传入,使东南亚地区的王权得到从未有过的尊崇地位。"大约在公元五世纪之后,印度文化的影响已非常明显地见诸于碑铭的语言和书法、建筑遗存的一般风格和装饰细节、印度教和佛教的宗教观念,以及传入的其他艺术形式如梵文史诗《罗摩衍那》和《摩诃婆罗多》等方面。在这方面有关大量的考古学、碑铭学和建筑方面的相关证据。"③

当然,印度文化进入东南亚各地的时间和影响是不同的,特别是在半岛地区和海岛地区的差别就更大。海岛地区的印度文化大多是通过半岛地区再传的,所以其影响相对半岛地区而言就低了许多。所以,金应熙先生说,"印度宗教(佛教和印度教)也通过一些东南亚古国传入菲岛,但是未能在居民中扎根。在菲未有发现寺庙和僧侣活动,也

---

① 金应熙主编:《菲律宾史》,开封:河南大学出版社,1990年,第25页。
② 许钰:《中华文化在马来西亚》,载程光裕、许云樵等:《中马中星文化论集》,台北:国防研究院与中华大典编印会合作出版,1968年,第7页。
③ J. D. Legge, *Writing of Southeast Asia History,* in Tarling Nicholas, *The Cambridge History of Southeast Asia,*(Cambridge: Cambridge University Press, 1992), 6-7.

没有菲律宾人崇信印度神、佛的迹象。显示印度宗教影响的主要是菲律宾语言中一些宗教辞语的印度来源，也有少数几件文物。泰加洛语的巴塔拉（创造神）和提华多（精灵），还有马巾达瑙语的天堂、地狱等辞语，都是源出梵语的，但是更接近马来语或爪哇语。"[1]

笔者还不能最后确定印度文化最初对菲律宾群岛产生影响的时间，有迹象表明似乎是在10世纪以后，特别是12至13世纪，因为我们现在能见到的相关文物大多属于这一时期。

还有一些能够表现出东南亚地区受印度文化和汉文化影响的例子。如丧葬方式。东南亚地区的一些地方，曾经流行过结合来自印度的火葬和来自中国的瓮葬而再创的丧葬方式。

火葬是古印度的主要丧葬形式之一，直到现在还有着巨大的影响。古印度的火葬，可能开始于原始阶段的某个时期，其中蕴含着原始印度人的许多宗教观念。不论是最早在原始信仰，还是吠陀教，或者婆罗门教、佛教和印度教、耆那教等，都可以看到火葬的痕迹。

瓮葬则是被公认为发源于中国的丧葬形式，在中国仰韶文化、龙山文化遗址中，在东南沿海地区、西南地区、台湾岛的族群风俗中，都有瓮葬的痕迹被发现。虽然在细节上，各时代和各地区的瓮葬形式虽有所差别，但其中蕴含当时人的宗教观念应该是不可否认的。如尸体的盛装方式（先脚后头）表现了当时的人们已经有了"视死如视生"的观念。在瓮底或瓮盖上留有专门的孔道，表现出当时的人们已经有了灵魂的观念。还有瓮棺的安放地点、安放方向、排列方式等，都无一不在向我们传达当时人们宗教意识的存在。

在中国，瓮葬是分为一次葬和二次葬的。一次葬就是按一定的程序直接将尸体殓入瓮内安葬。二次葬则是先将尸体以某种方式暂时安

---

[1] 金应熙主编：《菲律宾史》，第41-42页。

葬（东南地区往往是土葬或停放在一定的场所，而西南地区则有水葬、土葬、停放等形式），经过一定的时间后，再将遗骨按一定的程序盛入瓮内（客家人称之为"拾金"，届时要举行比第一次安葬更为隆重的仪式），再行安葬。他们认为这才是人生的真正终结。

在广大的东南亚地区（包括半岛地区和海岛地区）的史前遗址中都发现有瓮葬的痕迹，这无疑来自中国。只是后来东南亚地区的瓮葬习俗与来自印度的火葬习俗合二为一了。

大量的史料证实，在公元前后这一段时期内，许多东南亚地区（如扶南、占婆等）流行着先火葬后瓮葬的习俗。就是先将尸体火化，然后再将遗骨或骨灰装入瓮内。直到现在，柬埔寨人仍然流行这种丧葬习俗。但东南亚地区的葬俗并不是简单地接受中国和印度的习俗而已，也有自己的创造。如将装入瓮中的遗骨或骨灰再投入海中或江河之中，实施"水葬"。

位于今缅甸境内的古骠国的丧葬习俗基本上也差不多。据英国学者霍尔的研究，位于今缅甸茅沙的古骠国都城"室利差呾罗"的宗教遗迹表明骠族的宗教信仰是混杂的，他们对于各种宗教抱兼容并包的态度。有许多尊毗湿奴石像，有观自在菩萨和大乘佛教所崇奉的其他菩萨的青铜制小塑像，另外还有雕像上的巴利语文说明小乘佛教在这里早已盛行。俗用火葬，骨灰放入瓮内，存放于佛塔周围，或放在广阔墓地内的砖台上面，盖以泥土。"[1]

对文化发源地的向往，对精神故土的崇拜可能是导致这些明显具有宗教意义行为的最根本原因。宗教文化虽然是一种普遍的人类文化现象，虽然其"本身并非区域文化，但是，宗教传播随信徒集群而定

---

[1]〔英〕D. G. E. 霍尔：《东南亚史》，中山大学东南亚研究室译，北京：商务印书馆，1982年，第183页。

点分布，具有地缘化特点，自然也就进入区域文化了。"[1]

正是这种特有的历史与地理因素，使"东南亚的文化外表，是宗教的，传自西方，宗教精神与中国不同，而东南亚的社会却是东方式的，可以认同",[2] 成为融合东西方文化的最大地区之一。我们随时随地可以在东南亚看到东方文化或西方文化的影子，但如果认真地考察起来，会发现它们并不等同于东方文化或西方文化，我们称之为"东南亚文化"。

四、结　语

东南亚在中印文化交往中地位的变化，是与其文化体的形成过程基本同步的。

对于东南亚文化的形成，伯希和、费琅等人最早提出了"印度文化化"的概念，1944年赛岱斯发表《印度支那和印度尼西亚的印度化国家》（中文版译名《东南亚的印度化国家》）集其大成，系统地阐述了所谓东南亚"印度化"的概念。[3] 他指出，东南亚文化的印度化过程，始于早期的印度与东南亚的贸易行为，是一个和平的过程，而非类似近代的殖民或征服的过程。早期的贸易行为为后来的高级别的印度文化进入东南亚打下了基础。随着东南亚国家或政权的逐步发展，它们开始主动地去吸收印度文化中最适合自己的东西，如关于王权的概念、梵文的使用、宗教的一统性和神圣性，等等。赛岱斯的著作被看作是主张东南亚文化"印度化"的代表，在西方学术界影响很大，在中国也有不小的影响。

---

[1] 乌丙安：《民俗文化新论》，沈阳：辽宁大学出版社，2001年，第20-21页。
[2] 〔新加坡〕邱新民：《东南亚文化交通史》，新加坡：新加坡亚洲研究学会与文学书屋联合出版，1984年，第198页。
[3] 〔法〕G. 赛岱斯：《东南亚的印度化国家》，蔡华、杨保筠译，第32-35页。

实际上，有关东南亚文化主要以"印度化"为特征的观点，自其问世起就一直不断地受到挑战。一些有着东南亚文化或研究背景的学者，尤其是那些在世界民族意识在提高阶段成长起来的东南亚本土学者，一直都反对这种以外来文化为主体，来阐释东南亚文化的观点。在这问题上的有关争论，在澳大利亚学者 J. D. 李吉先生为《剑桥东南亚史》所撰写的《东南亚历史的撰写》[①]一章中，有很好的综述，读者可以参考。

总的来说，只有极少数的研究者完全否认早期东南亚历史发展过程中的"印度化"现象，大家的分歧主要在于，在这个"印度化"过程中，在外来印度人和原居东南亚人之间，谁掌握着文化主动权的问题。也就是说，东南亚文化的主体是本土文化还是印度文化，以及不同时期印度文化的输入渠道与方式问题，等等。研究者们在回答这些问题时提出了许多观点，但分歧大多是在程度上，而不是在性质上。

笔者的观点是，当印度文化进入东南亚之时，东南亚是存在某种程度的原生文化的，而且这种原生文化已经发展到可以接受或选择外来文化的水平。否则，我们就不能解释为何印度文化在东南亚得以立足。所以，印度文化输入东南亚的过程不是开荒的过程，而是促进的过程。它需要有一个能够认同、接受自己的文化受体。至于早期印度商人在东南亚的经商行为是否能称得上是印度文化的载体，笔者认为应该是可以的。尽管这些商人的社会地位十分卑微，他们的文化水平十分低下，但他们到底还是印度文化的携带者，他们所到之处自然而然地会带来某种印度文化（其中大部分可能不属于古印度文化的主流部分，即高层次的宗教文化，而应该是流行于第三等级间的俗文化，甚至可能包括多神崇拜的原始宗教成分）。当然，他们可能不是主观的

---

① J. D. Legge, *Writing of Southeast Asia History*, 4-10.

文化传播者，但却是客观的文化传播者。没有他们的行为作为铺垫，后来大规模的印度文化在东南亚成功登陆是很难想象的事。

　　当然，我们也不能过高地估计东南亚原生文化的水准，它毕竟还不能与中印这样的古老文明相对应。从某种角度说，它还没有能力去完全接受来自印度或中国的文化，这也决定了它对中印文化的吸收，只能是片面的、割裂的。其产生的结果必定是混乱的、杂糅的，而这又恰恰使得东南亚有一个较好的自我发展环境，最终形成自己的文化体。

郭云艳

罗马—拜占庭帝国的社会变迁在丝路交往中的影响[1]

丝绸之路是史学界研究的热点与重点，涉及多个领域、众多问题。丝路贸易繁荣的一个重要原因在于西方的罗马帝国对东方丝绸的巨大需求，而东方人似乎对西方的物产并没有那么迫切的需要，史书可见的几次大秦和拂菻使者来华，他们所献之物与其他西域国家所献之物大体相当，不过是让统治者开开眼界的域外珍品而已。遥远的距离导致中文文献中关于大秦和拂菻的记载相对较少，而考古资料所见罗马—拜占庭帝国的物品也比较有限。因此，尽管丝绸之路的西部旅程止于罗马—拜占庭帝国是众所周知的事实，但国内研究丝绸之路的学者专门涉及西方的罗马帝国和拜占庭帝国的研究并不多。

然而，记载不多、资料不丰不能成为不将罗马—拜占庭帝国这个丝路西端的大帝国纳入研究范围的理由。事实上，作为丝绸之路上丝绸的主要需求国，罗马—拜占庭帝国无时无刻不在影响着丝路上的贸易。鉴于具体资料的缺乏，我们可以先搁置具体问题，另辟蹊径，从更宏观的角度、较长的时间跨度来考察西方的这个大帝国在丝绸之路上的影响。

---

[1] [基金项目] 本文属于国家社科基金重大项目"拜占庭历史与文化研究"项目 [14ZDB061] 的阶段性成果；以及国家社科基金后期资助项目"罗马—拜占庭帝国变迁与丝绸之路" [15FSS004] 的阶段性成果。

一

首先，罗马帝国对东方丝绸的大量需求，是推动丝绸之路兴盛的重要因素。"丝绸之路"是现代西方学者对古代东西方之间商贸通道的命名，实际上，丝路的商品并非只有丝绸，还应包括印度的香料等各种东方珍奇。而之所以"丝绸"会成为东方奢侈品的代表，则是源于古代罗马上层社会对丝绸的高度追捧及留给后人的深刻印象。因此，从这个意义上讲，罗马帝国皇室与贵族对以丝绸为代表的东方奢侈品的巨大需求，是丝路发展并繁荣的重要推动力。

罗马社会对丝绸等商品的热衷与追求，必然会推动罗马帝国在丝绸之路中的参与和影响。这种参与一方面表现为：罗马帝国作为商品交换的一方，其用来换取这些商品的货物或金钱就进入到东方商贸中来。老普林尼在公元77年成书的《自然史》中曾有记载："印度、中国与阿拉伯半岛每年要从我们国家带走1亿塞斯特斯——这都是我们的奢侈品和女人们消耗掉的啊！"[1] 事实上，也正如老普林尼的感叹一样，罗马帝国进入到丝绸之路中的商品主要是玻璃制品，除了贵金属货币外，几乎没有足够等价的商品与东方奢侈品进行交换，因此能够作为罗马帝国参与丝绸之路证据的主要考古材料是出现在东方的罗马货币遗存。考古学家在印度和斯里兰卡等地发现的大量罗马帝国时期的银币和金币则证实了这种交换的存在与规模。[2]

另一方面，罗马帝国的商人也主动参与丝路商贸。联通东西方之间的巨大商路自然蕴含着无数商机，吸引各色人等投入其中。从统治

---

[1] Pliny, *Natural History*, XII, 84, tr. Rackman, compiled in Meijer & van Nijf, *Trade, Transport and Society in the Ancient World: A Sourcebook* (New York: Routledge, 1992), 129.

[2] Kenneth W. Harl, *Coinage in the Roman Economy, 300 B.C.- A.D.700* (Baltimore: The Johns Hopkins University Press, 1996), 303.

者的角度出发，与东方商路的畅通无阻既能保证皇室与贵族需求的大量丝绸得到稳定的供应，也能够减少中间商的层层加码，从而避免奢侈品价格过高。因此，自奥古斯都（Augustus，公元前27年—公元14年）起，罗马帝国就已联通与东方印度或锡兰的贸易，罗马人可以穿过红海海峡，绕过波斯湾，经由海路到达印度，从那里获得他们需要的丝绸以及印度的各种香料。①

现有资料表明，在罗马帝国时期，南部海路由罗马人控制，构成了东方商品销往西方的重要途径。罗马的商人们首先到达埃及的亚历山大港口，然后沿尼罗河到达上游地区，并从那里经陆路聚集到红海沿岸的米奥斯霍尔莫斯港②或贝伦尼斯港③，再从这里出发沿着红海海峡，到达亚丁湾（the Aden，阿拉伯半岛南端的红海入口处，今也门境内），④然后在那里等候季风将他们送到印度西岸。而且经由这条海路的商业活动在罗马帝国时期呈现出非常活跃的繁荣景象，公元初年的地理学家斯特拉波曾有过这样的描述："我看到足足有120多艘船舰准备从米奥斯霍尔莫斯港前往印度，而在此之前的托勒密王朝（Ptolemaic

---

① E. H. Warmington, *The Commerce between the Roman Empire and India* (London: Cambridge University Press, 1928), 7.

② 米奥斯霍尔莫斯港 (Myos Hormos) 建于公元前274年左右，由埃及国王托勒密二世 (Ptolemy II Philadelphus) 选址建造，作为埃及与印度之间商贸往来的重要港口，位于埃及境内的红海西岸，参见 William Smith, *A Dictionary of Greek and Roman Geography* (London: Spottiswoode and Co.,1873), 387；最新的考古发掘表明，今埃及库塞尔港 (Al-Qusayr) 以北8公里处的库希尔·卡蒂姆 (Quseir Al-Qadim) 遗址即历史上的米奥斯霍尔莫斯港，参见 D. P. S. Peacock and Lucy Katherine Blue, eds., *Myos Hormos- Quseir Al-Quadim: Survey and Excavations 1999-2003* (Oxford: Oxbow Books, 2006), 3-4.

③ 贝伦尼斯港 (Berenice 或 Berenike) 本是一座小渔村，公元前3世纪初由埃及国王托勒密二世扩建为商业城市，位于苏伊士以南825公里以及阿斯旺以东260公里处，参见 William Smith, *A Dictionary of Greek and Roman Geography*, 392；以及 Marlia Mundell Mango, ed., *Byzantine Trade, 4th-12th Centuries: The Archeology of Local, Reginal and International Exchange* (London: Routlege: Taylor & Francis Group, 2009), 345-346.

④ Pliny, *Natural History*, VI, 104-106, 125-126.

Dynasty，公元前 305—前 30 年）时期，每年只有非常少的船会冒险到印度经商。"①

中文史料中关于罗马帝国的有限描述，也印证了海路与罗马商人来华的紧密联系。《后汉书》卷八八《西域传·大秦传》中载："桓帝延熹九年（166 年），大秦王安敦遣使自日南徼外献象牙、犀角、玳瑁，始乃一通焉"。②《梁书》卷五四《海南诸国传·中天竺国传》载："孙权黄武五年（226 年），有大秦贾人字秦论来到交趾，交趾太守吴邈遣送诣权，权问方土谣俗，论具以事对"。③考其中"日南"、"交趾"均为今天的越南，与上述关于罗马帝国大力开通海上商路通往东方的情况相符。20 世纪 40 年代，考古学家在越南发现罗马帝国的货币，进一步印证了这一论断。④

罗马帝国除控制海上的通往东方的商路外，还力图经由陆路联通东方。只是当时控制着陆上丝绸之路的是与罗马敌对的安息帝国，后者为了保证自己在丝路贸易中的利益最大化，对罗马商人的活动进行严格限制，结果导致罗马统治者"常欲通使于汉，而安息欲以汉缯彩与之交市，故遮阂不得自达"。⑤罗马人要想得到东方的商品，除去海路，就只能与安息人交易。也就是中文史书中提到的"故数与安息诸国交市于海中"。⑥

---

① Strabo II.5.12, tr. Jones, compiled in Meijer & van Hijf, *Trade, Transport and Society in the Ancient World: A Sourcebook* (Routlege: Taylor & Francis Group 1992), 125.
② [南朝宋] 范晔：《后汉书》卷 88《西域传·大秦传》，北京：中华书局，1982 年，第 2920 页。
③ [唐] 姚思廉：《梁书》卷 54《海南诸国传·中天竺国传》，北京：中华书局，1973 年，第 797 页。
④ Milton Osborne, *The Mekong: Turbulent Past, Uncertain Future* (New York: Grove Press, 2000), 25.
⑤ 范晔：《后汉书》卷 88《西域传·大秦传》，第 2919 页。
⑥ [晋] 陈寿：《三国志》卷 30《魏书》后附《魏略·西戎传》，北京：中华书局，1982 年，第 858 页。

毫无疑问，中国与罗马两大帝国的商人之间存在着直接的交往，但却没有大量实物证据来加以佐证。中国境内并没有发现大量的罗马帝国货币遗存。不过，中文史书中有关于罗马货币的记载，称其"作金银钱，金钱一当银钱十"，说明当时中国人对罗马帝国有一定的了解；关于罗马帝国购买中国丝绸以及罗马与安息的商业活动也有明确说明，"又常利得中国丝，解以为胡绫，故数与安息诸国交市于海中"①。这些不仅描绘了罗马人使用的货币和商贸活动，还反映出当时罗马帝国与中国的交往比较密切，至少中国对罗马人的商业活动颇有了解。那么，为什么中国境内罕见出土罗马金银币呢？

中国境内罗马货币的罕见与中亚、南亚地区出土罗马金银币的对比，表明这些货币在通往东方的商路上，停留在某个地区，而无法大量传至中国。众所周知，古代丝路贸易因距离的限制，主要表现为中转贸易，只有中国的丝绸特点鲜明，故而成为丝路贸易中最为突出的商品。前文可知，罗马帝国获取东方商品主要有两个途径：陆路上的安息帝国，印度洋对岸的古代印度。那么，在商品流通的中转过程中，当罗马货币流入安息帝国后，安息国王将进口来的罗马货币重铸，以维持他们自己的银币供应。而为了保证货币供应量，安息政府还大力控制本国货币以及流经当地的罗马贵金属的再次流走。②与此类似的情况也发生在印度半岛，从考古发现的一些罗马金币和银币的窖藏，能够看出：有些金银币被严重剪边、图案被严重刻损；有的银币上面的皇帝肖像被凿坏；有的被用铸币冲压机重新压铸；还有一些当地人按照罗马帝国的金银币原型铸造的仿制品。对于罗马金银币的遭遇，有些学者认为：这导致罗马商人们既没有勇气将这些被损毁的金银带回

---

① [宋] 马端临：《文献通考》卷339《四裔考·十六》，北京：中华书局，1986年，考2059。
② Harl, *Coinage in the Roman Economy*, 301.

罗马帝国,也没有勇气继续使用,前往东方的中国。① 但更重要的原因可能是对于进行此类远途贸易的商人来说,其目的并非将罗马的货物、罗马的货币尽可能带到更远的地方以彰显国威,而是在停泊于不同港口时实现利益的最大化,因此罗马的商人无论是返回国内还是继续向东前往中国,更愿意选择用当地的货物装满自己的商船,到下个港口换取更能获利的货物。当然会有一定数量的罗马货币继续向东,到达越南,或者也进入到中国,但由于这些货币在海路沿线或中国南部的潮湿地区难以保存,或可能被拿去熔化,因而无法留至今天。

综合上述信息,可以说,在公元后的 200 年当中,由于罗马上层社会对东方奢侈品有着巨大的需求,因此他们构成了丝路贸易中的重要参与者;又由于位于罗马帝国东侧的安息帝国对丝绸贸易的把控,迫使罗马帝国不得不更重视经红海、印度洋前往东方的海上商路,使其在这一时期十分兴盛;但由于沿途各国货币政策的阻隔以及商人的逐利特性,导致中国境内未见大规模的罗马货币遗存。

二

丝绸之路沿线各国在公元 3 世纪时均经历了深远的政治经济变迁,这种变化也直接映射到丝绸之路的贸易中来。具体说来,在公元 3 世纪,欧亚大陆的大帝国都发生了剧变:中国的东汉王朝终结,进入动荡分裂的三国时期;贵霜帝国崩溃,中亚地区陷入小国林立、此消彼长的分裂期;安息帝国被来自伊朗高原的萨珊族取代。这些剧烈的社会政治动荡直接造成商路沿途势力分布的变化,由于各国采取不同的经济政策,丝绸之路沿线的贸易也在逐渐发生着转变。

具体到罗马帝国的剧变给丝路带来的影响,主要表现为:帝国在

---

① Harl, *Coinage in the Roman Economy*, 302, 305.

海上丝路中霸权的丧失。虽然罗马帝国危机重重，但人们的日常需求仍然存在，商业活动在动荡年代依然继续进行，只是控制贸易的主体发生了改变。一方面，新兴的萨珊波斯帝国控制了波斯湾沿岸，并逐渐向西南的亚丁湾扩张；[1]另一方面，生活在亚丁湾西侧的埃塞俄比亚人此时逐渐控制了这片水域。[2]结果，3世纪大危机发生后，罗马帝国的对外影响力削弱，无法为远行的商人提供支持；同时国际上新兴势力的崛起，也取代了罗马商人在东方贸易中的地位。到4世纪以后，罗马商人被迫逐渐退出东方贸易。在中国史籍中出现的罗马人也逐渐减少，南朝时期的《梁书》记载："海南诸国，……后汉桓帝世，大秦、天竺皆由此道（海路）遣使贡献。……晋代通中国者盖鲜，故不载史官。"[3]罗马帝国时期与中国的直接交往就这样渐趋衰落了。

4世纪后，罗马帝国向拜占庭帝国的过渡和演变也影响到丝路贸易的发展。罗马帝国在3世纪末4世纪初逐渐稳定下来，开始了向拜占庭帝国痛苦的嬗变过程。然而，罗马商人在东方贸易中的退出，直接导致国内奢侈品不得不从其东邻波斯商人那里高价购入，成本急剧上升；特别是帝国经济在4世纪渐趋恢复后，对奢侈品的需求增加的同时，购买奢侈品的贵金属也大量流入萨珊波斯帝国。为了改善这种局面，皇帝们采取各种应对措施：在改革重建帝国货币体系外，还对外进行战争，以期夺回失去的势力范围。

在货币制度方面：3世纪末，针对国内货币严重贬值的局面，戴克里先（Diocletian, 284—305）和君士坦丁（Constantine I, 306—337）分别进行货币改革，推行金银复本位的货币体系。其中特别需要指出的

---

[1] J. Wiesehöfer, *Ancient Persia: from 550 BC to 650 AD*, tr. Azizeh Azodi, (New York: I. B. Tauris & Co Ltd, 1996), 153.

[2] S. Munro-Hay, *Aksum: An African Civilization of Late Antiquity* (Edinburgh: Edinburgh University Press, 1991), 58.

[3] 姚思廉：《梁书》卷54《海南诸国传·序》，第782页。

是，君士坦丁调整金币重量，发行重 1/72 罗马磅的索里得，重约 4.55 克，即 24 克拉。① 这种金币后来成为拜占庭帝国的象征，凭借其极高的含金量和稳定性，被广泛接受，成为国际贸易中的主要流通货币。

在战争方面：从 3 世纪末戴克里先开始，罗马—拜占庭帝国的数位皇帝均与其东邻的萨珊波斯帝国展开激战。战争的结果除重新划定边界外，②还在两国之间设立通商口岸，在官方控制下进行商品买卖。③通商口岸的设定，保证了罗马帝国和萨珊波斯帝国之间比较公平、稳定的贸易关系，东方贸易也逐渐重新兴盛起来。此时的东方贸易与罗马帝国时代已有不同：帝国经过货币改革之后，金币索里得因其高纯度、高稳定性逐渐得到世界各国的认同，成为通行国际的货币；虽然金币被熔铸的现象不可避免，但无论是从对萨珊波斯帝国货币的一些史料记载，还是中亚地区的考古发现来看，拜占庭金币以及它所携带的形制已被广为接受。从而能够保证当拜占庭金币作为货币流通到东方后，它们仍然能够继续以原来面目存在，并经由不同族群的商人继续向东流入中国境内。

具体到金币在东方的影响，可以从它在萨珊波斯帝国的流通略窥一二。萨珊波斯帝国的货币也包括金币和银币，随着萨珊人在丝路地位的上升，逐渐成为国际通行货币。拜占庭金币索里得出现后，渐渐将其他金币排挤出局。到公元 4 世纪，萨珊人已不再发行原有的重型金币，而是仿造拜占庭索里得金币，而到后来干脆直接使用拜占庭的索里得，甚至当拜占庭的索里得金币不能满足需求之际，还会直接铸

---

① D. L. Vagi, *Coinage and History of the Roman Empire*, v.1 (London: Routledge: Taylor & Francis, 1999), 485.
② G. Greatrex and S.N.C. Lieu, eds., *The Roman Eastern Frontier and the Persian Wars, Part II AD 363-630*, (London: Routledge: Taylor & Francis, 2002), 137, 1-30.
③ Wiesehöfer, *Ancient Persia*, 311.

造在形制和铭文上都几乎完全一样的拜占庭金币索里得。[1]同样目前考古发现的从中亚到中国的许多拜占庭式金币仿制品，都表明，在4世纪之后的丝绸之路贸易中，拜占庭金币作为被广为接受的货币，拥有极强的影响力，而正是在这种影响力的作用下，一些民族或某些人群为了弥补拜占庭金币供应的不足，或钟情于拜占庭金币的特殊图案，而开始自己制作各种良莠不齐的金币仿制品，或用于流通，或用于装饰，不一而足。正是在这三方原因的综合作用下，在4世纪拜占庭人重新开始参与东方贸易时，才会有大量拜占庭金币沿商路东来。

综合上述诸多因素，公元3世纪大危机发生后，罗马帝国的东方贸易中断；随着帝国逐渐从危机中挣扎地恢复，对内调整经济，进行货币改革，对外征战，重建影响，4世纪以后帝国的东方贸易重新稳定并渐趋繁荣。以金币索里得为代表的帝国经济不断发展与增强，为它带来良好的国际声誉，保证了拜占庭金币作为国际通货被广为接受，从而实现5世纪以后的拜占庭金币能够流传到中国境内的结果，为后世留下当时繁盛的国际贸易的直接证据。

三

拜占庭帝国的社会经济演变同样对丝路贸易产生了影响。帝国之所以从罗马迁都君士坦丁堡（拜占庭），部分原因在于西部地区经济崩溃，帝国经济中心向东转移。迁都拜占庭后，帝国的经济逐步恢复，尤其是东部地区，逐渐走向繁荣，作为一支重要的经济力量参与到东西方贸易当中。这种变化也反映到丝路贸易中来。

拜占庭帝国初期，帝国经济稳步发展并在5世纪末6世纪初达到

---

[1] Erik de Bruijn & Dennine Dudley, "The Humeima Hoard: Byzantine and Sasanian Coins and Jewelry from Southern Jordan," *American Journal of Archaeology* 99, no. 4 (Oct., 1995): 688, 697.

极盛，其文化影响在丝路贸易中得以突显。仅以处于丝路最东端的中国为例，在南北朝及至隋唐时期的墓葬、窖藏当中，发现了大量拜占庭风格的物质遗存。最突出的是，从19世纪末至今，中国各地出现了的百余枚拜占庭金币及金币仿制品，这其中，有29枚金币可确定为中国出土，虽然数量不多，但仍可从其铸造时间的分布来观察这个时期拜占庭帝国社会经济变迁在东方的折射，具体情况参见表1及分布图（图1）。

表1　中国发现之拜占庭金币时间分布表*

时间分布（约每30年）/相差年限	金币数目	当时在位之皇帝	发现金币所属时代
408—450/42	1	塞奥多西二世（Theodosius II, 420—450）	420—450年
450—491/41	5	马尔西安（Marcian,450—457）；利奥一世（Leo I, 457—474）；利奥二世（Leo II, 474）；瓦西里斯库斯（Basiliscus,475—476）；芝诺（Zeno, 474—491）	利奥一世2枚；瓦西里斯库斯1枚；芝诺2枚
491—527/36	8	阿纳斯塔修斯一世（Anasatasius I, 491—518）；查士丁一世（Justin I, 518—527）	阿纳斯塔修斯一世5枚；查士丁一世3枚
527—565/38	6	查士丁一世与查士丁尼共治（527）；查士丁尼一世	共治时期4枚，查士丁尼一世2枚
565—582/17	2	查士丁二世（Justin II, 565—578）；提比略一世（Tiberius II Constantine, 578—582）	查士丁二世2枚
582—610/28	3	莫里斯（Maurice, 582—602）；弗卡斯（Phocas, 602—610）	弗卡斯3枚
610—641/31	3	希拉克略一世（Heraclius, 610—641）	希拉克略一世3枚（含2枚仿制品）
641—668/27	0	君士坦丁三世（Constantine III, 641）；伊拉克略纳斯（Heraclonas, 641）；康斯坦斯二世（Constans II, 641—668）	0

续表

时间分布（约每30年）/相差年限	金币数目	当时在位之皇帝	发现金币所属时代
668—711/43	0	君士坦丁四世（Constantine IV, 638—685）；查士丁尼二世（Justinian II, 685—695, 705—711）；莱奥提乌斯（Leotios, 695—698）；提比略二世（Tiberius II, 698—705）	0
711—741/30	0	腓力比格斯（Philippikos, 711—713）；阿纳斯塔修斯二世（Anastasios II, 713—715）；塞奥多西三世（Theodosius III, 715—717）；利奥三世（Leo III, 717—741）	0
741—775/34	1	君士坦丁五世（Constantine V, 741—775）[①]	1枚

* 拜占庭帝国始终处于来自内外的各种压力之下，整个社会急剧动荡，变换不已。为了较为直观地认识拜占庭初期以及中期初年的国力变化，此表以30年划分时间段，来观察到达中国之拜占庭货币的分布。又因诸位皇帝即位时间限制，无法按照精准的时间段来计数，此各段时间相差均在30年上下，有的为十余年，有的为四十余年。

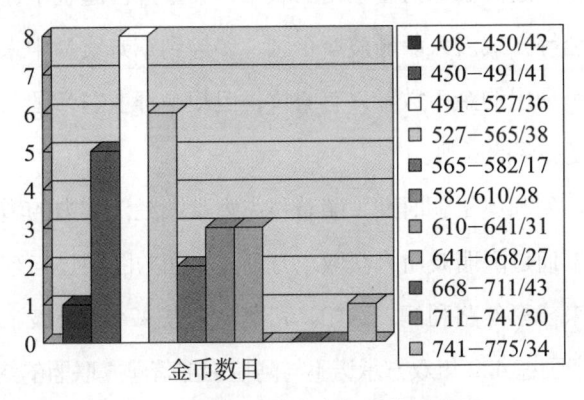

图 1 中国发现之拜占庭金币时间分布图

---

① 仅见一条信息，难以查找详细报道与金币图片，无法进一步加以辨识。参见 ZEYMAL Eugeny,《丝绸之路艺术和考古学》，第 137-177 页，1991-1992，转引自〔法〕F. 蒂埃里，C. 莫里森：《简述在中国发现的拜占庭帝国金币及其仿制品》，郁军译，《中国钱币》，2001 年第 4 期，第 10-13 页。

由上可知：中国出土的拜占庭金币铸造时间最早可以追溯到5世纪初期，最晚到8世纪中期，绝大多数金币仍然集中在7世纪以前。而金币时间之所以会出现这样的分布，则是拜占庭帝国初期商业经济发展的结果。7世纪以前的拜占庭帝国经济大致可分为塞奥多西王朝（Thedosian Dynasty, 379—457）时的经济恢复期、利奥王朝（Leonid Dynasty, 457—518）时的巩固提高期和查士丁王朝（Justinian Dynasty, 518—602）时的由盛转衰期。在不同时期，帝国经济实力以及对外影响力的差异造就了输入中国的金币在时间上表现出来的分布特征。

具体说，第一，塞奥多西王朝时期，帝国逐渐从危机与内乱中恢复，社会经济和政治生活走向成熟与稳定，国内经济的发展带动了国际贸易、特别是东方贸易的兴盛。363年和409年，拜占庭帝国与萨珊波斯帝国两度签署和约，在边境地区设置通商口岸，保证两国之间商品贸易的正常公平交易。[1] 两国的和平期长达几十年，只是在421—422年因纠纷爆发战争。但无论是战争，还是和平期间，拜占庭帝国和萨珊波斯帝国之间都保持着紧密的联系，大量拜占庭金币通过贸易和赔款、赎金等方式流入萨珊波斯帝国，参与到东方贸易中来。虽然上述图表中呈现出的金币数量只有一枚，但却是拜占庭帝国在东方贸易中参与程度加深的反映。

第二，到利奥王朝时期，随着拜占庭帝国经济实力的增强，他们不再满足于通过萨珊波斯人获取东方商品，而力图通过与东方民族的直接联系来分享丝路利润。例如，利奥一世在474年打破了拜占庭帝国与萨珊帝国在422年双方承诺不与阿拉伯部落建立联盟的约定，[2] 从而绕过波斯人参与到东方贸易中。而491年阿纳斯塔修斯一世即位后，

---

[1] Greatrex and Lieu, *The Roman Eastern Frontier and the Persian Wars*, 1-30, 33. 关于边境贸易点的规定，参见 *Codex Justinian*, IV. 63. 4. 1.

[2] Greatrex and Lieu, *The Roman Eastern Frontier and the Persian Wars*, 38-44, 47.

对国内经济进行改革，取消了自君士坦丁时期开始针对工商业征收的金银税（collatio lustralis），促成帝国经济的高度繁荣，仅当年帝国的财政收入就增加了5%。[1] 帝国经济的繁荣促成此后大量拜占庭金币涌入丝路贸易当中，所以上图中，传入中国的拜占庭金币表现为5世纪末6世纪初制作的金币数量最多。

第三，从上图看出，5世纪之后，传入中国的金币数量呈下降趋势，而此时拜占庭帝国恰逢查士丁尼（Justinian I, 527—565）皇帝统治期间，也是拜占庭帝国初期最为强盛的时期。之所以出现这样的结果，则是拜占庭帝国经济的直接反映。一方面，这个时期凭借利奥王朝时期打下的基础，帝国在丝路贸易中仍有着极高的参与度，特别值得一提的是，在527年4月到8月查士丁一世与查士丁尼共治的100余天的时间里，此时制作的金币索里得大量涌入东方贸易中，因为这种极为罕见的金币在中国墓葬中出土了4枚，丝路贸易之盛可见一斑。另一方面，在整个查士丁王朝时期，拜占庭帝国几乎绕过萨珊波斯帝国直接与东方政权建立了联系。在南部，皇帝支持埃塞俄比亚的阿卡苏姆政权控制亚丁湾以实现与印度半岛的直接通商；[2] 在中部，拜占庭帝国试图通过与萨珊波斯帝国东部的嚈哒王国联合来对付波斯，但未取得成效；[3] 在北部，查士丁二世时期，消灭嚈哒王国的西突厥汗国与拜

---

[1] 这项税收 collatio lustralis, 从君士坦丁时期开始征收，每五年征收一次，征收对象非常广泛，包括农村、城市的手工匠人、各种商人甚至妓女，它给帝国的工商业活动带来严重影响，374年之后，农村地区的手工匠人逐渐消失。到5世纪初，为了解决因金银税带来的商业混乱，东部的总理大臣 (Praetorian prefect) 下令严格控制征收的数额，以减轻商人的负担。然而这一命令并没给商人带来多大帮助，商人们与手工匠人仍然每到第4年就开始为即将征收的税额发愁乃至陷入绝望。相关内容参见：A. H. M. Jones, *The Later Roman Empire, 284-602, A Social, Economy, and Administrative Survey* (Baltimore: Johns Hopkins University Press, 1988), 871.

[2] Munro-Hay, *Aksum: An African Civilisation of Late Antiquity*, 58.

[3] Procobius, *History of the Wars: The Persian Wars, Book I*, tr. H.B. Dewing (New York: Dodo Press), vii, 1-2.

占庭帝国建立使节关系，双方经由北方草原丝路在 568 年到 576 年一直保持着通商、通使关系。①

然而，尽管此时拜占庭帝国与丝路东部诸政权的交往比过去更为广泛，但帝国的经济实力已由盛转衰。一方面，查士丁尼皇帝好大喜功，对外发动多次战争，在国内大兴土木，导致了国库空虚。② 542 年爆发的大瘟疫给社会生产带来毁灭性破坏，仅以首都君士坦丁堡为例，瘟疫过后的城市居民不足原先的三分之一，巴勒斯坦的一些村庄和城市已经空无一人，土地荒芜，粮食减产，城市中的手工业、商业完全停止，③ 如此严重的瘟疫肆虐自然给经济带来了沉重打击。总之，到 6 世纪后期，拜占庭帝国国力大幅衰退，查士丁二世曾抱怨说："国库一贫如洗，我们负债累累，到了极端贫困的底部。"④ 因此，由于拜占庭帝国本身国力的削弱，虽然表面上帝国与东方的联系途径增多，参与度更强，但其在丝路沿线的影响力已开始转弱，所以中国出现的拜占庭金币总体上呈下降趋势。

四

公元 7 世纪后，拜占庭帝国的政治变迁同样影响到其在丝路贸易中的参与度和影响力，并映射到丝路东端的中国。前文提到，6 世纪中期，拜占庭帝国因瘟疫、内乱、战争而导致民生凋敝，及至中后期，帝国渐趋衰落。这种趋势一直延续到 7 世纪初，这时的拜占庭帝国遭

---

① Menander, *Fragment* 10.1, in R.C. Blockley (tr. and ed.), *The History of Menander the Guardsman: Introductory Essay, Text, Translation, and Historiographical Note* (Liverpool: Cairms, 1985), 113-115.

② J. B. Bury, *History of the Later Roman Empire,* v.1 (New York: Dover Publications, INC., 2012), 95-100.

③ Procopius, *History of the Wars, Book II,* xxii, xxiii, 1-19; and P. Allen, "The 'Justinianic' Plague," *Byzantion*, Tome XLIX(1979): 5-20.

④ Jones, *The Later Roman Empire*, 161.

遇到前所未有的困境，经历过查士丁王朝的挥霍与包括地震、瘟疫等天灾人祸洗劫之后，帝国国力受到严重损害；来自北方游牧部落的迁徙和来自东方萨珊波斯以及之后阿拉伯人的进攻，改变了拜占庭帝国的疆域和社会结构，深刻影响到社会生活的各个层面。

第一，大片领土丧失，查士丁尼西征所获领土尽数丢失。6世纪末，来自北方的阿瓦尔人与斯拉夫人不断南迁，给帝国的社会结构带来严重冲击；①6世纪中后期，东方三省——叙利亚、巴勒斯坦以及埃及，因教义分歧与帝国日渐分裂，直到7世纪中期先后为萨珊波斯和阿拉伯人占领，给帝国经济带来沉重打击，国库年收入减少1/3至1/2以上。例如：查士丁尼时代年收入为11万镑黄金，到希拉克略时代为36667镑。②到7世纪中期，拜占庭帝国只剩下从陶鲁斯山以西的安纳托里亚地区，包括塞浦路斯和克里特的爱琴海地区，以及巴尔干半岛的周边地区。

第二，居民人口大幅减少，城市衰落，农村荒芜，商业萧条。从542年开始，瘟疫、地震、大水、海啸等灾害以及由此带来的饥荒，使人口急遽减少，③到8世纪，当君士坦丁五世计划重新启用626年停止使用的沟渠时，竟然不得不从色雷斯（自爱琴海至多瑙河的巴尔干半岛东南部地区，今土耳其欧洲部分以及保加利亚地区）、希腊和亚洲征召工人来进行修复。④作为帝国首都的君士坦丁堡尚且如此，其他省份

---

① G. Dagron, "The Urban Economy, Seventh–Twelfth Centuries," 397.

② Jones, *The Later Roman Empire 284-602*, 178.

③ Procopius, *History of the Wars, Book II*, xxxiii 1-4, 15-19. 以及 Theophanes Confessor, AM 6034 – AM 6058, in C. Mango & R. Scott (eds), *The Chronicle of Theophanes Confessor: Byzantine and Near Eastern History, AD 284-813* (Oxford: Clarendon Press, 1997), 322-355.

④ Dagron, "The Urban Economy, Seventh–Twelfth Centuries," in A. E. Laiou (ed), *The Economic History of Byzantium: from the Seventh through the Fifteenth Century* (Washington, D.C.: Dumbarton Oaks, 2002), 398.

城市的损失情况则更为糟糕。小亚、巴尔干地区许多城市已不复存在;而依然存在的城市则在规模和人口数量上大幅度缩减。例如:巴尔干地区靠近多瑙河的斯托比(Stobi)城和希尔姆城已不复存在。① 农村生产遭受的沉重打击直接引发饥荒,例如:608—609 年因严寒造成农业歉收,渔业也由于近海海域结冰而遭受巨大损失,连着两年非洲与埃及的粮食供给中断,许多人死于饥荒。②

第三,以城市生活为主要对象的商业活动几乎停滞。以在经济生活中占有重要位置的货币经济为例:拜占庭帝国境内以及西亚和欧洲其他地区的货币考古发现表明,在 7 世纪后半期到 9 世纪前期之间存在着一个明显的断层,而且各地窖藏中发现的货币也主要为临近地区铸币厂的产品。③ 这表明:6 世纪末到 7 世纪初,帝国内部跨地区的远途贸易有所衰落,商业活动明显收缩。贵金属也有类似的断裂期:与早期金银币在欧亚大陆的散布相比,此时散布的地域范围和数量明显减少。与中国境内 7 世纪以后金币数量明显减少甚至没有的情况一样,在中亚和印度同样存在着明显中断。④ 世界范围内拜占庭货币考古的证据表明,7 世纪中期拜占庭帝国的商业活动以及商业影响明显收缩与减弱。

当然,国力的衰落并不意味着拜占庭帝国从丝路贸易的退出,只是 6—7 世纪发生的两件事对丝绸之路贸易产生了深远的影响。

第一,为应对社会危机,7 世纪初拜占庭帝国主动谋求转型,具

---

① Mango & Scott, ed., *The Chronicle of Theophanes Confessor: Byzantine and Near Eastern History, AD 284-813*, AM 6089, 400.

② A. Stratos, tr., Marc Ogilvie-Grant, *Byzantium in the Seventh Century, I 602-634* (Amsterdam: Adolf M. Hakkert, 1968), 78-79; and Theophanes Confessor, AM 6101, 426.

③ Morrisson, C., "Byzantine Money: Its Production and Circulation," in A. E. Laiou (ed), *The Economic History of Byzantium: from the Seventh through the Fifteenth Century*, 954-955.

④ Harl, *Coinage in the Roman Economy*, 301.

体表现为：设立军区，以及由此确立的防御型城市和商品经济收缩等趋势。

军区制是希拉克略皇帝为应对内部财政亏空、军队缺乏战斗力以及外敌入侵而实行的。其核心为以田代饷；按照不同的军种与级别，士兵可以获得土地，并将这些军役地产的收入作为其军费开支，平时耕地，战时走向沙场，自备武装；田产与军役可以一起转让或一户或几户提供某个士兵的供给；服役期为 15 年，可以世袭。这些农兵仍然保持军队编制，随时受将军命令，随军作战。[1] 军区制的建立为拜占庭帝国保证了比较稳定的小农与士兵阶层，既解决了因人口减少、战乱等因素带来的土地荒芜问题，又满足大规模军队以及军事行动的给养需求，更重要的是建立了一套应对长期战争的军队体制，能够有效抵抗外敌的入侵。

然而，军区制的设立使城市功能发生重要变化：从以商业为主的自治中心变为防御型的战备据点。许多城市规模收缩，有的从商业中心变为防御堡垒，例如小亚的著名城市以弗所（Ephesus），以它为代表的帝国大都会，逐渐从商业城市变成围绕着卫城或堡垒的一些农业区域的集合体。[2] 同时，军区制对社会生活实行军事化管理，一定程度限制了商业的恢复与发展。军区制的根本目的和需要不是通过推动国际交换以促进经济繁荣和实现国家富足，而是通过对国内特别是边界地区的严格控制以及本国军队和防务的有效管理和运转，对抗外来入侵。在这样的背景下，以城市消费为依托的自由国际贸易迅速衰落，商人的活动受到严格限制。例如，688 年拜占庭帝国与阿拉伯人签署协议，规定允许塞浦路斯人在两国之间的交往与通行，并向两个国家分别缴

---

[1] 陈志强：《拜占庭学研究》，北京：人民出版社，2001 年，第 50-59 页。
[2] Dagron, "The Urban Economy, Seventh–Twelfth Centuries," 400.

纳贡赋，且一旦某一方做出一些威胁另一方的军事行动，塞浦路斯人可以向另一方报告；作为回报，塞浦路斯人可以在两个国家间进行自由商贸活动。[1]因此，7世纪以后拜占庭社会结构的大幅调整，改变了国家的经济贸易政策，不再鼓励并且也无法支持繁荣的自由贸易，从而使流通到中国的拜占庭金币数量出现明显的衰减。

第二，如果说，拜占庭帝国在7世纪初的转型导致此后帝国在丝路贸易中的定位发生变化，那么100年前发生的一件小事则深刻改变了丝路贸易的主体。这就是养蚕制丝技术的西传。552年，从印度来的僧侣将蚕茧以及养蚕制丝技术带入拜占庭帝国，令查士丁尼皇帝欣喜不已。[2]这件事从根本上扭转了丝路贸易，因为当拜占庭人掌握了养蚕制丝的技术后，丝绸的需求可以通过自己生产来满足，东方丝绸的价值与重要性因此有所降低，也逐渐退出了东西方贸易的舞台。

当然，这是一个缓慢的过程，拜占庭人仍然需要时间来学习养蚕制丝技术，但变化的种子已然种下。因此，到查士丁二世时期，代表西突厥汗国出使拜占庭帝国的粟特使节震惊于"罗马人"已经能够自己制作生丝；[3]8世纪时，皇帝君士坦丁五世已经能够用丝绸服装作为赎金从斯拉夫人手里赎回俘虏。[4]到10世纪时，拜占庭帝国的丝织业已经非常发达，《市长书》(*Book of the Eparch*)中大篇幅描绘了蚕的饲养、作茧、剿丝过程以及纺织程序，还有丝织业的细致分工与管理。[5]因此，552年是世界丝织业发展、拜占庭帝国经济以及丝路贸易史上的一个重

---

[1] Lopez, "The Role of Trade in the Economic Readjustment of Byzantium in the Seventh Century," *Dumbarton Oaks Papers* (1959): 73-74.

[2] Procopius, *History of the Wars, Book VIII*, xvii 1-7.

[3] Menander, *Fragment* 10.1-2, 117.

[4] A. E. Laiou, "Exchange and Trade, Seventh–Twelfth Centuries," in A. E. Laiou, ed., *The Economic History of Byzantium: From the Seventh through the Fifteenth Century* (Washington, D.C.: Dumbarton Oaks, 2002), 699.

[5] Dagron, "The Urban Economy, Seventh–Twelfth Centuries," 438.

要转折年份，自此因蚕茧及养蚕制丝技术的西传，拜占庭帝国的制丝业逐渐发展起来，对东方丝绸的迫切需求得到缓解并最终摆脱，从而改变了过去数百年来丝路贸易的构成。在中国发现的拜占庭金币主要为7世纪之前制作，表明此后拜占庭帝国在东西贸易中的参与度出现了大幅降低。

不过，拜占庭帝国在东西贸易中参与度的降低，并不意味着其与东方的联系完全终止。虽然我们现代的考古发掘到的拜占庭金币数量，在7世纪以后有一明显断层，但在中文史料中：从公元7世纪中期到8世纪中期，共有6次拂菻使节入华的记录，[①]表明东西方之间依然保持着比较通畅的联系。不过，尽管唐朝的强盛仍然吸引拂菻使节来华，中文史料的详细记载也反映出一种拜占庭与中国之间比较兴盛的联系，然而从以金币为代表的拜占庭遗物在中国的分布来看，此时拜占庭帝国在丝路贸易中的参与已经渐趋减弱，这也解释了公元8世纪后拂菻使节并未出现在中文史料中，直到宋以后才又见记载的疑问。

罗马—拜占庭帝国和中国无疑是丝绸之路两端的重要国家，但由于距离的遥远以及时间的久远，彼此之间对于对方仅有隐约的记载和考古发现，无论从哪一方来说，这些寥寥数语和零散的考古资料都难以反映两地之间商业往来的历史。但文字记录和考古资料只是生动历史留下来的片段，仅从片段入手自然难以呈现历史的真实，因此，我

---

① 参见［后晋］刘昫等：《旧唐书》卷198《西戎传·拂菻》，北京：中华书局，1975年，第3615-3616页。关于这段记载中所涉之拂菻，大多数史家都认为它是指拜占庭帝国。但也有学者对此表示疑问，冯承钧先生云："东罗马遣使至中国，必经大食，既可经过大食，何必因吐火罗大酋贡献耶？"并称开元七年的拂菻与宋时（1081年）入贡之拂菻"在中亚，不在欧西也"，并称此时东罗马帝国中希拉克略一世的子嗣中并无名为波多力者，认为《唐书》中之拂菻传，"不可靠也"。方豪先生也对此说表示赞同。文出方豪：《中西交通史》（上），台北：中国文化大学出版部，1983年，第359页；相关内容参见杨宪益：《译余偶拾》，北京：三联书店，1983年，第206-210页。

们不妨从罗马—拜占庭帝国社会的长时段变迁来观察这些片段，如此一来，就不难发现，历史总是有迹可循的，看似散乱的中文史料记载和考古发现恰恰呈现出罗马—拜占庭帝国不同时期社会变迁的剪影。

罗马—拜占庭帝国因对丝绸的巨大需求而积极参与到东西方的丝路贸易中来，并在公元初的两百多年中，凭借其强大的国力，一度控制了丝路西端的重要商路，从而成为影响丝路贸易的重要力量，但因丝路的中转贸易特征以及沿线其他国家的货币政策，在东方的中国并未发现的罗马货币遗存。罗马帝国陷入3世纪大危机后，国力的削弱导致对丝路西端控制的削弱，随着帝国自身的转型以及丝路沿线各地的政治变迁，其在丝路贸易中的角色和地位发生了变化，这种变化同样折射到中国，在中文史书中"大秦"变成了"拂菻"。被称为"拂菻"的拜占庭帝国从5世纪到7世纪经历了从逐渐强盛到渐趋衰落的过程，这种变化折射到中国后直接表现为传入中国的不同时期的拜占庭金币在数量分布上的变化，表明公元5—6世纪是拜占庭帝国在丝绸之路中参与度最高、影响力最强的时期。最终，由于拜占庭人学会了养蚕制丝以及7世纪初帝国转向战略防御，对东西商贸的依赖减少，拜占庭帝国在其中的参与度和影响力相应收缩，表现为中国出现的拜占庭金币数量逐渐减少乃至消失，而文献记录中的拂菻在8世纪到宋以前的几百年中也消失不见。

贝柯丽
(Christine D. Baker)

统一天下的雄心与力不从心的权力

公元 10 世纪伊斯兰帝国的权争

伊斯兰世界在公元 10 世纪经历了巨大的政治和社会变化：由逊尼派阿拔斯王朝（750—1258）控制的"大伊斯兰哈里发"下的统一帝国，在两个新近崛起的什叶派帝国的威胁下，第一次遭到瓦解并消失了。先是位于北非的伊斯玛仪派法蒂玛王朝（Isma'ili Shi'i Fatimids, 909—1171）建立起了一个与之竞争的哈里发体制；然后是白益王朝（Buyids, 945—1055）——一个发源于伊朗的十二伊玛目派军事帝国（a Twelver Shi'i military dynasty）——举兵征服了阿拔斯王朝的首都巴格达，但却将阿拔斯哈里发当作傀儡，继续维持其政体的存在。[①] 这样，尽管在名义上逊尼派阿拔斯哈里发仍然是一个统一的穆斯林世界的统领，但实际上位于北非的什叶派哈里发与占领了巴格达的什叶派波斯军事帝国却正在为争夺"普世领袖"的位置展开激烈的较量。

这些政治变化引发了一系列社会和宗教反响。对于穆斯林信徒来说，哈里发体制具有特殊的意义："哈里发是安拉的代理人或地球上的

[①] 除了这两个王朝之外，还有第三个争夺权力的王朝：它由叙利亚倭马亚王朝（661-750）的后裔组成，它在被阿拔斯人推翻之后，于公元 929 年在西班牙宣布建立一个新的逊尼派哈里发制。

教宗（khalifat allah fi ardihi），拥有这个头衔所包含的全部权力。"① 随着哈里发体制的演变，哈里发逐渐演变成为一个远远超出政治领袖角色的体制。哈里发本人虽然不能与安拉相提并论，但他所扮演的角色却往往被比喻成是救世主。一首7世纪末8世纪初的伊斯兰乡村诗歌曾这样颂扬道：

> ［哈里发］能驱散黑暗，让盲人重见光明，让道路变得通畅无阻；他卸下压在人们身上的负担，医治堵在人们胸口的疾病；他让干渴的人开怀畅饮，他给地球带来慈悲、正义与光明；哈里发们个个都是马赫迪，是指引人们摆脱邪恶的正义之人；有的被称为救赎者马赫迪。②

哈里发体制的分裂与多人对哈里发职位的争夺，危及到伊斯兰世界的统一，也迫使中世纪的穆斯林们重新书写他们对"领袖"与"共同体"的认知。

导致10世纪帝国权争的核心原因之一是教派之争。阿拔斯王朝的哈里发们属于逊尼派，他们信奉伊斯兰主流教义，将先知穆罕默德的所有继承者都视为是合法的。但他们曾经推翻过另外一个逊尼派王朝——即叙利亚倭马亚王朝，并在改朝换代的革命中采用过强烈的亲什叶派的口号。③ 尽管如此，在获得权力之后，阿拔斯王朝迅速与革命时代的亲什叶派的言论相切割。④ 而征服巴格达的白益王朝和在北非

---

① Patricia Crone, *God's Rule-Government in Islam: Six Centuries of Medieval Islamic Political Thought* (New York: Columbia University Press, 2005), 40.
② Ibid., 41.
③ 倭马亚人最终在西班牙宣布建立了与之对抗的逊尼派哈里发。
④ 关于早期阿拔斯人的历史和他们如何与什叶派的说辞保持距离的更详细研究，参见 Jacob Lassner, *Islamic Revolution and Historical Memory an Inquiry into the Art of 'Abbasid Apologetics* (New Haven, CT: American Oriental Society, 1986).

擅自建立哈里发体制的法蒂玛王朝则都属于什叶派，但两者信奉的却是不同类别的什叶派教义。法蒂玛人属于伊斯玛仪派，而白益人则是 Ithna'ashari 或十二伊玛目派。[1] 这意味着，除其他分歧之外，两派在什叶派内的领袖地位上也存有意见分歧。

学者们一直感到，要弄清楚10世纪伊斯兰世界的复杂性是一件相当吃力的工作，原因之一是上述各帝国所覆盖的地区幅员广阔。当阿拔斯人在伊拉克作为傀儡存在之时，法蒂玛人控制了北非、埃及、巴勒斯坦、叙利亚的部分地区、伊斯兰圣城麦加和麦地那以及也门。白益人不仅在伊朗高原称雄，同时还控制着位于伊拉克的阿拔斯政权，并不时对叙利亚和波斯/阿拉伯海湾发动突然袭击。[2] 此外，法蒂玛哈里发的辖区内还存在着一个地下反抗运动（da'wa，直译"达瓦"），它在伊斯兰世界内进行积极的活动，并将活动范围扩大到拜占庭帝国。

10世纪的复杂性还与此时伊斯兰教内部发生的重要变化有关，这些变化涉及信徒皈依的条件和穆斯林宗教运动的多元化程度。内部分崩离析的现实显然有悖于关于大一统的伊斯兰世界（umma，乌玛）的说辞。先知穆罕默德（公元632年去世）在统领政教之时创立了乌玛体

---

[1] 就我们讨论的目的而言，两个什叶派别之间的神学分歧并不重要。伊斯玛仪派（Isma'ilis）取名自伊玛目贾法儿·萨迪克（Ja'far al-Sadiq）之子伊斯玛仪（Isma'il）。伊斯玛仪先于父亲去世，但伊斯玛仪派仍尊奉他为伊玛目的合法继承人，并遵循他之前的伊玛目血缘传统。十二伊玛目派（Twelver Shi'is）遵循的血液传统源自贾法儿·萨迪克的另外一个儿子穆萨·卡奇姆（Musa al-Kazim，"储君"）。阿拔斯哈里发们将穆萨和他的继任者囚禁起来，以确认他们无法发动反对国家的叛乱。第十二任伊玛目被认为是第十一任伊玛目的儿子，他被信徒们藏匿起来，隐姓埋名，待未来时机成熟时会返回来指引"世界末日"过程的开启。第十二任伊玛目有时被称为"隐身的伊玛目"。十二伊玛目派的名字则取自第十二任伊玛目。关于伊斯玛仪派和十二伊玛目派的更多导读性著作，见：Heinz Halm's *Shi'ism* (New York: Columbia University Press, 2004).
[2] 如果讨论包括了西班牙的倭马亚王朝，问题将变得更加复杂。西班牙的倭马亚王朝是第3个竞争性王朝，其在西班牙的统治从第8世纪延续到第11世纪。

制,但在他去世之后,穆斯林世界发现要维系一个大一统的大伊斯兰共同体非常困难。在大伊斯兰共同体存在的最初3个世纪里,内部冲突始终没有停止过,而到了10世纪,伊斯兰世界名义上的联合在哈里发们的权争面前更是显得不堪一击。

本文将探讨前辈历史学家在研究阿拔斯王朝一度拥有的"全权"的衰落,以及该王朝如何维系其象征性权力时所使用的不同解释框架。此外,本文还打算对10世纪的史学史做一个完整的梳理,讨论相互竞争的权力和权威在这一时期的崛起。让我们先来熟悉一下相关的历史背景。

阿拔斯人与他们的挑战者:一个简略的历史回顾

阿拔斯王朝

阿拔斯王朝(750—1258)是通过公元750年的一场反对叙利亚倭马亚王朝(661—750)——另一个伊斯兰哈里发政权——的革命而掌权的。阿拔斯革命被称为是"阿拉伯历史上的第二个主要转折点,而第一个转折点则是伊斯兰教的诞生"。[1] 阿拔斯的统治起源于一场前面提到的达瓦运动,目的是推翻倭马亚王朝,从先知穆罕默德家族选定一个后裔来取而代之。阿拔斯运动之所以成功,也是因为倭马亚王朝的积怨太深;但阿拔斯人在获得权力之后,也很快面临了挑战。王朝的支持者们在"谁应该是哈里发"的问题上产生了分歧。[2] 与此同时,阿拔斯人也遭遇了外部威胁:阿拔斯的地下运动曾从早期什叶派那里获

---

[1] Moshe Sharon, *Black Banners from the East: The Establishment of the 'Abbasid State: Incubation of a Revolt* (Jerusalem: Magnes Press, 1983), 19.
[2] 阿拔斯革命在非阿拉伯人的麦瓦利人(*mawali*)中也极受欢迎,他们在倭马亚王朝时代经常被当成"二等公民"来对待。关于阿拔斯革命的研究,见:Lassner and Sharon, *Islamic Revolution and Historical Memory*; Sharon, *Black Banners from the East.*

得过重要支持，①什叶派的支持者曾期望至少会有一位支持阿里的什叶派后裔被推举为哈里发的候选人，②但阿拔斯家族的兴起则让他们倍感失望。

尽管有这些早期问题的存在，在随后的500年里，阿拔斯人还是维系了其家族对大哈里发体制的控制，并精心打造出一套关于自身权威及其合法性的话语体系。阿拔斯人话语体系十分有力，不仅说服了他们的竞争者，而且保障了自身在受到质疑时依然能继续掌权。即便是在白益土朝控制了阿拔斯哈里发、北非的法蒂玛自建起哈里发体制之后，阿拔斯王朝作为衡量伊斯兰世界合法性的试金石的地位仍然没有动摇。③即便其他王朝可以在口头和从军事上挑战阿拔斯哈里发体制，但它们却无法全面取代阿拔斯帝国的权力。更有甚者，阿拔斯王朝的挑战者们在创造和维持自己的权力时，也继续以阿拔斯哈里发体制作为伊斯兰权威的榜样。

但到了公元10世纪，阿拔斯王朝的世俗权力开始衰退。虽然它从前也曾面临过众多的挑战，但它在10世纪所遭遇的却是新帝国的崛起，后者不仅挑战它的统治权力，而且还想方设法地要取代它。这些新兴帝国包括在北非的法蒂玛王朝（909—1171）和在伊拉克与伊朗的白益王朝（945—1055）。

法蒂玛王朝

如同阿拔斯人一样，法蒂玛哈里发制也是源自一场地下达瓦运动，

---

① "原什叶派"(proto-Shi'i) 一词用来区分大约9世纪中叶之前的什叶派运动，当时什叶派的概念和各种什叶派运动仍处于变化不定之中。
② "阿里的后裔"(Alid) 指通过先知穆罕默德的女儿法蒂玛与她的丈夫阿里结合而来的后裔。久而久之，什叶派开始尊奉这些后裔，其中有些后裔被指定为伊玛目。
③ 即便在白益王朝崛起和不同的埃米尔控制着阿拔斯哈里发辖区之后，阿拔斯的哈里发们并不是处于完全无权的地步。关于埃米尔时代的阿拔斯哈里发的权力起伏的研究，见：Eric Hanne's *Putting the Caliph in his Place* (Madison, NJ: Fairleigh Dickinson University Press, 2007).

但法蒂玛的达瓦反对的是逊尼派阿拔斯人，它力图传播一种后来被称为"伊斯玛仪派"的主张。① 法蒂玛达瓦最终以军事力量征服了北非地区。由于有关 8、9 世纪什叶派资料的总体缺乏，人们对法蒂玛达瓦的起源知之甚少，② 但仍然有可能将该王朝的起源追溯到一位名叫阿布杜拉·马赫迪（'Abd Allah al-Mahdi [909—934 年在位]）的领袖人物。③ 899 年，马赫迪宣称自己是在世的伊玛目（Imam，阿訇），④ 推动了一连串事件的发生，为 10 年之后法蒂玛王朝在北非的崛起奠定了基础。在那 10 年中，伊斯玛仪派在伊朗、伊拉克、叙利亚、巴林、也门和北非部分地区的活动十分活跃，并同时在几条战线上发起了反对阿拔斯人的武装反叛。⑤ 法蒂玛王朝于 909 年在北非宣布建立，此时马

---

① 在这一时期，伊斯玛仪派从不用"伊斯玛仪"来自称，而是用"掌握真理之人"（*ahl al-haqq*) 或 "真理的呼唤"（*daʿwat al-haqq*)。既然他们最终接受了这种描述他们的说法，我在这里也为了简便起见沿用这种称谓。

② 研究伊斯玛仪派起源的学者们经常提及一个称为"原伊斯玛仪派"活动的时期，并用之来区分这一运动的最早阶段，这个阶段大约在 8 世纪中期到 9 世纪初期，如前面提到的，当时不同种类的什叶派形式尚未固定成型。

③ 如同大部分的早期伊斯玛仪历史，马赫迪的名字也是备受争议的。在中世纪关于异教说的资料中，他被称为 'Ubayd Allah，这是 'Abd Alla 的贬称。许多当代学者视他为法蒂玛王朝的奠基人，在使用 'Ubayd Allah 的名字时不带任何贬义。但为了与伊斯玛仪历史研究的变化方式保持一致，我将使用 'Abd Allah al-Mahdi。关于围绕马赫迪名字的争议的讨论，见：Farhad Daftary, *The Ismaʿilis: Their History and Doctrines*, 2nd ed. (Cambridge: Cambridge University Press, 2007), 104-107.

④ 马赫迪宣称自己为伊玛目的举动立即在伊斯玛仪运动内部造成了分裂。一群名为"卡尔玛特派"（*Qarmatiyya*)（名字取自他们的领袖传教士哈姆丹·卡尔玛特 [Hamdan Qarmat]）不承认马赫迪是活着的伊玛目，并从法蒂玛-伊斯玛仪派中脱离出来。关于卡尔玛特教派运动的详细讨论，参见 Daftary, *Ismaʿilis*, 115-126.

⑤ 关于马赫迪如何做出在何地建立法蒂玛王朝的决定的详细讨论，见 Shainool Jiwa, "The Initial Destination of the Fatimid Caliphate: the Yemen or the Maghrib?" *Bulletin for the British Society of Middle Eastern Studies* 13: 1 (1986): 15-26.

赫迪已经征服了艾格莱卜王朝的首都凯鲁万，[①]后者曾以阿拔斯王朝的名义对这一地区实行统治。

法蒂玛人企图继续扩大他们的统治范围，最终的目标是要推翻巴格达的阿拔斯王朝。但他们也经常采用或借鉴阿拔斯人关于权威和合法性的说辞。法蒂玛哈里发(al-Mu'izz li-Din Allah [953—975年在位])于969年占领了埃及，在开罗建立起一个法蒂玛帝国的新首都，将之命名为"al-Qahira"（即"胜利者之城"），以纪念他们的胜利，并向位于巴格达的阿拔斯哈里发政权示威。[②]

法蒂玛王朝以开罗为帝国首都的统治一直继续到1171年。在这个期间，他们的统治范围扩展到巴勒斯坦（包括控制了圣城耶路撒冷）、叙利亚、穆斯林的圣城麦加和麦地那，以及也门。

白益王朝

正当法蒂玛人的扩张于9世纪中叶横扫北非大陆时，白益王朝(945[③]—1055)征服了伊拉克的中部。白益人最初由一个来自伊朗的族

[①] 第一位艾格莱卜王朝的埃米尔易卜拉欣·伊本(Ibrahim I ibn al-Aghlab 800-812在位)由阿拔斯王朝哈里发哈伦·拉希德(Harun al-Rashid)任命，赋予他对马格里布地区的世袭统治权，这样做是为了平息这一地区柏柏尔人(Berber)连续不断的叛乱活动。艾格莱卜的统治几乎是以独立于阿拔斯王朝的方式进行的，但对后者的霸主地位总是给予名义上的承认。更多相关研究见：J. Schacht, "Aghlabids" or "Banu'l-Aghlab," *EOI2*. 他们的第一个首都是位于凯鲁万城(Qayrawan, 现名Kairouan——译者)东南3英里的al-Abbasiyya，是以他们的阿拔斯君主的名字命名的。更多内容见：H. H. Abdul-Wahhab, "al-Abbasiyya," *EOI2*.

[②] 开罗最初的名字是曼苏尔城(Mansuriyya)，法蒂玛王朝哈里发曼苏尔(al-Mansur in *Ifriqiya*)在此建立帝国首都之后，Mansuriyya与"al-Qahira"一样，也变成了"the Victorious"的意思。

[③] 界定白益王朝的时间是复杂的。一般将公元945年作为王朝开始的时间，因为当年白益的埃米尔艾哈迈德(Mu'izz al-Dawla)攻破和占领了阿拔斯王朝的首都巴格达城。但白益王朝是由三兄弟组成的三驾马车开启的。从伊斯兰主流历史的角度来看，白益人对巴格达的征服也许是白益王朝统治中最有影响力的事件，但征服者是三兄弟中最年轻的一位。将阿里在公元934年对设拉子的征服看成是白益王朝的起点也同样合理，因为阿里是三人中的长兄，设拉子也是他的首都。

人王朝组成,位于里海南面的名叫德莱姆高地。他们与载德派什叶教[①]仅有名义上的联系,尽管后者在9世纪的里海地区十分盛行。白益人也曾长期为各种地方政权充当雇佣军。白益王朝的基础由三兄弟——即伊迈德(阿里)('Imad al-Dawla,公元949年卒)、鲁克尼(哈桑)(Rukn al-Dawla,公元976年卒)和穆萨(艾哈迈德)(Mu'izz al-Dawla,公元967年卒)组成的攻守同盟。[②]阿里是长兄,也是三驾马车中的老大,他的统治中心设在伊朗的设拉子城。二弟哈桑的统治从拉伊开始向外延伸,三弟艾哈迈德则征服了阿拔斯哈里发的首都巴格达。但白益王朝的当权者并没有废黜逊尼派阿拔斯的哈里发职位,相反,他们保留了这一职位,但将自己的权威强加于作为傀儡的逊尼派头上,这只是白益王朝构建自身合法性的手段之一。

白益王朝最有名的统治者是阿杜德('Adud al-Dawla,公元983年卒),他是哈桑之子,也是阿里的钦定继承人,他的统治也是基于设拉

[①] 载德派什叶教(Zaydi Shi'ism)也被称为是"五伊玛目"派("Fiver" Shi'ism),是一个与法蒂玛王朝的伊斯玛仪派有区分的什叶教派,在伊玛目问题上与后者有完全不同的认知。伊斯玛仪派信奉一条特殊的伊玛目职位世袭线,从阿里('Ali b. Abi Talib)开始,贯通到法蒂玛王朝的哈里发们。载德派却认为,任何阿里和法蒂玛的后裔,只要有宗教知识,愿意在反叛中带领他的追随者,都可以被认定为伊玛目。他们运动的名称来自载德阿里(Zayd b. 'Ali [d. 740]),即第三任伊玛目侯赛因(Husayn b. 'Ali [d. 680])的孙子。关于载德的更多讨论,见:Halm, *Shi'ism*, 202-206。白益人最初属于载德什叶派,但在征服巴格达之后,他们皈依了十二伊玛目派(Ithna'ashari [也称"Twelver" Shi'ism]),后者是10世纪巴格达的主要什叶派派别。十二伊玛目派信奉源自阿里、由十二个伊玛目构成的特殊关系,以马赫迪(Muhammad ibn al-Hasan al-Mahdi, b. 869)为终点。他们认为,十二伊玛目为了逃避阿拔斯的迫害而躲藏起来。他在最初与追随者保持联系,这一时期(从公元874到941年)被称为是"小隐身"。941年,十二伊玛目进入到"大隐身"的状态之中,只有到时间终止时他才会回归显身,指引信徒。关于十二伊玛目派的更多讨论,见:Halm, 28-38。值得注意的是,在十二伊玛目开始"大隐身"和关于最后一任伊玛目(名为"隐身的伊玛目")神秘出走的传说出现仅仅4年之后,白益人便夺得了巴格达。而此刻关于这位伊玛目的命运的各种叙述也许还在制作之中。

[②] 这些是他们作为哈里发的头衔,也是他们在历史上和史学史中为人所知的名号。他们的名字分别是阿里('Ali b. Buya)、哈桑(Hasan b. Buya)和艾哈迈德(Ahmad b. Buya)。

子城。与他的父亲和叔父不同的是,他深知巴格达作为伊斯兰世界的中心所拥有的影响力,并决心对其加以控制。在经过白益家族内部的一番争斗之后,[1] 阿杜德于977年登上了巴格达的埃米尔(即军事指挥)的位置。作为埃米尔,阿杜德在白益王朝的历史上扮演了十分重要的角色。在构建自身合法性的过程中,他将逊尼派、什叶派、吐火教派、阿拉伯人和波斯人的统治术融为一体,同时凸显了伊斯兰化发生和蔓延的进程以及新穆斯林社会被纳入伊斯兰社会的进程。阿杜德和其他的白益埃米尔们,尽管是什叶派的统治者,但却维系了逊尼派阿拔斯哈里发作为其帝国的象征性统治者的存在。

研究10世纪中东的史学史问题

研究10世纪的伊斯兰世界对研究中东历史和宗教的学者来说是一个分量不轻的挑战。如上所述,原因之一是阿拔斯王朝的挑战者控制着极为广阔的地区——从中东西面的北非,到伊拉克、伊朗、阿富汗和中亚地区。[2] 此外,关于这些相互竞争的政权的原始材料也时常自相矛盾,充满了出于政治和宗教的原因而难以剥离的偏见。这些王朝自然是政治上的竞争者,但它们同时也代表了伊斯兰内部不同教派势力的竞争。学者们往往难以找到原始档案材料,来平衡那些幸存下来的叙事材料中所表现出来的强烈偏见。[3] 如此一来,逊尼派保存下来的材料将因法蒂玛的哈里发们和白益的埃米尔们的兴起而引发的什叶派运

----

[1] 阿杜德('Adud al-Dawla)强迫他的堂兄巴克赫提亚尔(Bakhtiyar,哈里发头衔为'Izz al-Dawla)放弃王位之后,于公元975年3月加冕成为巴格达埃米尔。阿杜德的父亲不认同他儿子的行为,强迫他放弃王位,并恢复巴克赫提亚尔的王位。阿杜德于975年6月照办。当鲁科尼·道拉(Rukn al-Dawla)于976年去世之后,阿杜德于977年夏天领兵进军巴格达,重新夺回了该城。
[2] 如前所述,如果将西班牙的倭马亚王朝包括在内,地域将会更为宽广。
[3] Lassner在 *Islamic Revolution and Historical Memory* 一书的导言中指出了这一点。

动视作是一种异教徒的篡权行为。而法蒂玛赞助的原始材料却对白益王朝（以及西班牙的倭马亚王朝）视而不见，他们的沉默表示他们甚至不愿意承认其他两个与之竞争的王朝的存在。阿拔斯的材料则充满了反什叶派[①]和反倭马亚的说辞，声称阿拔斯人代表了"'正统的伊斯兰世界'时代的回归"和"先知生活时代的理想的视野"。[②] 在本文的这一部分，我想勾勒出10世纪伊斯兰世界研究的史学史轮廓，解释不同方法论所带来的问题，并试图为理解这一时代的伊斯兰历史找到一个更好的解释框架提出一些建议。

从史学史的角度来看，学者们通常从两个角度来观察这一时期。第一，因为不同的穆斯林王朝控制的地域十分宽广，这一时段的研究通常只聚焦于某个王朝或地区，而不是采用一种更为宽广的视野来观察更大范围内的伊斯兰世界的历史发展。第二，因为10世纪见证了两个什叶派王朝（法蒂玛王朝和白益王朝）的崛起，学者们对这一时期的切入只是采用"教派之争的视角"，10世纪也因此经常被称为是所谓"什叶派世纪"，紧跟其后的则是被称为"逊尼派复兴"的11世纪。

史学史趋势之一：对10世纪王朝的孤立性研究

学者们对法蒂玛王朝和白益王朝基本上是以孤立方式进行研究的——或者将两者分开，或者将两者与中世纪伊斯兰历史的整体叙事分离。因为是分离的研究，学者们也就难以从宏观的角度揭示中世纪伊斯兰社会的发展和不同形式的穆斯林认同的演变。

法蒂玛王朝的史学史

关于法蒂玛王朝，已经出版了几部通史性著作，包括阿巴斯·哈姆丹尼于1962年出版的第一部关于法蒂玛王朝的概览[③]和最近由海因

[①] Lassner, *Islamic Revolution and Historical Memory*, 5.
[②] Lassner, *Islamic Revolution and Historical Memory*, Foreword, xiii.
[③] Abbas Hamdani, *The Fatimids* (Karachi: Pakistan Pub. House, 1962).

茨·哈尔姆和迈克尔·布雷特写作的关于早期法蒂玛历史的概览。[1]如同可以想象到的,这些著作注重讲述法蒂玛王朝的政治史。但也有几部聚焦于法蒂玛人的社会和文化史专著在近期出版。迪莉娅·科尔特斯和西蒙妮塔·考特利尼[2]就妇女在伊斯玛仪派和法蒂玛历史中所扮演的重要角色做了探讨。除了讲述关于斯特(Sitt al-Mulk [970—1023])——法蒂玛的伊玛目—哈里发哈克姆(Imam-Caliph al-Hakim, 996—1021年在位)的姐姐——和苏拉伊德王朝的阿尔瓦女王(Sulayhid Queen Arwa, 1067—1138年在位)的故事之外,两位作者还使用了中世纪的文本(来自开罗藏经阁的文献)和法蒂玛的宗教论纲,以展示"宫廷高墙之外的妇女"的日常生活。这是一个难度很大的研究题目,尤其是考虑到当时的所有材料都是由男性记录的。

法蒂玛的合法性是学者研究的重要问题之一。在《法蒂玛开罗时代的礼仪、政治与城市》一书中,葆拉·桑德斯极有创意地使用了文本材料,来揭示法蒂玛人如何通过利用礼仪和建筑来宣示自己的合法性。[3]尽管如同许多研究法蒂玛的历史学家一样,桑德斯不得不被迫使用十分晚近的马穆鲁克时代的材料,但她的研究非常中肯地提出,我们目前对法蒂玛政治合法性的认识主要建构在它们的正规宣言或文告中,而忽略了其他的表现合法性的重要方式,如礼仪等。艾琳·比尔曼[4]研究了之前一直为历史学家所忽略的关于法蒂玛历史的其他原始

---

[1] Heinz Halm, *Empire of the Mahdi: the Rise of the Fatimids,* trans. Michael Bonner (New York: E. J. Brill, 1996)。此书于1991年在德国首版。Michael Brett, *The Rise of the Fatimids: The World of the Mediterranean and the Middle East in the Fourth Century of the Hijra, Tenth Century CE* (Boston: Brill, 2001).

[2] Delia Cortese and Simonetta Calderini, *Women and the Fatimids in the World of Islam* (Edinburgh: Edinburgh University Press, 2006).

[3] Paula Sanders, *Ritual, Politics, and the City in Fatimid Cairo* (Albany: SUNY Press, 1994).

[4] Irene Bierman, *Writing Signs: The Fatimid Public Text* (Berkeley: University of California Press, 1998).

材料——硬币、建筑物上镌刻的公开铭文、哈里发们在官方仪式中穿戴的棉纺制品等——并以此提出法蒂玛人利用这些"公共文本"来向不同的听众和观众展示和宣示他们的政治合法性。最后,海因茨·哈尔姆[1]将研究推进到法蒂玛精英的政治史之外的领域,为我们提供了一部关于法蒂玛教育体制的概览,作为对法蒂玛人如何利用其传教士网络来传播世界观的讨论的一部分内容。

许多近期的法蒂玛史研究在方法上仍然十分保守,经常只是着眼于对文本的分析。此外,关于中世纪伊斯玛仪思想的哲学和神学研究虽然十分流行,[2]但往往只局限于对重要的法蒂玛传教士的研究,譬如,通过研读伊斯玛仪传教士穆亚德(al-Mu'ayyad fi al-Din al-Shirazi,公元1078年卒)的文本来判断他对理想式传教的认知等。穆亚德曾在白益王朝晚期的埃米尔阿布·卡里加尔(Abu Kalijar,公元1048年卒)的宫廷中做过传教士,但相关研究并不讨论他对两个王朝以及两者后来发生的变化的独特观察,或关于两者后来发生的变化,而是集中关注他的记录中关于何谓"真"或何谓"被意识形态推动"的问题。[3]另外一部关于设拉子的研究虽然再度强调了法蒂玛文学是"宣传"的观点,但它的研究角度却是来自文学,而且关注的是设拉子如何在诗歌中表达信仰的

---

[1] Heinz Halm, *The Fatimids and Their Traditions of Learning* (London: IB Tauris, 1997).
[2] 相关例子,见:Paul Walker's *Early Philosophical Shi'ism* (Cambridge: Cambridge University Press, 1993), *The Wellsprings of Wisdom: A Study of Abu Yaqub al-Sijistani's Kitab al-Yanabi* (Salt Lake City: University of Utah Press, 1994), *Abu Yaqub al-Sijistani: Intellectual Missionary* (I. B. Tauris in association with the Institute of Ismaili Studies, 1996), *Hamid al-Din al-Kirmani: Ismaili Thought in the Age of al-Hakim* (London: I. B. Tauris in association with the Institute of Ismaili Studies, 1999), Farouk Mitha's *Al-Ghazali and the Ismailis: A Debate on Reason and Authority in Medieval Islam* (London: I. B. Tauris, 2001), and Arzina R. Lalani's *Early Shi'i Thought: The Teachings of Imam Muhammad al-Baqir* (London: I.B. Tauris, 2000).
[3] Verena Klemm, *Memoirs of a Mission: The Isma'ili Scholar, Statesman and Poet al-Mu'ayyad fi'l-Din al-Shirazi* (London: I.B. Tauris, 2004).

问题。①

最近，苏迈亚·哈姆丹尼出版了一部颇有深度的关于纽曼（Qadi al-Nu'man，公元 974 年卒）的研究，纽曼是法蒂玛哈里发体制的第一任司法官，也正如作者所说，也是曼苏尔（al-Mansur，公元 953 年卒）哈里发统治时期关于对逊尼派臣民给予更大的和睦包容政策的设计者。尽管这部著作在很大程度上仍然是对纽曼著作的精读，但她将研究放在一系列大的历史事件的背景之中，包括 10 世纪什叶派王朝的崛起、新出现的伊斯玛仪教派运动内部的冲突，以及在伊弗利吉利发生的许多反抗法蒂玛统治的暴动。重要的是，哈姆丹尼批评了将什叶派的兴起看成是政治权力碎化的结果的看法，她将伊斯兰的形成过程看成是一个直截了当、在 10 世纪就已经完成的过程。然而，尽管她提出了独到的见解和问题——即法蒂玛人自己证明了正统与异端的问题并没有在 10 世纪得到解决，但她没有提及这一时代的其他的什叶派运动，或承认在这个过程中白益人所扮演的重要角色。②

白益王朝的史学史

对白益王朝历史的研究则远远不够，目前为止，在英语世界中仅有 5 部相关的专著存在。两部为概览性著作，即玛菲祖拉·卡波尔的《巴格达的白益王朝》③ 和约翰·多诺霍的《伊拉克的白益王朝》。④ 卡波尔的著作是一部平铺直叙的白益人历史叙事，聚焦于对他们的军事和政治伎俩和手段的讨论，而多诺霍则提供了一部关于埃米尔制度的体

---

① Tahera Qutbuddin. *Al-Mu'ayyad al-Shirazi and Fatimid Da'wa Poetry: A Case of Commitment in Classical Arabic Literature* (Leiden: Brill Academic Publishers, 2005).

② Sumaiya Hamdani, *Between Revolution and State: The Path to Fatimid Statehood* (London: IB Tauris, 2006).

③ Mafizullah Kabir, *The Buwayhid Dynasty of Baghdad, 334/946-447/1055* (Calcutta: Iran Society, 1964).

④ John J. Donohue, *The Buwayhid Dynasty in Iraq, 334H./945 to 403H./1012: Shaping Institutions for the Future* (Leiden: E. J. Brill, 2003).

制史。现在可见的三部专著关注的是白益王朝宫廷内部的关系与这一时代的文学产出。罗伊·穆塔海德[1]探讨了白益时代由责任和权威构成的关系网络，这种网络不仅铸就了白益宫廷的团结，而且重构了支撑白益时代社会结构的社会交往的模式。乔尔·克雷默[2]研究了发生在10世纪巴格达的富有活力的文化兴盛现象，表现了来自古希腊哲学的知识源流被融入到阿拉伯思想中的过程。最后，埃里克·韩恩的新作[3]集中探讨了被忽略的关于阿拔斯王朝的哈里发们与白益王朝的埃米尔们之间，以及与后来的塞尔柱王朝的苏丹们之间的关系，并提出了阿拔斯哈里发们并没有在被白益人征服之后立即变成其傀儡的观点。

在阿拔斯哈里发政权瓦解的过程中，白益人往往被视作是波斯什叶派的一个短暂插曲。[4]在关于白益人的史学史中，伊朗史与波斯史往往因为民族主义情绪的影响而被混为一谈，白益人的什叶派教义也往往因为它的波斯起源而被视为无关紧要。将伊朗与波斯历史混为一谈很可能是受到民族主义情绪的推动，这样做的目的是将白益人看成波斯—伊朗领袖地位的一种持续和延伸，这条线的源头可以从作为当代国家的伊朗一直追溯到古代阿契美尼德帝王的时代。[5]关于波斯人必然

---

[1] Roy Mottahedeh, *Loyalty and Leadership in an Early Islamic Society* (Princeton, N. J.: Princeton University Press, 1980).

[2] Joel L. Kraemer, *Humanism in the Renaissance of Islam: The Cultural Revival During the Buyid Age* (Leiden: E. J. Brill, 1986).

[3] Eric J. Hanne, *Putting the Caliph in His Place: Power, Authority, and the Late Abbasid Caliphate* (Madison: Fairleigh Dickinson University Press, 2007).

[4] 弗拉迪米尔·米诺斯基：创造了"伊朗间奏曲"(Iranian Intermezzo) 一语来描述这一时期。这一时期同时也包括了其他伊朗穆斯林王朝的兴起（除白益王朝之外），例如塔黑尔王朝(Tahirids, [821-873])，萨法尔王朝(Saffarids [861-1003]) 和萨满尼王朝(Samanids [819-999])。见：Vladimir Minorsky, "The Iranian Intermezzo" in *Studies in Caucasian History* (London: Taylor's Foreign Press, 1953).

[5] 伊朗国王巴列维 (Reza Shah Pahlavi [1925-1941 年在位]) 曾强调与"Pahlav"王国名字之间的联系，这是伊斯兰之前用来写作波斯文的文稿的名字。巴列维王朝于 1979 年被伊朗革命推翻。

称霸的思想，以及随后的白益人信奉的什叶派教义，也是来自19世纪东方主义的种族观和那种"波斯种族"生来就为什叶派思想所吸引的迷信。例如，荷兰的东方学家莱因哈特·多泽（Reinhart Dozy [1820—1883]）就曾提出，阿拉伯人因其是游牧民族的原因，天生就有一种对自由的喜好，因而支持通过以"选举"的方式来产生先知默罕默德的继承人的做法，而对于已经习惯于在国王面前卑躬屈膝的波斯人来说，"选举"是一个不可理喻的概念。[1] 更早的时候，法国贵族阿瑟·德·戈平瑙伯爵（1816—1882）曾提出什叶派是由雅利安波斯人针对阿拉伯的犹太—伊斯兰教所发动的反抗运动的说法。[2] 尽管这些论点早在一个世纪之前就被驳得体无完肤，但什叶派从根本上属于"波斯伊斯兰教"的回声仍然不绝于耳，[3] 与此同时，仅从波斯和什叶派认同的角度来观察白益人的研究趋势仍在继续。[4]

当代出版的那些并不聚焦于波斯传统的白益人研究，几乎无一例外地讨论白益王朝的政治史与行政史。[5] 这些研究是重要的：它们是第

---

[1] 莱因哈特·多泽的观点引自：Julius Wellhausen, *The Religio-Political Factions in Early Islam* (Amsterdam: North-Holland Publishing Company, 1975 [1901]), 149-50.

[2] Joseph-Arthur de Gobineau, *The Moral and Intellectual Diversity of Races, with Particular Reference to Their Respective Influence in the Civil and Political History of Mankind* (Philadelphia: J. B. Lippincott & Co., 1856).

[3] 1948年，维拉迪米尔·伊万诺夫（Wladimir Ivanow）提出，什叶派不仅仅是一种波斯现象。最近海因兹·哈尔姆在他研究什叶派历史的概览性著作中认为有必要破除这一说法，参见：Wladimir Ivanow, *Studies in Early Persian Ismaʿilism* (Bombay: Published by the Bombay Society, 1955, c1948). 见：Halm, *Shiʿism*, 14-5 和 *Shiʿa Islam: From Religion to Revolution* (Princeton: Markus Wiener Pub., 1997), 16.

[4] 例如：Wilferd Madelung, "The Assumption of the Title Shahanshah by the Buyids and the Reign of the Daylam," *Journal of Near Eastern Studies* 28, no. 2 (April 1969): 84-108; H. Busse, "Iran under the Buyids," in *The Cambridge History of Iran, Volume 4: The Period from the Arab Invasion to the Saljuqs,* ed. R. N. Frye (Cambridge: Cambridge University Press, 1975), 以及 Joel L. Kraemer, *Humanism in the Renaissance of Islam* (Leiden: Brill, 1986).

[5] Mafizullah Kabir, *The Buwayhid Dynasty of Baghdad*, 334/946-447/1055 (Calcutta: Iran Society, 1964) and John J. Donohue, *The Buwayhid Dynasty in Iraq*, 334H/945 to 403H/1012: Shaping Institutions for the Future (Leiden: Brill, 2003).

一批试图解答新的埃米尔体制是如何与哈里发体制进行磨合的。但它们的主题过于狭窄，不与中世纪伊斯兰史所关切的更广泛的问题发生对话。① 关于白益统治之下的社会史和思想史的研究著作并不多见，仅有罗伊·穆塔海德关于白益社会中的友谊和恩护关系（patronage）的社会史研究，② 还有乔尔·克莱默关于白益统治下的思想变化的文化史，③ 再加上坎比·甘尼巴斯瑞的尚未发表的博士论文，它研究的是伊斯兰在白益社会中的角色，重点针对 11 世纪伊斯兰的正义概念的讨论。④ 但这些研究对于白益人曾经是一个执掌大权的什叶派王朝的讨论，往往只是在后记中顺便提及。

史学史趋势之二：从教派冲突的视角看法蒂玛王朝和白益王朝的历史

法蒂玛王朝与白益王朝均为什叶派王朝，因此采用什叶派历史的视角来研究它们往往被认为是唯一有意义的途径，而法蒂玛人和白益人也在整个中世纪伊斯兰叙事中被描述成什叶派"他者"。尽管 10 世纪的极端复杂性是不言而喻的，但当代学者却经常将这一时代简化为一种教派冲突的叙事：一个"什叶派世纪"，接踵而至的是一个"逊尼派复兴"。⑤

"什叶派世纪"和"逊尼派复兴"的叙事——将什叶派短暂突起

---

① 卡波尔 (Mafizullah Kabir) 的研究是 20 世纪 60 年代的作品。多诺霍 (Donohue) 的著作虽然出版于 2003 年，但基本上是他 1966 年在哈佛大学的博士论文的未修订本。
② Roy Mottahedeh, *Loyalty and Leadership in an Early Islamic Society* (Princeton, N. J.: Princeton University Press, 1980).
③ Kraemer, *Humanism in the Renaissance of Islam: The Cultural Revival during the Buyid Age* (Leiden: E. J. Brill, 1986).
④ Kambiz GhaneaBassiri, "A Window on Islam in Buyid Society: Justice and Its Epistemological Foundation in the Religious Thought of 'Abd al-Jabbar, Ibn al-Baqillani, and Miskawayh" (Ph. D. diss., Harvard University, 2003).
⑤ 一般来说，"逊尼派复兴"的时段指的是 11 和 12 世纪，当逊尼派军事集团对 10 世纪什叶派王朝的成功做出反应，通过"恢复"逊尼派对霸权的控制。本文将在稍后仔细讨论这个话题。

之后的逊尼派伊斯兰复兴视为必然发生的历史发展——同时充满了简化论者和目的论者的谬误。它极具误导性地将中世纪的伊斯兰世界描绘成一种曾经是、并必然主要是由逊尼派占主导和称"正统"的文明，完全忽视了无数穆斯林的生活体验，不真实地将逊尼派伊斯兰建构成一个和睦相处的整体，而事实上此时逊尼派内部就不同的法学思想（*madhhab*s）正在进行激烈的辩论。[1] 著名的早期和中世纪伊斯兰学者马歇尔·霍奇森创造了"什叶派世纪"一词，用它来描述10世纪法蒂玛人和白益人的崛起，但这个词被广泛地使用，也被用来描述涵盖8世纪后期和9世纪的什叶运动的兴旺发展，[2] 而事实上逊尼与什叶的概念本身此刻仍在形成之中。

霍奇森本人曾注意到，就这个时期而言，"逊尼派"的概念至少是语义不清的，"它从一开始就被那些希望只用它来描述其正统性的人以特殊的方式加以使用"。[3] 然而，尽管"什叶派世纪"一词的原创者做了如此的说明，"逊尼派"一词仍然被当成伊斯兰"正统"概念的简写词，而其他的伊斯兰流派则成为了"加分号的伊斯兰——如什叶派——

---

[1] Madhhab 一般被翻译为"法律学派"(school of law) 或"法理学派"(school of jurisprudence)。当今有四种法学流派被逊尼派认为是"正统"的：哈乃斐学派 (the Hanafi)、马利基学派 (Maliki)、沙斐仪学派 (Shafi'i)、罕百里学派 (Hanbali)。这种相互接受的局面是经历了数个世纪发展的结果，而在公元10世纪，不同逊尼法律学派的学者之间曾为此展开过激烈的竞争。关于不同 Madhhab 的讨论，见：J. Schacht, "Fikh," *EOI2*. H. A. R. Gibb, "Al-Mawardi's Theory of the Khalifa," *Islamic Culture* 11, no. 3 (1937) 153-163. 对吉布 (Gibb) 提出的关于阿拔斯国家的逊尼派司法学者和政治分裂的论点的深度分析，见：Kambiz GhaneaBassiri, "A Window on Islam in Buyid Society" (Ph. D. diss., Harvard University, 2003), 9-12.

[2] Marshall G. S. Hodgson, *The Venture of Islam, Volume 2: The Expansion of Islam in the Middle Periods* (Chicago: University of Chicago Press, 1977), 36.

[3] Marshall G. S. Hodgson, *Venture of Islam, Volume 1: The Classical Age of Islam* (Chicago: University of Chicago Press, 1977), 278.

伊斯兰，苏菲—伊斯兰等等"。① 这样，8世纪和9世纪的一大堆不同种类的非逊尼派运动，连同10世纪兴起的两种不同的种类的什叶派国家，统统被贬低为"异端邪说"，划归在"什叶派世纪"的名下。

当代研究中使用的"逊尼派复兴"一词（Sunni Revival）来自阿拉伯短语"*ihyaʿ al-sunna*"（意即先知穆罕默德传统的恢复）。② 它通常指11至12世纪期间从塞尔柱王朝（1037—1194）到马穆鲁克王朝（1250—1517）之间的军事王朝对10世纪什叶王朝的成功做出回应，提出要"恢复"逊尼派的统治权的过程。在当代学术研究中，该词最初出现在19世纪关于伊斯兰在印度的发展的讨论，③ 但后来成为了描述逊尼派反击法蒂玛人的流行词汇。④

学界有几部著作曾对"逊尼派复兴"的思想进行精湛的批评性讨论。理查德·布里特提出，所谓"逊尼派复兴"，实际上指的是体制被创造出来、负责规范和传播宗教信息的第一阶段，这些经过标准化处

---

① A. Kevin Reinhart, "On Sunni Sectarianism," 发表于 *Living Islamic History: Studies in Honour of Professor Carole Hillenbrand* (Edinburgh: Edinburgh University Press, 2010), 209.

② Stephennie Mulder, *The Shrines of the ʿAlids in Medieval Syria: Sunnis, Shiʿis, and the Architecture of Coexistence* (Edinburgh: Edinburgh University Press, 2014), 11-12.

③ 就我的研究而言，这个短语的第一次重复使用出现在詹姆斯·T. 惠勒的著作中。见：James Talboys Wheeler, *The History of India from the Earliest Ages: Vol 4, Part 1* (N. Trubner, 1876), 373. 惠勒将"逊尼派复兴"视为伊斯兰发展的阶段之一：逊尼派、什叶派、苏菲派 (Sufi) 和一个"逊尼派复兴"(ix)。在同一部书的第四卷第二部分 (N. Trubner, 1881)，惠勒特意将"逊尼派复兴"通过莫卧尔大帝奥朗则布 (Mughal Emperor Aurungzeb [1658-1707 在位]) 与印度联系起来。

④ 见：Nicola A. Ziadeh, *Urban Life in Syria under the Early Mamluks* (Westport: Greenwood Press, 1953), 119 and H. A. R. Gibb in *An Interpretation of Islamic History* (Lahore: Orientalia Publishers, 1957), 37. 乔治·马克蒂斯通过一篇1973年的论文将该词普及化了。他在论文提出，这个"逊尼派"的复兴应该被看成是一种"传统性的"复兴。大部分当代学者都引用他的论文。见：George Makdisi, "The Sunni Revival," reprinted in *Islamic Civilization 950-1150*, ed., D.S. Richards (Oxford: Bruno Cassirer Ltd, 1973), 155-168.

理的宗教规范在后来成为了逊尼派伊斯兰历史的标志。①乔纳森·伯基则指出，正如其他许多宏大的历史主题一样，它（指"逊尼派复兴"）也许过于干净利落，过于简单了。"②最近，斯蒂法尼·马尔德尔也注意到，即便在所谓"逊尼复兴"的高潮时期，对什叶派圣殿的资助的热度依旧居高不下。此外，她还注意到，这些什叶派圣殿"明显地受到敬奉，朝拜，赞助者中包括了什叶派和逊尼派……说她们只是被当成什叶派的空间"。③尽管有这些对"逊尼派复兴"观点的具有真知灼见的评论，但"什叶派世纪"的观念却没有遭受到任何挑战，10世纪的故事一直被主要作为一个教派冲突的叙事来讲述，始终与中世纪伊斯兰世界的大历史分离开来。

将法蒂玛人与白益人融入到"伊斯兰"历史之中

10世纪经常被视为是一个不幸的时期：阿拔斯统治下的穆斯林群体统一的黄金时代因教派冲突而终结。这种描述不是没有道理，但它错过了更有意义的一些问题，包括人们为什么和如何皈依伊斯兰教，他们如何了解自己的信仰，对不同统治者所表示的教派忠诚对人们的日常生活产生什么不同的影响等。此外，关于"什叶世纪"和"逊尼复兴"的描述基本上是本末倒置，在逊尼派与什叶派之间创造出一种不实的对立。

10世纪的原始资料（无论是叙事材料还是物质材料）则显示出这一时期存在的高度多元化。不同的亲伊斯兰文化和地区中出现大量的皈依人群，这是多元化的原因之一。这些新近的皈依者对所谓"正统"或"教派"并不感兴趣。相反，吸引他们的是那些颇受欢迎的宗教人

---

① Richard Bulliet, *Islam: The View from the Edge* (New York: Columbia University Press, 1995), 127.

② Jonathan P. Berkey, *The Formation of Islam: Religion and Society in the Near East, 600-1800* (Cambridge: Cambridge University Press, 2002), 189-193.

③ Stephennie Mulder, *The Shrines of the 'Alids in Medieval Syria*, 14.

物,如什叶派的传教士、穆斯林的神秘人物、奇迹创造者和圣人。这些宗教人物时常打乱教派的分类。尽管在10世纪的伊斯兰世界里存在相互竞争的逊尼派和什叶派王朝,然而它们之间的竞争并不以教派分歧作为分界线。事实上,逊尼派内部和什叶派内部的冲突比起两者之间的任何冲突都要更加激烈和紧张。

所有三个王朝——阿拔斯、法蒂玛和白益——都认为自己掌握了统领所有穆斯林的全权权威。这些中世纪穆斯林的统治者们的权威的基础来自被神化的先例,这些先例超越了类似"正统"和"异端"的概念,或逊尼派和什叶派的分类。三个王朝都声称拥有普世权威和普遍王权,它们的确也都拥有权力,但它们所拥有的都是有限的权力。此外,三个王朝中无人将称霸的理由置于"教派"的原因之上——而置于对救世主的迷信之上,或置于对所声称的与神拥有直接关系的"事实"之上。所以,虽然阿拔斯被一些材料描述为正统的逊尼派统治者,他们事实上经常违背伊斯兰的法律——如伊斯兰之前的萨珊国王一样——自命为"安拉在地球上的影子"。法蒂玛哈里发们宣称自己为带有秘密知识的救世主,能够帮助他们的跟随者了解宇宙间的神秘事物,并在末日来临时指引方向。白益人摘取了"王中之王"的称号,声称自己是在伊斯兰教之前的拜火教统治者的精灵陪伴下再生的古代伊朗国王。阿拔斯和法蒂玛王朝都按宇宙的模式建立了首都,将哈里发提高到万民之上的半神半人的位置。先知穆罕默德曾谦卑地在穆斯林社区中生活,但这些统治者中没有一人遵循他的榜样行事。他们并不打算这样做——他们要行使神圣的王权,而不是要追随穆斯林的先例。

逊尼派和什叶派这些标签理所当然地得以运用,但如同当今的认同政治一样,它们与教义信仰的关系并不怎么沾边。近来一些学者开始对从中世纪逊尼派资料中得出结论表示质疑。这些资料的大多数是由精英阶层、都市的宗教学者所写成,学者们开始接受更为流行的

"异教徒"对中世纪信仰和认同的描述。就10世纪而言，研究开始显示，它不是一个黄金时代的结束，或一个由教派冲突主导的时期。相反，正是因为10世纪伊斯兰社会的这种多元化的存在，才多少导致了穆斯林统治者之间对权力的竞争。与其说将10世纪视为"什叶派世纪"或教派冲突的时期，从一个广阔的视野来看，这个时代反映出伊斯兰社会如何吸收新的皈依者，如何形成穆斯林认同的多种形式，以及如何宣示具有神性的权威的复杂过程。

无论法蒂玛人还是白益人，都不满足于将自己看成是仅仅与他们控制下的什叶派穆斯林相关，两个王朝都声称自己与更早的权力源之间有关联。法蒂玛人声称自己是先知穆罕默德通过阿里和法蒂玛遗传的后裔。白益人作为波斯人，无法找出这样如此明确的穆斯林家族的血统联系；但他们声称是伊斯兰之前伊朗萨珊帝国王权的后裔。二手材料针对这些说法的"真实"与否大费口舌，[①] 但却无视法蒂玛人和白益人仍然延续阿拔斯哈里发的传统这一事实。阿拔斯人将自己的掌权描述为是早期伊斯兰共同体的更新，这个共同体曾遭到倭马亚王朝的

[①] 关于法蒂玛王朝哈里发等阿里后裔的血统的真实性的争论十分常见，如：Bernard Lewis, *The Origins of Isma'ilism: A Study of the Historical Background of the Fatimid Caliphate* (Cambridge: W. Heffer & Sons, Ltd, 1940); Wladimir Ivanow, *Isma'ili Tradition Concerning the Rise of the Fatimids* (London: Oxford University Press, 1942); Heinz Halm, *Empire of the Mahdi*; "Statement on Mahdi's communication to the Yemen on the real and esoteric names of his hidden predecessors," Arabic edition edited and introduced by Husayn F. al-Hamdani in *On the Genealogy of Fatimid Caliphs* (Cairo: American University at Cairo School of Oriental Studies, 1958); Farhad Daftary, *The Isma'ilis: History and Doctrines* (Cambridge: Cambridge University Press, 1990); S.M. Stern, *Studies in Early Isma'ilism* (Leiden: Brill, 1983). 就白益王朝而言，它们并不是第一个通过制造家谱传统来为自己的统治正名的。塔希尔王朝曾声称自己是古沙亚（Khuza'a）阿拉伯部落的后裔，创造出一个将他们与波斯英雄鲁斯塔姆（Rustam）有联系的波斯家谱；萨法尔王朝声称自己是从波斯萨珊王朝国王库思老二世（Khusraw II）到法里顿（Faridun）和贾姆希德（Jamshid）的后裔；萨马王朝则声称自己与巴赫拉姆家族（Bahram Chubin）有联系；后来的伽色尼王朝（Ghaznavids）称自己为萨珊波斯帝国最后一位帝王伊嗣俟三世（Yazdigirid III）的一个女儿的后裔。

玷污。他们声称自己是先知的继承人，将自己视为在延续他的精神遗产。他们把自己看成是伊斯兰共同体得以再生的象征，因此头三位哈里发的头衔——萨法赫、曼苏尔、马赫迪——都可以带有明确的救世主题。① 虽然阿拔斯人最终远离了这些救世主比喻的使用（弥赛亚教义对政治权力的稳定同样存在着威胁），这些比喻在阿拔斯时代的早期却是十分有用的，当时阿拔斯人企图将弥赛亚魅力通过礼仪而变成常规化。②

学者们接受阿拔斯人找出多种理由来获取权力的做法，但忽略了法蒂玛人和白益人也使用了同样的手段。法蒂玛和白益对普世权威的诉求可以十分便利地被融入到关于伊斯兰权威和王权的现存研究之中。安德鲁·马什姆和阿齐兹·阿兹迈对许多伊斯兰教的礼仪的前伊斯兰起源做了研究，③ 但主要趋势仍然对"前伊斯兰的"、"什叶"或"逊尼"权力象征进行质量上的区分，而不是将它们视为一个有内在联系的整体。④ 近来，阿兹法·莫伊提出，将前现代穆斯林的认同精准地用

---

① 这三个王室的名称(al-Saffah, al-Mansur, al-Mahdi)都与伊斯兰末世论中的救世期盼相关。
② 赞曼(Muhammad Qasim Zaman)认为，阿拔斯人被原什叶派所吸引，也许是因为他们对救世主义教义(messianism)本身就不感兴趣。见：Muhammad Qasim Zaman, *Religion and Politics under the Early Abbasids: The Emergence of the Proto-Sunni Elite* (Leiden: Brill, 1997), 181-183.
③ 安德鲁·马什姆(Andrew Marsham)在 *Rituals of Islamic Monarchy: Accession and Succession in the First Muslim Empire* (Edinburgh: Edinburgh University Press, 2009)一书中，展现了阿拔斯国家的许多王权礼仪都有萨珊帝国和拜占庭帝国的根源；阿齐兹·阿兹梅(Aziz al-Azmeh)在 *Muslim Kingship: Power and the Sacred in Muslim, Christian, and Pagan Polities* (London: I. B. Tauris, 1997) 一书中提出，那些被认为是"伊斯兰古典的"权威象征符号实际上是对早期传统的"极为宽泛的重新包装之后的结果"，其演变经历了数个世纪之久。
④ 例如：安妮·布罗德布里奇将莫卧儿和马穆鲁克王权划分为一个连续体的两个方面，一面是成吉思汗/"游牧民族"的成分，另一面是伊斯兰的成分。朱莉·迈萨米也持相同的观点，认为在萨珊王朝的历史文献中存在两种分离和特别的关于过去的叙事，一种是亲伊斯兰和亲伊朗的，另一种是阿拉伯—伊斯兰式的。见：Anne F. Broadbridge, *Kingship and Ideology in the Islamic and Mongol Worlds* (Cambridge: Cambridge University Press, 2008); Julie Meisami, "The Past in Service of the Present: Two Views of History in Medieval Persia," *Poetics Today* 14, no. 2 (Summer 1993): 249-252.

教派和教义的分类来套用，等于是假设这些不同的认同"要比它们在历史上的真实情形更加一成不变，也更具等级性"，这种套用还制造出一种存在于不同的前现代穆斯林社会中的过分正式、过分规范的宗教和政治模式。[1] 学者们经常使用不同于它们的逊尼派对手的权威和认同方式，来将法蒂玛和白益王朝进行分类，将它们视为什叶政治制度。如此一来，只要给法蒂玛人和白益人贴上"什叶派"的标签，它们就被视为是与逊尼派帝国根本"不同"的异类。学者们承认，阿拔斯人使用复杂的、甚至看上去自相矛盾的礼仪程序和权力象征将伊斯兰和前伊斯兰的权威体制融为一体，以赢得一个多元化的人口的支持。例如，采用伊朗人关于王权的象征，以及将自己修饰成"地球上的上帝身影"，[2] 借用救世主式的什叶派/原始什叶派对权威的说辞，与都市的逊尼派宗教学者们结盟等。[3] 而当法蒂玛和白益王朝企图将不同的中世纪王权模式混合起来使用的时候，它们的做法就会被视为是一种蛊惑

---

[1] A. Azfar Moin, *The Millennial Sovereign: Sacred Kingship and Sainthood in Islam* (New York: Columbia University Press, 2012), 5-7.

[2] Marsham, *Rituals of Islamic Monarchy*, 尤其参见第 183-185 页；Crone 也讨论了阿拔斯王朝借用波斯王权的做法来宣示权威的方法。Crone, *God's Rule*.

[3] 赞曼认为，在阿尔曼 (al-Ma'mun) 领导的 Mihna 之后，阿拔斯王朝并没有丧失宗教权威，而是在原什叶派教义的演进中扮演了一个积极的角色。他将原什叶派教义界定为维护穆罕穆迪圣训的权威，即坚守第一个共同体的正义，对阿布·布克尔 (Abu Bakr) 和乌玛尔 ('Umar) 报以特别的尊崇，但最终决定对依循阿赫默德·伊本·罕百里 (Ahmad ibn Hanbal) 的原则，将四名哈里发均称为是合法的和受到正确引导的：哈里发制的秩序也是依据他们的宗教修养和成就来排定。总的来说，赞曼认为，在哈伦·拉希德哈里发 (Harun al-Rashid) 当政的时候，阿拔斯人与原始逊尼派已经结盟，并且抛弃了在上升时代的盟友原始什叶派。马什姆也讨论了早期的阿拔斯人曾打算发展伊斯兰的科学。见：Zaman, *Religion and Politics under the Early Abbasids*; Marsham, *Rituals of Islamic Monarchy,* 186.

人心的宣传。①

　　学者们不能再继续将法蒂玛和白益王朝简单地视为是一种异常的什叶派插曲，或将对它们的分析与伊斯兰历史的整体叙事分离开来：如果不把 10 世纪的历史——无论是逊尼派的还是什叶派的——纳入到关于伊斯兰历史的总叙事之中，我们便无法懂得伊斯兰身份认同的演进。把法蒂玛王朝和白益王朝与阿拔斯王朝放在一起来分析，将能够揭示伊斯兰社会如何吸纳了新的皈依者，如何形成了多种形式的穆斯林身份认同。这样做也揭示了这些非逊尼派的运动和帝国的成功，以及在它们自身衰落之后，如何帮助逊尼派巩固了自己的阵地，将逊尼派伊斯兰教义规制为"正统"，并将 10 世纪的历史打造成为一个教派冲突的历史叙事。（王希　译，昝涛　校读）

---

① 布斯的著作现在已经有些过时，但他的确怀疑阿杜德（'Adud al-Dawla）自己是否真的相信他是萨珊王朝后裔的说法："我们也许可以相信他被说服接受了作为萨珊后裔的说法，如同我们相信穆罕默德接受了关于他的神圣使命之旅的真实一样。"关于法蒂玛哈里发们的什叶派血统的真实性的辩论十分常见。见：H. Busse, "The Revival of Persian Kingship under the Buyids," in D.S. Richards, ed., *Islamic Civilization 950-1150* (Oxford: Bruno Cassirer Ltd., 1973), 58; Bernard Lewis, *The Origins of Isma'ilism*; Wladimir Ivanow, *Isma'ili Tradition concerning the Rise of the Fatimids* (London: Oxford University Press,1942); Heinz Halm, *Empire of the Mahdi*; "Statement on Mahdi's communication to the Yemen on the real and esoteric names of his hidden predecessors," Arabic edition edited and introduced by Husayn F. al-Hamdani in *On the Genealogy of Fatimid Caliphs* (Cairo: American University at Cairo School of Oriental Studies, 1958); Farhad Daftary, *The Isma'ilis: History and Doctrines*; S.M. Stern, *Studies in Early Isma'ilism*.

张殿清

英国都铎王室领地探析[①]

都铎时期是英国由传统社会向近代社会转变的重要时期,王室领地的数量、管理方式以及王室领地收入在这一时期都发生了重大变化。国内史学界就这些变化中的某些问题已有较为深入的探讨,[②]但对于领地变化的整体状况缺乏全面、系统的研究。本文在前人研究基础上,首先系统梳理都铎王室领地的各种变化,然后揭示这些变化对英国社会经济发展产生的深远影响。

一、王室领地的数量变化

自1066年诺曼入侵以来,英国王室领地的数量一直处于动态的变化中。当王权强大时,国王可以通过各种手段扩充领地。当王权衰弱时,一方面,国王为寻求贵族支持,将大量土地赏赐给贵族;另一方面,国王经常出卖领地来应对王室财政的入不敷出;二者都会导致王室领地数量的缩减。诺曼征服后的很长一段时期,王室领地的数量呈

[①] 本成果为河北省高等学校人文社会科学研究项目重点项目 (SD141050) 的阶段性成果。
[②] 参见:王晋新:《都铎王朝对教会地产的剥夺及其意义》,《历史研究》1991第2期;王晋新:《论英国都铎王朝时期的地产运动及其历史意义》,松辽学刊(社会科学版) 1992年第2期;沈汉:《英国土地制度史》,学林出版社,2005年;张乃和:《16世纪英国财政政策研究》,《求是学刊》2000年第2期;施诚:《亨利七世的财政政策》,《史学月刊》2002年第4期;施诚:《英国都铎王朝的税收与财政》,《首都师范大学学报》(社会科学版) 2002年第3期。

缩减之势，15世纪中期，王室领地的面积降到最低点。①约克王朝的爱德华四世（1461—1483）扭转了这种局面，他通过多种途径使王室领地有所增加。

都铎时期，王室领地的数量亦不断变化。大体而言，1485年至宗教改革结束，由于亨利七世和亨利八世设法扩充领地，领地数量呈递增之势；此后，由于王室大规模出售领地以弥补财政不足，王室领地数量呈递减之势。

亨利七世为都铎王室领地的增加做出了重大贡献。他努力实现财政独立，避免过度依靠议会，将封建法授予国王的权力发挥得淋漓尽致，不遗余力地扩展王室领地。

他充分利用议会这一合法武器，通过一系列法令扩大王室领地面积。如英国学者莫尔顿后来分析的，"自亨利三世，王室田产的用途始成为一个重要的政治问题。对于保全王室地产，一切阶级都有直接的利害关系，如果把王室田地卖出去，赋税的负担就会加重"，②所以在恢复王室领地问题上，国王得到了议会的支持。1485年，亨利七世授意议会通过一项法令，剥夺了约克家族的土地继承权，将其土地划入王室领地之内。此后，他又分别于1485年、1486年、1487年和1495年多次利用议会，通过"收回贵族侵占王室领地法令"（Statutes of Resumption），允许王室恢复被贵族或官吏非法侵占的王室领地，其中甚至包括在爱德华三世时期被非法侵占的领地。③仅1486年，议会的收回法案就使国王的领地收入增加了2倍。④亨利七世还收回没有继承人的贵

---

① 马克垚：《英国封建社会研究》，北京：北京大学出版社，1992年，第61页。
② 〔英〕阿·莱·莫尔顿：《人民的英国史》，谢琏造、瞿菊农等译，北京：生活·读书·新知三联书店，1976年，第122页。
③ B. P. Wolffe, *The Crown Lands 1461-1539: An Aspect of Yorkist and Early Tudor Government* (London: George Allen and Unwin Ltd., 1970), 67-68.
④ F. C. Dietz, *English Government Finance 1485-1558* (London: Frank Cass & Co. Ltd., 1964), 25.

族的土地。1492年,贵族伯克利死后,他在西部英格兰和威尔士的70多座庄园被划入王室。1495年,约克公爵夫人的年收入为1,200镑的地产转由王室监管。1503年,亨利七世领有封地的亲属相继辞世,他们的领地也被收归王室直接管理。这包括爱德华四世遗孀玛格丽特·魏德维尔的领地、新王后年收入为3,000镑的领地、亨利七世叔叔的年收入为2,000镑的领地和国王母亲的领地。[1] 亨利七世扩展领地的另一途径是没收叛乱贵族的土地。威廉姆·斯德利被处叛国罪后,他的年收入为1,000镑的地产随即被王室没收。从1485年到1509年间,共有138人因叛国罪被没收地产。[2] 截止到亨利七世去世前夕,他的领地已经比约克王朝多出了1/3。[3]

亨利八世统治前期,掠夺宗教地产也为王室增加了大量领地。都铎时期,教会是英格兰最大的财富拥有者,据1535年的统计,教会地产约占全王国地产收入的1/5到1/4。[4] 掠夺庞大的教会地产成为亨利八世解决财政危机的首选途径。阿萨·勃里格斯认为亨利八世的宗教改革"并不是改革教会,而是为了扩充国王的财富"。[5] 经过详细的调查后,国王于1536年发布法令,解散了收入不足200镑的373座修道院。从1538年到1540年,186个大型修道院也被解散。在解散修道院的过程中,亨利八世总计获得了相当于全国土地收入1/5的、价值大约

---

[1] Ibid., 68.
[2] M. V. C. Alexander, *The First of the Tudors: A Study of Henry VII and His Reign* (London: Croom Helm Ltd., 1981), 74; Dietz, *English Government Finance 1485-1558*, 25.
[3] Alexander, *The First of the Tudors: A Study of Henry VII and His Reign*, 74.
[4] Joan Thirsk, ed., *The Agrarian History of England and Wales, Vol. IV* (Cambridge: Cambridge University Press, 1990), 307.
[5] 〔英〕阿萨·勃里格斯:《英国社会史》,陈叔平等译,北京:中国人民大学出版社,1991年,第139页; M. D. Palmer, *Henry VIII* (London: Longman, 1983), 53.

为 135,000 镑的修道院土地。①"如果这些土地变成了国王永久的地产",英国学者克莱写道,"国王将获得很大的财政收入,英国财政的历史也许会被重写"。②宗教改革极大地增加了王室领地的面积。据统计,宗教改革后王室领地是亨利七世时期的 2 倍。③从亨利七世到亨利八世前期,为都铎王室领地的增加时期。

从亨利八世后期开始,都铎王室领地不断缩减。首先,亨利八世将一部分从修道院没收来的土地赏赐给大臣和有社会影响的人士。④同时,为了筹措战争经费,亨利八世还出售了大量没收领地。到亨利八世统治结束的时候,他已将没收的修道院土地的 2/3 卖掉,从中获取收入 799,310 镑。⑤

虽然继亨利八世后的君主也曾设法增加王室领地面积,但他们出售和赏赐给权臣的领地面积远远超过增加的部分。爱德华六世解散了医疗慈善组织、同业公会等各种宗教社团,最终完成了宗教地产的转移。⑥玛丽女王先后没收了贵族年收入共计为 20,000 镑的土地。⑦伊丽莎白一世不仅将部分大主教的地产收归王室,还没收了 10 多位贵族的土地,其中仅诺福克公爵的领地一处,年收入就高达 2,502 镑;⑧在镇

---

① 亨利八世在解散修道院过程中获得的财富数量有不同说法。威尔·艾尔森认为,亨利八世国王获得了 120,000 镑的年收入;约翰·盖伊认为,1536 年到亨利八世去世,他共获得 130 万镑宗教产业收入。参见 W. Alison, *Henry VIII and His Court* (London: Jonathan Cape, 2001), 385;John Guy, *Tudor England* (Oxford: Oxford University Press, 1988), 147.

② C. G. A. Clay, *Economic Expansion and Social Change: England 1500 -1700, Vol. 2* (Cambridge: Cambridge University Press, 1984), 252.

③ S. J. Gumn, *Early Tudor Government 1485-1558* (London: The MacMillan Press Ltd., 1995), 25-26.

④ Alison, *Henry VIII and His Court*, 385.

⑤ Dietz, *English Government Finance*, 149.

⑥ 王晋新:《都铎王朝对教会地产的剥夺及其意义》,《历史研究》1991 第 2 期,第 185 页。

⑦ R. W. Hoyle, *The Estates of the English Crown 1560-1640* (Cambridge: Cambridge University Press, 1992), p.14.

⑧ Dietz, *English Public Finance 1558-1641*, 295.

压了1570年至1572年的北部叛乱后,伊丽莎白一世又没收了年收入2,500镑的土地。[1]这些措施虽然可以增大王室领地的面积,但由于爱德华六世、玛丽和伊丽莎白一世大规模地出售、赏赐和归还,王室领地数量不仅没有增加,反而下降。爱德华六世把出售王室领地视为化解财政危机的法宝。他先出售了428,000镑的王领和修道院土地,[2]1554年,又出售了1,260,000镑的王室领地。[3]另外,其舅父在其继位之初辅佐时期,将大量土地赏赐给贵族。玛丽为了表明自己信仰虔诚,将一部分修道院地产归还教会,使王室财产每年净损失25,000镑。[4]其中仅归还霍华茨、考特奈斯两处修道院的土地,就使王室每年损失5,500镑。[5]到了伊丽莎白一世时期,王室所获的修道院的土地已所剩无几,她只能靠出售宗教改革前原有的老王室领地来筹款。她出售了地租年收入高达25,000镑的王室领地。[6]

大规模出售王室领地,严重影响了王室的长远财政收入,削弱了王权的物质基础,使都铎王朝"由此而丧失的是英国绝对主义为自己建立一个独立于国会征税制度之外的坚实经济基础的重大机遇"。[7]

出售的王室领地几经转手,最后大量落入乡绅和自耕农手中,这些土地进一步稳固了后两者的财富地位,改变了土地在英国社会阶层中的分布。例如,诺福克郡修道院原有的263座庄园,在没收20年后,

---

[1] Ibid., 28.
[2] 陈曦文、王乃耀主编:《英国社会转型时期经济发展研究》,北京:首都师范大学出版社,1995年,第316页。
[3] D. M. Palliser. *The Age of Elizabeth England under the Later Tudors 1547-1603* (New York: Longman, 1983), 90.
[4] Dietz, *English Public Finance 1558-1641*, 8.
[5] D. Loades, *The Reign of Mary Tudor: Politics, Government and Religion in England 1553-1558* (New York: Longman, 1991), 53.
[6] Dietz, *English Public Finance 1558-1641*, 298.
[7] 〔英〕佩里·安德森:《绝对主义国家的系谱》,刘北成、李少军译,上海:人民出版社,2001年,第124页。

将近 2/3、共计 174 座的庄园为乡绅拥有。乡绅占有土地的份额由 1535 年的 64%，增长到 1558 年的 75.4%。[1] 从全国范围来看，自 1536 年至 1547 年，教会地产第一次转移时，贵族从国王手中得到的教产为 14%，各级官吏为 18%，乡绅为 21%，[2] 但经过多次转让之后，贵族和国王宠臣所获教产的 1/2 至 2/3 最终流入乡绅之手。[3] 美国学者派普斯曾说，"政治发展不是取决于权利的分配情况，而是由财产的分配情况所决定。"换言之，如果国王掌握了全国土地的 3/4，那么专制就形成了；如果是全体民众不受武力干预地掌握了全国土地的 3/4，那么民主国家就诞生了。[4] 英国王室领地的缩减、乡绅阶层土地占有量的增加，改变了社会财富的分配状况，严重影响了王室的长远财政收入，削弱了君主专制的物质基础。

二、王室领地管理模式的变化

王室领地不仅在数量上增减变动，在管理模式上也存在着变化。都铎时期王室领地管理的变化有其历史渊源。诺曼征服后，威廉一世把大部分王室领地委托给地方郡守管理。地方郡守负责上缴实物，或在国王巡游时提供饮食住宿等服务。为了适应社会经济的发展，亨利一世打破了从王领庄园征收实物的惯例，把实物折钱征收，并让各郡守承包所管辖的王室领地的收入，称为"郡守承包租"（County farm），每年由郡守征收后上缴至王室财政机构，归国王支配。王室领地收益由实物变为货币，体现了商品经济的发展。后来由于负责王室领地收

---

[1] Guy, *Tudor England*, 149.

[2] C. G. A. Clay, *Rural Society: Landowner, Peasants and Labourers 1500-1750* (Cambridge: Cambridge University Press, 1990, 117.

[3] J. M. Winter, *History and Society: Essays by R. H. Tawney* (London: Routlege & Kegan Paul, 1978), 106.

[4] 〔美〕理查德·派普斯：《财产论》，蒋琳琦译，北京：经济科学出版社，2003 年，第 38 页。

入的财政机构——财务署,不能根据物价上涨情况有效地指导郡守提高王室领地的地租,又因缺乏严格的监督,原属于国王的一部分王室领地收入落入各级官吏手中,致使"地方管理者上交王室的领地收入与实际收入相差甚远"。①

鉴于王室领地管理存在着严重的弊端,安茹王朝的亨利二世,绕过地方郡守,任命一批心腹官员到地方上直接收取王室领地的租赋。这些官员的报酬由国王支付,一般从上交中央之前的地租中扣除。从王室收入看,这次改革取得了不小的成效。到1240年,王室领地收入比改革前,每年可增收2,000镑,增长幅度达到10%。②但由于地方贵族的反对,亨利二世被迫撤回派往外地的直接管理人员,宣告此次王室领地管理改革的失败。

尽管地方郡守和贵族反对,但为了增加收入,都铎王朝以前的国王们从未停止过直接管理王室领地的努力。每当王权强大时,国王们就试图直接控制自己的领地。在这种努力下,国王们先后直接控制了一些王室领地。1227年,康沃尔领地首先被划归王室直接管理。1246年,王室又直接控制了兰彻斯特公爵领地。1284年,威尔士全部领地划归王室名下。③

为了更有效地管理王室领地,增加王室收入,减少对议会的依赖,约克王朝的爱德华四世大力改进管理方法,希望将属于王室的收入全部收归王室。1461年,爱德华四世派遣一个由受过专门训练的职业人员组成的委员会,到康沃尔领地监督王室领地地租的征收。随后的爱德华四世则"将全国划分为8个王室领地征收区",并在1471和

---

① R. C. Stacey, *Politics, Policy and Finance under Henry III 1215-1240* (Oxford: Clearenoon Press, 1987), 45.
② Stacey, *Politics, Policy and Finance under Henry III 1215-1240*, 91.
③ Wolffe, *The Crown Lands 1461-1539*, 23.

1485年又将全国分别合并为7个和6个征税区。① 国王派遣专人到各大征收区，重新签订契约，提高地租，这是13世纪以来，出租领地（fee-farm）首次被特殊监督，体现了管理体制的创新。然而，由于王室土地的管理者——财务署官员——不愿意离开威斯敏斯特到地方上工作，他们就设法拖延执行这一政策，并且由于王室领地收入监督者大部分为地方官员，他们害怕得罪相邻，不愿严格执行新方法，结果使王室的实际收入大打折扣。最初，上述措施没有取得显著效果，王室领地每年纯收入仅增收2,000镑。② 为了贯彻自己的改革意图，爱德华四世开始在其老家——兰彻斯特公爵领地——实行改革。他剥夺了财务署对兰彻斯特的管理权，改派其身边的宫室官员负责征收各项收入。但是他由于害怕地方贵族实力派的反对等政治原因，并没有将这一举措马上推广到全国。爱德华四世统治的最后一年，还有6名王室领地收入接收员（Receiver）到财务署办理相关事宜，③ 这证明财务署还控制着少量的王室领地收入。不过，到查理三世统治时期，财务署的账目上就没有王室领地收入这一项了。至此，除了极少数王室领地还归地方管理外，绝大部分都由国王直接控制的王室内部机构——宫室管理。

约克王朝时期所做的努力为亨利七世的成功管理铺平了道路。爱德华四世创建的由宫室管理王室领地的制度被亨利七世进一步发展成为财政史上的"宫室"制度。亨利七世实现了英国数代国王将王室领地全部由自己掌控的梦想。他不但继承了爱德华四世的领地管理模式，还留用大部分受过专门训练的职业人员。

为加强对领地的有效管理，亨利七世派接收员、审计官、检察长

---

① Wolffe, *The Crown Lands 1461-1539: An Aspect of Yorkist and Early Tudor Government*, 47.
② J. R. Lander, *Government and Community: England 1450-1509* (Cambridge, Mass.: Oxford University Press, 1980), 70.
③ Lander, *Government and Community: England 1450-1509*, 73.

等王室官员到各地监督征收。他们征收到的地租直接交给国王而不是财务署。从所属关系上看，被派往全国各地的王室领地管理人员都为国王个人的属员，他们的薪俸和津贴由国王支付。亨利七世建立了由国王直接管理的宫室制度。

同时，亨利七世还利用议会采取了一些措施，弥补因物价上涨造成的王室领地地租实际购买力下降的损失。1486年1月，他授意兰彻斯特的检察长废除国王领地原有的契约，签订新契约来提高租金。凭借同样的策略，1495年，亨利七世使议会通过威尔士王子领地所有契约无效的决议，强迫承租者重新签订契约，借此提高地租。①

王室领地管理模式的革新，给王室带来了巨大的收益。这在兰彻斯特领和康沃尔领的收入上表现得最为明显，改革后的收入呈直线上升趋势：1488年宫室库收到兰彻斯特公爵领地的收入为666镑13先令4便士，1490年为2,800英镑，1495年为3,600英镑，1499年为4,400英镑，1504年为5,368英镑，1508年为6,566英镑；②1433年康沃尔领地收入为2,789镑，1503—1504年增加到4,173镑，纯收入由151镑增加到3,572镑。③

亨利八世时期，由于议会的强烈反对，他被迫改变由宫室管理王室领地的制度。为了缓和与地方贵族的矛盾，亨利八世采纳了枢密院要求"国王在法律允许范围内筹措资金的建议，将一些没有法律依据建立的具有法律权威的机构撤销"。④此项法律还要求罢免亨利七世土地管理体制中最重要的总检察长以及派往各地的检察员，指责他们为"非法"人员。亨利八世的第一届议会任命约翰·赫恩为掌管王室领地

---

① Dietz, *English Government Finance 1485-1558*, 26.
② Ibid., 26-27.
③ S. J. Gunn, *Early Tudor Government 1484-1558* (London: The MacMillan Press Ltd., 1995), 117.
④ Wolffe, *The Crown Lands 1461-1539*, 70.

收入的总接收长，并规定他要严格根据议会授权行使职权。[1]1510年的议会，又开始对总检察长的权力进行限制，剥夺了他们的私印拥有权，并规定他们必须接受财务署的管理。该届议会还规定，负责审计王室领地收入的审计官不再由国王而由财务署任命，审计官必须接受财务署的领导，他们只是财务署外派的审计官员，不再直接对国王负责。[2]这样，亨利七世建立的由宫室管理王室领地的制度解体了。

宗教改革后，为了管理王室领地收入，托马斯·克伦威尔组建了几个平行的法庭机构，对王室领地进行分门别类的管理：国库主管古代沿袭下来的王室收入；兰彻斯特公爵领地法庭主管其领地的财产；监护法庭主管国王的封建税收；增收法庭管理1535年以来没收的教会土地的收入；普通检查法庭主管亨利七世和沃尔西时期所获得土地的收入。大部分法庭都有固定的官员、印章和规章制度，改变了过去各部门之间权力重叠、管理混乱的局面。

但这样的体制，因分管部门太多，增加了管理成本，存在着很大的缺陷。例如，仅普通检查法庭就有10名检察官、10名接收员和其他大批的雇员，每年要花费4,393镑。[3]1554年，为了减少开支，玛丽将增收法庭、普通检查法庭合并到财务署，但在财务署中单独列账，财务署成为王室领地管理的最高机构。伊丽莎白一世时期，王室领地被分为三部分，其管理也由不同的机构负责：第一部分为以前由郡守管理的最古老的领地，即"监管领地"，其收入包括地租和城市自由金，直接上交国库官员；第二部分为原增收法庭、普通检查法庭控制的王室领地，财务署将这部分领地划为7个征收区，在每个征收区设有土地收入审计官和乡村监督收款员，由他们负责征收王室领地的地租和

---

[1] Wolffe, *The Crown Lands 1461-1539*, 77.
[2] Ibid., 77.
[3] Hoyle, *The Estates of the English Crown 1560-1640*, 35.

其他收入；第三部分为兰彻斯特公爵领地，该领地有专门的管理人员和机构，其收入直接上交国王。

总体而言，亨利七世时期，王室领地管理比较严格，大部分收入能上交王室。亨利七世死后，王室领地的管理比较松散，王室领地收入经常被地方贵族侵占，王室收入损失很大。伊丽莎白一世晚年时期，林肯郡的王室领地收入的37%成为拖欠款，被贵族侵占。① 增收法庭与财务署合并后，由于财务署原有部门与新合并部门矛盾重重，人浮于事，工作效率低下，严重影响了王室的收入。

王室领地管理状况的混乱性可从拖欠税款上略见一斑。按规定，审计官和检察长负责征收事宜。如果佃户拒绝缴纳地租，他们应上报国库债款收取官，国库债款收取官可以动用各种权力强行征收。但是，部分新合并到财务署的检察官，因为与财务署官员不和，故意拖延上报时间，致使许多债务不能按期征收。1571年，财务署在检查林肯郡检查官的账目时发现，68%的债务没有上报给国库债款收取官。② 据统计，詹姆士一世即位前，王室未能征得的地租高达9,000,000镑。③ 另外一个严重威胁王室收入的因素是相关官员的徇私舞弊行为。检察官在王室出售土地时或者在与大臣交换土地时，经常牟取私利。1588年，女王赐予埃塞克斯伯爵年收入为300镑的土地，但由于伯爵和检察官关系密切，他实际上得到的土地是女王赏赐的三倍。1590年埃塞克斯将一座庄园交还王室，但一直到1601年，这座庄园从没有向王室上缴过任何地租。王室利益受到检察官和其他王室领地管理者的侵犯。④ 因为以上诸多原因，王室经常陷入入不敷出的窘境。可见，亨利七世死

---

① Ibid., 73.
② Ibid., 74.
③ Ibid., 74.
④ Ibid., 74.

后，都铎王室在领地管理方面没有建树。

亨利七世以后的君主对王室领地缺乏有效管理，使领地地租不能随着经济和社会的发展而调整，导致该项收入的增长速度缓慢，加重了王室财政困难，加深了对议会税收的依赖。

王室领地所获得的租金与一般领主、地产商的租金相比，增长速度非常缓慢。据克立基研究，"王室地产的地租额，16世纪末比16世纪初只增加了50%，而同时期一般封建主的地租却增加了500%，相差10倍"。① 为弥补传统领地地租的不足，王室希望通过增加契约领地地租和提高接纳罚金来增加收入。但由于管理不当，这种增收受限，甚至在兰彻斯特公爵领等地，根本无法推行接纳罚金。②

三、王室领地收入的变化

王室领地数量的变化及管理模式的变化都会引发王室领地收入的变化。目前尚没有学者系统梳理过都铎王室领地收入的情况，所以有必要在前人研究基础上，估算这项收入。③

首先，考察亨利七世时期的土地收入。史密斯认为，"1485年王室领地收入为29,000镑，1491年为37,000镑，从1502年到1505年每年

---

① 王乃耀：《英国都铎时期经济研究》，北京：首都师范大学出版社，1997年，第73页。
② Hoyle, *The Estates of the English Crown 1558-1640*, 76.
③ 探知详细的都铎王室领地收入有一定的难度，其原因有以下三点。首先，都铎时期王室领地收入曾先后由多个不同机构管理，这给研究工作带来很大障碍。财务署、宫室以及各种收入法庭都曾是领地收入的接收机构。任何单一机构的账目都不足以还原王室领地收入的全部历史状况。其次，在监护法庭成立以前，一些封地特权收入也被列为王室领地的收入之列，在一般账目当中两者也没有区分，所以不能准确地区分王室领地收入和封地特权收入。第三，15世纪末和16世纪初，王室收入账目中没有区分收入的具体来源，收入范围复杂，难以查清财源也给研究工作带来很大困难。尽管存在上述困难，但这并不妨碍利用国外学者的研究成果，对王室领地收入做动态勾勒。

都约为 40,000 镑，1509 年为 42,000 镑"。①

迪兹认为，"亨利七世首年王室领地纯收入中，支付王室和锦衣库费用为 7,723 镑，还剩余 2,500 镑，总收入超过 10,000 镑。此后每年在王室领地收入中提前支付王室和锦衣库的开支在 7,500—4,650 镑之间，剩余的收入为：1491 年 3,764 镑 18 先令 7 便士，1494 年 7,789 镑 17 先令 7 便士，1497 年 12,746 镑 17 先令 2 便士，1503 年 20,689 镑 8 先令 11 便士，1504 年 24,145 镑 4 先令 10 便士"②。据此可推算，王室领地的纯收入：1491 年为 8,414—11,264 镑之间，1494 年为 12,449—15,289 镑之间，1497 年为 17,414—19,264 镑之间，1503 年为 24,339—28,189 镑之间，1504 年为 28,795—31,695 镑之间。

另据宫室账目显示，土地总收入如下："1484 年—1485 年为 2,500 镑，其中预先支付各项开支 1,800 镑，现金收入为 700 镑；1485—1486 年，土地总收入 11,700 镑，预先支付各项开支 7,000 镑，现金收入为 4,700 镑；1487—1489 年，土地年均收入为 3,000 镑；1489—1495 土地收入为 11,000 镑；1502—1505 年，年均收入为 40,000 镑"。③

虽然上述三组数据互有出入，但每组都呈上升趋势，到了 1500 年后，三组数据的王室领地收入基本相同。从这三组数据推测，亨利七世时期的土地收入不断上升，到 1500 年后，年均土地收入为 40,000 镑。

---

① Lacey Baldwin Smith, *This Realm of England 1399 to 1688* (Lexington: D. C. Heath and Company, 1976), 85. 关于亨利七世时期王室领地收入还有其他说法。如特纳认为，"到了 16 世纪王室领地收入只有 32,000 镑"，参见 J. R. Tanner, *Tudor Constitutional Document* (Cambridge: Cambridge University Press, 1951), 598；沃尔夫认为，"亨利七世的首年，土地收入由 6,471 增加到 13,633 镑。1502 至 1505 年，王室领地现金收入为 40,000 镑，其他收入为 105,000 镑"。参见 Wolffe, *The Crown Lands, 1461-1539*, 49; Wolff, *The Royal Demesne in English History*, (London: George Allen & Unwin, 1971), 217-219.

② Dietz, *English Government Finance 1485-1558*, 27.

③ Wolffe, *The Crown Lands, 1461-1539*.

1509—1536年，王室领地的管理恢复到1461年以前的状态，管理能力下降使王室纯收入急剧下降。1509—1511年，王室直接管理的领地地租、固定包税和其他收入为：第一年，55,115镑；第二年49,266镑；第三年34,633镑；总计139,014镑。① 但扣除津贴、工资和其他开销，上交王室的现金收入只有25,000镑左右。②1515年，总检察长上交王室和锦衣库的现金为9,909镑7先令6.5便士，交给王室库保管员的现金为16,367镑13先令6便士，③ 领地的纯收入共计25,000镑，明显少于亨利七世的每年40,000镑④。由此可以估测，在解散修道院前，"王室领地纯收入降到每年25,000镑"。⑤

　　宗教改革后，王室没收了大量宗教界的土地。为了有效管理这些土地的出租、出售事宜，亨利八世设立"增收法庭"。据葛恩统计，1536—1546年，该法庭每年出租土地所得的平均纯收入为48,000镑。⑥ 如果用48,000镑/年的增收法庭收入加上原有领地收入25,000镑/年，总收入达到73,000镑/年。

　　需要说明的是这些收入不包括兰彻斯特公爵领的收入。如果加上兰彻斯特公爵领地10,000镑的年收入，解散修道院后10年内，王室领地收入可以达到100,000镑。⑦ 凭借这些资料，可以对亨利八世时期的王室领地收入作一概括：在宗教改革前，王室领地纯收入年均为

---

① Ibid., 74. 179.
② Ibid., 74. 180.
③ Ibid., 74. 83.
④ Ibid., 74. 85. 迪兹认为"1515年宫室收到王室领地收入为24,719镑"。Dietz, *English Government Finance 1485-1558*, 89.
⑤ Guy, *Tudor England*, 99.
⑥ Gunn, *Early Tudor Government 1485-1558*, 114. 威廉姆斯认为1436至1539年王室领地年均收入为135,000-140,000镑，1536至1544年年均收入为112,390镑。参见：P. Williams, *The Tudor Regime* (Oxford: Clarendon Press, 1979), 62.
⑦ E. G. Elton, *Tudor Constitution Document and Commentary* (Cambridge: Cambridge University Press, 1988), 40.

25,000 镑；宗教改革后，王室领地平均年收入增加到 10,000 镑，但有些年份要高于此数，如 1540 年的收入就高达 125,000 镑。[1]

玛丽时期，王室派官员与国王的佃户重新签订协议，提高租金，地租收入稳步上升。1553—1554 年增收法庭的收入为 26,883 镑，1556—1557 年，财务署账目中的原增收法庭的收入上涨为 47,723 镑。[2]1555 年，王室领地（包括威尔士）的收入为 82,741 镑，兰彻斯特领地收入为 25,000 镑，总收入为 107,741 镑。[3]

伊丽莎白一世首年王室领地纯收入为 66,448 镑，晚年王室领地纯收入达到 88,767 镑，比其首年收入增加了 22,319 镑。[4]另有人认为，"伊丽莎白一世女王统治的第 38 年到第 42 年的 5 年里年平均毛收入为 142,066 镑，纯收入为 123,337 镑"。[5]威廉姆斯认为，伊利莎白统治晚期王室领地收入每年达到 100,000 镑[6]。这组数据虽然有些偏高，但据最保守的估计，"伊丽莎白一世时期王室领地纯收入大体平均保持在每年 60,000 镑之上"。[7]这些收入加上兰彻斯特公爵领地每年 11,000—13,000 镑的纯收入，[8]纯收入总计达到 71,000—73,000 镑之间。

为了客观评价都铎时期王室领地收入取得的成就，有必要追述一下都铎王朝以前的领地收入情况。

诺曼征服后的很长一段时间，领地收入一直是王室重要收入之一。

---

[1] K. Powell and C. Cook, *English History Facts 1485-1603* (London: The MacMillan Press Ltd., 1977), 26.
[2] Dietz, *English public Finance 1558-1641*, 206.
[3] Loades, *The Reign of Mary Tudor*, 239；葛恩认为"1555 年不包括威尔士和兰彻斯特两地收入，王室领地纯收入为 83,000 镑"；见：Gunn, *Early Tudor Government, 1485-1558*, 114.
[4] Dietz, *English Public Finance 1558-1641*, 296.
[5] Hoyle, *The Estates of the English Crown 1558-1640*, 10.
[6] Williams, *The Tudor Regime*, 71.
[7] Elton, *Tudor Constitution Documents and Commentary*, 40.
[8] Dietz, *English Public Finance 1558-1641*, 302.

13世纪以前，历届国王的领地收入大致等量，没有显著变化。据《末日审判书》记载，当时王室领地收入约为12,600镑。[1]亨利二世（1154—1189）的领地收入在扣除各郡津贴和其他应扣除的各项支出后，还可净剩10,000镑。[2]亨利三世（1216—1272）时期，由于他任用亲信加强对王室领地的管理，领地地租收入增加。到1240年，王室领地收入比改革前每年可增收2,000镑，增长幅度达到10%。[3]但由于地方贵族反对，这一局面并没有持续多久。15世纪王权衰微，大部分王室领地收入被地方贵族窃为己有。1433年，王室领地收入已不足9,000镑，而这个数额只相当于流入贵族、地方实力集团私囊的零头。[4]亨利六世时期，上缴王室的土地地租收入、特许状收入和其他封地特权收入，总计仅为每年17,000镑。爱德华四世初期，王室土地纯收入降至2,500镑。[5]爱德华四世统治的最后8年里，王室领地纯收入每年为20,000镑，理查德三世时期每年为22,000—25,000镑。[6]

用上述数据绘制的中世纪王室领地收入变化图（表1），可直观反

---

[1] Hoyt, *The Royal Demesne in the English Constitutional History* (Ithaca: Cornell University Press, 1950), 81. 另外，沃尔夫认为《末日审判书》中列出王室的土地收入，只是由地方郡守管理的收入，不包括王室自己经营的领地收入。因此，实际上王室从领地上得到的收入要高于这个数字。参见：Wolffe, *The Crown Lands 1461-1539*, 19.

[2] Wolffe, *The Crown Lands 1461-1539*, 19.

[3] Stacey, *Politics, Policy and Finance under Henry III 1215-1240*, 91.

[4] 莫尔顿：《人民的英国史》，第115页。学者们对于1433年王室领地收入数量有不同说法。沃尔夫认为"1433年土地收入为8,265镑"。兰西·布兰德温·史密斯认为当年"王室领地租每年为38,000镑，扣除固定的支出，王室官员手中的钱财就大打折扣，最后到国王手中的仅为8,400镑"；并认为到15世纪50年代，国王王室领地纯收入低于5,000镑。盖伊则认为，1433年王室领地收入为10,500镑。参见：Wolffe, *The Crown Lands, 1461-1539*, 69; Lacey Baldwin Smith, *This Realm of England 1399 to 1688*, 21; Guy, *Tudor England*, 99.

[5] Dietz, *English Government Finance 1485-1558*, 12.

[6] Guy, *Tudor England*, 9. 但迪兹认为"爱德华四世执政的最后一年，其纯收入为6,471镑。理查德三世可得的数量就更少了"。参见：Dietz, *English Government Finance 1485-1558*, 12.

映该项收入的变化情况。

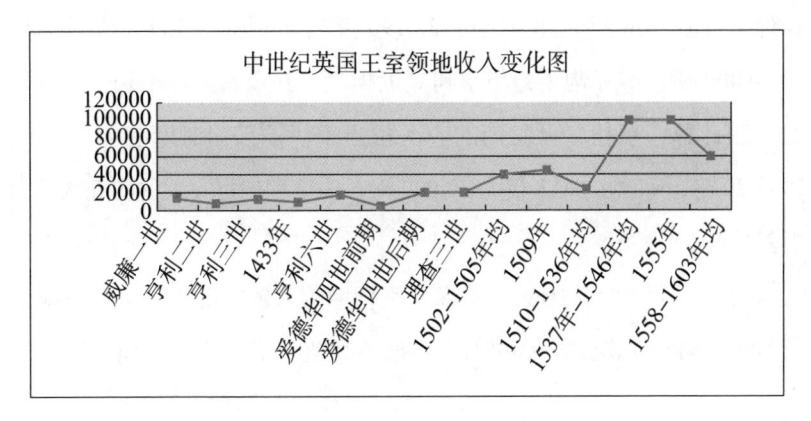

表1 中世纪英国王室领地收入变化图

上图显示出，都铎时期，王室领地收入达到了最高峰。都铎君主在王室领地收入方面所作的努力，取得了不小的成果。

然而，如果考虑物价上涨因素，都铎时期领地收入的实际购买力，与13世纪相比，并没有大幅增长。

物价是评价财政收入的一个重要指标，考察中世纪英格兰的物价变化，可以客观地反映都铎王室领地收入的实际购买力情况。物价上涨使表面上增加的王室领地收入的实际购买力大打折扣。物价在1200年前后开始急剧上涨，在约翰统治时期几乎涨了一倍，此后稍有回落。1300年，物价再次上涨，在几乎延续了一个世纪后，才有所下降。到了16世纪中后期，物价再次急剧上涨。① 从物价指数上看，亨利二世时期的1166—1177年为30，亨利七世时期1502—1505年为112，伊丽莎白的1559—1570年为279，1571—1582年为324，1583—1592年为376，1593—1602年为496。也就是说，亨利七世时期物价指数大约是亨利二世时期的3倍，伊丽莎白时期大约是亨利二世时期的9—16

---

① 中世纪英格兰物价波动情况，参考迈克尔·曼：《社会权力的来源》，第424、425、609页。

倍。按照这一物价上涨速度计算，亨利二世时期 12,730 镑的领地收入，其购买力相当于亨利七世时期的 38,190 镑[①]。而当时亨利七世的收入仅为 40,000 镑，实际购买力与亨利二世相比，并没有显著增长。以同样的方法计算，亨利二世时期的收入相当于伊丽莎白时期的 114,570—203,680 镑，[②] 而她的收入仅为 70,000 镑，与亨利二世收入的实际购买力相差甚远。

可见，考虑物价因素，都铎王室领地收入的实际购买力，不能达到 1066 年到 13 世纪初期的水平，虽然数值上显示增加，但实质上却缩水。

考察都铎王室领地收入的情况，还需考虑其在王室财政总收入中的比重。王室领地收入曾经是英格兰王室最重要的收入来源。后来随着领地数量减少和其他项收入的增多，其在王室总收入所占比重不断下降。到了爱德华一世时期降到了 30%。表 2 展示了都铎王朝以前领地收入在王室收入中下降的具体情况。

表2　都铎王朝之前王室领地收入在王室财政总收入中的比重（单位：镑）[③]

国　王	王室领地收入占总收入的百分比
亨利一世（1100—1135）	90%
亨利二世（1154—1189）	79%
约翰（1199—1216）	55%
亨利三世（1216—1272）	47%
爱德华一世（1272—1307）	30%
爱德华二世（1307—1327）	20%

---

① 亨利二世时期的实际收入乘以物价上涨倍数，即 12,730 镑乘以 3。
② 亨利二世时期的实际收入乘以物价上涨倍数，即 12,730 镑乘以 9 和 12,730 镑乘以 16 之间。
③ 施诚：《论中古英国"国王靠自己过活的原则"》，《世界历史》2003 年第 1 期，第 69 页。

国　王	王室领地收入占总收入的百分比
爱德华三世（1327—1377）	14%
理查二世（1377—1399）	22%

由上表可看出，领地收入在王室收入中所占比重由亨利一世时期的 90%，降到理查二世时期的 22%，降幅很大。

都铎时期，尽管王室领地收入有了大幅度增加，但其在王室总收入所占比重并没有太大改变。据统计，亨利七世统治的后 5 年（1505 年—1509 年）的年均收入高达 142,000 镑，[①] 其中 40,000 镑来自王室领地收入，占总收入的 28% 左右。没收宗教地产以前的 1522—1525 年，年均王室总收入超过 150,000 镑[②]，其中领地收入为 25,000 镑，占 19%。[③]1538—1547 年，王室年均总收入约为 235,700 镑，领地收入 100,000 镑，约占 42%。[④]

伊丽莎白一世时期，在财务署收入中，领地收入所占比重在 16%-23.6% 左右。详细情况如表 3 所示：

[①] Bryan Bevan, *Henry VII: The First Tudor King*, (London: The Rublicon Press, 2000), 111.

[②] Palmer, *Henry VIII*, 72.

[③] 由于上述王室总收入仅包括王室领地收入、关税和封建特权收入，未包含世俗和宗教直接税，所以王室领地在王室领地收入中的实际比例应更低。

[④] 该时期都铎王室收入主要有以下几项：(1) 议会税收入：世俗议会税收入为 467,642 镑，教士补助金 126,000 镑，总计为 593,642 镑，年均 5.94 万镑；(2) 货币贬值带来的收入：总计为 363,000 镑，年均 3.63 万镑；(3) 出售领地的收入：总计约 80 万镑，年均 8 万镑；(4) 教士的首俸金和 1/10 税收入：每年 40,000 镑；(5) 关税收入：每年 2 万镑。上述收入之和大约为 33.57 万镑。

参见 P. J. Helm. *England under the Yorkists and Tudors*, 132; Dietz, *English Government Finance 1485-1558*, 149, p177; Elton, *Tudor Constitution Document and Commentary*, 42; 陈曦文、王乃耀主编：《英国社会转型时期经济发展研究》，第 309-310 页。

表3 1580—1600年财务署主要收入及所占比例一览表（单位：1000镑）①

时间段	总数	领地收入及所占比例		关税	议会其他税收	宗教收入
1580-1582	257	60	23%	70	51	22
1583-1585	250	59	23.6%	83	44	24
1586-1588	268	58	21.6%	79	49	30
1589-1591	341	68	19.9%	98	83	30
1592-1594	339	68	20%	109	75	30
1595-1597	330			109	72	
1598-1600	382	61	16%	102	126	32

根据上述数据，可以绘制出中世纪英格兰王室领地收入占王室财政总收入比重变化图（表4）。

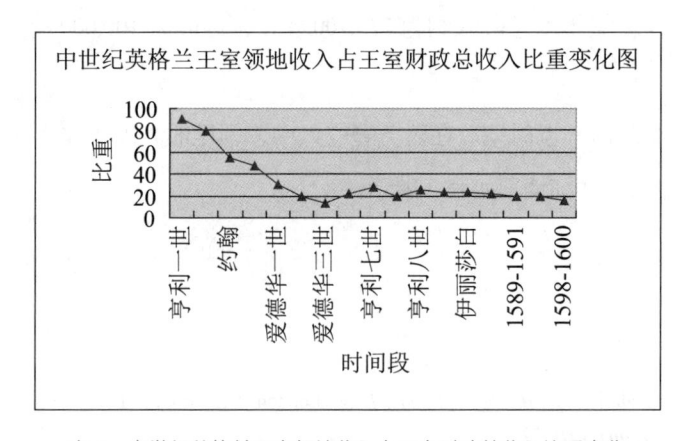

表4 中世纪英格兰王室领地收入占王室财政总收入比重变化

由上图可知，都铎王朝以前，王室领地所占的比重基本呈下降趋势，只是在理查二世时期有所回升。亨利七世时期继续小幅回升。亨利八世前期小幅回落，后因没收宗教地产，再次小幅回升，此时王室

---

① Raymond W. Goldsmith, *Premordern Financial Systems: A Historical Comparative Study*, (Cambridge: Cambridge University Press, 1987), 190.

领地收入在王室总收入中所占比例也仅为 30%，不能和亨利一世时期的 90% 相提并论。此后王室领地收入所占的比例缓速下降。该图显示都铎王室领地收入在王室财政中已不具备绝对的重要性，都铎王朝没有大幅逆转领地收入在王室总收入中下降的趋势，伊丽莎白时期降至理查二世时期的水平。

从以上对王室领地收入实际购买力和王室领地收入在王室总收入中所占比重变化的分析可知，都铎王室领地的收入表面上比前代有很大提高，但其实际购买力没有显著提高，而且相对王室总收入而言，王室领地收入的重要性不断降低。这说明曾经为王室重要财源的领地已逐渐丧失了其支柱地位，君主专制政体的物质基础削弱了。

结　语

诺曼征服后，威廉一世将大陆的分封制度移植到英格兰时，给自己保留了充足的领地。他深知"只要王室的收入低于任何两个地方大贵族的收入总和，而后者又愿意联合起来，那么王权就岌岌可危了"[1]的道理。在其后的 150 年内，领地收入一直是王室财政的基石。

到了 13 世纪，随着物价的上涨，战争费用的增加，使相对固定的领地收入不能满足王室政府支出。为了应对财政危机，国王开始征收关税和动产税，开启了由领地财政向税收财政转变的历程。

新的筹款方式为王室提供了巨大财政支持，但由于君主征收上述税收，需要同议会协商，而议会经常凭借这一权力要挟国王答应他们的要求。王权也因此受到议会的制约。这促使君主谋求增加自己享有征收权的领地收入，试图摆脱在财政上过度依赖议会的状况。约克王朝的爱德华四世向议会宣布自己要遵守国王自理原则，避免加剧民众

---

[1]〔美〕迈克尔·V. C. 亚历山大：《英国早期历史中三次危机》，蒋琳译，北京：北京大学出版社，2008 年，第 37 页。

赋税负担，同时要求议会支持他扩大王室领地，加强领地收入征收的措施。领地收入一直下降的趋势得到遏制，并有所回升。

都铎君主继承和发展了爱德华四世增加领地收入的措施，从数字上看，取得了很大成效，但从诺曼征服到都铎王朝结束这一较长历史阶段考察，就会发现，都铎王室领地收入实际购买力和其在财政收入中的重要性都没有恢复到封建社会鼎盛时期。这表明建立在领地基础上的封建财政收入已经不能适应社会的发展。

领地收入地位下降，迫使君主依赖议会授权的税收和诸如出售王室领地、货币贬值等饮鸩止渴的临时性收入。议会税和临时性收入是以牺牲王室长远利益为代价的，对这些收入的依赖进一步削弱了王室的财政基础，从而加剧了国王对议会的依赖，王权在财政上受议会的制约进一步加强。

此外，都铎王室为追求现金收入最大化，大量出售王室领地，改变了土地在社会各阶层的分布状况，使全国大部分的土地为乡绅阶层所拥有。都铎君主在不经意间促进了地产转移，加强了乡绅阶层的力量。而这种土地财富分布状况的变化也奠定了英国领地财政向议会财政转变的基础。

欧保罗
(Paul Arpaia)

从欧洲自由主义走向意大利法西斯主义

历史的反思

前 言

1927年，意大利历史学家圭多·德鲁杰多出版了《欧洲自由主义的历史》一书。英国历史学家柯林武德意识到该书的重要，立即将它翻译成英文出版。柯林武德估计德鲁杰多对"自由主义"一词的使用可能会引起误解，特地解释说，德鲁杰多使用这个词，目的是展示一个理性过程，即一个人如何通过它获取对自身作为一个独立而自由的道德个体的认知，并进而能寻求自由。当一个人（一个自由主义者）感受这一过程带来的裨益时，他也会同时意识到，只有当自己与其他志同道合者结为一个整体的时候，他的个人自由才会处于最安全的状态。这些自由主义者因此而团结起来，为自己和他人创造自由、保护自由并赋予自由以力量。这个不断壮大的自由社会的新成员可能是成人，也可能是自由主义者们的后裔，后者因受前辈的熏陶而希望变成追求自由的独立而自由的道德个体。当有足够数量的人重复经历了这一过程之后，自由主义便会演变成为一种维系自由主义国家和社会的永久性动力。自由主义国家与自由社会的维系都将依赖于自由主义者，而自由主义者则需吸纳新成员，并为适应变化无常的历史情境接受新成员们的自由观念。德鲁杰多认为，英、法、德、意等不同形式的自由主义正是通过这个过程产生的,并随着时间的推移而不断发生变化,其结果是,它们共同塑造了欧洲的自由主义。只要崇尚自由和理性的欧洲人世世代代投身于这一过程,欧洲自由主义就将持续下去。[1]

德鲁杰多既是一个自由主义者,也是一个反法西斯主义者。他与其他生活在墨索里尼统治下的意大利自由主义者最早被迫去反思自由主义的历史观,即历史从原始社会上升至现代自由社会的过程。[2] 德鲁杰多的著作是对法国观念学(*Ideologues*)学者的一种呼应,而后者最先视意识形态为一种同时针对天主教教条主义和拿破仑权威主义的解药。[3] 因此,他的研究既是一部思想史,也是一种谨慎的提醒,警示人们有可能丧失曾经拥有过的自由主义。然而,历史同时也告知人们,自由主义也有可能在非自由的条件下发展,这样的事情的确也发生过。所以,德鲁杰多在书中仍然传递了一种希望:即尽管法西斯意大利在20世纪20年代后半期正在加速滑向一个极权主义政体,意大利仍然有可能重

---

[1] Guido De Ruggiero, *The History of European Liberalism*, trans. by R.G. Collingwood (Boston: Beacon Press, 1959 [c1927]), vii.

[2] 1945年法西斯主义被击败之后,大多数意大利知识分子和政治家都顺水推舟地接受了哲学家克罗齐的解释,即法西斯主义是意大利自由主义历史上的一段插曲。这种说法既为统治阶级轻易地开脱了他们的法西斯主义罪责,也非常方便地拯救了自由主义的进步主义观念。

[3] Sergio Moravia, *Il pensiero degli idéologues. Scienza e filosofia in Francia (1780-1815)* [The Idéologue's thought] (Florence: La nuova Italia, 1974); Laurent Clauzade, *L'idéologie, ou, La révolution de l'analyse.* (Paris: Gallimard, 1998); Antonia Criscenti Grassi, *Gli idéologues. Il dibattito sulla pubblica istruzione nella Francia rivoluzionaria (1789-1799)* [The Idéologues. The debate over public education in revolutionary France (1789-1799] (Rome: Gangemi, 1990); Biancamaria Fontana, *Benjamin Constant and the Post-Revolutionary Mind.* (New Haven, CT: Yale UP, 1991); François Rastier, *Idéologie et théorie des signes; analyse structurale des Éléments d'idéologie d'Antoine-Louis-Claude Destutt de Tracy* [Idéologie and the theory of signs: A structural analysis of Antoine-Louis-Claude Destutt de Tracy Elements of ideology] (The Hague, Mouton, 1972); Brian Head, *Ideology and Social Science: Destutt de Tracy and French liberalism* (Dordrecht: M. Nijhoff, 1985); Rose Goetz, *Destutt de Tracy. Philosophie du langage et science de l'homme* [Destutt de Tracy. Philosophy of language and the science of man] (Geneva: Droz, 1993).

新回归自由主义。①

　　德鲁杰多的观念——即自由主义是一个持续演进的过程——同时强调了自由主义具有的脆弱性和坚韧性；在见证了众多的自由主义国家在短暂的 20 世纪相继失败之后，我们今天似乎更愿意接受这一判断。② 然而，德鲁杰多的模式并没有详细地解释自由主义为何会遭遇挫折：自由主义是一个连续不断的进程，只有当它停下来的时候才会终止。迈克·弗里丹在《分裂的自由主义》一书中，通过研究 20 世纪上半叶英国自由主义对劳工阶级的影响逐渐式微的过程，对此提供了一种解答。弗里丹认为，意识形态与"集合论"（set theory）中的"集子"（sets）相似。③ 换言之，意识形态可被视为是一种思想多形体（heteromorphic sets），内含两类基本子集，第一类包含了用以决定某种意识形态的根本形式的核心思想。存在于该子集的思想可以将其与其他的意识形态区分开来。第二类包含的是这一意识形态的边缘性思想，并不涉及意识形态的本质，但通常反映出地域与时间的结合。每一子集中的不同思想之间以及不同子集之间的相互作用，构成了不同种类的意识形态。因为外部刺激会迫使个体去反思某种意识形态，因而个人必须设法解决由此引发的张力。个体可以改变或重组核心思想的子集，并为了接受一种新的意识形态而抛弃其他的意识形态。或者，个人也可以改变或重组边缘思想的子集，从而为同一意识形态创造出一种不同的新类型。因此，相对于德鲁杰多的自由主义范畴，弗里丹允许我们进一步思考，自由主义的进程是如何形成、延续和改进的，以及思考它在特

---

① 见 "Towards the Present Age," in De Ruggiero, *The History of European Liberalism*, 339-343.
② 埃里克·霍姆斯鲍姆指出，从一战中存活下来的和新创建的欧洲国家都选举产生了议会政府。然而，到 1940 年时，议会政治仅在英国、芬兰、自由爱尔兰、瑞典和瑞士得以存活。E. J. Hobsbawm, *The Age of Extremes: A History of the World, 1914-1991* (New York: Pantheon Books, 1994), 110-111.
③ Michael Freedan, *Liberalism Divided* (Oxford: Clarendon Press, 1986).

殊的社会经济、政治和文化群体乃至单一的个体中可能遭遇的失败。①

基于德鲁杰多和弗里丹方法论之上的自由主义研究能够提供几点优势。首先，它允许使用一种非静态模式来进行历史分析。其次，它将思想史的基础根植于物质世界之中。第三，通过将核心思想的一种子集视为一种意识形态之稳定的核心，我们能够分析核心思想的子集如何能够被改变，分析新意识形态的拥护者如何分享旧意识形态的部分（而非全部）的内容。第四，它允许我们在没有目的论偏见下对意识形态进行分析。第五，通过从形态学角度接近一种意识形态，我们能够创建一种比较分析的基础。最后，这类研究可帮助我们认识到，意大利自由主义在何种意义上是与欧洲自由主义这一更大规模的历史现象联系在一起的，以及两者是如何与法西斯主义发生联系的。

我的观点

在本文中，我将探讨意大利自由主义发生变化的方式，注重观察它如何在19世纪末20世纪初分解成为两个不同的阵营。其中一个阵营在新的历史情势下继续采用与自由主义原则保持一致的自由主义，而另外一个阵营则没有。限于版面，我将主要讨论导致两个阵营从早期自由主义概念分离的国内和国际原因。对于意大利自由主义来说，第一次世界大战是一个关键的转折点。一部分自由主义者在战时的思考和行动所遵循的是战前自由主义的核心思想，他们在战后继续乐此不疲，而这些思想是对战前民主诉求所做出的回应。② 与之相对的是，大

---

① Freedan, *Liberalism Divided*.
② 参见 Nadia Urbanati 对 Piero Gobetti 的介绍，*On Liberal Revolution*, ed. by Nadia Urbinati, trans. by William McCuaig (New Haven: Yale University Press, 2000) 和她对 Carlo Rosselli 的介绍，*Liberal Socialism*, ed. by Nadia Urbinati, trans. by William McCuaig (Princeton: Princeton University Press, 1994) and Giovanna Angelini, *L'altro socialismo. L'eredità democratico-risorgimentale da Bignami a Rosselli* [The Other Socialism. The Democratic-Risorgimental Inheritance from Bignami to Rosselli] (Milan: FrancoAngeli, 1999).

部分自由主义者却改造了自由主义的核心思想，其结果是，他们的意
识形态与战后自由主义显得格格不入。如果将第二个阵营的起源追溯
到战前时代，我们发现它产生于导致意大利最终走向一战的激烈的公
共辩论之中。① 到 1910 年时，这场辩论的一些参与者已经卷入到意大利
民族主义协会（简称意民会）的创建之中。② 意民会（ANI）最初只是
一个松散的文化组织，其宗旨是防止外来势力对意大利文化与社会的
侵蚀。到 1912 年，该会领导人将那些抱有民主倾向的竞争者驱逐出会，
将协会转化成为一个死守教条的民族党。在 1913 年的几次关键选举中，
自由主义者不得不在公开力挺自由民主和公开唾弃自由主义的候选人
中进行选择，其中最为关键的是罗马市第一选区的决胜选举。这场具
有全国性重要意义的政治决斗发生在西皮奥内·博尔盖塞与路易吉·费
代尔佐尼之间。前者是一位激进派政治家，拥有民主派的支持；后者
则是一位民族主义领袖，虽然从政时间不长，但却是将意民会转化成
为政党的关键人物之一。令人大跌眼镜的是，自由主义者在两人之间
选择了费代尔佐尼。③ 一年之后，在 1914 年 5 月的第三次党代会上，
民族主义者公开抛弃了自由主义，宣称自己是一个具有前瞻性的、新
保守主义的、反民主的政党。一战之后，民族党及其支持者加入了崭
露头角的法西斯党。在墨索里尼领导的法西斯分子进军罗马之后，两

---

① G. Volpe, *Italia moderna* [Modern Italy] vol. 3 (Florence: Bemporad, 1973 [c1949]), 274-313.
② 为了讨论得清楚，我将在（英文）文中涉及意民会和民族党成员的地方给"民族主义"(Nationalism) 和"民族主义者"(Nationalists) 均予以大写。
③ Helmut Ullrich, *Le elezioni del 1913 a Roma. I liberali fra massoneria e vaticano* [The Election of 1913 in Rome. The Liberals between Freemasonry and the Vatican] (Città di Castello: Società editrice Dante Alighieri, 1972) and Paul Arpaia, "Luigi Federzoni and the Italian Nationalist Association: From a Cultural Conception of Italy to a Nationalist Political Program," Ph.D. diss, Georgetown University, 1999), 116-167.

党合二为一。[1] 前民族党人在法西斯意大利时代曾经拥有过并发挥了巨大的权力，在这些前民族党人中名列前茅的正是路易吉·费代尔佐尼。[2]

民族主义自然不是一种新的思想方式。意大利民族主义的起源至少可以追溯到中世纪。中世纪的民族主义情绪更多的是以文化而非政治的形式来表现的。当时意大利半岛的精英分子开始使用"Italianità"一词（可译为"意大利性"，或"意大利人的特质"）将自己与"他人"加以区分，后者因书写和讲话的方式偏离了"意大利式"的语言模式而被视为是"非意大利人"。但在19世纪早期到中期的时段，在自由主义者对意大利民族性的思考之中，语言并不占据一个显要的位置。事实上，意大利"复兴运动"（Risorgimento，意大利统一运动）的领袖人物——包括皮埃蒙特—撒丁国王维托里奥·埃马努埃莱二世（Victor Emanuel II）、卡米洛·加富尔（Camillo Cavour）、朱塞佩·加里波第（Giuseppe Garibaldi）和朱塞佩·马志尼（Giuseppe Mazzini）等——的母语都是法语，虽然他们的意大利语讲得很糟，但无人质疑他们的"意大利性"。[3]

---

[1] Franco Gaeta, *Il nazionalismo italiano* [Italian nationalism] 2nd ed. (Roma and Bari: Laterza, 1981 [c1965]), 25-27, 99-110; A. De Grand, *The Italian Nationalist Association and the Rise of Fascism in Italy* (Lincoln: University of Nebraska Press, 1978), 8-16; F. Perfetti, *Il movimento nazionalista in Italia (1903-1914)* [The Nationalist Movement in Italy (1903-1914)] (Rome: Bonacci, 1984), 13-45; A. D'Orsi, ed., *I nazionalisti* [The Nationalists] (Milan: Feltrinelli, 1981), 13-90, *passim*.

[2] Arpaia, "Luigi Federzoni and the Italian Nationalist Association: From a Cultural Conception of Italy to a Nationalist Political Program."

[3] "自由意大利"（Liberal Italy）一词来自法西斯时代，目的是区分自由主义者和法西斯主义者对意大利宪法的不同解释，而宪法则是1848年革命的遗产之一。两者皆从这部文献中寻求和获取灵感。关于1848年革命的经典研究，见 Peter Stearns, 1848: *The Revolutionary Tide in Europe* (New York: Norton, 1974). 同见：J. W. Evans and Hartmut Pogge von Strandmann, eds., *The Revolutions in Europe, 1848-1849: From Reform to Reaction* (New York: Oxford University Press, 2000). 关于革命影响力的讨论，见：Axel Körner, ed., *1848 A European revolution? International Ideas and National Memories of 1848* (New York: St. Martin's Press, 2000).

1861年意大利统一之后，胜利者便十分方便地将他们的思想与行为方式与意大利性画上了等号。人们忘记了一个事实：维托里奥·埃马努埃莱和加富尔对一个现代意大利王国的最初想象只限于意大利半岛北部的联合。① 许多北部自由主义者并不认为半岛南部具有"意大利性"。统一之后的数十年内，自由主义者继续使用 *italianità* 一词，但复兴运动的失败者——包括天主教徒、共和主义者，激进派，社会主义者和民主派等——也在使用这个词。因此，作为一个意大利人究竟意味着什么，在统一之后仍然是一个争执不休的问题。对丁执政的自由主义者来说，做一个意大利人，就意味着信奉自由主义，或对那些消极公民来说，意味着遵从自由主义者提倡的关于自由、个人、文化和民族的核心思想。一战之后，法西斯主义者将意大利性转换成一个反自由主义的概念。在法西斯意大利时期，做一个意大利人，意味着人们必须按法西斯分子的思路来解读意大利性。即便是墨索里尼本人，他也必须调整观念，使其与为传统政治阶级所奉行的新"意大利式"生存和行为方式保持一致。② 也许这正是意大利马克思主义思想家安东尼奥·葛兰西希望指出的问题——他曾一针见血地质问："这个置身于现代条件之下的新'自由主义'概念，难道不正是'法西斯主义'吗？"③

---

① 关于意大利统一的英文通史著作，参见 Denis Mack Smith, *Cavour and Garibaldi, 1860: A Study in Political Conflict* (Cambridge: Cambridge University Press, 1954), George Macaulay Trevelyan, *Garibaldi and the making of Italy, June-November, 1860* (Westport: Greenwood P, 1982). 有关加里波第的最优秀的当代研究是 Lucy Riall, *Garibaldi: Invention of a Hero* (New Haven: Yale University Press, 2007).

② 当意识到他需要迁就统治阶级的需要时，墨索里尼改变了立场，宣称对君主制、军队和天主教会表示支持。最为精湛的墨索里尼传记仍然是 De Felice Renzo, *Mussolini*, 4 vols. (Turin: Einaudi, 1965-1997). 关于墨索里尼与教皇庇护九世之间的工作关系的研究，同见 David Kertzer, *The Pope and Mussolini: The Secret History of Pius XI and the Rise of Fascism in Europe* (New York: Random House, 2014)

③ A. Gramsci, *Quaderni dal carcere*, [Prison notebooks] Critical ed., vol. 2, ed.by Valentino Gerratana (Turin: Einaudi, 1975), Quaderno 8 (XXVII) §236 "Punti per un saggio di Croce" (Notes for a writing by Croce), 1088-1089.

一个具有民主倾向的"民族"概念

关于民族主义的现代研究明确地告诉我们,民族并非是自然形成的结果。[1] 19 世纪的意大利自由主义者对此也是心知肚明。他们有意识地将自己的民族视为一种社会建构,赋予其以法治的担保,并为其套上宪法的光环。但对于"民族"是一种被发明的、而不是一种自然产物或客观历史进程的一种结果的说法,他们并不愿意接受。[2] 尽管欧洲已经进入到大众政治的时代,但当意大利民族及其相关词汇遭到质疑的时候,意大利自由主义者仍然感到难以接受。[3] 1789 年之前,意大利半岛上使用的民族主义概念因受血缘、语言、宗教或习俗的影响

---

[1] 关于民族主义的史学研究数量极大,在此仅提及几部重要的代表作。E. Hobsbawm, *The Age of Revolution. 1789-1848* (New York: New American Library, 1962); E. Hobsbaum and T. Ranger, eds. *The Invention of Tradition* (Cambridge: Cambridge University Press, 1983); E. Gellner, *Nations and Nationalism* (Ithaca: Cornell University Press, 1983); B. Anderson, *Imagined Communities*, rev. ed. (London and New York: Verso, 1993 [1983]); E. Gellner, *Culture, Identity, and Politics* (Cambridge: Cambridge University Press, 1987); E. Hobsbawm, *Nations and Nationalism since 1780: Programme, Myth, Reality* (Cambridge: Cambridge University Press, 1990) and E. J. Hobsbawm, *Echoes of the Marseillaise* (New Brunswick: Rutgers University Press, 1990).

[2] 在 19 世纪那些没有宪法的欧洲国家里,自由主义者都一致要求有一部成文宪法。英国无意中曾对伊比利亚和意大利半岛两地的 1812 年西班牙语宪法的写作产生过巨大的影响。该宪法后来成为两地未来数部自由主义宪法的楷模,包括阿尔贝托宪章(*Statuto Albertino*) 在内,后者是卡洛·阿尔贝托 (Carlo Alberto) 国王在 1848 年赐予皮埃蒙特-撒丁王国的宪法。意大利统一后,在萨伏依王室 (House of Savoy) 的统治下,该宪法的实施范围被扩展到意大利其他地区。

[3] G. Mosse, *The Nationalization of the Masses* (New York: Fertig, 1975) and *Masses and Man* (New York: Fertig, 1980). 关于意大利自由主义者的民族观的研究,见 A. M. Banti, *La nazione del Risorgimento*. [The Nation of the Risorgimento] (Turin: G. Einaudi, 2000) and *Sublime madre nostra. La nazione italiana dal Risorgimento al fascismo*. [Sublime mother of ours: The Italian Nation from Unification to Fascism] (Roma: Laterza, 2011)。关于欧洲其他地区的民族观研究,见 A. M. Banti, *L'onore della nazione. Identità sessuali e violenza nel nazionalismo europeo dal XVIII secolo alla grande guerra* [National Honor: Sexual Identity and Violence in European Nationalism from the Eighteenth Century to World War I] (Turin: Einaudi, 2005).

而具有多种含义。法国革命的发生赋予了它一个根本不同的含义。[1] 自由主义者将"民族"解释成为是一个由公民组成的集合体，而公民是主权的拥有者，并通过国家与社会行使自身的主权和权威。[2] 随着君主制的灭亡成为 1789 年后国家建构的前提条件，国家活动的焦点也发生了转移，从保护君主制及其统治下的自由转向为保护公民政体及其所包含的自由。如同君主的身体同时具有宗教和世俗两个面相一样，[3] "人民"和"民族"的概念也是如此。因为受到法国大革命的冲击，欧洲大陆国家使用的"人民"和"民族"的概念也会因使用者、听众、使用目的与背景的不同而具有不同的、甚至相互冲突的宗教和政治内涵。[4] 的确，比起"君主"或某个官方教会来说，"人民"和"民族"的概念更为抽象，使用者赋予它们的含义也因此更为多样。此外，由于积极公民和消极公民被界定的方式，所指（signified）能够摆脱能指（signifier）的控制。[5] 最终形成的话语有可能创造出新的、同时包含暗

---

[1] E.J. Hobsbawm, *Nations and Nationalism since 1780: Programme, Myth, Reality* (Cambridge: Cambridge University Press, 1990), 14-17; F. Chabod, *Idea di nazione* [The Idea of Nation], ed. by A. Saitta and E. Sestan, 8th ed. (Rome and Bari: Laterza, 1996 [1961]) and F. Gaeta, *Il nazionalismo italiano* [Italian Nationalism]. 2nd ed., (Rome and Bari: Laterza, 1981), 5.

[2] 霍布斯鲍姆注意到，革命之后的结局有一个亲民主的内涵："拥有集体主权的公民群体组成了国家，后者则是他们的政治表现。无论国家的其他内涵是什么，它都从来不会缺少公民身份和大众参与与选择的成分。" Hobsbawm, *Nations and Nationalism since 1780*, 18-19.

[3] 关于西方君主的双重性的所有引语，取自 M. Bloch, *The Royal Touch,* trans. J. E. Anderson (London: Routledge, 1973).

[4] 关于法国的例子，见 S. Desan, *Reclaiming the Sacred* (Ithaca: Cornell University Press, 1991). 关于美国的例子，见 D. Roediger, *The Wages of Whiteness* (New York: Verso, 1991); D. Roediger, *Towards the Abolition of Whiteness.* (New York: Verso, 1994).

[5] 如 A. Buttafuoco, *Questioni di cittadinanza, donne e diritti sociali nell'Italia liberale* [Questions of citizenship, women and social rights in Liberal Italy] (Siena: Protagon editori toscani, 1997). 法国史学对此主题的经典研究是 E. Weber, *Peasants into Frenchmen* (Stanford: Stanford University Press, 1976).

示和明确道德面相的文化—政治话语。

尽管意大利自由主义者鼓吹政教分离，但他们却创造了自己的宗教偶像，用自己的圣人形象、道德观以及围绕大自然、进步和资本主义而发明的金科玉律来圣化意大利自由主义。他们不光从法国大革命而同时也从生物学、化学、数学、物理学和社会科学等方兴未艾的领域中汲取灵感。[1] 他们的目标是要取代教皇的统治，后者大肆诅咒意大利的统一，并禁止信众参与国家政治。[2] 当意大利和各地的自由主义者将主权的定位从王室和教坛转移到"民族"（nation）的时候，他们有意无意地创造了一种自由主义形式的民族主义。[3] 法国革命将民族与国家融为一体，构成了自由主义式民族国家（liberal nation-state）。革命者在人民那里找到了民族的来源，并提出国家是人民运用自由的途径。这种对政体、国家和民族的重新想象带来了政治话语的转型。关于君主制国家本质的辩论为关于民族本质的辩论所取代。这样，法国革命之后的所有政治运动和意识形态——除了那些鼓吹恢复旧制的运动和言论之外——在现代意义上都被"民族化"了。

---

[1] 关于镭的发现与社会的联系，可参见 Paul Arpaia, "«*Il Giornale d'Italia*» Fulcrum of an Alternative Modernism," in *Culture e libertà. Studi di storia in onore di Roberto Vivarelli* [Culture and Liberty. *Festschrift* in honor of Roberto Vivarelli] (Pisa: Edizioni della Normale, 2006: 239-272).

[2] 意大利政治学家埃米利奥·真蒂莱(Emilio Gentile)对广泛分享自由派"国民宗教"(civic religion)和刻板的法西斯"政治宗教"(political religion)做出区分，见 E. Gentile, *The Sacralization of Politics in Fascist Italy*, trans. by K. Botsford (Cambridge: Harvard University Press, 1996); E. Gentile, *Politics as Religion*, trans. by G. Staunton (Princeton: Princeton University Press, 2006). 我认为真蒂莱并没有意识到意大利自由主义的多种形式中存在的教条主义性质，尤其是意大利实证主义者。关于实证主义与法西斯主义和国家社会主义的联系，见 D. Gasman, *The Scientific Origins of National Socialism* (London: Macdonald, 1971); D. Gasman, *Haeckel's Monism and the Birth of Fascist Ideology* (New York: P. Lang, 1998).

[3] Hobsbawm 1990, 18-19; F. Furet, *Interpreting the French Revolution* (Cambridge: Cambridge University Press, 1981), 175-176; and L. Hunt, *Politics, Culture, and Class in the French Revolution* (Berkeley: University of California Press, 1984).

意大利自由主义者还从大众实践中过滤出那些适合他们的东西，并将其打造成民族和民族文化的基础。不管被统治阶级是否真的想要，民族及其文化被强加于他们的头上。换言之，意大利的精英阶层设想了一种关于独立民族国家的愿景，其目标是重构一个比自身更为完美的形象。自由主义者根据他们的口味对意大利民族的根本特征及传统进行了筛选和保留，并以此来界定政治道德。现代意大利民族因此变成一个具有前瞻性的、富有革命潜能的变革者。① 自由主义的民族建构借用民族主义的形式得以降生，而民族主义也依次借用自由主义国家而得以生存（或增强），依次循环，始终如此。至少这是一种自由主义者所想象的进程。然而，法西斯主义则将证明，这个进程很有可能会失败。

意大利（和其他各地）君主制在19世纪为民族国家所取代的成功意味着，即便旧制度（*Ancien Régime*）的寿命超过了法国革命，如阿尔诺·迈耶所指出的那样，但君主和教会为了生存却不得不将自己重新定位为民族国家体制的一部分。② 如果加富尔在统一中在那些后来加入皮埃蒙特—撒丁王国的地区使用公投是为了影响自由主义欧洲的公共舆论，这些公投活动还具有另外一种功能。它们将新意大利国家和新意大利君主制建立在民族意愿的基础之上，而并非是某种先入为主

---

① 根据我对民族主义者的研究，我认为意大利民族主义党 (Italian Nationalist Party) 是新保守党类型的第一个先例。与其他的欧洲民族主义和"民族"(*völkischen*) 运动不同的是，意大利民族主义者不可能从过去中追溯一个理想的过去，因为在1861年之前意大利并不存在。因此，意大利民族主义从本质上是一个前瞻性的政党。意大利民族主义者也与当代美国新保守主义者相似。他们的意识形态包含了意大利例外论，以及意大利人将按自己的想象来再造地中海地区的天定命运观。在经济学上，民族主义者否定自由市场资本主义和社会主义，提出社团主义作为获得现代性的一种替代道路。当1923年民族党与法西斯党合并时，法西斯采用了民族党的意识形态。

② A. J. Mayer, *The Persistence of the Old Regime: Europe to the Great War* (New York: Pantheon Books, 1981); Hobsbawm, *Nations and Nationalism since 1780*, 84-85.

的国家精神或精神遗产的基础之上。① 但这个基础是一个法律虚构。尽管这些公投活动允许所有意大利成年男性的参与，② 但在此后的50年里对选举资格的限制，则意味着大部分的意大利男性公民无法在一个因他们的同意而得以产生的国家和社会中参与政治。统一之后，"因应民族的意愿"的口号加入了"因应上帝的保佑"，一并成为了皮埃蒙特—撒丁王国国君头衔的内容。这些添加凸显了新意大利君主制的自由主义本质。而1848年皮埃蒙特宪法的使用被扩展到意大利全国，用意也在于此。这样，国王的头衔和皮埃蒙特宪法象征着复兴运动中的反民主力量的胜利。③ 共和派、民主派和天主教徒则自我安慰说，一个意大利君主立宪政体的创建有可能将意大利引向成为另一个根本不同的民族国家的方向。在第二次世界大战结束之前，大多数自由主义者并不愿意接受这种看法。

霍布斯鲍姆曾观察到，如果意大利政治家十分热衷于"制造意大利人"的话，他们对扩大普选权范围却没有同样的热情。④ 当乔瓦尼·焦利蒂站出来提出扩展选民范围的时候，全民选举权的第一步实在来得有些突然。一战之前，焦利蒂曾是左翼自由派，对这一时期的政治具

---

① W. R. Thayer, *The Life and Times of Cavour*, vol. 2 (Boston: Houghton Mifflin Co., 1911), 188-229; 386-423; F. Chabod, *Italian Foreign Policy*, trans. by W. McCuaig (Princeton: Princeton University Press, 1996), 164-165.

② 很多地区的全民公决都是事先安排的，所以其结果从来不会有问题。同时也无人怀疑激进派、共和派和天主教派关于统一意大利的替代方案最终不会有任何结果。据估计，有350万男性参与了公决投票。Ernesto Ragionieri, "La Storia politica e sociale" (The Political and Social History) *Storia d'Italia* [History of Italy] vol. 4, part 3, *Dall'Unità a oggi* [From Unity to Today] (Turin: Einaudi, 1976), 1675-1679. 另据估计，1870年时，男性人口的2%或52万人拥有投票权。见：C. Seton-Watson, *Italy from Liberalism to Fascism, 1870-1925* (London: Oxford University Press 1967), 16.

③ 彼得罗·奥尔西指出，维托里奥·埃马努埃二世签署议会法令，在上帝的福佑下，以"维托里奥·埃马努埃莱二世、撒丁尼亚国王、塞浦路斯国王以及耶路撒冷国王、萨伏依和热那亚公爵、皮埃蒙特王子等"的名义建立建立意大利王国，"[writer's emphasis] Pietro Orsi, *Cavour and the Making of Modern Italy, 1810-1861* (New York: P. G. Putnam's Sons, 1914), 329.

④ E. J. Hobsbawm, "Mass-Producing Tradition: Europe, 1870-1914," in Hobsbawm and Ranger 1983, 267.

有决定性的影响力。[1] 他在 1912 年法案中，提出将投票权赋予给所有那些服过兵役的、年满 21 岁的男性公民以及所有 30 岁以上的男性公民。这项改革将合格选民的数量从 290 万一下提高到 840 万人。这个增幅意味着 1912 年男性人口中的 23.2% 可以投票，而在改革之前，仅有 8.3% 的人可以投票。[2] 焦利蒂之所以变脸，是因为他相信，这一招

---

[1] 两部用英语写作的焦利蒂的传记分别是：A. W. Salomone, *Italy in the Giolittian Era. Italian Democracy in the Making, 1902-1914.* 2nd ed. (Philadelphia: University of Pennsylvania Press, 1960 [c1945]) 和 A. J. De Grand, *The Hunchback's Tailor: Giovanni Giolitti and Liberal Italy from the Challenge of Mass Politics to the Rise of Fascism, 1882-1922* (Westport: Praeger, 2001)。第一部关于焦利蒂的政治骗术的意大利文研究是 G. Salvemini, *Il ministro della mala vita. Notizie e documenti sulle elezioni giolittiane nell'Italia meridionale* [The Minister of the Underworld. Notes and Documents Relating to the Elections under Giolitti in Southern Italy], ed. by S. Bucchi (Turin: Bollati Boringhieri, 2000 [1910])，该书对后来的历史学家的焦利蒂的认知有很大的影响。其他三部重要研究则是：A. Aquarone, *L'Italia giolittiana (1896-1915)* [Giolittian Italy] (Bologna: Il Mulino, 1981); H. Ullrich, *La classe politica nella crisi di partecipazione dell'Italia giolittiana, 1909-1913,* [The Political Classes in the Crisis of Participation in Giolittian Italy, 1909-1913] 3 vols. (Rome: Archivio storico della Camera dei Deputati, 1979); A. Aquarone, *Tre capitoli sull'Italia giolittiana* [Three chapters on Giolittian Italy] (Bologna: Il Mulino, 1987). 关于焦利蒂的最新意大利文通史研究是 E. Gentile, *Le origini dell'Italia contemporanea. L'età giolittiana* [The Origins of Contemporary Italy. The Age of Giolitti] (Rome: Laterza, 2003). 关于焦利蒂与墨索里尼关系的研究有 N. Valeri, *Da Giolitti a Mussolini* [From Giolitti to Mussolini], 4th ed. (Milan: Garzanti, 1974 [1956])。关于乔利蒂与天主教派企图联合的研究是 G. Spadolini, *Giolitti e i cattolici (1901-1914)* [Giolitti and the Catholics (1901-1914); *La conciliazione silenziosa* [The Silent Reconciliation] (Florence: Le Monnier, 1990). 关于焦利蒂联合社会主义者的努力，见 B. Vigezzi, *Giolitti e Turati. Un incontro mancato.* [Giolitti and Turati: A Missed Opportunity] 2 vols. (Milan and Naples: Riccardo Ricciardi ed., 1976).

[2] C. Pavone, "L'avvento del suffragio universale in Italia" [The Coming of Universal Suffrage in Italy] in C. Pavone and M. Salvati, *Suffragio, rappresentanza, interessi. Istituzioni e società fra '800 e '900* [Suffrage, Representation, Interests. Institutions and Society between the Nineteenth and Twentieth Century] (Milan: Franco Angeli libri, 1989), 110. 如果将其他两个因素考虑在内，改革的效力会变得更大。首先，那些不识字的无地农工和半技能工人因为加入了军队此刻可以投票，因为改革法废除了识字能力的资格要求，其次，如果考虑到总人口的统计中包括了那些还在海外的移民，有限选民的比例应该更大。Pavone 1989, 114-115; G. Salvemini, "Introductory Essay", in Salomone, *Italy in the Giolittian Era. Italian Democracy in the Making, 1902-1914,* xiv-xvi.

可帮助他在改革之前赢得议会多数的支持。他想从扩展选举权的改革中赢得美名,从长期呼吁实施全民选举权的民主派那里抢取头功。许多男性在一战中被征召入伍,当选举权在战后得到进一步扩展之后,他们此刻可以参与投票。议会则在1919年将那些被1912年改革法排除在外的、为数不多的男性公民纳入到选民队伍中来。

1912年和1919年选民人数的增加对中产阶级的霸权构成了威胁。底层阶级不仅要求获得投票权,并决心要使用它。焦利蒂在1913年对谁能当选尚有一定的控制力,但到了1919年他已经无法左右议会的选举。[1] 更为糟糕的是,许多自由主义者在选举中输给了社会主义者、天主教徒和民主派。许多自由主义者无法、也不愿意接受来自自由主义社会所产生的民主冲动,这也帮助解释了为什么他们中间的许多人——包括后来反对法西斯主义的克罗齐等——在1922年投票支持墨索里尼的第一届政府。民主化使中产阶级感到自己的地位岌岌可危。1919年之后,大众对于他们继续掌控国家和社会构成了一个真实的威胁。

浪漫主义和新古典主义的民族概念

与此同时,第二种形式的民族也开始出现,它的基础是法国革命的话语和对民主的期望。前浪漫主义派和浪漫主义派作者将"人民"和"民族"界定为一种独特的精神和知识遗产,并用其将意大利民族与世界所有其他民族区分开来。浪漫主义者也以目的论来界定民族。当人民通过个人意愿的行动将民族转移到政治世界时,他们也就创造了一个独立的具有民族性的国家,它的目标是将自身重塑为一个更完

---

[1] 政治腐败在自由意大利是不足为奇的存在。阿戈斯蒂诺·德普列蒂斯(Agostino Depretis)是第一个通过对腐败的娴熟操纵从而赢得议员的支持并操控选举的总理,从而担保在1876到1887年间政权不会受到任何挑战。焦利蒂是在墨索里尼之前的最后一任总理。他从1900年到1904年控制着议会,当议会顺从他的目的时,他会主动放弃总理职位,但随时会回到这一位置上来。

美的民族。政治道德是由行动来界定的，而行动则是为保存和净化民族的根本特性和传统提供最好的回应。[1]

在19世纪的意大利，对意大利精英的智识教育而言，新古典主义比浪漫主义更为关键。如果两个学派在美学理论上存有分歧的话，它们对民族精神之存在的认可却是一致的。新古典派力图从古希腊和古罗马的文献中找出一种纯洁的语言和文学形式。所谓的Latinità，与"民族"的概念一样，也是被发明出来的，其内涵也充满了争议。新古典学派（以及他们中间的先锋意大利纯洁派 [Italian Purists]）认为，只有基于这种被发明的古典传统之上的意大利语言和文学才能被视为是纯正的意大利语。意大利的第二阶段以及第三阶段之后的教育，是以向学生灌输这一形式为目标的。拉丁性（*Latinità*）产生意大利性（*italianità*），而意大利性则最终产生意大利民族。与更多是从法国革命中汲取思想的意大利性概念不同的是，新古典派的"民族"概念将民族（nation）视为一种特定的思想和精神遗产的化身。[2] 法国革命的模式含有更多民主化的潜能，因为旨在灌输新古典传统的意大利教育体制超出了大多数人的经济和社会资源允许的范围，只为富裕的少数人所享用。[3]

---

[1] 关于浪漫民族主义的史学研究十分丰富，在此我仅指出过去十年针对意大利案例的最重要著作是 A. M. Banti, *La nazione del Risorgimento* [The Risorgimento's Nation] (Milan: Einaudi, 2006).

[2] 譬如，见 Paul Arpaia, "Constructing a National Identity from a Created Literary Past: Giosuè Carducci and the Development of a National Literature," *Journal of Modern Italian Studies* 7, no. 2 (Summer 2002): 192-214.

[3] 关于意大利教育的两部最重要的基础著作分别是 S. Soldani, *Fare gli italiani. Scuola e cultura nell'Italia contemporanea* [Making Italians: School and Culture in Contemporary Italy], 2 vols. (Bologna: Mulino, 1992); G. Cives, ed., *La scuola italiana dall'unità ai nostri giorni* [The Italian Schools from Unity to the Present] (Rome: La Nuova Italia, 1999).

意大利风格的自由

意大利历史学家罗伯托·维瓦雷利认为，对统一后的意大利而言，社会问题是一个根本性的问题。[1] 经过一些自由主义者以及更多的是经过天主教徒和社会主义者的共同努力，自由主义者逐渐意识到社会问题的核心在于改变居住在国内外的意大利穷人的恶劣境况。面对不断增长的要求解决社会不平等的意识，一些自由主义者重新界定了自由的核心思想，将贫困者面临的社会和经济现实纳入到他们的关心范围之内。[2] 对社会问题的关注帮助自由主义者认识到，他们赋予自由的价值并不源自精英阶级天生的优越性。所以，国家应该而且必须在提高大众的道德和经济地位方面扮演起一个积极角色。社会与经济改革将是获得民主目标的一种途径。[3] 那些对此持异议的自由主义者则将捍卫资产阶级秩序视为自由主义的本来目的。[4]

双方对1861—1866年骚乱的反应为这场自由主义者的辩论提供了一个例子。自由主义政府感到在南部难以维持稳定的秩序，不停地在

---

[1] R. Vivarelli, *Il fallimento del liberalismo. Studi sulle origini del fascismo* [The failure of liberalism: Studies on the origins of fascism] (Bologna: Mulino, 1981), 41, 52. 同见 C. Seton-Watson, *Italy from Liberalism to Fascism, 1870-1925*.

[2] 见 Maria Quine, *Italy's Social Revolution: Charity and Welfare from Liberalism to Fascism* (New York: Palgrave, 2002).

[3] 自由派政治家的最好例子是桑尼诺 (Sidney Sonnino)，他曾两次出任过总理 (1906 与 1909-1910)，在巴黎和会上以意大利外交部长的身份代表意大利 (1914-1919). Rolando Nieri, *Costituzione e problemi sociali. Il pensiero politico di Sidney Sonnino* [Constitution and Social Problems. The Political Thought of Sidney Sonnino] (Pisa: ETS, 2000); Pier Luigi Ballini, ed., *Sonnino e il suo tempo (1914-1922)* [Sonnino and His Times (1914-1922)] (Florence: Olschki, 2001); Emanuela Minuto, *Il partito dei parlamentari. Sidney Sonnino e le istituzioni rappresentative, 1900-1906* [The Party of the Parliamentarians. Sidney Sonnino and the Representative Institutions, 1900-1906] (Florence: Olschki, 2004); and Antonio Jannazzo, *Sonnino meridionalista* [Sonnino the Expert on the South] (Rome: Laterza, 1986).

[4] 意大利社会主义党对扩大选举权的态度显得模棱两可。一方面，他们赞成将选举权赋予北部的工人，但另一方面又反对将选举权扩展到南部的农民，担心后者会随着（转下页）

加里波第和费迪南德二世的支持者之间来回摇摆，而后者是遭到废黜的两西西里国王。[1] 议会在 1863 年进行了调查，其调查报告显示，穷人所处的恶劣的物质环境是导致暴力发生的主要原因。然而，政府却通过在南部压制公民自由、实施大规模的逮捕和草率处决的方式来予以回应。与此同时，当托斯卡纳、雷焦·艾米利亚等北部省份发生大规模骚乱的时候，政府却没有采用类似的极端手段。正如历史学家拉法埃洛·罗马内利极为敏锐地观察到的，"当一个自由主义国家以军事镇压的面目来呈现自己的时候，它显然已经背叛了自己[得以存在]的历史理由。"[2]

如果统治阶级展示了他们使用武力和剥夺宪法自由的决心，自由主义者对南部问题的反应则是另外一种心态：他们希望捍卫自己的公民自由，但拒绝让"被动公民们"享有同样的自由。这种心态在后来的

（接上页）地主和天主教会的牧师的意愿投票。关于意大利社会主义党的两部最重要研究分别是 R. Zangheri, *Storia del socialismo italiano* [The History of Italian Socialism], 2 vols. (Turin: G. Einaudi, 1993-1997) 与 *Storia del Partito socialista,* intro. by Claudio Signorile, 4 vols. (Venice: Marsilio, 1979-1981). 其他值得关注的著作是 G. Arfé, *Storia del socialismo italiano (1892-1926)* [History of Italian Socialism] (Turin: Einaudi, 1965); C. Cartiglia, *Il Partito socialista italiano, 1892-1962* [The Italian Socialist Party] (Turin: Loescher, 1978); G. Galli, *Storia del socialismo italiano* [The History of Italian Socialism], rev. ed. (Rome: Laterza, 1983); A. Landolfi, *Storia del PSI* [The History of the Italian Socialist Party] (Milan: Sugarco, 1990); Z. Ciuffoletti, *Storia del PSI* [The History of Italian Socialist Party], vol. 1, *Le origini e l'età giolittiana* [The Origins and the Era of Giolitti] (Rome: Laterza, 1992); and P. Mattera, *Storia del PSI, 1892-1994* [The History of the Italian Socialist Party] (Rome: Carocci, 2010). 在英文著作中，有三部重要的研究：S. Di Scala, *Dilemmas of Italian socialism: The Politics of Filippo Turati* (Amherst: University of Massachusetts Press, 1980); A. De Grand, *The Italian Left in the Twentieth Century: A History of the Socialist and Communist Parties* (Bloomington: Indiana University Press, 1989) and R. Drake, *Apostles and Agitators: Italy's Marxist Revolutionary Tradition* (Cambridge: Harvard University Press, 2003).

[1] 在面临新的税法时，底层阶级的非法行动增加了。军事上的强制兵役制，以及自波旁（Bourbon）政权终结之后的产生的期望一再无法兑现。支持地方暴动的人来自天主教和波旁王朝的同情者，后者对统一持反对态度。两西西里王国是统一之前位于意大利半岛最南端的王国。

[2] R. Romanelli, *L'Italia liberale (1861-1900)* [Liberal Italy] (Bologna: Mulino, 1979) 32-36.

左倾自由主义政府的政策中愈加明显地表现出来。譬如，1893 和 1894 年，总理弗朗西斯科·克里斯皮遭遇了在西西里发生的因恶化的经济和社会状况而引发的暴乱，① 在议会授权他采用极端权力予以回应之后，格里皮在北部使用强权，逮捕了社会主义党的领袖人物。这是自称是左翼自由派政府的首脑使用警察武力打击政治异见者的例证。② 南北之间的紧张关系一直是统一后意大利面临的一个问题。事实上，左翼自由派之所以能在 1874、1876 年的选举中获胜，一部分原因来自左翼自由派对北部右翼自由派的南部政策提出了诘难。③ 正如维瓦雷利所指出的，左翼的治理方式展现出一种倾向，即自由派统治阶级不断与国家（state）意志结为同盟，将那些要求进行社会、政治和经济改革的大众运动视为颠覆运动。其结果是，政府镇压加深底层阶级对自由主义政府的不信任感，并促使他们更倾向于将所谓的颠覆运动视为是推动社会变革的重要工具。④

文化战争

文化，或者说自由主义者的文化理念，也是属于 20 世纪早期自由主义核心思想的一个分支。它包含两个意思：教育或一个文明国家的

---

① 参见 Marta Petrusewicz, *Latifundium: Moral Economy and Material Life in a European Periphery*, trans by J. Green (Ann Arbor: University of Michigan Press, 1996 [c1989]).
② 第一部关于克里斯皮的传记是 Christopher Duggan, *Francesco Crispi, 1818-1901: From Nation to Nationalism* (Oxford: Oxford University Press, 2002). 此后出现了两部传记：G. Scichilone, *Francesco Crispi* (Palermo: Flaccovio, 2012); and Michele Graziosetto, *Francesco Crispi. La religione della patria nella stagione del trasformismo* [F. C. The Religion of the Fatherland in the Age of Transformism] (Soveria Mannelli: Rubbettino, 2011). 同见：Giuseppe Astuto, *La Sicilia e il crispismo: istituzioni statali e poteri locali* [Sicily and Crispi's Style of Government: State Institutions and Local Power] (Milan: A. Giuffrè, 2003).
③ 罗马内利将南部 1874 年的选举界定为针对左翼提出的该地区发展的项目的公决。Romanelli, *L'Italia liberale*, 183-216.
④ Vivarelli, *Il fallimento del liberalismo. Studi sulle origini del fascismo*. 同见：Seton-Watson, *Italy from Liberalism to Fascism, 1870-1925*, 56-57, Romanelli, *L'Italia liberale*, 48-51.

思想与精神遗产。① 第二个意思是在18世纪晚期19世纪早期才习得的。②因为与法语的"文明"一词意思相近，所以"文化"一词在法国不像在德国和英国那样显得有用。③ 该词在意大利出现的时候更晚，可能要到19世纪末才出现。④ 德鲁杰多在他论述欧洲自由主义的著作中使用了"文化"一词，用来指学习能力，或者如他所说，一种"在自我意识中重构他人精神的过程、评估他们的目的和结果的能力"。⑤ 他强调教育在自由主义中的重要性，以及文化对于提高一个人的人生境界的影响力。⑥

---

① 该词在农业上有其他的意思。Raymond Williams, "The Idea of Culture," in Peter Davidson, Rolf Meyersohn and Edward Shils, eds., *Literary Taste, Culture and Mass Communication. Vol. I Culture and Mass Culture* (Cambridge: Chadwyck-Healey, 1978), 33; 同见 Raymond Williams, Culture and Society (New York: Columbia University Press, 1983 [1958]).

② Felix Gilbert, *History: Politics or Culture? Reflections on Ranke and Burckhardt* (Princeton, N. J.: Princeton U.P.), 1990, 46-47; Fritz Ringer, *The Decline of the German Mandarins: The German Academic Community, 1890-1933* (Cambridge, MA: Harvard University Press, 1969), 83-84; Williams, "The Idea of Culture," 33; 同见 Raymond Williams, *Culture* and Society (New York: Columbia University Press, 1983 [1958]); *Trésor de la langue française. Dictionnaire de la langue du XIXe et du XXe siècles (1789-1960).* [The treasure of the French Language. Dictionary of the language of the nineteenth and twentieth centuries (1789-1960)] vol. 6 (Paris: Editions Centre National de la Recherche Scientifique, 1978), 616-619; "Culture," *Grand Larousse de la langue française en six volume*" [The Big Larousse of the French Language in Six Volumes] vol. 2, 1093-1094.

③ 康德著作的法文翻译将 *Kultur* 译为 *civilization*. "Culture," *Trésor de la langue française*, 616-619; "Culture," *Grand Larousse*, vol. 2, 1093-1094.

④ S. Battaglia, *Grande dizionario della lingua italiana* [Large Dictionary of the Italian Language] Vol. 3 (Turin: Unione tipografica editrice torinese, 1961), 1045; C. Battisti, *Dizionario etimologico italiano* [Etymological Dictionary] vol. 2 (Florence: G. Barbera, 1968), 1189. 在一部早期讨论文化究竟是什么的著作中，德鲁杰罗曾提出，这一概念只是在一战开始之前才在意大利引起注意。G. De Ruggiero, *Critica del concetto di Cultura* [Critique of the concept of Culture] (Catania: Francesco Battiato, ed., 1914).

⑤ De Ruggiero, *The History of European Liberalism*, 358.

⑥ 在《历史与乌托邦》（"History and Utopia"）中，克罗齐曾使用过"自由方法"（"liberal method"）一词，赋予其与"公民教育"相似的角色。B. Croce, *History as the Story of Liberty*, trans. by Sylvia Sprigge, (London: George Allen and Unwin Limited, 1941 [1938]), 256-261.

自由主义将文化的角色视为一种理性的学习过程，反映了它与文艺复兴和启蒙运动之间的联系。① 正如历史学家阿兰·卡汗和赫维·格拉夫所指出的，因为需要帮助所有基督教徒用本土语言阅读圣经，启蒙运动强调了全民教育的必要性，从而扩展了曾由文艺复兴时代人文主义者所提倡的教育的目的。② 对于18世纪的思想家来说，教育的机会并不能为所有社会成员平等分享，这是因为教育的目的是为了化解人与他的社会地位之间的冲突，而不是为了打破种种社会障碍。那些受教育不多的人理应心甘情愿地追随受过较多教育的公民群体。③ 19、20世纪自由主义的鼓吹者与18世纪的思想家们的区别在于，他们从理论和实践上都接受这样一种认知，即人的本质可以通过教育而得到改进。如果他们不相信所有人在特定环境下都能享受人类进步的成果的话，他们至少承认这种可能性的存在。④ 通过代际之间的知识传承，每一代人都能够超越前一代人。如此而来，在理论层次上，自由主义至少提出了一种可能——如果不是期望的话——即所有社会成员最终都能参与到政治过程中来。作为一种理性教育的文化，为自由主义演进到自由民主体制提供了必要的通道。⑤

---

① Williams, "The Idea of Culture," 27-56 and H.J. Graff, *The Legacies of Literacy: Continuities and Contradictions in Western Culture and Society* (Bloomington: Indiana University Press, 1987), 22-26.

② Alan S. Kahan, *Aristocratic Liberalism: The Social and Political Thought of Jacob Burckhardt, John Stuart Mill, and Alexis de Tocqueville* (New York and Oxford: Oxford University Press, 1992), 83-86; Graff, *The Legacies of Literacy*, 76-257.

③ Kahan, *Aristocratic Liberalism*, 178-179.

④ Kahan, *Aristocratic Liberalism*, 93-96, 101; Graff, *The Legacies of Literacy,* 1987.

⑤ 语言所拥有的角色强调了潜藏在欧洲自由主义思想中的恩威并重的父权主义内容。如果自由方法能够在人类进步的范式之下，通过教育帮助，积极公民从文化上提升自己，超越消极公民的状态，那么仅凭这个过程，积极公民便可获得超越消极公民的文化优越性。在意大利这一现象中，沙博表现了这种态度在其中的普及性，见 Chabod, *Foreign Policy*, 1996, 295-296. 萨尔韦米尼则认为，这一态度一直持续到20世纪之内。见 G. Salvemini, *The Origins of Fascism in Italy* (New York: Harper and Row, 1973), 105.

创建一个自由主义的意大利国家自然要求建设一种统一的文化体系。对于一个统一的意大利而言，最为紧迫的要求是选择一种全国语言。政府为此建立了一个议会委员会，在作家亚历山德罗·曼佐尼的领导下对此做出决定。新古典学派的领袖人物焦苏埃·卡尔杜奇主张，新的国家语言应以 16 世纪文人所使用的考究典雅的新古典书面语作为基础，但作为语言学家和民主派的阿斯科里则提倡使用一种能够反映普通和当代意大利人讲话方式的语言，而不必考虑讲话人的社会经济地位。[1] 曼佐尼最终做出了某种妥协，主张用当代佛罗伦萨语作为口语。[2] 哲学家克罗齐则认为这种解决方式至多不过是一种表面的妥协。[3] 然而，这类或其他的批评也可以用来挑战任何其他的解决办法。但就我们的讨论而言，此事则表明，对意大利国家语言的选择，与其他的民族构建的活动一样，隐藏着精英阶级的霸权主义，而贫穷者的语言则因被认为与现代民族国家不配而遭受贬损。

　　在 19 世纪后期的欧洲民族国家中，意大利是唯一的要求投票权享有者具备识字能力的国家。这种要求也曾在皮埃蒙特王国存在过，当皮埃蒙特法律被扩展到整个半岛时，识字能力的资格要求得以保留。1882 和 1894 年的选举改革逐渐降低了选民的财产资格要求（以直接

---

[1] Alberto Asor Rosa, "La cultura," *Storia d'Italia* [History of Italy] vol. 4, part 2, *Dall' Unità a oggi* [From Unity to Today] (Turin: Einaudi, 1976), 900-910; 940-941. 同见：Gramsci, *Quaderni dal carcere*, vol. 3, Quaderno 23 (VI) §40 "Bellonci e Crémieux," 2236-2237; and Gramsci, *Quaderni dal carcere*, vol. 4, note to Quaderno 1 (VVI) §73 "La letteratura italiana moderna del Crémieux," [Modern Italian Literature by Crémieux], 2512-2514.

[2] 佛罗伦萨的选择采用了但丁、彼特拉克、薄伽丘的文学传统。Carlo Dionisotti, *Geografia e storia della letteratura italiana* [Geography and History of Italian Literature] (Turin: Einaudi, 1971), 40-43.

[3] Benedetto Croce, *La letteratura della nuova Italia. Saggi critici* [The Literature of the New Italy. Critical Essays] 7th ed., vol. 1, Bari: Laterza, 1967 [c1914], 147-156. 从社会学的角度看，两种方式不会使受过教育的任何阶层从中受益。

税的缴付为准),但没有触动识字能力的要求。事实上,就 1882 年改革而言,如果人们能证明他们接受了完整的小学教育,即便没有达到财产资格的要求,也可以投票。1912 年选举改革虽然彻底废除了参与选举的财产资格要求,但仍然对受过教育和未受过教育的人做了区分。那些服过兵役的具备识字能力的 21 岁的人可以投票,而具有同样服役经历但没有受过教育的人则必须等到年满 30 岁之后才能投票。①

为在统一后的意大利实施积极的政治参与而要求具备识字能力的资格,说明国家有责任为潜在的积极公民提供受教育的通道。换言之,既然识字能力是一种政治参与的先决条件,国家便有责任来创建一个教育体制,以帮助消极公民学习阅读。然而,皮埃蒙特《卡萨蒂教育法》(1859 年)——这是统一后的意大利公共教育体制的基础——只是对为数不多的特权阶层的要求做出了回应,而并不理会底层阶级的需要。在其他的改革中,政府将天主教会与高等教育相分离,创造出了一个统一的教育体系。针对中学生的教育,这部法律要求国立学校在两种类型的教育之间进行选择,或者选择从事传统教育模式——初级中学加高级中学,或者选择从事职业教育模式。当《卡萨蒂法》被适用于意大利全国的时候,19 世纪意大利的小学教育质量是极其糟糕的。中央政府将小学教育的责任推给城镇委员会来负责,而后者本身没有

---

① C. Pavone, "L'avvento del suffragio universale in Italia," [The Coming of Universal Suffrage in Italy] in C. Pavone and M. Salvati, *Suffragio, rappresentanza, interessi. Istituzioni e società fra '800 e '900* [Suffrage, Representation, Interests. Institutions and Society between the Nineteenth and Twentieth Centuries] (Milan: Franco Angeli libri, 1989), 95-122. 1911 年的人口普查显示,男性识字率是 33%。Romanelli, 436; *Dall' Unità a oggi*, 2002, Graff, 299. 选民的人数从总人口的 9.5% 提高到 24.5%。Francesco Barbagallo, "Da Crispi a Giolitti. Lo Stato, la politica, i conflitti sociali" [From Crispi to Giolitti. The State, Politics, Social Conflicts] in Giovanni Sabattucci and Vittorio Vidotto, ed., *Storia d'Italia* [History of Italy] vol. 3, *Liberalismo e democrazia, 1887-1914* [Liberalism and Democracy] (Rome and Bari: Laterza, 1995), 117.

资源来开办小学，或只能提供头两年的小学教育。① 1872 年，历史学家帕斯夸莱·维拉里在颇有影响力的自由派杂志《新文集》（*La Nuova Antologia*）上发表了一篇针对小学教育的开拓性文章。他提出，除非国家开展一场经济和社会改革的运动，否则穷人将永远不可能在即便最初步的教育目标中获得成功。如果学生们营养不良，居住环境肮脏不堪，备受疟疾和霍乱等的骚扰，或他们因为家庭贫困而被迫在年轻时候就辍学去工作，那么，提供一种统一的全国教育体制，对于他们来说并没有任何意义。② 像维拉里这样的左翼自由主义者意识到，教育本身并不是哲学家们衡量社会进步的试金石。

将识字能力作为享有投票权的资格不光为意大利的自由主义者所接受，共和派、激进派和社会主义党人（这些党派的成员被意大利自由主义者称为极端左派分子）也赞成这样的做法。但极端左派同时也要求建设一个强大的公共教育体系。③ 意大利天主教徒也有类似的要求。共和派、激进派和社会主义党人都比自由主义者更早地提出了建立公立初级教育的主张。④ 作为历史学家和独立社会主义者、同时也是维拉里学生的加埃塔诺·萨尔韦米尼曾强调，为解决工业化北部和农业南

---

① Dina Bertoni Jovine, *La scuola italiana dal 1870 ai giorni nostri* [Italian Schools from 1870 to the Present] 2nd ed. (Rome: Editori riuniti, 1980 [1967]), 14. 她给出了一些令人震惊的数据。1871 年皮埃蒙特有 6,763 所学校，伦巴第有 6,263 所学校。与之形成对比的是，卡拉布里亚只有 940 所学校，撒丁岛仅有 678 所。Ibid., 15.

② 约维内 (Jovine) 展示了几个底层阶级拒绝教育的例子。她指出，在 1895 年阿切拉 (Acerra) 骚乱中，该城的图书馆遭到群氓的攻击，攻击者态度鲜明地声称"当人民因饥饿而死亡时，我们不需要书"。Jovine, *La scuola italiana dal 1870 ai giorni nostri*, 16-7.

③ C. Lovett, *The Democratic Movement in Italy 1830-1876* (Cambridge, MA: Harvard University Press, 1982), 37-39.

④ Renato Zangheri, "Nascita e primi sviluppi" [Birth and Early Development] in *Storia del movimento cooperativo in Italia. La Lega Nazionale delle Cooperative e Mutue, 1886-1986* [The History of the Cooperative Movement in Italy. The National League of Cooperatives and Mutual Aid Societies, 1886-1986], (Turin: Einaudi, 1987), 5-216.

部在政治和经济上存在的差距,意大利需要将社会和教育改革作为一个关键措施。① 在1904年的中学教师联盟大会上,他提出教师们应通过支持主张民主改革的政治人物的方式来集中力量,以推进教育体制的改进。次年,当被邀请参加皇家教育委员会时,萨尔韦米尼在创建一个单轨制教育体制的问题上与该委员会闹翻,因为这个体制仅仅依照社会精英的需要来界定教育。他提出,一个自由主义国家的教育的目的,应该着眼于帮助所有的意大利人做好积极参与公共生活的准备,并为创造一个以能力为基础的、引领国家向前迈进的骨干队伍服务。维拉里和萨尔韦米尼两人对教育的看法表明,对选举权的识字能力资格要求并不一定有悖于自由主义或社会主义者的主张。②

这些希望将来赢得被动公民的支持的努力给自由主义者采取行动带来了动力。③ 19、20世纪之交在佛罗伦萨兴起的民族主义群体对类似沙耳非米尼的改革派也并不认可,他们认为这些改革派没有对学生的精神构成给予足够的重视。身为意民会领袖人物之一的恩里科·科拉迪尼曾设计了另外一种方法。他认为,产业工人和农民只需要被教育成爱国者就足够了。他甚至相信,最好的灌输爱国主义的方式是打

---

① 萨尔韦米尼首先将意民会中的改革派变得激进起来。他不断增加对来自工业化北部的社会主义领导层的批评,指责其为了北部无产阶级的利益而牺牲了南部农业无产阶级的需要。1910年,他脱离了该党,成为一个独立的社会主义者。C. L. Killinger, *Gaetano Salvemini: A Biography* (Westport: Praeger, 2002).
② 关于萨尔韦米尼和他对教育改革辩论的参与,见 Jovine, *La scuola italiana dal 1870 ai giorni nostri*, 145-163. 她对萨尔韦米尼的评价中存在的问题之一在于,除了单一制学校[scuola unica]的创立之外,她无法解释民主化愿望与其他改革之间的联系。因此,她无法看到萨尔韦米尼的计划(即最终形成一个提供初级教育的3-4年的大众教育、一个帮助学生接受中等教育的第二阶段和一个帮助学生接受大学教育的第三阶段的体制)与维拉里30年前的计划一样,是以争取底层阶级的解放为目标的。*Ibid.*, 162-163.
③ Volpe, *Italia moderna*, vol. 2, 295-96. 关于此问题的不同观点,见 P. Zamperlin, *Il P. S. I. e l'educazione. Alle origini di un impegno (1892-1914)* [The Italian Socialist Party. At the Origins of a Commitment] (Turus, Bologna: Pàtron, 1982).

一场战争！[1]反民主的自由主义者也不愿意让底层阶级中受过教育的人参与政治，为此他们找到一个方案，从意大利文学中抽出 *italianità* 的概念以取代关于文化的旧概念。这些人大多受过新古典教育的训练，以他们自己对意大利性（Italianness）和意大利"历史"使命的理解来界定作为一个意大利人的内涵。

1912年推动普选权的活动，仅仅强化了反民主自由主义者去为一种政治制度进行辩护的必要感，这种制度否定大众参与投票或竞选公职的权利。古典教育便是他们的理由。民族主义者和他们的自由主义同盟知道他们有可能赢得这场战争，如果以捍卫教育阶层视为独特的意大利思想和精神遗产（追溯到"复兴运动"之前的数个世纪）为基础。民族主义者和他们的自由主义者盟友几乎人人都是古典高级教育的产品，所以对于他们来说，在文化和政治领域内界定什么是意大利性是他们的一种"理所当然的"责任。只有那些赞同他们对意大利性的界定的社会成员，才有权利在与其他国家争夺生存空间的斗争中扮演领导意大利民族的角色。对于那些不愿意接受一个未来的民主国家的自由主义者来说，意大利语的作用远不只是意大利人的交流工具。[2]它所

---

[1] Gaeta, *Il nazionalismo italiano*, 25-27, 99-110; A. De Grand, *The Italian Nationalist Association and the Rise of Fascism in Italy* (Lincoln: University of Nebraska Press, 1978), 8-16; F. Perfetti, *Il movimento nazionalista in Italia (1903-1914)* [The Nationalist Movement in Italy (1903-1914) (Rome: Bonacci, 1984), 13-45; A. D'Orsi, ed., *I nazionalisti* [The Nationalists] (Milan: Feltrinelli, 1981), 13-90, *passim*.; Nobberto Bobbio, *Profilo ideologico del Novecento italiano* [Ideological Profile of Italy in the Twentieth Century] (Turin: Einaudi, 1986), 54-55.

[2] 譬如："Le varie tendenze e le armonie e disarmonie di Giosue Carducci" (The Various Tendencies and the Harmonies and Discordances of Giosue Carducci) in Croce 1967, vol. 2, 34-56; Luigi Russo, *La critica letteraria contemporanea* [Contemporary Literary Criticism] vol. 1, *Dal Carducci al Croce* [From Carducci to Croce] 3rd ed. (Bari: Laterza, 1953 [1941]), 224.

表现的是意大利人民将自身从外国语言、文学、艺术和哲学乃至政治领域的影响中解放出来，从而创造一个属于自己的民族的决心。这些人的文学英雄卡尔杜奇被认为是统一后的意大利"诗圣"。[1] 他告诫追随者们说，意大利王国不是一个新建的国家。他认为，"当梅特涅王子把意大利称为是一个地理概念时，他并不理解这些事情。意大利王国是一种文学表现，一种诗歌传统。"[2] 卡尔杜奇认为，诗词作者、诗人、艺术家和哲学家之所以被造就成"意大利的"，是因为他们永恒不变的将意大利从"野蛮的"外国影响下解放出来的愿望和努力。因此，"意大利性"（*italianità*）意味着一种精神方式，人们通过它来宣称自己是意大利人，它也将意大利人团结起来，超越时空的限制，为推进现代民族国家的进程而奋斗；就如同埃德蒙·伯克的观点，即，这种永恒的体制将过去、现在与未来的英国人结为一体。[3] 这种文学—语言学意义上的概念使意大利文学成为一种承载精英和资产阶级改革愿望的使者，

---

[1] 作者注释："诗人先知"（poet-prophet）一词可以追溯到古典时代，当时有些文学传统认为诗歌的来源是神圣的。上帝通过诗歌而发声。C. C. Greenfield, *Humanist and Scholastic Poetics, 1250-1500* (Lewisburg, PA: Bucknell University Press, 1981), 10-11. 在19世纪后期和20世纪早期的意大利，该词反映了诗歌传统的神圣化过程。卡尔杜奇曾获得过"诗人先知"的称号，并在1906年他获得诺贝尔文学奖之后而载入史册，此刻恰逢他的名声正在被加布里埃莱·邓南遮（Gabriele D'Annunzio）所超越，而后者则是法西斯主义的同路人。关于意大利文学传统从卡尔杜奇到邓南遮的传递，见R. Drake, *Byzantium for Rome: The Politics of Nostalgia in Umbertian Italy 1878-1900* (Chapel Hill: University of North Carolina Press, 1980).

[2] Giosuè Carducci, Presso la tomba di Francesco Petrarca," [At the Tomb of Francesco Petrarch] in *Prose di Giosuè Carducci MDCCCLIX-MCMIII*, 3rd ed. (Bologna: Nicola Zanichelli, 1905), 727.

[3] 卡尔杜奇关于语言的观念在这方面与关于法语的现代概念十分相似。戴维·戈登认为，许多法国人将语言视为"承担着一种文明的功能、一种征服自然的武器，掌握正确的言说是社会行为的一部分。法国人倾向于将自己的语言看出是固定不变的，遵循宇宙之逻辑而运作，而并非是具有活力的或不断变换的。法语，对一些法国人来说，不是由个人创造的，而是个人必须进入而获取的。" D. Gordon, *The French Language and National Identity (1930-1975)* (The Hague and New York: Mouton, 1978), 4-5.

不同于直接从法国革命中衍生而来的关于民族的民主思想。①

民族主义者和他们的自由主义者盟友为了说明意大利向北非和巴尔干地区扩张的正当性，提出意大利在这些地区留有的语言证据，或将"意大利"作者的写作解读成对这些地方进行扩张的诉求可追溯至古罗马人。②既然"意大利文化"可以用来为帝国主义正名，任何反对当代帝国主义的个人都被视为是非意大利人。至于大众的教育问题，民族主义者及其盟友认为，只有文人（*letterato*）才有权来行使国家权力，向消极公民灌输一种对民族主义者的"意大利性"概念的尊重。民族和民族化是为了满足文化精英的社会经济、政治和文化，而不是为中产阶级的普遍利益服务的。自由主义者与法西斯主义者将共同使用这些观点，为意大利一战之后对利比亚的野蛮再征服辩护。③法西斯主义者还会使用同样的理由为埃塞俄比亚战争辩护，墨索里尼也将使用这些理由为意大利卷入第二次世界大战进行辩护。

如同我们所看到的，文化作为个人启蒙的一种过程，在自由主义核心思想的子集中占有一个重要的位置。19世纪欧洲自由主义者的合法性取决于，在何种程度上，理性个人——以及为自由主义者所代表的被动公民——所采取的集合行动能够同时保存个人和集体的自由。为了正确地发挥功能，自由主义要求一种教育体制，它创造一代又一代的由理性个体构成的积极公民。在一个自由主义体制中，一旦一个被动公民能够展示他/她具有理性思辨和独立思想的能力，它必须被接

---

① Chabod, *Idea di nazione*, 22-23, 25, 54-56, 98-110, 126-127; Chabod, *Italian Foreign Policy*, 157-164.
② 关于民族主义者支持1911-1912年利比亚战争的文化理由的讨论，见 Arpaia, "Luigi Federzoni and the Italian Nationalist Association: From a Cultural Conception of Italy to a Nationalist Political Program." 282-350.
③ 关于利比亚研究的基础性著作，仍然是 Angelo Del Boca, *Gli italiani in Libia* [The Italians in Libya], 2 vols. 2nd ed. (Rome and Bari: Laterza, 1988 [1986]).

纳其成为一个积极公民。但是，从统一开始，意大利自由派就鄙视底层阶级，认为他们缺乏自由主义者认为他们应该拥有的知识能力和道德素质。自由主义者认为，如果底层阶级的认知与自己有所不同，一定是因为底层阶级缺乏意大利性。① 在工作场所，自由主义者对工人权利也持有同样的蔑视。当左翼自由主义者在1889年修订刑法时，他们将一个本来是准允工人拥有罢工权的法律用来实施对罢工领袖采取预防式的逮捕。② 同样令人感到不安的是，那些最为成功的意大利自由主义政客们如何通过非法的政治和选举实践为自己赢得议会多数。

从自由主义走向法西斯主义

霍布斯鲍姆观察到，在任何特定的集体性的思想和精神遗产中，什么需要被包括或被排除，并无绝对的标准。③ 尽管意大利自由主义者并不自动地对意大利性拥有垄断权，但他们成功地将新统一的民族与自己等同起来。在随后的50年内，他们不断对视为意大利性的事务行使霸权。除了一些共和派和激进派之外，极左党派自动地交出了阵地。由于一战，自由主义者的霸权出现了危机。国家对公民军队的需要以及对每个公民的贡献的需要，包括那些在国内阵线上工作的公民，使各地的自由主义者丧失了话语权，他们无法再声称底层阶级还没有赢

---

① 每当受压迫阶级拒绝接受精英阶层关于何谓意大利人的概念时，总是有人唱出人们熟悉的陈词滥调："我们创造了意大利；我们现在必须创造意大利人"，并将此语的出处（错误地）地归功于意大利爱国者和自由主义者马西莫·达泽利奥(Massimo D'Azeglio)。直到今天，意大利精英阶级对此说法始终情有独钟，说明底层阶层实在不值怜悯，因为他们永远意识不到他们应该是意大利人或精英阶层并不能称职地领导意大利。
② Vivarelli, *Il fallimento del liberalismo. Studi sulle origini del fascismo*, 56-57.
③ Hobsbawm, *Nations and Nationalism since 1780*, 130. 从另外一方面，盖尔纳则将文化定义为是一个演绎式的概念："那些真正存在的是，文化经常是微妙地归类，相互遮掩，重合，交错；在这里存在（但并不总是如此）各种形式和规模的政治团体。" Gellner, *Nations and Nationalism*, 49.

得按自己的想象去塑造战后的国家和社会的权利。1917年，意大利在卡波雷托战役中溃败，随之奥德联军的入侵更使得自由主义者哑然无语。

自"复兴运动"以来曾掌控小城市、城镇和乡村地带的政治的自由主义者，如今他们已无法遏制工人阶级的崛起，或引导他们的愿望进行全面改革，将意大利恢复到战前的自由主义和君主制的国家。民主派、社会主义者、共产党人和左翼天主教平民党在战后的政治胜利会确保自由主义者失去权利，除非他们推翻自己的国家。自由主义者（如今，他们只是停留在名义上的）转身投向法西斯主义的"哈斯"（ras）寻求帮助。大佬们非常乐意对社会主义者、共产党人和左翼天主教徒使用暴力，因为这些群体都曾反对意大利卷入一战，他们也被法西斯主义者指责为必须为卡波雷托的战败负责。然而，有谁能够控制这些地方大佬呢？墨索里尼可以做到。他一旦控制国家之后，他能够强迫包括法西斯大佬们在内的所有人服从他。这种"以物易物"（*do ut des*）的交换策略成为墨索里尼第一个联盟的基础——前民族主义者策划其作为所谓《法西斯非常集权法》的制定者。[①]

结　语

意大利统一之后，随着文化被定为一个民族的思想与精神遗产，自由主义开始为一些人抛弃。在此意义上，文化充满了浸润社会达尔文主义思想的中产阶级的期望，即从生物学的角度来看，文化是一个民族的生命力。这种文化反思赋予那些接受了人文学科训练的人一种

[①]《法西斯非常集权法》在马泰奥蒂危机之后被宣布实施。它在没有正式变更自由主义宪法的情况下，剥夺了公民的权利，禁止除法西斯党之外的一切政党，将一个自由主义国家转换成为一个法西斯集权政体。关于这个问题的最重要研究，见 Alberto Aquarone, *L'organizzazione dello Stato totalitario* [The Organization of the Totalitarian State] (Turin: Einaudi, 1965).

新的被确立的目的。它延续了 19 世纪自由主义者赋予古典教育的社会价值观。① 它也与一个加速成长的资本主义社会所要求的教育形式形成了对比，资本主义社会通常一方面奖励那些被训练成为管理者和技术人员的人，另一方面，则是工厂工人。②

在通向一战时期内，民族主义者和支持他们的自由主义者曾玩弄社团主义国家（a corporativist state）的概念。在他们的社团主义概念中，那些受过古典教育的中产阶级将在社会中扮演一个有生产力的角色，负责培育和推广意大利性。远在社团主义变成意大利法西斯主义的标志之前，民族主义者和他们的自由主义盟友就与保守的天主教徒找到一种共识，即社团主义可能成为自由主义和社会主义之外的一种选项。③ 战前的这种社团主义对于民族主义、右翼自由派

---

① 历史学家和反法西斯主义者路易吉·萨尔瓦托雷利首先注意到资产阶级队伍中这一构成的重要性，它包括了法西斯党内的公职雇员和接受过古典教育的各省名流。L. Salvatorelli *Nazionalfascismo* [Nationalism-Fascism] (Turin: P. Gobetti Ed., 1923), 21-24.
② 关于自由主义意大利时代的经济发展，见 V. Zamagni, *The Economic History of Italy, 1860-1990* (New York: Oxford University Press, 1993) 与 R. Romeo, *Breve storia della grande industria in Italia* [Brief History of Heavy Industry in Italy] (Bologna: Cappelli, 1963). 另见 G. Federico, ed., *The Economic Development of Italy Since 1870* (Brookfield, VT: Elgar, 1994); R. A. Webster, *Industrial Imperialism in Italy, 1908-1915* (Berkeley: University of California Press, 1955); and F. J. Coppa, *Planning, Protectionism, and Politics in Liberal Italy: Economics and Politics in the Giolittian Age* (Washington, DC: The Catholic University of America Press, 1971).
③ 学者们忽略了战前天主教社团主义与战后法西斯社团主义之间的相似性。在我看来，法西斯主义与革命工团主义之间的联系更多地是归功于墨索里尼，他将法西斯主义描述成为一种笼罩在黑格尔辩证法思维之下同时包括了政治左派和政治右派的运动。关于左派思想对法西斯主义的启示的讨论，见 Z. Sternhell *et. al.*, *Birth of Fascist Ideology: From Cultural Rebellion to Political Revolution*, trans. by D. Maisel (Princeton: Princeton University Press, 1994 [1989]) 和 Ernst Nolte, *Three Faces of Fascism: Action Française, Italian Fascism, National Socialism* (New York: Holt, Rinehart and Winstron, 1966). 关于革命工团主义与意大利社会党 (Partito Socialista Italiano, Psi) 的联系，见 A. Riosa, *Il sindacalismo rivoluzionario in Italia e la lotta politica nel Partito socialista dell'età giolittiana* [Revolutionary Syndicalism in Italy and the Political Battle of the Socialist Party in the Era of Giolitti] (Bari: De Donato, 1976).

和天主教徒来说都很有吸引力，因为它赋予这些派别的政治主张一种相关性，允许大众对政治生活的参与，而不会威胁到一个基于社会—经济和社会性别之界限而组织的社会秩序。这个政治精英团体在将他们的民族观念灌输到底层阶级中发挥作用。大众也被告知，他们所扮演的角色是国家财富的生产者。他们将得到回报，不是通过选举权而获得，而是通过他们将精力用于支持社团主义国家的方式。选举和代表制将会变得不必要，甚至是有危险性的，因为它们也许会把决策权交到那些最不懂得意大利性、最不理解意大利应承担的历史使命的人的手中。对于这种理解社团主义国家的方式，还包含了另一种重要的反自由主义的内容。任何对意大利性的培育者和传播者表示异议的人，将必然是民族观念的"否定者"。他们也将因此而变成非意大利人，他们的存在只会对国家形成威胁。

在战后，对过去的清算与对未来的不同想象之间的竞争都处在危险之中。对于自由主义者而言，在战前开始具有意大利特征的支持民主和反对民主的形式，在战后被分裂成为不同种类的意识形态。导致这种分裂的原因是干预危机、意大利的战争经历、巴黎和约、军队解散，以及支付国家战争债务的需要等。不管是自愿抑或不情愿，一些自由主义者承认，在1917年中欧的军事力量入侵意大利时，底层各阶级响应号召，集合起来与国家站在一起，在国内战线上表现出对战争的支持，这说明它们在政治上变得成熟起来。其他的自由主义者认为，唯有那些干预主义者和志愿入伍的人才算得上是意大利思想与精神遗产的化身。对于后一种自由主义者来说，那些被应征入伍或因为战争需要而在工厂工作的人并不能真正代表意大利民族性。对卡波雷托战役失败后的干预的指责，至少有一部分是针对产业工人、农民和他们的政治盟友的。此外，1917年之后，底层阶级被怀疑受到布尔什维克主义的影响，故也被认为在战争的目的中缺乏意大利性。

如同可以预见的，在一战之后，那些拥抱民主的自由主义者比第二群自由主义者更倾向于以民主的方式来转换核心思想中的子集。他们也对自由主义意识形态抱有更为忠实的立场，或更愿意从自由主义向自由民主主义乃至社会主义演进。第一群自由主义者在政治视野上变得更为包容。然而，随着法西斯主义的来临，他们遭到了驱逐、镇压或杀害。[1] 而那些在战前声称反对民主，并宣称唯有他们才是意大利性的培育者的自由主义者，将核心思想的子集转化为对意大利的干预和战争的支持。他们声称，在大多数意大利人反对的情况下，他们将意大利带入战争之中以及他们在战时的自愿行动显示，唯有他们才拥护意大利性。与此同时，因为一部分工人和农民也支持干预，并自愿服役，这些自由主义者也能将他们的运动视作真正的民族运动。这种说法并非完全不靠谱。当墨索里尼掌权之后，该群体中那些继续在政治、文化和社会中发挥影响的成员将会把自由主义转换成为法西斯主义中的一个分支，并在随后的二十年内，力图在意大利思想和精神遗产与法西斯主义之间进行调和。（王希 译，谢明光 校读）

---

[1] 研究反法西斯主义者和法西斯主义逃亡者 (*fuorusciti*) 的最好方法是研究某些特定的反法西斯主义者的领袖人物。同见 S. Pugliese, *Fascism, Anti-Fascism, and the Resistance in Italy: 1919 to the Present* (Lanham: Rowman & Littlefield Publishers, 2004).

连会新

二战前日本政党政治探析

从 1924 年至 1932 年的八年间，日本确立了政党内阁制，这在日本政治民主进程中具有重要意义和作用，在日本政治发展史上具有里程碑的意义。但不可否认的是，这一时期日本的政党政治并不完备，由于未能从根本上消除明治宪政体制中的专制主义成分，政党内阁制仍然是天皇制下的政党内阁制，从而为二战前政党政治的崩溃埋下了隐患。

一、政党政治的兴起

1924 年 1 月，清浦奎吾在贵族院的支持下组成超然主义内阁，这激起了政党势力的强烈反抗，从而爆发了第二次护宪运动。在护宪运动的冲击下，清浦内阁倒台。同年 6 月，宪政会、政友会、革新俱乐部组成的护宪三派联合内阁成立，政党内阁时代由此开端。

1924 年 5 月 10 日，宪政会、政友会、革新俱乐部组成的护宪三派在第 15 届众议院选举中取得了 281 个议席，占据了议会的多数席位。其中宪政会 151 席，政友会 100 席，革新俱乐部 30 席。而支持清浦内阁的政友本党[①]只占 116 席。[②]1924 年 6 月，西园寺公望推荐宪政会总

---

① 政友本党系 1924 年 1 月 29 日从政友会中分裂出来的，它反对实行普选和建立政党内阁。
② 〔日〕信夫清三郎著:《大正政治史》，东京：劲草书房，1968 年，第 1142 页。

裁加藤高明作为下届内阁首相。不久，天皇便指令加藤组成三派联合内阁。加藤内阁除陆、海、外三相外，各大臣都由政党出身的人担任，这标志着政党内阁的正式建立，此后，多数党组阁成为西园寺推荐首相的准则，政党交替组阁形成惯例，这是政党内阁体制与官僚内阁体制的不同点。① 直到 1932 年 5 月犬养毅内阁为止。这一时期，可以说是政党政治较为健全的时期，至少政党在日本国家政治中的发言权较具分量，所以历史上把这一时期称作政党内阁时期或议会政治时期，这也是战前日本政党政治的黄金时代。②

加藤联合内阁的成立，标志着第二次护宪运动取得了明显成效。这次护宪运动与第一次护宪运动相比有以下特点：第一，运动提出的政治要求进一步提高。与第一次护宪运动仅主张改革文官任用令和军部大臣武官制相比，这次运动明确提出要建立政党内阁、实行普选、改革贵族院的要求。这无疑是前进了一大步，具有一定的积极意义。第二，运动领导者构成也发生了变化。第一次护宪运动是由自由主义记者和政党人士组成的宪政拥护会掌握领导权，带有一定的民众自发性，而这次运动则完全由护宪三派掌握领导权。第三，运动组织形式发生了变化。第一次运动时，群众包围议会，甚至实行暴动，迫使内阁辞职，而在这次运动中，护宪三派尽量抑制群众运动，甚至避开议会内斗争，结果群众没有单独提出要求，完全被护宪三派所控制和利用。由于缺乏自下而上的群众运动，第二次护宪运动必然带有较大的局限性。③

当然，严格来讲，此时的日本政党内阁并非西方真正意义上的政党内阁，因为它并非民意选举的结果，而是通过元老推荐、天皇任命

---

① 杨孝臣：《日本政治现代化》，长春：东北师范大学出版社，1998 年，第 95 页。
② 王振锁：《战后日本政党政治》，北京：人民出版社，2004 年，第 20-21 页。
③ 吴廷璆主编：《日本史》，天津：南开大学出版社，1994 年，第 634-635 页。

的钦定内阁，其根本性质依旧是辅弼天皇的专制政府。①但与以前的藩阀官僚政治相比，毕竟有了很大进步。如在护宪三派内阁时期，通过了男子普选权法案。该法案使日本有选举权人数比实施普选法之前的334万人大约增加4倍，大大扩大了政党的基础。②这些改革在一定程度上推进了日本政治民主化的进程。

加藤内阁上台后，提出"整顿行政和财政"、"严肃纲纪"、"坚决实行普选"三大政纲，以及"改革贵族院"的奋斗目标，试图进行自上而下的资产阶级改革。

在1924年6月25日至7月19日召开的第49届临时议会上，加藤联合内阁提出修改文官任用令，恢复各省政务次官和参议官制，由政党出身的人任职，改革贵族院等多项建议。

贵族院是由皇族、华族和以天皇敕令任命的议员组成的特权阶层的议会，对众议院决议具有否决权，这对议会政治的推行是一大障碍。护宪三派内阁按照议会的决议，授权三派的改革派成立第二宪政拥护会，起草改革贵族院的方案，③其目的是削弱华族等特权阶层的权力，将政党势力扩展到贵族院。因此该方案提出后，立即遭到保守势力的反对和抵制。最终护宪三派联合内阁对贵族院做出了较大让步，将原来提出的方案作了一定的修改，包括：1.将身为公、侯、伯、子、男爵的贵族院议员的年龄从25岁提高到30岁；2.将伯、子、男爵议员人数削减10%，限为150人；3.在推选高额纳税者议员时，从各道府县的地主、工商业者的纳税大户中推选1%为议员，其推选议员总数为66人；4.增加帝国学士院议员4名，任期为7年；5.敕选议员数为

---

① 殷燕军：《近代日本政治体制》，北京：社会科学文献出版社，2006年，第305页。
② 王振锁、徐万胜：《日本近现代政治史》，北京：世界知识出版社，2010年，第144页。
③ 该方案的具体内容为：1. 华族议员从215人减至100人，取消其世袭权，任期为5年；2. 敕选议员人数为125人，任期6年；3. 新设公选议员94人，任期5年；4. 废除贵族院令第13条（即贵族院审议预算无限的条款）。

125 人，选举产生的议员和学士院选举的议员总数为 195 人；6. 废除贵族院令第七条，撤销敕任议员总数不得超过有爵位议员总数的规定。①尽管如此，总体而言，该方案的制定对扩大资产阶级民主具有很大的进步意义。

加藤内阁为了整顿财政，实行紧缩政策，提出裁减军事力量方案，要求陆军裁减 6 个师团，遭到军部的反对，但最终还是裁减了 4 个师团，并压缩了陆海军军费，这在明治宪法体制中是从未出现过的。②加藤内阁还在裁减方案中提出要废除军部大臣武官制和宪兵制度、撤销教育总监部等政策主张，但由于加藤内阁本身的软弱和客观条件的限制，实际上没有进行任何改革。同时也未对宪法、元老、枢密院、贵族院、军部等专制主义势力进行实质性改革。

因此，政党内阁的改革没有突破帝国宪法体制，表明政党政治具有极大的局限性，特别是在日本进入帝国时代以后，资产阶级在政治上日趋反动，对日益兴起的工农运动进行压制。政党内阁对工农运动的压制手段与军阀官僚内阁相比，多采用较为温和改良方法，如实行所谓的"普选"。

自 1890 年开设国会以来，日本没有实行资产阶级全民普选，选举权和被选举权均为地主资本家所垄断；人民群众多数由于纳税率和居住条件的限制，未能享受选举权。加藤内阁上台后，就制定了《普选法大纲》。该法规定，25 周岁以上的男子享有不受纳税限制的选举权，在选举前居住在某个地区一年以上的 30 周岁男子享有被选举权。但第六条附加了"因贫困在生活上受公私救济或扶助者"和流动工人，不

---

① 〔日〕林茂、辻清明编：《日本内阁史录》第三卷，东京：第一法规出版社，1981 年，第 56-57 页。
② 〔日〕长谷川正安：《昭和宪法史》，东京：岩波书店 1961 年，第 15 页。

得享有选举权。[1]这一限制将日本男性工人的三分之一排斥在选民之外，该法还剥夺了妇女的选举权和被选举权。

为防止实施"普选"而动摇其统治，加藤内阁在1925年5月5日公布《普选法》之前，于4月22日公布了镇压革命运动的法律——《治安维持法》，该法规定："对于以变革国体或政体、否定私有财产制度为目的的结社，凡是知情而加入此等团体者，处以十年以下徒刑或监禁"，参与讨论或基于上述目的而进行煽动者，"处以七年以下徒刑或监禁"；凡犯骚乱、暴行及损害他人生命财产罪者，"处以十年以下徒刑或监禁"。[2]由此可见，《治安维持法》是镇压激进改革或革命运动的法律，而且是作为实施《普选法》的先决条件而制定的。

1928年2月，根据《普选法》日本举行了议会选举。日本共产党引导劳动农民党、评议会及日本农会等团体，展开议会斗争，并通过劳动农民党提出德田球一、山本宣治等候选人。日共在选举斗争中，提出了"摧毁与天皇相勾结的资本家地主的议会、成立工人农民的民主议会、没收大地主的土地"等革命主张。

由于革命力量的迅速壮大，使日本政府大为震惊。1928年3月15日，田中内阁出动数万名警察和特务，在全国各地一举逮捕德田球一等共产党员和左派群众团体的领导人、骨干1600余人（史称"三·一五事件"）。[3]接着，又于4月10日下令取缔劳动农民党、评议会及全日本无产青年同盟等进步政治组织。

由此可见，政党内阁采用改良和武力镇压相结合的两手政策，来对待人民群众运动，这与之前的军阀官僚内阁并无本质区别，只是在手段上略有不同而已。

---

[1]〔日〕前岛省三著：《日本法西斯与议会》，东京：法律文化社1956年，第42页。
[2]〔日〕信夫清三郎著：《大正政治史》，东京：劲草书房，1968年，第1191页。
[3] 王振锁、徐万胜：《日本近现代政治史》，第146页。

二、政党政治的衰微

日本政党内阁还不是完全意义上的资产阶级民主政治，它与欧美资本主义国家的政党政治相比，是不完备的。其主要表现为，政党内阁制仍然是天皇制下的政党内阁制，其生存仍受到军部等特权专制势力的严重威胁，最终被日本军部法西斯专政所取代。

1926年1月，加藤高明首相病逝，内务相若槻礼次郎接手继续组成宪政会单独内阁，并继续承袭上届内阁的政策。但是日本政局仍然呈现宪政会、政友会、政友本党三足鼎立状态。政友本党时而靠近政友会，时而投向宪政会，政友会和宪政会两党之间也互相拆台，政局极其不稳。但是三党也有不谋而合之处，那就是都试图拖延大选的举行，因为通过普选方式举行的大选势必会激发民众势力的高涨。

1927年（昭和2年）1月，第52届议会召开，在野两党提出内阁不信任案。正当该不信任案要获得通过，议会面临解散之际，三党进行私下交易，结果撤销了不信任案。普选延期也如愿以偿。

但此时日本国内经济却日益萧条，进而导致了严重的金融危机。日本垄断资本家认为，要摆脱金融危机，首要整顿混乱的金融。对此，若槻内阁竟完全满足垄断资本的要求，于1927年3月3日出台《震灾票据善后处理法案》和《震灾票据损失补偿公债法案》两项紧急敕令案，以整顿恶性膨胀的金融。但上述紧急敕令案遭到枢密院的否决，从而迫使若槻内阁于4月17日倒台。

4月20日，政友会总裁田中义一组阁。田中内阁为了解决金融危机，任命高桥是清为藏相。田中上台伊始，即拨出5亿日元，对三井、三菱等大银行进行紧急救助。日本银行也发放非常贷款20亿日元。同时，召开临时国会，通过了上届内阁提出的《台湾银行救济案》。为防止银行挤兑，又以紧急敕令停止提存三周，并令日本银行放出21.9亿日元贷款给台湾银行等。① 这样，暂时平息了金融危机，但未能度过这次危机而倒闭的银行达 37 家之多。

金融危机后，垄断资本家认为，要摆脱经济萧条的捷径是振兴贸易，转入超为出超。为此，必须尽早解除黄金出口的禁令。1929 年 7 月，滨口雄幸上台后，为了解除禁令，实行财政紧缩政策，增加黄金储备。1930 年 1 月 11 日，滨口内阁允许黄金出口。这时资本主义世界爆发了空前的经济危机，日本非但没有达到解除黄金出口禁令以振兴外贸的目的，却因有 3.6 亿日元的黄金外流，加速了 1930 至 1932 年国内经济危机的到来。

在这种严峻的国际国内形势下，日本统治集团中的军部势力认为民主政治不能挽救帝国危机，于是掀起了国家改造运动，其目标是推翻政党内阁体制，把日本引向了法西斯主义道路。

随着阶级斗争的激化和对外战争的加紧，统治阶级内部的矛盾也不断尖锐，这种矛盾在军部内表现得最明显。20 世纪 30 年代初，军部势力以不同的财阀为后台，分裂为"皇道派"和"统制派"。两派都主张实行法西斯军事独裁统治和侵略中国，但以荒木贞夫、真崎甚三郎等法西斯军人为代表的"皇道派"，主张取消政党政治，实行军事独裁，发动对外侵略战争。他们对"统制派"的"缓进"政策十分不满，企图一举排除统制派，于是发起了一系列法西斯政变和暗杀活动，这与法西斯势力的兴起壮大密切相关。

20 世纪 30 年代，日本法西斯势力更加猖獗。军部成为法西斯势力的中心，他们企图以武力为手段，在国内实现军部的独裁统治，在国外发动侵略战争。

同军队内部的法西斯势力相呼应，社会上也出现了各种法西斯政

---

① 吴廷璆主编：《日本史》，第 639 页。

党、团体。主要有：1930年2月由大川周明等人组织的"爱国勤劳党"，同年11月由茨城县的井上日召组织的"血盟会"，1931年3月在大阪成立的"国粹大众党"，以及同年6月由大阪、京都等地的许多法西斯组织合并而成立的"大日本生产党"等。[1]这些法西斯组织利用群众的力量，打倒其政敌，然后用更反动的法西斯军事独裁，取代资产阶级政党政治。

1929年，滨口雄幸内阁取代田中内阁后，虽继续奉行前届政府的反动政策，法西斯军人仍对其不满。特别是1930年春，滨口内阁同美、英达成妥协，签订了限制海军舰艇的伦敦条约，这更激起了军部和社会上法西斯势力的不满。他们指责滨口侵犯了天皇对军队的"统帅权"。[2]同年11月，滨口被法西斯团体"爱国社"分子刺伤致死。

滨口死后，若槻礼次郎内阁上台，法西斯势力更加猖獗。1931年"九·一八事变"后不久，一些法西斯军人决定于10月24日发动政变。他们计划出动100多名法西斯军官和十几个中队的步兵，袭击首相官邸等场所，刺杀首相等人，然后成立以法西斯军人头目荒木贞夫为首的军事独裁政权。[3]这个政变计划后来虽然由于内讧而流产，但导致若槻内阁于1931年12月总辞职，随后犬养毅内阁成立。

由于军部法西斯分子政变的破产，以右翼恐怖团体"血盟团"为代表的"民间"法西斯势力，决定实行个人暗杀计划，准备刺杀一系列敌对派的政界、财界人物。1932年2月9日，前藏相井上准之助被血盟团成员小沼正枪杀。3月5日三井财阀首脑团琢磨也被血盟团成员

---

[1]〔日〕小山弘健等著：《日本帝国主义史》第三卷，东京：青木书店，1960年，第57页。
[2]〔日〕外务省百年史编纂委员会编：《外务省百年》（上卷），东京：原书房，1969年，第924-925页。
[3]〔日〕岛田俊彦等编：《现代史料》（第四卷），东京：美铃书房，1964年，第70页。

菱沼五郎用手枪杀死。[1]

1932年5月15日，以三上卓、古贺清志等为首的一部分少壮派法西斯海军军官、陆军士官学校的学生，同大川周明和桔孝三郎所率"爱乡塾"等民间法西斯势力相勾结，在东京发动法西斯武装政变，计划推翻内阁，建立以荒木贞夫为核心的军事法西斯政权。他们分头袭击首相官邸、内大臣官邸和警视厅等重要场所，首相犬养毅被打死。虽然政变最后失败，但由此标志着日本政党内阁垮台，日本政治也由此过渡到了军部法西斯专制政体。

三、政党政治失败原因

自1924年6月护宪三派组阁，直至1932年，政党政治作为日本民主化进程中的重要历史阶段，仅存8年就迅速崩溃，原因是多方面的。最根本原因在于，明治宪政体制对政党内阁的制约及政党本身存在的缺陷。

首先，在明治宪法体制中，军部通过"统帅权独立"和军部大臣武官专任制，对政党内阁起着不可忽视的制约作用。所谓"统帅权独立"就是军令、军政权分离，军政大权属于内阁的陆海军省，而军令权却独立于内阁之外，掌握在天皇和军部手中。天皇握有陆海军统帅权，同时（陆军）参谋总长和海军军令部长可以不经内阁直接上奏天皇，所以天皇统帅权实际上又是通过参谋本部和海军军令部实现的。这一制度导致军部可以凭借控制军队的权利，与内阁分庭抗礼，从而对政党执政带来诸多威胁。

另外，日本实行的都是军部大臣武官专任制，即内阁中的陆海军大臣限于武官范畴，所以，军部控制着这两项人事任命权，从而为军

---

[1] 杨宁一：《日本法西斯夺取政权之路——对日本法西斯主义的研究与批判》，北京：北京师范大学出版社，2000年，第174页。

部干涉政党内阁提供了便利。军部屡次通过拒绝推荐陆海军大臣或怂恿他们辞职的方式，向内阁施加压力。

明治宪法体制在维持军部势力的同时，也设立了限制政党内阁权力的枢密院。根据明治宪法规定，枢密院只是天皇的国务咨询机关，但实际上它的作用远不止于此。正如武寅教授指出的，"从处理政务上来看，拿到枢密院会议上的，也许就是阁议难以确定的事项；而经枢密院决断的，也许就是下一步需要内阁去执行的事项。因此从某种意义上来说，枢密院好比内阁的一个分会场，它与主会场一起，构成了一个完整的行政系统……分会场成员的作用决不亚于主会场。"[1] 由此可见，枢密院不仅不受内阁管辖，而且还制约着内阁的决策权。另外，枢密院的组成人员多出身于保守的藩阀官僚系统，一般是皇族和旧官僚，"这些人的身份、地位、资格往往高于内阁大臣，他们以宪法的监护人自居，对内阁的一举一动无不给予密切关注，"[2] 所以政党内阁的一些进步主张要想获得他们的认可，并非易事。

首相元老奏荐制是关系到政党内阁生死存亡的另一项至关重要的制度。元老西园寺公望一直维持着所谓的"宪政常道"，即"在首相病死和遇刺入院时，奏荐该党的继任总裁。在内阁总辞职时，通常奏荐在野党总裁。"[3] 组阁政党和内阁首相不是由议会中多数派决定，而是要由元老主观选择，这严重阻碍了日本议会民主制以及政党内阁制的成熟与完善。

在明治宪政体制对政党内阁制约的同时，政党本身存在的局限性也是政党政治失败的重要原因。

---

[1] 武寅：《近代日本政治体制研究》，北京：中国社会科学出版社，1997年，第178页。
[2] 同上，第85页。
[3] 〔日〕升味准之辅：《日本政治史》（第三卷），董果良、郭洪茂译，北京：商务印书馆，1997年版，第544页。

政党内阁时期，各政党被推到了争夺组阁大权的前台，各党派之间呈现出直接的敌对关系，他们为了壮大本党势力，不惜与军部、藩阀官僚势力妥协，从而阻碍了日本政治民主化的进程。在野党为了取得组阁大权，不管执政党的内外政策正确与否，对其猛烈攻击，以加深执政党的统治危机迫其下台，这种做法客观上有助于军部势力的加强。政党之所以如此急功近利，主要有以下几个原因：

首先，政党内阁时期的两大执政党即政友会和民政党，均由藩阀官僚派创建，成立的目的是为了确保明治宪政体制的正常运行，因而有着明显的亲体制性。

政友会是1900年由明治宪法的制定者伊藤博文创立的。19世纪末，明治宪法生效之后，议会中的民主势力不断增长。为了防止议会民主力量超越宪法所设定的权限，保证宪法体制的正常运行，伊藤以宪政党为核心，在吸收政财界人士、华族的基础上创建了政友会，并明确规定政友会是天皇大权下的政党。

民政党最初也是作为政府党而创立的。1901—1912年是日本历史上的"桂园提携"①时代，1912年12月，西园寺内阁因陆军增师案倒台，桂太郎内阁成立。上台后的桂太郎不想继续与政友会提携，企图建立服务于自己的政党，来维持政权。后来他以国民党大部分成员和中央俱乐部为基础建立起了立宪同志会，该党在与政友会的对抗中相继演变为宪政会以及后来的民政党。

虽然政友会和立宪同志会在创立之后几经演变，但他们都是政党与藩阀官僚派相妥协的产物。在藩阀元老政治时代，两党都曾与当时的藩阀政府相提携，与藩阀势力关系密切，这对政党内阁时期

---

① "桂园提携"：是指在这一时期，以政友会与官僚派的斗争与妥协为背景，政友会总裁西园寺公望和山县系藩阀派人物桂太郎相互援助，互让政权，交替组阁。

的政党政治有深远影响。各个政党为了夺取政权，不惜与军部和藩阀势力相勾结。

其次，从政党内阁的人员构成上看，日本政党8年执政期间首相由政党总裁兼任，而总裁中真正党人出身的仅有政友会总裁犬养毅。政党总裁非党人出身对政党内阁的总体决策有着重大影响。除首相以外，政党内阁中的一般阁僚，也有相当一部分是非政党人士出身，党人出身的党员阁僚并不占主导地位，从总体上削弱了政党内阁的民主色彩，使其更容易受军部右翼和官僚保守势力的影响。政党内阁人员构成复杂，反映出政党本身的资产阶级性质不强，从而致使这一时期的政党有着较强的保守性。

再次，无论是政党，还是政党内阁的领袖，都未能摆脱天皇制家族国家政治思想的束缚，这就限制了政党内阁从根本上否定明治宪法体制的可能性。

天皇制家族国家思想"渊源于日本特有的家族制度以及由此产生的家长权威主义"，[1]具有深厚的社会历史根源。"它把确立带有神权色彩的天皇权威作为构筑家族国家的主轴，把天皇权威作为权力的源泉和政治行为的基础。"[2]可以说它要求臣民对天皇这一神圣权威的绝对效忠，同时它又是明治宪法的根本指导思想。二战前的日本政党，其创立者为党所订立的宗旨都没有背离效忠天皇权威这一思想原则。明治宪法中所规定的内阁制，是天皇制内阁制，即内阁代天皇行使行政权，对天皇负责。因此，无论哪个政党组阁，都会秉承内阁效忠天皇的宗旨，以天皇制家族国家思想作为政治理念。正由于在天皇制家族国家政治思想的指导下，日本战前的主要政党只会对明治宪法体制进行小

---

[1] 武寅：《近代日本政治体制研究》，第201页。
[2] 同上，第204页。

修小补，没有魄力，也不可能否定天皇制度，这就是政党内阁时期政党谋求与宪法体制妥协的根本原因。

总之，政党内阁执政8年最终崩溃，被军部法西斯政权所取代。从客观上讲，政党内阁存在于明治宪法的框架之下，受其制约。从主观上来讲，由于政党以及其内阁的组成与藩阀官僚派有着千丝万缕的联系，所以，它们无法把握住执政的有利时机，完成资产阶级政党担负的历史使命，将日本政治民主化推向新的高度。

综观战前日本的政党政治发展轨迹，虽与欧美资本主义国家的政党政治相比，存在着诸多不完备因素，但其主要功绩在于它结束了日本藩阀专制的统治，制定了普选法，确立了政党内阁制。日本的民主传统由此孕育与成长，这为战后日本政治民主运动的展开奠定了基础。

第三部分　专题研究（北美史）

张家唐

论墨西哥波菲里奥时代的现代化

波菲里奥·迪亚斯（1830—1915）是墨西哥近代史上划时代的人物。他曾两度出任总统（1876—1880、1884—1911），实际统治墨西哥长达35年之久。因此，墨西哥史学家把他统治的年代称之为"波菲里奥时代"。[①]

波菲里奥·迪亚斯执政时期，以"秩序与进步"作为治国安邦的理论信条。通过独裁手段结束了墨西哥长期的混乱状态，又通过吸引外资和技术，实行"初级产品出口"经济模式，使其走上了工业化——现代化发展之路。

可见，波菲里奥·迪亚斯是墨西哥现代化的开创者，本应受到人民大众的爱戴。然而，波菲里奥在政治上实行独裁统治，压制民主和自由，在经济上过度依赖外资，致使国家经济丧失了应有的独立性，而社会分配上存在的严重不均则造成了极为悬殊的贫富差距，激化了社会矛盾，导致墨西哥各阶层人民的强烈不满，最终爆发了1910年革命，波菲里奥·迪亚斯的独裁政权被推翻，统治墨西哥35年的"波菲里奥时代"就此终结。

考察、分析"波菲里奥时代"墨西哥现代化的经验教训，对我们推进现代化建设有所启示。

[①]〔墨〕丹科·比列加斯等著：《墨西哥历史概要》，杨恩瑞、赵铭贤译，北京：中国社会科学出版社，1983年，第80页。

一、实行独裁统治，稳定国家政局

1810年独立后的墨西哥封建关系仍然存在，新兴资产阶级要求进一步深化改革。国内自由派与保守派之间大动干戈，保守派内部互相倾轧。人民群众不断地进行着反剥削、反压迫的斗争。在19世纪40和60年代，美国和法国等曾经分别进行过侵略墨西哥的战争。内战与外患的频频发生，使整个国家陷入动荡不安的局面，给人民带来了无穷的灾难。各地盗匪横行，田园荒芜，工厂倒闭，国库空虚。在战乱穷困的背景下，波菲里奥·迪亚斯于1877年5月，以恢复国家"正义"，保卫"民主和遵守宪法"的名义就任总统。

他执掌政权初期十分谨慎，为缓和各派系之间的摩擦和争夺，尽量采取均衡政策，允许新闻自由，让司法保持"自主权"。面对国家财政困难，他还以"改革者"的姿态，率先减少了自己的薪金，然后对其他政府官员减薪，并裁减了数千冗员。政府颁布法令，对偷漏税款的公民和官吏、走私的商人进行严厉的制裁。经迪亚斯四年的有效治理，墨西哥的社会秩序趋于稳定，经济有所好转，国库收入增加，人民生活相对安定。

1880年，当总统任期届满时，他为了不失民心，没敢破坏"禁止总统连任"的宪法原则，把政权移交给了他的亲密战友曼努埃尔·冈萨雷斯（Manuel González），回家乡瓦哈卡州任州长。他回故乡不仅利于静观全国的局势变化，也有利于延揽一批才华出众的青年知识分子作自己的亲信，还能够争取更多的中产阶级和上层人士的支持。他亲自出访美国求得美国政府的帮助，鼓励美国投资者到墨西哥开发资源换取对他的支持。

1884年大选前夕，波菲里奥·迪亚斯不遗余力地对冈萨雷斯总统发动了攻击，指责他违背宪法，限制新闻出版自由，又借助新闻媒介大肆宣传冈萨雷斯政府贪污腐化，并操纵国会来诋毁政府财政混乱、总统舞弊，致使冈萨雷斯威信扫地。结果，1884年波菲里奥·迪亚斯再度当选，重新登上总统宝座。

波菲里奥重掌政权后，把法国哲学家、社会学家奥古斯特·孔德的实证主义所提倡的"秩序与进步"作为谋求治国兴邦的信条。一批勤奋、有才能的墨西哥名流贤达都是孔德实证主义的信徒，他们引进"科学政治"的概念，其含义是用统计学、社会学和政治经济学的科学方法研究国家、社会和人类发展等问题，在政府中和知识界形成一个特殊的政治集团，即所谓的"科学家派"（Científico）。①

科学家派吸收了查尔斯·达尔文与赫伯特·斯宾塞的"自然选择"和"适者生存"的观点，提出必须结束墨西哥半个世纪以来的无政府主义状态，加强政府的统治力量。他们还强调国家不能实行民主权利，民主权利只能带来不幸的后果。②他们认为，只有实行独裁制，社会秩序才能恢复，经济才得以发展，也只有国家的经济腾飞了，安定的社会秩序才能进一步巩固。因此，孔德的实证主义所倡导的"秩序与进步"，成为波菲里奥·迪亚斯实行独裁统治和引进外资发展经济的理论依据。

波菲里奥为牢牢控制政府，把"科学家派"成员作为自己的心腹，任命他们担任政府要职和他的私人顾问，波菲里奥同时在中央和地方政权机构中安插自己的亲信。他笼络官员的手法是高薪收买和允许他们额外搜刮，他以机构改革为借口，大量增加官吏数目，扩大自己的党羽，并以提高薪俸的方式来换取政府官员的忠诚（政府官员的薪金

---

① 张家唐：《全球化视野下的拉丁美洲历史研究》，北京：人民出版社，2016年，第81页。
② 〔英〕莱斯利·贝瑟尔主编：《剑桥拉丁美洲史》，中国社会科学院拉丁美洲所组译，第四卷，北京：社会科学文献出版社，1991年，第388页。

从 1876 年到 1910 年之间增加了 9 倍）。[1] 波菲里奥还允许官吏承包政府工程项目，攫取暴利；允许各州州长有权组建公司，以权谋私，还可以通过修建铁路领取巨额补助金。其结果是，这些通过仕途而发财致富的人对波菲里奥都感恩戴德，成为死心塌地的拥护者和支持者。

波菲里奥·迪亚斯为把军队的指挥大权掌握在自己手里，通过大力缩编部队的方式来削弱地方势力，把军队的人数"由 10 万减少到 26,000 人，其中正规军的人数由 3 万减少到只有 18,000 人"。[2] 波菲里奥还按照美、法模式开办了军官学校，打造效忠自己的军官队伍。此外，他还收罗 2,500 名地痞流氓，组建了一支特种部队——乡村骑警队，专门负责维护治安，护送矿石，押解犯人，执行法庭判决，镇压政治反对派。乡村骑警队依据"逃脱法"（Ley de fugas），[3] 可以任意捕杀无辜的百姓，在波菲里奥统治时期有据可查的屠杀农民事件达 1 万件以上。波菲里奥把 1/4 的国家经费用于军事上，目的是维护他的独裁统治。[4]

波菲里奥上台之后对天主教会的态度也发生了转变。他清楚地认识到，天主教在墨西哥人的生活中占有重要的地位，对于墨西哥人们的思想意识具有支配作用，因此只能利用，不能反对。经过他的岳父和妻子从中斡旋，波菲里奥·迪亚斯与天主教会的领袖拉拔斯提达成协议，承诺不再实施先前制定的干涉教会的法律，交换条件是教会教职的委任必须经他同意。在波菲里奥统治时期，天主教会恢复了昔日

---

[1]〔美〕派克斯：《墨西哥史》，瞿菊农译，北京：三联书店，1957 年，第 239-240 页。
[2] 陆国俊、金计初：《拉丁美洲资本主义发展》，北京：人民出版社，1996 年，第 58 页。
[3] 逃脱法：波菲里奥时期用来镇压反对势力的法律，具有强烈的专制、独裁性质。具体是先故意给迫害的人逃跑机会，后以逃跑为由未经判决随意将其射杀，达到铲除异己的目的。详见：Jorge M. Guetat, *Juanito. Amante y Político. Mito y Leyenda* (Buenos Aires: Dunken, 2006), 177.
[4]〔美〕派克斯：《墨西哥史》，第 237 页。

的宗教统治地位，并获得了开办学校的垄断权力。教士的数量迅速攀升，从 1878 年的 1,600 人增加到 1910 年的 5,000 人左右,[①] 同期的教堂数目也从 4,893 座增加到 12,413 座。[②] 各级教士大力劝导信众要服从政府的管理，天主教会也蜕变为辅助迪亚斯独裁统治的工具。

在波菲里奥统治期间始终保持着选举制的"合法"假象，从总统到地方官吏的各级选举都定期举行。然而，实际上所有的选举都是一种徒有虚名的形式，因为候选人都是他早已安排好的亲信，选民没有其他的选择。如此选举出来的国会实际上变成了加盖橡皮图章的机构。波菲里奥可以任意修改宪法，取消禁止总统连选连任的条款，把总统任期从 4 年延长到 6 年，使他连选连任合法化。宪法原先规定的言论和出版自由完全被剥夺，书籍出版和报刊发行都需要经过严格的检查。那些敢于批评他的记者不是被监禁，便是被流放，不支持他的报刊面临被查封的威胁。暴力统治使得大多数人被迫屈从于波菲里奥的个人意志，不敢对他的政策提出任何异议。

二、利用外资，振兴经济

墨西哥的自然资源丰富，有色金属和石油的蕴藏量在世界上名列前茅。发展经济的主要障碍是缺乏资金和技术。科学家派认为，要开发本国丰富的自然资源需要依靠外国资本，而从长远看随着开发成长起来的本国经济实力终将取代外国资本。所以他们竭力主张引进外资、利用外国的技术设备和管理经验，认为只有这样才能发展本国经济并最终实现墨西哥的经济繁荣。

---

① Hubert Herring, *A History of Latin America: from the Beginnings to the Present* (New York: Alfred A. Knopf, 1969), 330.
② 〔英〕莱斯利·贝瑟尔主编：《剑桥拉丁美洲史》，中国社会科学院拉丁美洲所组译，第四卷，第 333 页。

19世纪70年代以后,一些欧美资本主义强国由于工业发达、商品充裕和资本"过剩",亟欲将剩余资本转移到资源丰富、劳动力低廉的落后国家和地区,以谋取超额利润。墨西哥政府抓住了这个机遇,为引进外资振兴经济,出台了一系列有利于投资者的优惠政策,比如降低甚至取消许多商品的进出口税,用金本位代替银本位稳定币制,使墨西哥成为外国资本输出的一个理想国家。美、英、法、荷、德、意等国在墨都有投资,且投资数额不断增大。据统计,在20世纪的第一个10年里,进入墨西哥的外国投资总计将近30亿美元,相当于波菲里奥执政的前24年总和的三倍。[①]

在外资投资的诸多领域中,迪亚斯政府把修建铁路放在优先发展的地位。这是因为科学家派认为,欧美国家之所以发达在于拥有铁路,而墨西哥之所以贫穷落后是因为铁路不发达。迪亚斯掌权后,曾提倡由墨西哥人承担筑路的任务,但这样做的实际效果甚微,原因是各州相互扯皮,筑路工程质量差,事故频发。1880年之后,迪亚斯开始利用外资和外国技术来修筑铁路。[②] 为了吸引外资参与大规模的铁路建设,墨西哥政府制定了多项优惠政策,除无偿提供给修路的外国公司以大片土地作为路基费用外,还发放每英里12,880墨西哥元的津贴,[③] 以及建筑车站、修理厂和仓库等设施的材料费。这些优惠政策吸引外国投资者纷至沓来,愿意将资本投向铁路建设。到迪亚斯统治结束时,墨西哥已经从1877年的只拥有一条460公里的铁路发展到1910年的25,000公里。全国有6个州府与首都墨西哥城由铁路连接贯通,5个海

[①]〔英〕莱斯利·贝瑟尔主编:《剑桥拉丁美洲史》,中国社会科学院拉丁美洲所组译,第五卷,北京:社会科学文献出版社,1992年,第63页。

[②] Jan Bazant, *A Concise History of Mexico from Hidalgo to Cárdenas 1805-1940* (Cambridge: Cambridge University Press, 1977), 111.

[③] Lewis Hanke, *Latin America: A Historical Reader* (Boston: Little Brown & Company, 1974), 464.

港也都有铁路通向内地，形成了当时世界上最大的铁路网。①

1907年，财政部长、"科学家派"的领袖何塞·黎曼多尔（José Limantour）提出了铁路国有化方案。具体做法是，趁国际市场上对矿产品需求量增大的机会，将输出矿产品的价格暴涨650%，吸引投资者抛出大宗铁路股票，转向投资开采传统贵金属和铜、锌、铅等新矿业，并允许投资者在科阿韦拉开办煤、铁矿业；与此同时，让其亲信和兄弟做股东的何塞—黎曼多尔几家银行，出资收购外国铁路公司的铁路股票，然后由财政部采用向国民发行国家债券的方式集资，以高出几家银行购进股票的价格转手接收铁路股票。结果，他"将墨西哥1万英里的铁路合并到一个公司，然后以1.13亿美元股票的形式出售"，而因为政府购买了主要干线的大部分股票，铁路国有化得以实现。②此方案的实施，使得墨西哥摆脱了铁路网被外国资本控制的不利局面。与此同时，黎曼多尔为了提高铁路的运营效率，雇用美国人负责经营、管理工作，从经理、工程师到售票员都由美国人充任。③

为了鼓励外国资本家投资矿业，政府于1884年颁布法律，宣布国家不保留地下的矿源，从而否定了土地所有者无权开采地下资源的习惯法。根据新法律，土地所有者拥有了开采各种金属、煤炭、石油、天然气的权利。不久之后，政府又宣布免除煤炭、石油、水银开采者的联邦税和地方税，开采者只需缴纳微不足道的印花税。此外，政府还规定租赁的矿场、采矿业、冶金业在签订合同后10年内免税。这些新规定使欧美资本家看到投资墨西哥的矿业有利可图，使得他们对墨西哥矿业的投资迅猛增加，新的矿区相继出现。在外国人经营的矿场里都采用近代开采法和冶炼法生产，产量迅速提高。在波菲里奥时期，

---

① 罗荣渠：《各国现代化比较研究》，西安：陕西人民出版社，1993年，第463页。
② Hanke, *Latin America: A Historical Reader*, 458.
③ Hanke, *Latin America: A Historical Reader*, 457.

墨西哥的金银产量增加了4倍。1910年铜产量跃居世界第3位。①

波菲里奥政府为了吸引外国资本家向土地投资，通过了允许投资者购买侵占印第安人土地的法令。1883年国会通过土地法，准允波菲里奥授权私人测量公司来负责测量所谓的公有土地，而测量公司有权以优惠价格购买所测量的土地。波菲里奥的亲信成立了各种类型的土地测量公司。所谓测量土地实质上是对印第安人土地的一种公开掠夺。自古以来，印第安人的村社和个人土地都以山川、树木、河流为地界，并未办理过任何文契；而测量公司则以这些土地没有文契为由，将其作为公有土地予以没收。其结果是，印第安人的土地被大量侵占。这个土地法实施5年以后，这些不同名目的测量公司得到了6,800万英亩土地。1894年，墨西哥1/5的土地归测量公司占有。这些广袤的土地的大部分最终被外国资本家以低廉的价格购得。英、美、法、西等国的资本家在这些土地上进行了大量的投资，他们建起了种植园，生产和经营咖啡、烟草、甘蔗、橡胶、龙舌兰和柑桔等经济作物，高价出口到国际市场以获得高额利润。造成的后果是，墨西哥人的主要粮食谷物、豆类产量锐减，国民的口粮不得不依赖高价进口，民众的生活更加陷于困境。但另一方面，随着外国投资者对农业的投资，土地得以开发，技术设备得到更新，种植园经济发展，农业生产水平提高，墨西哥农业也开始朝着现代化迈进，然而代价无疑是巨大的。

在波菲里奥执政时期，随着大量外资被引进和利用，墨西哥也进入到工业革命的阶段。国家的经济面貌有较大改观，铁路的修建、工农业、矿业都有大幅度的增长，国家财政收入增加，城市得以美化，港口码头得以扩建，通讯设备焕然一新，邮局也在各地开办起来。1894年墨西哥财政第一次达到收支平衡，墨西哥比索成为世界上最稳定的

---

① Herring, *A History of Latin America*, 330.

货币之一。墨西哥所发生的明显变化，无疑表明墨西哥已经步入现代化的轨道。

可是，伴随现代化而来的是外国资本对墨西哥大多数工商业的实际控制，而正是这种控制使其在很大程度上成为了一个经济依附性国家。正如一位学者后来描述的，"美国、英国人掌握着（墨西哥的）石油和矿产，法国人控制着纺织业和大商号，德国人操纵着五金、器具和药品，西班牙人经营食品业作零售商，英国、加拿大、美国人掌握公用业（电车、发电厂、自来水）。"[①] 另一位学者则声称，到了波菲里奥统治的末期，"墨西哥 170 家大企业中的 130 家完全为外国资本所控制，占企业总数的 76.5%，这 130 家外资控制的企业资本总额为 10.42 亿比索，占 170 家大企业资本总额的 63.2%，如果加上另外 9 家外资比例较大的企业的资本（约 2.39 亿比索），外资控制的企业资本则占 170 家企业资本总额的 77.7%。"[②] 除此之外，到 1900 年，"外国投资者持有墨西哥工业约 90% 的股票，美国投资者单独持有 70%。外国人也拥有墨西哥 4.85 亿英亩土地中的 1.5 亿英亩。美国人以 1.3 亿英亩再次在外国人中拥有最大的份额。"[③] 由此可见，过度依赖利用外资发展经济，使得墨西哥具有极大的依附性，造成了外国资本支配国家经济命脉的严重后果。

三、"波菲里奥时代"终结的原因

确实，波菲里奥政府实行的政治经济政策促进了墨西哥经济的快速发展，使墨西哥从一个封建色彩浓厚的农业国转变为一个初具现代

---

① Herring, *A History of Latin America*, 331.
② 韩琦：《跨国公司与墨西哥的经济发展》，北京：人民出版社，2011 年，第 79 页。
③〔美〕迈克尔·C. 迈耶、威廉·H. 毕兹利编：《墨西哥史》，复旦人译，下册，上海：中国出版集团东方出版中心，2012 年，第 519 页。

工业规模的国家。然而，墨西哥经济的振兴与繁荣是波菲里奥政府实行独裁统治，以牺牲民众的民主权利，不惜出卖国家主权和损害广大民众经济利益的代价换取的。因此，19世纪末20世纪初墨西哥的经济繁荣是短暂的，缺乏社会基础的。

由于社会财富分配严重不均，贫富之间差距拉大，引起社会矛盾激化，国内各阶级的不满情绪汇合成不可抑止的革命洪流。首先掀起反抗斗争的是被剥夺了土地的农民。波菲里奥的土地政策造成大片土地高度集中在少数人手中，有95%的农户和村社失去了土地，5,000个印第安人的村落被侵占。[1] 失去土地的农民又被迫沦为大庄园主的雇工和债务农，生活处境十分艰难。债务农被束缚在大庄园的土地上，收入低得可怜。他们领到的工资一般不是现金而是代金券，它只能在种植园的杂货铺换取日常生活用品，而那里的物价却比其他店铺高出几倍，所以他们辛勤劳动一年却往往入不敷出，落入年年负债、一生都难以偿还债务的悲惨境地。雇工得到的微薄工资，由于物价飞涨，也难于养家糊口。这些贫苦的农民为了摆脱苦难，纷纷拿起刀枪，组成了农民武装，为争取土地和自由进行斗争，形成了反对波菲里奥政权的主力军。

随着外国工矿企业和民族工业的发展，墨西哥的工人队伍不断壮大。据统计，1910年的墨西哥工人队伍中包括79,000名矿工、32,000名纺织工人和58,000名其他工业部门的工人。[2] 此外，还有几千名铁路工人和其他的低技能或无技能工人。大多数工人原本是失去土地的农民，但当工人也不能改变其受苦受难的命运。大多数工厂的工人每周

---

[1] Friedrich Katz, "Labor Conditions on Haciendas in Porfiran Mexico: Some Trends and Tendencies," *The Hispanic American Historical Review*, 54, no.1 (Durham: Duke University Press, 1974), 56.

[2] 〔英〕莱斯利·贝瑟尔主编：《剑桥拉丁美洲史》，中国社会科学院拉丁美洲研究所组译，第五卷，第59页。

工作 7 天，每天劳动 11—12 小时，劳动条件差，生产安全没有保障。他们的主要食物是玉米、辣子和龙舌兰汁。绝大多数工人居住在拥挤不堪、简陋凄惨的贫民窟里。处于社会底层的人们的生活环境、卫生条件极其恶劣，无法防止各种严重疾病的流行，致使墨西哥城的死亡率达 4.23‰，与当时其他国家的大城市相比要高得多。工人们为了能够生存下去不断地进行斗争，他们从自发捣毁机器、焚烧仓库和厂房开始，发展到由工会组织的罢工斗争，呼喊出"打倒波菲里奥·迪亚斯"和"工人革命万岁"等革命口号。

工商企业家也参加了反对波菲里奥政权的斗争。他们的企业享受不到政府给予外国公司的优惠政策，而他们的产品在市场上又难于与外国企业生产的产品竞争，处处受到限制和排挤。他们对自己仅仅处于国家纳税户的地位极为不满，也加入到反对波菲里奥政权的斗争行列之中。

大资产阶级和自由派地主也反对迪亚斯的独裁统治。但他们认为推翻独裁政权不必进行暴力斗争或革命，谋求通过"合法"途径在宪法允许的范围内达到目的。他们组成了以自由派地主马德罗为领袖的反对连任党。在他 1908 年出版的《1910 年总统继任问题》的著作中，马德罗对波菲里奥的独裁统治提出了批评，公开反对外国人在墨西哥拥有比墨西哥人更多的特权，并要求民主选举。这些主张得到了广大民众的支持。当 1910 年夏季大选揭晓、波菲里奥再度连任总统的消息传开以后，反对波菲里奥的各阶层民众愤怒不已组织起来，形成了一股势不可挡的革命洪流，1910 年的墨西哥资产阶级革命随即发生。1911 年 5 月 25 日，波菲里奥独裁政权被推翻，统治墨西哥 35 年的"波菲里奥时代"就此结束。被赶下台的波菲里奥流亡巴黎，于 1915 年 7 月 3 日死于法国。

波菲里奥"现代化"的启示

综上所述,"波菲里奥时代"在墨西哥促进经济发展,走现代化之路的过程中,既有成功的经验,也有失败的教训。

成功的经验:首先表现在欠发达国家要振兴经济,谋求发展,吸引利用外资是必须的。为此国家需要营造一个和平、稳定的政治局面,才有可能吸引外国投资者前来投资。如果国内社会动荡,战乱不断、盗匪猖獗,不仅让外国投资者望而却步,国内经济也难于发展,走现代化之路是绝对不可能的。其次,墨西哥铁路建设的经验,也值得欠发达国家借鉴。吸引利用外资、引进先进的技术设备和管理经验兴办铁路。然后,利用发放国内债券把外国公司控制的铁路收归国有,避免外国公司控制国家的经济命脉。再者,"波菲里奥时代"改变了近代墨西哥贫穷落后的状态。通过吸引利用外资,实行"初级产品出口"的模式,促进了工业的发展,使墨西哥成为第三世界国家中较早发生工业革命的国家典范,为墨西哥的现代化发展奠定了基础。

失败的教训:首先表现在无节制地引进外资,必然导致对外资的过度依赖,形成严重的依附性,其结果是让外国公司控制了国家的经济命脉。教训之二在于对贫富悬殊的无视。当国家经济好转和走向繁荣的时候,应该让全社会成员都能够分享福祉。政府必须重视社会财富的公平分配,避免出现"富者愈富、贫者愈贫"的两极分化现象。当大量的社会财富集中在少数人手中,而绝大多数人依然处于一贫如洗、饥寒交迫的状态下,必然会引发新的社会震荡。教训之三是在遭遇民众反对时采用强权高压手段,剥夺了广大民众的民主和自由。这样的做法只能维持短暂的社会安定,难于建立长治久安的社会和谐。只有在民主、自由、平等的条件下,让所有人安居乐业,充满自信,让大家甘心情愿的去努力奋斗,才能实现国家现代化的宏伟目标。

波菲里奥·迪亚斯出身贫寒，通过执着追求与奋斗，不惜发动武装政变，登上了墨西哥总统的宝座，拥有傲人的个人奋斗经历；在"波菲里奥时代"，他将墨西哥带入现代化的进程之中，是墨西哥现代化事业的开创者和奠基人。然而，对权力的贪恋，使他不择手段地寻求连续就任总统，统治墨西哥长达35年之久。他所实行的政策导向，让国民感到他是"外国人的亲娘，墨西哥人的后妈"；而社会财富分配的严重不均造成了巨大的贫富差距，深深地埋下了人民反抗的种子。波菲里奥采用独裁统治的手段对广大民众的民主与自由权利的剥夺，使得政治环境变得更加恶劣，最终引发不可遏制的民怨，导致1910年革命的爆发。"波菲里奥时代"以追求国家现代化为起点，最终却被伴随现代化而来的革命所推翻，不能不说是一个巨大的、具有悲剧性的历史讽刺。

海安迪
（Andrew J. Hazelton）

布拉塞罗项目期间的美墨跨境劳工组织研究，1948—1955

20世纪40年代后期至50年代，美国经历了一次非法移民的危机。引发危机的是名为"布拉塞罗项目"（Bracero Program）的客籍劳工计划，其原始目的正是为了控制非法移民进入美国。布拉塞罗项目的出发点是希望以短期合同劳工的方式，将数百万墨西哥工人引入美国西部的大型农场中，充当短期劳工。参与这一项目的墨西哥籍劳工因而被称作是"布拉塞罗人"。美国决策者原指望用这一项目来解决令美国头疼不已的墨西哥移民劳工问题，但很快发现它实际上反而刺激了"无证件移民"大量进入美国，并使美国农场工人面临来自外国劳工的竞争。因为无证件移民可被随时驱逐出境，农场主们认为他们更容易被控制，因而也更愿意雇用他们。其结果是，一个跨越国界的农业劳动力市场将美国农业工人的贫困、布拉塞罗人和无证件移民的命运联系起来。1948年至1955年间，这些相互关联的问题引起了美墨边境地区的工会组织者和墨西哥裔美国人民权组织的注意。无证件工人的大量涌入，不仅在数量上远远超过了布拉塞罗人，而且也破坏了工会组织企图在布拉塞罗项目框架下为美国农工和墨西哥客籍工人（即布拉塞罗人）提供保护的努力。美国农工工会和民权组织的积极分子们决定将注意力转向人数不断攀升的非法移民，因为后者的出现削弱了美国农业工人与农场主进行讨价还价的谈判实力,并使布拉塞罗项目原本就十分微弱的保护功能更是徒有虚名。得克萨斯州的工会和墨西哥裔美国人民权活动组织者联合起来,针对无证件移民的问题,发动了一场运动,揭露开放的边境对客居美国的墨西哥裔农场工人所造成的负面影响。这种努力与美国政府对与移民相关的边境安全的担心紧密配合,共同催生了1954年"湿背人战役"(Operation Wetback)的联邦行动。该行动的目的是打击非法移民活动,但它也帮助扩展了布拉塞罗项目的实施。

然而,对非法移民的打击和布拉塞罗项目的迅速扩张并没有给代表美国农工利益的工会组织者带来任何安慰。基于从前与监管该项目的政府官员打交道的经历,工会领袖们不相信政府会在控制外国劳工的问题上保持长期的兴趣。因此,他们试图与墨西哥国内的工会组织进行合作,寻求一种工会之间的跨国合作,来解决这些由国际劳工移民引发的问题。美国全国农场劳工工会(The National Farm Labor Union,简称 NFLU)／美国全国农业工人工会(National Agricultural Workers Union,简称 NAWU)[①]曾在加利福尼亚州多次组织反对非法移民的活动,但均遭遇失败;它的领导人深知,当墨西哥客籍工人和无证件移民可以自由穿越美墨两国的边境时,在跨境工人中组织工会并不能奏效。面对这种情况,美国工会做出的回应是,为寻求一种取胜的策略,开拓性地采取一种跨境合作的方法,一方面从墨西哥国内劳工运动中寻求潜在的盟友,另一方面在国家层面上使用一种冷战时代的劳工国际主义的语言,来协调美墨劳工运动在移民和布拉塞罗项目问题上的立场。但这种实践的最终结果却是,因为美墨劳工组织都有自己的利益,而它们的利益又无法有效地得以整合,跨国工运和国际劳工主义的实践也就难以为继。

---

① 该工会在 1952 年改名。

布拉塞罗项目与"湿背人问题"

因为二战的需要,美国国会于 1942 年创建了布拉塞罗项目。当时的农场主声称,农业工人的短缺会危及到美国的战争动员,他们需要雇用来自墨西哥的客籍工人。但这项因二战的需要而产生的客籍劳工项目却一直实施到 1964 年。"布拉塞罗人"(bracero)一词是从墨西哥语 braze 或"手臂"一词衍生而来,大致可翻译成英文的"农场帮工"(farm hand),由此可见其在美国经济体制中所扮演的角色。在该项目实施的 22 年中,美国联邦政府总共向当时企图在美国大农场中寻求工作机会的墨西哥籍工人发出了 400 多万份短期工作合同。农场主要求使用墨西哥工人的理由是:美国的农工短缺以及本土美国人不愿意做农场工作;但在劳工组织、民权组织和宗教改革组织的批评者看来,这不过是农场主为获得布拉塞罗项目的借口而已,因为该项目赋予他们任意支配劳工的权力,包括将客籍工人的收入压低,并在后者表示抗议时对他们施加随时被递解出境的威胁。批评者声称,农场主不仅利用布拉塞罗人的雇用来压低美国农场工人所要求的工资标准,而且还在经历了 20 世纪 30 年代的乡村罢工和抗议活动之后,力图禁止农业工人组织起来成立工会。[1]

---

[1] 自从新政时期发生的农村动荡以来,农场主们对农业工人组织工会的举动感到非常紧张,因为那场动荡表现出劳工激进主义的巨大威胁。新政的农业项目是希望通过缩减耕种面积来提高农产品价格,但其实施是以自下而上的松散方式进行的,这使得南部棉花种植地主将大量的分成制佃农和佃农强行驱赶出其耕种的土地,后者则组织起来,举行了罢工。与此同时,加利福尼亚的农业工人因联邦政府对工业领域中集体谈判表示支持而备受鼓励,组织起几场声势浩大的罢工活动。新政联盟内部的政治考量最终对农工的激进主义来了个釜底抽薪,因为南部民主党人与该党都市派别对劳工立法的支持者将农业工人排除在瓦格纳法、公平劳动标准法和社会保障法的保护之外。关于新政农业政策对南部土地的影响的全面描述,见:Pete Daniel, *Breaking the Land: The Transformation of Cotton, Tobacco, and Rice Cultures since 1880* (Urbana: University of Illinois Press, 1985), 91-110; Gilbert C. Fite, *Cotton Fields No More: Southern* (转下页)

然而，二战的战争动员也允许墨西哥要求美国做出承诺，保障在美墨西哥"公民—工人"不受剥削，尽管这些保障的实施力度很差。双方承诺：在相同的工作面前，布拉塞罗人应该获得与美国农工同等的"通用工资"；在对当地劳动力市场造成"负面影响"的地区，农场主不得雇用布拉塞罗人等。但随着项目的展开，农场主对地方官员或负责监管该项目的州政府官员施加影响，左右他们的决策。农场主需要通过联邦就业服务局的地方办公室公布其招聘工人的信息，如果没有足够的劳工前来应聘，办公室官员就会签发一份证明该地区缺乏合格劳工的文件，农场主因此得到美国劳工部属下的就业安全局颁发的证书，雇主因此获得一张使用布拉塞罗人劳动力的通行证。然而，大部

（接上页）*Agriculture, 1865-1980* (Lexington: University Press of Kentucky, 1984), 102, 124-125, 139-147; Neil Foley, *The White Scourge: Mexicans, Blacks, and Poor Whites in Texas Cotton Culture* (Berkeley: University of California Press, 1997), 163-182; Henry I Richards, *Cotton and the AAA* (Washington, DC: Brookings Institution, 1936); Theodore Saloutos, *The American Farmer and the New Deal* (Ames, IA: Iowa State University, 1982), 66-87; Bruce J. Schulman, *From Cotton Belt to Sunbelt: Federal Policy, Economic Development, and the Transformation of the South, 1938-1980* (New York: Oxford University Press, 1991), 15-23; Robert E. Snyder, *Cotton Crisis*, (Chapel Hill: University of North Carolina Press, 1984), 22-33; 86-92; 120-163; and Keith Volanto, *Texas, Cotton and the New Deal* (College Station, TX: Texas A&M University Press, 2005), 125-141. 关于分成制佃农与佃农的工会问题，见：Donald H. Grubbs, *Cry from the Cotton: The Southern Tenant Farmers' Union and the New Deal* (Chapel Hill: UNC Press, 1971), 84-85; Robin D.G. Kelley, *Hammer and Hoe: Alabama Communists during the Great Depression* (Chapel Hill, NC: University of North Carolina Press, 1990); H.L. Mitchell, *Mean Things Happening in This Land: The Life and Times of H.L. Mitchell, Co-Founder of the Southern Tenant Farmers' Union* (Montclair, NJ: Allanheld, Osmun, and Co. Publishers, Inc., 1979), 171-182. 关于加利福尼亚劳工抗议活动的研究，见：Carey McWilliams, *Factories in the Field: The Story of Migratory Labor in California* (Boston: Little, Brown, and Company, 1939), 48-66; 关于新政时期加利福尼亚农业工人激进主义的精彩研究，见：Devra Weber, *Dark Sweat, White Gold: California Farm Workers, Cotton, and the New Deal* (Berkeley: University of California Press, 1994). 关于将农业工人排除在新政立法之外的政治考量的研究，见：Weber *Dark Sweat, White Gold*, 80, 106, 123-126.

分布拉塞罗项目的实施都是以松散的、放权的方式进行的。[1]农场主公布的工资被美国农场工人拒绝之后,农场主便声称遭遇了劳工短缺的问题,然后一个富有同情心的联邦官员就会发出劳工短缺的通知。这种通过基层行政体制来控制项目实施的模式很快就出现了,并一直延续到20世纪50年代后期。[2]

1947年当战时控制结束时,"政府对政府"的合同模式为农场主直接雇用布拉塞罗人的模式所取代,联邦政府的监管更为减弱。两国关

---

[1] 在项目实施初期的一个短暂时期内,农业雇主们发现他们的意志遭到政府行政官员的挫败。最初,布拉塞罗项目是由农业保障局(Farm Security Administration)负责实施的,但农场主将其视为一个危险部门,因为它通过向农业工人提供由政府经营、且不受农场主威胁的住房营地来进行一种社会改革的实践。当农业保障局将美国农业工人和分成制佃农安置在农场主企图雇用布拉塞罗人的工作位置上时,农场主们要他们在国会的代表施压,要求将布拉塞罗项目的管理权转移到农业部。1943年农业部开始掌管该项目的实施。

[2] 关于该项目在这一时代实施的完整叙述,见:Kitty Calavita, *Inside the State: The Bracero program, Immigration, and the I.N.S.* (New York: Routledge, 1992), Chapter 2; Richard C. Craig, *The Bracero Program: Interest Groups and Foreign Policy* (Austin, TX: University of Texas Press, 1971), Chapter 2; Ernesto Galarza, *Merchants of Labor: The Mexican Bracero Story: An Account of the Managed Migration of Mexican Farm Workers in California, 1942-1960* (Charlotte, NC: McNally & Loftin, Publishers, 1964); Chapter 6; Larry Manuel García y Griego, "The Bracero Policy Experiment: U. S.-Mexican Responses to Mexican Labor Migration, 1942-1955" (Ph.D. diss., University of California-Los Angeles, 1988), 86-114; Gilbert Gonzalez, *Guest Workers or Colonized Labor?: Mexican Labor Migration to the United States* (Boulder, CO: Paradigm Publishers, 2007), Chapter 3; Cindy Hahamovitch, *The Fruits of Their Labor: Atlantic Coast Farmworkers and the Making of Migrant Poverty, 1870-1945* (Chapel Hill: University of North Carolina Press, 1997), 168-174; George C. Kiser, "The Bracero Program: A Case Study of Its Development, Termination, and Political Aftermath" (Ph.D. diss., University of Massachusetts, 1973), 88-131; Linda C. Majka and Theo J. Majka, *Farm Workers, Agribusiness, and the State* (Philadelphia: Temple University Press, 1982), 136-143; Mae Ngai, *Impossible Subjects: Illegal Aliens and the Making of Modern America* (Princeton, NJ: Princeton University Press, 2004), 133-135; Wayne D. Rasmussen, *A History of the Emergency Farm Labor Supply Program, 1943-1947*, Agricultural Monograph No. 13 (Washington, D.C.: U. S. Bureau of Agricultural Economics, 1951), 24; Otey M. Scruggs, "Texas and the Bracero Program, 1942-1947," *The Pacific Historical Review* 32, no. 3 (August 1963): 251-264.

于延续原有模式的谈判也陷入了破裂，布拉塞罗项目颁发合同的数量下降，农场主开始转向，直接雇用来自墨西哥的无证件移民。① 联邦边境巡防局的执法官在截获无证件移民后，只是将后者的非法移民身份转换成为布拉塞罗人，以此来胁迫墨西哥政府回归谈判，解决美国边境州农场主提出的劳力需求。② 在农场主对合法和非法客籍劳工的实际控制下，国内农场劳工的位置被取代了，工人的工资也处于停滞不前的状态。尽管工会、教士和自由派积极分子为改变这种状况而努力游说国会，但国会内部的亲农场主利益集团却坚如磐石，抟不让步。③

到1951年，美墨两国政府就布拉塞罗项目的实施达成了一个更为牢靠的共识基础，新共识在农场主协会与布拉塞罗人之间建立起一个标准的工作合同，并写进了国际条约和美国联邦立法《第78号公法》之中。在判定通用工资、劳工短缺和实施布拉塞罗项目所带来的负面影响时，新布拉塞罗项目给予联邦劳工部很大的发言权，但在项目实施的人事机制方面，却继续依赖深受农场主们影响的地方和州执法官员。联邦和州的就业服务办公室——其职能都是为工人提供就业服务——在联邦劳工部下属的就业安全局构成了自己的网络系统。农场雇主们不停地公布那些被当地劳工拒绝接受的工资水平，制造劳力短缺的信息。农场工人的工资停滞不变，而无证件移民的浪潮再度高涨，致使布拉塞罗项目名存实亡，而农场主则获得了几乎不受任何法律保

---

① 当布拉塞罗项目在继续回应来自北部 (in El Norte) 的招募机会和前布拉塞罗人对在先前项目中遭遇的不幸时，无证件移民仍然在大量地进入美国。
② Calavita, *Inside the State*, 30; Kiser, "The Bracero Program," 133; Ngai, *Impossible Subjects*, 153.
③ 关于该项目在这一时期的全面叙述，见：Craig, *The Bracero Program*, Chapter 2; Galarza, Chapter 7; Garcia y Griego, "The Bracero Policy Experiment," 125-167; Kiser, "The Bracero Program," 132-152; Hahamovitch, *No Man's Land*, Chapter 5; Majka and Majka, "Farm Workers, Agribusiness, and the State," 143-151.

护的劳动力队伍。①

艾森豪威尔政府对布拉塞罗项目表示支持，不光是为了满足农场主的对劳力需求的偏好，也是为了管控来自墨西哥的移民问题。从一开始，布拉塞罗项目实际上就在鼓励无证件移民跨越国界，进入美国——因他们多是通过跨越格兰德河的途径来到美国，因而贬称为"湿背人"（wetbacks）。此外，一些返乡的布拉塞罗人也向亲友们散布说，布拉塞罗项目的管理松散、工作条件恶劣、工资待遇糟糕，不值一试，对于那些住得离边境较近的人来说，非法入境也许是一种更好的选择。1943 年，美国联邦移民归化局抓获了 11,715 名非法入境的移民，但四年之后，这个数字攀升到了 193,657 人。②

《湿背人的代价是什么？》

1951 年当《第 78 号公法》开始规范布拉塞罗项目的时候，民权和劳工组织对该项目和无证件移民两者都是持反对态度的，并认为两者都导致了国内农业工人的工资下降。③但该法澄清了这些批评的声音。联邦政府在项目中扮演的强硬角色给予这些组织一个开展积极游说的机会。此外，因为该项目具有更坚实的执法基础，尤其是当得克萨斯州农场主此刻也获得了使用布拉塞罗人劳力的准许之后，许多人希望

---

① 关于这一时期布拉塞罗项目规则的全面叙述，见：Galarza, *Merchants of Labor*, 121-182. 关于该项目在边境的历史以及围绕其和其他客籍工人项目而发生的政治争吵，见：Craig, *The Bracero Program*, Chapter 3; Garcia y Griego, "The Bracero Policy Experiment," 251-295; Kiser, "The Bracero Program," 153-174; Hahamovitch, *No Man's Land*, Chapter 5; Majka and Majka, "Farm Workers, Agribusiness, and the State," 151-157.

② Calavita, *Inside the State*, Appendix A, 217.

③ Hahamovitch, *No Man's Land*, 123.

它会减轻无证件移民带来的困扰。① 改革派的首要目标是将无证件移民从美国的农场中清理出去，然后再来批判布拉塞罗项目本身。由墨西哥裔美国人的老兵和民权组织组成的"退伍军人论坛"一方面保持对政策制定者施加压力，另一方面在格兰德河下游峡谷地区散发传单，"大肆传播关于当地的'湿背人'问题"。② 得克萨斯州劳联也帮助散发和传播这些传单。③ 尽管如此，无证件移民的问题依然持续存在。

得克萨斯劳联和退伍军人论坛继续在无证件移民问题上穷追不舍，大做文章，发表了另外一份关于格兰德河下游河谷的调查报告。④ 这份报告是由爱德华多·"埃德"·伊达尔（Eduardo "Ed" Idar）和安德鲁·麦克莱伦（Andrew McClellan）共同执笔写成，伊达尔是一名墨西哥裔美国人退伍老兵，担任老兵论坛的主席；麦克莱伦是格兰德河市的一位商人，在得克萨斯州劳联中的墨西哥裔美国人事务委员会中任职。麦克莱伦花了大量时间在得克萨斯南部对布拉塞罗人、美国农场工人和其他人关于就业和移民问题进行访谈。⑤ 伊达尔和麦克莱伦将他们的报

---

① 墨西哥禁止得克萨斯使用合同布拉塞罗人，因为该州对移民和墨西哥裔美国人实施歧视性政策。
② Texas State Federation of Labor Weekly Newsletter, November 23, 1951, Texas AFL-CIO Records, Texas State Federation of Labor Records, 1932-1957, AR110, Series 15, Box 6, Folder 5 "Weekly Newsletter, 1951," University of Texas-Arlington Special Collections; Gutiérrez, Chapter 5.
③ Texas State Federation of Labor, Press Release, March 23, 1952, Texas AFL-CIO Records, Texas State Federation of Labor Records, 1932-1957, AR110, Series 15, Box 5, Folder 1 "Press Releases, July-Dec., 1952," University of Texas-Arlington Special Collections.
④ Texas State Federation of Labor, Executive Board Meeting Minutes, September 15, 1953, Texas AFL-CIO Records, Texas State Federation of Labor Records, 1932-1957, AR110, Series 15, Box 1, Folder 2 "Minutes, Executive Board, Feb 1, 1952-Feb 13-14, 1955," University of Texas-Arlington Special Collections.
⑤ McClellan to Paul Sparks, July 31, 1952 and McClellan to J.L. Rhodes, February 12, 1953, Texas AFL-CIO Records, Mexican-American Affairs Committee, AR110, Series 7, Box 1, Folder 2 "McClellan, Andrew C., Correspondence—1951-1954," University of Texas-Arlington Special Collections.

告命名为《湿背人的代价是什么?》。尽管报告的前言称墨西哥移民是"因环境所迫"成为非法移民,但该报告对湿背人的描述和看法是负面的。无证件移民的愚昧、贫困和非法性导致他们"愿意接受不可想象的艰辛"。而他们众多的人数迫使那些"具有墨西哥血缘的美国公民们"不得不北移去寻找工作,也将工资水平"往下压,一而再,再而三地往下压。"这里没有什么纯粹无辜的移民;他们"四处加害于"得克萨斯,将"梅毒、肺炎、婴儿腹泻和其他疾病带进来,还带来了一大堆犯罪活动。"尽管报告声称"疾病与死亡"不是无证件移民的罪过,但"湿背人"的存在仍然让得克萨斯人感到恐惧。[1]

除了将疾病、犯罪和贫困与湿背人联系起来,《湿背人的代价是什么?》还将整个问题置于冷战的语境之中。两位作者问道:"谁知道有多少共产党分子混杂在一波又一波的湿背人中间?"他们引用了圣安东尼奥地区移民局办公室的数据,展示在过去两年半中至少有15名"颠覆分子"被驱逐出境,他们中间包括了来自苏联、菲律宾和伊拉克的人。还有许多人从尚未被发现的渠道进入美国,尤其是来自"受共产党控制的危地马拉"的特务可以十分方便地"装扮成为墨西哥人"。该报告还举出在布朗斯维尔发生的人口走私事件为例证,说明开放边境会对禁止那些"不值得期望"的外国人进入美国的行动造成破坏。国际犯罪集团一直在走私欧洲移民人口,而后者并不包括在联邦移民法的管辖之内。到最后,联邦无法知道"到底在什么程度上颠覆势力将会使用开放的边界来进行渗透"。[2]

最后,报告转向到布拉塞罗项目。伊达尔和麦克莱伦向联邦劳工

---

[1] Eduardo Idar and Andrew McClellan, *What Price Wetbacks?*, 5; 23, Box 5, Folder 6, G. I. Forum What Price Wetbacks, 1953, Eduardo Idar Jr. Papers, Benson Latin American Collection, General Libraries, The University of Texas, Austin, Texas.

[2] Ibid., 30, 32.

部决定"通用工资"的程序进行了猛烈的抨击,因为该程序所依赖的人正是那些操作农场主报价的州就业服务办公室和地方官员。因为农场主将需要布拉塞罗人的报告在秋收开始之前提出,他们并在更早的时候向美国国内的农场工人发布雇工需要,在其中列举美国工人定会拒绝的工资标准,从而使他们有理由声称遭遇了劳工短缺的困难。这样,所谓通用工资就成为了农场主愿意支付的工资标准。[1]然而,格兰德河下游流域的棉花农场主甚至都抛开这些与农场主为善的程序。他们的主要劳动力来源——即无证件劳工——将该地区的通用工资降低到每小时25美分,这样,在1951年的国际协定之下,他们就完全不够资格申请使用布拉塞罗人。[2]作为回应,墨西哥裔美国人"公民劳工"参与了一次移居出该地区的"大量外移"行动,其结果是,加剧了农场主对"湿背人"劳力的依赖,并强化了他们内心深处对美国农工不愿意工作的印象。[3]《湿背人的代价是什么?》在结束的时候提出了对布拉塞罗项目、农业工人的流动非法移民的建议。它提出举行关于如何决定通用工资的公众听证会的建议,允许美国农业工人在通用工资、布拉塞罗人和国内工人的平等就业条件,以及为申诉活动提供更多资金等问题上发出自己的声音。报告说,美国移民工人应该享有更好的就业服务,并享有先于布拉塞罗人的优先权。总的来说,美国需要更为严格的移民法和更有力度的法律实施。[4]

---

[1] Ibid., 50.
[2] 这份协定保证最低水平的时工资不应低于50美分或通用工资,即两者中距高端的一种。
[3] Eduardo Idar and Andrew McClellan, *What Price Wetbacks?*, 53, Box 5, Folder 6, G. I. Forum What Price Wetbacks, 1953, Eduardo Idar Jr. Papers, Benson Latin American Collection, General Libraries, The University of Texas, Austin, Texas.
[4] Ibid., 54, 59.

湿背人战役

报告的最后一项推荐措施看似可在 1953 年夏天得以采纳，一部分原因是此事引起了更多的全国关注，另一部分原因是美墨关于布拉塞罗项目延期的谈判遭遇了失败。当年 8 月，联邦司法部长小赫伯特·布朗威尔（Herbert Brownell, Jr.）视察了加利福尼亚的边界。"关于这个问题的影响范围是毋庸置疑的，"他对新闻记者说道。联邦移民归化局支持布朗威尔的说法，当月逮捕了 101,132 名在美国居住的非法外国人。此外，当美墨谈判在 1953 底和 1954 年初陷入僵局时，美国违反布拉塞罗协议，单方面地招聘了布拉塞罗人，导致了一场外交惨败。1954 年初，当美国官员在墨西加利—加利西哥边境向墨西哥工人招手，吸引他们跨越边境时，墨西哥当局立即将工人们逼退，阻止他们跨越边境。当许多人绕开边境的铁丝网进入美国境内时，他们被联邦移民归化局按照使用多年的程序——被"甩干"，也就是说，在被美国官员当成布拉塞罗人接纳入境之前，他们必须要继续一脚踏在墨西哥的领土上。这一被艾明如教授（Mae Ngai）称为"主权仪式"的表演通常为墨西哥边境官员尽收眼底，后者会抓住机会冲出来将墨西哥工人强行拽回到墨西哥境内，双方官员会上演一出针锋相对的外交活报剧。显然，如果美墨双方需要布拉塞罗项目得以在一个更可靠的基础上延续下去，他们必须采取某种行动。在边境的北部，美国联邦当局于 1954 年做出了回应，即由联邦移民归化局发起了一场名为"湿背人战役"的戏剧性搜捕行动。

艾森豪威尔政府希望利用"湿背人战役"来化解国内针对无证件移民的批评，同时将布拉塞罗人锁定为美国的墨西哥劳动力的唯一来源。这场对非法移民采取的军事化镇压行动逮捕了成千上万名外国人，鼓励更多的人（根据 INS 的报告）采取"自我递解出境"的行动离开美国，将雇工的重心转移到布拉塞罗人。根据一位学者的研究，新任移民局局长约瑟夫·斯温（Joseph Swing）将军事组织的手段运用于移民局，为将"湿背人"清除出美国，准备打一场协同战役。① 随着边境地区的收获季节在 6 月开始，斯温的战役开始打响并持续了一个多月。湿背人战役包括两个主要内容：逮捕非法移民，并与墨西哥配合将他们递解出境，尽管许多遭到逮捕的墨西哥人在这一过程中被"甩干"并被转化成布拉塞罗人。在加利福尼亚州，仅 7、8 两个月，湿背人战役就抓捕了 84,278 名非法移民。移民局在得克萨斯州的抓捕取得了类似的战果，设在该州的安东尼奥区域报告称抓捕 80,127 名非法移民。② 所谓的"打击湿背人运动"得到了广泛的报道，并借助于引人注目的武力使用的画面，包括为驱赶无证件工人主动离境而动用飞机和对棉花田实施地毯式清查的画面。③ 总之，这一切行动使得移民局宣称，湿背人战役强行驱逐了 130 万非法移民，在 1954 年财政年度内抓捕的非法移民总共达到 100 万人。④

湿背人战役的第二个主要目标是劝说和强迫农场主改变雇用工人的方式，从雇用"湿背人"转向雇用布拉塞罗人。移民局局长斯温在战役开始之前与农场主举行了一次友好会谈，他在会上称，如果农场主没有得到足够的合法劳动力，"他需要做的事就是将这种情况告诉劳

---

① Juan Ramon García, *Operation Wetback: The Mass Deportation of Mexican Undocumented Workers in 1954* (Westport, Connecticut: Greenwood Press, 1980), 173.
② 圣安东尼奥地区包括除了埃尔帕索（El Paso）和跨佩科斯（Trans-Pecos）地区之外的得克萨斯全部。Ibid., 228.
③ Calavita, *Inside the State*, 54-55.
④ Calavita, *Inside the State*, Appendix A, 217; García, *Operation Wetback*, 227. 另外两位研究者都注意到，移民局对那些自动离境的人的数字估计至少是值得怀疑的，因为它们无法得到验证。此外，1954 财政年度结束于湿背人战役开始 3 周之后，这对解释官方逮捕的数字造成了一定的困难。见：García, *Operation Wetback*, 227-228; Garcia y Griego, "The Bracero Policy Experiment," 795-797.

工部或移民局,我们将保证他获得这些劳动力。"布拉塞罗人不会轻易离开农场主,他们也不会受到驱逐离境行动的骚扰。当边境安全建立起来之后,布拉塞罗人的就业率迅速增加。在湿背人战役之前,布拉塞罗合同的数量是 201,380;但那个数字在 1956 至 1959 年间达到了一个年度合同超过 430,000 份的高度。但更有意义的是布拉塞罗人在农业就业人口中的比例。在 1951 至 1957 年之间,布拉塞罗人的比例从 15% 增加至 34.2%。[1]

在 1948 至 1954 年间,无证件移民对墨西哥裔美国人中的积极分子、劳工组织者以及布拉塞罗项目本身提出了严峻的挑战。布拉塞罗项目的原意之一是在使用强制性移民管理的前提下控制跨境的劳工流动,但这种项目注定要失败。再往前,抓捕数字的下降和布拉塞罗项目相对温和的扩展(与 1954 年在美国的墨西哥劳动力的人数相比)意味着无证件工人还会继续前来,尽管许多墨西哥劳工会选择通过布拉塞罗项目而合法地进入美国。

劳工组织和民权组织者试图界定问题的边界,提出解决的办法。当斯温局长实施湿背人战役时,他们也都曾松了一口气。尽管劳工和民权组织者曾对布拉塞罗项目提出批评,认为其不过是一种"将湿背人行动合法化"的做法而已,但项目的扩展使他们的批评变得尖锐起来,他们开始将批评集中在一个目标上。[2] 但对无证件工人的研究结果更使工会聚焦于布拉塞罗项目的弱点上,尤其是它缺乏对墨西哥裔美国人和美国农业工人被取而代之的保护。如同他们曾同时与无证件工人和布拉塞罗人双重问题做斗争一样,边境两边的劳工组织者都试图找到一种共同的策略,来应对一系列棘手的劳工组织的问题,问题的

---

[1] Calavita, *Inside the State*, Appendix A, 217.
[2] Hahamovitch, *No Man's Land*, 125.

核心在于如何将在跨境劳工市场上流动和工作的农业工人组织起来。

开展跨境劳工组织的行动

美国全国农场劳工工会（NFLU）一直对布拉塞罗项目持反对意见，它的领导人米切尔（H. L. Mitchell）和加拉尔萨（Ernesto Galarza）曾试图在加利福尼亚组织美国农业劳工，但没有成功。米切尔和加拉尔萨也曾试图采用跨境组织劳工的方法，但到20世纪50年代中期，形势对两人变得十分清楚，他们的工会需要借助更为广泛的劳工支持，来实现跨境劳工合作的计划。早在1948年的一次工会罢工中，作为学者、工会组织者和墨西哥移民的加拉尔萨就曾提出，除非将布拉塞罗人和无证件移民清除出美国农场，否则全国农场劳工工会（NFLU）不可能取得罢工的胜利。实现这个目标的唯一方式是"通过墨西哥和美国工会的共同参与"。[1] 墨西哥工会可以在布拉塞罗人抵达美国之前将他们组织起来，这样可以使美国工人与布拉塞罗人进行合作，一起工作。

1948年10月，位于美墨边境两侧的工会领袖在得克萨斯州的拉雷多举行了一次初步会议。促成这个会议得以进行的是担任美洲工人联盟（Confederación Interamericana de Trabajadores）的国际关系部书记的塞拉芬诺·罗穆阿尔迪（Serafino Romualdi）。美洲工人联盟于1948年建立，主要是应对拉丁美洲国家的左翼工会，但它在政治上得到美国劳联的支持。[2] 来自美国全国农场劳工工会（NFLU）和来自墨西哥的全国无产阶级联盟（Confederación Proletaria Nacional，简称CPN）的代表在一起讨论了布拉塞罗项目、"墨西哥工人在美国的待遇"、无

---

[1] Galarza, "Conference of Representatives of the Confederación Proletaria Nacional of Mexico and the National Farm Labor Union" October 19, 1948, STFU Papers, Reel 33.

[2] José Luis Rubio, *Las internacionales obreras en América,* (Madrid, 1971), 82.

证件工人的"低工资和生活条件",以及在布拉塞罗项目的双边谈判中"对劳工参与的系统排斥"等问题。①美国全国农场劳工工会(NFLU)对美墨工运领袖间就"农业工人的合法和不合法的移民问题"举行的"第一次会议"表示欢迎。②双方工会达成协议,将布拉塞罗人组织和吸纳为工会成员。全国无产阶级联盟(CPN)也对1949年举行的第三次全会大加赞赏。两国工会计划为两国工人举行"一次关于组织和保护的共同行动"。双方领袖承诺要协调彼此的行动,美国全国农场劳工工会(NFLU)同意将由墨西哥全国无产阶级联盟(CPN)支持的布拉塞罗人接纳为"拥有完全权利的成员"。③但到1949年1月中旬,欢庆的情绪开始变味了。当米切尔试图与美洲工人联盟副主席恩里克·兰赫尔(Enrique Rangel)进行联络的时候,包括兰格尔在内的对方没有任何回应。米切尔怀疑对方的沉默是因为"这些人不会讲英文,不懂我讲的事情"。他请加拉尔萨用西班牙语写信给对方。④几天后,米切尔告诉加拉尔萨他仍然没有接到任何回信。⑤显然,语言障碍不是问题。加拉尔萨曾3次给墨西哥全国无产阶级联盟写信,并在最后一封信愤愤写道:"他们的合作一点儿屁用也没有。"⑥

两个组织之间的联系再也没有得到恢复,也许是因为全国无产阶

---

① José Luis Rubio, *Las internacionales obreras en América,* (Madrid, 1971), 82.
② NFLU, Press Release, October 15, 1948, STFU Papers, Reel 33.
③ Confederación Proletaria Nacional, Tercer Congreso General Ordinario, Informe, November 25-27, 1949, (作者翻译,) Box 19, Folder 6: Alianza de Braceros Nacionales de Mexico en los Estados Unidos de Norteamerica, correspondence (Alianza-NAWU), press releases, notes, 1949-1957, Ernesto Galarza Papers, Stanford University Special Collections, Stanford, California [此后简引为:Galarza Papers]; Galarza, "Report on Activities for the National Farm Labor Union from March through December, 1948," January 6, 1949, STFU Papers, Reel 34.
④ Mitchell to Rangel, January 3, 1949, and Mitchell to Galarza, January 6, 1949, STFU Papers, Reel 34.
⑤ Mitchell to Galarza, January 10, 1949, STFU Papers, Reel 34.
⑥ Galarza to Mitchell, January 19, 1949, STFU Papers, Reel 34.

级联盟（CPN）面临处理墨西哥劳工运动与革命制度党（Partido Revolucionario Institucional，简称 PRI）领导的"完美专政"的更为紧迫的问题，后者在墨西哥革命之后一直以"一党政府"（one-party state）的方式统治国家。1952 年，全国无产阶级联盟（CPN）加入到米格尔·阿莱曼（Miguel Alemán）总统支持的其他劳工联盟中，而阿莱曼的政策主要集中在资本积累的问题上，这是一个为墨西哥最大的劳工联盟墨西哥总工会（Confederación de Trabajadores de México，简称 CTM）所忽略的。全国无产阶级联盟（CPN）和其他工会组成了工农革命联盟（Confederación Revolucionaria de Obreros y Campesinos），作为由革命制度党支持的针对更为独立的墨西哥总工会（CTM）的对应组织，阿莱曼政府本身也鼓励这种发展，将其视为一种分化工人运动的策略，以此来加强革命制度党对墨西哥总工会（CTM）和总体劳工运动的分裂。这种被一位学者称为的"被控制的组织多元化"策略允许革命制度党在二战之后在尽管有劳工反对的情况下可以持续实施增长取向的经济政策。[1]

加拉尔萨等虽然受到了挫折，但并没有放弃。加拉尔萨又给其他与全国无产阶级联盟（CPN）有联系的工会写信，包括全美墨西哥裔布拉塞罗人联合会（Alianza de Braceros Nacionales de México en los Estados Unidos de Norteamerica）。但这两个组织从两个不同的角度来看待布拉塞罗问题，关系因此而弄得很僵。联合会的总书记何塞·埃尔南德斯·塞拉诺（José Hernandez Serrano）在 1949 年第一次与加拉

---

[1] Kevin J. Middlebrook, *The Paradox of Revolution: Labor, the State, and Authoritarianism in Mexico* (Baltimore: Johns Hopkins University Press, 1995), 147-152. 关于墨西哥总统的执政团体以及墨西哥工会与其的关系的讨论，见：Middlebrook, *The Paradox of Revolution*, Chapter 5.

尔萨联络。① 他的组织希望最大程度地减少对布拉塞罗人的剥削。当加拉尔萨对布拉塞罗项目对美国农工造成的伤害提出谴责的时候，埃尔南德斯反诘道："墨西哥的工人也享有生活和在美国用我们自己的劳动挣得一份收入的权利。"②1950年2月，加拉尔萨从先前的激进立场退却，表达了他的工会"非常希望与联合会保持直接的联系"和希望"为以一种双方都能受益的斗争而建立起一种合作项目"。③ 但两个组织构成了一对不可思议的合作伙伴：塞拉诺领导的是一个支持布拉塞罗人的组织，而布拉塞罗人的生存所依靠的项目正是加拉尔萨服务的工会所反对的。

尽管如此，当美国和墨西哥准备在1951年根据《第78号公法》的条款就新一轮国际协议进行谈判的时候，加拉尔萨和埃尔南德斯也开足马力展开一项行动，但最终却导致了墨西哥政府的镇压。1950年底，埃尔南德斯向加拉尔萨请求帮助，提到"我们的工作取决于你能给予我们的帮助"。④ 加拉尔萨1951年1月专程去墨西哥城，向美国谈判代表提出了美国全国农场劳工工会（NFLU）的建议，要求获得谈判记录，但遭到了拒绝。他随后决定通过联合会直接向墨西哥工人说明情况，后者正在布拉塞罗申请人中组织一场群众集会。⑤ 加拉尔萨在集会开始前举行了一场记者招待会，散发了布拉塞罗人向加利福尼亚的美国全国农场劳工工会（NFLU）递交的冤情报告。来自《至上报》

---

① For more on the Alianza-NFLU relationship, see Deborah Cohen, *Braceros: Migrant Citizens and Transnational Subjects in the Postwar United States and Mexico* (Chapel Hill: University of North Carolina Press, 2011), 163-166.
② Hernandez to Galarza, December 19, 1949,（作者翻译,）Box 19, Folder 6: Alianza, Galarza Papers.
③ Galarza to Hernandez, February 3, 1950,（作者翻译,）Box 19, Folder 6: Alianza, Galarza Papers.
④ Hernandez to Galarza, December 18, 1950,（作者翻译,）Box 19, Folder 6: Alianza, Galarza Papers.
⑤ Galarza to William Green, February 12, 1951, STFU Papers, reel 35; Galarza, *Farm Workers and Agri-business in California,* 156.

(*Excelsior*）和《环球报》(*El Universal*) 这类大报的记者参加了招待会，因为墨西哥外交部禁止媒体参与双边谈判。新闻报道引发了来自内务部的惩罚。墨西哥官方威胁要将加拉尔萨强行驱逐出境，逮捕两名联合会的干部，并威胁其余的人。墨西哥总工会（CTM）可能遵循革命党的指示，告诉加拉尔萨立即停止一切活动。[1] 组织者最终取消了群众集会。在离开墨西哥之前，加拉尔萨设法见到了美国大使威廉·奥德怀尔（William O'Dwyer），并向他陈述自己的活动，但大使本人正是加利福尼亚州一位事业发达的农场主，也是一位布拉塞罗人劳动力的使用者。[2]

尽管有这些失败的教训，加拉尔萨继续追求建立跨国联盟的可能。除了联合会之外，美国全国农场劳工工会（NFLU）还与一个墨西哥的农工组织进行接触，该组织位于加利福尼亚的因皮里尔河谷（Imperial Valley）的南部，全国农场劳工工会正在因皮里尔河谷建立分支组织，以挑战因皮里尔河谷农场主协会（Imperial Valley Farmers Association），后者是一个由与布拉塞罗人签约的农场主组成的协会。[3] 1950年8月，墨西哥利河谷农场工人工会（Union de Trabajadores Agricolas del Valle de Mexicali）的书记伊格尔拉西奥·马克斯（Ignacio Marquez R.）向米切尔寄送了"一种兄弟般的问候"，表达了他对米切尔为农场工人"所做的有益工作的深深感激之意"。马克斯提到他的工会对全国农场劳工工会面临的问题有着亲身体验，因为在墨西哥利河谷的农工"深知并也备受大量……集体跨越边境……墨西哥工人所面临的问题的

---

[1] Galarza to William Green, February 12, 1951, STFU Papers, reel 35; Galarza, *Farm Workers and Agri-business in California,* 156.

[2] Galarza, *Farm Workers and Agri-business in California*, 157.

[3] 见：Andrew J. Hazelton, "Open-Shop Fields: The Bracero Program and Farmworker Unionism, 1942-1964" (Ph.D. diss., Georgetown University, 2012), 145-162.

伤害"。① 马克斯建议针对低工资和边境两边的糟糕的工作条件联合组织一场行动。② 加拉尔萨对此表示赞同，他回答说，要解决因皮里尔河谷的劳工竞争问题必须要"有墨西哥一边组织起来的劳工的支持"。他建议两个工会达成协议，建立一个固定的工资范围，能够反映"本工会所代表的加利福尼亚工人能够接受的"标准。此外，他还建议在因皮里尔河谷地区建立一种优先雇用墨西加利农业工人的制度，吸收在墨西加利的工人加入全国农场劳工工会，以及为捍卫"我们共同的利益"进行合作。③ 两个工会在1951年对这个协调策略进行了探讨，在3月签署了协议，双方都承诺"联合行动和相互支持"，在边境两边组织布拉塞罗人，以及"会员资格转换和按比例分享会费"等。④ 加拉尔萨曾数次深入到因皮里尔地区，帮助阻止美国移民局在那里对参与两个工会活动的无证件工人实施抓捕。⑤ 合作似乎对双方都很有利：当年5月，有12名布拉塞罗人参加了蒙特利尔县中央工会的会议，提出转入在索莱达的地方工会的要求。⑥

然而最终全国农场劳工工会与墨西哥利河谷农场工人工会的合作未能逃脱成为政府镇压的牺牲品，此刻同样的政府一直继续在破坏联合会与全国农场劳工工会的联合项目。就在两个组织签署协议之后不久，墨西哥警察询问了一位墨西哥工会主席的妻子，让后者报告她丈夫的行踪与活动，后来还逮捕了这位工会主席。⑦ 与此同时，在它企图举行让阿莱曼政府难堪的群众集会之后，联合会成为了政府打压行

---

① Marquez to Mitchell, August 18, 1950, (作者翻译,) Box 19, Folder 6: Alianza, Galarza Papers.
② NFLU, National Executive Board Minutes, November 18-19, 1950, STFU Papers, Reel 35.
③ Galarza to Marquez, October 25, 1950, (作者翻译,) Box 19, Folder 6: Alianza, Galarza Papers.
④ Galarza, "Do Not Release," March 9, 1951, STFU Papers, Reel 35.
⑤ Galarza to Rowland Watts, April 16, 1951, Box 19, Folder 6: Alianza, Galarza Papers.
⑥ A.J. Clark to Galarza, May 26, 1951, Box 19, Folder 6: Alianza, Galarza Papers.
⑦ Cohen, *Braceros*, 165.

动的目标。面对这场迫害，墨西哥联合会对自己进攻性策略做了修订，改为帮助那些在美国工作过的布拉塞罗人在返回墨西哥之后申述冤情，尽管埃尔南德斯和加拉尔萨此刻继续保持着联系，并建立起一个有限的联合成员计划。① 到 1953 年 6 月，得克萨斯积极分子安德鲁·麦克莱伦在提到联合会与全国农场劳工工会提倡的联合会员项目时，评论说"好像该建议并没有产生出任何实际的成果"②。

与跨境的农工工会合作也许能够更为成功，但全国农场劳工工会的有限财政资源和基层会员的反应阻止它与墨西哥工会建立起紧密的团结。一些在因皮里尔河谷的墨西哥裔美国农工在听说加拉尔萨的欢迎布拉塞罗人加入工会的计划之后，感到非常愤怒。加利西哥的农工和农场劳工工会的志愿组织者安杰罗·梅迪纳（Angelo Medina）因为这些问题在 1950 年离开了工会。梅迪纳在一封情绪激动的信中对加拉尔萨进行了猛烈的抨击，称后者如果决定"吸收布拉塞罗人加入工会"，他想在因皮里尔获得成功，只能是"一个奇迹"。因为他们是"低工资的主要原因"。③ 麦地那的批评必然对加拉尔萨造成伤害。他对美国农工针对布拉塞罗项目而面临的困难比任何人都清楚，全国农场劳工工会曾对客籍工人的项目进行了过分的谴责。事实上，全国农场劳工工会对整个客籍工人的项目予以否定，声称只要农场主愿意支付合理的工资和提供合理的工作条件，美国农工是愿意工作的。全国农场劳工工会的组织者与墨西哥移民仍然愿意寻找任何可能的合作机会来面对布拉塞罗项目。登记布拉塞罗人和与墨西哥工会合作是在当时

---

① Galarza to Serafino Romualdi, March 8, 1951, Box 19, Folder 6: Alianza, Galarza Papers; Galarza to Dorothy Mitchell, October 2, 1951, STFU Papers, Reel 36.

② McClellan to Paul Sparks, June 29, 1953, Texas AFL-CIO Records, Mexican-American Affairs Committee, AR110, Series 7, Box 1, Folder 2 "McClellan, Andrew C., Correspondence—1951-1954," University of Texas-Arlington Special Collections.

③ Medina to Galarza, November 22, 1950, STFU Papers, Reel 35.

看上去毫无希望的一场战斗中的一场尝试,不是没有价值的。

劳工国际主义与美国—墨西哥工会联合委员会

到 20 世纪 50 年代初,美国全国农场劳工工会与墨西哥的全国无产阶级联盟(CPN)、联合会和墨西哥利工会所进行的构建跨国合作的早期努力几乎都是无果而归。如果该工会希望在组织美国农工的努力中更为成功地挑战布拉塞罗项目,它需要在地区或区域之上找到更有力的同盟军。随着《第 78 号公法》和新的布拉塞罗项目即将开始生效,全国农场劳工工会在 1951 的代表大会上,呼吁建立"一个代表两个工会的联合委员会",就"招工、交通和集体谈判以及在美国的外国工人的代表权问题做出安排"。[①]

幸运的是,这一提议提出的时候,正是美国工会运动对外国工会的兴趣不断增长的时刻。酣战中的冷战冲突波及工会组织,美国劳工领袖们对苏联的国家控制的工会和世界范围的左翼工会都进行了谴责。在国际上,世界工会联合会(World Federation of Trade Unions)1949 年因为马歇尔计划的争执而分裂,西方国家的工会组成了自由工会国际联盟(International Confederation of Free Trade Unions,简称 ICF-TU),与一个由苏联控制的国际劳工组织对抗。[②] 在西半球,新的国际劳工政治将"美洲洲际工人联合会"(Confederación Interamericana de Trabajadores)在 1951 年转型成为了"南北美洲工会联合会"(Organización Regional Interamericana de Trabajadores,简称 ORIT)。[③] 在

---

① NFLU, Proceedings of the National Farm Labor Union Convention, December 8-9, 1951, STFU Papers, Reel 36.

② Ian Hampson, "International Unionism: Recovering History, Reshaping Theory, Recasting Practice?" *Labour History* 87 (November 2004): 254-255.

③ Luis Alberto Monge, "Interamerican Trade Unionism," undated, 1957, File 18, Box 7, RG18-009, George Meany Memorial Archives, Silver Spring, Maryland.

这次工会重组中，时间正好与关于布拉塞罗项目的国际谈判和国会讨论的时间重合，美国的劳工组织向墨西哥的伙伴发出请求帮助的呼吁。4月5日，美国劳联的代表会见了墨西哥工农联盟（Confederación de Obreros y Campesinos de México，简称COCM）的代表，后者是一个如同与全国无产阶级联盟（CPN）一样的、由革命制度党支持的劳工组织。[①] 美国劳联的代表"对墨西哥劳工运动建议两个工会"达成某些规范性协议"，建立"一种墨西哥劳工进入美国的标准"。5月31日，双方在埃尔帕索（El Paso）举行了跟进会议，呼吁"将布拉塞罗人纳入到两个组织（美国劳联与墨西哥工农联盟）的保护之下"，并以冷战时代的语境宣称，工人"在任何情况下都不与共产党发生组织联系"。会议也呼吁墨西哥工农联盟"在边境城市，如华雷斯、新拉雷多、墨西加里和蒂华纳等城市设立办公室，以发布来自美国工会的基于公平基础之上的用工需求通知，以此来规范布拉塞罗的移民活动。[②]

美国劳联试图建立一种更为长久的合作关系，于1951年7月专程前往墨西哥城与墨西哥工会领袖们进行一连串的会议。劳联代表团会见了来自墨西哥工农联盟（COCM）、墨西哥总工会（CTM）和全国无产阶级联盟（CPN）的官员，以及墨西哥劳联（Confederación Regional Obrera Mexicana，简称CROM）。墨西哥劳联是墨西哥最老的劳工组织之一，历史可以追溯到墨西哥革命时期，尽管它的权力在1936

[①] 墨西哥工农联盟是墨西哥总工会的竞争对手；卡马乔（Manuel Ávila Camacho）政府对后者予以法律上的承认，企图以此削弱它的影响力，从而使整个劳工运动与革命制度党（PRI）的政治路线保持一致。Middlebrook, *Paradox of Revolution,* 113.
[②] J.L. Rhodes to William Green, June 8, 1951, file 28, box 35, RG21-001, George Meany Memorial Archives; Rafael Ortega, et al., "Memorandum of proposed agreement between representatives of the American Federation of Labor and the Confederación de Obreros y Campesinos de Mexico," attached to J.L. Rhodes to William Green, June 8, 1951, File 28, Box 35, RG21-001, George Meany Memorial Archives.

年拒绝加入墨西哥总工会（CTM）之后就突然衰落了。① 在这些会议上，代表们发现在组织"跨境劳工交换方面"十分必要，对此代表们的意见一致。墨西哥工会组织者告诉美国人，他们希望墨西哥的剩余劳动力留在墨西哥境内，帮助发展国内工业。作为对墨西哥人支持的回报，美国代表团承诺要继续游说国会，加强布拉塞罗项目中对"进入美国的墨西哥籍工人"的保护。② 但双方的实际成果并不理想。1952年，得克萨斯州劳工工会组织在埃尔帕索与墨西哥劳联达成协议，将布拉塞罗人接受为当地工会的成员，但只要无证件移民继续不受钳制地大量进入美国，这项协议没有任何效果。③ 米切尔的工会早些时候曾针对布拉塞罗项目创造了跨境联合方式的试验，但到1953年，他却对有意义的跨境合作的前景表示出极度的悲观。尽管如此，美国劳联的塞拉芬诺·罗穆阿尔迪坚持要米切尔前往墨西哥城去会见菲德尔·贝拉斯克斯（Fidel Velázquez），后者是墨西哥总工会的总书记和墨西哥工运的头面人物。④

1950年8月，米切尔将美国劳联的请求告知加拉尔萨，希望他到墨西哥会见贝拉斯克斯。此项行动被劳联视为与墨西哥总工会进行接触的计划之一部分，但加拉尔萨不愿卷入此事。他说，墨西哥总工会曾经为自己的独立立场而自豪，但它现在却过度依赖于革命党，所以它对布拉塞罗项目没有任何用处。⑤ 加拉尔萨说的基本没错。贝拉斯克斯从1942年起便担任的领导人，通过联合那些弱势工会、而不是那些

---

① Middlebrook, Paradox of Revolution, 89-90.
② J. L. Rhodes to William Green, Aug. 4, 1951, File 29, Box 35, RG21-001, George Meany Memorial Archives.
③ Texas State Federation of Labor, Press release, December 7, 1952, Texas AFL-CIO Records, Texas State Federation of Labor Records, 1932-1957, AR110, Series 15, Box 5, Folder 1 "Press Releases, July-Dec., 1952," University of Texas-Arlington Special Collections.
④ Mitchell to Galarza, June 27, 1953, STFU Papers, Reel 37.
⑤ Galarza to Mitchell, August 22, 1950, STFU Papers, Reel 35.

大型和更为独立的工会而得以在联盟内获得地位上升，后者是在革命之中和革命之后建构墨西哥劳工运动的主体。因为他在该组织内缺乏一个强有力的支持基础，而革命制度党又一直在不断分化瓦解墨西哥的劳工运动，贝拉斯克斯只好大量依赖革命党以获取好处。这个过程始于二战期间的曼努埃尔·阿维拉·卡马乔（Manuel Ávila Camacho）政府期间，当时贝拉斯克斯利用革命制度党对工会权利不断进行限制的理由开始转移劳工运动的方向。这种共生关系在战后得以持续，因为随后的几任墨西哥总统相继采用鼓励工会间的相互竞争以打击劳工激进主义的做法，整个劳工运动因此变得更加依赖于与革命制度党保持良好的关系而生存。[1]总工会对革命制度党的顺从使得加拉尔萨得出结论说，贝拉斯克斯"不会在一个与墨西哥政府有关的问题上公开地与我们站在一起"，而且"也不会遵守任何协定"。[2]当米切尔让他1953年再访墨西哥时，他的立场也没有改变。"贝拉斯克斯不是一个值得信赖的人，"他写道，"我宁可用曲轴箱的污水漱口也不愿意到墨西哥去见那家伙。"[3]

米切尔和罗穆阿尔迪最终还是在1953年8月去了墨西哥，贝拉斯克斯同意在美国和墨西哥农工工会之间设计一种"联合会员制"计划。该计划将允许在布拉塞罗人遭遇合同纠纷的时候准允美国工会根据国际协定第21条为他们争取权利。[4]贝拉斯克斯同时告知他的美国客人，墨西哥总工会已经要求墨西哥政府保障布拉塞罗人"组织他们自己的工会"的权利，这些工会组织"进行集体谈判"的权利，以及"墨西哥工会代表陪同墨西哥工人前往美国的权利"。双方保证将在即将来临的项目更新谈判中为工会争取咨询者的地位。三人同时要求，为了冷战，双

---

[1] Middlebrook, *Paradox of Revolution*, 111-22.
[2] Galarza to Mitchell, August 22, 1950, STFU Papers, Reel 35.
[3] Galarza to Mitchell, June 17, 1953, STFU Papers, Reel 37.
[4] Mitchell, Memo: Conference with Fidel Velázquez, Secretary General Mexican Federation of Labor, August 6, 1953.

方应该有更好的边境安全，因为共产党分子会大肆推动非法移民，以便于他们利用"由此产生的结果"作为宣传材料。①

米切尔、罗姆阿迪和贝拉斯克斯还同意在当年晚些时候在墨西哥城举行一次美墨工会领袖的会议。这次会议与 12 月 14 日在 ORIT 的赞助下举行。来自墨西哥总工会、全国无产阶级联盟（CPN）、石油工人工会（Sindicato de Trabajadores Petroleros）、美国煤矿工人工会（United Mine Workers）、美国劳联（AFL）、美国产联（Congress of Industrial Organizations）、由"美国全国农场劳工工会（NFLU）"近期重新命名的"全国农业工人协会"（National Agricultural Workers Union, 简称 NAWU）②的代表花了 3 天时间在一起讨论无证件移民、布拉塞罗项目和国际劳工合作等问题。墨西哥工会呼吁美国工人兄弟们游说美国立法机关对那些使用无证件移民的雇主实施最严厉的惩罚。双方也力图建立一种两国同行业工人的工会交换项目，以及为移民工人设置的工会会员转会计划。③会议接着转向讨论布拉塞罗项目。代表们认为，布拉塞罗项目"构成了一个社会问题……并同时影响到了两个国家"。但出于对墨西哥人情感的尊重，美国代表称，只有"在超出实际需要数量的"布拉塞罗人到来时，美国农工才会受到负面影响的冲击。④墨西哥和美国代表承诺要游说各自政府，为工会争取在关于该项目的外交谈判中获取咨询者的地位，并保证推动政府就工会"参与

---

① Serafino Romualdi, Memorandum, Aug. 3, 1953, File 16, Box 7, RG18-009, George Meany Memorial Archives.
② The NFLU had recently changed its name to the NAWU.
③ International Conference of Trade Unions of Mexico and the United States Convened by the ORIT, Resolutions, December 14-16, 1953, Box 21, Folder 10: Joint-U. S.-Mexico Trade Union Committee, minutes, news releases, statements, 1953-1954, Galarza Papers.
④ Ibid.

监测"布拉塞罗移民进行必要的授权。①双方同意，墨西哥工会应该在布拉塞罗人招募中心建立工会，以便他们在抵达美国时将会员资格转入全国农业工人协会（NAWU）。②最后，会议要求南北美洲工会联合会（ORIT）负责协调在美墨代表中组成一个委员会……来研究这些问题。"③

1954年5月，南北美洲工会联合会（ORIT）在拉雷多—新拉雷多城的一次会议上建立起美墨工会联合委员会（Joint United States-Mexico Trade Union Committee），这个地点的选择是出于对该边境地区的经济融合的考虑。当年早些时候，米切尔曾表示，这个联合委员会（他是其中的成员之一）可以用来推动墨西哥总工会来支持由美国工会资助的一次组织（工人）活动。至少这样的活动可以给美国全国农业工人协会争取到急需的资金，用于在边境地区组织工人。④但米切尔对5月的大会感到失望。联合委员会只是重述了工会在外交谈判中获取咨询者地位和实施国际协定第21条（准允布拉塞罗人指定［利益谈判的］代表）的要求。墨西哥工会提供了某些帮助，如在招募中心散发传单，鼓励布拉塞罗人抵达美国时加入工会，指示墨西哥工会成员提醒布拉塞罗人要在离开之前履行工会成员职责等。然而，全国农业工人协会从联合委员会那里既没有收到任何资金的支持，也没有收到全面的组

---

① International Conference of Trade Unions of Mexico and the United States Convened by the ORIT, Resolutions Adopted by the First Committee on Points 1, 2, 3, and 4 of the Agenda, December 14-16, 1953, Box 21, Folder 10: Joint-U. S.-Mexico Trade Union Committee, minutes, news releases, statements, 1953-1954, Galarza Papers.
② Joe Garcia, Report on the Conference of Mexican and American Union Leaders held in Mexico City, December 14, 15, 16, 1953, STFU Papers, Reel 37.
③ International Conference of Trade Unions of Mexico and the United States Convened by the ORIT, Resolutions, December 14-16, 1953, Box 21, Folder 10: Joint-U. S.-Mexico Trade Union Committee, minutes, news releases, statements, 1953-1954, Galarza Papers.
④ Mitchell to Galarza, March 10, 1954, STFU Papers, Reel 38.

织支持。①随后的联合委员会会议的结果也是同样的结果。在 1955 年于圣地亚哥举行的会议上,该委员会呼吁"相互帮助与合作"、在普遍工资设置中的工会发言权、派遣更多的劳工部执法官员,以及双边关系中的咨询者角色。②尽管新任墨西哥总统阿道弗·鲁伊斯·科蒂内斯(Adolfo Ruiz Cortines)对通过控制通货膨胀而不是放松对墨西哥工运的控制而实现经济增长的做法更感兴趣,但他延续了阿莱曼禁止墨西哥工会参与双边谈判的做法,否决了墨西哥总工会提出的获得咨询者地位的要求。③到此为止,加拉尔萨不再对联合委员会抱有任何希望。他告知米切尔,他正在咖啡罐养蠕虫,并让米切尔也这样做。"我打赌说,在未来的 12 个月内,你会在罐里看到比联合委员会中我们各路代表所取得的更多成就,"他写道。④到 1957 年,加拉尔萨的判断被证明是正确的。在联合委员会的第四次大会上,提出的要求仍然是雷同的。委员会继续呼吁咨询者的地位,继续要求布拉塞罗人"在离开墨西哥之前组织起来"。⑤显然,情况并没有任何改变。

结论:跨境劳工组织的期望与危险

在 1948 至 1955 年间,关于布拉塞罗项目和美墨边境的无证移民问题对农工利益组织者和政府决策者都成为了重要的问题。在这一时

---

① Joint Committee, Chronicle of the First Meeting of the Joint United States-Mexico Trade Union Committee, May 11-13, 1954, Box 21, Folder 10: Joint-U. S.-Mexico Trade Union Committee, minutes, news releases, statements, 1953-1954, Galarza Papers; Serafino Romualdi to George Meany, ND June 1954, STFU Papers, Reel 38.
② Joint Committee, Resolution, August 25, 1955, Box 22, Folder 1: Joint U. S.-Mexico Trade Union Committee, minutes, statements, 1955-1956, Galarza Papers.
③ Joint Committee, Minutes of the Third International Conference of the Joint United States-Mexico Trade Union Committee, August 23-25, 1955, Box 22, Folder 1: Joint U. S.-Mexico Trade Union Committee, minutes, statements, 1955-1956, Galarza Papers.
④ Galarza to Mitchell, March 14, 1955, STFU Papers, Reel 38.
⑤ Joint United States-Mexico Trade Union Committee, "Resolutions of the fourth conference," April 2-4, 1957, File 41, Box 35, RG21-001, George Meany Memorial Archives.

期，美国劳工运动在两个方面将注意力集中在美墨边境之上。在得克萨斯，劳工领袖们与墨西哥民权运动组织者联合起来，关注无证件移民的问题及其无证件移民对该州州内农业工人所造成的影响。在二战之后的"恐红症"和不时出现的反移民情绪的影响下，劳工运动与日益增长的媒体喧嚣、国会内的限制移民主张、和移民规划局自身呼吁的移民政策改革组合成一种合奏。艾森豪威尔政府最终以湿背人战役的方式来回应这些不同利益构成的压力。1954年的实施战役减少了非法移民的数量，推动向不情愿的农场主推销布拉塞罗项目的活动，使后者相信布拉塞罗将会是一个可以预测的墨西哥劳动力的来源，这个项目在给予农场主以递解出境来威胁墨西哥劳动力的武器的同时，又给予他们一种随时可用的合同劳工来源，而他们可以利用后者来防止国内农工对他们设定的工作条件和待遇提出挑战。

鉴于边境的内在缺陷对于组织美国农业工人劳动力市场所构成的一种具有特殊意义的障碍，美国劳工组织跨越边境，向边境以南的墨西哥劳工运动寻求合作，企图建构一种跨界策略，共同对付国际劳工移民引发的问题。美国全国农场工人工会与美国全国农业工人工会率先迈出了第一步，但全国劳工组织迅速加入了这一行动，尤其是在冷战秩序开始成形的时候。然而，美国工会所抱有的对自由贸易国家工会的信仰以及与其合作时常因为墨西哥工会、布拉塞罗项目和墨西哥政府之间的复杂关系而搁浅和失败。墨西哥工会不断遭遇压制或被当政的革命制度党政府所控制，工会希望尽可能减少失业工人数量的目标又与不断处于守势的工人的现实发生冲突，在这种情况下，美墨工会的合作除了一个装点门面的联合委员会之外，无法产生其他实质性的结果。

反对布拉塞罗项目的跨国努力最终以失败而告终，而这种努力的前提条件——即墨西哥工会的合作——更减少了它得以成功的机会。

如果墨西哥工会在这种努力中获得了完全的成功，它们自身将面临国内剩余劳力向城市移动的压力，从而对都市的工会阵营造成不利。如此一来，在保持墨西哥剩余农村劳动力的向外输出问题上，墨西哥工会拥有切身利益的考虑。除此之外，墨西哥总工会与革命制度党之间的关系也强化了前者处理与布拉塞罗项目的问题时的犹豫不决的态度。随着保守派的菲德尔·贝拉斯克斯成为墨西哥总工会的掌舵人，以及工会重要性的总体下降和对革命制度党的依赖性增加，墨西哥劳工组织对布拉塞罗的挑战仅仅局限在提出改善布拉塞罗人的合同条件和更好地处理他们的申诉案件这类问题上。[1] 早在 1954 年组建联合委员会的会议上，墨西哥代表团就避免采取与政府对抗的做法，显示出其面临的依赖于政府的困境。代表团称，墨西哥不断增长的人口和前往美国工作所带来的吸引力是向外移民的强有力的动力所在，而向外移民已经"超出了政府控制的能力之外"。[2] 这是一种十分尴尬的劳工联盟，因为两个国家的劳工运动实际上都反对布拉塞罗人出现在自己的国境之内。跨境劳工联盟听上去虽然很有吸引力，但对于劳动者和他们的组织来说，却无法带来任何实际利益。

参考书目　　手稿与档案材料

　　　　American Federation of Labor-Congress of Industrial Organizations Records. George Meany Memorial Archives, Silver Spring, Maryland.

　　　　Carl T. Hayden Papers. Arizona State University Special Collections, Tempe, Arizona.

---

[1] Davis G. Pfeiffer, "The Bracero Program in Mexico," in George C. Kiser and Martha Woody Kiser, eds., *Mexican Workers in the United States: Historical and Political Perspectives* (Albuquerque, New Mexico: University of New Mexico Press, 1979), 77-78.

[2] Joint Committee, Report and Proposals of the Mexican Delegation, May 11-13, 1954, Galarza Papers, Box 21, Folder 10: Joint-U. S.-Mexico Trade Union Committee, minutes, news releases, statements, 1953-1954.

Department of Labor, Records Relating to the Mexican Labor ("Bracero") Program, 1950-1964. National Archives and Records Administration, San Bruno, California.

Eduardo Idar Jr. Papers. Benson Latin American Collection, General Libraries, The University of Texas, Austin, Texas.

Ernesto Galarza Papers. Special Collections, Stanford University, Stanford, California.

Southern Tenant Farmers Union Papers, microfilm edition. Stanford, North Carolina: Microfilming Corporation of America, 1971.

Texas AFL-CIO Records, Mexican-American Affairs Committee, AR110, Series 7. Special Collections, University of Texas-Arlington.

Texas AFL-CIO Records, Texas State Federation of Labor Records, 1932-1957, AR110, Series 15. Special Collections, University of Texas-Arlington.

二手材料

Calavita, Kitty. *Inside the State: The Bracero program, Immigration, and the I.N.S.* New York: Routledge, 1992.

Cohen, Deborah. *Braceros: Migrant Citizens and Transnational Subjects in the Postwar United States and Mexico.* Chapel Hill, North Carolina: University of North Carolina Press, 2011.

Craig, Richard C. *The Bracero Program: Interest Groups and Foreign Policy.* Austin, Texas: University of Texas Press, 1971.

Daniel, Pete. *Breaking the Land: The Transformation of Cotton, Tobacco, and Rice Cultures since 1880.* Urbana, Illinois: University of Illinois Press, 1985.

Fite, Gilbert C. *Cotton Fields No More: Southern Agriculture, 1865-1980.* Lexington, Kentucky: University Press of Kentucky, 1984.

Foley, Neil. *The White Scourge: Mexicans, Blacks, and Poor Whites in Texas Cotton Culture.* Berkeley, California: University of California Press, 1997.

Galarza, Ernesto. *Farm Workers and Agri-business in California, 1947-1960.* Notre Dame, Indiana: University of Notre Dame Press, 1977.

——. *Merchants of Labor: The Mexican Bracero Story: An Account of the Managed Migration of Mexican Farm Workers in California, 1942-1960.* Charlotte, North Carolina: McNally & Loftin, Publishers, 1964.

García, Juan Ramon. *Operation Wetback: The Mass Deportation of Mexican Undocumented Workers in 1954.* Westport, Connecticut: Greenwood Press, 1980.

García y Griego, Larry Manuel. "The Bracero Policy Experiment: U. S.-Mexican

Responses to Mexican Labor Migration, 1942-1955." Ph.D. diss., University of California-Los Angeles, 1988. In ProQuest Dissertations and Theses, http://0-search.proquest.com.library.lausys. georgetown.edu/pqdtft/docview /303691601/137714BB78668290361/1?accountid=11091 (accessed July 15, 2010).

Gonzalez, Gilbert. *Guest Workers or Colonized Labor?: Mexican Labor Migration to the United States*. Boulder, Colorado: Paradigm Publishers, 2007.

Grubbs, Donald H. *Cry from the Cotton: The Southern Tenant Farmers' Union and the New Deal*. Chapel Hill, North Carolina: University of North Carolina Press, 1971.

Hahamovitch, Cindy. *The Fruits of Their Labor: Atlantic Coast Farmworkers and the Making of Migrant Poverty, 1870-1945*. Chapel Hill, North Carolina: University of North Carolina Press, 1997.

——. *No Man's Land: Jamaican Guestworkers in American and the Global History of Deportable Labor*. Princeton, New Jersey: Princeton University Press, 2011.

Hampson, Ian. "International Unionism: Recovering History, Reshaping Theory, Recasting Practice?" *Labour History* 87(November 2004): 253-264.

Kelley, Robin D.G. *Hammer and Hoe: Alabama Communists during the Great Depression*. Chapel Hill, North Carolina: University of North Carolina Press, 1990.

Kiser, George C. "The Bracero Program: A Case Study of Its Development, Termination, and Political Aftermath" Ph.D, diss., University of Massachusetts, 1973.

Kiser, George C. and Kiser, Martha Woody, eds., *Mexican Workers in the United States: Historical and Political Perspectives*. Albuquerque, New Mexico: University of New Mexico Press, 1979.

Majka, Linda C. and Majka, Theo J. *Farm Workers, Agribusiness, and the State*. Philadelphia: Temple University Press, 1982.

McWilliams, Carey. *Factories in the Field: The Story of Migratory Labor in California*. Boston: Little, Brown, and Company, 1939.

Middlebrook, Kevin J. *The Paradox of Revolution: Labor, the State, and Authoritarianism in Mexico*. Baltimore: Johns Hopkins University Press, 1995.

Mitchell, H.L. *Mean Things Happening in This Land: The Life and Times of H.L. Mitchell, Co-Founder of the Southern Tenant Farmers' Union*. Montclair, New Jersey: Allanheld, Osmun, and Co. Publishers, Inc., 1979.

Ngai, Mae. *Impossible Subjects: Illegal Aliens and the Making of Modern Amer-*

ica. Princeton, New Jersey: Princeton University Press, 2004.

Pfeiffer, Davis G. "The Bracero Program in Mexico," in George C. Kiser and Martha Woody Kiser, eds., *Mexican Workers in the United States: Historical and Political Perspectives*. Albuquerque, New Mexico: University of New Mexico Press, 1979.

Rasmussen, Wayne D. *A History of the Emergency Farm Labor Supply Program, 1943-1947*. Agricultural Monograph No. 13. Washington, D.C.: U. S. Bureau of Agricultural Economics, 1951.

Richards, Henry I. *Cotton and the AAA*. Washington, D.C.: Brookings Institution, 1936.

Roll, Jarod. "Road to the Promised Land: Rural Rebellion in the New Cotton South, 1890-1945." Ph.D. diss., Northwestern University, 2006.

Rubio, José Luis. *Las internacionales obreras en América*. Madrid, 1971.

Saloutos, Theodore. *The American Farmer and the New Deal*. Ames, Iowa: Iowa State University, 1982.

Schulman, Bruce J. *From Cotton Belt to Sunbelt: Federal Policy, Economic Development, and the Transformation of the South, 1938-1980*. New York: Oxford University Press, 1991.

Scruggs, Otey M. "Texas and the Bracero Program, 1942-1947." *The Pacific Historical Review* 32, no. 3 (August 1963): 251-264.

Snyder, Robert E. *Cotton Crisis*. Chapel Hill, North Carolina: University of North Carolina Press, 1984.

Volanto, Keith. *Texas, Cotton and the New Deal*. College Station, Texas: Texas A&M University Press, 2005.

Weber, Devra. *Dark Sweat, White Gold: California Farm Workers, Cotton, and the New Deal*. Berkeley, California: University of California Press, 1994.

薄卫恩
(Wayne Bodle)

美国革命究竟有多革命？
从"新军事史"中寻求答案

在数十年的学术生涯中，我把绝大部分时间花在了对不同"革命"的研究和教学上，而现代中国与我的祖国一样，是由革命创造出来的，因此当我向中国同行们提出"美国革命究竟有多革命"的问题时，多少有些尴尬。然而，自紧随美国革命发生的法国革命和海地革命起（更不用说自 20 世纪众多的反帝反殖斗争发生以来），美国人对"革命"始终抱有一种充满矛盾的感觉。美国历史学家对"革命"的态度也颇为暧昧。历史学家们大都接受这样的说法，即美国革命是一场"争取自由的"、并得到大多数殖民者赞同的斗争，其目的是为了保护现存的英国自由；革命的发生是因为曾经拥有世界上最好宪政体制的母国在 1763 年之后突然改变了自己的行为方式，因而对殖民者的自由形成了威胁。他们或者研究《独立宣言》如何温和而短暂地释放了激进主义——而非自由主义——的思想，或研究革命如何产生于殖民地的内部冲突与分歧，或研究美国革命为何只是产生出有限的转换性成果。这些问题设置了史学家内部辩论的边界。那些主张美国革命具有激进性、冲突性、暴力性和破坏性并产生了结构变革后果的学者所讲述的故事往往更丰富多彩和更引人入胜，所以他们在辩论中拥有大于实际影响力的声音。但如果用书籍出版的数量来衡量，我们会发现，持"自由主义"观点（事实上应被称为持"保守主义"观点）

的著作要比持"激进主义"观点的著作更胜一筹。①

本文并不打算在此针对美国革命史学史做专业分析,但我希望先扼要勾画和评论美国历史学家对美国革命所做的不同解释的演进,然后我将进一步讨论史学史辩论所涉及的一组更为具体的问题,即涉及革命期间北美的某些具体区域或社区的问题。

关于美国革命的第一波"史学写作"出现于1789至1802年间,作者们是参与革命的那一代人。用两三句话来总结和提炼这一波写作显然是困难的,但不难看出,这些著作分享一种观点,即美国革命是一个神赐的机会——是上帝对美国自由的命运所做出的一种及时的干预。第二波的写作也被称为"辉格学派",出现于19世纪30年代,作者们则是革命一代的后代。革命一代的逐渐逝去和早先对历史材料的收集和保存,直接推动了第二代人的革命史写作。第二代作者虽然继续分享前辈关于革命具有神意的说法,但抛弃了上帝进行直接干预的看法。相反,第二代人强调人类"进步"过程中的"法则",并提出进步"法则"将随着时间以不可阻挡的趋势展现出来,推动道德社会追求更大的自由恩赐。②

---

① 自2000年来出版的一些关于美国革命研究的史学综述写作包括:Jack P. Greene and J. R. Pole, eds., *A Companion to the American Revolution* (London and Malden, MA: Blackwell Publishing, 2003); Edward Gray and Jane Kamensky, eds., *Oxford Handbook of the American Revolution* (Oxford: Oxford University Press, 2013). 有趣的是,这两部著作竟然没有包括一篇明确讨论美国革命史学史的文章,但如果将两部书放在一起读,可以达到这个目的。同见:Alfred F. Young and Gregory Nobles, *Whose American Revolution Was It?* (New York: New York University Press, 2011); Daniel K. Richter, *Before the Revolution: America's Ancient Pasts* (Cambridge, MA: Harvard University Press, 2011), Elijah H. Gould and Peter Onuf, eds., *Empire and Nation: The American Revolution in the Atlantic World* (Baltimore: Johns Hopkins University Press, 2005).

② Eileen Ka-May Cheng, *Historiography: An Introductory Guide* (London, Bloomsbury Academic, 2012), Chap. 2, "Enlightenment and Philosophical History," esp. pp. 52-60; Jack P. Greene, "The Flight from Determinism: A Review of Recent Literature on the Coming of the American Revolution," in Jack P. Greene, *Interpreting Early America: Historiographical Essays*, (Charlottesville: University of Virginia Press, 1996), 311-333.

第三波美国革命史的写作是在内战之后出现的，与之相伴的是所谓"学院派史学"的诞生。这一波的特征是，书写历史之人需要借助大学为安身立命之场所，需拥有受过专门训练的资格（如博士学位），能够专注于某种研究方法，并以"科学"的态度对证据和材料进行清楚明了的分析。从 1880 年起，在巴尔的摩的约翰霍普金斯大学，历史学家们采用了德国的学术实践，将研讨课视为从事史学研究的基本工具。具有讽刺意味的是，专业历史学家大都对美国革命的题目不屑一顾，认为它属于业余史家的题目，并与盲目幼稚的民族主义纠缠在一起，而这两者都是他们力图抛弃、不屑于与之为伍的。学院派历史学家将美国革命这样的题目分配给那些绅士学者，后者当时正在被专业历史学家拒之门外。对于美国革命的军事史，学院派历史学家更是拱手相让。当时有整整一代退休的内战将军正在写作战争史，一个战役接着一个战役地写，乐此不疲，而专业历史学家对此冷眼旁观。他们认为，任何时代的战争史题目最好都留给那些业余的、喜欢就枝节问题追根究底的人去做。①

20 世纪初带来了重要的变化。不同"流派"的思想第一次在学术界并行共存，就如何解释美国的过去展开了竞争。从 1900 到 1930 年间，"进步主义学派"历史学家受当时围绕工业发展而产生的冲突的启发，以研究经济权力的"冲突"作为审视过去的一种透镜，并将之带入到对历史的观察与解释之中。尽管研究者并没有什么人是马克思主义理论的真正信徒，但他们却十分强调历史行为者的经济动机和对经济利益的关切。对他们来说，美国革命是一个再自然不过的研究题目

---

① H. Ray Hiner, "Professions in Process: Changing Relations between Historians and Educators, 1896-1911," *History of Education Quarterly*, 12 (1972): 34-56; H. Ray Hiner, "Professions in Process: Changing Relations among Social Scientists, Historians, and Educators, 1880-1920," *The History Teacher* 6, no. 2 (1973): 201-218.

了。他们称，革命既是一场争取"内部自治"（即独立）的斗争，也是一场决定"谁应该拥有内部统治权"（即权力）的斗争。在他们看来，美国革命将成千上万名保守的效忠派殖民者逐出美国，创造了某种真实程度上的财产再分配，打击了奴隶制（虽然不是致命的），削弱了人际关系在不同领域（家庭、工作场所、"公共领域"）中的尊卑观念。这些现象是否使美国革命变得"具有革命性"，或"具有激进性"，或更加丰富多彩，取决于使用什么样的分析概念。但这些历史学家往往并不情愿做这样的区分，对变革的永久性或过渡性的问题也时常避而不答。①

　　第二次世界大战之后，一批被称之为"共识学派"的学者开始对"进步学派"史学所表现的僵化的意识形态做出反应。这个新学派或许是想解释一个事实，即为何在二战中国家社会主义和法西斯主义体制被击败而西方民主制得以取胜；他们也许只是为了寻找新的研究题目；无论如何，他们对美国建国经历的观察采取了一种更为保守的立场。他们格外强调生活在 18 世纪的美国人共享的价值观和思想，坚持认为美国革命作为一种思想现象的意义要远远大于其社会和经济意义。在某种意义上，我们可将他们的解释视作一种 19 世纪辉格学派观点的回潮。②

---

① Earnest A. Breiasch, *American Progressive History: An Experiment in Modernization* (Chicago: University of Chicago Press, 1993); Richard Hofstadter, *The Progressive Historians: Turner, Beard, Parrington* (New York: Alfred A. Knopf, 1968); Charles Crowe, "The Emergence of Progressive History," *Journal of the History of Ideas* (January-March, 1966): 109-124.

② John Higham, "The Cult of the 'American Consensus': Homogenizing Our History," *Commentary* 27 (Feb 1, 1959): 94-95; Bernard Sternsher, *Consensus, Conflict, and American Historians* (Bloomington: Indiana University Press, 1975); Donald Joseph Singal, "Beyond Consensus: Richard Hofstadter and American Historiography," *American Historical Review* 89, no. 4 (Oct. 1984): 976-1004; Bernard Bailyn, *Ideological Origins of the American Revolution* (Cambridge: Harvard University Press, 1967).

20世纪60年代对美国历史学家提出了新的问题——是关于20世纪60年代的问题！民权运动、反对越战的大众抗议、正在兴起的女性对父权体制的反抗、文化解放运动、帮助寻找和分析大批量的历史资料和数据的新技术的出现等，这一切共同催生了美国革命史研究的"新进步学派"转向。学者们不仅对历史行为者的经济状况感兴趣，而且对他们的社会和文化认同也感兴趣。比起进步学派的前辈来，新进步学派更不可能直接采用马克思主义的历史观，尽管他们对此不无同情之理解。他们热衷谈论的话题是如何恢复普通人的视角和如何写作"由下至上"的历史。他们重新回到个人经历的研究之中，但他们感兴趣的是普通士兵而不是将军，是普通选民而不是政治家，是寡妇和单身妇女而不是丈夫或父亲；他们希望从这些人留下的材料中一丝一毫地寻觅他们对诸如波士顿茶党或印花税抗议等事件的描述或反应。①

学界风潮不可避免地再度发生了转向，而且转向的速度更快。随着20世纪80年代的到来，美国进入到一个更为保守的年代中，"新辉格派"的史学写作得以抬头。这一学派的历史学家们重拾对思想和理想的强调，充分利用研究技术的变化，扩大了原始材料的范围和种类，将革命时期的一些鲜为人知的传单、诗歌、漫画、甚至淫秽材料等纳入到自己的研究范围内，并将这些新材料视作殖民地居民传播反英思想的载体之一。更有"新辉格派"学者借用20世纪60年代兴起的心理历史学的方法，将殖民地居民对英国王室和议会的"阴谋"的极度

---

① Gary B. Nash and T. H. Breen, "The American Revolution: Social or Ideological?" in Francis G. Couvares, et. al., eds., *Interpretations of American History: Patterns and Perspectives*, 7th ed., (New York: The Free Press, 2000), 137-176; Alfred F. Young, ed., *Beyond the American Revolution: Explorations in the History of American Radicalism* (De Kalb: Northern Illinois University Press, 1993); Gary B. Nash, *The Unknown American Revolution: The Unruly Birth of Democracy and the Struggle to Create America* (New York: Penguin Books, 2005); Ronald Hoffman and Peter J. Albert, eds., *Women in the Age of the American Revolution* (Charlottesville: University of Virginia Press, 1989).

愤怒解读为偏执的心理。再以后就是自 2000 年以来的"文化史学家"的发声。他们声称,艺术、文学、音乐和普通人(主要指具有读写能力的人)的思想和情感表达,不仅可以说明、而且可以帮助解释那些看上去具有天然重要性的事件,如国家形成的过程等。①

* * *

关于上述史学史的辩论,值得深入讨论的内容还有许多,但对于这样一个学术会议而言,史学史的梳理与分析并非是一个最为理想的题目选择。现在我更需要做的是将落脚点放回到 18 世纪 70 年代的美国,对美国革命做一种近距离的观察,并讨论殖民者当时所进行的争取"内部统治"和/或"谁应该拥有内部统治权"的革命的实际情况。但我想先表明我在上述不同史学流派的交锋中所处的立场。作为一个 20 世纪 60 年代后期在大学就读的本科生和 20 世纪 70 年代接受史学训练的研究生,我认为将自己划归到"新进步学派"的阵营应该是最合适的。

我不否认思想和理想在激发和说服人们采取行动方面所发挥的重要作用,我也不否认另外一种认知——即美国宪法是一群有产者为了遏制或扭转"自由(在美国)的蔓延"而策划的一场旨在维护私利的"阴谋"——能够自圆其说。但我接受的学术训练赋予我的是一种"新社会史"的研究视野。换言之,我们需要更多地了解革命时代那些普

---

① Gordon S. Wood, "Rhetoric and Reality in the American Revolution," *William and Mary Quarterly*, 3rd Ser., 23 (Jan. 1966): 3-32; Wood, *The Radicalism of the American Revolution* (New York, Alfred A. Knopf, 1992); Michael McGiffert, et. al., "Forum: How Revolutionary Was the American Revolution: A Discussion of Gordon Wood's *Radicalism of the American Revolution*," *William and Mary Quarterly*, 3rd ser., 51 (October 1994):, 667-716; Kenneth Silverman, *A Cultural History of the American Revolution: Painting, Music, Literature, and the Theater in the Colonies and the United States from the Treaty of Paris to the Inauguration of George Washington, 1763-1789* (New York, T. Y. Crowell, 1976); Sarah Knott, *Sensibility and the American Revolution* (Chapel Hill: University of North Carolina Press, 2009); Nicole Eustace, *Passion is the Gale: Emotion, Power, and the Coming of the American Revolution* (Chapel Hill: University of North Carolina Press, 2004).

通男人和普通女人的经历，因为正是这些人对争取独立的斗争的参与在关键意义上改变了这场斗争的性质，从而提出了（如果不是回答了的话）"谁应该拥有内部统治权"的问题。

过去一代人的早期美国史研究十分强调区域差异的重要性。作为这代人中的一员，我研究的对象是"中部殖民地"，即包括纽约、新泽西、宾夕法尼亚和特拉华等在内的区域。这个长期为历史学家所忽略的区域具有自己的特色：它的人口在族裔构成和宗教传统上非常的多元化，公开竞争的政治文化在这里十分流行，对自身利益的追求和对权力的竞争被广泛地视为是一种名正言顺的行为。比起新英格兰的小农经济和切萨皮克南部以及下南部的经济作物/奴隶制种植园经济来说，该地区的经济体制更为复杂，也更具有活力。这些因素决定了这一区域的"美国革命"的特征、动力、甚至结果。独立战争在新英格兰打响之后，在波士顿附近僵持了一年左右；战事随后南移，从1776年到1778年在纽约市和费城的周边地区展开。随后的四年里，战争的重心又转移到了南部。当"战争的位置"从一个地方转移到另外一个地方时，战争的特征也发生了变化，有的时候变化的发生非常具有戏剧性，犹如变色龙一般。在中部殖民地，独立战争与州一级政治体制之间有一种比其他地区更为复杂的关系。而民选政府与军事活动之间的关联正是需要我们创造性地发挥想象的地方，这种复杂的关系激励我们去思考独立战争究竟如何地"具有革命性"，以及独立战争最终为何是以及如何是一场革命等问题。①

中部殖民地之间分享诸多的共性。相互交界的地理结构将它们连为一体，然而在18世纪70年代，哈德逊河流域与特拉华河流域则是两

---

① Wayne Bodle, "Themes and Directions in Middle Colonies Historiography, 1980-1994," *William and Mary Quarterly*, 3rd Ser., 51 (July 1994): 355-388. 关于我们应该如何思考美国革命时期军事体制、军事文化、军事活动与公民社会的政治体制之间的关系，见：John Shy, *A People Numerous and Armed* (Ann Arbor: University of Michigan Press, 1990).

个非常不同的区域。华盛顿的大陆军的"主力"部队于1776年在纽约城附近被击溃之后,从西南方向撤退到宾夕法尼亚。通过1777、1778年的反击,大陆军夺回了大部分地盘,重新控制了哈德逊河流域,直至战争结束。但从军事角度来看,大陆军在纽约地区从未能够找到一种如鱼得水、行动自如的感觉。1777年,殖民地军队在萨拉托加击败了来自加拿大的、由约翰·伯格因(John Burgoyne)将军率领的入侵英军,但赢得这场胜利的却是一支小规模的非主力的大陆军队伍,他们得到了一群来自新英格兰的地方民兵的协助。新泽西是北部战事中的一个关键的军事—行政中心——"革命的驾驶舱"——但它却见证了18世纪80年代在此发生的几起打击革命者意志的哗变。宾夕法尼亚殖民地素来反战,享有是大英帝国体系中的薄弱环节的坏名声,但它却经历了一场几近暴力的"内部革命",并拥有一个激进的州宪法和一个极度分裂的辉格派政府,对于后者,即便是"进步学派"史学史的批评者也无法置之不理。1777—1778年在英军占领期间,革命的"首都"费城曾一度失守,除吞下这场损失的苦果之外,宾夕法尼亚一直处在北部战事的边缘,直到1783年美国最终获得独立之时。[1]

让我们从比较的角度来观察美国革命(以及独立战争)在上述两个地区的情况:一个是位于纽约殖民地的哈德逊河流域中部地区,另一个是介于特拉华河和萨斯奎哈纳河之间的宾夕法尼亚东南部地区。两者都是土地肥沃的粮食种植区,素有"粮仓"之称,又都与通向大西洋市场的主要港口和河流相连接。两地在社会和族裔构成上都很多

---

[1] Richard Ryerson, *The Revolution is Now Begun: The Radical Committees of Philadelphia, 1765-1776* (Philadelphia: University of Pennsylvania Press, 1978); Wayne Bodle, *The Valley Forge Winter: Civilians and Soldiers in War* (University Park: Pennsylvania State University Press, 2002); John Frantz and William Pencak, *Beyond Philadelphia: The American Revolution in the Pennsylvania Hinterland* (University Park: Pennsylvania State University Press, 1998); Leonard Lundin, *Cockpit of the American Revolution: The War for Independence in New Jersey* (Princeton: Princeton University Press, 1940).

元化，而且也都为英国主流文化和传统之外的殖民者所建立：前者的定居者主要是来自荷兰和斯堪的纳维亚的移民，而后者的定居者则主要是来自不同国家的贵格派教徒。这些定居者最初并非是从事农耕生产的，但他们很快适应并接受了以出口农业产品为基础的经济形式。两个地区都存在着划分不清的问题，有许多漏洞可钻，并不时面临外来入侵群体——在哈德逊河区域是来自新英格兰的"扬基人"，在宾夕法尼亚地区则是来自切萨皮克种植园的契约奴——对其控制土地和机会的司法权提出的挑战。纽约是著名的"王室殖民地"，其政府受伦敦的直接指挥，当地民众对英国王室拥有一种普遍的感情认同。而宾夕法尼亚则是幸存下来的最大的"业主殖民地"，名义上是佩恩家族拥有的私有财产，也被那些拒绝认同英国的德意志移民和苏格兰—爱尔兰裔移民视为家园。这两个殖民地都是最后一刻才接受独立的现实。但当独立真的来临之后，两者都经历了引人注目的激进革命。独立战争打响之后，纽约出现了成千上万名效忠派分子，而宾夕法尼亚则变成了一种民主"共和"价值观的象征。即便它的"温和派"也是谨慎的辉格派。①

历史地理学家詹姆斯·莱蒙将宾夕法尼亚描述成一个"现代的"和从根本上是"自由主义的"（根据19世纪的定义）的社会，它的人

---

① Bonomi, "New York, the Royal Colony," *New York History*, 82 (Winter 2001): 5-24; Edward Countryman, *A People in Revolution: The American Revolution and Political Society in New York, 1760-1790* (Baltimore, MD: Johns Hopkins University Press, 1981); Joseph S. Tiedeman and Eugene R. Fingerhut, eds., *The Other New York: The American Revolution Beyond New York City, 1763-1787* (Albany: State University of New York Press, 2006); Judith L. Van Buskirk, *Generous Enemies: Patriots and Loyalists in Revolutionary New York* (Philadelphia: University of Pennsylvania Press, 2002); Ruma Chopra, *Unnatural Rebellion: Loyalists in New York City During the Revolution* (Charlottesville: University of Virginia Press, 2011); Gregory T. Knouff, *The Soldiers' Revolution: Pennsylvanians in Arms and the Forging of Early American Identity* (University Park: Pennsylvania State University Press, 2004); Steven Rosswurm, *Arms, Country, and Class: The Philadelphia Militia and the 'Lower Sort' During the American Revolution* (New Brunswick: Rutgers University Press, 1987).

口由不断流动、充满活力的家庭所构成，由松散的文化与社区相连接，并在竭力追求和创造物质财富。"进步学派"的学者在一个世纪之前将哈德逊河东岸视作一种大规模的"封建"旧制的遗存。自荷兰殖民地时代开始，该地区被分割成许多巨大的庄园和拥有专营权的土地财产，分别由上层精英家族所控制，它们与殖民地当局结为亲密的政治盟友，而前者则非常小心地严守自身的特权，寻求佃农而不是自由移民到他们的领地上来定居。荷兰农场主对佃农制的抵制导致了 18 世纪 60 年代的多次重大社会冲突。[1]

当独立战争降临这两个地区时，当地的地区特征立即被军事化和政治化了。但这里并没有发生"（独立）战争"。大陆军是一个管理松散的体制，与大陆会议的关系始终模棱两可，含混不清，而后者则不断发生变化，并经常转移。州民兵组织只是在名义上服从大陆军的指挥。当"战争的位置"在 1778 年后转移到南部，大陆军的"主力"仍然留在北部，在新泽西北部和哈德逊河流域的南部缓慢穿越。华盛顿

---

[1] James T. Lemon, *The Best Poor Man's Country: A Geographical Study of Early Southeastern Pennsylvania* (Baltimore: Johns Hopkins University Press, 1972); Staughton Lynd, "Who Should Rule at Home?: Dutchess County, New York, in the American Revolution," *William and Mary Quarterly*, 3rd Ser., 18 (July 1961): 330-359; Staughton Lynd, *Antifederalism in Dutchess County, New York: A Study of Democracy and Class Conflict in the Revolutionary Era,* (Chicago: Loyola University Press, 1962); Carl L. Becker, *The History of Political Parties in the Province of New York, 1760-1776* (Madison: University of Wisconsin Press, 1909), esp. chap. 1; Irving Mark, *Agrarian Conflicts in Colonial New York, 1711-1775* (New York: Columbia University Press, 1940); Thomas J. Humphrey, *Land and Liberty: Hudson Valley Riots in the Age of Revolution* (De Kalb: Northern Illinois University Press, 2004); James M. Johnson, et. al., eds., *Key to the Northern Country: The Hudson River Valley in the American Revolution* (Albany: State University of New York Press, 2013); Martin Bruegel, "Unrest: Manorial Society and the Market in the Hudson Valley, 1780-1850," *Journal of American History*, 82 (March 1996): 1393-1424. 关于对哈德逊河流域的社会和经济状况的绝对不同的另外一种解读，见：Sung Bok Kim, *Landlord and Tenant in Colonial New York: Manorial Society, 1664-1775* (Chapel Hill: University of North Carolina Press, 1978).

将军与他的军队待在一起，对在南部刚组建的大陆军事力量进行遥控指挥。英国军队则是一支传统的结构更为集中、等级更为鲜明的军队，但它的总部和总司令仍然留在纽约市，在穿越南部的特种部队的辅助下，英军创造出独立的效忠派的民兵队伍。[1]

其结果是，当"战争"进入到不同的地区后立刻就变得零零碎碎，不成体系，并不可避免地与地方形势以不可预测的或特殊的方式纠缠在一起。地理是一个相当稳定但又难以分析的因素。当英国人在1776年放弃了在波士顿打破反叛者的"头"的意图之后，哈德逊河/尚普兰湖通道就变成了一个主要的具有战略重要性的目标。哈德逊河流域的下部被锁定为战争的交口之处，长达八年。宾夕法尼亚拥有巨大的贵格派人口，又有激烈的内部分歧，曾被从战术上考虑过作为永久性目标，但一般认为这样做会产生许多问题。该殖民地的民众没有经历过军事冲突，缺乏经验，曾对1776年英国军队的做法感到惊慌失措，做出了过度反应；然而，在接受了战争的现实之后，他们的行动变得更为从容和冷静。在此之后，他们担心另外一次入侵的发生，但大多数人又回头继续卷入内部的权力斗争。[2]

居住在纽约市附近乡村地区的人时常遭到英国军队的袭击，或夹在两支交战的民兵组织之间，或被趁火打劫的"土匪"勒索，或遭遇"中立"派的走私和腐败的威胁。西切斯特县是菲利斯堡庄园所在地，也是一个"中立地带"，当地的佃农再次备受煎熬。在哈德逊河西面的奥兰治县，一直有克劳迪厄斯·斯密斯（Claudius Smith）率领的土匪

---

[1] Charles Royster, *A Revolutionary People at War: The Continental Army and American Character, 1775-1783* (Chapel Hill: University of North Carolina Press, 1980); Piers Mackesy, *The War for America, 1775-1783* (Lincoln: University of Nebraska Press, 1964).

[2] John S. Pancake, *1777: The Year of the Hangman* (University: University of Alabama Press, 1977); Bodle, *The Valley Forge Winter*.

队伍在那里干着偷盗马匹、牛群和粮食的勾当，对那些企图阻止他们活动的政府和军事人员进行报复。在新泽西的伯根县，荷兰归正教派教会内部在帝国危机发生之前已经困扰一代人之久的分歧爆发，引发了社区之间的破坏性暴力行动。在纽约市下部、位于大西洋海岸的蒙茅斯县，效忠派与辉格派互相绑架，并在光天白日之下将敌人绞死。英国人也有（或他们自认为有）军事上的理由鼓励这种地方混乱的蔓延。大陆军驻扎在这一地区的外围地带，除非是为了保护自己的安全，不愿意也没有能力对这种混乱进行整治。①

宾夕法尼亚遭受的此类痛苦要少许多，并且时间也要短很多。当1776年底英国入侵并对这一地区构成威胁时，费城的居民逃之夭夭，该城几乎变成了一座空城。一年之后英军占领该城时，同样人口的反应却更为冷静。那些被暴露的效忠派到城里寻求庇护。辉格派则向西内迁，减少自己遭遇报复的可能性。还有一个由无法迁徙和勇敢的人组成的群体被困在中间，他们的人数大减，或力图保护自己的财产，

---

① Lynd, "Who Should Rule at Home?"; Beatrice G. Reubens, "Pre-Emptive Rights in the Disposition of a Confiscated Estate: Philipsburgh Manor, New York," *William and Mary Quarterly*, 22 (July 1965): 435-456; Catherine S. Crary, "Guerilla Activities of James DeLancey's Cowboys in Westchester County: Conventional Warfare or Self-Interested Freebooting?" and John Shy, "The Loyalist Problem in the Lower Hudson Valley: The British Perspective," in Robert A. East and Jacob Judd, *The Loyalist Americans: A Focus on Greater New York* (Tarrytown, NY: Sleepy Hollow Restoration), 3-13, 14-24; Harry M. Ward, *Between the Lines: Banditti of the American Revolution* (Westport: Praeger Publishers, 2002); Adrian C. Leiby, *The Revolutionary War in the Hackensack Valley: The Jersey Dutch and the Neutral Ground, 1775-1783* (New Brunswick: Rutgers University Press, 1980); Michael S. Adelberg, *The American Revolution in Monmouth County: The Theatre of Spoil and Destruction* (Charleston: History Press, 2010); David J. Fowler, " 'Loyalty is now Bleeding in New Jersey': Motivations and Mentalities of the Disaffected," in Joseph S. Tiedemann, et. al., eds., *The Other Loyalists: Ordinary People, Royalism, and the Revolution in the Middle Colonies* (Albany: State University of New York Press, 2009), 45-77.

或利用战事带来的机会从中渔利。①

这种区域时空的复杂性如何影响了此刻正在进行的军事活动——无论它是在实施革命还是在镇压革命？对此我们无法获得圆满的答案。在哈德逊河流域地区持续6年的冲突与在宾夕法尼亚东部持续2年的冲突是有差别的，但这种差别是否有本质的区别？在1776年被中断的英军战役与其于1777年对宾夕法尼亚东部的实际占领之间，费城市民在后一事件中的行为改变是否表示宾夕法尼亚人更具有"现代意识"，更具有善于从经验中汲取教训、针对危险和错误做出调整的能力？这是不是也意味着，大陆军也更容易从民众的行为中汲取教训、更有效地调整自己的行为方式？宾夕法尼亚长期拥有的类似于当代"政党"的稳定的政治结构——与纽约拥有的以派别和家族为基础的政治联盟形成对比——这种结构究竟是吸收还是抵消了1776年的激进州宪法所带来的不稳定后果，或出于现实的考虑减缓了当地革命的激进性？

如同我说过的，我们对这些问题没有答案。大陆军从"瓦利福奇"的严冬中幸存下来，而没有遭受重大的损失。华盛顿将军与大陆会议和各州的议会达成了一项政治协议，保证让他的军队留在费城附近的"战场"上，以向处于中立的人和辉格派民众保证，他们不会抛弃宾夕法尼亚。但他拒绝卷入对该区域地方治安的管制，尽管他十分清楚州政府已经无法行使这些职责。当英国人在1778年底改变战略，将战场转移到南部时，他们带着成千上万的无助的宾夕法尼亚效忠派平民，而后者留在身后的财产被州政府予以没收。宾夕法尼亚政治中的激进派和温和派在1779年就谁应该对费城被攻占而负责的问题打了一阵嘴仗，以此为当地崩溃的经济寻找便利的替罪羊。但到1780年时，革命政治的内部分歧开始进行自我修复。大陆会议也返回费城，该地区小

---

① Bodle, *Valley Forge Winter*.

心翼翼地度过了战争剩余的日子。①

这个策略无法转移到 1778 年后的哈德逊河流域地区。华盛顿带领军队进入新泽西，围绕纽约市建立起一道由咽喉要道组成的警戒线——从拉里坦河上的珀斯安博伊到纽黑文下面的长岛海峡——由新泽西的莫里斯敦和哈德逊河岸的西点组成锚定中心。但与一年前在宾夕法尼亚发生的情形不同的是，这里没有能够产生出任何一种控制地方叛乱的有效模式。这不是仅仅保护一个州的州政府机构的事情，而是如何协调三个州——新泽西、纽约和康涅狄格——的政府需求和要求的问题。大陆军巡防的新月形平民隔离线的长度是它在宾夕法尼亚的 3 倍。战争疲惫、通货膨胀、维持南部战事的需要对留在北部的大陆军执行使命的能力形成了挑战。本尼迪克特·阿诺德（Benedict Arnold）在西点军校的叛变和 1780 年在莫里斯敦发生的几次兵变，都再清楚不过地反映了这种功能失效的症状。②

争取独立的斗争于 1781 年 9 月在弗吉尼亚约克敦取得了看似决定性的胜利之后，完全可能在北部被轻易地丧失，对于这样的看法，美国大学的学生们深表怀疑。而革命为何最终没有丧失的故事却没有得到仔细的研究和讲述。20 世纪 70 年代后期出现的"新军事史"是"新社会史"的后裔，而新社会史自 20 世纪 60 年代以来主导了美国史学的研究。它抛弃了那种对每个战斗和战役的分析和记录，而聚焦于军事行动的社会结构和军队与其活动范围内的社区之间的互动关系。"新军事史"在这方面是成功的，但只是有限的成功。然而，就

---

① Bodle, "Generals and 'Gentlemen,': Pennsylvania Politics and the Decision for Valley Forge," *Pennsylvania History* 62, no. 1 (Winter 1995): 59-89.

② 关于常引的相关资料，参见 Royster, *A Revolutionary People at War*; Mackesy, *The War for America*. 关于纽约市及周边地区的一般地形的当代地图，见：Samuel Holland, "The Seat of Action Between the British and American Forces," 1976, Library of Congress, Washington, DC.

在"新军事史"还未完全成长到羽毛丰满的时候,"新社会史"已经在正在崛起的"新保守史学"和"文化史学"面前开始退潮。其结果是,这两种方法论之间的合作并没有得到很好的发展。而那些从"进步学派"传统或学院左翼阵营中被吸引到"新社会史"领域中来的学者,对"战争研究"并不感到特别的自在,无论需要进行这类研究的理由是什么。[1]

因此,新军事史在很大程度上退回到对战斗和战役的写作之中,尽管作者比以前带有更老练的对革命时代的社会、文化和地理动力的关注。在这个笼统的结论中也有例外,但例外的所在更多的是语调而不是实质。将战争制造与支撑这一过程的社会环境和材料结合起来进行思考的努力已经在很大程度上被搁置了。譬如,历史学家普遍认为,随着战争的进行,大陆军的战士由越来越贫穷的人组成,这些人很可能是年轻人、单身汉、没有任何财产,而且是外国出生的。但这种认知是基于为数甚少的几部细致的但小规模的研究之上而建立的。战争特性发生转变的时间并没有建立起来,转变的意思仍然是不清楚的或值得商榷的。在过去一代人的时间里,历史学家认识到,位于哥伦比亚特区华盛顿的政府档案中共有8万份独立战争的养老金申请书,这些资料应该得到仔细的梳理,以获得关于不同军事力量构成的系统数据。但大多数时候,我们在使用这些材料时,仍然倾向于只是随意用它们点缀或增加某个轶事的戏剧性色彩。还有数千份来自英国国

---

[1] 关于约克敦战役之后美国革命如何有可能为革命者一方的行动所葬送的最好研究,见:Robert M. Citino, "Review Essay: Military Histories Old and New, A Reintroduction," *American Historical Review* 112(October 2007): 1070-1090; John Resch and Walter Sargent, eds., *War & Society in the American Revolution* (De Kalb: Northern Illinois University Press, 2007). 关于"新社会史"在新军事史开始进入战场研究的同时开始撤退的讨论,见:Geoff Eley, "Is All the World a Text? From Social History to the History of Society Two Decades Later," (Ann Arbor, Michigan), CSST Working Paper #55 and CRSO Working Paper # 445, October, 1990. (deepblue.lib.umich.edu).

王、由效忠派分子提出的要求金钱赔偿的申述材料，附带有从他们的角度讲述的战争行为，以及战争对他们造成的财产损失。同样，这些材料也是被筛选出来，用来作为轶事的点缀，而不是用于进行系统的分析。①

* * *

我想提出一个合作研究项目的建议作为本文的结语，我怀疑史学界的同仁会给予它热情的接受，但它也许可以帮助我们思考如何获得对那些位于战争烟雾之下或之后的"革命"的认识。作为一个学术领域，历史并不是一桩纯科学的事业。在20世纪的大部分时间内，美国学者甚至就社会史是否应被归类为一门社会科学学科而不是一门人文学科的问题争论不休。当它在20世纪80年代开始从主宰地位上衰落的时候，社会史曾被一些人重新启用，这些人将社会史视为一种量化研究的实践。但正如我在20世纪70年代所学到的，无论它关心的是物质还是数据，社会史都绝不是一种计算的事业。

它更多的是一种地图绘制的事业。它的目的是弄清楚物理空间中的社会经验的结构，勾画这些结构在地面的范围与边界（它们的边缘），利用这种语境下的知识来衡量、认识、甚至解释人类的活动。为了提出"美国革命究竟有多革命"这样的问题，我们需要知道的一些事情，也许可以从"新军事史"中得知，如果它能在特定的地方和时间中建

---

① 关于军队成员陷入贫困的研究，见：John R. Sellers, "The Virginia Continental Line, 1775-1780," (Ph. D. diss., Tulane University, 1968); Edward C. Papenfuse and Gregory A. Stiverson, "General Smallwood's Recruits: The Peacetime Career of the Revolutionary Private," *William and Mary Quarterly*, 3rd ser., 30 (January 1973): 117-132; 关于抚恤金申请材料的讨论，见：John C. Dann, *The Revolution Remembered: Eyewitness Accounts of the War for Independence* (Chicago: University of Chicago Press, 1980); 关于效忠派分子的要求赔偿的申诉材料，见：Esmond White, *Red, White, and True Blue: The Loyalists in the Revolution* (London: AMS Press, 1976), especially L. F. S. Upton, "The Claims: The Mission of John Anstey," 135-147.

立起社会与空间的联系。新军事史之所以未能实现自己雄心的第三个原因（除了它出现的时间与社会史的关系和社会史学界不愿意研究战争之外）是它可能走回头路的问题。当他们发现自己在空间和时间范围内与传统军事研究的现象——如战斗和战役等——十分接近的时候，新军事史的实践者便开始重新捡起原来的旧习惯。

1778年后传统的"战事"活动在北部的消失也许提供了一个弥补这种不足的机会；事实上，这提供了探讨一种做"实验性研究"的环境。暴力冲突在许多地方仍然继续存在；死伤人的事情仍然在发生；还有大量的财产被毁灭或被充公的事件，但这些事件很少是以"典型的"军事行动的方式发生的。除了1779年在罗得岛周边的战役和针对"易洛魁人"的一次残酷和刻意摧毁性的大陆入侵之外，大多数的暴力行为的发生都是即兴而发的、无组织的、报复性的和间接性的。除了前面泛泛提到的概论之外，史学史甚至没有一种关于这种活动的形式与程度的清楚图景，因为它主要发生在常见的信息报道的渠道之外。[①]

以传统方式进行的历史研究也帮不上什么忙，因为这类项目的组织通常是过于地方化、过于具体、过于细致，甚至过于特别，从而无法捕捉到社会结构的边缘，更不用说捕捉围绕这些结构、在这些结构之中和介于这些结构之间所发生的事件的意义了。历史学家时常赞叹那些巨大的科学项目，它们集聚了许多专家的合作，吸收了从极为广泛的时空领域采集而来的数据。他们也思考像"大数据"、"众包"

[①] Christian M. McBurney, *The Rhode Island Campaign: The First French and American Operation in the Revolutionary War* (Yardley: Westholme Publishing, 2011); Joseph R. Fischer, *A Well-Executed Failure: The Sullivan Campaign Against the Iroquois, July-September, 1779* (Columbia: University of South Carolina Press, 1997). Don Glickstein, *After Yorktown: The Final Struggle for American Independence* (Yardley: Westholme Publishing, 2015).

(crowd-sourcing），以及"数据挖掘"等的有用性。有些人甚至战战兢兢地迈入到"数据人文学科"的领域之中。他们急切地想知道如何使用这些东西。①

这个问题将向我们提供一个探索的机会。我希望看到一个由学者组成的团队来构建一个历史的"深空网域"——深空网域是一种数据收集的机制，类似于位于澳大利亚和南非的"平方公里阵列"的望远镜网络——来负责收集关于军事行动和平民经历的精细而特定的资料，地理范围将覆盖一大片地区，从北部的阿尔巴尼（纽约州）到南部的安纳波利斯（马里兰州），从这一地区大西洋海岸的巴尼加特（新泽西州）到阿巴拉契亚山脉边的贝德福德（宾夕法尼亚州）；从印第安人属地的奥农多加（易洛魁族）到特拉华的孟买胡克；从纽堡到尼亚加拉（纽约州）；从匹兹堡到泰孔德罗加。至于数据的种类，可以由这个团队来决定，但它们至少应该包括那些鲜为人知的袭击和反袭击战斗所发生的地址，那些在地方记忆中尚存、但已被集体记忆忘却的小型但耐用的军事营地以及那些微不足道的前哨阵地，那些士兵们巡逻和平民撤离时曾经使用过的小路，或那些生产、集合和运输军需品的地区。这些数据的获取将通过对被名不见经传的储藏地所保留的原始材料进行大面积的搜寻，通过对古文物类史学典籍的挖掘，包括哪些曾一度备受尊奉、而后却被长期想象（或宣布）成对当代学术毫无用处的二手材料。用于构建这个"网域"或"阵列"的技术将自然包括通用的网络和一些特殊工具，如 Google Books 和 Internet Archive 这样的检索

---

① "Big Data: Questions, challenges, and possibilities," seminar, Wolfson College, Cambridge University, March 3, 2014; Christof Schoch, "Big? Smart? Clean? Messy? Data in the Humanities," *Journal of Digital Humanities* 2, no. 3 (Summer 2013); Christine L. Borgman and Marianne Krasny, *Scholarship in the Digital Age: Information, Infrastructure, and the Internet* (Cambridge: MIT Press, 2007).

性参考书目库。①

  如果这样的项目能够"带来任何好处"的话，那么我们期望它能发现什么呢？正如我已经两次提到的，我们并不知道。我也说过，这样的项目不太可能或根本不可能得到批准、赞成或资助。如果我收到邀请，我自己甚至也要对是否加入它表示犹豫。这是一个令人感到惊恐的主意——也无疑是一种昂贵的、耗时的、目的并不明确的对学术能量的占用，甚至没有任何明确的理论假设来指引这项研究。我感到自己像一个无端捣乱的"大图像"宇航员，敦促"我们"把价值昂贵的天文望远镜从那些所有"有趣的"的事情正在发生的地方调离，转而指向右面那些的"漆黑补丁"。1779 年到 1783 年之间，位于波托马克河以北、康涅狄克以西的地区自然可以有资格被视为被有趣的事件遮掩的"漆黑补丁"。

  但仅靠这种针锋相对的话语霸权轮流坐庄，真正有效的研究范式难以形成，而获得成功或寿终正寝的机会则更少；自一个多世纪之前，"美国革命"被学界列为值得研究的相关主题以来，这种不同学派轮流坐庄的模式便一直是美国革命史研究的特征。让我们拾起那 8 万份抚恤金申请书、5 万份效忠派分子的申诉材料，或者从这些材料中选取的一组有效的样本。让我们发挥想象，去发现和展示那些无疑是没有止境的战后故事，包括战后的法律诉讼和复仇性的杀戮，不可想象的婚姻（和婚姻的解体）、未曾预测的移民轨迹和新职业的发明等。让我们同时提出一些稀奇古怪的问题和（与之相对的）传统上得体而充满智慧的问题。有多少士兵最终在他们曾经行进过或战斗过的土地上——这些地方距离他们出生和成长的家乡有数千英里之遥，而且是在不同

---

① Philip Diamond, "The Square Kilometre Array: A Physics Machine for the 21st Century," spie.org/x108931.xml (retrieved 7/16/2014).

的州内——度过余生？美国革命是否也可以在作为文化孵化器方面与美国内战相提并论——后者发明了像"垒球"这样的文化现象？如果可以比较的话，那它孵化的美国文化现象又是什么呢？英国士兵和他们的盟友是否也成为了当时大量出生的美国孩子的父亲，而这种情形是否足够成为一种可以与越战经历相比较的现象？如果可以的话，随后发生的事情又是什么呢？[①]（王希 译）

[①] 关于革命时期的士兵最初随大陆军远道而来，后来在异地定居度过余生的记述，见：Bodle, *Valley Forge Winter*, 264-265. 关于士兵们在革命时期举行的"垒球"游戏，见：Wayne Bodle, "The Vortex of Small Fortunes: The Continental Army at Valley Forge," Vol. 1 of Wayne Bodle and Jacqueline Thibaut, *Valley Forge Historical Research Report* (3 vols.), Valley Forge, PA, 1980, after p. 412; and Thomas L. Altherr, "'A Place Level Enough to Play Ball': Baseball and Baseball-type Games in the Colonial Era, Revolutionary War, and Early American Republic," *Nine: A Journal of Baseball History and Culture*, 8 (Spring 2000): 15-50; 关于垒球与美国内战，见 George P. Kirsch, *Baseball in Blue and Gray: The National Pastime During the Civil War* (Princeton: Princeton University Press, 2007).

刘 研 　　　　　　　　　　　《独立宣言》阐微

　　《独立宣言》是美国的奠基性文本，它对于美国的重要性自不待言。《独立宣言》对于其他国家的近代历史也有深刻的影响，也许因为如此，近期还有美国学者专门著述，讨论它的全球影响力。[①] 对于中国来说，《独立宣言》也是19世纪中叶中国人"睁眼看世界"的时候接触到的早期美国文献之一。魏源在《海国图志》中虽然没有全文翻译，但将其要点介绍给了国人，如今的各种翻译版本则更多，人们对这篇历史文献的熟悉程度可能远远超过对美国历史本身。

　　因此也就生出一个问题：如此重要的一篇文献，如何得到准确的理解？这个问题对于美国人来说，也不见得是一个简单、无争议的问题。对于阅读中译本《独立宣言》的中文读者来说，还多了一个难题：翻译是否准确。正是带着这种双重的警惕，我重新阅读了维基百科网站所提供的《独立宣言》官方誊清本。在阅读时，我注意到了若干细节问题。我希望将这些问题提出来，与参加本次会议的中美世界史学者讨论。

　　第一个问题，《独立宣言》第一条被认为"自明"（self-evident）的真理，"*that all men are created equal*"，中文通常译为"人人生而

---

① 譬如：David Armitage, *The Declaration of Independence: A Global History* (Cambridge: Harvard University Press, 2007).

平等"①，应该纠正为"所有人被造得平等"。这一纠正不仅是因为"造得平等"比"生而平等"准确，还因为"造"和"生"牵涉出从宇宙论到伦理政治学的不容混淆的巨大差异。第二个问题，"所有人被造得平等"暗示了存在于美国立国根基处的一个悖论。因为并非所有人都认为自己是被造的，所以，这句话究竟意指"所有人平等"（all men are equal），还是仅仅"被造的人平等"（all created men are equal）呢？这个问题很重要。后来的美国历史显示，美国宪法、美国国会和美国人都在这个问题上陷入犹豫、摇摆和迷惑之中。第三个问题，《独立宣言》对"不可被剥夺的权利"（inalienable rights）有过三次列举。第一次列出了三项，即"生命"（Life）、"自由"（Liberty）和"追求快乐"（the pursuit of Happiness）；②第二次列出了两项，即"安全"（Safety）和"快乐"（Happiness）；第三次只列出了一项，安全（Security）。所列权利的逐次减少，暗示了美国所推崇的三大权利的轻重次序。或者说，如果必须放弃某些权利的话，美国宁肯先放弃什么，后放弃什么。接下来我将就上述三个问题展开讨论和举例说明。

一、《独立宣言》的标题和结构

中文常说的"美国独立宣言"，严格来说，应翻译为《1776年7月4日大陆会议上，美利坚联合的十三邦共同宣言》。因为在这份羊皮纸文件上，分为两行的大字体标题是这样写的：

IN CONGRESS. JULY 4, 1776.
The unanimous Declaration of the thirteen united States of America.

---

① 本文中《独立宣言》的译文都由笔者翻译，遵循直译的原则。
② 此处对"happiness"的翻译可能会引起争议，请读者稍后看我做出的解释。

正如李道揆所指出的："united 的第一个字母是小写，意思是'联合起来的'，它形容 States（'各国'或'各邦'），并不与其后的 States of America 构成一个国家的名称'美利坚合众国'。故 United States of America，应译为'美利坚联合的各邦'或'美利坚联合的各国。"① 李道揆还指出："'美利坚合众国'作为国名，是在《独立宣言》发表一年多以后才出现的。1777 年 11 月 15 日，大陆会议通过了《邦联条款》，建立了由 13 个邦（states）组成的邦联。《邦联条款》第一条规定：本邦联的名称为'美利坚合众国'。《邦联条款》是到 1781 年 3 月 1 日才生效的。"② 简而言之，所谓"美国独立宣言"发表时，"美国"还不存在。尽管如此，我们仍然可以把《独立宣言》看作美国的奠基性文本。因为美国的建立是以北美十三邦宣布独立和结盟为前提，且后来美国各州的州宪法的导言也普遍摹仿《独立宣言》里的语句。③

《独立宣言》可以划分为六个部分。在其第一部分（正文开始后，第一个、也是最长的一个破折号之前的语句），《独立宣言》承诺要宣布"他们被迫独立的理由"（*the causes which impel them to the separation*）。这些理由首先是在《独立宣言》第二部分（第一个最长的破折号与第二长的破折号之间的语句）里作为大前提所陈述的"一个民族有权建立和推翻她自己的政府的哲学"，④ 继而是在《独立宣言》第三部分（第二长的破折号与倒数第二个破折号之间的语句）里作为小前提所罗

---

① 李道揆：《美国〈独立宣言〉中文本译文的问题及改进建议》，《美国研究》2001 年第 2 期，第 147 页。
② 同上，第 147 页。
③ 参看〔美〕卡尔·贝克尔：《论〈独立宣言〉》，见《18 世纪哲学家的天城》，何兆武译，北京：生活·读书·新知三联书店，2001 年，第 319-320 页。卡尔·贝克尔指出："在革命时期或革命后不久通过的第一批州宪法中，理所当然地要以流行的哲学作为政府的基础……新建立的各州的宪法，看似或者摹仿，或者是直接采纳了旧有各州宪法的导言。"他还举了马萨诸塞州、新罕布什尔州和肯塔基州为例。
④ 同上，第 172 页。

列的"事实"(facts)，即一长串大不列颠国王的"滥权和篡权"(abuses and usurpations)。由大前提和小前提推导出的结论构成了《独立宣言》的第四部分（倒数第二个破折号与倒数第一个破折号之间的语句），这一结论就是宣布独立："因此，我们，美利坚联合各邦的代表（**We, therefore,** *the Representatives of* **the united States of America**）……宣布，这些联合的殖民地是，且出于权利应当是，**自由和独立的国家**"（*declare, That these united Colonies are, and of Right out to be* **Free and Independent States**）。① 《独立宣言》第五部分（倒数第一个破折号之后的语句）是大陆会议的代表们为支持宣布独立而宣誓。最后的第六部分是代表们的签名。

我在本文中将重点讨论《独立宣言》的第二部分，因为这里包含十三邦宣布独立的大前提，即包含当时争取独立的美利坚人民所宣示的政治哲学。通过对这一部分的细读，我们可以发现埋藏在美国立国根基处的"秘密"。这些"秘密"深刻地决定着美国国家的命运。

二、"所有人被造得平等"与"人人生而平等"

《独立宣言》的第二部分，它的开头的话是："我们认为这些真理是自明的"（*We hold these truths to be self-evident*）。接下来所有对这些"自明真理"的表述都由"*that*"或"*That*"开头，这样的连续表述共有五条。其中第一条"自明真理"是："*that all men are created equal*"。

"*that all men are created equal*"，如果直译的话，这句话可以译为"所有人被造得平等"。但是在中文里，它通常被译为"人人生而平等"。② 这个译法可以追溯到魏源《海国图志》中对《独立宣言》不

---

① 此处的正黑字体是对应英文原文的正体加粗字体。
② 例如李道揆著的《美国政府和美国政治》所附录的《独立宣言》（北京：商务印书馆，1999年，第770页）和卡尔·贝克尔著、何兆武译的《18世纪哲学家的天城》，第286页。

太严格的翻译:"上帝生民,万族同体……"① 直到最近,一项专门讨论《独立宣言》的译著仍然采取了"人生而平等"的译法。② 我要指出,"生而平等"不但从直译的标准来看,不符合原文,而且"生"字所牵扯出的宇宙论和伦理政治学,与"造"字所牵扯出的宇宙论和伦理政治学,截然不同,不可混淆。

"所有人被造得平等"(that all men are created equal),直译出来的这第一条"自明真理",凸显了"平等"的"造物主"前提,并且"造物主"(Creator)的确紧接着就出现在第二条"自明真理"中:"他们被他们的造物主赋予了一些不可剥夺的权利"(that they are endowed by their Creator with certain unalienable Rights)。于是,我们必须提出一个疑问:为什么"平等"需要一个作为前提的造物主?

我先来初步地回答这个问题。《独立宣言》中的"造物主"毫无疑问有着《圣经》渊源。根据《圣经》的《创世记》的第一章,我们知道这个造物主最先创造了天地,③ 又在六天里,通过"说",即下命令的方式,创造了人可见的天地万物,以及人本身。造物主是一个超越的存在,他处在天地万物之外,他与天地万物,与人的关系,是外在创造而非内在生化的关系。因此,面对这个超越的存在,没有人天然地离他较近,也没有人天然地离他较远。在这个意义上,面对"造物主",人是"平等"的。

参考中国思想中的儒家和墨家,我们能够更深入地理解"造物主"与"平等"的关系。儒家并不认为人是被造物主所造的,它强调人是被

---

① 《海国图志》卷五十九,外大西洋,弥利坚总记上。
② 尽管陈纳在《"生而平等"还是"造而平等"》(《读书》2009 年第 2 期)一文中指出"生而平等"的翻译不准确,但商务印书馆 2014 年出版的译著《独立宣言:一种全球史》仍然采用"生而平等"的译法。
③ 《圣经》开篇第一句话,同时是《创世记》的第一句话是——"起初,神创造天地"。中文译文我依据的是中国基督教协会的《圣经》译本,南京,1998 年。

生的。《诗经》说:"天生烝民。"[1] 与创造论不同,生化论假定了无始无终的"天"、或者说"自然"。自然不被创造,也没有终结,而人是自然生化的产物。至于天地之外是否有造物主,孔子的态度是:"敬鬼神而远之。"[2] 跟《圣经》中的造物主通过"说"来造物形成对照的是,儒家的"天"在生物时是无言的。孔子说:"天何言哉?四时行焉,百物生焉,天何言哉?"[3] 天生物的法则乃是内在的,不需要另外得自造物主的命令。根据儒家,自然万物的关系由它们亲疏不同的生化关系决定。生化论导出的伦理学,必然强调爱有差等。例如孟子就提出"亲"、"仁"、"爱"的差等。他说:"君子之于物也,爱之而弗仁;于民也,仁之而弗亲。亲亲而仁民,仁民而爱物。"[4] 小到亲戚邻里,大到朝贡体系,古代中国的很多做法都贯穿着爱有差等这一原则。与儒家竞争,但处于劣势的墨家是讲爱无差等的,即"兼爱"。值得注意的是,墨家对"天"的讲法经常和"鬼"连在一起,讲成"天鬼",使"天"人格化。例如,"昔之圣王禹汤文武,兼爱天下之百姓,率以尊天事鬼。"[5] 虽然罕见,但在《墨子》里,"天"也曾借助墨子之口,以"天意曰"的形式两次说话。[6] 看来,"平等"需要一个能够下命令的人格神作为前提,这并非孤立的偶然情况。《墨子》与《圣经》可以相互印证,而儒家的主张则构成反证。现在我们可以总结说:"生化论"与"创造论"的不同在于:"生化论"中,无言的"天"或"自然",根据内在的法则"生"人,人的关系是"爱有差等";"创造论"中,会说话的有人格的"天鬼"或"造物主",用外在的命令"造"人,人的关系是"兼爱"

---

[1]《诗经》卷七,大雅・荡之什・烝民。
[2]《论语》卷三,雍也第六。
[3]《论语》卷九,阳货第十七。
[4]《孟子》卷十三,尽心章句上,第四十五。
[5]《墨子》卷四,法仪。
[6]《墨子》卷二十三,天志上。

或者说"平等"。

费孝通在《乡土中国》里用"差序格局"来解释儒家的"爱有差等"(他对"差序格局"给出了负面评价),并用"团体格局"来解释西方的"平等"。在谈"平等"时,费孝通特别提到《独立宣言》。他说:"耶稣称神是父亲,是个和每一个人共同的父亲,他甚至当着众人的面否认了生育他的父母。为了要贯彻这'平等',基督教的神话中,耶稣是童贞女所生的。亲子间个别的和私人的联系在这里被否定了。其实这并不是'无稽之谈',而是有力的象征,象征着'公有'的团体,团体的代表——神,必须是无私的。"费孝通接着说,"在这基础上才发生美国《独立宣言》中开宗明义的话:'全人类生来都平等,他们都有天赋不可夺的权利'。"① 费孝通看清了"差序格局"与"团体格局"的不同,甚至指出了"团体格局"着意排斥血缘之"生",不过他还是没有注意到"全人类生来都平等"是个误译,而这个误译恰恰会模糊费孝通所说的"社会结构格局的差别"。②

"人人生而平等",这一译法的长期流行实在耐人寻味,或许它暗示了中国人对儒家生化论的强固执着,或许它意味着中国人不经意间缓和或掩盖了与别种文化的截然不同。在这个误译中,是不是也包含着智慧呢?但是正如前面我所论述的,把"*all men are created equal*"译成"人人生而平等",是一个看似微小,实则重大的误译。纠正这一误译,对于我们理解美国也是至关重要的。只有译为"所有人被造得平等",我们才能发现这条"自明真理"所包含着的一个难以解决的悖论,这一悖论深刻地影响着美国。

---

① 费孝通:《乡土中国》,北京:北京大学出版社,1998年,第32页。
② 同上,第31页。

三、"所有人平等"与"所有被造的人平等"

通过考察儒家的生化论，我们知道了，并非所有人都承认自己是被造物主所造。其实，即使在那些承认自己是造物主所造的人们当中，对造物主的认识也可能不同。因此，"所有人被造得平等"（*that all men are created equal*），《独立宣言》所发布的这第一条"自明真理"，并不自明，它必将分裂为自相矛盾的两句话："所有人平等"（all men are equal），抑或"所有被造的人平等"（all created men are equal）。美国将注定犹豫和摇摆在这两句话之间。它时而根据"所有人平等"行事，无论这"所有人"是否全都承认自己是被特定的造物主所造；时而又根据"所有被造的人平等"行事，使那些承认自己是被特定造物主所造的人比其他人更"平等"。没有什么比黑人争取平等权利的例子更能说明这种犹豫和摇摆之所在。

《独立宣言》发表之前，大陆会议删掉了杰斐逊草稿中以"他"（*He*）开头的，一系列针对英国国王的谴责中的最后几项。这几项谴责指向了黑奴贸易和奴隶制。其中包括："他向人性本身展开残忍的战争，剥夺了一个从未开罪过他的遥远的民族的最为神圣的生命和自由的权利，捕获和贩运他们到另一个半球为奴，或者使得他们在转运过程中遭受悲惨的死亡。"① 这段话承认了黑人是人，有着"生命和自由的权利"，并且当黑人被贩运前，当他们仍是"遥远的民族"，并未听闻和皈依《圣经》的造物主时，他们就已经是人。这意味着"所有人平等"。不过这几项谴责最终被删除了。卡尔·贝克尔示意，原因可能在于，会议的代表们有很多是奴隶主，包括杰斐逊本人。② 1789年生效的美国宪

---

① "杰斐逊最初交给富兰克林的草稿"，见〔美〕卡尔·贝克尔：《论〈独立宣言〉》，见《18世纪哲学家的天城》，第260页。
② 〔美〕卡尔·贝克尔：《论〈独立宣言〉》，见《18世纪哲学家的天城》，第164-165页。

法的第一条第二款规定:"众议院名额和直接税税额,在本联邦可包括的各州中,按照各自人口比例进行分配。各州人口数,按自由人总数加上所有其他人口的五分之三予以确定。"①王希在《原则与妥协:美国宪法的精神与实践》里指出了"五分之三条款"所包含的犹豫和摇摆。他说:"之所以将奴隶人口称之为人(person)而不将他们定义为财产(property)也说明制宪者们不愿也不敢完全无视奴隶的人性。"②"五分之三条款"不敢完全无视奴隶的人性,承认了黑人是人,但又给黑人打了折。1857年3月,针对黑人奴隶斯科特为他自己和他的家人争取自由的诉讼,美国最高法院首席大法官坦尼宣布:所有黑人,无论是否为奴,过去和将来,都不是合众国公民,因而无权起诉。坦尼在陈述理由时还引述了《独立宣言》中"所有人被造得平等"这句话,他认为:"明白到无需争论,这句话不包括为奴的非洲人种,他们不属于制定和采用该宣言的民族。"③ 在坦尼这里,并非"所有人平等"。不过,违背坦尼的愿望,争论甚至以美国南北战争的形式展开。1863年11月19日,为纪念美国内战中在葛底斯堡战役中丧生的士兵,林肯发表了著名的《葛底斯堡演说》。演说一开始便强调了《独立宣言》的第一条"自明真理":"八十七年前,我们的国父们在这块陆地上创建了一个新的国家,他们怀着自由,致力于这一信条,即所有人被造得平等。"演说还在结尾提到了神(God)。我们都知道,内战中联邦的军事胜利捍卫了美国的统一,内战后的宪政重建帮助黑人获得了法律上的平等

---

① 《美利坚合众国宪法》译文参考了王希:《原则与妥协:美国宪法的精神与实践》(增订版),北京:北京大学出版社,2014年,附录一,第799页。
② 王希:《原则与妥协:美国宪法的精神与实践》(增订版),第195页。
③ 公共广播事务局(PBS)、波士顿WGBH电视台、非裔美国人资料库(Africans in America),《斯科特案:最高法院的判决书》: http://www.pbs.org/wgbh/aia/part4/4h2933t.html。另参看王希对斯科特案的论述,见《原则与妥协:美国宪法的精神与实践》(增订版),第223-229页。

权利。[1]

　　小马丁·路德·金的活动很能体现"所有人被造得平等"的意涵。1963年8月28日，在民权运动的大型集会上，小马丁·路德·金发表了他的著名演说《我有一个梦》。他在号召结束种族主义时引述了《独立宣言》的第一条"自明真理"。他说："我有一个梦，有朝一日，这个国家会起来实现它这一信条的真谛：我们认为这些真理是自明的，所有人被造得平等。"他想到的"所有人"都是哪些人呢？在这篇演说的结尾，我们听到："当我们让自由之声响起来，让自由之声从每一个大小村庄、每一个州和每一个城市响起来时，我们将能够加速这一天的到来，那时，上帝的所有儿女，黑人和白人，犹太人和非犹太人，新教徒和天主教徒，都将手携手，合唱一首古老的黑人灵歌：'终于自由啦！终于自由啦！感谢全能的上帝，我们终于自由啦！'"可以看到，小马丁·路德·金想到的"所有人"，或者说"上帝的所有儿女"，是生活在美国国家，共享着《圣经》中的造物主的人，他没有提到持进化论的亚裔，或信仰安拉的穆斯林。尤其耐人寻味的是，黑人民权运动中非暴力的和主张融入的这一支，由一个在名字中纪念新教改革鼻祖——马丁·路德——的人领导。金在出生时的名字是小迈克尔·金，他的父亲去德国柏林参加浸礼宗第五次世界大会之后，给6岁的小迈克尔·金改了名。而小马丁·路德·金也最终成长为一个浸礼宗牧师。情况似乎是，黑人在一个新教牧师的领导下，通过这个牧师来证明自

---

[1] 王希教授在2014年的河北大学与美国宾夕法尼亚州印第安纳大学共同举办的世界史研究与教学研讨会上指出：内战可以看成是一种"造物主"，通过内战，前奴隶和黑人被造成平等的人。更广义地说，美国历史就是《独立宣言》所说的"造物主"，"所有（美国）人"在漫长的国家历史进程中不断被"造"为"被造的人"，从而获得"平等"。"所有人"不光是包括现实中活着的人，而同时也包括未来的"所有（美国）人"。根据王希教授的观点，我所提出的"所有人"与"被造的人"之间的悖论是可以消解的。王希教授贡献的观点将推动我继续思考《独立宣言》中的造物主问题。

己是被特定的造物主所造的人，从而更加接近平等。金呼唤"所有人平等"，但他所践行的却是共享《圣经》的"被造的人平等"。

在20世纪中期的美国黑人民权运动中，小马丁·路德·金和马尔科姆·艾克斯被认为最具代表性。① 他们两人恰好形成了对照。金代表黑人民权运动中主张融入和非暴力的一支，而艾克斯代表主张黑人分离主义（或黑人民族主义）和以暴制暴的一支——艾克斯也有改名的经历，他用代表"未知"的X（艾克斯）替代了奴隶主给予的家姓"利托"（Little）。活跃于20世纪早期的黑人民族主义者马库斯·加维已经主张黑人应该有自己的上帝，自己的宗教。不过他所主张的仍是基督教，其黑人性体现在耶稣的黑人形象，以及黑人比白人更加虔诚地遵守基督教教义。② 比加维更进一步，艾克斯干脆皈依了伊斯兰教，他从基督教牧师的儿子，变成了伊斯兰教的教长。艾克斯宣称，《圣经》是"大毒书"，是"白人编选出来以便奴役他人"，伊斯兰教才是"黑人真正的宗教"③。与金通过《圣经》来实现融入，来实现"被造的人平等"相反，艾克斯主张黑人自治，他反对融入，认为如果黑人硬要融入，只会被白人看成乞丐。④ 艾克斯也根本不把自己看作美国人，他把自己看作因为受到强制，而流浪在美国国土上的非洲穆斯林。在艾克斯这里我们可以清楚地看到，对美国的失望和对别的神的皈依结合起来。造物主问题再次凸显。

四、三次权利列举

《独立宣言》的第二部分在提出"所有人被造得平等，他们被他们

---

① 王恩铭：《美国黑人领袖及其政治思想研究》，上海：上海外语教育出版社，2006年，第246页。
② 同上，第172-176页。
③ 同上，第267页。
④ 同上，第270页。

的造物主赋予了一些不可剥夺的权利"之后，一共有过三次关于权利的列举。我们可以根据上下文，以及被列举的权利及其英文单词首字母的大写，来判断它们属于权利列举。按照先后顺序，这三次权利列举依次是：（1）跟随第二条"自明真理"，即"他们被他们的造物主赋予了一些不可剥夺的权利"（that they are endowed by their Creator with certain unalienable Rights,），之后出现的第三条"自明真理"是，"其中包括生命、自由和追求快乐"（that they are among these are Life, Liberty and the pursuit of Happiness）。造物主赋予的权利应该更多，但在这第一次权利列举中，一共列出的权利是三项，即"生命"（Life）、"自由"（Liberty）和"追求快乐"（the pursuit of Happiness）。（2）第四条"自明真理"是："为了保障这些权利，政府建立于人们当中，政府的正当权力得自被统治者的同意。"（That to secure these rights, governments are instituted among them, deriving their just power from the consent of the governed.）之后的第五条，也是最后一条"自明真理"是："无论何种形式的政府，只要开始破坏上述目的，人民就有权利改变或废除它，并建立新的政府，该政府立基于这些原则，且其组织权力的形式，在人民看来似乎最有可能实现他们的安全和快乐。"（That whenever any form of government becomes destructive of these ends, it is the right of the people to alter or to abolish it, and to institute new government, laying its foundation on such principles and organizing its powers in such form, as to them shall seem most likely to effect their Safety and Happiness.）在这第二次权利列举中，列出的权利是两项，即"安全"（Safety）和"快乐"（Happiness）。（3）阐述完毕五条"自明真理"，《独立宣言》接下来指出："审慎起见，不应出于轻微和暂时的原因而变更政府；并且一切经验也已表明，但凡罪恶还能忍受，人类总是宁愿忍受，而非废除他们习惯了的政体，以恢复自己的权利。"（Prudence, indeed, will dictate that governments long established should not be changed for light and transient causes; and accordingly all experience hath shown that mankind are more disposed to suffer, while evils are sufferable, than to right themselves by abolishing the forms to which they are accustomed.）之后，《独立宣言》给出了"但是"："但是，当一长串滥权和篡权，始终谋求同一个目标，显然企图要把人民置于绝对的专制主义之下，人民就有权利，人民就有义务，来推翻这种政府，并将新的保障提供给他们未来的安全。"（But when a long train of abuses and usurpations, pursuing invariably the same object evinces a design to reduce them under absolute despotism, it is their right, it is their duty, to throw off such government, and to provide new guards for their future Security.）在这第三次权利列举中，所列出的权利只有一项，即"安全"（Security）。

《独立宣言》第一次权利列举中列出的权利是"生命"、"自由"和"追求快乐"。在这三大权利中，最先列出的"生命"是首要的权利，航母战斗群特别能体现对"生命"、对"安全"的执着。"自由"非常适合居中列出，因为它是一项高尚的权利，它配得上一尊神像——自由女神像。中文往往把"Happiness"译为"幸福"，我认为译为"快乐"更准确。"幸福"的指向比较高级，而"快乐"可以指向高级的，也可以指向低级的。例如赌博也可能带来不确定的"快乐"。好莱坞和拉斯维加斯都很能代表美国对"快乐"的追求。如果"Happiness"陈义甚高，那么赌城拉斯维加斯至少不会像现在这么显赫。我们看到，美国这些最为人熟知的、最耀眼的表象，都能在《独立宣言》所倡导的权利里找到根据。值得注意的是，在第二次权利列举中，"自由"不见了，在第三次列举中，"自由"和"快乐"都不见了。"自由"和"快乐"都是根据情况可以搁置的权利，始终必须捍卫的权利是"安全"。我认为，《独立宣言》这一奠基性文本，未明言地道出了三大权利——"生命"、"自由"和"追求快乐"——的轻重次序，或者说，美国宁肯先放弃什么,后放弃什么。

  斯诺登事件证实了这个次序。2013年6月,斯诺登把美国国家安全局关于"棱镜"监听项目的秘密文档披露给了《卫报》和《华盛顿邮报》。他旋即被美国政府宣布为叛国者。但在2013年6月17日,斯诺登网上回答《卫报》记者提问时却说,美国"这个国家值得为之而死"。[1]斯诺登不认为自己是叛国者,相反,他认为自己是在捍卫美国的价值,是在捍卫不受监控和窃取的自由。美国本该从斯诺登这样肯为美国而死的公民身上获得能量和活力,然而目前我们看到的是,斯诺登流亡在外。这无疑是美国的悲剧。这一悲剧根植于美国的立国宣言,即《独立宣言》中。最优先的"生命"权利和最高尚的"自由"权利,这两项美国立国时宣称要确保的权利,经常发生矛盾,相互损害。每到此时,美国都会陷入难以抉择的困境。根据YouGov公司提供的网络民意调查,斯诺登刚爆料时,在美国支持他的人数占40%,反对他的人数占39%,可谓旗鼓相当。但到7月份,支持者下降到了36%,反对者占到了43%。[2]随着时间推移,斯诺登的支持者在减少。也正如《独立宣言》所暗示的,美国最终会放弃自由,选择安全。

---

[1]《卫报》(*The Guardian*)网站,《爱德华·斯诺登:国家安全局泄密者回答读者提问》(*Edward Snowden: NSA whistleblower answers reader questions*)。

[2] YouGov us 网站,《斯诺登滞留俄国,他的支持率下降》(As Snowden Stays in Russia, He Slips in Public Opinion)。

马约夫
(Joseph G. Mannard)

"我们亲爱的家园在此、在彼,无处不在"
论内战前美国的修道院革命

    西弗吉尼亚州惠灵市圣母往见会教派修道院在 19 世纪上半叶经历了快速的成长,修道院院长麦克纳·詹金斯修女在 1856 年 11 月对此曾有过一番反思,此刻距她在乔治城修道院成为见习修女的时候已有 30 年之久。在给巴尔的摩往见会修道院院长的信中,詹金斯颇为自豪地宣称:"我们亲爱的家园在此、在彼,无处不在。"她的话虽然有些夸张,但并不过分。就在她写下此话的时候,位于哥伦比亚特区、马里兰州以及梅森—迪克森线两边的其他 4 个州内的往见教派修道院和教会经营的女子学校至少已有 10 所之多。①

---

① Mother Michaella Jenkins (Wheeling) to Mother Paulina Millard (Baltimore), November 8, 1856; 原始信件存于西弗吉尼亚州惠灵市德尚山修道院 (Mount De Chantal Monastery) 档案馆 (此后缩写为 AMDCM)。当德尚山修道院于 2009 年关闭后,它的修道院档案被转移到哥伦比亚特区华盛顿市的乔治城修道院存放。其他得以成功建立的往见会修道会 (foundations) 分别位于亚拉巴马州的莫比尔 (Mobile, 1832 年建)、马里兰州的巴尔的摩 (Baltimore, 1837 年建)、密苏里州的圣路易斯 (St. Louis, 1844 年建)、马里兰州的弗里德里克 (Frederick, 1846 年建)、华盛顿市 (Washington, D. C., 1850 年建)、马里兰州的卡顿斯维尔 (Catonsville, 1852 年建)、艾奥瓦州的盖奥卡克 (Keokuk, 1853 年建) 与纽约州的布鲁克林 (Brooklyn, 1855 年建)。另外两个修道会——分别建于伊利诺伊州的卡斯卡斯基亚 (Kaskaskia, 1833-1844 年) 和宾夕法尼亚的费城 (Philadelphia, 1848-1852 年)——没有获得成功。*Book of the Foundations of the Monasteries of the Visitation in the United States, with a Little Account of Each, as a Souvenir of our Tercentenary, 1610–June 6–1910,* 3, 19, 27, 36, 44, 49, 80, 92, 100, 124, manuscript in AMDCM.

保证和维持这些修道院的运作需要有一个相当大规模的修女人群。乔治城往见会修道院是在1799年由3名"虔诚的淑女"创建的，该会的修女人数在1830年增加到53人。该会的第一个分会于1832年在亚拉巴马州的莫比尔创建，此后30年内往见会的成员增长了将近7倍，几乎是每十年增加一倍。最终在1861年美国内战爆发之前，往见会的人数达到了400多人，其中包括宣誓入教的修女、见习修女和圣职人员。在美国的由女性宗教信徒[①]组成的教会团体里，往见会的人数仅次于慈济修女会（Daughters of Charity），后者是由伊丽莎白·安·塞顿（Elizabeth Ann Seton）于1809年创建，总部设在马里兰州的埃米兹堡。[②]

詹金斯本人的经历则是对自我牺牲和集体认同的精神的生动诠释，在早期共和时代，两者都是往见会修女必不可少的素质。与此同时，她的经历也展示出一种利用自身才能、克服万难、最终获取成功的个人成就。詹金斯生于巴尔的摩的一个显赫家庭，年轻时曾在位于联邦管辖区内的乔治城学院学习，于1827年成为该院的见习修女。十年后，她作为乔治城修道院派出的开拓者之一，帮助创建了巴尔的摩的往见会修道院，并在其中担任助理院长。她于1844年当选为该修道院的院长，并连续完成了两个3年的任期。1850年她接受了来自惠灵往见会修道院的邀请，来到这个两年前方才由巴尔的摩修女们创办、位于弗吉尼亚西部的新修道院，并在随后的6年里担任院长。在这期间，她

[①] "女性宗教信徒"（women religious）是一个特殊用语，"religious"作为名词，指宣誓入教并遵循三大教规（贞洁、清贫和服从）为生活原则的宗教信徒，修女包括在这个范围内。——译者

[②] *History of the Establishment of the Order of the Visitation in the United States—1799,* 5-21, 此文献存于 AMDCM。往见会统计数字取自：Joseph G. Mannard, "Wild Girls Make the Better Nuns': Class and Ethnicity in Visitation Convents of the Upper South," paper presented at The Southern Historical Association, 65th Annual Meeting, Fort Worth, Texas, November 5, 1999.

施展自己的行政才能，带领这个濒于倒闭的修道院及女子学校渡过了一道又一道的难关，包括遭遇霍乱传染的危机、学校教师的短缺、来自一无所知党的群氓的骚扰等，最终将修道院带入到安全和稳定之中，不仅保证其拥有高入学率和称职的教员，而且也赢得天主教和非天主教社区对修道院的普遍认同。①

就女性宗教信徒的历史而言，詹金斯的故事是重要的，但它同时也说明，类似的故事与美国天主教历史本身的研究一样，始终处于美国历史研究的"边缘"。然而，许多讲述美国史的通用概念同样可以用来生动地描述内战前往见会修女们的经历。如果以詹金斯在惠灵的工作经历作为研究主题，我们可以展现修女们在美国天主教会的发展过程中所扮演的重要角色和所产生的广泛影响，同时也可以展现美国天主教会在美国历史上的特殊经历以及其不断获得更大范围的认可的历程。19世纪早期美国所经历的工业化、移民潮、城市化等不断扩大了女性在美国社会中的角色空间，詹金斯的个人经历正是这个广泛的社会变化进程中的一个插曲。具体讲，詹金斯和她的往见会是被我称之为19世纪美国的"修道院革命"的积极参与者。这里使用的"革命"一词，在泛义上指在意识和/或生活条件方面所发生的根本性转变，如工业革命、交通革命等。我将采用内战前美国史的一些有影响力的通用概念来描述女性宗教信徒的经历，意在说明美国的修女人群和她们的修道会与美国国家历史之间存在着某种平行的经历和联系。对"修道院革命"和天主教会独立体系②发展的研究基本不会改变我们所知的一般知识，但它可以帮助我们将修女们的工作融入到美国史研究的框

---

① *Book of Foundations*, 36, 43, 60; and *Continuation of the Foundation of Our Monastery of Baltimore*, 此文献存于 AMDCM。
② "独立体系"指由天主教会独立和单独创办和管理的学校、医院、孤儿院和大学等具有社会性功能的体制。——译者

架中，因为这个题目本身就是美国史的一个内在的和重要的内容。[1]

美国历史学家早就意识到，19世纪上半叶的美国见证了一系列相互有内在联系的社会和经济革命的发生；通过它们，19世纪初期那个慢节奏的田园共和国在19世纪中叶被转换成为了一个充满活力的、正在经历工业化和都市化的"自由的帝国"。自20世纪90年代以来，学者们将在生产、交通、商业和社会关系结构方面所发生的深刻变化，笼统放在"市场革命"的大标题之下，针对不同区域发生的事件和影响展开研究。"修道院革命"与19世纪早期的社会和经济发展是同步发生的，后者将美国推上了现代化之路，但"修道院革命"则同时反映和影响了内战前30年里美国天主教的信仰、实践和教会成员结构所

---

[1] Leslie Woodcock Tentler, "On the Margins: The State of American Catholic History," *American Quarterly* 45 (March 1993): 104-127. 有两部重要的著作——John T. McGreevy, *Catholicism and American Freedom: A History* (New York: W.W. Norton & Company, 2003); and Jon Gjerde, edited by Deborah S. Kang, *Catholicism and the Shaping of Nineteenth Century America* (Cambridge, New York: Cambridge University Press, 2012)——不仅努力将美国天主教史纳入美国史研究，而且还特意提出要通过这个过程重新界定美国史的概念。最早研究美国修女的史学著作是Elizabeth Kolmer, ASC, *Religious Women in the United States: A Survey of the Influential Literature from 1950 to 1983* (Wilmington, DE: Michael Glazier Inc., 1984); Kathleen Sprows Cummings 的论文（题目为"Change of Habit"，发表在 *American Catholic Studies Newsletter* 29 (Spring 2002): 1, 8-11) 可为这部开拓性著作提供当代研究的补充；Carol Coburn, "An Overview of the Historiography of Women Religious: A Twenty-Five Year Retrospective," *U. S. Catholic Historian* 22 (Spring 2004): 1-26; and Coburn "Coming of Age in the 21st Century: Writing the History of Women Religious," *American Catholic Studies Newsletter* 33 (Spring 2006): 1, 7-10. 还有两部有价值的、对女性宗教信徒的经历进行了全面概括研究的著作，分别是：Margaret M. McGuinness, *Called to Serve: A History of Nuns in America* (New York: New York University Press, 2013); and John J. Fialka, *Sisters: Catholic Nuns and the Making of America* (New York: St. Martin's Griffin, 2004). 上述这些著作所发挥的累积影响力推动美国天主教的研究，尤其是对修女的研究，走出了被边缘化的困境而更接近于美国史学的主流。

发生的变化。①

内战前时代是具有关键意义的 19 世纪"修道院革命"的"起飞"阶段。在这一段时间内，女性宗教信徒在建立新修道会和新女性宗教团体②、吸收新成员、引入新的宗教服务机制和扩大教会规模等方面，经历了历史上的最大发展阶段。如果说 1900 年的宗教流派、修女和教士人数的净数量使得 19 世纪 50 年代的相应数字相形见绌的话，这是因为内战前数十年的发展使修道院的数量达到了一个具有关键意义的水平，即修道院的增加成为一种常态，并进入到仅凭自身能力便可持续生存的阶段。宗教史学者杰伊·多兰认为，1815 到 1865 的半个世纪标志着"移民教会"在美国发展的一个"关键转折点"，因为"在这个阶段它发展出了一种在后来历史上成为规范的运作方式"。这一时期修女群体的迅速扩大，为美国天主教会的"运作方式"的实施起了关键的作用，修道会作为一种独立体制得以建立，并在很大程度上赢得了公众将之视为有用的美国体制的接纳。③

经济史学者罗斯托曾在 50 年前出版的《经济增长阶段》一书中将"起飞"的概念普及化了。对罗斯托来说，"起飞"是一个关键阶段，是"伟大的分界线"或"具有决定意义的转型"，意味着"工业化得以立足、而不是后来当工业化变成一种更为大规模的和数据上更为令人印象深刻的现象"的时刻。罗斯托将美国工业化的起飞时

---

① 相关例子见：Charles Sellers, *The Market Revolution: Jacksonian America, 1815-1846* (New York: Oxford University Press, 1991); 同见：Sean Wilentz, "Society, Politics, and the Market Revolution, 1815-1848," in *The New American History*, ed. Eric Foner (Philadelphia: Temple University Press, 1990), 51-71.
② 此处的"congregation"特指由宣誓入教的女性组成的宗教团体。——译者
③ Jay P. Dolan, *The Immigrant Church: New York's Irish and German Catholics, 1815-1865* (Baltimore: Johns Hopkins University Press, 1975), 8; 杜兰 (Dolan) 在他的巨著中阐述了这个论点，见 Jay P. Dolan, *The American Catholic Experiences: A History from Colonial Times to the Present* (Garden City, NY: Doubleday & Company, 1985).

刻界定在 1843 到 1860 年间，这与修道院革命发生的时段正好是同步的。①

其他的历史细节也将这两个革命联系起来，但同时也显示出两者之间的差别。例如，1790 年同时见证了美国第一家棉纺厂——塞缪尔·斯莱德在罗得岛州的波塔基特创办的企业——的诞生和美国第一家修道院——即马里兰州烟叶港镇的加尔默多修道院——的建立。我们也许可以说，美国的工业革命和"修道院革命"是同时起步的。19世纪20年代，来自清教农场主家庭的年轻女子进入到马萨诸塞州洛厄尔棉纺厂和位于新英格兰其他城镇的工厂中，成为了工业革命的开路先锋，扮演起一种新的、为美国女性设置的工作角色。与此同时，具有天主教背景的烟叶种植园主和佃农家庭的女儿们走进了位于马里兰南部、哥伦比亚特区、肯塔基州等地的修道院，成为"修道院革命"的先锋队成员，也扮演起另外一种新的、为美国女性设置的精神角色。②

当时的作家，无论他们是否是天主教徒，喜欢将罗马天主教修女的生活与新英格兰工厂的女工的生活进行比较。例如，法国作家米歇尔·舍瓦利耶在 1843 年访问洛厄尔之后描述说，"洛厄尔的修女们"……"不是用神圣的心在工作，而是不停地转动滚筒和纺织棉花"。1846 年，马萨诸塞州诗人约翰·格林利夫·惠蒂尔在一篇文章中也做了同样的比较，以此来凸显工厂女工的生活。惠蒂尔是一名贵格派教徒，他赞扬来自

---

① *The Stages of Economic Growth: A Non-Communist Manifesto* [1960] 2nd edition (New York: Cambridge University Press, 1971), 38-40.
② Charles Warren Currier, *Carmel in America: A Centennial History of the Discalced Carmelites in the United States* (Baltimore: John Murphy & Co., 1890); Douglass North, *The Economic Growth of the United States, 1790-1860* (Englewood Cliffs, NJ: 1966); Thomas Dublin, *Women at Work: The Transformation of Work and Community in Lowell, Massachusetts, 1826-1860* (New York: Columbia University Press, 1979).

新英格兰农场家庭和店铺的年轻女性进入到棉纺厂的"高贵和使人变得高贵"的行业中。这些"漂亮而不带面纱的工业修女们"如同"节俭的姐妹们一样,在寄宿屋共同相处。他问道,"你们难道不正是慈悲为怀、乐于行善的修女吗?围绕着家乡在许多家庭播撒着舒适、希望和幸福。"这些在当时发议论的作者没有注意到,大多数的工厂女工把工资工作看作是她们变为妻子和母亲之前的一种短暂的权宜之计。而在修道院从事精神工作的修女所承诺的却是毕生的奉献,不仅放弃了婚姻和做母亲的欢乐,而且要终生用一种宗教的和社会的角色来取代女性扮演的家庭角色。[1]

美国的工业革命见证了来自欧洲的新体制——工厂——的到来,它将随着时间的推移改变生活和工作的物质条件,但同时也破坏了传统的雇主与雇工之间、生产者与消费者之间的社会关系,破坏了工业化之前的丈夫与妻子之间、父母与子女之间的家庭关系。"修道院革命"则将一个古老的欧洲体制引入美国,与工业革命相反的是,随着时间的推移,它将转化美国天主教的社会角色,并鼓励大众对它的接纳;但这个过程也将撕裂新教美国内部存在的那种由父权当道的传统所主宰的社会关系,包括天主教徒与非天主教信徒之间、外国出生的人与本土出生的人之间,以及男人与女人之间的关系。

至少有4个迹象表明,1830—1860年是修道院革命的起飞阶段。最为明显的是这一时段出现的创纪录的新修道会和修道会人数的增长率。其次,在1830年之前,大多数的永久性教会发迹于美国本土,但1830年之后,新教会则多从欧洲引入,还有一小部分来自加拿大。前所未有的移民潮令人对美国将始终是一个移民国家的前景深信不疑,

---

[1] Michel Chevalier, *Society, Manners and Politics in the United States* (Boston: Weeks, Jordan and Company, 1839), 143; John G. Whittier, "The Factory Girls of Lowell," in *Voices of the True-Hearted* (Philadelphia: Merrihew & Thompson, 1846), 40-41.

美国天主教会也因此逐渐演变成一个移民的教会。第三，在这段时间，修女们不仅以创纪录的规模扩大了当时的教育服务体制，而且还新建了卫生和社会服务等宗教服务设施。在这一时期，美国天主教徒所建立的独立体系与新教妇女创办妇女志愿组织的发展可谓是齐头并进，新教妇女通过这些志愿组织不断争取到教师和"公共空间"中的慈善事业的管理者的位置，而这些传统上始终为男性所拥有的位置。第四，自 1830 年起，公众开始关注美国的修道院和修女，这给女性宗教信徒群体乃至更大范围内的天主教社区同时带来了正面和负面的后果。如同不断扩张的工业化和都市化一样，修道院的扩散也给大众带来了一种同时夹杂着希望与焦虑的紧张意识，人们对天主教会以及修女们（她们被认为是在帮助天主教会扩大在美国的影响力）未来要进取的方向感到忧心忡忡。这 4 个特征非常鲜明地表现出女性宗教信徒在这一时期所经历的深刻的生长与变化，另一方面展示了她们对天主教徒与非天主教徒之间的关系所产生的正负两方面的影响力。

1800 年，美国总共只有 3 个女性宗教教派①，不足 30 人的修女负责经营两所女子学校，此外没有任何负责医疗卫生或社会服务的机构存在。到 1900 年，美国拥有 150 个以上女子宗教教派和修女团体，修女人数达到了大约 5 万人。这些修女们管理着一个系统庞大的天主教小学体制，负责将近 4,000 所教会学校的经营和管理，为将近一半数量的美国天主教儿童提供教育。此外，在 19 世纪末，修女们不仅开办了两所天主教女子大学，而且还负责管理 600 所女子学校，其中有几所在 20 世纪演变成为了女子大学。到 19 世纪末，修女们还负责运营 300 多所医院和

---

① "宗教教派"(religious order) 通指宗教团体 (religious community)，这里特指经由宣誓入教的修女组成并得到天主教会认可的宗教团体。——译者

350 多所孤儿院，并还参与了天主教会的各种慈善活动。①

修女体制被引入美国的过程一开始极为缓慢。加尔默多会（又译"圣衣会"）是在 1790 年进入美国的，10 年之后美国各州总数达到 16 个，但女性宗教信徒却只存在于马里兰和哥伦比亚特区两地。1820 年，在年轻共和国中的 24 个州里，只有 9 个允许修女在其中生活和工作。但当林肯赢得 1860 年总统选举的时候，女性宗教信徒的修道会已经在摇摇欲坠的联邦的 30 个州内站稳了脚跟。换言之，它们在除新罕布什尔、特拉华和北卡罗来纳之外的所有州内都得以立足。此外，修女的布道站也延伸到西部边疆地区，包括新墨西哥和俄勒冈地区。②

在加尔默多 / 圣衣会修道院建立 40 年之后，只有另外 9 个女性宗教教会在美国建成了永久性教会体制。在这总共 10 个修道会中，有 7 个是从美国本土生长起来的。但到 1860 年时，在原有的 10 个修道会之外，又增加了 45 个。这个 350% 的增长率在任何一个 30 年的时间段里都是前所未有的（见表 1）。与早期不同的是，1830 年之后建立的修

---

① 数据来自：*Catholic Directory, Almanac and Clergy List* (Milwaukee: M. H. Wiltzin & Co., 1900); Catherine Ann Curry, PVBM, "Statistical Study of Religious Women in the United States," (privately printed, 1988); and George C. Stewart, Jr., *Marvels of Charity: History of American Sisters and Nuns* (Huntington, IN: Our Sunday Visitor Publishing Division, 1994), Appendix B, 487-500. 柯里 (Catherine Ann Curry) 在对 19 世纪女性宗教信徒的人口做了最扎实的研究基础上进行了重构。她的研究以 1822 年以来的天主教会指南为基础，参考了不同教派的教派团体的历史资料。斯图亚特 (George C. Stewart, Jr.) 的研究是对直至 1990 年的美国女性宗教信徒的综合概述，对德赫的研究所提供的资料进行了更新和扩展。德赫的研究仍然具有价值，见：Elinor Tong Dehey, *Religious Orders of Women in the United States: Accounts of their Origins, Works, and Most Important Institutions* (Hammond, IN: W. B. Conkey Company, 1930).

② Curry, "Statistical Study of Religious Women," 见 1820 年和 1860 年的相关数据。关于 19 世纪后半叶在横跨密西西比河西部地区的女性宗教信徒的机构建设，见：Anne M. Butler, *Across God's Frontiers: Catholic Sisters in the American West, 1850-1920* (Chapel Hill: University of North Carolina Press, 2012).

道会中，有 70% 源自欧洲（见表 2）。①

修道院革命同时带来了女性宗教信徒人数的增长，她们提供的教育和慈善服务种类也随之增加，而后者所服务的对象则是正在迅速增加的天主教人口。从全国来看，修女的人数从 1830 年的不到 500 人增加到 1860 年的 5,000 人，这个在 30 年的时段内人数增加 10 倍的记录从未被超越过。从 19 世纪 30 年代开始，修女人数开启了长达 40 年的连续增长，其间每 10 年修女的人数就翻一番。仅 19 世纪 50 年代就增长了 162%，是美国天主教会历史上增长最快的记录（见表 3）。

表1 美国女性宗教信徒的永久性修道会，1790—1900

年	修道会（Orders）	增长率
1790—1830	10	NA
1831—1860	45	350%
1861—1900	103	107%

材料来源：数据从下列出版物提供的材料中整理而成：George C. Stewart Jr., *Marvels of Charity: History of American Sisters and Nuns* (Huntington IN: Our Sunday Visitor, Inc., 1994).

表2 美国女性宗教信徒修道会的发源地，1790—1900

年	数目	美国	欧洲	加拿大
1790—1830	10	70%	30%	0%
1831—1860	45	22%	69%	9%
1861—1900	103	26%	56%	18%
总　计	158	28%	58%	14%

材料来源：数据从下列出版物提供的材料中整理而成：George C. Stewart Jr., *Marvels of Charity: History of American Sisters and Nuns* (Huntington IN: Our Sunday Visitor, Inc., 1994).

---

① Stewart, *Marvels of Charity,* 46-185, 487-500. 来自欧洲的其他四个修道会也在 1790-1830 年间做了努力，但没有成功；参见前引书，69-72；并参见 Mary Christina Sullivan, MA, "Some Non-Permanent Foundations of Religious Orders and Congregations of Women in the United States (1793-1850)," *Historical Records and Studies, United States Catholic Historical Society* XXXI (1941): 7-72.

表3 美国的女性宗教信徒人数（按每10年计算），1820—1900

年	修女人数	10年增长率
1820	270	NA
1830	448	66%
1840	902	101%
1850	1,941	116%
1860	5,090	162%
1870	11,424	124%
1880	21,835	98%
1890	32,534	49%
1900	49,620	53%

材料来源：数据从下列出版物提供的材料中整理而成： Catherine Ann Curry, PVBM, "Statistical Study of Religious Women in the United States," (privately printed, 1988).

在同一时段，修道院负责经营和管理的女子学校也经历了创纪录的增长，从1830年的20所达到1860年的201所，增长了10倍（见表4）。同样，如同修女人数的增加，精英女子学校的数量在30年内也几乎是每十年翻一番。一些家庭富裕但并不是天主教教徒的家庭往往把女儿送入天主教学校就学，修女们往往将从这些家庭收取的学费用来开办教区学校，为贫穷的移民家庭的子女提供免费的或只是象征性收费的教育。尽管大规模的教会学校体制还要等到1884年第三届美国主教全体会议的成立之后才得以正式的组建，但1860年的《天主教主教年鉴和俗教徒指南》上所登记的近500所教区学校的大部分是由修女们经营和管理的，显然女性宗教信徒预测到了主教团的计划的最终来临。[1]

天主教的医疗和社会服务项目的增加也证明了修道院革命的发生。

---

[1] *The Metropolitan Catholic Almanac and Laity's Directory* (John Murphy & Son, 1860), 22; Dolan, *American Catholic Experience,* 268-275.

例如，在1857年经济萧条中，《天主教年鉴》(Catholic Almanac)记载了全国有一百多家"慈善机构"在帮助穷人和其他市场革命的受害者度过难关。这些机构包括了66家孤儿院、26家医院、4家弃婴收留所、4家的道德改造所（专门针对"堕落妇女"的改造）和9家为单身和工作女性设立的专门的女子保护所。此外，还有一所专为男性儿童所设的男子保护所以及3家寡妇避难所。这些卫生和社会服务机构几乎无一例外都是由修女们来负责经营和管理的。不仅如此，她们还经常参与这些机构的创建和设计。几乎所有这些机构和设施都是在内战前30年建立的。例如，在30家由修女们创建的医院中，只有一家建于1830年之前（见表5）。[1]

表4　美国天主教女子学校，1820—1900

年	女子学校数目	增长率
1820	10	NA
1830	20	100%
1840	47	135%

---

[1] *The Metropolitan Catholic Almanac and Laity's Directory* (Baltimore: Fielding Lucas, 1857), 313-314. 关于19世纪的天主教医院和修女—护士的研究，见：Siobhan Nelson, *Say Little, Do Much: Nursing, Nuns, and Hospitals in the Nineteenth Century* (Philadelphia: University of Pennsylvania Press, 2003); Bernadette McCauley, *Who Shall Take Care of Our Sick? Roman Catholic Sisters and the Development of Catholic Hospitals in New York City* (Baltimore: Johns Hopkins Press, 2005); and Barbara Mann Wall, *Unlikely Entrepreneurs: Catholic Sisters & the Hospital Marketplace, 1865-1925* (Columbus: Ohio State University Press, 2005). 关于修女在天主教慈善事业中的工作的研究，见：Mary J. Oates, *The Catholic Philanthropic Tradition in America* (Bloomington: Indiana University Press, 1995); and Maureen Fitzgerald, *Habits of Compassion: Irish Catholic Nuns and the Origins of New York's Welfare System, 1830-1920* (Champaign: University of Illinois Press, 2006). 关于修女与社会工作的研究，见：M. Christine Anderson, "Nuns and the Invention of Social Work: The Sisters of the Santa Maria Institute of Cincinnati," *Journal of Women's History* 12 (Spring 2000): 60-88.

续表

年	女子学校数目	增长率
1850	91	94%
1860	201	121%
1870	X	X
1880	511	154%
1890	624	22%
1900	662	6%

材料来源：数据从下列出版物提供的材料中整理而成：*The Metropolitan Catholic Almanac and Laity's Directory* (Baltimore: various publishers, 1834-1900); Edward J. Goebel, *A Study of Catholic Secondary Education during the Colonial Period, Up to the First Plenary Council of Baltimore, 1852* (New York: Benziger Brothers, 1937).

表5 在美国的由修女创建的医院（按每10年统计），1830—1900

年	医院数量	增长率
1830	1	NA
1840	3	200%
1850	14	367%
1860	35	150%
1870	71	103%
1880	122	72%
1890	208	71%
1900	315	51%

材料来源：数据从下列出版物提供的材料中整理而成：George C. Stewart Jr., *Marvels of Charity: History of American Sisters and Nuns* (Huntington, IN: Our Sunday Visitor, Inc., 1994).

我们应该如何来解释"修道院革命"的"起飞"现象？根据罗斯托的工业化模式，"起飞的开始通常可以追溯到某一特别剧烈的刺激（因素）"。就美国工业化而言，他认为这个刺激因素来自19世纪40年代美国东部的制造业和铁路发展，以及19世纪50年代的中西部的铁路发展。内战前的"修道院革命"一方面是针对天主教内部的发展做出的回应，但刺激它发生的关键因素毫无疑问应该是1830—1860年间从欧洲——尤其是从爱尔兰和德国——潮水般地涌入美国的移民。前所未有的外国移民潮、不断加速的都市化进程和迅速蔓延的西进运动，共同改变了美国宗教和美利坚共和国的人口构成。1790年第一次联邦人口的统计显示，天主教人口在全国400万人口占有不到1%的比例。这个由区区35,000人组成的人群绝大部分居住在马里兰和宾夕法尼亚的南部。但到了19世纪中叶，天主教成为了美国宗教中人数最多的单独教派，在全国2,300万人中，估计有160万以上的人是美国天主教会的教徒。这些天主教徒中的大部分人是来自欧洲的新移民和他们的子女。他们虽然分散在全国各地定居，但主要集中在东北部的港口城市和中西部的沿河城镇。到19世纪30年代，美国天主教会的成员构成正在从1790年的模式（即主要由上南部本土出生的、并为英国人后裔的乡村地主和佃农组成）转化至1860年的模式（即主要由居住在北部的、外国出生的、具有都市背景的爱尔兰裔组成）。在新教教派的信仰占绝对优势的宗教海洋中，新的天主教人口虽仍然是一座孤岛，但它已经不再是18世纪那个弱小的、默默无闻的、俯首听命的少数派了，而逐渐成长为一个庞大的、积极主动的、甚至时而有些好斗的少数派了；她决心要创造一套属于自己的社会和教育机构体系，并希望强调自己在美国的权利和角色。[①]

巴尔的摩大教区可为我们提供一个研究案例，帮助我们了解女性

---

① Rostow, *Stages of Economic Growth*, 36, 38. 人口总数的数字来自 Gerald O'Shaughnessy, *Has the Immigrant Kept the Faith? A Study of Immigration and Catholic Growth in the United States, 1790-1920* (New York: Macmillan Co., 1925); Thomas W. Spalding, *The Premier See: A History of the Archdiocese of Baltimore, 1789-1989* (Baltimore: Johns Hopkins University Press, 1989), 17-18, 123-136; Dolan, *American Catholic Experience*, 101-157.

宗教信徒社区如何经历了天主教人口构成变化的过程。这种变化在这内战前数个十年中进入修道院的妇女中表现尤其显著（见表6）。1830年之前，该教区内每4名加入修道会的女性中有3人是本土出生的。在19世纪30到40年代，一个新的现象出现了：新加入修道会的人中大约有一半以上是外国出生的；到了19世纪50年代，这一趋势变成了主流：每3个新入教者中有两人是新移民，而在两人中有一人是来自爱尔兰的。马里兰在传统上被认为是美国殖民地时代的"天主教信仰的摇篮"，自然拥有一个相对于美国其他地区较大的本土出生的天主教人口，而其他教区的修女人数的变化程度将会是更为迅速、更令人感到震惊。

表6　巴尔的摩大主教区内修道会内的修女的出生地, 1790—1860

年	修女人数	可识别人数	本土出生	外国出生
1790—1830	312	183 (59%)	75%	25%
1831—1850	804	553 (69%)	49%	51%
1851—1860	959	879 (92%)	35%	65%
总　计	2,075	1,615 (78%)	44%	56%

材料来源：Joseph G. Mannard "'Maternity of the Spirit': Women Religious in the Archdiocese of Baltimore, 1790-1860" (Ph.D. diss., University of Maryland, 1989).

正如美国天主教的成员构成从本土出生人口转向新移民人口，人口重心也从上南部转向北部，修女人口的变化也遵循了这个模式。1840—1860年间女性宗教信徒修道会和团体所经历的另一个内部变化则是通过修道院和教会学校的地理位置变化反映出来。1830年之前建立的10个永久性修道会都起源于蓄奴州（见表7）。直到1840年，《天主教年鉴》所登记的"女性宗教机构"（即修道院）的93%仍然是位于梅森—迪克森线以南（见表8）。同样，在1840年，天主教女子学校在校学生的85%是像斯嘉丽（小说《飘》中的女主人公之一——

译者）和她的姐妹们这样的年轻女性。这种情形在1840年后发生了逆转（见表9）。1830年之后新建立的修道会中有73%建立在北部（见表7）。到了1850年，将近半数的修道院和所有的女子学校都建立在北部各州。到内战时期，将近三分之二的修道院和女子学校都建立在梅森—迪克森线以北的教区内（见表8、表9）。

表7　美国女性宗教信徒教会的建会地址

年	修道会数量	自由州所占比例	蓄奴州所占比例
1790—1830	10	0%	100%
1831—1860	45	73%	27%
总　　计	55	60%	40%

材料来源：数据从下列出版物提供的材料中整理而成：George C. Stewart Jr., *Marvels of Charity: History of American Sisters and Nuns* (Huntington, IN: Our Sunday Visitor, Inc., 1994).

表8　南部和北部的修女人数（按每10年计算），1830—1860

年	修女人数	自由州所占比例	蓄奴州所占比例
1830	10	0%	100%
1840	28	7%	93%
1850	63	49%	51%
1860	165	65%	35%

材料来源：数据从下列出版物提供的材料中整理而成：*The Metropolitan Catholic Almanac and Laity's Directory* (Baltimore: Various publishers, 1834-1900); and George C. Stewart Jr., *Marvels of Charity: History of American Sisters and Nuns* (Huntington, IN: Our Sunday Visitor, Inc., 1994).

表9　北部和南部的天主教女子学校（按每10年计算），1830—1860

年	女子学校数目	自由州所占比例	蓄奴州所占比例
1830	20	0%	100%
1840	47	15%	85%

续表

年	女子学校数目	自由州所占比例	蓄奴州所占比例
1850	91	49%	51%
1860	201	65%	35%

材料来源：数据从下列出版物提供的材料中整理而成：*The Metropolitan Catholic Almanac and Laity's Directory* (Baltimore: Various publishers, 1834-1900); and Edward J. Goebel, *A Study of Catholic Secondary Education during the Colonial Period, Up to the First Plenary Council of Baltimore, 1852* (New York: Benziger Brothers, 1937).

当美国天主教会不断变成以北部、都市和移民为主的教会的时候，修女成为了它的传教士。事实上，在内战前的数十年内，修女的人数是教士人数的两倍，两者人数的差距在内战之后会变得更大（见表10）。作为施教者，修女们拥有"传播信仰"的主要责任——负责向儿童或有的时候也向成人传授教规教义，帮助他们学习和实践教会礼仪，并将宗教认同和实践灌输到这个有时只是徒有虚名的天主教人口之中。的确，正如最近一部关于美国女性宗教信徒史的研究所指出的，"除了主持弥撒和圣礼之外，修女们要比牧师更积极主动地卷入到天主教会的日常生活之中，"她们也因此被天主教徒和非天主教徒共同认定为是"美国天主教会的形象"。天主教会希望通过提供一套独立的社会和教育服务体制、割裂与宗教中立的机构或新教教会之间的关联，尤其是在发展公共教育体制方面，以此增强教会成员的忠诚感。修女们的工作则是将这种希望变成现实。[①]

[①] McGuinness, *Called to Serve*, 8. Jay Dolan 认为，"美国（天主）教会的任务不仅仅是保护信仰，在很多情况下，是将那些名义上的天主教徒改变成为忠实践行的信仰者"，见：*The Immigrant Church*, 8.

表10 美国的女性宗教信徒与天主教教士的数量与比例（按每10年计算），1820—1900

年	修女	神甫	比例
1820	270	150	1.80
1830	448	232	1.93
1840	902	482	1.87
1850	1,941	1,081	1.80
1860	5,090	2,235	2.28
1870	11,424	3,780	3.02
1880	21,835	6,000	3.64
1890	32,534	9,168	3.55
1900	49,620	11,987	4.14

材料来源：数据从下列出版物提供的材料中整理而成：Catherine Ann Curry, PVBM, "Statistical Study of Religious Women in the United States," (privately printed, 1988).

　　詹金斯修女19世纪50年代在惠灵的工作也反映出这个过程的某些细节。往见会主持的圣约瑟夫慈善学校是惠灵教区内的第一所教会学校，每学期通常招收150—200名女童入学，是往见会女子学院学生的3到4倍，而后者的学生多来自新教背景的家庭。随着当地由贫穷的爱尔兰和德国移民组成的天主教教徒社区的不断扩大，该学校逐渐演变成为社区的一个重要机构。一位修女曾描述了学校在改进教区家庭的精神生活方面所发挥的重要作用："在该校就读的儿童是教区中极为贫困之人……这个教区在快速发展，而圣约瑟夫学校则是它的核心所在。孩子们和孩子们之间的友谊不时提醒他们的父母，要在主教和牧师的帮助下，履行自己的责任。"此话反映了历史学家杰伊·多兰所描述的另外一个进程——关于天主教教育的主要责任从家庭转移到教区学校，这是修道院革命带来的一个重要的副产品。①

---

① Michaella Jenkins to Mother Paulina Millard (Baltimore), January [?] 1853, 此文献存于AMDC. Dolan 提出，"19时期中期之后，在儿童宗教的教育中，学校不断变成了主要的机构，"因而取代了家庭曾在这方面扮演的角色。见：Dolan, *American Catholic Experience*, 276.

如上面的引语所示，修道院革命既反映又推动了天主教的"虔诚生活方式"的重要变化，① 而这些变化反过来又改变了以移民教徒为主要成员的教会。这种被多兰称为"虔诚的天主教"代表了美国天主教教徒内部在精神生活和宗教实践方面的特别转向。18世纪后期的天主教在祈祷方式上强调隐秘和简约，这种风格主要为那些祖先来自英国、在美国本土出生的、并居住在乡村地带的天主教徒中的少数派所奉行；而19世纪的天主教则喜欢通过一种更公开的、更注重仪式的祈祷来标榜自身，这种风格显然与此时教区的都市性和族裔性有着密切的关系。②

然而，"修道院革命"的发生并不只是由于改变了美国天主教会和美国社会的那种精神和人口的力量所致。在坚持奉行自身的体制分离方面，天主教会与其说是一个受害者，不如说是一个意志坚定的行

---

① 虔诚生活方式 (devotional life) 指为宗教信仰而采取的一种严格遵循宗教实践和礼仪的生活方式。——译者

② 关于向"忠诚天主教"(Devotional Catholicism) 转型问题的更全面研究，见：Dolan, *American Catholic Experience,* 208-211, 221-240; Joseph P. Chinnici, OFM, *Living Stones: The History and Structure of Catholic Spiritual Life in the United States* (New York: Macmillan, 1989); and Ann Taves, *The Household of Faith: Roman Catholic Devotions in Mid-Nineteenth Century America* (Notre Dame, IN: University of Notre Dame Press, 1986). 埃米特·拉金 (Emmet Larkin) 是最早讨论爱尔兰的"皈依革新"的学者，他认为该变化是在"马铃薯饥荒"之后出现的，见：Emmet Larkin, "The Devotional Revolution in Ireland, 1850-1875, *"American Historical Review* 77 (June 1972): 625-652. 随后的研究对"皈依革新"发生的时间和其本质提出质疑。有的学者认为，天主教在爱尔兰岛的某些地方早在18世纪已经开始发生变化，"马铃薯饥荒"只是加速了这种变化。在 *The Transforming Power of Nuns: Women, Religion, and Cultural Change in Ireland, 1750-1900* (Oxford: Oxford University Press, 1998) 一书中，历史学家玛丽·佩卡姆·马格瑞 (Mary Peckham Magray) 也对拉金关于"皈依革新"是爱尔兰统治者自上而下发起的改革的说法质疑。她提出了"皈依渐进"(devotional evolution) 的观点，认为皈依运动是一个时间上渐进的、各地发展不均衡的进程，并且是通过修女们提供的教育努力而逐步形成的。我自己关于美国修道院的研究为马格瑞的观点提供了支持证据。19世纪30年代以前，也就是马铃薯大饥荒发生的前10年，在美国的出生在爱尔兰的修女比例已经很高。美国发生的修道院革命的"起飞"时间要早于拉金界定的"皈依革新"在爱尔兰开始的时间。美国的修道院革命更多的是皈依革新的推动者，而不是它的结果。

动者，而修女们则是这一体制的坚定推动者。女性宗教信徒对社会和宗教的发展提出了具体的规范和方向，从而使天主教会能够选择奉行另外一种宗教体制。历史学家卡罗尔·科伯恩和玛莎·斯密斯在对卡罗琳圣约瑟夫修女会的精彩研究中，详细记录了修女们是如何在创造19世纪美国的过程中扮演积极有为的角色的。事实上，该书的副标题"修女们如何改变了天主教文化和美国生活"就极为贴切地揭示了19世纪的修道院革命对天主教会和美国本身的影响力。[1]

从1820年到1860年，美国城市人口的比例从7%上升至20%，这是美国历史上任何一个40年的时段内最快的上升率。换言之，城镇人口的比率从1/15上升到1/5。边疆贸易站迅速变成了蓬勃发展的城镇，曾一度单一的族裔人口此刻变得多元，新发展要求创造新的市政机制，以应对史无前例的大规模的教育、卫生和社会问题。历史学家的研究指出，在芝加哥、密尔沃基、底特律和锡拉丘兹等边疆城镇，当地的第一批学校、医院、孤儿院以及其他社会性的服务设施经常是由天主教会首先创建的。"第一"其实并不是最重要的，更重要的事实却是，天主教会创办的社会性服务体制，与新教教会创办的类似机制和其他公共性体制结合起来，使得城镇地区变得更具有都市的特征。在天主教社区内，这些崭新的社会性设施大部分是由

---

[1] Carol K. Coburn and Martha Smith, *Spirited Lives: How Nuns Shaped Catholic Culture and American Life, 1836-1920* (Chapel Hill: University of North Carolina Press, 1999). 玛丽·尤恩斯对后来的研究有所预测，在她的论文将同样的观点推进了一步，见 Mary Ewens, OP, "The Leadership of Nuns in Immigrant Catholicism," *Women and Religion in America*, vol. 1, ed. Rosemary Radford Ruether and Rosemary Skinner Keller (San Francisco: Harper & Row, 1981). 我对美国修女所发挥的文化作用的观点，也受到马格瑞关于爱尔兰的女性宗教信徒所发挥的相似作用的观点的影响，见 Magray, *The Transforming Power of Nuns*, 3-13.

修女们来负责运作和管理的。①

詹金斯在惠灵的修道会为历史学家的研究提供了佐证。往见会学校是在当地的新教家庭的家长们的敦促下于 1848 年开办的。这些家长急切地希望自己的女儿获得精英教育而不必被迫为此长途旅行到东部。这是惠灵的第一所天主教女子学校；也是当地的第一所寄宿学校。次年，往见会的修女们在圣詹姆斯大教堂的地下室内为天主教家庭的女童们开办了一所济贫学校（这是一种为贫穷天主教家庭的子女开办的学校，只收取象征性的学费）和一所周日学校。济贫学校后来成为了惠灵的教会学校体制的奠基石。1853 年，在往见会修女在他的教区内为女性宗教信徒的事业开辟道路 5 年之后，理查德·惠兰大主教（Bishop Richard Whelan）鼓励卡罗琳圣约瑟夫修道会在惠灵开设第一个孤儿院。两年之后，该修道会的修女们又担负起负责经营惠灵医院的职责，这是该城的第一所医疗机构。所以，在不到 10 年的时间里，修女们不仅帮助建成了天主教社区，而且帮助建成了惠灵城的社区——而这只是修道院革命对美国社会所带来的影响的一个缩影。修女们创造出一套分离的天主教会体制，不仅赢得了天主教徒的忠诚感，而且还因为提供了急需的社会服务而赢得非天主教徒居民对她们工作的欣赏。②

---

① 关于城市化的比例数字来自：James M. McPherson, *Ordeal by Fire: The Civil War and Reconstruction* (New York: Alfred A. Knopf, 1982), 9-10. Timothy Walch, "Catholic Social Institutions and Urban Development: The View from Nineteenth Century Chicago and Milwaukee," *Catholic Historical Review* 64 (January 1978): 16-32; Leslie Woodcock Tentler, "Reluctant Pluralists: Catholics and Reformed Clergy in Ante-bellum Michigan," *U. S. Catholic Historian* 15 (Spring 1997): 15-34; David O'Brien, *Public Catholicism*, (New York: Macmillan Publishing Company, 1989); and David O'Brien, *Faith and Friendship: Catholicism in the Diocese of Syracuse, 1866-1986* (Diocese of Syracuse, 1987).

② Joseph G. Mannard, "'Supported Principally by the Funds of Protestants': Wheeling Female Academy and the Making of the Catholic Community in Antebellum Western Virginia," *American Catholic Studies: Journal of the American Catholic Historical Society* 114 (Spring 2003): 41-79. 同见：Eileen Mary Brewer, *Nuns and the Education of American Catholic Women, 1860-1920* (Chicago: Loyola University Press, 1987).

修道院革命不仅转换了美国天主教会的体制基础，而且也改变了美国天主教徒和非天主教徒的意识。19世纪30年代，美国的大众社会开始注意到"修道院革命"的发生与影响。1832年在美国经历第一次霍乱传染的危机时，不同教派的修女们的无私奉献为女性宗教信徒赢得了所有教派的美国人的欣赏。例如，巴尔的摩的市长和市政会就慈善会修女所提供的服务向她们表示公开的感谢，并为在危机中死去的两名修女建造了纪念碑以誌纪念。许多非天主教居民也因此将修女看成是行使"慈善奇迹……值得尊重的和成就卓著的女性"。[1] 但在另外一方面，修女会在早期共和时代日益增长的影响力也为它们在新教当道的美国引来了用心恶毒的反弹。修道院是美国领土上出现的一种极为异常、但又极为显眼的罗马天主教体制。在一些非天主教徒的眼中，它们象征着对传统秩序的深刻挑战，这些人对美国自由的领土出现一种蓬勃生长的天主教势力的前景感到极为害怕。那些自称是"逃跑的修女"（如丽贝卡·里德和玛丽亚·蒙克）所写作的书籍畅销不止，反映并利用了大众的恐惧，并大肆渲染了人们对修道院墙内的性别关系、秘密和引诱等行为的怀疑和猜忌。19世纪30年代，反修道院的浪潮开始出现，全国范围内的几座城市爆发了"修道院骚乱"——其中最臭名昭著的是1834年在马萨诸塞州查尔斯顿发生的乌尔苏拉修道会焚烧事件——反修道院活动在19世纪50年代中期达到顶峰，马萨诸塞和马里兰两州的一无所知党当政的州立法机构任命了"修道院调查委员

---

[1] [Daughter of Charity], *1809-1959* (Emmitsburg, MD: St. Joseph's Central House, 1959), 20; Barbara Misner, CSC, *"Highly Respectable and Accomplished Ladies": Catholic Women Religious in America, 1790-1850* (New York, Garland Publishing, 1988); Stewart, *Marvels of Charity*, 76-77. Diane Batts Morrow, "Outsiders Within: The Oblate Sisters of Providence in 1830s Church and Society," *U. S. Catholic Historian* 15 (Spring 1997): 35-54, 该研究讨论了非裔美国人修女所面临的特殊情况，她们在传染病危机中也投入到护理工作中，但她们的服务并没有得到公开的承认。

会",负责对修道院进行巡视和审查。新教男性中的一部分人坚持将修道院看作是一种危险机构。这些打击与修道院在非天主教徒人口中拥有的巨大影响力和广受欢迎的程度有直接的关系,而修女们则为妇女如何扮演社会角色提供了最为清晰的榜样。[1]

尽管有来自福音派牧师和一无所知党立法机构的激烈反对,修道院在 19 世纪 50 年代还是继续得以发展,其增长率甚至超过从前的任何时候。因为她们遭受的宗教迫害和她们的社会贡献,修女所代表的天主教内容,反而明显地赢得了思想更为开放的新教徒对天主教信仰的尊重。天主教徒和非天主教徒对修女们所从事的教育和慈善活动进行的公开赞颂,抵消了少数人的恶意攻击,不仅为修道院、而且也为天主教会及其自我隔离的体制赢得了美国社会的更大的包容和接纳。[2]

19 世纪修道院所做的工作也为美国妇女在几个新的、所谓"女性化"行业的就业开辟了道路,包括小学教师、护士,以及后来的社会工作等。美国内战期间,有 20 个来自不同教派的女性宗教信徒志愿充当护士,为联邦和邦联的士兵"缝合伤口",这个故事曾被历史学家玛丽·丹尼斯·马厄充分而细致地讲述。当她们与士兵们接触时,这些

---

[1] 关于内战前反天主教运动的经典研究是 Ray Allen Billington, *The Protestant Crusade, 1800-1860: A Study in the Origins of American Nativism* (Chicago: Quadrangle Books, Inc., 1964 [1938]). Jenny Franchot, *Roads to Rome: The Antebellum Protestant Encounter with Catholicism* (Berkeley: University of California Press, 1994) 对 Billington 的研究做了当代的更新。Mary Ewens, OP, *The Role of the Nun in the Nineteenth Century: Variations on an International Theme* (New York: Arno Press, 1977), 136-200, 对 1830-1860 年修女们对此的颇为复杂的回应做了细致的讨论。Marie Anne Pagliarini, "The Pure American Woman and the Wicked Catholic Priest: An Analysis of Anti-Catholic Literature in Antebellum America," *Religion and American Culture: A Journal of Interpretation* 9 (Winter 1999): 97-128, 采用跨学科的方法,关注了传说中的发生在修道院的非道德性行为。同见:Joseph G. Mannard, " 'What Has Become of Olevia Neal?': The Escaped Nun Phenomenon in Antebellum America," *Maryland Historical Magazine* 105 (Winter 2010): 348-367.

[2] Joseph G. Mannard, "Protestant Mothers and Catholic Sisters: Gender Concerns in Anti-Catholic Conspiracy Theories, 1830-1860," *American Catholic Studies: Journal of the American Catholic Historical Society* 111 (Spring-Winter 2000): 1-21.

"战场上的天使们"竭尽全力来打消针对她们及其修道会的敌意,努力在前辈从内战前的传染病危机中所获得好感的基础上建构士兵们的友善态度。当美国天主教第二次主教大会在内战结束后的第二年(1866)在巴尔的摩召开时,女性宗教信徒团体创办的修道院已经是无处不在,它们的成员也备受社会的尊敬。内战之后,修道院遍布美国的所有区域,联邦内的几乎每一个州和联邦领地都有它们的存在;修道院也出现在东北部和中西部蓬勃发展的城市里、那些正在从战争废墟中得以重建的南部城镇以及快速发展的西部边疆社区之中。"我们有责任充满感激地向公众承认这些基督教圣女们所展示的美德和英雄主义精神",美国的主教们宣称道,"她们用生命将对耶稣的美名带到每一个角落,她们的虔诚和自我牺牲的精神,比起其他任何力量来说,都更有力地在那些对我们的信仰持有怀疑的人中引发了一种富有好感的变化"。然后,这些作为主教的男性们却忘了提及,这些女性宗教信徒从根本上制定出并继续实施着一种政策,它的目的是为美国天主教创造出一套并行共存的体制。①

通过对女性宗教信徒的公开认可,1866年的第二次主教大会公开回应了约翰·卡罗在18世纪后期私下里所表示的意见。1792年4月,在给罗马教廷的关于他的年轻教区的报告中,这位第一任巴尔的摩大主教提到,一个由加尔默多会修女组成的社区最近在马里兰的烟叶港定居。"她们的榜样在这个国家是一个新生事物,"卡罗写道,"引起了人们对神学事务的严肃思考"。随着修道院在之后一个世纪扩散,修女的存在不再是什么新鲜事物,而成为天主教徒和非天主教徒习以为常的现象。虽然这种熟悉有时也会酿就鄙视,但更经常的是培育出一种对这些女性、她们的体制和她们所服务的修道会的尊重。然而,修女们所展示的个人虔诚和为他人服务的榜样,在内战前的美国

---

① Mary Denis Maher, *To Bind Up the Wounds: Catholic Sister Nurses in The U. S. Civil War* (Westport CT: Greenwood Press, 1989); Hugh J Nolan, ed., *Pastoral Letters of the United States Catholic Bishops, Vol. 1: 1792-1940* (Washington DC: United States Catholic Conference, 1984), 204-205.

社会中始终是一个新生事物，因为市场革命带来的后果之一是内战前的美国社会不断朝着崇尚个人主义、充满贪欲的和自私自利的方向发展。而女性宗教信徒则继续通过她们所提供的反文化的榜样来帮助许多美国人做一种反向思考。显然，她们的角色与家庭所赋予母亲的社会角色——培育人性的角色——是等同的，不同的是，她们所扮演的角色是"精神的母性"，而不是"身体的母性"。她们的榜样同时为女性——无论是本土出生的还是外国出生的——扩展了参与美国生活和在家庭之外就业的机会。成千上万的来自不同社会背景和阶层的妇女在美国修道院中找到了生活的意义，获得了藏身之地，扮演了具有贡献性的社会角色。在"美国"的掩饰下，这个最为"传统"的体制实际上变成了一个最富有创造力的体制，从社会性别的角度来看，也是一个最具革命性的体制。[1]

然而，主流的历史学家们对此并不知情，这是因为对美国天主教历史的研究一直处于史学边缘，以至于没有人会去想象，天主教修道院如何可能成为美国最早的、规范化的妇女组织，并拥有一种在家庭领域之外从事与社会、慈善或宗教目标相关的事业的目的。的确，加尔默罗修道院建立的时间要比1797年为伊莎贝拉·马歇尔·格莱姆和伊丽莎白·安·塞顿（她当时是一名年轻的妻子和母亲）在纽约市创建的"贫困寡妇与失依幼童赈济会"的时间要早7年，而后者通常被公认为是美国的第一个正式的妇女组织。[2]

---

[1] John Carroll to Leonardo Antonelli, April 23, 1792, in *The John Carroll Papers,* ed. Thomas O'Brien Hanley, SJ, 3 vols. (Notre Dame, IN: University of Notre Dame Press, 1976), 2:32; Joseph G. Mannard, " 'Maternity of the Spirit': Nuns and Domesticity in Antebellum America," *US. Catholic Historian* 5 (Summer/Fall 1986): 305-324.

[2] Mary S. Benson, "Isabella Marshall Graham," *Notable American Women: A Biographical Dictionary,* ed. Edward T. James, et al, 3 vols. (Cambridge MA: The Belknap Press of Harvard University Press, 1971), II: 71-72; and Annabelle M. Melville, "Elizabeth Ann Seton," *Notable American Women,* III: 263-265. See also, Joseph G. Mannard, "Widows in Convents of the Early Republic: The Archdiocese of Baltimore, 1790-1860," *U. S. Catholic Historian* 26 (Spring 2008): 111-132.

在追溯女性志愿性和慈善性组织的起源时，研究妇女史的历史学家通常不会将修道院纳入研究范围之内，主要是因为美国天主教的历史极少可能成为美国史学主流的一部分。当修道院被从知识和思想上纳入更大的史学框架时，我们才可以对美国史学的主流研究的宽度获得更为准确的认知。世俗的和新教教派的女性组织主要位于北部，多由本土出生的、中等或上层阶级的新教教徒所组成，而天主教修女们的背景则十分丰富——既有本土出生的人也有新来的移民，既有富人也有穷人，既有博学多才者也有文盲，既有在"襁褓中就受洗的人"也有半途皈依者。世俗性妇女组织的成员多为已婚妇女，她们所做的慈善工作是她们扮演的妻子和母亲角色的一种补充，与之形成鲜明对比的是，修女是独身处女或寡妇，她们的生活集中在虔诚的信奉、慈善和公共服务的行动之上。许多新教妇女从第二次大觉醒中获得了一种福音派的热情与动力，因而能够适应一种美国体制——志愿性组织——的召唤，投身于社会慈善和改造的工作之中，一些天主教妇女则在她们的信仰的推动下，发现修道院——一个来自旧大陆的体制——完全可以适用于新大陆的环境。但不常为人们注意的是天主教妇女在开拓这些新的社会角色和职业方面所起到的前锋作用。天主教的女性宗教信徒经常是开路先锋。那些最具识见的新教女性，在寻求扩大女性领域和机会的时候，也承认修道院应该是一个她们的教会可以学习的榜样。①

---

① 在他们写的导言中，Coburn and Smith 就妇女史学者和教会史学者对女性宗教信徒的普遍忽视提出了几个很有价值的观点。妇女史学者的一个主要例外是 *The Origins of Women's Activism: New York and Boston, 1797-1840* (Chapel Hill: University of North Carolina Press, 2002) 的作者安妮·博伊兰 (Anne M. Boylan)。此外，教科书 *Through Women's Eyes: An American History*, 3d. ed., (Boston: Bedford/St. Martin's, 2012) 的两位作者也企图将天主教妇女和修女纳入到她们对 19 世纪的讨论之中，但她们关注的将天主教妇女当作一个特别族裔群体的代表，或工人阶级的成员，而不主要关心她们的宗教认同。历史学家克里斯托夫·香农 (Christopher Shannon) 认为，天主教徒和新（转下页）

尽管在新教母亲与天主教修女之间存在着明显的差别，但这两个女性群体都卷入了为美国女性开创新局面的工作之中。她们的行动时常是齐头并进的，有的时候会是有意识地模仿，有的时候则是相互竞争。模仿和竞争各有得失。如果卡罗大主教在18世纪末将修道院视为是"这个国家的新生事物"，同样的话也可以用来描述世俗的女性组织。当1797年创建她们的慈善会的时候，伊莎贝拉·格莱姆认识到，对于妇女来说，她们知道，这种慈善会"在这个国家是一个新生事物"。随着19世纪的展开，由于女性的大量加入，所有女性机构的任何种类都变得不那么陌生，而变成了美国社会和文化成型的构成过程中的一个更为自然的部分。①

美国在19世纪经历一场修道院革命，这一革命在内战前的发生与历史学家长期以来讨论的其他的广义革命是同步进行的。修道院在内战前30年的蓬勃生长改变了美国天主教会在美国生存的精神和社会条件，使其选择的独立体制得以发展和发扬光大。修道院的繁荣也改变了天主教徒和非天主教的思想意识。此外，修道院革命为天主教妇女带来了一种独到的生活选择，而这是新教女性在教会中得不到的，一

（接上页）徒从历史上看对多元化有着完全不同的理解。"天主教被传统地描述成追求教义一致性和信仰实践的多元化；而新教则从历史上被描绘成追求教义多元化和信仰实践的一致性（如圣经阅读和圣歌演唱等）"。见：Christopher Shannon, "A Review of Lippy and Williams' *Encyclopedia of the American Religious Experience*," *U. S. Catholic Historian* 18 (Spring 2000): 51. 新教的教义多元化是通过教派的多元化来表现的，而天主教的信仰实践多元化通过不同族裔群体有不同的祈祷实践和教会内部拥有多种修道会反映出来。这些不同的社会体制帮助创造了美国社会中富有特征的天主教亚文化。

① 引自：Barbara Berg, *The Remembered Gate: Origins of American Feminism* (New York: Oxford University Press, 1979), 155. 大主教卡罗尔1815年去世时，美国天主教会内有6个女性宗教信徒修道会，3所女子学校和2所孤儿院。见：Stewart, *Marvels of Charity*, 65. 到19世纪30年代，这些机构的数量都在缓慢但持续增加，在此之后，它们都经历了突如其来的剧增，这种情形一直延续到19世纪末。

种非家庭化的"职业"，它对来自两种宗教传统的女性都具有吸引力。

　　量化证据也清楚地显示修道院内部在内战前的时代也发生了一场革命，此词的使用遵循美国历史上的通常用法：一种对更为陈旧的现实的大幅扩张。对修道院革命的发展轮廓做一种广泛的勾画，无论其有多大的价值，统计数字始终是一种毫无活力的、无法令人满意的方式，达不到让人欣赏19世纪女性宗教信徒所取得的成就。数据材料的分析不能告知我们关于群体的态度和个人的动机的细节。为了捕捉修道院革命的社会构成和人性内容，需要针对那些促成了"革命"的各种宗教流派和教区做更多的研究。社区内每一个人的故事都应该得到讲述——好坏都应该得到讲述，不放过任何一个细节。与此同时，"修道院革命"提供了一个概念，不同的个人故事可以被集体编织到这个边界更大的宗教史、妇女史和国家历史的叙事之中，从而能够帮助澄清这些领域的许多问题，使它们本身的研究变得更为复杂，更加丰富。

　　1856年，也就是惠灵修道院建立8年之后，詹金斯修女对往见会教派在弗吉尼亚西部的"钉子城"所产生的宗教和社会影响做了一个评估。"自从我们来到此地之后，无论是外部社会还是天主教内部，惠灵都已经大为改进。"[①] 随着女性宗教信徒将她们的家园（修道院）带入19世纪的美国，保持它们"在此、在彼、无处不在"，她的评论也恰如其分地描述了"修道院革命"给整个教会和国家所带来的正面影响。通过她们的工作，詹金斯和她的修女姐妹们为美国天主教建立起一种由单独并行体制组成的广泛网络，这个网络一方面为天主教会保存了独立的空间，另一方面又帮助它融入到美国更为广泛的发展之中。

（王希　译）

[①] Jenkins to Mother Paulina Millard (Baltimore), August 3, 1856, 此文献存于AMDCM.

宋东亮

美国现代化进程论纲
略论"拓荒型"资本主义发展模式

英国史专家钱乘旦教授曾经指出:"现代化是近代以来世界发展的趋势,各民族共同的经历。"[①] 的确,近代以来的人类历史可以被称为是一部现代化的历史。学界对"现代化"的概念有不同的界定,笔者在本文中采用罗荣渠先生的定义,将"现代化"定义为一个"自科学革命以来人类急剧变动的过程";笔者希望进一步指出,卷入这个过程有人类社会的经济、政治、社会、文化、思想等层面,但其基础与核心是"工业化"。[②] 依此定义,虽然英国是工业现代化的"原发"之地,但美国现代化的成就与影响力无疑是最大的,其现代化的经历也具有最鲜明的"民族"特征。从现代国家发展的角度来看,美国也许可以被称为是一个"白手起家"的国家。它先前是英国的殖民地,建国之初,领土面积甚小,但建国之后,通过大规模的向西拓荒运动,极大地"扩展"了领土面积,为其现代化进程奠定了基础。拓荒运动更对日后的美国发展具有重大影响,深刻地影响了美国的现代化道路与模式。我们可以说,在很大程度上,不断"西进拓荒"的历史就是美国的历史,而"拓荒"也因此成为美国现代化经历中的一个不同于其他国家的根本内涵。笔者多年来在河北大学开设《世界各主要国家现代

---

① 钱乘旦:《现代化与中国的世界近现代史研究》,《历史研究》2008 年第 2 期,第 35 页。
② 罗荣渠:《现代化新论》,北京:商务印书馆,2006 年,第 17-18 页。

化进程》的课程，内容涉及世界上主要国家的现代化发展，美国自然包括在其中。我打算借此机会，将自己在教学中对美国现代化模式的思考进行总结和提炼。需要说明的是，本文无意对美国现代化的历史做一种传统的、历史叙事式的陈述，而是希望从研究"现代化"模式的角度出发，勾画美国发展的大轮廓，重点思考那些帮助美国在相对短的时间内获得现代化"成功"的必要条件与因素。换言之，本文希望分享一种宏观意义上的研究思路，希望通过对某一具体国家的现代化经历的认识来讨论"现代化"概念的内涵，并展示促成现代化的一般条件和特殊条件。不当之处，还望方家补充、丰富、纠正和完善。

一、背景：独特的建国历程

与其他主要国家相比，美国"现代化"的起点不同：它是一个"新国家"，具有非常独特的建国经历。当欧洲移民来到北美时，这里虽然不是无人的蛮荒之地，但随后几个世纪的经历却是以拓殖荒野、向西开发作为主要特征的。美国的历史始于1607年。这一年英国人在今弗吉尼亚州的詹姆士河河口建立了第一个永久性殖民定居点——詹姆士镇。在此后一百多年对"新大陆"的势力范围的竞争中，英国先后战胜西班牙、荷兰、法国等国，在北美大西洋沿岸一带建立起了13个殖民地。这些殖民地后来成为了美国建国的领土基础。

自建立之时起，北美英属殖民地由于建立的方式及自然条件的不同而形成了至少三种不同的类型。北部殖民地的人口主要由自由移民构成，政府结构中具有较强的自治性，政治风气反映了较为浓厚的"自由劳动者"（free labor）的愿望，也包含了为逃避英国宗教迫害而移居北美的清教徒的宗教精神。位于北美东部北端的四个殖民地——马萨诸塞、罗德岛、新罕布什尔和康涅狄格——在17世纪中叶联合组成了新英格兰地区。这里的土地贫瘠，冬季较长，农业不发达，但多良港，商业、造船业和渔业等较为发达。中部殖民地包括宾夕法尼亚、纽约、新泽西和特拉华。它们最初是由英王赏赐其宠臣或功臣而建立起来的"业主"殖民地，业主们因此获得机会将一些欧洲封建主义的经济和社会遗产"移植"到新大陆，如纽约殖民地的大地产制等。中部殖民地的自然条件较好，土地肥沃，谷物生产和畜牧、果树种植业都很发达，尤其盛产小麦、大麦等谷物，故有"面包殖民地"之称。南部殖民地则是由英王特许给贵族地主或富商组织的公司而建立的，包括弗吉尼亚、马里兰、北卡罗来纳、南卡罗来纳和佐治亚。南部殖民地的土地肥沃，地形多为平原，气候温和，适宜于粗放的大农场式经营。南部殖民地从建立开始，便被卷入正在成型的资本主义世界经济和贸易体系之中，那里的英国殖民者为了获取高额的经济利润和财富，很快采用了原本在英国并不存在的奴隶制经济体制，南部的奴隶制种植园经济由此而生。虽然上南部（Upper South）和南部腹地（Deep South）在奴隶制的形式上有所区别，但整个南部的主要经济活动基本相似，都是通过奴隶的强制性劳动生产烟草、稻谷、蓝靛和棉花等经济作物，用于向英国和欧洲市场出售。[①]

尽管各殖民地的经济各有自己的特色，但殖民地时代的北美经济总体来说以农业为主。百分之九十以上的居民从事的是农业生产或与农业相关的经济活动。在沿海商业较发达的地区则有手工业小作坊，且多为家庭手工业。直到18世纪前半期，殖民地才出现了较为集中的手工工场；即便如此，分布也是不平衡的：北部最强，中部次之，南部最弱。尽管各殖民地之间在经济上有所联系，但在英帝国的框架下它们并没有形成一个统一的经济共同体，它们各自的商贸活动主要是

---

① 参见黄绍湘：《美国通史简编》，北京：人民出版社，1983年，第23-25页。

对外的和为满足母国的经济需要。换言之，对外贸易是殖民地经济的主要内容。

到 18 世纪后半期，随着殖民地经济的发展壮大，殖民地与宗主国之间在经济利益的分配等方面发生了严重的冲突。英国力图将北美殖民地限制在其帝国经济的附庸的地位，而殖民地则希望获得更多、更大、更为独立的经济发展机会，包括获得开发西部领土的机会。英国在"七年战争"（1656—1763）之后陆续颁布的一系列限制性和管制性经济法令（包括各种名目的税收和对进入西部领土建立新殖民地的限制）最终激化了双方的矛盾，13 个殖民地联合起来，宣布与英国决裂，北美独立战争因此而发生。

北美殖民地赢得独立战争、建立自己的国家之后，美国人开始大规模向西扩张领土，新一轮的殖民运动开启了美国式的拓荒性发展模式。自 18 世纪 80 年代起至 19 世纪中叶，美国以各种方式（购买、外交条约、战争、武力掠夺和土地置换等）从印第安人手中及英国、法国、西班牙和墨西哥等国手中获取了大量土地，将国境线从大西洋海岸推至太平洋海岸，横跨北美大陆，国家领土从 1790 年的 2,123,802 平方公里扩展至 1860 年的 7,770,007 平方公里，约占整个北美大陆的一半。[①] 幅员广阔的领土和极为丰富的自然资源使美国具备了其他正在或即将进入"现代化"进程的西方主要国家所不具备的、更有利的发展资本主义经济的自然条件。

伴随领土扩张过程的是大规模的"移民潮"。19 世纪上半叶来自欧洲的移民蜂拥而至，并迅速进入到新开发的西部地区。1820—1860 年间移民美国的 500 万人中的大部分在西部定居，美国人口也从 1800 年的 500 万人急增到 1860 年的 3,100 多万人。[②] 西部的开发速度和建设规

---

① 根据黄绍湘《美国通史简编》第 144 页上刊登的资料折算。
② 黄绍湘：《美国通史简编》，第 157、199 页。

模不仅很快也很大,而且值得注意的是,大量的移民通过各种方式获得了西部土地,在一定程度上,对西部的"自由式"开发成为现实。①联邦政府在其中所起的作用只是顺导、疏导和辅助,由此造成了 19 世纪美国西部那种汪洋大海般的小农经济。

然而,以个体劳动为基础的小农经济是不可能稳固的。特定的历史条件所构成的美国小农经济由于与市场有着紧密的联系,故而在市场经济的冲击下很快被分化、瓦解和重组,逐渐为大型、高效和坚实的大型农场所取代,形成了独特的以早期机械化农业为基础的"美国式道路"(尤其在中西部),为随后的美国现代化经济发展奠定了基础。1860 年,阿巴拉契亚山脉以西的农场占全国农场总数的比例达 57.6%,农场面积占全国农场总面积的 70%。②1800—1860 年,美国农业生产总值增至 5 倍以上。1860 年,美国粮食产量约为 3,096 万吨,亦即平均每个美国人拥有粮食近 1 吨。③

二、现代化:工业革命及工业化的一般进程

领土的规模是一个重要的条件,但不足以促生现代化。与其他主要国家的现代化的经历一样,美国的现代化从根本上是由工业革命推动的。美国独立后,美英在经济方面仍有矛盾,这种矛盾的不断激化终于导致了美国的 1807 年《禁运法》和 1812—1815 年的第二次英美战争(即 1812 年战争),并迫使美国最终走上了独立发展本国工业的道路,在特定的历史条件下开始了自己的工业革命进程。

美国的工业革命具有和英国基本相同的特点,也是首先从棉纺织

---

① 参见何顺果:《美国边疆史》,北京:北京大学出版社 2000 年。
② 唐晋:《大国崛起》,北京:人民出版社,2011 年,第 391 页。
③ 樊亢、宋则行等编著:《主要资本主义国家经济简史》,北京:人民出版社,1982 年,第 124 页。

业开始，具有工业革命自身的内在逻辑，即由轻工业发展至重工业、机器制造业和交通运输业。19世纪中期，美国的机器制造业和铁路建设迎来了大发展，其中农机产量超过了欧洲各国；到1840年，美国铁路长度达到2,820英里，超过欧洲主要国家铁路里程之和，到1850年，美国铁路长度增至9,020英里，到1860年更激增到30,630英里。① 至1861年美国内战打响之时，美国基本完成了第一次工业革命：从1810—1860年的50年间，工业总产值增长了近9倍，工业生产在世界上仅次于英国和法国，由1820年占世界工业总产量的10%上升到1860年的17%。② 但美国工业化的程度在国内各区域间极不平衡。东北部的工业化程度较高，西部和南部则比较落后。尤其是南部，那里盛行的种植园奴隶制严重束缚了美国经济的发展。美国工业革命在全国范围内的胜利还要等到内战之后才能实现。

内战之后，美国工业及时搭上了第二次工业革命的快车，进入到另外一个迅猛发展的时期。从1850—1900年，工业生产量增长了15倍。1900—1914年，工业产量又增长了70%。1860年以前的美国工业是由轻工业占统治地位，内战之后，重工业开始大发展，在速度上远远超过了轻工业。1900年，钢铁业和机器制造业在产值上分别居于各工业部门的第一位和第三位。重工业开始在美国工业中占据主导地位。铁路建设也有急剧的发展。1865年，铁路长度达35,000英里，到1913年迅增至380,000英里，占世界铁路总长度的一半。③ 尤其令人震撼的是19世纪下半期先后建成的横贯美国大陆的5条铁路。大规模的铁路建设促进了西部垦殖和工农业的发展，直接带动了钢铁、煤炭、机器制造等重工业的发展。可以说，铁路建设是带动整个19世纪美国经济

---

① 顾宁：《美国铁路与经济现代化》，《世界历史》2003年第6期，第58页。
② 樊亢、宋则行等编著：《主要资本主义国家经济简史》，第134页。
③ 赵晓雷：《外国经济史简编》，上海：华东师范大学出版社，1994年，第134页。

发展的中心。在19世纪后半期的科技革命推动下，19世纪末20世纪初，一系列新的工业部门迅速建立并发展了起来，如电气、化学、汽车、石油和炼铝等工业，美国工业的迅速发展，使其在短时期内迅速赶上并超过了其他资本主义国家。1860年前，美国的工业生产还只是居世界的第4位，到19世纪80年代初已跃居到了第1位。[1]到1913年，美国的工业生产在世界上的优势就更明显，占了世界工业生产的38%，超过了英国、德国、法国和日本四国的总和。至此，美国已成为了一个以重工业为主导的世界工业强国。美国在第一次世界大战中大发战争横财，工农业进一步大发展，在对外贸易、投资上也有巨大的发展。1919年，它掌握了世界黄金储备的40%（近45亿美元），加强了对世界金融的控制地位。另外，在商船建造、海军建设和殖民地占有方面，美国也有很大的斩获。总之，是战争又一次增强了美国的经济和军事实力，提高了它在世界上的国际地位，奠定了它在日后争霸世界的物质基础。[2]

在20世纪20年代，除了遭遇1920—1921年的危机外，美国又迎来了一个新的工业"高涨"。到1929年，美国的工业生产几乎占据到了世界资本主义工业生产的一半（48.5%），对外贸易也占据了世界贸易总额的14%，超过了英国（13.2%）而跃居第一位。尽管在对外投资额（172亿美元）上稍逊于英国而居世界第二位，但这一年美国控制了世界一半多（50亿美元）的黄金储备，全世界的金融中心已从欧洲转移到美国。[3]

20世纪30年代的经济大萧条一度削弱了美国的经济地位，但在

---

[1] 黄绍湘：《美国通史简编》，第197页。
[2] 以上涉及的数字除另行注明外均来自樊亢、宋则行等编著：《主要资本主义国家经济简史》，第133-135、153、155-157页。
[3] 樊亢、宋则行等编著：《主要资本主义国家经济简史》，第160-161页。

国际经济秩序中美国仍然占有绝对的优势。不久之后爆发的第二次世界大战使美国重新获得高涨的机会。在工业方面，与军需有关的重工业发展最快。若以 1937—1939 年的工业产量为 100，则 1943 年的工业生产指数达到了 227，1944 年达到了 223，1945 年达到了 191。1939—1943 年重工业生产增长了 2.3 倍（轻工业为 61%）。重工业产品中，有 81% 是军用品。[①] 农业生产，也由于战时世界市场的扩大而大受刺激，从而摆脱了自 20 年代以来的长期慢性危机。与 1939 年相比，1945 年美国农业生产增长 20%，农业净收入增长约 1.5 倍（达 156 亿美元）。1940—1945 年，各种农机具的增加约相当于过去 30 年增加量的总和。在战争结束时，美国农业基本上实现了机械化。[②] 第二次世界大战又一次加强了美国的经济实力，使它在资本主义世界中的经济地位进一步提高。战后初期，美国的经济和军事实力在全世界处于无可匹敌的绝对优势。从经济方面说，它占有资本主义世界工业生产量的 2/3，外贸出口额的 1/3，黄金储备的 3/4，并掌握着全世界财富的 50% 左右。[③] 在其他资本主义国家民穷财尽的时候，美国在二战之后一跃成为资本主义世界中的超级大国。

二战后，在第三次世界科技革命的作用下，美国经济进一步大发展。特别是从 20 世纪 50 年代中期至 60 年代末经济持续繁荣。1950—1959 年，国民生产总值年均增长率为 3.9%，1960—1969 年，达到了 4.1%。[④] 虽然 20 世纪后期美国经历了 1973—1975 年和 1980—1982 年两次经济危机，但美国经济很快又出现了较快的回升。1983 年，美国国民生产总值增长率为 3.4%，1984 年达 6.8%，是 1951 年以来最有力

---

① 赵晓雷：《外国经济史简编》，上海：华东师范大学出版社，1994 年，第 65 页。
② 樊亢、宋则行等编著：《主要资本主义国家经济简史》，第 177 页。
③ 刘绪贻、杨生茂主编：《战后美国史 1945—1986》，北京：人民出版社，1989 年，第 9-10 页。
④ 赵晓雷：《外国经济史简编》，第 67 页。

的增长。而且，失业率也从 1982 年的 9.6% 下降为 1986 年的 7% 左右。与此同时，通货膨胀率也从 1982 年的 3.9% 下降为 1986 年的约 3%。① 美国的国际经济地位又重新得到加强。在整个 20 世纪，美国始终是世界上最强大的经济国家，在某种意义上，正像美国人所自诩的那样：20 世纪是"美国世纪"。②

三、基本经验的启示

作为一个新国家，美国何以能在短时间内取得现代化进程中的重大成就、创造人类历史上的发展奇迹？这是现代国家发展历史上值得认真研究的问题。我在此希望对辅助美国现代化获取成功的经验做一基本概括和总结，以抛砖引玉，帮助我们来进行比较思考和研究。

1. 历史起点优越

美国的现代化没有遭遇"传统社会"的巨大阻力和抗拒。按照现代化理论，传统社会，不管是东方的还是西方的，对现代社会的发展都是要有阻碍和抗拒力量的。而美国建国的基础是当时正在出现的全球性资本主义经济秩序，它没有像其他国家那样，背负着沉重的前资本主义的历史负担。虽然作为一个移民国家，美国也继承了一些来自欧洲的封建性因素，但这些毕竟不是主流。③ 早期的移民并不以欧洲大陆的制度为傲，相反他们中的许多人（包括清教徒）对旧大陆的制度与思想持有强烈的批判态度，许多人是因为要摆脱英国和欧洲的旧社会、旧体制的迫害而"自愿"移民美洲的，所以他们的精神动力中带有近代资本主义的精神成分——要通过自己的努力创造财富和争取

---

① 刘绪贻、杨生茂主编：《战后美国史 1945—1986》，第 484 页。
② 樊亢、宋则行等编著：《主要资本主义国家经济简史》，第 178 页。
③ 因而在主要体现清教徒精神的北部殖民地早期所建的新英格兰同盟被认为是美国民主的摇篮（参见黄绍湘：《美国通史简编》，第 14 页）。

自由。早期移民的这种心态对整个美国日后的发展具有决定性的影响。因此，北美的政治和经济环境从本质上是资本主义式的，并反映在殖民地的政治、经济和文化生活的各个层面。换言之，"封建的势力并不是不想支配这新世界，而是……无法在新世界里立足"。① 所以，传统与现代化之间存在着一种特殊的关系，但这个关系究竟对现代化和现代化的"使者"（即移民）发生了什么作用，是一个值得深究的重大问题，尽管至今人们对此尚不能取得一致的意见，尤其是对某些特定的国家，如东方的中国等，但美国的例子可以给我们提供一种明显的证明或启示。

2. 美国具有发达的资本主义农业

这一经济现实一方面为工业发展提供了扎实的基础，另一方面为工业发展创造了一个无限广阔的国内市场。对于标准的、具有长期发展潜力的工业化和现代化，发达的农业和大规模的国内市场是必不可少的条件，对于大国来说，尤其如此。② 美俄（苏）的经验是正反两方面的典型（特别是众所周知的"斯大林模式"中农业作为惨痛的反方面教训的衬托），靠对外国市场的倚赖，不管是以任何方式取得的，都是靠不住的或脆弱的（过去大英帝国盛世的衰落和今日的日本本质上都属于这类现象）。在这方面，许多其他的资本主义国家都不能和美

---

① 费孝通：《美国与美国人》，北京：生活·读书·新知三联书店，1986年，第27页。
② 笔者曾多年以来在课堂上将其分为三类国家：一是"契遇"型大国，即在约15世纪左右以来在向现代化（引出工业革命和工业化的发展定势）的社会转折中遇有重大机会但未及时把握住的国家，如西班牙、葡萄牙、荷兰等国；二是"现实"型大国，即当代无论从 GDP 还是人均 GDP 抑或是某种意义上的版图幅员都在世界排名前列和具有一定规模的国家，即美、俄、英、法、德、日、意等国；三是"蛰伏"型大国，即在世界历史上曾经辉煌文明但后来衰落并延续下来的大国和在幅员、人口上具有一定发展的物质基础潜力的国家，如中国、印度、巴西、南非、澳大利亚、墨西哥、埃及、哈萨克斯坦等国。（这是一个很大的研究题目，恕笔者不能在本文内解决，留待以后讨论）。

国相比较。英国曾盛行大地主土地占有制，粮食和农业原料主要依靠从外国输入；德国长期受容克地主经济残余的影响，形成"普鲁士道路"，农业发展速度相对较慢；法国长期延续小农经济，效率也不高；日本长期以来也是实行地主土地所有制，农业发展速度也不快。所以，它们的农业基础都相对比较薄弱。唯有美国，在广大的土地上以"美国式道路"使农业大踏步前进，形成资本主义"高效率商品农业"。[1] 一方面它是世界上农业人口比例最小的国家之一，另一方面又是世界上最大的农产品出口国家。美国的工业化是建立在坚实的农业经济基础之上的，并具有长期的潜力基础，这是不争的事实。

3. 具有现代化的"后发优势"

与英国相比，美国是一个后起工业化国家，它可以充分利用别国的先进科技、资金、经验甚至劳动力资源等。当然，这一点并不是孤立地发挥作用的，必须和别的因素一起共同联合有机地发挥作用。否则有那么多的国家都是在英国之后工业化的，但并不是所有国家都取得了像美国一样的成就。美国在工业化初期，就是吸取了大量的英国技术和成就，包括经验。如果完全靠自己干，恐怕发展不了那么快。在吸收外资上，1880年的数额为20亿美元，1890年为35亿美元，到1914年则达到了67亿美元，这大大加速了美国资本主义向深广的程度发展。[2] 另外，由于它建国于"新大陆"，优越的开发条件也吸引了大量的移民。移民在美国经济的发展中起了特殊的重要作用。仅1914年，在美国钢铁业中的移民工人数量就占了从业工人总数的58%，在采煤业和纺织业中移民工人比率都达到了62%。[3] 对于这一点，马克思和恩格斯在1882年为《共产党宣言》写的序言中专门作了说明，自不用赘言。

---

[1] 罗荣渠：《现代化新论》，北京：商务印书馆，2006年，第144页。
[2] 樊亢、宋则行等编著：《主要资本主义国家经济简史》，第137页。
[3] 同上，第137页。

4. 具有优越的、标准的以资本主义自由劳动为基础的市场经济机制的作用

尽管世界上有不少国家实行市场经济体制，但从没有一个国家像美国那样标准、典范，具有最大的社会驱动性。当然，这一机制在美国的建立有一个长期渐进的过程。在美国，市场机制具有最大的社会自主性、动员性、竞争性、效率性和内驱性，它使社会的前进具有高度的自我发挥能力和自我能动性，是解放生产力和推动生产力发展的最高效形式，是现代化发展机制上的一个具有重大历史意义的"制度创新"（新制度经济学用语），它使社会自己向前推进，因为它是一种最强的利润导向，是一种利益驱动，没有任何的强迫力量，甚至政府都无关紧要，"最好的政府是管事最少的政府"，美国人相信"美国的事情就是做生意"，柯立芝总统声称"美国的事业就是做商业"。[①]当然，市场机制不是万能的，其发展到一定的地步就会发生过度"自由化"的危机，正是由于美国这种"强大的市场自由主义的传统"，才使得它在20世纪20、30年代的资本主义世界的金融危机和经济大萧条中比任何其他的国家都更严重，最终导致劳工群体组织起来，向联邦政府施加压力，要求改变市场经济的秩序。这种抗议也推动了包括《全国劳工关系法》在内的一系列"新政"立法的到来，开启了以美国为代表的现代资本主义大规模干预国民经济——亦即"新政"式的国家垄断资本主义的实践。[②]所以，现代美国经济必须辅以适当的国家干预，但其总体特征仍是高效典型的市场经济。

5. 具有"合理"的建国方略

美国的建国方略很值得我们思考、深入研究，其中最显而易见的、

---

① 〔美〕弗兰克·弗雷德尔：《美国历届总统小传》，刘庆云、高学余译，北京：新华出版社，1984年，第154页（中译本原文如此）。
② 参阅刘绪贻、杨生茂主编：《战后美国史1945—1986》，引言和第4章第1节所论述。

重要的有两条：一是政治民主化。按"传统"马克思主义历史唯物主义原理，政治上层建筑是对经济基础有反作用的，罗荣渠先生甚至认为两者的关系是"互动"的。① 政治制度的合理与否，直接影响着国家的决策，而这又关键取决于政治制度的民主化程度。尽管美国从一开始就具备了一些看似"例外的"发展基础和条件，包括"得天独厚的地理位置，广袤的领土，富足的资源，源源不断而且层次丰富的移民队伍"，但如果没有一个行之有效的宪法和具有高度应变能力的宪政体制，"美国不可能及时有效地应对其历史上面临的挑战，不可能准确有力地把握其所面临的机会，也不可能敢于面对并致力纠正其历史上的不公和错误。"② 在这方面特别要提到杰斐逊的功劳。这位《独立宣言》的主要起草者和建国初期著名的共和派，竭力反对联邦党人对"中央"权力的推崇而特别强调州权和人民的权利。他 1800 年曾誓言，在上帝的圣坛前永远反对任何形式的暴政。在美国历史上相当长的一段时间里，联邦政府的权力并不是很大，属于那种"小政府，大社会"的风格，各州也并非是我们通常理解的省、直辖市和自治区的"地方"概念。直到在遭遇 20 世纪 20、30 年代的金融危机和经济大萧条之后、富兰克林·罗斯福总统为挽救国家命运要求国会赋予他巨大的权力之后，美国才出现了"权力转移"和"强大的行政国家的崛起"，造成了今天的"大政府"和"帝王式总统"。③

在政治体制方面，还有一个重要的条件，就是开国者建立起来的"作风、榜样和人格"传统。这方面尤以华盛顿为最。这位拥有崇高声望的美国"国父"极为谦逊、民主，从不专断、滥用权力，严格按照

---

① 参见罗荣渠：《现代化新论》，第 74 页。
② 王希：《原则与妥协：美国宪法的精神与实践》（增订版），北京：北京大学出版社，2014 年，前言，第 39-40、44 页。
③ 王希：《原则与妥协：美国宪法的精神与实践》，前言，第 20-21 页；刘绪贻、杨生茂主编：《战后美国史 1945—1986》，第 3、5 页。

法律与国会打交道，以致国会有时要横，甚至马萨诸塞州州长汉考克也要在"面子"上与他一争高低，在1789年12月试图让来访的华盛顿首先去拜访他。以华盛顿的声望和实力，在独立战争结束后有人建议他当国王，他的反应是"吃惊"！按他的威望，没人要他在第二届总统任期期满后退休，他却为保民主在万众的挽留下令人震惊地宣布不再连任而退休了。这个传统长期以来无人敢于逾越（新政和二战期间罗斯福四次连选连任是唯一的例外）。

其次是国家工作重心的决策。在这方面，从首任总统华盛顿起就致力于国内经济建设，处理好与外界特别是欧洲的关系，不卷入欧洲的国家纠纷，不与他们结盟，尤其是长期结盟。华盛顿在总统卸任前，曾这样告诫过美国人，作为他的政治遗言。1801年，杰斐逊总统更明确地宣布了美国"不与任何国家缔结纠缠的同盟"，这由此形成了19世纪美国奉行的"孤立主义"外交政策。[①] 后来的事实证明这是非常英明而且非常有成效的做法。它为美国保持了长期和平的国际环境，使其不受战争的纷扰和破坏，保持了长期稳定的经济增长。

6. 具有优越的地理位置和地大物博的物质条件

美国位于西半球，周围都是弱国，与纷扰的东半球又有两洋相隔，成为天险，所以美国在地理意义上的国防最为安全，几乎不受外侵。应该予以承认的是，如此优越的自然地理条件造就了其国内长期和平的建设环境。不仅如此，美国对于外界的战争还可乘势利用，以中立国的身份，与交战双方大做军火买卖等，大发战争横财以壮大自己。有人说美国是以两次世界大战起家在某种意义上说不无道理。美国国土面积为9,372,614平方公里，且自然资源丰富，拥有长期的竞争潜力和优势，一旦各种条件具备，就可以开发出来，形成现实的生产力和威

---

① 〔美〕弗兰克·弗雷德尔：《美国历届总统小传》，刘庆云、高学余译，第13页。

力，对于其综合国力的提高和强化具有决定性的影响。难怪德国经济学家弗里德里希·李斯特（Friedrich List）将地大物博、人口众多看成是一国生产发展和政权巩固的基本条件。

7. 崇尚理性、科学和创新精神

相对于广阔的国土，美国人口缺少，劳动力不足，这与它国土的开发形成尖锐的矛盾。为解决这一矛盾，美国被迫进行技术创新，通过技术创新来提高劳动生产率。如美国在1830年以后就在老西部使用包括麦考密克的实用收割机在内的农业机械，从19世纪40年代到60年代又发明了玉米种植机和各种耕种机，使农业劳动生产率激增，导致1850年时美国的农业机械就已优于英国；[1]到19世纪60年代后美国农业则普遍实行了半机械化和机械化，主要特点是从播种到收割的各个环节都广泛采用农业器械，如收割机、双轮犁、捆禾机、播种机、跨骑式中耕机、打谷机和联合收割机等农业机械，大大提高了劳动效率。仅1878年约翰·阿普耳比（John F. Appleby）发明的"盘绕扎谷机"就使收获速度提高了8倍，另外还有像谷捆搬运机和康拜因机的发明和使用也使谷物的收获过程大大缩短。"据估计，1830年一个男劳动力用61个小时所收割的谷物，1900年只需3小时就能完成"。[2]农业生产效率大幅度的提高自然使美国农业人口逐渐减少，如从1820年占全国总人口的83.1%逐渐减少到只占1910年的32.5%[3]，使美国能以较少的农业人口养活日益增长的城市人口，并为国家工业和其他各项经济文化事业的发展提供优越的基础。当然，这也是在自由竞争的基

---

[1] 参见黄绍湘：《美国通史简编》，第157页。
[2] 以上有关史实请参阅张友伦、徐玮：《十九世纪美国经济高速发展的几点原因》，载杨生茂、林静芬编：《美国史论文选》，天津：天津人民出版社1984年，第202-205页。
[3] 参见黄绍湘：《美国通史简编》，第286页。

础上自由进行的，也是一种"自由式"的开发。

8. 具有拓荒、冒险、创业、竞争、务实、进取的"美国精神"

美国有独特的民族性格，这就是"美国精神"。这种精神与民主精神是紧密相连的，本身也包含着民主精神。这与美国的建国与发展历程是息息相关的，由其决定的。美国的建国和发展历程在很大程度上就是一部拓荒、殖民和西进的历史。作为一个移民国家，建国初期，移民到美国的人虽有各种各样，但基本上属于两类人，一是在欧洲（尤其是英国）失去土地、遭受残酷封建压榨、无以为生的穷苦农民；二是有清教徒精神的资产阶级分子。这些人形成早期移民的主流，影响着新大陆的风格。北美当时有的是土地，移民们得到它们虽然很容易，但得冒很大的风险，甚至生命代价，"若是欧洲的农民有土地足够他们耕作，他们也未必会冒这个险"①，如恶劣的自然环境、荒凉的漠野、土人的恐怖和移民之间的恶战竞争以及生活条件的艰辛等。艰苦的生活环境，不仅使移民们体尝到了它的代价，并又反过来影响着美国自由、民主的风格。他们从欧洲中古的封建制度中解放出来，没有主人可以依靠，没有传统的耕地可以取得，生活得靠自己，土地得自己开垦，生命得自己保卫。在这种环境中最可仗恃的就是自己的体力和智力。为了生活，他们必须在最低的生活条件中谋取自己最低的生活必需。这就形成了他们自恃自足、不与人苟同的独立风格。长期以来形成的"美国精神"使美国人现在还靠自己的独立奋斗生活，以自食其力、闯荡生活为荣。美国拓荒的机会直到一战时才告结束，但拓殖所养成的精神，离结束还远。正如美国历史学家特纳（Frederick Jackson Turner）所说，"直到现在为止，一部美国史在很大程度上是对于大西

---

① 费孝通：《美国与美国人》，第24页。

部的拓殖史。一个自由土地区域的存在及其不断的收缩，以及美国定居地的向西推进，可以说明美国的发展。"[1] 肯尼迪总统的话更为直白，美国干脆就是"拓荒精神的产物"。[2]

9. 良性循环

由于以上各种优越的自由竞争条件，所以一方面造成了其经济的不断增长，另一方面又不断吸引了来自各国、各民族的新移民。直到现在，移民美国的人仍然源源不断。这些富于闯荡、进取、实干、创业的怀揣各种梦想的人们到了美国一方面就成了新的"拓荒者"，白手起家，使美国获益，另一方面就更有利于保持美国的"移民国家"特征，有利于其"多元文化"的特质，坚实其"民主"的特色，保持其优越的社会氛围，使其经济不断得到促进向前发展。而这又会吸引新的移入者，不断有新一轮的"拓荒者"，来到美国，开拓美国……这样一个过程会不断循环下去，两者的过程相得益彰、互相促进。

以上所述，挂一漏万，期待方家、读者的指正。需要指出的是，由三个部分构成一个完整的有机系统，从而形成"美国现代化模式"的完整概念——即"拓荒型"资本主义现代化。其中前两部分的史实是共识，讨论余地不是很大，只需明确，却是必需的。倒是最后一部分是最复杂的，认识是永无止境的，学者们完全可以见仁见智。在此笔者只是提供一个暂时力所能及的基本认识参考系，并且每一概括点及其概念的解释是否合适、准确，是否可重新分题、立题、析题、组合等也还可再斟酌，不是没有再议的余地。但有一点是肯定的，即这

---

[1] 参见何顺果：《特纳"边疆假说"的一个翻译问题》，《读书》1998 年第 9 期。
[2] 梁田：《现代"拓荒者"的说教》，《人民日报》1962 年 5 月 14 日。

些概括的"条件"只能有机地整合起来成为一体才能发挥应有的历史作用，形成历史经验，构成一个较为完整的美国现代化模式概念，将上面概括的条件分离开来或单独依赖任何一条，都无法构成美国现代化经历的真实内容，也无法解释美国现代化进程所展示的力量与历史意义。

第四部分　世界史教学

孙艳萍

《世界古代史》课程教学的挑战与变革[①]

《世界古代史》是中国高校历史学专业的一门专业基础必修课，也是历史学专业新生入校后所学的首门世界史课程，其教学直接关系到历史系本科生全球视野的培养和史学思维的建立，具有基础性作用和导向性意义。但从实际教学情况来看，相比中国史和世界近现代史，世界古代史仍是历史学专业最难讲授的课程之一，教学效果欠佳似乎是一种普遍现象，教学过程面临诸多挑战。

一、挑　战

该课面临的第一个挑战是，学生基础知识欠缺，普遍感到入门困难。从目前来看，历史系本科生在入学之初，对于世界古代史相对缺乏了解。从某种意义上说，这是中学应试教育造成的必然结果。在应试教育观念指导下，凡高考不考的东西，高中阶段基本不会讲授。根据近几年普通高中高考历史考试大纲，世界古代史的考点基本限于古代希腊和罗马的政治制度，至于古代西亚、埃及、印度和中世纪史，提及甚少。初中的世界史虽然包括古代中世纪史，但是由于世界史课程安排在初三，许多学校为追求中考升学率，占用历史课时补习其他

[①] 本文属于河北大学历史学强势特色学科教改项目的阶段性研究成果。

主科课程的内容，世界历史的教学根本得不到保证。在高考指挥棒的作用下，历史系新生的世界古代史基础知识普遍薄弱，因此，当他们初次接触世界古代诸文明时，经常是云里雾里，无法形成记忆体系，特别是涉及尼布甲尼撒二世、阿蒙霍特普四世、提格拉特帕拉沙尔三世等复杂难记的古代人名时，更是概念混乱，前学后忘，需要花费一定的时间来记忆。这往往会使某些刚入大学、尚想好好放松的学生迎难而退。

其次，学生对世界古代史不感兴趣，觉得其与现实联系不紧密。在入学之初，大部分学生都认为世界古代史的内容既洋且古，无论从时间上，还是从空间上，距离当前和中国都很遥远，与现实几乎没有直接联系，因此没有学习价值。而且，很多历史系学生是服从专业调剂而非自愿选择历史专业的，他们对历史专业的所有课程均不太感兴趣，更不用说内容庞杂而陌生的世界古代史了。这种实用主义思维取向直接导致学生不重视世界古代史，也不愿了解世界古代史。殊不知，今天的中国已经深深融入全球一体化进程，与整个世界息息相关，对世界历史和其他文明的了解已经成为当代大学生知识结构的必要内容。正如刘家和先生指出的，"要想深入认识今天的中国，就不能不深入认识今天的世界；要深入认识今天的世界，就不能不深入认识近代及中古之世界；要想深入认识近代及中古之世界，就不能不深入认识古代之世界。"① 因此，如果要追寻世界之整体、事物之全貌，就不能不从世界古代史学起。但令人遗憾的是，很多学生并没有认识到这种联系，而如何通过教学激发学生的兴趣，则是教师面临的挑战之一。

再者，与近现代世界史的教学相比，世界古代史的语言学和文字

---

① 刘家和、廖学盛：《世界古代文明史研究导论》，北京：高等教育出版社，2001年，第22页。

学的能力要求更高，学术训练更艰苦，师资力量因此也更短缺。任何古代文明的教学和研究，无不以古代文献的阅读为基础，要阅读这些文献资料，必须依赖深厚的文字学和语言学功底。古代史教学涉及的古文字不下十余种，包括古埃及的象形文字，希腊克里特岛的线形文字 A 和线形文字 B，两河流域的楔形文字，古希腊文，拉丁文，古印度的印章文字、婆罗米文、佉卢文和梵文，古代中国的甲骨文和金文、中美洲的玛雅文、中古英文、法文、德文等等。学习现代外语尚需较长时日，学习古代文字更非一日之功，更何况还有几门古代文字尚未破译成功。语言学功底的高要求直接导致有能力和有意愿讲授和研究世界古代史的教师数量严重不足。仅以河北大学世界史系为例，目前12 名在职教师中，从事世界古代史研究和教学的教师仅有 2 人。据笔者所知，其他同等院校的师资比例与河北大学世界史系也相去不远。在语言方面，在我国绝大部分高校历史系里，从事世界古代史教学的教师只能借助汉译本或英译本来解析古代文献，这在很大程度上也限制了世界古代史教学水平的提高。

世界古代史教学还受制于有限的课时。在当今强调素质教育的前提下，专业基础课的课时量一再被压缩。世界古代史课程原来讲授整整一学年，现在普遍压缩在一学期。要在有限的时间内将纵横六千年（暂且不算原始社会史）、横跨五大洲的古代世界史由点到线、由线到面地串联起来，同时兼顾埃及文明、巴比伦文明、亚述文明、希伯来文明、印度文明、希腊罗马文明、基督教文明、伊斯兰文明等诸多文明体系，实非易事。鉴于如此庞杂的教学内容，任课教师在教学过程中要么浅尝辄止，无法深入；要么顾此失彼，左支右绌；要么虎头蛇尾，草草收场。如此教学的结果便是学生对世界古代史印象不深，难以形成连贯厚实的记忆体系，尤其是到了三四年级的时候，很多学生甚至已经完全忘记了一年级所学的内容。如何在有限的时间内组织和讲述极为庞杂、多元的历史无疑也是世界古代史教学的一大挑战。

二、变 革

在当今信息渠道多样化、专业课时递减化、学习目的功利化的情况下，世界古代史教学改革势在必行。根据笔者多年教学经验，并结合当前教育实际，笔者认为，世界古代史教学改革应从以下几个方面入手。

第一，拉近历史与现实的距离，提高学生的学习兴趣。孔子曰："知之者不如好之者，好之者不如乐之者"。若想引起学生对世界古代史学习的兴趣，必须尽可能用学生们在学习与生活中可以接触到的现实问题或相对熟悉的中国史知识来拉近历史与现实的距离，做到古今贯通、中外贯通，从而增加世界古代史的亲切感，使之喜闻乐见。古今关联的例子，可谓不胜枚举。例如，现今颇受好评的外文学习软件"Rosetta"与埃及象形文字释读成功的关键文献——罗塞塔石碑；《神话时代》、《帝国时代》、《刺客信条》等制作精良的经典游戏与古埃及、古希腊、古罗马和中古西欧的历史背景密不可分；佛陀的生平与腊八节等民间节日；基督教的历史与圣诞节、情人节、万圣节等节日；萨珊波斯时期兴起的摩尼教与金庸武侠小说中提及的明教；巴比伦人绘制的黄道十二宫图与流行的星座占卜；古希腊神话与日本经典动漫《圣斗士星矢》；匈奴西迁与欧洲民族大迁徙，等等。与此同时，我们也可以充分利用新闻事件引出历史主题，引发学生追根溯源的兴趣。例如，在讲古埃及文化时可以用埃及卢克索神庙刻字事件作为引子；利用经常见诸报端的印度集体童婚事件引出瓦尔那制度。事实证明，这种"新闻"引出"旧闻"的模式更能激发学生的纵向思维，增强他们对历史延续性的认识。

第二，整合历史教材，优化教学内容。近二十年以来，我国世界史教材编纂呈现百花齐放、百家争鸣的状态，各种版本的《世界古代史》层出不穷，如吴于廑、齐世荣总主编，刘家和、王敦书主编：《世界史·古代史编》（高等教育出版社 1994 年版）；朱寰主编《世界上古中古史》（高等教育出版社 2010 年第 2 版）等。[1] 这些教材均为国内世界古代史学界顶尖学者编纂，尤其是"吴齐本"《世界史·古代史编》一直被誉为古代史教材的扛鼎之作，它们对国内高校世界古代史教学和世界史学科发展起到了无法估量的作用。但不可否认的是，这些教材虽各具特色，但或多或少存在不足之处（如有些教材缺乏相关地图，有些教材内容较为陈旧，有些教材学术性过强，不适合一年级新生），因此，我们有必要将这些教材进行整合，取长补短。在笔者看来，理想的世界古代史教材，既能体现历史的纵向发展，又能反映文明的横向互动；既能紧跟学术前沿，又具有相对的稳定性；既要图文并茂，易于理解，又要遣词严谨，言简意赅；重在引导，兼顾史实，脉络清晰，启发思维。[2] 与此同时，我们应该利用中国世界古代史研究网（Cawhi）、珀耳修斯数字图书馆（Perseus）、中世纪和古典图书馆在线（the Online Medieval and Classical Library）、古代研究在线（Internet Ancient Sourcebook）、中世纪研究在线（Internet Medi-

---

[1] 另有童自觉、路振光主编《世界古代史》（高等教育出版社 1999 年版），米辰峰主编《世界古代史》（中国人民大学出版社 2001 年版），周启迪主编《世界上古史》、孔祥民主编《世界中古史》（北京师范大学出版社 2004 年版），杨共乐、彭小瑜主编《世界史·古代卷》（高等教育出版社 2006 年第一版），晏绍祥主编《世界上古史》（中国人民大学出版社 2009 年版），孟广林主编《世界中世纪史》（中国人民大学出版社 2010 年版）等。

[2] 由于古代文明相对隔绝，加之古代文字艰深难懂，仅凭一己之力编纂高水平的《世界古代史》，显然是不现实的。这就需要古代史不同领域的专家通力合作，方可成就大作。享誉史学界的《剑桥古代史》便是杰出范例。但可惜的是，《剑桥古代史》学术性太强，并不适用于一年级新生。而在欧美高校，古代文明相关课程分属不同系别，如"古希腊罗马史"属于古典学系，"古埃及史"属于东方学系，并不存在我们所谓的"世界古代史"课程，更不用提通用教材。

eval Sourcebook）、中世纪研究资源导航（The Labyrinth：Resources for Medieval Studies）、新保利在线：《古代世界百科全书》（Brill's New Pauly: Encyclopedia of the Ancient World）、维基百科（Wikipedia）等网站资源，查找必要的文献、地图和图像资料，制作成图文并茂、声像俱佳的课件，从视觉和听觉两方面刺激学生的感观，让他们对古代的人、事、物形成生动、形象、深刻的认识。在适当情况下，我们甚至可以通过味觉刺激让学生深刻记忆史实，例如，在讲授东西方教会大分裂时，我们可以在课堂上让学生分享无酵饼和有酵饼，从而让学生对天主教和东正教的圣餐差别形成感性认识；在讲授古希腊的自然环境时，在学生中间分发橄榄和无花果，必然能够让他们对希腊地区盛产的经济作物留下深刻印象。

　　第三，利用即时通信软件，拓宽教学渠道。针对教学时长有限、无法面面俱到的现状，为了引发学生的学习兴趣，巩固教学成果，有必要与学生建立经常的联系机制。QQ 群、博客和微信群便是不错的师生交流平台。首先，在 QQ 空间和博客空间上，教师可以将一些无法在课堂上细讲的阅读书目和纪录片传递给学生，鼓励学生在课余时间阅读和观看。其次，创建世界史专业或相关课程的 QQ 群、微信群或讨论组，形成师生间分享心得、互传信息、共同解决问题的良好氛围；最后，利用电子邮件、微信（WeChat）、飞信（Fetion）等联络方式，随时为学生答疑解惑。当代大学生与 20 世纪大学生的重要区别在于，他们具有强烈的自我意识，如果在自主学习中，能够及时得到老师的回应与指导，获得与老师对等交流的机会，便能极大激发他们的学习动力。在欧美大部分高校，每周抽出固定的时间为学生答疑解惑早已成为任课教师的惯例，虽然在国内高校，由于缺乏办公室，很多高校老师未必能够当面释疑，但利用即时通信软件，未尝不是一个退而求其次的解决办法。需要注意的是，在某一阶段的教学内容结束后，最好抽出课上时间，让学生进行分组讨论和登台演讲，从而总结学生的学习成果，激发他们的学习主动性和积极性。

第四，强化古代文献阅读，夯实专业基础。历代相传的经典著作，是数千年来人类文明的重要载体，也是学术积淀的精华。引导学生自主阅读、自主研究，是培养历史本科生史学见识和史学思维的重要手段。因此，与世界古代史课程相配套的，必须有相当分量的文献阅读。最好从入学伊始便为学生列出书单，其中应涵盖世界古代史领域的必读文献，如《伊浦味陈词》、《苏美尔王表》、《汉谟拉比法典》、《佛本生经》、希罗多德的《历史》、修昔底德的《伯罗奔尼撒战争史》、亚里士多德的《雅典政制》和《政治学》、塔西佗的《历史》等。在条件成熟的情况下，由老师发起、学生组织读书沙龙或读书会，营造集体研读经典的良好氛围。① 当然，如果我们能够借鉴国外某些大学（如德国莱比锡大学）② 的经验，整合成立专门的语言中心，供有兴趣的学生选择学习古代语言，阅读原始文献，这必然会极大提升学生的历史视野和史学思维。

第五，组织文物鉴赏，提升学生学习兴趣。相对于欧美大学，国内世界史课程的任课教师不具备在课堂上展示文物的条件。③ 相对于中

---

① 河北大学历史学院2012—2014级学生目前已组织多次读书沙龙，这些自主读书活动对于推动历史教学具有不可忽视的意义。
② 笔者在德国莱比锡大学访学期间曾申请到大学语言中心学习拉丁语。该中心提供数十种语言课程，其中不乏古代语言，如古希腊语、拉丁语、希伯来语等，大部分语言类课程面向社会，不收取任何费用，即使是非莱比锡大学的师生，也可以申请学习。而在中国国内，只有少数几所大学历史系开设古希腊语或拉丁语课程，这在很大程度上限制了中国古希腊史和古罗马史研究的水平。
③ 在莱比锡大学访学期间，笔者曾有幸聆听莱比锡大学历史系赖因霍尔德·绍尔(Reinhold Scholl)教授的课程，平时看起来不苟言笑的他在课堂上完全呈现另一种风貌，幽默风趣的演讲使得课堂气氛十分活跃。同时，他经常利用莱大图书馆的丰富藏品在课堂上向学生展示和传阅埃及纸草文献、希腊和罗马石刻碑铭等实物，让历史系学生真切感受历史的真实感，而这在国内大学是做不到的。

国史任课老师，世界史任课教师也不具备带领学生到博物馆进行现场教学的条件。但这并不代表我们不能有所作为。随着我国对外文化交流的扩大，近年来我国博物馆与国外博物馆和文化机构合作，举办了多场外国古代文明和艺术展。仅以国家博物馆和首都博物馆为例，两馆在 2006 年至 2014 年所举办的相关展览不下二十次，其中比较重要的有：2013 年 12 月至 2014 年 2 月"地中海文明——法国卢浮宫博物馆藏文物精品"、2013 年 2 月至 5 月"道法自然——大都会艺术博物馆精品展"、2012 年 7 月至 2013 年 4 月"佛罗伦萨与文艺复兴：名家名作展"、2008 年 7 月至 10 月"公平的竞争——古希腊竞技精神展"、2006 年 7 月至 10 月"美洲豹崇拜——墨西哥古文明展"、2006 年 12 月至 2007 年 2 月"西天诸神——古代印度瑰宝展"、2006 年 4 月至 9 月"失落的经典——印加人及其祖先珍宝展"、2006 年 3 月至 6 月首都博物馆"世界文明珍宝——大英博物馆之 250 年藏品展"等。任课教师应随时关注国内各大博物馆网站信息，在条件允许的情况下，组织学生参观这些展览，不仅能加深他们对世界古代史内容的理解，更能激发其学习兴趣。任课教师亦可利用出国开会或访学的机会搜集古代史相关物品，例如纸草画、希腊仿古陶瓶等，在课堂上向学生展示，至少能够提升学生的课堂兴奋度。

第五，试行双语教学，突破外语瓶颈的制约。多年来世界史人才培养的短板就是外语。熟练掌握好相关外语是学好世界古代史的基本前提。结合国内古文字学人才稀缺的现状，比较可行的教学目标是逐步培养学生阅读英文文献和听取英文公开课的能力。培养的有效渠道之一便是开展中英双语教学。目前国内高校从事世界史教学的教师有相当一部分具有出国留学、进修或访问的经历，他们既有世界史专业知识，又有较高外语水平，有能力承担双语教学的重任。从 2001 年以来，河南大学、苏州大学等高校历史系相继开展世界史课程双语教学的实践,这些实践证明:在世界史专业实施双语教学,不但具有传统教学无可比拟的优越性,还具有很强的可行性。[①]只要教师、教材、教辅手段和学生等诸多因素相互协调、共同发展,历史学本科生的专业外语水平应该会有较大提高。这样的话,即使学生将来不从事历史教学或研究,也可以凭借突出的外语能力找到比较合适的工作。当然,考虑到学生外语能力差异,可以先设立试验班,待条件成熟后再全面推广。

第六,加强学术交流,实施人才战略。世界古代史教学不应只是优化教学内容和手段,还应以营造良好的学术环境、引导学生尽早迈入研究殿堂为要务。一方面,在夏季短学期课程中,广泛邀请知名专家来校讲学,拓展学生视界,启发学生思维。另一方面,资助专任教师出国深造,学习古代文字,夯实教学科研根基,同时鼓励有志于世界古代史研究的本科生和研究生进入欧美大学留学深造。自 2008 年以来,教育部和国家留学基金委先后实施国家公派研究生项目、优秀本科生国际交流项目,每年选派数千名研究生和本科生赴国外深造,对于历史学专业本科生和硕士生来说,这不失为绝好的公费出国机会。同时,这对于高校世界史专业人才储备也具有一定意义。若干年后,这批人回国便可独当一面,成为世界古代史教学的中坚力量。[②]

三、结 论

《世界古代史》课程,作为历史学本科生的专业必修课,由于受到学生基础薄弱、知识点庞杂、课时有限、语言要求高等因素的影响,

[①] 臧德清:《世界史双语教学的探索》,《郑州航空工业管理学院学报》2010 年第 1 期,第 171 页。
[②] 杨巨平:《日韩中三国世界古代史研究之比较——参加"日韩中世界古代史学术研讨会"有感》,《历史教学》2008 年第 4 期,第 108 页。

任课教师在教学过程中面临相当大的挑战，但笔者相信，通过整合历史教材、拓宽教学渠道、拉近历史与现实的距离、强化古代文献阅读、试行双语教学、加强学术交流等教学手段与内容的改进，世界古代史不仅不会成为最令人头疼的课程，反而会因其新鲜性和丰富性获得学生的青睐。

费凯伯
(Caleb P. S. Finegan)

在 21 世纪亲历中世纪宗教史
来自朝圣之旅的反思

2011 年夏天,我带领一队来自美国宾夕法尼亚州印第安纳大学(简称 IUP)的大学生,从法国西部的圣约翰山口出发,沿着圣地亚哥朝圣之路,长途跋涉 500 英里,最终抵达西班牙西北部的圣地亚哥城。这既是一次特殊的旅行,也是一次特殊的教学经历,其中充满了考验与痛苦、欢乐与挑战、复杂与单纯。本文是关于这次朝圣之旅的一种反思,里面的每句话都出自我的亲身感受。我在大学讲授西班牙史和拉丁美洲史,曾 3 次徒步走过圣地亚哥朝圣之路,但在个人信仰方面,我却是一个奉行佛教教规的美国人。

2011 年 6 月 17 日,最后的晚餐(*La Ultima Cena*)为我们从法国到西班牙的长途旅行画上了句号。17 位来自 IUP 的学生、教师和校友们参加了这次穿越西班牙北部的旅行,一共用了一月零一天的时间。鲜活的记忆依然在我脑海中盘桓,我对出发的第一天记忆犹新,也不会忘记旅行的最后一天,但中间到底发生了什么,却有些模糊不清,甚至还有些混乱。杂乱无章的记忆在脑海中时隐时现——一个阳光灿烂的下午,我坐在奔流的小溪旁,凝望汩汩流水穿过苏维里(Zubiri)镇;在罗格罗尼奥(Logroño)那家闷热嘈杂的旅馆里,我们遭遇了一群汗臭熏人、满身泥土的朝圣者们;面对布尔戈斯(Burgos)那座无比炫目的大教堂，我们目不转睛，瞠目结舌；在翁塔纳斯（Hontanas）附近的一望无际的高原上，我们差点被疾风卷走；黎明时分，我们静悄悄地穿过晨雾缭绕的奥塞布莱伊洛（O'Cebreiro）——这些来自朝圣之旅的记忆片段在脑海里数不胜数，盘根错节。每次浮现的时候，它们似乎有着完全不同的意义。记忆在心底猛烈地撞击着我，帮助我想象几个世纪以来曾有无数个像我一样的朝圣者，走在通向圣地亚哥之路的旅途中，经历和品尝着其中的欢乐与痛苦、热爱与仇恨、希望与绝望、满足与失望、自得与后悔。

人类生活的每个侧面——体力的、脑力的、社会的、文化的、学术的、个人的、团体的、精神的、语言的、宗教的、心理的、道德的、思想的、情感的——都在这次朝圣之旅中得以体验，并共同建构了这场特殊之极但又单纯之至的人类旅行。我们睡觉，我们吃饭，我们行走，每天不过如此。有时我们也交谈，但几乎所有的时候我们都是在思考。是的，朝圣之旅给了朝圣者大量的时间来思考。这也许可以解释，为什么随着时间从天变成周，从周变成月的时候，朝圣这种如此简单和自然的行动会最终变成一种如此彻底地改变一个人的经历。的确，朝圣之旅体现了我们的身心之间、思想与肌体之间，以及直觉与反应之间存在的内在联系。

走在通向圣地亚哥的朝圣路上，我们的心一刻也没有停止工作，而是一直在繁忙地观察、分析和判断。大部分的沉思与脚趾上的水泡、疼痛的双脚、红肿的脚踝、疲惫的脚后跟、颤抖的膝盖和酸痛的腰背相关。身体的伤痛时常变成了我们在朝圣途中的故事连线，把我们作为一个受难共同体连接在一起。我们每日都要关照自己的身体，关照朋友和同伴的身体。但埃里克（他是我们在圣约翰山口住宿的那家旅店的老板）在我们开始旅行的前一天晚上给予的警告——"你们将要受苦"——与脚、脚踝、腿和背等其实并没有关联。他讲的"受苦"

与我们的思想、感情和感觉有关。随着我们日复一日地在朝圣之路上感受生活，所有这些感受都会冲将出来——事实上的确如此——掠过我们的心头。作为朝圣者，我们在很大程度上生活在封闭的内心之中；我们的心情和思想在不断变化，我们对事物的看法不同，我们的性格也各不相同，我们的气质与判断力来回地漂移，我们对待"今天"的态度和处理方式会在瞬间发生变化。

的确，我们需要对自身和面临的困境保持清醒的认识，应该允许自己去接受新的可能——难以计数的、瞬息万变的可能——它们躲藏在每一个弯道后面、每一道山梁之上，或每一座高峰之巅。我想，生活在当下，也许是我们送给自己的最真实的礼物，无论"此时此刻"是何等痛苦或何等欢乐。

在圣地亚哥结束最后的晚餐时，我对学生们说："用不着费心去对他人讲述你的经历。"如果想用直白的语言，来总结我们作为集体或个人在5月11日到6月20日之间的经历，将是徒劳的，因为它无法讲述一个真实的故事。但要描述这次旅行会容易得多……尽管记忆时常会以奇怪而无法预测的方式跳出来。

作为领队的教师，我曾想过，在长达6个星期的朝圣旅途中，我应该如何管理这群个性和行为各不相同的大学生。从一开始，我对自己将面临的挑战十分清楚，所以我给自己定下的管理策略是——"不要太松，也不要太紧"（要留出足够的空间，让学生以自己的方式去体会这场难得的旅行；但空间是有限的，而每日的限度不同，并在发生变化）——从一开始就要经受考验，但我对此并不在意。我希望学生能够积极地创造自己的体验，这一想法基于我的一种信念，即真实的学习、改变人生经验的学习，通常是发生在痛苦与困难的背景之中。我打算遵循这样的"教学"思路：首先是保证每个人的安全，然后是给予每个人做决定的自由，还有就是能够找到办法来应对可能出现的后果。我给自己的定位是做一个不做价值判断、不做反响的观察者。我的职责是事先做好安排，搭好架子，然后静观其行——绝不对学生们想卷入的事情发表任何干预的意见。我们所有的人最终都活着回来了，并且身心健康，充满感恩之心，这至少证明我的策略在某些方面是非常成功的。下一次再带学生走圣约翰朝圣之路，我也不会改变自己的管理方式。

5月15日是一个周日，我们一行14人登上一辆公共汽车，前往法国西部边境的小镇圣让山口，我们将在那里开始长途跋涉。圣让山口是圣地亚哥朝圣之路的最传统的起点，从中世纪开始一直延续至今。来自世界各地的朝圣者把这个小山村搅和得热闹非凡，人们迫不及待地希望立刻出发，但他们并不知道前面将遭遇什么。我们歇息的旅馆（Le Chemin Vers L'Etoil）只接待登记的朝圣者。旅馆经理名叫埃里克，是一个个性鲜明，但有点儿神秘兮兮，不时喜欢算命的家伙。那天下午和晚上，埃里克扮演了一个十分尽职的主人的角色，把我们招待得非常周到。我们围坐在一起，听他聊自己的故事，还把他睿智的忠告记录下来。黄昏时分，我们一起用晚餐——这当然也是埃里克一手操办的。参与操办的还有一群当地的巴斯克人（其中包括一位"术士"），他们看上去也同样是神秘兮兮。这顿晚餐对于我们来说是一个神圣的开始，因为我们将要经历各自生活中最重要的时刻：在通向圣地亚哥大教堂的朝圣之路上长途跋涉一个月。

我并不清楚自己将要遭遇什么。我知道我们会做一次远征，大概要步行几百英里，但这一切究竟意味着什么，我从未仔细想过。……长话短说……当我们离开马德里、抵达圣让山口村庄之后，我立刻知道了自己要做的事情。我顿时感到热血沸腾，希望立刻出发，开始长途跋涉。我们已经就这次远征谈论了数月之久，此刻我们来到了现场，旅行马上就要开始，我觉得自己已经是急不可待了。不用说，这是一场很艰苦的经历，我指的是整个远足的过程。每天都不轻松。但不知为什么，我真的从中感受到一种欢快，我让自己走得很累，浑身上下都很疼痛，但我喜欢这样的疼痛。这是我从朝圣之旅中学到的第一件事情，我至今在心底仍然保留这种感觉。当我在恢复体力和做出生活中的新决定时，我仍然带着这种感觉：能够用正能量来改变自己的生活，这种感觉真的是非常好。我自愿加入这场奇特的历险，并从中学会掌控自己，知道这一点，我感到很欣慰。我在朝圣之路上学到的第二件事是"不要期望，埋头体验"的思想。从长达数月的阅读和无数的道听途说之中，你可能会在脑海中构建对朝圣之旅的种种期望。你要做的应该是，踏上旅途，全身心地去体会它。观察、聆听和参与。你若想了解和学习新东西，最好的办法是不带先入为主的印象去探索。如果你带有各种期望，你的经历将会是很惨。如果你参加了此次远足，但不愿意在一个偏僻小镇的小旅馆阁楼上与我们一起过夜，而决定要到一个更大的城镇去找一个更好的旅馆，那么你将错过整个旅途中那些最感动人、最具有精神营养的夜晚中的一个。同样，那些我们预想的轻松而快捷的短途旅程，往往变成了我们一群人在旅途中所遭遇的最糟糕的日子。期望往往让人错失机会，并带来失望，而体验则带给人亲历生活和学习新知的真实机会（贾斯汀·托马斯 [Justin Thomas]，宾州印第安纳大学 2012 级历史系学生）。

朝圣之旅的第一天格外令人难忘。穿越比利牛斯山脉的拿破仑之路（Pyrenees）所展现的无法形容的美丽、学生们所表现的毫无保留的热情（三位学生在旅途中三个不同的地方告诉我这一天是他们生命中过得最好的一天）、唐的加入（她在圣让山口与我们见面——所以我们现在成了一支15人的队伍）以及考特尼和香农走丢之后又归队的趣闻，成为我们第一天的主要话题（当天我们行走了25.1公里的上坡路）。第二天，我们从伦塞斯瓦列斯出发，走了21公里，进入西班牙境内，抵达位于比利牛斯山南山脚下的苏维里。我们是在半下午时分抵达的，在当地一家朝圣者旅馆安顿下来，那里住有来自世界各地的朝圣者。几个学生在阿尔加河岸边晒起了日光浴，将疲乏和打起水泡的脚放在水中浸泡，但我们主要把时间用来洗衣服，等候当地的酒吧为我们供应晚餐。第三天，我们从苏比里步行21公里到潘普洛纳（Pamplona）歇息；我能感到，学生们现在开始欣赏西班牙的乡村风光，那里的美丽与安宁与潘普洛纳这个大工业城市的速度和喧哗形成了鲜明的对比。

5月20日是一个星期五，我们聚集在潘普洛纳的市中心，用一个大箱子把那些无用的东西用托运寄走，包括朱莉娅随身带来的两条莫名其妙的长筒牛仔裤。从潘普洛纳出来后，我们进入了制作葡萄酒的纳瓦拉（Navarra）和拉里奥哈（La Rioja）。无论从哪个方面来看，这里的景色都是极为壮观和难忘的。我们的团队开始凝聚成一个整体，深层的友谊开始孕育，学生们也逐渐进入角色，变成了相当老练的朝圣者。他们选择吃合适的食物，喝足够的水，随身只带足够支持第二天的口粮。我们在这段旅途中的第一夜是在蓬特德拉雷纳（Puente de la Reina）度过的。这是一个沿阿尔加河岸建立的朝圣小镇（跨越阿尔加河的是一座在11世纪建造的罗马风格的桥梁，据说是为中世纪朝圣者的方便而建造的），位于潘普洛纳的西南方向，距潘普洛纳有24公里。当天在潘普洛纳的亮点——根据不同的观察角度，或许说是暗点——是我们与一队来自密歇根大学的大学生朝圣者不期而遇。此后的3个多星期里，我们将与他们时常相遇，彼此之间结成了一种松散的友谊，但也产生了不少的冲突。在朝圣者旅店争夺床位、不同的领队风格都是造成双方相互抱怨的原因。我奉行的管理风格是"不要撒手不管，但也不要管得过死"，但这种风格与密歇根大学领队那种严格管控的风格形成了鲜明的对比。我们对他们所表现的那种自以为是、霸气十足的做派十分反感。我想，他们对我们的学生所拥有的在衣食住行方面自己做决定的相对自由也不是很高兴。（密歇根大学的学生通常是结队而行，一起做饭，并经常是在同类旅馆过夜。）

我没有想到的是，这次旅行将对我产生如此大的影响。这些旅行不仅给我一种对生活的全新视野和视角，而且向我展示了什么是真正重要的东西。我预想这次旅行会延长我的生命，事实的确如此，但我们没有想到与我同行的人会对我发生如此强烈的影响。这次旅行让我遇见了绝对优秀和风采各异的一群人，他们各有拥有独特的素质。坦白地说，这真的是令人感到耳目一新；我想感谢你们所有人，让我有机会与你们一起分享这次经历。我虽然在当时并没有表露自己的感情，但我从你们每个人身上都学到一些极为珍贵的东西，为此我十分感激。我想谢谢你们，是你们将这次旅行变得更好，并成为我终身不能忘记的人生体验的一部分（罗布·迪费尔南多［Rob DiFernando］，宾州印第安纳大学2011级商学专业学生）。

从蓬特德拉雷纳到埃斯特拉（Estella）有22公里，我们走了6个小时。在这里学生们开始感到不同形式的体力伤痛和脑力疲惫。我们的脚都打满了水泡，朱莉娅的膝盖还出现了水肿，她因此无法正常行走。在埃斯特拉，香农决定暂时退出朝圣之旅，因为她的双脚都严重肿胀，打满了水泡，鞋都穿不进去了，她因此感到十分沮丧，决定搭乘公共汽车前往下一个城镇洛斯阿科斯（Los Arcos），这是她第一次做出暂停步行的大胆决定。需要指出的是，在做出这个最初的决定之后，香农懂得并接受了她体力有限的现实。她同时也开始在队伍中扮演起一个特殊的角色，她利用没有步行而省下来的时间，向我们提供关于前方城市、城镇或村落的可靠信息。有的时候，她比唐和我都更清楚第二天行走路线的细节。她在日记中写道："我今天不得不搭乘公共汽车，但比起步行来，我感到更快乐一些。在朝圣之旅上，我满脑子想的都是我的疼痛和目的地。今天我很高兴，因为我们不仅能够与队伍分开行动，而且还有机会去考虑其他更多的人，并与他们通话。"

埃斯特拉给朝圣者留下了一些值得记忆的时刻。摩根在这里与一个他注定娶其为妻的年轻女孩相爱了，我们队伍中有6人在暴雨来临之时跑到一座桥下躲雨，在这里，我们的队伍也第一次打散了，在3个不同的旅馆过夜。对我来说，给学生提供这样的灵活性是重要的——因为这是他们的朝圣之旅，是属于他们的旅行，我从一开始就不愿对他们的自由做过多的限制。我只是要求他们告诉我每晚歇息的地方。在晚间会议上——我们每天晚上都要聚会一次——我们会在一起讨论每个人白天的感受和第二天的行动计划（主要讨论集合的地点）。同样也是在埃斯特拉，我们与队伍之外的人开始建立起深层的关系。我们与肖恩、丹尼尔拉和朝气蓬勃的胡赛结为了朝圣同伴，并将这种友谊一直保持到旅行的结束。

每日的行走都把新的历险和新人带进我们的生活之中，这对我来说日子要好过一些，但开始几天是最不好过的。在洛斯阿科斯，我第一次没有走路，我坐在旅馆的阳台上，望着在街上行走的当地人（尤其是那位身材瘦小的老妇人，她让我想起最近去世的奶奶）和朝圣者。我看到那些昨天晚上在埃斯特拉见过的人，如肖恩、丹尼尔拉和拉米，一种冷静的感觉在我的心头降临。我在那个时刻感到，我能够完成这场朝圣之旅，我在我应该在的地方，一切都会好起来……我参加朝圣之旅，为的是从因祖母和叔父去世带来的阴影中走出来。我不能说我已经战胜了这些死亡带给我的打击，但朝圣之旅已经将我变得更加坚强。我给自己找回了冷静，并在大多数时间里能够保持这种感觉。通过步行，我的内心得以成长，成熟的内心帮助我去面对我们家庭目前所面临的局面。我也许永远也无法摆脱失去祖母和叔父的悲伤，但我不再拥有先前曾有的那种无法承受和彻底无助的感觉了。我不再是5月10日离开美国之前的那个人了，我希望再也不会回到从前的那种状态之中（香农·麦金尼斯［Shannon McGinnis］，宾州印第安纳大学2012级历史系学生）。

到洛斯阿科斯的距离是21公里，我们用了大约5个小时，晚饭是我们一起在离我们住的卡萨德拉布维拉（Casa de la Abuela）旅馆不远的饭店吃的。当天（5月22日）的高潮来得较早，是在我们抵达伊拉切修道院（Monasterio de Irache）的时候出现的。伊拉切修道院是本笃会教派的修道院，为了鼓励早期的朝圣者继续前行，在户外设置了一处葡萄酒喷泉，朝圣者可以在此尽情享用。我经过酒泉的时候是早上7:30，因为要赶路，我只是按习俗用扇贝装满酒，喝了几大口。

从洛斯阿科斯到罗格罗尼奥的距离是28公里，要走8个小时。这个小城的入口与洛斯阿科斯外沿着朝圣之路的那些纯朴的酿酒园非常不同。我们决定在此过夜，但这个决定使得我们在罗格罗尼奥的停留更加不愉快——除了艾迪和佩奇不得不跑到市政旅馆去挤上下铺之外——我们所住的旅馆（Puerta de Revellín）也是闷热难熬，人满为患。当天的温度达到 34 摄氏度，大约 90 华氏度。在这里我们又托运了另一个大包到圣地亚哥，里面装的是铺盖卷和其他的无用物品。在罗格罗尼奥的难忘记忆是，当一群几乎赤身裸体的法国人在旅馆附近招摇过市的时候，灌了不少白兰地的摩根居然以极为夸张的姿势在附近的广场上展示自己的芭蕾舞技巧。我们的大半个下午和晚上都呆在这家名叫阿尔贝罗（El Albero）的饭馆里，享用当地的葡萄酒和啤酒。

　　一般来说，我会先于学生抵达旅途的目的地。这样做既是一种福音，也是一种诅咒。一方面，我可以打前站，侦查可以住宿的地方，有的时候还能帮助预留床位。但有的旅馆——尤其是市政旅馆——不接受任何预订。这正是发生在距拉罗拉尼奥 30.1 公里的下一站那赫拉（Nájera）的情形。那天我抵达时已经是极为疲惫，全身疼痛；当发现朝圣者联合旅馆的床位有限、我前面排有一个 75 人左右的长队，而且所有人手中都持有住宿资格的证明，我的心情变得糟糕透了。办好自己的住宿之后，我立刻折返到横跨那赫里拉河、进入该镇的大桥上迎候正从北面走来的学生们，引领他们到旅馆登记。最终除两人之外，所有学生都在这家人满为患的旅馆中找到了一个床位（一个房间……住 92 人）。我又拼命帮助另外两名学生在附近的一家青年旅馆中找到了床位。这种压力——提前到达目的地，然后顶着压力为学生找过夜的床位——始终困扰着我这个教师领队。这种压力从开始到结束，一刻也不曾离开过。当我们在 6 月初抵达莱昂（León）的时候，我开始指定唐专门负责提前与旅馆联系，看能否事先为所有人争取到预留床位。这种方法一般来说是有效的，我下一次带学生再走朝圣之旅时，一定会这样做。

　　下一站是圣多明各—德拉卡尔萨达（Santo Domingo de la Calzada)。我们在朝圣者旅馆住下之后（该旅馆当天接受了来自世界各地的 200 多名朝圣者），整个团队获得了一个难得的下午来观赏这个古老悠久的小城、休养生息、整理行装、打盹，并在一起吃个较早的晚餐（晚上 8 点）。我们当晚照例聚在一起，讨论当天的收获，制定第二天的行动计划，讲述当地的历史等。在圣多明各的那天晚上，摩根来了一段独白，讲述了一个名为"厨子的奇迹"的故事。这是当地流传的一个民间故事，讲的是一个被绞死的青年人和一只煮熟的母鸡死而复生的故事，大家都听得十分着迷。

我喜欢把自己想象成是一个好冲动、敢冒险的人，但我实际上不过是一个大孩子而已。我怕黑暗，不敢看恐怖电影，天黑之后，一个人不敢开车。但此时此刻我却与 15 个陌生人结伴，走在外国一条 500 英里长的山路上。不用说，我的家人和朋友们一定百思不得其解，不是因为前面提到的原因，而是因为我是一个彻头彻尾的大懒虫，仅凭这一点，他们就可以怀疑我成功的可能。但这正是我参加朝圣之旅的理由。我想向大家、尤其是向我自己证明，我有能力来做如此了不起的、如此具有挑战意味的事情。所以，每天我都坚持走下去，即便我不得不 5 点或 6 点就起床（平时除非万不得已，我不到中午是不起床的），即便我迈出的每一步带给我的都是疼痛，我也要走下去。我为自己迈出的每一步感到骄傲。我是汉纳，请听我的呐喊！给我一座高山或其他的东西，让我来攀登！因为没有任何人可以告诉我。我能做什么或不能做什么，没有人可以击碎我的梦想。我可以做自己想做的任何事情，朝圣之旅明确地告诉了我这一点。这是一种让我获得解脱的自由感觉，它让我知道我不会让任何东西阻拦我去做自己想做的事情，不管我要做的事情是多么的不可能，或多么的令人感到恐惧。朝圣之旅所给予我的对自己的信心改变了我的视野。你们有人曾听见我在半夜大叫"救命、救命"，因为我怕醒来之后看到四周一片漆黑；现在我要告诉你们，那个胆怯的女孩已经不存在了。如果我不想，我就用不着再开着灯睡觉了；天黑之后，我也不再需要人陪着我去开车或从车里走出来……我仍然不喜欢看恐怖电影，但那又如何！因为有了朝圣之旅的经历，我变成了一个更有勇气、更坚强的人。几周之后，我将要到中国去，进入那个我对其一无所知的国家，并要在那里待4个月，但我一点也不感到害怕。我现在是一个机场导航员，即便是进入一个完全不同的文化和国家，我也会做得很好。我将这一切归功于朝圣之旅，因为它打开了我的眼界（汉纳·贝尔［Hannah Bair］，宾州印第安纳大学2014级西班牙语系学生）。

我们从圣多明各—德拉卡尔萨达出发，通过一条丘陵山路，穿过贝洛拉多（Belorado），经过28公里的艰难跋涉，抵达了拖桑托斯（Tosantos）。这一天，我们中间有5人，包括我在内，起得很早，所以当我们抵达拖桑托斯的时候，朝圣者旅馆还没有开门。我们决定继续前行到35公里处的蒙特斯德奥卡自由镇（Villafranca Montes de Oca）。这是我们团队第一次（但不是最后一次）分开在不同的村庄或小镇歇息过夜。我们能这样做，是因为我们使用了移动电话，我与后续团队中两个有手机的学生之间通过通话和短信保持联络。

抵达自由镇的朝圣者当晚在一个名叫埃尔帕加罗（El Pájaro）的卡车转运中心附近吃了一顿美味晚餐。店主看见我们（我、艾迪、摩根、考特尼和佩奇）的到来十分高兴，甚至在饭后给我们每人倒上一杯当地的白酒（一种巴斯克的烈性酒），以示欢庆。住在拖桑托斯的朝圣者也有难忘的经历；朝圣者旅馆的店主（他是一个没有宣誓入教的教友）招待大家吃了一顿"教友晚餐"（我们的朝圣者与来自加拿大的杰西卡和来自巴西的维米尔共进晚餐，一起祈祷和做圣诗演唱）。一位与青年旅馆有联系的修女还友好地带领学生们参观了拉佩尔圣母大教堂内的女童贞岩画室，这个保存在洞窟中的岩画室保存者一幅12世纪创作的儿时耶稣的画像。我们团队中的有些成员认为他们在拖桑托斯度过的一夜是整个旅途的亮点之一。

如果当人们抵达拖桑托斯的时候，还没有找到与朝圣之旅的精神联系的话，只要他们在那里住上一夜，他们就无法逃避这种联系。这里的一切都与社区、感动、改变、记忆、纯洁和纯粹的美联系在一起。我们所有人坐在一间小小的祈祷室里，聆听着来自世界各地的人在一起合唱一首一起练习过的歌曲，与此同时，其他的朝圣者则在准备晚餐。在祈祷室里，每一位朝圣者用自己的母语读一段祈祷语，紧接着前面一个人停止的地方。这实在是太震撼了。我们双腿盘在一起，坐在地板上，默默沉思，我们有足够的时间来反思、感觉、祈祷、期盼、聆听、感知、询问和体验，更重要的是，我们得到了存在于此的机会。我在那里所经历的一切都是令人难忘的。如果你对周围的一切不去有意识地关注，你会很容易地忽视我们路过的这些小镇，因为它们实在是太小了，看上去经常是不起眼的，但它们却是所有的"魔力"所在的地方（香娜·卡恩斯［Shauna Kearns］，宾州印第安纳大学2013级语言病理学专业硕士生）。

我们的团体被分散在不同的地点，这一情形持续到第二天，也给我的"课程管理"带来一些麻烦。我们的目的地是一个名叫阿塔普埃卡（Atapuerca）的小村庄，距自由镇和拖桑托斯分别是 18 公里和 26 公里。走在前面的一组很早就抵达了目的地（阿塔普埃卡因为发现了欧洲大陆最早的大约 90 万年前的人类遗骸而闻名），但我们无法帮助后面一组同伴争取到预留的床位。有幸的是，我能够与罗布和贾斯汀取得联系，告诉他们留在位于我们后面 3 公里的阿吉斯过夜，雷切尔和汉娜是我们队伍中的两个慢行者，最终也在全村仅剩的旅馆床位中得到了两个床位。这个名叫拉赫特的朝圣者旅馆提供的饭食很可口，但她们睡觉的房间却有些寒冷。

进入布尔戈斯的情形是最难忘的。一方面是因为这座哥特式城市拥有辉煌而巨大的建筑群，在几公里之外就能看见。那座 13 世纪的大天主教堂尤其耀眼，好几英里之外就看见它一副傲视群雄的气派。我们的团队经过一天的分别从阿塔普埃卡和阿吉斯的步行，在大教堂下会合了。我们在布尔戈斯住得也很好。学生们抓住机会去观看周六晚上（5 月 28 日）正在当地举行的节日活动，我们也欢迎第 15 名成员加入我们的团队。新成员是我的朋友纳伊萨，她是一名在匹兹堡附近的中学老师，早些时候辞掉工作，前来加入我们的朝圣之旅。此外，布尔戈斯也是自潘普洛纳之后我们的第一个"休整停留"，我们在这座令人惊叹的中世纪城市中停留了两天，大家在此得到了充分的休息，疗养伤痛，恢复体力。

当我们离开布尔戈斯的时候，我们已经在朝圣之旅上走了 12 天之久，前面将是高原地带，从布尔戈斯一直延伸到莱昂（一共是 7 天的路程），大部分的地方是不长树的高原。对于我们队伍中的大部分朝圣者来说，这一段路在整个旅行中——无论从体力还是脑力的角度来看——最具有挑战性的。为什么会是这样，很难解释。也许每天的终日行走、吃饭和睡觉的新鲜感消失了。也许是因为视觉上的审美疲劳：每日除了一望无涯的庄稼地，其他几乎没有什么可看的。无论如何，高原是有挑战性的，但它也拥有自身的美感。我们离开布尔戈斯后第一天的目的地是奥尔尼略斯（Hornillos del Camino），那里的风景非常壮观，尤其是在进入这个小村庄之前从高原平台高处鸟瞰到的景色。到 5 月 30 日中午时分，我们在这里的朝圣者旅馆找到了足够的床位。早到给大家提供了另外一个休息和放松的机会（这里真的没有什么可看的，教堂也是成天关门），大多数成员——此刻一位名叫戈斯的荷兰人作为非正式成员加入了我们——决定利用这个机会，到距旅馆不远的小市场欣赏那里的正在推销的廉价酒。对我们有的人来说，这是一个早睡的夜晚，但对另一部分人则是一个晚睡的夜晚。在奥尔尼略斯，我们的团队获得了某种名声——我不知道现在我如何看，但这是现实；我只是感到很安慰，我们都牢记我们的目标，与此同时还能享受时光。

我们第二天很早就从奥尔尼略斯出发，目标是走到大约 30 公里外的伊特罗德尔（Itero）。这条路是整个朝圣之旅途中最平坦的一段，学生们在这一天也目睹了朝圣之旅中的两个令人瞩目的现实：一个是西班牙人的庞大而漫长的送葬队伍（我们在旅馆安顿下来之后，看到一队长长的人群，抬着棺椁，向墓地走去，这对我的学生来说，实在是太有意思了）；另一个现实是朝圣者旅馆经营者与他们的顾客（即朝圣者）之间的关系经常是微妙的，有时甚至是相互敌视的。当天发生的事情是，喝得醉醺醺的旅馆老板超额预订了旅馆的床位，将 4 名来自韩国的朝圣者（他们中间没有一个人会讲西班牙语）赶出来，让他们到旅馆后面的草棚中去过夜。超额预订的事情经常发生，我们团队的成员至少遇到过 3 次，不得不在临时搭建的草棚和粮仓里过夜。

在这条道上，学生们也围着 14 世纪的圣安东尼奥埃尔修道院的残垣断壁走了一圈，安东尼奥会于 11 世纪在法国建立，这里曾有的建筑除了做修道院外，也被用来为信徒提供临终关怀。

在伊特罗德尔睡了一个好觉之后，我们分成几组开始向 35 公里外的卡里翁（Carrión de los Condes）行进。对于我们队伍中的大部分人来说，这样的距离一般要用差不多10个小时，因为我们平均每小时走4.5公里。

接下来的两天是在相对平坦的小路上行走，我们最终抵达了卡里翁，并在由圣维森保罗修道会经营的朝圣者旅馆里住了下来。修女们显得十分干练；她们将朝圣者分批领进旅馆，讲解规定（晚上10点必须熄灯），并不断巡视，保证我们都在遵守规定。当天的太阳高照，学生们抓紧时间洗衣服，在庭院中晾干。当天晚上，有的学生到附近的伊格莱西亚圣玛利亚教堂去参加弥撒。这座教堂是12世纪建造的，900年以来一直专为迎合朝圣者的需要。

第二天（6月2日，周四），我们走在阿奎塔那大道（Via Aquitana）上，不断躲避高原上的强风。这是一条罗马大道，修建的时间可以追溯到公元1世纪。我们当天的目的是26.8公里外的特拉蒂洛斯—德—洛斯—特姆普拉里奥斯（Terradillos de los Templarios）。尽管天上无云，但大风却把每个在洛斯—特姆普拉里奥斯私营旅馆中过夜的人冻得够呛。我记得人们身上裹着毯子，脸被风吹得伤痕累累的样子。这一天很特别，因为是汉娜19岁的生日。为庆祝这一特殊日子，我们全队人马在一起吃饭，晚餐还配有礼物、唱歌，最后还带一个漂亮的冰激凌生日蛋糕，这一切都是我们想得周到的旅馆主人准备的。这一天也标志着我们一个月长的旅行已经完成了一半。团队中每一个人都有一种明显的成就感和惊奇感。

我们的乐观和信心在第二天便遭遇了考验。我们再次选择平坦的小路，从特拉蒂洛斯向埃尔布尔戈—拉内洛（El Burgo Ranero）行进。这是一条漫长的31公里的路程。对我们团队的许多人来说，这一天是倒霉的一天。我在路上弄丢了手机（最终被找回）。天气很热，风也很大。我们的腿脚酸痛，有人在患感冒，而且拉内洛没有足够的床位。

得知这一消息之后，我在前面的村子里至少等了两个小时，终于等到了两个慢行者（汉娜和雷切尔），然后告诉她们只能待在后面。这种情形在整个旅行中发生了好几回。我最终赶上了走在前面的一组，他们在拉内洛显得十分气馁，我的情绪也很低落，更不用说，脸都快被太阳烤焦了。

即便当我不再想继续走下去，或当脚上的水泡不断提醒我过去的斗争时，或当我的背包沉重得像千钧重担在身的时候，或当太热或太冷的时候；但无论是下雨还是出太阳，如果需要，我们必须在一天之内，翻过三座山头，跨过一条河流。这是我的道路。这是我的生命。不再有近路可抄……从现在起，我必须学会享受我拥有的一切和我被给予的一切。我知道人要有同情心，现在我必须将之付诸实践。我被告知要留意和用心，我必须要不断加以运用……朝圣之旅打开了我的眼界，以一种很痛苦的方式。我在朝圣之旅中学到了很多东西，我希望能够在这里一一列举。最近，我感受到从前从未感受过的感情。我很喜欢这样的感觉。我没有将我从朝圣之旅中学到的东西写出来，原因是我还不知道它们是什么。在朝圣之旅结束之后，我曾多次将自己的生活体验、思想和感情与我在朝圣之旅上的经历联系起来，我学会那些我已经知道但不愿意承认的东西。现在我要努力变成我应该成为的人，但最重要的是，成为我自己满意的人。超越自己，变成我希望成为的人，这种动力原来也有过，但从未像现在这样强烈。坦率讲，我并不知道过去在哪里做错了。但现在我知道了。我感觉到了。我感受到的那些感情，它们的广大与不同，如同比利牛斯山与果园相比、果园与河流相比、河流与云彩相比、云彩与大海相比的不同一样。但它们都是属于我的,正如我们所有人在朝圣之旅的 30 多天里所感受到的一样(艾迪·塞万提斯[Eddie Cervantes],宾州印第安纳大学 2013 级商学院学生)。

第二天,当我们从埃尔布尔戈—拉内洛向两个目的地——曼斯拉—德—拉—穆拉斯(Mansilla de la Mulas)或莱昂——之一行进时,雷切尔和汉娜终于赶上来了。大部分人当晚在曼斯拉歇脚(19 公里的路程),但有 6 个人(艾迪、罗布、贾斯汀、纳伊萨、香娜和我)继续向前,总共走了 37 公里,抵达了莱昂。这一天也是闷热,而且十分无趣。直到傍晚时分,待在曼斯拉的一组人前来会合,活力才重新出现,这次我们与一些新朋友一起,喝了大量的红酒。新朋友包括巴勃罗(西班牙人)、伯尼(墨西哥裔美国人)、基多(德国人)、安迪(澳大利亚人)和詹姆斯(韩国人)。谣传朱莉娅差点被踢出城市旅馆,因为她装神弄鬼,想在就寝时间之后将伯尼偷偷带进旅馆。当我们 6 月 5 日在莱昂会合时,有迹象显示,团队里成员之间的关系不是那么顺畅。尽管这一天我们的团队又增加了一个充满热情的新朝圣者,她就是我的朋友托尼。

我们在莱昂的日子用来休整、洗衣服、为最后一段路程做准备、重温我们的目的与动机,解决内部的紧张关系。6 月 7 日(周二),我们从位于城郊的旅馆乘公车到天主教堂前面的广场,然后以二人或三人分成几组,开始向圣马丁(San Martín del Camino)进军。我记得在出发起给学生们讲了几句鼓舞士气的话——提醒他们要为自己感到自豪,但还有没有完成的工作等。的确,到了这个时候,我想我们全都开始思考一个问题:我们为什么要做这样的探索。但我们只剩下 10 天了。我在莱昂天主教堂前面的讲话中特别强调了这一事实。

到圣马丁的路程漫长(28 公里),平淡无味,毫无想象力的刺激可言，这是因为这条路与从莱昂出发的西南方向的机械车道平行。圣马丁的村庄也是同样的没有生气，但我们团队在靠近路边的旅馆得到了一个完全为我们团队拥有的房间。但纳伊萨和香娜当天并没有能够赶上来。我想她们可能选择了另外一条、风景更好（走起来更愉快）向西的路线。直到半个下午她们从另外一个更诱人的小城奥比格（Hospital de Orbigo）打来电话，我才确定。该城位于圣约戈之路前方的 7 公里处。第二天早上，当大队人马经过奥比格时向阿斯托加（Astorga）行进时，我记得曾默默记下了这个地名，对自己说，下次再走朝圣之旅时，应该在这个中世纪小城停留。

阿斯托加展现的动人心弦的节奏和活力令我们所有人流连忘返。我们在此有足够的时间在市中心的游人区观光，那里还有无数的户外市场、专门招揽朝圣者的各色商店，以及美不胜收的各种不同风格的建筑物，罗马式的、哥特式的，甚至新哥特式，应有尽有（西班牙著名设计师安东宁·戈蒂 [Antonín Gaudí] 设计的"主教的宫殿"就坐落在炫目的大教堂前面的广场的边上）。

从阿斯托加我们继续前行到拉瓦纳尔（Rabanal del Camino），在一家私营朝圣者旅馆住下。到达拉瓦纳尔之后，我们团队参加在当地一个罗马风格的小教堂内举行的一个壮丽辉煌的朝圣仪式，仪式是来自当地一家修道院的本笃会修道士所提供的。在仪式上，我们积极参与了格利高利圣诗的合唱，从精神上为第二天的征途做好准备：我们将在这一天穿过圣克鲁斯—德—费罗（Cruz de Ferro）——即位于圣雅各之路最高点上的那座具有偶像特征的铁十字架——并在它的底部留下我们的纪念品（从美国带来的小石头），从而将我们与成千上万个走在我们前面的朝圣者连为一体。

　　我在整个旅途中的两个最动感情的时刻发生着圣雅各之

路即将结束的时候。第一个是圣克鲁斯—德—费罗,我们在那里留下从家里带来的石头。那天我是单独行走的,在爬山的时候,浓雾缭绕,而且非常寒冷。太阳只能偶尔穿透云层,而且总是出现在山丘的另外一面,不在我行走的这一面。走了几个小时之后,突然之间,我转弯看见了十字架。我没有想到这么快就看到了它,有些吃惊;我停下脚步,站了一会儿,盯着它看,太阳正好在那一天第一次开始照到十字架上。前一天晚上住在拉瓦纳尔时,我把我祖母和我叔父的名字写在我将留在十字架底座的石头上。当我走向十字架时,我止不住开始哭泣,因为我知道,当我将石头留下的时候,我将告别自从他们去世以来我一直在经历的痛苦、愤怒和无望。因为天太冷了,我不能在十字架那里过久的停留,我必须继续行走给自己增加热量。我多么想待在那里,痛痛快快地哭一场,直到所有的痛苦都离我而去为止;但回想起来,天太冷或许不是一件坏事,不然谁知道我会在那里坐到什么时候(香农·麦金尼斯)。

这一天我们的目的地在32公里开外,名叫蓬费拉达(Ponferrada)。这是一座真正的城市(我记得一幅为麦当劳做的广告如是说),让我们见证了12世纪卡斯蒂洛古堡(Castillo de los Templarios)的遗址,也经历了市政朝圣者旅馆的肮脏阴暗和人浮于事。因为没有休息好,我们第二天的行走非常困难,大家都很疲惫,怨声载道。到这个时候,托尼与香农的身体已经吃不消了,她们只能断断续续地并十分小心地行走。有的时候,她们不得不全天撤出,但因为她们会提前达到我们的目的地,能够帮助我们提前在当地的旅馆里预订床位,所以她们对整个团队的帮助日渐明显。

从蓬费拉达到比耶尔索自由镇的23公里行走给人一种孤独之至的

感觉。但自由镇却是一个令人高兴、洋溢着新鲜感的目的地，当地的旅馆十分干净，秩序井然。美丽的市长广场到处为四周的户外阳台所点缀，我们在这里度过了半个下午和晚上。学生们非常喜欢当地酿造的不同口味的桑格利亚果酒。尽管大家的情绪很不错，但托尼却因伤痛无法继续行走。我让香农从第二天的行走中撤出，陪托尼乘车到下一站奥塞布莱伊洛（O'Cebreiro）。

对我们 7 个人来说，第二天在朝圣之路的行走，不仅是最为壮观同时也是最有挑战性的一天。我凌晨 4:30 与香娜和纳伊萨在她们的旅馆门前碰面——当时一片漆黑——我们沿着德拉弓特路（Camino Dragonte）开始了艰难而惊险的长途跋涉，这是从自由镇通向山顶小村奥塞布莱伊洛的一条备用道路（没有正规的路标）。

我们周围的一切时时刻刻都在变化之中，我们必须学会适应生活，与此同时，还必须维持和谐。我们只能制定十分有限的目标，并努力去实现它们，就计划而言，我们知道任何计划都是而且必然是暂时的，但是我们需要保持灵活性，并必须具备信心。我认识到，圣雅各之路的特征非常生动地代表了我们日常的生活：我们会遇到不同的道路、各种各样的目的地、特别的和个人的教训、心情沮丧的日子和充满阳光的日子、精神得以净化的时刻、力量与软弱、与他人的关系和与自身的关系、习惯与传统，以及最重要的：时间。时间是我们在每天的生活中最习以为常的东西。我们总是以为时间是无止境的，我们"计划"做不同的事情，做各种更改，最终的结果却是我们时时刻刻在滥用时间。时间不会给任何人无限使用的保证，也不会为任何人而停止流动。我们应该每日醒来的时候，尽自己所能，做最优秀的人，成为自己能够引以自豪的人，做给他人和我们自身带来正面影响的人，我们应该明白，时间是一种礼物，不是免费给予的东西。我们都有能力选择自己的幸福，创造我们自己的现实。很长时间以来，这是我第一次找到了我自己。自从在圣雅各之路的某一处行走开始，我从来没有过像现在这样的感受：每日都感到快乐无比（香娜·卡恩斯）。

奥塞布莱伊洛村是一个非常不错的地方，甚至带有一些神秘感，在这里度过一个下午和晚上是不错的主意。我们周围的山峰上笼罩着层层薄雾，那座9世纪的圣玛利亚教堂隐藏在神秘与惊愕之中。在这里我们团队开始意识到，我们距离圣地亚哥已经非常接近……非常地接近了，也意味着，我们也非常接近整个旅行的尾声了。我们既感到一种解脱，也带有一种遗憾。无论如何，我们只剩下5天的时间了……

从萨利亚（Sarria）出发，我们选择向波尔托马林（Portomarín）行进——这条路不过22公里——对于昨天的31公里行走来说是一个不错的喘息机会。我们在这一天也进入了距离圣地亚哥100公里的范围之内。得知最终目的地真的已经在我们可以抵达的范围之内，全队人马立刻信心大增，精力也变得格外充沛。我们在这个中世纪小城（这里有许多的店铺、饭馆、当然还有不少的酒吧）度过了一个愉快的下午；唯一让我们的热情和正能量遭受打击的是托尼做出了提前回家的决定。过去几天的身体疼痛和（因为不能与我们一起行走而带来的）烦恼已经困扰她多日。对她来说，这当然是一个非常困难的决定；她觉得她给自己和我们团队丢脸了，但我们都理解她的决定，虽然我们也对她的提前离去感到难过。

在开始我们的旅途之前，我曾经告诉过学生们，在整个旅途中，我们将会选择一天来做"无声行走"。这一天——即我们从波尔托马林到埃尔考托（El Coto）——就是我们的"无声行走日"。学生们仍然分成小组行动，但大家都尽量不讲话（至少从我观察到的情况而言）。这个经历的最有挑战性的时刻是在与酒吧和饭馆工作人员的交流时出现；我记得自己做了一个纸条，上面写着"Soy mudo"——我是哑巴——这是我们当天为获取咖啡、食品和水等与人交流的最好方式。到了下午4点左右，我解除了这道禁令。大家对这个经历反应不同，有的人喜欢，有的人痛恨。

距离目的地只有两天的路程了……为了保证我们能够准时达到圣地亚哥，参加在中午举行的朝圣者弥撒，我知道我们必须将第二天设计为长途行走。所以，我们所有人在埃尔考托都起得很早，步行39公里抵达阿卡奥皮诺（Arca O Pino）。这是一个繁忙的城镇，因为它位于一条通向圣地亚哥的高速公里的边上。我们差不多在同一时刻抵达阿卡，大家都很烦躁不安，体力消耗很大，我感到自己必须做些事情来振作大家的精神；我到城里去买了一些披萨饼回来，招待我们这个由15人组成的坚强的、经受了考验的团队。尽管吹在身上的风有些凉，我们却都坐在旅馆外面，享受时光。我们也在这个嘈杂的朝圣者旅馆中共用一个房间，这对调整我们的心态也很有帮助。

我们团队在上午11点进入城市，但在几英里外，我们就远远看见圣地亚哥大教堂的尖顶在全城之上闪闪发光，即便是在我们穿过熙熙攘攘的人群，走向它的时候，我们也是以它的尖顶作为我们的向导。11:30左右，我们终于来到了通向大教堂大门的台阶前面。在进入城市的最后2公里的路程中，我们是作为一个团队一同行走的。我们现在需要作为一个集体进入到大教堂里，去感受我们每个人生命中最伟大、最有意义的一种体验。在进入大教堂之前，我遵照一个行使了数百年之久的仪式，触摸了马提欧大师的额头——他是大教堂的主门"光荣之门"的建筑师；我想触摸一下，也让我的学生们从他的天才那里得到一些灵感和指导。

朝圣者弥撒的辉煌与动人……是无法用语言来形容的。我们聚集在教堂主圣坛左面的殿堂内，淹没在眼泪和微笑的海洋之中，我们见证并积极参与这个用多种语言进行的庆祝我们成就的弥撒。弥撒中的香炉摆荡仪式更是让我们我们所有人都屏住呼吸，激动万分。朋友们、相识者和那些我们一路上认识的陌生人的脸庞在眼前晃动，也在我们心底深处唤起一种共同分享的目的感和成就感。对于我们中的有些人来说，这个经历含有深刻的宗教和精神目的。

我们在圣约翰朝圣之路上走得越远，我对实践的重要性的感觉便变得越加深刻。行走本身就是一种实践，一种祈祷的形式。有许多天，我大部分时间都是在单独行走，我还用我最喜爱的唱诗班的歌为自己的步伐谱曲。所有这些都与朝圣之路有关！

随着我们进一步向西，我们离圣灵降临节——圣灵降临地球——的日子也越来越近。从东部的宽恕之丘（Alto del Perdón）开始，到拖桑托斯，到卡里翁，再到奥塞布莱伊洛，我深深感动于圣灵在陪伴着我。在（圣父、圣子、圣灵）三位一体中，圣灵是我的最爱。他带给我礼物！有七种礼物：智慧、理解、正确的判断、勇气、尊重、好奇与敬畏。我知道，这看上去应该像是八种礼物，但在我看来，"好奇与敬畏"只能算作一件。我相信在朝圣之路上，我享受到了所有这些礼物——我想象并见证了你们也都享有这一切。

当我们快要走到圣地亚哥大教堂的时候，我为自己一路上享受和体验了如此多的恩惠而非常感动。从在教堂的拱道听到加利西亚风笛开始演奏动人的曲调的那一刻，我真的就开始哭了。凯莱布的仪式和激励人的话语、慈祥的领唱修女让我们加入一起唱'Jubilate Deo',香炉摆荡仪式,以及弥撒之后与长期失联的瓦尔米尔的重逢——我完全被我当时所感受的一切深深感动了。所有我触摸的、听到的、闻到的、尝到的和看见的。我所感受到的一切。这真是一种无法形容的感觉(唐·史密斯—舍伍德[Dawn Smith-Sherwood],宾州印第安纳大学西班牙语教授)。

2011年6月21日,我们一起吃了最后一顿晚餐。第二天,我们飞往马德里,然后在那里分手,奔向各自在美国的目的地。

我自己一直在想最后一顿晚餐上说的话。我的真实的朝圣之路从此开始。但我最初并没有这样的感觉。当然,我碰到大家都遇到的同样问题。我无法解释我们所做的一切,我只能描述它们。两天之前,我陷入了一种抑郁之中。最初我搞不懂为什么会这样。我刚刚过了一段我最幸福的生活,但我很快意识到我在经历什么。所有的迹象都摆在那里,纪念我们一起度过的时光的纹身,不停地告诉别人我们在一起的时光是多么地快乐、没有什么可以相比较等等,有时会因为思念这一切而哭上一阵子;我,堂堂七尺男儿摩根·蔡斯居然刚才大哭了一场。朝圣之路要与我分手了。我们之间有一种特殊的联系,带有期望和成就感,而且已经形成惯例。这是一种友谊。卡米诺需要我做的是早早起床,花很多时间待在一起,有的时候稍稍地哭上几声,讲很多的笑话,或者哼上一曲。我得到的回报是安全感、美丽,以及更珍贵的东西,爱情。当然……我的眼睛不时地东张西望。当你与贾斯汀·托马斯一起行走时,你不东张西望才怪了,但我仍然保持我的真诚和信仰。到最后,都不能永远延续下去。一个关系可以是完美的，但最后，无论你是分手还是去世，它都要走向一个甘苦同在的结局。我希望大家都记住这一点，正如我从旅途结束之后的短暂抑郁中走出来所感觉的一样。当一个美好的关系——如与朝圣之路这样的关系——你不必因为它的结束而感到忧伤。你能够因为自己能够体验过它而感到高兴。将来我们总是可以回来，无论是在记忆之中，还是在现实之中（摩根·蔡斯［Morgan Chase］，宾州印第安纳大学2014年戏剧专业学生）。

在我看来，在朝圣之路上步行是"体验式学习"的一种最高形式。在行走中，每天，每时每刻，正在发生的事情都在增加和丰富一个人对生命的体验。我们找睡觉的地方，在找到的地方睡觉。我们寻找吃的东西，吃掉找到的东西。我们的脚打泡了，尽量想办法处理好。我们向前行进。第二天我们又像昨天一样，继续向前走，但实际上每一天的生活是完全不同的。人在变，风景在变，相互间的谈话在变。我们的外表、心情、气质和态度等等，都在变。随着每一分钟变成每一小时，每一小时变成每一天、每一周，所有的事情都在发生变化。但是，我们的出发点——我们经验的基础——始终是不变的，那就是要抵达圣地亚哥，完成朝圣之旅，至少是完成这个特殊的朝圣之旅。

在我们团队解散、各自飞往自己的目的地之前，我对学生们讲的最后一句话是，在现实生活中，朝圣之旅——真正的朝圣旅行——从现在开始。我们生活在这个地球上的每一天都是一次旅行。它可能是单调的，或许是五彩缤纷的；但每一天都向我们呈现一个新的机会，一个允许我们伸开双臂去拥抱那个允许我们过一种完全的和充满成就的生活的可能。有些天我们态度可能很差劲儿，糟糕透顶；有些天我们会很懒惰；有些天我们会精力充沛、干劲十足；有些天我们的脚踝很疼，膝盖红肿；有些天我们会问：这样做到底是为了什么？有些天我们会感到十分的心满意足。的确，变化是永恒的；我们如何应对这个现实，在很大程度上预示着我们如何应对我们各自生活的总体质量。在许多方面，我认为，我们日常生活的模式是对我们在朝圣之路行走的那些日子的一种模拟。那些对日复一日、连续几个星期的行走的记忆，似乎更生动、更有趣，也更有代表性地展示了我们想要的生活方式。关键在于从圣地亚哥的朝圣之旅中学习，并将其中获得的欣赏与感恩之心带回到我们在家里的生活之中；最终，我们需要认识到的是，如果我们有心的话，即便是像行走这样最简单的事情也可以如此彻底地改变一个人的生命与生活。（王希　译）

傅雪仑
(Sharon Franklin-Rahkonen)

历史教学
芬兰模式及其全球影响力

当美国中学教师和公众为中学教育质量的问题甚为忧虑的时候，芬兰的教育却变得愈发成功。虽然许多芬兰教师认为，当今中学生的纪律问题比起过去几代人显得更糟，但与美国中学相比，芬兰学校所呈现的却是井然有序，管理得当。那些具有20年或更长教龄的教师尽管也承认学生纪律有问题，但他们也会指出，学校的课程设置、教学质量和学生所表现的能力要超过上一代人。相同背景的美国教师却很少有人敢这样来描述美国的中学，尤其是在谈到学生能力的表现的时候。芬兰的教师对自己的工作普遍感到满意，认为自己为社会的健康成长做出了贡献，而社会对他们也有足够的尊重。一般来说，在他们的整个职业生涯中，芬兰教师会自始至终在同一所学校工作，而在美国，许多教师在开始任教不到5年的时间便转行，这说明美国教师对自己的职业并不感到满意。

除了对总的教育质量感到担忧之外，美国中学里教历史和社会研究课的教师还感到，他们的专业经常受到来自州和地方政府、学区官僚机构乃至公众的打压。因为美国学生在"国际学生评估项目"（PISA）——一种由经济合作与发展组织每3年举行的针对15岁学生的国际测试——和其他考试中表现不佳，美国人对儿童和青少年的教育十分担心，学校也因此更加重视阅读、数学和科学等科目。因为"社会研究"的科目——尤其是包含其中的历史科目——一般不在测试范围之内，所以许多人对是否应该继续将这些科目保留在课程设置中表示怀疑。如今，美国的中小学都非常强调对阅读课和数学课的教学，其结果是，教社会研究科目的教师们为支持学校欲达到的教学目标，不得不放弃本专业课程的教学，这样做的代价是牺牲了讲授历史、公民教育、经济学和地理学的课堂时间。教师们担心，这些科目会在课程设置中被边缘化，而外语、美术、卫生知识和体育等已经遭遇了如此的待遇。芬兰的历史和社会研究课教师没有这些担忧，他们认为自己所教的科目在课程设置中占有恰当而充分的份额。

芬兰的教育质量不单单是超过了美国，也超过了其他许多国家，这个面积有限的北欧小国也因而引起了世界范围内的教育研究者的重视。自 2000 年开始，经济合作与发展组织每三年举行一次针对世界范围内 15 岁学生在阅读、数学和科学科目的测试。在所有三个测试科目中，芬兰的表现均名列前茅——阅读第一，数学第四，科学第三，这是 2000 年的成绩。经合组织的评估者在总结中说："芬兰的总体表现无可比拟，它的平均成绩几乎达到了高于经合组织平均熟练水平的三分之二。"美国在所有参加测试的国家中居中等水平。[1] 在 2003 年的测试中，芬兰在所有三个科目中均名列前茅，而美国在阅读科目上达到平均水平，但在数学和科学科目上的成绩则低于平均水平。[2] 2006 年，芬兰在科学知识——当年的重点——测试中位居第一，在阅读和科学科目中位居第二，美国的数学和科学成绩则再次低于经合组织国家的

---

[1] Organisation for Economic Co-operation and Development (此后简称 OECD), *Education at a Glance: OECD Indicators 2004*: 96, 101.
[2] OECD, *Education at a Glance: OECD Indicators 2005*: 58, 61.

平均水平。① 芬兰在 2009 年的阅读测试中得第三名，科学得第二名，数学得第六名，即便如此，这个成绩仍然明显地高于平均水平。同年，美国在阅读和科学科目方面的成绩与经合组织的平均数值相差无几，但在数学上则低于一般水平。② 2012 年，芬兰经历了排名方面的下滑，但从统计学的角度来看并无大碍。芬兰在阅读科目中排第六，在数学科目中排第十二——仍然高于平均水平，在科学方面排第五。但芬兰学生成绩的平均分数并没有发生变化。③ 造成芬兰年度排名下滑的原因，也许是成绩的顶端位置均主要为当年参测的亚洲国家所占据（参见文末的相关表格）。

  对于国际教育研究者来说，引起他们兴趣的不单单是芬兰的高名次，而是它在教育上取得如此成功的速度，而且芬兰的成功也并不仅限于在教育方面。1900 年，芬兰还是一个经济落后的国家，工业水平处于萌芽状态。政治上，它处在一个外国强权——即沙皇俄国——的控制之下。尽管芬兰人大都不是文盲，但大多数人并没有受过很高水平的教育。而在 2000 年，芬兰在国际教育测试中却令人刮目相看。

  芬兰的教育何以变得如此的成功？让我们先观察一下芬兰公立教育的背景。16 世纪宗教改革之前，芬兰人中能够读书写字的人极少，当时使用的读写语言是拉丁文，而不是芬兰语。宗教改革带来了一种

---

① Programme for International Student Assessment (此后简称 PISA): The Finnish PISA 2006 pages (retrieved 2014/6/13). 同见：OECD, *2007 Executive Summary PISA 2006*: "Science Competencies for Tomorrow's World" (retrieved 2014/6/11).

② OECD (2010), *PISA 2009 Results: Executive Summary* and *Highlights from PISA 2009: Performance of U. S. 15-Year-Old Students in Reading, Mathematics, and Science Literacy in an International Context, and Highlights From PISA 2009: Performance of U. S. 15-Year-Old Students in Reading, Mathematics, and Science Literacy in an International Context* (retrieved 2014/6/11).

③ OECD, *PISA 2012 Results in Focus*, "What 15-year-olds know and what they can do with what they know" (retrieved 2014/6/11).

新的信仰，即每个人都应该能够用母语阅读《圣经》。其结果是，16世纪欧洲的新教国家获得了机会，迈出了通向全民教育的关键一步。

从16世纪到19世纪，芬兰与欧洲其他新教国家一样，在教育方面上收获巨大。到19世纪初，大部分的芬兰人都具备了简单的读写本土语言——芬兰语或瑞典语——的能力。教育仍然主要由教会所控制，因为教学、阅读和写作均为宗教教育过程的一部分内容。事实上，具备读写能力是获准在教会结婚的前提条件之一。然而，大多数人所受的教育仍然十分有限，就我们今天所知，应该不会超过日常应用的水平。只有为数不多的上层和中产阶级有机会进入费用昂贵的学术导向型学校去继续深造。

19世纪开启了芬兰的教育改革以及在社会和经济方面的改革。随着芬兰民族主义的诞生，发展一种真正的民族书面语言的要求也应运而生。艾里阿斯·隆洛特（Elias Lönnrot）是芬兰民族文学中最知名的人物，他花了几年的时间在芬兰东部的乡村地区收集民间口述的史诗故事。他的作品《卡勒瓦拉》（*Kalevala*）于1835年出版问世，获得了公众的极大赞誉。同一时期的其他作者也用芬兰语发表作品。上层社会和中产阶级的人士也越来越珍视芬兰语在文学、戏剧和教育中的使用。随着芬兰语的文学作品、报纸和政治传单的不断增加，普通人也开始获得了在教会学校之外求学的机会。民族主义信仰的增长也抵消了社会阶级意识的重要性，许多的社会改革也接踵而至。当第一部教育立法在19世纪完成之时，为普通人开设的职业教育也在芬兰开始起步。到20世纪初，大部分芬兰人不仅甩掉了文盲的帽子，而且还成为了求知若渴的读书人。

政治上，芬兰在短时间内也获得了高度的成功。作为俄国的一个大公国，芬兰抓住俄国因卷入第一次世界大战和发生十月革命而一度陷入混乱的机会，于1917年底获得了独立。1919年颁布的芬兰新宪法要求所有的儿童必须就学，接受教育。对于人数众多的工人阶级来说，这项规定带来的收益极大。当然，在此刻的历史上，唯一政治上的极端左翼才会把"让所有人受到教育"（education for all）的口号理解成为是"让所有人受到平等的教育"（equal education for all）。尽管政府要求并提供九年制的免费教育，但公立义务教育与上层和中产阶级子女所接受的教育是截然不同的。义务教育是技能取向型的，而私立教育则是学术取向型的，后者的目标是培养白领职业的人才。

20世纪芬兰在教育上的最大变化是因为芬兰人生活水平的普遍改善所致。与欧洲大多数国家一样，这个变化在二战之后变得尤其引人注目。工薪阶层的收入得到了普遍的改善，这意味着更多的人有机会进入私立学校，父母有能力支付学费，将孩子送入"好"学校，在那里接受学术训练，最终进入某种白领职业的行列。

芬兰人在历史上是一个贫穷、从事农业生产的人口。尽管这种情形在20世纪的头几十年里开始得到改变，但全面工业化却是在二战结束之后发生的。当时的芬兰可被描述为一个贫穷的工业国家，而且还在拼命向苏联支付战争赔款。到20世纪50年代中期，随着战争赔偿支付的结束，芬兰开始在经济上起飞，人民的生活水平也开始得到提升。

20世纪50年代，教师、管理者和研究者之间开始了关于教育改革的讨论。小学教师强烈要求废除将学生分为技能教育和学术教育两种不同轨制的做法，他们声称所有的儿童都有学习的能力，包括掌握较为艰难的科目，如高等数学和外国语等。[①] 到20世纪60年代末，大多数西欧国家也都在改革自己的教育体制，废除对学生进行划分的社会或经济轨制。芬兰以此为榜样，通过了《1968年学校体制法》，并在20世纪70年代付诸实践。芬兰政府全面承担起提供小学和中学教育的

---

① 关于更多的信息，参见：Pasi Sahlberg, *Finnish Lessons: What Can the World Learn from Educational Change in Finland?* (New York: Teachers College Press, 2011).

责任，事实上废除了所有的私立学校。该法最有意义的特征是废除了基于学生的社会背景或经济等级之上的双"轨制"教育，减轻了每个家庭的财政负担。在先前的双轨制教育中，一条轨道是免费的、但目标是训练技能导向型的工人，另一条轨道需要付费，但目标是培养学术导向型的人才。那些鼓吹双轨制的理论认为，工人阶级不具有上层和中产阶级那样的智识禀赋。一种新的观念取代了旧的力量，即所有的儿童都具有在学校攻读所谓"困难"科目的能力。从此进入中学的机会完全由学生的学术表现和个人选择来决定。换言之，所有的芬兰儿童将接受同等的公立教育，他们受到的唯一限制是他们的个人能力和个人兴趣。这个过程也许可被称是芬兰教育的"民主化"过程。

芬兰在教育体制改革方面的成功还可以部分地通过进入高级中学的 16 至 19 岁的学生人数来衡量。今天这个年龄段的青年人大约有一半在上普通高中或学术高中，另一半在上高级技校。眼下还出现了将两者结合起来的时髦做法，因为技能学校也为学生进入从事应用科学的大学做准备，这些大学也被称作"高等技校"，讲授"技术性"的科目，如工程设计、制图、建筑和电脑科学。①

在 20 世纪，16—19 岁年龄段从高中毕业的人数也得以增长。在 20 世纪 20 年代，该年龄段人群中只有 2% 的人能够完成高中教育。到

---

① 在 20 世纪 70 年代早期之前，芬兰的小学生和他们的家庭需要在免费就学轨道 (free schooling)——即技能训练轨道 (vocational track)——和收费就学轨道 (tuition-based academic track) 之间做出选择。选择在 10 岁左右做出。此后不能改变决定。20 世纪 70 年代期间，这一体制被完全改革，在 15 岁之间，不必缴纳学费，不必做出选择。所有学生都需完成免费的 9 年制教育，然后决定他们选择什么样的中学形式来完成中学教育的最后 3 年，可选择的类型有普通或更为学术导向型的高中 (academic high school) 和技术高中 (vocational high school)。因为不收学费，学生做选择的基础完全出于自己的能力和兴趣。当前选择的种类进一步增加。随着电脑技术的进步，有的学生为进入技术行业，将两类高中结合起来。从前，一个从技术高中毕业的学生没有资格接受大学教育，如今一个获得技术学位的学生可以在同一专业中获得本科生或硕士研究生的学位。

了 20 世纪 60 年代，这个数字上升到 15%。在 20 世纪 90 年代，该年龄段人群有 50% 从高中毕业（这还并不包括那些上技术高中的人）。2005 年，该年龄段中有 55% 的人完成了学术高中的教育，另外还有 37% 的人完成了技术高中的学习，两者加起来，使该年龄段人群中完整接受了 12 年教育的人数达到了 92%。到 2008 年，这个数字增至 93%。剩下的一小部分学生可做如下的选择：或者选择在初中再呆上一年，或在高中再呆一年，或者立刻进入就业行列。一些落后的学生最终也会毕业，只不过晚于他们的同伴而已。至于那些在 16 岁就直接就业的人，专家们发现，他们中的一些人后来也会重新接受某种形式的正规教育，但对这批人的研究还远远不够深入。在过去 10 年里，毕业生的人数并没有太大的变化，因此我们也许可以谨慎地做出结论说，在这种水平上，芬兰社会处于稳定的状态。在国际范围内，这个毕业率也是非常高的。芬兰学生的高中毕业率是 93%，在加拿大是 76%，在美国是 77%，经合组织在这方面的平均值是 80%。[①]

芬兰在过去 70 年所取得的教育进步与它在社会各方面的进步是同步进行的。二战结束之后，芬兰政府将消灭绝对贫困列为政府的目标之一。政府通过贯彻广泛的社会福利政策——包括医疗保障、为带有未成年子女的家庭提供补助和服务、养老金计划、带薪休假等——来缩小阶级之间的贫富差距，目的是让所有人都能获得一个相对高的生活水平。

另外一个衡量芬兰教育体制进步的方式是观察它的教师培养体制、教师工资的均衡程度，以及教师对工作的满意度。就当前而言，芬兰的中小学教师所接受的培训是世界上最好的，但在过去并非如此。

在过去 50 年里，芬兰在改进教师培养的质量方面发生了令人印象

[①] Sahlberg, *Finnish Lessons: What Can the World Learn from Educational Change in Finland?*, 29.

深刻的变化。历史上看，中小学教师在受教育和社会方面存在着巨大的差距。小学教师所受的职业训练有限。他们从两年制的教师培训学校获得学位证书，这类学校与一个世纪前美国的"师范"学校十分相似；而中学教师则拥有大学学位。前者的教育资历有限，工资水平也比中学教师低。

除了受教育的背景造成的明显差距之外，中小学之间还存在明显的社会差距。因为所有的中学最初都是私立的，只有上层和中产阶级才能支付在其中就读的学费。比较而言，小学则是免费向所有人开放。因为许多儿童来自贫穷的家庭，他们占了小学学生人数的一大部分，而他们只能升入免费中学或技能学校，而不能进入学术中学。上层和中产阶级的孩子通常也上私立小学。小学教师因此被视为是无须接受中学教师那样多的教育，后者讲授的科目是为了帮助学生考入大学或进入一个专门职业。因此，如果一个教师所受的教育有限，他/她所教的学生也并不是那么特殊，他/她所挣的工资自然也就低于他人。

直到 20 世纪 70 年代，这种差距才得到改正。今天芬兰的所有中小学教师都必须拥有硕士学位。这个转变是在一代人之间完成的。例如，前总统马尔蒂·阿赫蒂萨里（Martti Ahtisaari）曾于 1959 年从一所两年制师范院校毕业，他的第一份工作是一名小学教师。

目前在芬兰要想在 1—12 年级获得教职，需要拥有一个包含论文写作要求的硕士学位，还要再加一年的教学法的训练。一个人可以只主攻普通小学教育专业而不用选择其他学科专业，但小学教师现在选择学科专业的做法也很常见。有些学科的教师，如外语、体育、艺术和音乐等，会被要求为同时在小学或中学任职做好准备。中学教师的硕士学位，需要有一个专业方向，并至少还要加上一个辅修专业。这样他/她可以得到讲授一门专业课以上的资格。在人文学科中，常见的组合之一是历史与经济学的配对。教外语的教师也许有资格讲授两门外语，如英语和瑞典语。在自然科学方面，教师通常需能够讲授多门专业科目，因为所有的学生都必须选生物学和地理学的课——这两门课在芬兰是作为自然科学的科目——而且还必须选少量的物理和化学课。所有教师都从大学获得同样的学位，并从芬兰政府那里领取同等水平的工资。

在讨论芬兰如何能够取得成功的时候，人们通常把注意力指向教师队伍的高质量。但要想获得进芬兰大学去学习教育则是非常困难的。事实上，人们常说，在芬兰成为一名教师比成为一名医生的难度更大，因为对教育学人才的选择比医学院人才的选择更为严格。而芬兰对教师的训练所遵循的是按需招生的原则，这样国家可以从申请人中只挑选最优者。

与他们的美国同行相比，芬兰教师队伍中的新成员所接受的教育质量更好，在经历上也更为成熟。一般来说，他们拥有 6—7 年的大学训练，他们的年龄在职业生涯开始之前达到了 25—26 岁，这在某种意义上也解释了芬兰教师对本职工作所表现的高满意度。

芬兰教育成功的最好证据也许是可以从 PISA 测试结果中得以见证。自测试结果公布之后，全世界的研究者便不断造访芬兰的学校，想弄清楚这个在 60 年前还极不发达的小国如何能够取得这样的成就。尽管经合组织的统计学家和研究者使用了各种衡量因素，但令人感到惊奇的是，这些都不足以解释芬兰的成功。例如，尽管芬兰学校的开学时间是 38 周或 190 天——这是一个相对较长的时间——但如果只计算净教学的时间，芬兰学生的上课时间远远少于其他许多国家。如果将芬兰与美国的中学进行比较，芬兰学生通常在一周内就同一专业科目上两堂或三堂课，而美国学校的同龄和同年级学生要就同一科目上五堂课。在 2013—2014 学年，芬兰学校将课时从 45 分钟改为 75 分钟。然而，即便是核心科目，芬兰学生的专业课一周只上一次或两次，如历史，一周只上一次。比起大多数参加PISA测试的国家来说，芬兰学生在学校上课的时间要更少。

在讨论芬兰教育如何获取成功时，另外一个令人感到迷惑的因素是财政花费。与其他富裕国家相比，芬兰在每个学生身上的教育花费要比人们预想的要少。2002年的数据显示，在26个国家中，芬兰在每个学生身上的教育花费排在第12位，低于经合组织的平均水平。瑞士、卢森堡和美国则居于顶端，美国学生的年花费是11,000美元。芬兰是7,000美元多一点。垫底的墨西哥每年在每个学生身上的花费在2,000美元以下。[1] 芬兰的教师工资水平居中，比位于顶端的瑞士、卢森堡等要低许多，而后者的生活成本指数与芬兰不相上下。

如果成功的因素不是学校用于教学的课时数量或政府的教育花费，那又是什么呢？为回答这个问题，我们首先需要考虑的是一个弱小国家进入世界舞台的需要。在过去一个世纪里，芬兰的历史本身是一个成功的案例。

20世纪的政治和经济发展带来的结果之一是芬兰社会的高度稳定，后者使教育体制获益甚多。有几个社会因素对芬兰人对教育的尊重和对强化学习的文化养成做出了重要贡献。在芬兰，将教师尊为专业人才和普遍重视学习的风气从未遭遇消减，而很多美国人可能会觉得美国的情形正好相反。相对而言，芬兰人拥有较高的阅读率和喜欢阅读的指数，大量的公共图书馆不仅得以建立，而且得到经常的使用。当今的许多专业人士都出身于工人阶级家庭，他们将自己的成功归功于良好的公立学校体制和良好的公立图书馆体系。

芬兰不仅在阅读、数学和自然科学科目方面名列前茅，而且根据PISA的研究报告，在学校之间和学校内部的学生表现差异大小程度

---

[1] OECD, *Education at a Glance: OECD Indicators 2005*.

方面，芬兰始终处在排名第一或第二的位置。这意味着全国学生接受的教育非常相似。美国学校则显示，校际和校内的学生学术表现的差异程度很大。在比较不同国家的阅读差异时，经合发展组织的评估者写道：

"尽管总的趋势表明，在熟练水平的测试中，15岁学生获得第五级得分的高比例的国家往往只有较少数的学生获得低于最低水平的成绩（例如芬兰），但并非总是如此。如比利时和美国的数据显示，它们在最高级熟练水平测试的优胜者的数量中占有高于平均值的份额，但与此同时，它们的学生得分在第一级之下的人数比例也高于平均水平。"[1]

在芬兰，学生无论上哪一所学校差别都不大，而在美国则是一件天壤之别的大事。同样，美国学生在校学习的课程设置直接决定他们的未来。在芬兰，所有中小学生学习同样的科目，并都需要达到同样的毕业标准。

过去一个世纪的教育进步是与政治和经济的改善齐头并进的。从经济上，芬兰具备了为每个公民提供更多服务的能力。政治上，芬兰变得更为民主，政府希望为公民做更多的事情。在芬兰，一个儿童获得成功的机会不再由社会和经济的因素来决定。来自工人阶级家庭的孩子接受的教育与来自中上阶级家庭的儿童是非常相似的。来自乡村地区的孩子与来自大城市的孩子所接受的教育也是同等的。所以学生必须学习同样的课程设置，通过同样的毕业考试，而后者是决定学生是否具备进入大学深造的资格的基础。所有的课程都是由达到同等培训标准并被支付同等工资的教师来讲授的。政治和经济的成功使得教育的进步成为可能，但从另外一个方面来看，人们也可以说，是芬兰的教育体制帮助了国家政治和经济的健康生长。对于像芬兰这样一个

---

[1] OECD, *Education at a Glance: OECD Indicators 2004*, 97-98.

语言范围狭窄的小国，唯有拥有一个受过良好教育的人口，才能够在世界事务中发挥作用。

今天的芬兰是一个依赖出口贸易的国家，它的课程设置也因此而强调拥有一种全球化的视野。例如，外语的学习受到重视。一般来说，学生在小学三年级开始学习第一门外语，在六年级开始学习第二门外语。大多数学生至少在读到十年级时会加上第三门外语。教授外语可帮助学生在这个依赖于出口贸易的国家成为专门人才，除此之外，大多数芬兰学生会通过学校资助的项目到国外学习，有的时候会在海外工作一段时间。这样的海外旅行并不局限于在欧盟国家的范围内，而也是延伸到其他的大陆。课程设置也很强调世界历史和世界地理课程的多样化。在自然科学的科目里，教学内容通常涉及气候变化和环境问题。即便在大多数芬兰学生选修的宗教课程设置中，学生们也被鼓励去研究基督教内的多元化，并选修一门讲述世界不同宗教的专门课程。芬兰的学校体制培养和鼓励学生将自己的国家看成是世界构成的一个部分。

对全球视野的强调，可从历史和社会研究课的教学中窥见一斑。在芬兰，作为一个单独科目，历史与跨学科的社会研究是分开讲授的，尽管同一位教师会负责教这两门课。历史和社会研究的入门课在芬兰是从四年级的一门基础性概览课开始的。历史作为单独科目的学习从第五、第六年级开始。《全国基础教育核心课程》将历史科目的目标描述为："基础教育第五、第六年级中历史教学的任务是帮助学生熟悉历史知识的本质、获取和基本概念；熟悉他们自己历史的根源；熟悉从史前史到法国大革命时段中某些具备重要性的历史时间和历史现象。"[1]

---

[1] Finnish National Board of Education, *National Core Curriculum for Basic Education 2004,* 220 (retrieved 6/13/2014).

历史教学同时讲述芬兰史和世界史，从学生的家庭和家乡的历史入手。但这种教学要比低年级的"环境研究"更加具有历史取向性，前者是以跨学科的方式向学生介绍他们的家乡背景。学生然后进入到学习远古时代的不同人类群体、农耕文明对人类生活的影响、国家的起源、文字的发明等。课程然后继续进入到古希腊和古罗马文化、中世纪的影响、伴随文艺复兴和宗教改革而来临的现代文明的曙光、法国大革命的结局等。在两年学习的不同点上，教师会给予芬兰史格外的关注：芬兰的远古时代、瑞典对芬兰的兼并、芬兰作为瑞典王国的一部分（一直延续到 1809 年），以及芬兰文化在那一时代的发展等。显然这些课时的主要内容是讲述欧洲历史，但《全国基础教育核心课程》要求教学中须包括一个额外的主题，如欧洲之外的某种发达文明、贸易的演进或人口的变化。在第五、第六年级，芬兰的学校体制已经安排学生开始接触和了解世界。

在 7—9 年级的初中，《全国基础教育核心课程》要求历史和社会研究的教学继续强调关注芬兰边界以外的世界，正如其写道的："历史教学的任务是增强学生对自身认同的认知，帮助他们熟悉其他的文化及其影响。"[1] 历史教学在第七、第八年级进行，而由公民教育和经济学组成的跨学科的社会研究则在九年级讲授。七年级历史课主要讲授 19 世纪西方历史，从工业革命开始，到 20 世纪初结束，覆盖的主题包括：马克思主义、芬兰民族主义、芬兰向美洲的移民及芬兰移民在美洲的生活、19 世纪美国历史的事件、19 世纪的俄国（此刻芬兰是俄国的一部分）、欧洲人对印度、中国、日本和非洲进行殖民主义统治的过程。这一时段也被要求包括一个另加主题，如欧洲之外的某种文化。

---

[1] Finnish National Board of Education, *National Core Curriculum for Basic Education 2004,* 222 (retrieved 6/13/2014).

第八年级的历史讲述 20 世纪的历史，从第一次世界大战一直到冷战结束。覆盖的主题包括：俄国革命，芬兰的独立（1917）和新政府，20世纪 30 年代的芬兰，20 世纪 30 年代至二战期间的欧洲，第二次世界大战——包括芬兰在战争中的作用、杀害犹太人的大屠杀，冷战的开始，联合国的组成，亚非洲的反殖民主义运动，以及冷战的主要事件等。为了达到评估目标中的一项——即"学生必须学会如何解释为什么在某些生命领域内人们所采取的行动与他们现在所采取的行动是不同的"[1]——教师们经常讲授具有争议的题目，如芬兰与纳粹德国的结盟（1941—1944），这个题目在过去许多年里一直为芬兰的历史课本所回避。九年级的社会研究课在地理范围上设计为覆盖国内和欧洲地区，在内容上强调芬兰社会和欧盟，但它也将全球化纳入作为主题之一。作为一门半政治学课程，它自然要描述欧盟在世界其他地方的作用。譬如，社会研究课的教师会解释当前乌克兰的政治局势。[2] 在这些中学年级，扩展学生对世界的认识的任务在此展开。在这个年龄段，学生们发现对他们家乡以外的世界予以关注是具有挑战性的。从五年级到八年级的历史课程的主要目标就是向学生展示，他们所在的地区是一个更大世界的一个组成部分，首先是针对他们的国家而言，其次是针对他们所在的欧洲区域而言，最后是针对欧洲，它本身是一个复杂的、多元文化构成的地区。在不同的时刻，课程会将学生带入到欧洲以外的地区之中。

高中学校的历史与社会研究教学当然是在一个更高的智识层次上进行。全国核心课程指南继续首先强调芬兰，其次是欧洲的其他部分，再其次是将非西方世界尽可能地包括进来。对课程项目目标的导语宣

---

[1] Finnish National Board of Education, *National Core Curriculum for Basic Education 2004*, 224 (retrieved 6/13/2014).
[2] Marie Allen, personal interview, Lyceiparkens skola, Porvoo, Finland, April 3, 2014.

称:"我们自己国家的过去,将在世界历史的背景之下得到审视。"①高中部设有四门必修的历史课,它在某种程度上反映了将欧洲与世界上其他国家进行比较的目标。

第一门必修课程名为"人类、环境与文化",该课程审视"人类与自然的相互关系"。课程从远古时代的狩猎文化开始,讲述到当今的全球消费社会。最后一个单元探讨当今世界在原材料和生产成品分配方面的不平等现象以及第三世界的出现。

第二门必修课是"欧洲人",主要针对"欧洲"世界观的发展与变化。它覆盖了从古至今的科学、历史思想和文化产品的发展。这主要是一门欧洲史课程。尽管它看似多元,覆盖几千年的历史和一种多元的文化,它的目的是关注欧洲,而不是将它与世界其他部分进行比较。

第三门必修课名为"国际关系",覆盖过去一个世纪的全球事件。虽然它所覆盖的第一次和第二次世界大战的主要内容是欧洲事务,但它继续覆盖世界范围的冷战历史。中国在国际政治中的角色被包括在对与美国和苏联相关的国际政治的讨论中。发生在欧洲、亚洲、非洲和拉丁美洲的不同冷战危机都属于讲授内容。这门课会以过去25年发生的事件作为结束内容,包括发生不同的非西方国家的事件以及中东地区的紧张局势。

第四门必修课是"芬兰历史的转折点",讲述过去200年的芬兰史。尽管课程的目标包括培养学生"将芬兰的政治发展置于欧洲和世界的政治背景之中"的能力,这个"政治背景"主要是欧洲性的。只有在课程的最后,芬兰在全球秩序中的新国际地位才得以覆盖。作为联合国、欧盟和其他各种慈善组织等国际组织的成员之一,芬兰能够向世

---

① Finnish National Board of Education, Regulation 33/011/2003, *National Core Curriculum for Upper Secondary Schools 2003,* 180.

界做出正面的贡献。

除了这四门必修的历史课之外，全国课程设置还列举了两门选修课程：一门是早期芬兰史，另一门是"文化的相遇"。第一门显然是强调芬兰社会的发展，但"文化的相遇"则是一门非西方内容的课程。它对具体内容的描述如下："本课将要讨论的文化地区将从欧洲之外选取……下列中一个或数个文化地区将得到审视：非洲文化、北极文化、澳大利亚土著和大洋洲文化、印度文化、伊斯兰文化、日本文化、中国文化、朝鲜文化、拉美文化、北美土著文化。"[1]各城市和各学校也可以提供其他的历史课程。

芬兰提供多元文化教育的努力在近年来因为数千名来自东欧、亚洲和非洲的移民的到来而大为增强。30年前，在芬兰学校中，外国出生的学生或芬兰语为非母语的学生十分罕见。目前这在赫尔辛基的学校中已经是一种常态。在有的学校里，只有为数不多的人属于此类，但在"移民"社区的学校中，这类学生的比例可以高达30%。尽管为那些母语不是芬兰语的学生提供专门的语言训练课程对于学校来说是一个挑战，但教师们也认为，增进学生人口的多元化对学校来说同样是一件好事。当今，各学校不时举办"文化日"或"文化周"的做法已经相当普遍，外国出生的学生会在活动中展示母国的文化。母语为非芬兰语的学生在学校的出现，无疑也鼓励了芬兰青年人积极参与学校资助的前往非西方国家的旅行。

自20世纪90年代以来，芬兰作为一个小国在国际事务中扮演了一个重要的角色。芬兰人在联合国里担任了重要的负责职务，如伊丽莎白·雷恩（Elisabeth Rehn）是芬兰的前国防部长和总统候选人，因

---

[1] Finnish National Board of Education, Regulation 33/011/2003, *National Core Curriculum for Upper Secondary Schools 2003*, 185-186.

担任联合国副秘书长（1995—1999）这样的国际职务和在 1998—1999 年波黑人权审理事务特别报告员而著名。与此同时，自 1995 年加入欧盟之后，芬兰人也在该组织中担任各种领袖职务。如最近任职期满的欧盟经济货币事务委员是芬兰人奥里·雷恩（Olli Rehn）。而下一个特使也可能将是芬兰人。芬兰政府已经提名由于尔基·卡泰宁（Jyrki Katainen）接替奥里·雷恩的职务。[1] 芬兰将自己视为全球共同体的成员之一，感到有责任为世界变得更加美好而贡献力量。芬兰的教育体制支持这一目标的实现。芬兰将在 2016 年颁布的新课程设置将如何纳入全球视野，是非常值得期待和观察的。

在短短的 70 年里，芬兰从一个贫穷的、仅有技能教育体制的农业国家成长为一个教育领域的领袖和榜样。这个成就的取得归功于芬兰的高质量生活水平、出口贸易的经济、在全国通行的标准课程设置，以及对所有教师的教育背景的高要求。教师的职业在芬兰备受尊重，所以大学在录取教育学学位的申请人时可以做到严格筛选。国际测试显示出，芬兰在数学、阅读和自然科学的教学方面具有很高的水平，在历史和社会科学的教学方面也奉行同样的高标准。芬兰的教育体制将继续改进，以应对国内和世界范围出现的新挑战。（王希　译）

---

[1] Reporting from *Chicago Tribune*, "Finland's Katainen set to replace Rehn at EU till October," June 18, 2014 (retrieved 6/24/2014).

附 表

The Organisation for Economic Cooperation and Development
PISA Exam Results - 2000 (43 participating countries)
经合发展组织PISA测试结果-2000年
(参与测试国家：43)

	Reading（阅读）		Mathematics（数学）		Science（自然科学）
1	Finland 芬兰	1	Japan 日本	1	South Korea 韩国
2	Cananda 加拿大	2	South Korea 韩国	2	Japan 日本
3	New Zealand 新西兰	3	New Zealand 新西兰	3	Finland 芬兰
4	Australia 澳大利亚	4	Finland 芬兰	4	England 英格兰
5	Ireland 爱尔兰	5	Australia 澳大利亚	5	Cananda 加拿大
15	USA 美国（平均水平）	18	USA 美国	14	USA 美国

The Organisation for Economic Cooperation and Development
PISA Exam Results - 2003 (41 participating countries)
经合发展组织PISA测试结果-2003年
(参与测试国家：41)

	Reading（阅读）		Mathematics（数学）		Science（自然科学）
1	Finland 芬兰	1	Hong Kong, China 中国香港	1	Finland 芬兰
2	Japan 日本	2	Finland 芬兰	2	Japan 日本
3	Cananda 加拿大	3	South Korea 韩国	3	Hong Kong, China 中国香港
4	Australia 澳大利亚	4	Netherlands 荷兰	4	South Korea 韩国
5	New Zealand 新西兰	5	Liechtenstein 列支敦士登	5	Australia 澳大利亚
16	USA 美国(平均水平)	24	USA 美国 (低于平均水平)	6	Liechtenstein 列支敦士登
				19	USA 美国 (低于平均水平)

The Organisation for Economic Cooperation and Development
PISA Exam Results - 2006 (57 participating countries)
经合发展组织PISA测试结果-2006年
(参与测试国家：57)

	Reading（阅读）		Mathematics（数学）		Science（自然科学）
1	South Korea 韩国	1	Taiwan, China中国台湾	1	Finland 芬兰
2	Finland 芬兰	2	Finland 芬兰	2	Hong Kong, China 中国香港
3	Hong Kong, China 中国香港	3	Hong Kong, China 中国香港	3	Cananda 加拿大
4	Cananda 加拿大	4	Netherlands 荷兰	4	Taiwan, China中国台湾
5	New Zealand 新西兰	5	Switzland 瑞士	5	Estonia 爱沙尼亚
	USA 美国（缺信息）	25	USA美国(低于平均水平)	6	Japan 日本
				29	USA 美国(低于平均水平)

The Organisation for Economic Cooperation and Development
PISA Exam Results - 2009 (75 participating countries)
经合发展组织PISA测试结果-2009年
(参与测试国家：75)

	Reading（阅读）		Mathematics（数学）		Science（自然科学）
1	Shanghai, China 中国上海	1	Shanghai, China 中国上海	1	Shanghai, China 中国上海
2	South Korea 韩国	2	Singapore 新加坡	2	Finland 芬兰
3	Finland 芬兰	3	Hong Kong, China 中国香港	3	Hong Kong, China 中国香港
4	Hong Kong, China 中国香港	4	South Korea 韩国	4	Singapore 新加坡
5	Singapore 新加坡	6	Switzland 瑞士	5	Japan 日本
17	USA 美国（平均水平）	28	USA 美国（低于平均水平）	6	South Korea 韩国
				26	USA 美国（平均水平）

The Organisation for Economic Cooperation and Development
PISA Exam Results - 2012 (65 participating countries)
经合发展组织PISA测试结果-2012年
(参与测试国家：65)

Reading （阅读）	Mathematics （数学）	Science （自然科学）
1 Shanghai, China 中国上海	1 Shanghai, China 中国上海	1 Shanghai, China 中国上海
2 Hong Kong, China 中国香港	2 Singapore 新加坡	2 Hong Kong, China 中国香港
3 Singapore 新加坡	3 Hong Kong, China 中国香港	3 Singapore 新加坡
4 Japan 日本	4 Taiwan, China 中国台湾	4 Japan 日本
5 South Korea 韩国	5 South Korea 韩国	5 Finland 芬兰
6 Finland 芬兰	6 Macau, China 中国澳门	28 USA 美国(低于平均水平)
23 USA 美国 （平均水平）	12 Finland 芬兰(高于平均水平)	
	36 USA 美国(低于平均水平)	

National Curriculum Requirements for Lower Secondary School: Grade 7—9 （2012）
初级中学(7—9年级)全国课程设置要求（2012年）

Subject or Subject Group 科目或科目组	Lessons per week in subject (on average) 科目周课时（平均）
Language Arts & Literature 语言艺术与文学	10
First Foreign Language 第一外语	7
Second Foreign Language 第二外语	4
Mathematics 数学	11
Biology and Geography 生物与地理	7
Physics and Chemistry 物理与化学	7
Health 卫生健康	3
Religion and Ethics 宗教与伦理	3
History and Social Studies 历史与社会研究	7
Music 音乐	2
Visual Arts 视觉艺术	2
Home Economics 家庭经济学	3
Crafts, Textiles & Technical Work 手工、纺织和技能实践	7
Physical Education 体育	7
Academic Counseling 学术辅导	2
Optional Electives 选修课程	9
Optional third foreign language 第三外语选修	12
Optional fourth foreign language 第四外语选修	4

National Curriculum Requirements for General (academic) Secondary School: Grade 10—12 (2011)
普通（学术）高级中学(10—12年级)全国课程设置要求（2011年）

Subject Group 科目组	Compulsory Courses 必修课程	Optional Specialization Courses 选修专业课程
Language Arts & Literature 语言艺术与文学	6	3
First Foreign Language 第一外语 (一般从三年级开始，延续至中学结束)	6	2
Second Foreign Language 第二外语 (一般从六年级开始，延续至中学结束)	5	2
Other Foreign Languages 其他外语		
Mathematics 数学		
Basic Course 基础课	6	2
Advanced Course 高级课	10	3
Environmental & Natural Sciences 环境与自然科学		
Biology 生物	2	3
Geography 地理	2	2
Physics 物理	1	7
Chemistry 化学	1	4
Religion and Ethics 宗教与伦理	3	2
Philosophy 哲学	1	3
Psychology 心理学	1	4
History and Social Studies 历史与社会研究		
History 历史	4	2
Social Studies 社会研究	2	2
Music 音乐 (与视觉艺术结合，一共3门课)	1—2	3
Visual Arts 视觉艺术	1—2	3
Physical & Health Education 体育与卫生		
Physical Educaiton 体育	2	3
Health 卫生健康	1	2
Compulsory Courses 必修课程	47—51	
Specialization Courses 专业课程	24—28	
TOTAL MINIMUM REQUIREMENT 最低要求总课数	75 courses (75 门课)	

芬兰教育体制

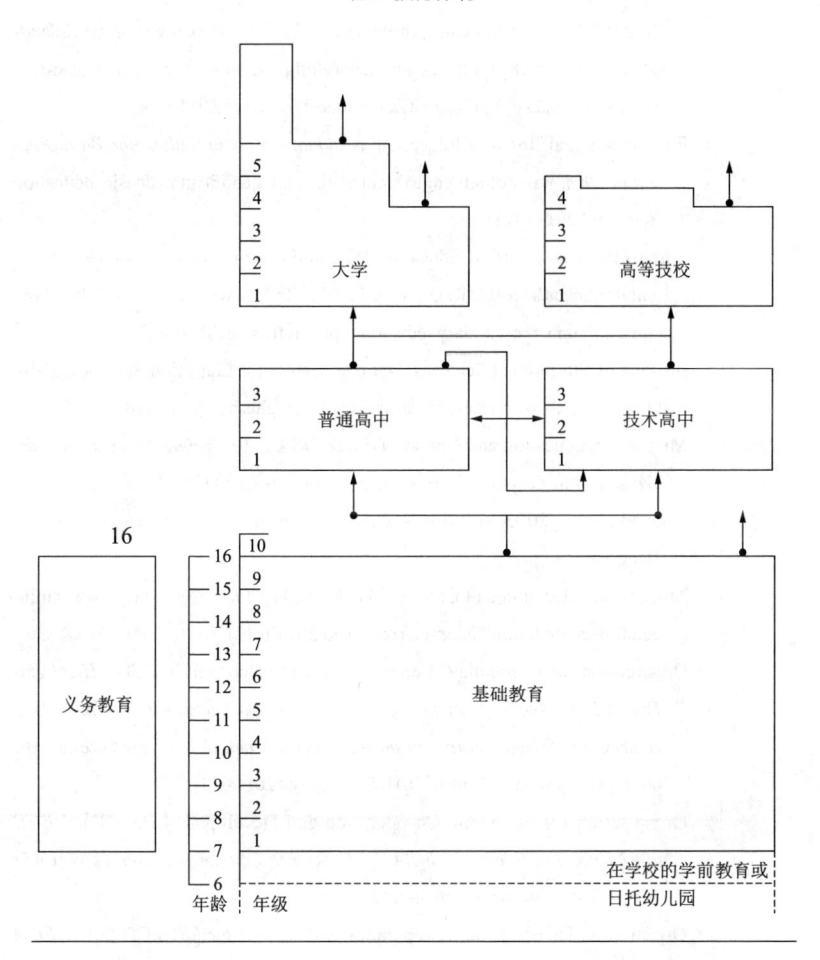

大学	1,2,3,4,5
高等技校	1,2,3,4
普通高中	1,2,3
技术高中	1,2,3
义务教育 16	基础教育 年龄6-16 / 年级1-10

在学校的学前教育或日托幼儿园

芬兰国家教育委员会制

参考书目   *Chicago Tribune*, "Finland's Katainen set to replace Rehn at EU till October," June 18, 2014. http://articles.chicagotribune.com/2014-06-18/news/sns-rt-us-finland-katainen-20140618_1_olli-rehn-monetary-affairs-28-member-states. (Reporting By Jussi Rosendahl; Editing by Gareth Jones) (retrieved 2014/6/24).

Finnish National Board of Education. *National Core Curriculum for Basic Education 2004*. www.oph.fi/english/curricula_and_qualifications/basic_education (retrieved 2014/6/13).

Finnish National Board of Education. *National Core Curriculum for Upper Secondary Schools 2003*. Regulation 33/011/2003. www.oph.fi/.../47678_core_curricula_upper_secondary_education.pdf (retrieved 2014/6/13).

Institute of Educational Sciences, National Center for Education Statistics. 2014. http://nces.ed.gov/surveys/pisa/pisa2006highlights.asp (retrieved 2014/6/13).

Ministry of Education and Culture. *OECD PISA 2003: Young Finns among the World Top in Learning Outcome*. http://www.minedu.fi/OPM/Tiedotteet/2004/12/oecdn_pisa_2003_-tutkimus_suomalaisnuorten_osaaminen_maailman_?lang=en

Ministry of Education and Culture. *The Results of PISA 2000*. http://www.minedu.fi/pisa/2000.html?lang=en (retrieved 2014/6/11).

Organisation for Economic Co-operation and Development (OECD). *Highlights From PISA 2009: Performance of U. S. 15-Year-Old Students in Reading, Mathematics, and Science Literacy in an International Context*. http://www.nces.ed.gov/pubsearch/pubsinfo.asp?pubid=2011004 (retrieved 2014/6/11).

Organisation for Economic Co-operation and Development (OECD). *OECD 2007 Executive Summary PISA 2006: Science Competencies for Tomorrow's World*. 2014. (Retrieved 2014/6/13).

Organisation for Economic Co-operation and Development (OECD 2010). *PISA 2009 Results: Executive Summary*.

Organisation for Economic Co-operation and Development (OECD). *PISA 2012 Results in Focus*, "What 15-year-olds know and what they can do with what they know". http://www.oecd.org/pisa/keyfindings/pisa-2012-results.htm (retrieved 2014/6/11).

Organisation for Economic Co-operation and Development (OECD). *PISA Programme for International Student Assessment: The Finnish PISA 2006*. http://www.pisa2006.helsinki.fi/finland_pisa/results/2006/2006_reading_literacy.htm (retrieved 2014/6/13).

Sahlberg, Pasi, *Finnish Lessons: What can the world learn from educational change in Finland?*, New York: Teachers College Press, 2011.

王 希

作为政治的历史知识
中国的美国史书写与教学（1949—2009）

20世纪60年代的美国女权运动使用过一句响亮的口号："The personal is political"（个人问题也是政治问题）。① 我想借它的语式来表示一个观点："The historical is political"。这当然是一种夸张的说法——并非所有历史问题都与政治相关——我想用它来强调，历史研究带有一种与生俱来的"政治性"。无论我们如何强调"价值中立"，我们都无法否认，大部分历史知识的生产是政治的产物，也注定是为政治服务的。美国史的书写与教学在中国的发展正是这样的一种经历。

1784年，美国商船"中华皇后号"从费城出发，经过数月航行之后，来到广州，中国人从此知道了关于"花旗国"的知识。然而，直到200年之后，美国史作为一门学问才在中国得以建立。这中间有一个漫长、复杂的故事，牵涉到中国史、美国史和中美关系史以及这三种历史相互之间的纠结。本文无意在此讲述这个故事，也不打算梳理美国史研究在中国的流变，两者都超出了我的学识与能力。② 我仅利

---

① 见：Carol Hanisch, "The Personal Is Political," *Notes from the Second Year: Women's Liberation* (New York, 1970), 76-78.
② 关于中国人了解美国知识的研究，参见：杨玉圣：《中国人的美国观———一个历史的考察》，上海：复旦大学出版社，1996年；熊月之：《西学东渐与晚清社会》（修订版），北京：中国人民大学出版社，2011年。关于中国美国史研究的学术史，见：资中筠：《中国的美国研究》，《美国研究》1987年第1期，第7-20页；张友伦：《美国史研究（转下页）

用这个机会勾画1949—2009年间美国史的写作与教学在中国的变化轮廓，目的是展示历史知识的生产（史学研究与写作）和传播（历史教学）与特定时代的政治之间的张力。我关心的还有另外一个问题，即历史学家在知识与政治的博弈中如何发挥自己的能动性。[①]

之所以选择1949—2009年是有原因的。这是中华人民共和国历史的第一个60年，以1978—1979年的"改革开放"为界可以分为两段。在前30年里，国家对文化和教育实行高度的统一管理，对公民意识形态的塑造拥有绝对的垄断权，中国与外部世界相对隔绝，信息闭塞；在后30年里，中国实行改革开放，经济生活走上市场化、全球化的道路，在价值观方面也出现了多元化，学术研究的空间大大扩展，国门大开，信息爆炸。中美关系在这60年里也经历了重要的转型，从最初的相互敌对，走向接触与合作，再走向相互依存与竞争。所有这些都是特定时代的"政治"的一部分，也深刻地影响了美国史研究与教学在中国的命运。

为讨论的方便，我把60年划分为3个阶段：1949—1979，1979—2001，以及2001年至今。三个阶段的政治背景和学术环境不同，中国学者习得美国史知识的动力和目的不同，知识的产出和影响也不同，但每一阶段的知识生产都有鲜明的"政治性"。

1949—1979："头号敌人"

在第一阶段（1949—1979）中国的政治棱镜中，美国的形象是极为负面的，在相当长一段时间里，甚至是中国的"头号敌人"。这个

（接上页）百年回顾》，《历史研究》1997年第3期，第149-163页；李剑鸣：《1989年以来中国的美国史研究》，载胡国成主编：《透视美国：近年来中国的美国研究》，北京：中国社会科学出版社，2002年，第1-46页；梁茂信：《对"三十而立"的反思与期待——2001—2010年中国美国史研究的回顾》，《史学月刊》2012年第1期，第72-99页。

形象不是中国人的无中生有,而是源自20世纪40年代末50年代初的一连串事件——包括中国共产党人在大陆的胜利、中苏结盟、美国国内的反共主义、朝鲜战争等——将美国与新中国的关系从一开始锁定在相互为敌的态势上。美国研究自然逃脱不了被"政治化"的命运。1951年为配合反美斗争的需要,《历史教学》上连续发表文章,抨击美国的帝国主义行径和国内的种族主义,在某种意义上,也是新中国学人对美国历史的一次密集介绍。令人印象深刻的不光是因为这些文章的学术性,还因为相当 部分出自归国留学生之手。① 应该特别指出的是,早期留美学生加入这种对美国的"批评"并不是盲目的或被迫的,相反,他们觉得自己有责任利用专业知识来纠正国人对美国的错误认识和当时盛行的"崇美"情结。②

但这个集体行动并不预示美国史研究会成为新中国人文学科的显学。在百废待兴、新政权亟需巩固的20世纪50年代,除了服从政治

---

① 例如:杨生茂:《美帝侵华政策的演变》,《历史教学》(以下简称LSJX)第1卷第1期(1951年1月),第5-8页;杨生茂:《抗日战争期间美帝如何武装日本》,LSJX第1卷第2期(1951年2月),第6-7页;丁则民:《美帝迫害华工史辑》,LSJX 第1卷第3期(1951年3月),第3-6页;杨生茂:《一九三七至一九四一年抗战期间美帝如何合伙侵华》,LSJX第1卷第4期,(1951年4月),第3-4页;孔毓棠:《美帝对华投资的历史发展及其侵略性》,LSJX第1卷第5期,(1951年5月),第4-7页;余绳武:《门户开放政策在美帝侵华历史中的作用》,LSJX第1卷第5期,第8-11页;丁则民:《门罗主义与美帝侵略政策》,LSJX第1卷第6期,(1951年6月),第2-5页;陈体强:《美帝破坏条约的历史上的罪证》,同上,第6-8页;丁则民:《"天津条约"订立前后美国对中国的侵略行动》,LSJX,第1卷第8期(1951年4月),第1-3页;贾维诚:《第一次世界大战期间美帝对中国侵略性的借款》,LSJX第2卷第4期,(1951年10月),第9-11页;黄绍湘:《评"美帝破坏条约的历史上的罪证"》,LSJX第2卷第5期(1951年11月),第17-19页;陈体强:《关于〈美帝破坏条约的历史上的罪证〉一文答黄绍湘先生》,同上,第20-24页。
② 曾参与这场写作的杨生茂先生后来回忆说:"[我]搞美国外交史,对象是中国人。许多人对美国不了解,太表面了!美国虽然是最有钱的国家、最有势力的国家,但是美国思想有不适合中国的地方,应该指出来。"董正华采访、王立新整理:《杨生茂口述传》(1999年),手稿(感谢杨令侠教授惠赐材料)。

需要之外，人文学科的发展还受制于教育体制的设计。当时"美国史专家"——即受过美国史的专业训练并在大学讲授美国史的学者——的队伍规模很小，不超过10人，包括黄绍湘、杨生茂、刘绪贻、丁则民、刘祚昌等（前4人曾于20世纪40年代留学美国并获得研究生学位）。[①]他们已属极为难得的专门人才，但在当时没有美国史的课程可教。原因之一是美国史是隶属于世界历史之下的次级学科，而世界史本身在当时也是刚刚起步，在规模和学术传承方面不能与中国史同日而语。1952年仿效苏联模式进行的院系调整对一些高校进行了重组，废除了教会大学和私立大学，历史学从此被局限在综合性大学和师范院校之内，世界史的发展空间进一步缩小，国别史则更没有机会发展成为独立学科。[②]这种情形一直延续到20世纪70年代末。尽管南开大学和武汉大学遵循高教部的指示于1964年建立了美国史研究点，并针对某些美国史专题（如黑人运动史）进行了资料收集，南开大学还制定了培

[①] 一部新近的研究指出，1917至1947年间，大约有30名中国学生在美国大学接受过史学训练，但获研究生学位的人屈指可数，获得与美国史专业相关的学位的有黄绍湘（哥伦比亚大学，美国史，1946）、杨生茂（斯坦福大学，美国外交史，1946）、刘绪贻（芝加哥大学，社会学，1946）、丁则民（华盛顿大学，1949）。参见：李春雷：《留美生与中国历史学》，天津：南开大学出版社，2009年，第56-58, 258-260页；黄绍湘：《黄绍湘集》，北京：中国社会科学出版社，2001年，第517页；王希：《杨生茂教授访谈录（2009年8月27日）》，《美国研究》2010年第2期，第128,130页；李存训：《刘绪贻先生的学术道路》，《美国史研究通讯》2003年第1期。刘祚昌在回忆录中提到，他的美国史训练主要来自20世纪40年代在国内大学的自学。见刘祚昌：《我是怎样研究美国史的》，载刘祚昌：《刘祚昌史学文集》，北京：人民出版社，2008年，第525-526页。在这个群体之外，还有一些研究美国的人，如邓蜀生、李道揆等，但他们当时并不在大学工作。此外，还有一些更早时候的归国留学生（包括从哈佛大学获得史学博士的齐思和），虽然在美国曾专研过美国史，但回国之后从事的主要是中国史或世界通史的研究和教学。作者与齐文颖的访谈，北京，2009年10月20日。

[②] 根据黄安年教授的研究，1951年到20世纪70年代初北京高校只开设过零星的美国史或美国概括讲座，并无专门的美国史课程。黄安年：《北京地区美国历史课程开设情况（1945-1981）》http://www.sciencetimes.com.cn/m/user_content.aspx?id=14353 (2009.6.12.)；作者与黄安年的访谈，北京，2009年6月22日。

养美国史方向研究生的方案，但作为一个单独学科或史学领域的美国史研究在 1979 年之前并不存在。①

然而，这并不意味着中国的美国史学者没有用武之地。事实正好相反，特殊的政治背景赋予这个小规模的美国史研究群体以特殊的使命：时代要求他们为了反美斗争的需要，写作时代需要的美国史知识，并通过大一统的教材和教育体系，将相关知识传播到全国的历史教学中，帮助塑造学生的价值观、世界观和美国历史观。对于历史学家来说，这是一项责任重大的使命，也是一个施展才华和创造力的极好机会。黄绍湘教授用她的《美国简明史》和《美国早期发展史（1492—1823）》最为成功地完成了这一使命。②

两部著作分别于 1953、1957 年出版，加起来将近 80 万字，篇幅巨大，内容翔实，由黄绍湘一人单独写就，即便用今天的学术标准来衡量，也可以被当之无愧地誉为中国美国史研究历史上的里程碑作品。黄著的意义表现在两个方面：提供了一个具有史无前例的深度、广度和系统性的美国史叙事，提供了一种解读美国史的理论与方法。在《美国简明史》的自序中，黄绍湘称，她"尝试运用马克思列宁主义观点和方法"，"以资本主义的发展和阶级斗争的展开作为贯穿全书的线索"，讨论不同时期美国的"经济情况、经济政策及其后果"和美国的"对外的扩张和侵略以及人民的斗争"，从而展现"美国资产阶级的上升和没落，以及劳动人民的必然获得最后胜利"的历史规律。此外她的作品还借助了"美国的新史学家对于美国历史的分析材料为主要参

---

① 关于南开大学和武汉大学建立美国史研究室的介绍，见：王希：《杨生茂教授访谈录（2009 年 8 月 27 日）》；作者与张友伦的访谈，天津，2009 年 8 月 24 日。关于南开大学在 20 世纪 60 年代制定美国史方向研究生培养方案的讨论，见杨令侠：《杨生茂先生与世界历史教学》，手稿（《历史教学》2016 年即刊，感谢杨令侠教授分享此项研究）。
② 黄绍湘：《美国简明史》，北京：生活・读书・新知三联书店，1953 年版；黄绍湘：《美国早期发展史(1492—1823)》，北京：人民出版社，1957 年版。

考",因而具有学术上的前沿性。① 从立场、内容到形式,黄著在当时都是不可多得的"政治正确"的学术佳品。

即便如此,黄著在当时也没有完全"垄断"中国的美国史知识的生产,学界仍有机会接触到其他形式的美国史著作,尤其是从美国左翼历史学家和苏联历史学家的美国史作品中翻译过来的译作,② 但最终作为标准叙事和解读进入全国世界史教材体制的仍然还是黄著。黄著的影响力一直延续到20世纪80年代之后。③ 若干年后,学界对黄著的评论——称其是新中国美国史研究的"奠基性著作"(于沛语),并"影响了整整一代人"(张友伦语)——并不是言过其实的赞誉,而是实事求是的评价。④ 我们可以通过黄著针对美国革命、美国宪法、内战和新政等美国历史上的重要事件的观点来看它的影响力:

● 美国革命是一个里程碑事件,它"激励全世界范围的革命运

---

① 黄绍湘:《美国简明史》,自序,第1页。

② 例如:美共主席福斯特(William Z. Foster)的多部著作:〔美〕威廉·福斯特:《美洲政治史纲》,冯明方译(北京:人民出版社,1956);《美国历史中的黑人》,余家煌译(北京:生活·读书·新知三联书店,1960);《美国共产党史》,梅豪士译(北京:世界知识出版社,1957)。其他美国左翼历史学家的著作包括:〔美〕摩累斯:《为美国的自由而斗争 最初二百年》,孙硕人、贾鼎治、诸长福合译(北京:三联书店,1957);〔美〕阿普特克著:《美国人民史,第一卷:殖民地时期》,全地、淑嘉译,常绍温校(北京:生活·读书·新知三联书店,1962)。译成中文的苏联美国史著作包括:〔苏〕尼基佛罗夫、库兹明:《北美独立战争·美国内战》,刘祚昌译(北京:人民出版社,1954);〔苏〕叶菲莫夫著:《美国史纲:从美洲的发现至内战的结束》,苏更生译(北京:三联书店,1957);〔苏〕列·伊·祖波克著:《美国史纲:1877—1918》,庚声译(北京:三联书店,1972)。

③ 《美国简明史》的修订本于1979年出版,取名为《美国通史简编》。在修订本中,黄保留了原有的结构和大部分观点,加入了对文化和意识形态的讨论。黄绍湘:《美国通史简编》,北京:人民出版社,1979年;前言,第1-4页。

④ 于沛等:《中国世界历史学30年(1978—2008)》,北京:中国社会科学出版社,2008年,第336页;张友伦:《美国史研究百年回顾》,第153页。其他类似的议论见:黄柯柯:《美国史研究概述》,载陈启能主编:《建国以来世界史研究概述》,北京:中国社会科学出版社,1991年,第531页。

动","为全世界殖民地解放运动树立了一个先例",成为"美国社会进展的里程碑",但"由于无产阶级还未形成,革命的胜利果实被资产阶级所窃取"。①

- 美国联邦宪法是一部"保障剥削阶级的法律",为资产阶级提供了"一个强有力的国家机器",巩固了"保障资产阶级的社会秩序",只有在"杰斐逊的督促和法国革命的影响下",资产阶级才做出让步,在宪法中加入了权利法案。②

- 美国内战"从性质上是资产阶级革命",是一场"奴隶制和自由劳动制"之间的"两种制度的斗争",是"美国'第二次革命'",对此马克思做了"天才论证";内战"改变了美国的经济形态",使"资本主义战胜了封建主义","使美国具备了成为高度发达的工业国家的条件"。③

- 重建"是资产阶级民主革命的继续和发展",是一场(以斯蒂文斯和萨姆纳为代表的)"进步主义者"与"反动派"之间的"两条路线的斗争";林肯在内战中"代表中间派",他虽然颁布了解放宣言,但"始终还是具有妥协的倾向"。④

- 罗斯福新政的"进步性是极有限的",其进步性只在于"使美国避免了直接走上法西斯化的道路,而以某种改良主义的方式,相当地缓和了经济危机";新政的改良主义"与德意法西斯主义式的运用并不存在本质上的差别","并不包含任何社会主义的或

---

① 黄绍湘:《美国简明史》,1953年版,第50-51页。
② 黄在书中将美国和苏联宪法做了比较,指出苏联宪法是在斯大林领导下的"苏联伟大社会主义革命所取得的成就的记录",而美国宪法是"资产阶级专政"的保障和资本家掌握的"资产阶级剥削和压迫劳动人民"的武器。只有权利法案是"美国人民的勇敢斗争"的象征。黄绍湘:《美国简明史》,第64-65页。
③ 黄绍湘:《美国简明史》,1953年版,第182-183页
④ 同上,第194-195页。

革命的因素……也没有任何对资本家剥削工人的干涉"。①

　　阶级斗争分析法、人类历史发展的阶段论、对暴力革命的正义性和正当性的强调，以及对劳动人民推动历史发展的能动性的赞扬等，这些理论严格地说都不是黄绍湘的原创，而是当时官方意识形态的核心内容。黄的创造性工作在于她有效地运用它们来叙述和解释美国史。这实际上是一个难度很大的工作，尤其是对一个在美国接受过史学训练的人来说。仔细阅读黄著，我们可以感受到她在处理美国革命、《独立宣言》、内战等问题时的理论挣扎。尽管她使用了"资产阶级"的定语来限定语境，但她仍然没有完全拒绝使用"民主"的概念，甚至对杰斐逊的民主主义理想给予了高度的肯定。

　　参与写作通用世界史教科书的学者也面临同样的挑战——如何找到一种"政治正确"的美国史观来组织叙事。杨生茂教授主持编写的《世界通史·近代部分》（1962年版）也采用了阶级分析法，把北美殖民地时期描述成是"北美资产阶级开始形成"的时代，把"新兴的资产阶级"视为北美反英斗争的领导者。除了杰斐逊外，该书还将富兰克林也列为"杰出的（资产阶级）政治家和思想家"。②《世界通史·近代部分》在处理美国宪法时，语气要比黄著略为缓和，认为它虽然创建了一个"民主共和的政府形式，"但因为在奴隶制问题上的妥协等而带有阶级特权和种族压迫的标记。③ 但在对美国内战的评价上，《世界

---

① 黄绍湘：《美国简明史》，1953年版，第344-345，347，356页。
② 周一良、吴于廑 主编，杨生茂、张芝联、程秋原 分册主编：《世界通史·近代部分》（上册）（北京：人民出版社，1962）。在赞扬杰斐逊的时候，该书引用了杰斐逊关于自由的名言："The tree of liberty must be refreshed from time to time with the blood of patriots and tyrants"，而没有采用黄绍湘引用过的杰斐逊语录。同上，第129-130页。
③ 同上，第129页，第139页。

通史》分享黄著的观点，将内战称为"第二次资产阶级革命"。①

在"反动学术权威"被打倒的文化大革命期间，《美国简明史》和《世界通史》的"美国史观"并没有被抛弃。一部1972年发行、由广东省革委会编写的《世界近现代史讲稿》在"资产阶级世界革命"一讲中，引用毛泽东论美国革命的语录，把美国独立战争称为是一场"资产阶级革命"。②在讨论美国内战时，讲稿称内战前"马克思主义在美国工人中传播"，促成"工业资产阶级"与"北部工人和农民"的联合，最终导致了奴隶主阶级被推翻。③另一部近代史教材称"阶级斗争"是推动美国史发展的唯一主线。④北京大学历史系于20世纪70年代编写的《简明世界史》在讨论罗斯福"新政"时全盘接受了黄绍湘的观点（此刻黄绍湘在该系任教），将新政视为"一种资产阶级改良主义政策"。⑤有趣的是，该教材还驳斥了苏联学者对"新政"所持的正面评价，展示了当时的中苏交恶对世界史教材编写的影响。教材作者认为，"在阶级社会里，根本没有超阶级的明智，没有超阶级的人心"，而"苏修吹捧罗斯福，实际是背叛马克思主义关于阶级斗争的学说，宣扬帝国主义本性可以改变，美化帝国主义"。⑥无独有偶，在美国学生运动高涨的1968年，美国芝加哥大学的一群激进学生也曾对在该校

---

① 周一良、吴于廑 主编，杨生茂、张芝联、程秋原 分册主编：《世界通史·近代部分》，上册，第400-409页。《世界通史》与黄著在判断上的细微差别应该与当时的国际形势有关。《世界通史》的出版是在20世纪60年代初，中美之间的对立并不像20世纪50年代中期那样紧张，而中苏关系则开始走向公开破裂。
② 广东省革委会政工组宣传办公室：《世界近现代史讲稿》（1972年12月），印刷本（存于北京大学历史系图书馆）。
③ 同上，第106-107页。
④ 北京师范大学历史系世界史组编：《美国史教材》，内部交流，1974年。
⑤ 北京大学历史系简明世界史编写组，《简明世界史·现代部分》，北京：人民出版社，1974年，第155页。
⑥ 同上，第156页。

讲学的苏联学者为罗斯福"新政"的辩护表示愤慨。[1]

20世纪50年代的中学历史教学指南也使用"资本主义必然要灭亡,社会主义必然胜利"的观点,将当时的苏联视为是人类历史的灯塔,而美国则是"最大的国际剥削者"和"世界反动势力的主要堡垒"。一份1956年的高中历史教学指南对独立战争和内战的描述较为正面,但"美国形象在教学大纲和课程标准中基本上是负面的"。[2]

意识形态和标准化教材使得这一阶段的美国史教学局限在几个"经典"题目上,如独立战争、内战、帝国主义、罗斯福新政等,并提供了标准的解读模式,其结果是,美国史研究与教学长期处于一种"僵化"状态。中美对立使中国学者无法接触到美国学界的信息。20世纪50年代冷战高潮时期,唯一访问过中国的美国历史学家是享誉全球的黑人学者杜波依斯(W. E. B. Du Bois)。他于1959年作为中国政府的客人访华,并在北京大学发表学术演讲,但他演讲的题目是泛非主义,而不是严格意义上的美国史。[3] 杜波依斯访问中国20年后(1979年),富兰克林(John Hope Franklin)教授来华访问。他也是一位非裔美国人历史学家,时任芝加哥大学的美国史教授、美国历史学会(AHA)主席。富兰克林的使命之一是帮助恢复中断了30年之久的中美学术交流,他也借机观察到当时中国的美国史研究的某些侧面,并在自传中留下了记录。他注意到,在关于黑人史学的讲座上,中国听众对黑豹党等"激进的或叛逆性的"黑人组织的兴趣要远远超过对全

---

[1] John Hope Franklin, "A Modest Imperialism: United States History Abroad," in Lewis Hanke, ed., *Guide to the Study of United States History Outside the United States, 1945-1980* (White Plains, NY: Kraus International Publications, 1985), 43-44.

[2] 赵梅:《清末以来中国中学历史教科书中的美国形象》,《美国研究》2006年第4期,第57-71页,引语见第54、55页。

[3] 北京大学杨立文教授告诉笔者,他曾聆听过杜波依斯的这次演讲。作者与杨立文的访谈,北京,2009年6月25日;Wang Xi, "Black America and Red China: The Problem of Extended Color-line across the Pacific," (unpublished manuscript).

国有色人种协进会（NAACP）等"主流"黑人民权组织的兴趣。[1] 他还注意到，中国的美国史研究者对美国左翼历史学家赫伯特·阿普特克的著作可以如数家珍，但对黑人历史学家卡特·伍德森、查尔斯·韦斯利和雷福特·洛根等却闻所未闻。[2] 但令他感到颇为不安的是一位研究美国民权运动的中国同事对他说，小马丁·路德·金曾提出"美国应该采用共产主义和社会主义的原则来改革自我"。[3] 这种对最著名的民权运动领袖的政治立场的误读让他感到吃惊。幸亏当时他没有读到《世界近现代史讲稿》，不然他会感到震惊。这部1972年编写的教材在讨论美国南部"种族隔离法"（Jim Crow laws）的起源时，称这些法律是"根据当时的国会议员、种族主义分子吉姆·克罗的主张"在19世纪末20世纪初制定的。[4]种族隔离法的事实是铁定的，但这位"吉姆·克罗"参议员却是凭空想象的，子虚乌有。这也许是一个无心的错误，但它不经意地为当时中国美国史研究和教学中的"本土化"实践——按政治需要来"创造"美国历史——提供了一个令人感到颇为尴尬的脚注。[5]

---

[1] John Hope Franklin, *Mirror to America: The Autobiography of John Hope Franklin* (New York: Farrar, Straus and Giroux, 2005), 285-286.

[2] 阿普特克（Herbert Aptheker, 1915—2003）是美国马克思主义历史学家，著有多部美国史著作，被翻译成中文的著作包括阿普特克著，杨静远译：《美国黑奴的起义 1526—1860》，北京：三联书店，1958年；赫伯特·阿普特克著，全地、淑嘉译：《美国人民史》，北京：三联书店，1962年。卡特·伍德森（Carter G. Woodson, 1875—1950）、查尔斯·韦斯利（Charles H. Wesley, 1891—1987）和雷福特·洛根（Rayford Logan, 1897—1982）均为著名的非裔美国人历史学家。

[3] Franklin, *Mirror to America*, 287-288.

[4] 广东省革委会政工组宣传办公室：《世界近现代史讲稿》(1972年12月)，第109页。

[5] 盛嘉教授曾提到，20世纪50至80年代的中国美国革命史叙事所创造的美国革命史"既不同于美国学者的也不同于苏联以及世界其他地区的学者，实在具有中国的'特色'"。盛嘉：《走出中国美国史研究的困境——以中国的美国史叙述为例》，《史学月刊》2008年第2期，第20页。

1979—2001："头号强国"

在中国的美国史领域的发展历程中，1979 年注定是不平凡的一年。除了富兰克林教授的访华之外，这一年还见证了两件大事的发生：中美两国外交关系的全面正常化和中国美国史研究会的成立，两者都关键性地改变了美国史研究和教学在中国的命运。中美建交开通了两国学术交流的官方和民间渠道，激发中国人全面了解美国的强烈愿望。美国史研究会则为专业学者提供了一个建构学术共同体的体制平台。该会在成立的时候不足 50 人，但在随后的 30 年里将成为中国世界史学界中成果最丰富的国别史专业组织。美国史研究和教学之所以获得新生，如同整个国家的命运一样，得益于国家于 1978 年之后在意识形态、政治追求和发展方向上的深刻转向：中国政治的核心内容不再是无止境的阶级斗争和对乌托邦社会的狂热追求，而是脚踏实地地追求工业、农业、国防和科学技术的现代化。随着"四化"成为当时中国最大的政治，中国的美国史研究与教学也将围绕它而展开。

美国史研究会做出的第一个决定是撰写一部多卷本美国通史。"当时大家见了面，都觉得很激动，"杨生茂教授多年以后回忆说，"想透透气，也想搞点东西。"① 经过辩论之后，编写通史成为与会者的共识。两位总主编后来写到，"由于改革开放以来的形势发展，我国急需有一种全面而非片面、系统而非零碎的美国历史的著作"。② 通史的最初目标是作为高校美国史专业的教材和通用的参考书，以"帮助人们能比较正确地认识当今的美国。"③ 什么是"比较正确"的认识呢？根据两位

---

① 王希：《杨生茂教授访谈录》，《美国研究》2010 年第 2 期，第 132 页。
② 杨生茂、刘绪贻：《总主编的话》（2002 年 7 月 21 日），载刘绪贻、杨生茂 总主编，李剑鸣 著：《美国通史（第一卷）：美国的奠基时代》北京：人民出版社，2008 年版，第 1 页。
③ 杨生茂、刘绪贻：《总主编的话》；作者与张友伦的访谈，2009 年 8 月 25 日，天津。

总主编的描述，新的美国通史"既要以马克思主义为指导思想，又要克服'左'的教条主义，并结合美国历史实际进行实事求是的论述"；既要"写出中国的美国史著作的特点，体现中国美国史研究的最新水平"，又要"纠正一些流行的对美国历史的错误和模糊认识"；"既要借鉴美国一些对我国有益的经验，又要消除人们对美国存[在]的某些不切实际的幻想"。① 这个思路看上去四平八稳，面面俱到，实际上是提倡"解放思想，实事求是"，创造一种新的"客观"讲述美国历史的方式。② 如何做到这一点，则是对编者和作者的考验。

除此之外，由于长期与外界隔绝，研究者还面临资料缺乏、知识结构单一、知识老化、信息不通等问题。然而，最大的挑战是缺乏人才。1979年中国的美国史研究者队伍规模仍然很小，主要包括那些从文革中存活下来的早期留美学人、20世纪50年代派往苏联和东欧的留学生，以及在文革前和文革中成长起来的大学生，总共不到50人。在这种情况下，无人可以单枪匹马地完成通史的写作。然而，此刻正在恢复的研究生教育开始将新人带入世界史领域。美国史研究会决定采用中国革命的战略法宝之一——集中优势兵力、各个突破——将该项目一分为六，由6所整体实力较强的大学各自承担其中一卷的写作。经过将近10年的努力，通史的第六卷于1989年率先完成出版，第二、三、五卷在随后5年内相继出版。第一卷和第四卷的写作在初期遭遇困难，更换作者之后于2001年完成并出版。这样，全书从立项到总共近300万字的6卷本出齐，总共用了20年左右的时间，参与书写者包括了三代

---

① 杨生茂、刘绪贻：《总主编的话》（2002年7月21日）。
② 刘绪贻：《解放思想 实事求是》，《六卷本[美国通史]笔谈》，《史学月刊》2003年第9期，第18-19页。

人，累计 35 人左右（见表1）。[①]

表1 六卷本《美国通史》题目、作者和出版信息

卷	分卷题目	作者（人数）	单位	首次出版时间
1	美国的奠基时代 1585—1775	李剑鸣（1人）	南开大学	2001
2	美国的独立和初步繁荣 1775—1860	张友伦（本卷主编）、陆镜生、李青等（15人）	南开大学	1993
3	美国内战与镀金时代 1861—19世纪末	丁则民（本卷主编）、黄仁伟、王旭等（10人）	东北师范大学	1990
4	崛起和扩张的年代 1898—1929	余志森（本卷主编）、王春来（本卷副主编）、王锦瑭、陆甡颖、陈晓（5人）	华东师范大学	2001
5	富兰克林·D.罗斯福时代 1929—1945	刘绪贻、李存训（2人）	武汉大学	1994
6	战后美国史 1945—2000[②]	刘绪贻（本卷主编）、韩铁、李存训等（4人）	武汉大学	1989

这项后来被称为"前无古人"的学术工程的创作经历是一个值得详细书写的故事，[③]因为除第一卷之外，其他5卷都是集体创作的结果，时段也拉得较长，使用的资源也不尽一致，写作风格与思想深度无法做到一致，所以各卷的质量和学术含量高低不一。譬如，最先出版第六卷（讨论二战之后的美国史）是在20世纪80年代创作的，当时中国

[①] 中国美国史研究会编：《美国史研究通讯》，1980年第1期，第4-5页；杨生茂、刘绪贻等：《六卷本[美国通史]笔谈》，《史学月刊》2003年第9期；梁茂信：《对"三十而立"的反思与期待——2001—2010年中国美国史研究的回顾》，《史学月刊》2012年第1期，第77页。

[②] 本卷第一次出版（1989年）时，覆盖的时段是1945—1986年。2001年修订版将覆盖时段延长至2000年。

[③] 梁茂信：《对"三十而立"的反思与期待——2001—2010年中国美国史研究的回顾》，《史学月刊》2012年第1期，第77页。

的改革开放才刚刚起步，意识形态的"松绑"也刚刚开始，作者可利用的学术资源相当有限。5年之后出版的第五卷（讨论罗斯福及其新政）无论在材料还是在思路上都更上一层楼。除此之外，作者在写作中还直接获得了研究罗斯福新政的美国权威学者给予的直接帮助。第一卷作者李剑鸣是临危受命，但有幸的是他于1995年接手后不久便获得了到美国做访问学者、收集材料的机会，所以他在写作中能够将美国学界关于殖民地史研究的最新成果纳入创作之中，而这些条件对于先前完成的各卷作者并不一定具备。如较早完成的第三卷在对美国内战史和重建史的讨论，使用的大多是20世纪70年代或更早以前出版的材料，作者没有机会看到20世纪80年代对这两个主题的新研究，更不了解其中的史学史变化。

尽管如此，六卷本《美国通史》作为一个整体无疑也是中国美国史研究历史上的一部里程碑式作品，在覆盖范围、结构规模、内容的广度与深度上都远远超过了黄绍湘的《美国简明史》。它的最重要的贡献是提供了一部新的宏大叙事，呈现一个更加丰富、多姿多彩的美国史画面，扩展了中国学者对美国史的研究视野，并尽最大可能在当时允许的环境下，提出了新的"政治正确"的美国史观。下面是其中的一些例子：

- 对于美国革命，《美国通史》给予了相当正面的评价，认为独立战争的"最重要和最伟大成果"是在13个州里产生了"初步的共同的民族意志"，而美国革命"否定了传统的君主制和贵族统治，实行了资产阶级共和制，…在一定程度上保证了人民主权和防止暴政"，使美国在独立后成为了"第一个真正实行资产阶级共和制的民主国家"。[①]

[①] 刘绪贻、杨生茂 总主编，张友伦 本卷主编：《美国通史（第二卷）：美国的独立和初步繁荣 1775—1860》，北京：人民出版社，2008年版，第40页。

- 对于联邦宪法,《美国通史》认为,从阶级性质来看,它"是典型的资产阶级宪法",其目的是"为了保护私有财产",但它也是"美国革命所取得的民主成果的法律化和《独立宣言》中揭示的民主原则的制度化"的表现;权力分立和制衡为"稳定资产阶级国家制度发挥了重要作用",宪法因而也是"资产阶级革命史上的一次创举"。①

- 《美国通史》对美国内战的解读与传统的观点基本相似:内战"扫清了奴隶制度这一美国社会生产力发展的最大障碍,使美国资本主义迅速发展,……[因而]被誉为美国的第二次资产阶级革命"。《美国通史》认为林肯作为"资产阶级的政治代表……不可避免地带有自身的局限性",但他在解放奴隶问题上"顺应了历史潮流,不失为一位建业甚丰的人"。②

- 对于罗斯福新政的评价是《美国通史》全书中最具个性、最有理论色彩的修订。两位作者指出,罗斯福"新政"的实质既不是社会主义,也不是法西斯主义,而是美国历史上"一次空前重大的资本主义改革";它的内容是"局部改变资本主义生产方式内部的生产关系",限制旧制度的坏内容,"改善中、小资产阶级和广大劳动人民的政治、经济处境,以便适度减轻资本主义基本矛盾的作用,缓和阶级斗争";罗斯福"新政"式国家垄断资本主义不仅"延长了美国垄断资本主义的生命,还为其他主要资本主义国家提供了样板"。③

---

① 同上,第 61-62 页。
② 刘绪贻、杨生茂 总主编,丁则民 本卷主编:《美国通史(第三卷):美国内战与镀金时代 1861—19 世纪末》,北京:人民出版社,2008 年版,第 35-36 页。
③ 刘绪贻、杨生茂 总主编,刘绪贻、李存训著:《美国通史(第五卷):富兰克林·D. 罗斯福时代 1929—1945》,北京:人民出版社,2008 年版,第 196-197, 201-205, 209 页。

显然，《美国通史》企图在新旧美国史观中找到一种平衡。多数分卷仍然保留了一些关键的传统提法，如继续用"资产阶级"来形容和界定美国历史的相关事件，但作者们的指导思想有了关键的转变，不再将美国描述成为腐朽不堪、行将崩溃的资本主义国家，而是开始承认美国在经济现代化方面是一个成功的典范，并具有自我改革的能力。因各卷覆盖的时段和主题不同，这种立场变化的表现也并不一致。在讨论工业化的第四卷和讨论罗斯福新政的第五卷中，突破的尺度明显地要大许多，尤其是第五卷，两位作者甚至专辟两章从理论上来论证罗斯福"新政"改革的内容与历史影响。这种在观点上的"百花齐放"——实质上是新旧两种美国史观的并存——展示了书写者和编者企图在这个急速转型的年代找到一种既不全面接受又不全盘否定传统解释的中间道路。改革开放、对现代化的追求、中美关系的改善等，为书写者提供了一种新的意识形态环境，而比较富有政治胆识和原创意识的书写者也希望通过写作来帮助界定新的意识形态的内容，至少他们希望将美国史研究从狭隘的"阶级斗争为纲"的教条中"解放"出来。

六卷本《美国通史》也推动20世纪80、90年代的美国史研究走向主题的多元化。美国史研究不再封闭在阶级斗争史、政治经济史的窠臼之中，而扩展至种族关系史、文化史、科技史、军事史、社会史、宗教史和大众文化史等，而现代化研究则一度成为最大的热点。[1] 一大批新的研究领域，包括城市史、西部史等，从无到有，开始兴起并迅

---

[1] 例如：期刊文章包括潘润涵、何顺果的《近代农业资本主义发展的"美国式道路"》（《世界历史》1981年）、张友伦的《美国农业资本主义道路初探》（《世界历史》1982年）等，专著包括：徐玮的《美国近代经济史》（1988年）、胡国成的《塑造美国现代经济制度之略》（1995年）、黄安年的《美国社会经济史论》（1993年）、洪朝辉的《社会经济变迁的主题——美国现代化进程新论》（1994年）。

速成长起来。① 这种发展带来通史、专著和论文出版的一个高潮。根据李剑鸣的统计，从 1979 到 1989 年之间大约有 820 篇美国史研究的论文得以发表，在此后的 10 年（1989—2000）这个数字翻了一番。在 1978—1988 的 10 年里，有 17 本美国史专著得以发表，但在此后的 10 年里，美国史专著出版的数量达到了 80 部。②

这一阶段出版的世界史教材也对传统的美国史解释有所修订。譬如，1992 年高教出版社出版的世界史教材在继续将美国革命定性为"一场资产阶级革命"的同时，也称它是"一场伟大的民主革命"——"民主"不再只是属于"资产阶级"；③ 1787 年制定的美国宪法"帮助防止了暴政的出现，在一定程度上保证了资产阶级民主"，而"资产阶级民主"的内容包括"共和政体、民选政府、文官政府对于军队的崇高权威，以及宪法的修订程序"等；④ 美国内战是"一场成功的资产阶级性质的民主革命"，废除了"奴隶主的政治权力"，"激发和帮助工业资产阶级利用国家权力迅速而全面地推进资本主义生产"，"有效地推进了美国劳工运动"，并"为美国黑人开辟了一个新的时代"。⑤ 高中历史教材中的世界史和美国史观的修订速度较慢，但频繁发布的中学历史教学指南说明也透露了修订高中历史教材的紧迫性。1992 年颁布的历史教学标准将美国独立战争与英国革命和法国革命并列为"有影响的资产阶级革命"，为"资本主义的迅速发展提供了保障"。1996 年颁布的

---

① 城市史研究在中国的兴起本身是一个非常精彩的故事。该领域起步于 20 世纪 80 年代中期，到 20 世纪 90 年代共有 73 篇学术论文发表。到 21 世纪的第一个 10 年，该领域发表的研究论文数量达到 300 多篇。见：王旭、王洋：《中国的美国城市史研究述评》，《史学理论研究》2011 年第 1 期，第 133-142 页。
② 李剑鸣：《改革开放以来的美国史研究》，第 32-33 页。
③ 刘祚昌、王觉非主编：《世界史·近代史编》（下卷），北京：高等教育出版社，1992 年，北京：高教出版社，1992 年，第 159 页。
④ 同上，第 334-338 页。
⑤ 同上，第 159、334、335-338 页。

中学历史教学课标接受了六卷本《美国通史》的说法，将美国革命视为"民族的解放"。① 20 世纪 80 年代的高中世界历史课本均对罗斯福新政采取了较为正面的评价。② 总之，这一时期中学历史教材中的美国形象也从"头号敌人"变成了"头号强国"，中国必须与其打交道，但我们也需要对其"保持警惕"。③

这一阶段也见证了中国的美国史方向研究生教学事业的起步。在这方面，六卷本《美国通史》项目的实施做出了关键的贡献。通史项目启动的时候正是研究生教育在高校恢复的时刻，早期的留美学人——杨生茂、黄绍湘、丁则民、刘绪贻等——抓住机会，建立了美国史方向的研究生学位项目，并在南开大学、武汉大学、东北师范大学和四川大学等相继建立美国史或美国问题研究中心（中国社会科学院的美国研究所也得以建立），为研究生培养打下了体制基础。④ 换言之，在 20 世纪 50 年代初的院系调整 30 年之后，美国史教学获得了自己的体制轨道。

然而，即便是在南开、武大和东北师大这样的学校，研究生教育也是一个新生事物，从课程设置、培训方案到标准的建立等，基本上都是白手起家。此刻，六卷本《美国通史》为最初的研究生提供了一个独特的训练机会。当通史的各卷分配给各校之后，资深学者负责设计写作大纲，然后邀请青年教师和在读研究生参与研究和写作。王旭曾对参与写作《美国通史》第三卷的经历感激不尽。他起初对自己负责写作的城市史一章并不精通，但在导师丁则民的指导下，通过大量阅读和研究，不仅完成了写作任务，而且还将城市史变成了自己的硕

---

① 赵梅：《清末以来中国中学历史教科书中的美国形象》，第 56、58 页。
② 寿纪瑜等编：《世界历史》（高级中学课本）1987 年 5 月，下册，第 227 页；《世界历史》（高级中学课本），人民教育出版社，1992 年，第 77 页；引自赵梅：《清末以来中国中学历史教科书中的美国形象》，第 65 页。
③ 赵梅：《清末以来中国中学历史教科书中的美国形象》，第 70 页。
④ 作者与李剑鸣的访谈，北京，2009 年 6 月 27 日。

士和博士论文的题目。① 第二卷主编张友伦教授回忆说，南开大学的通史写作团队也包括了研究生，使用的方法也与东北师大相似。当时南开并没有一整套现成的美国史课程，而都是根据导师的研究题目来设计课程。张友伦当时开设的三门研究生课——美国劳工运动、西进运动和19世纪美国史——都与他当时的研究密切相关。张友伦的学生李剑鸣回忆说，研究生时代的写作专业训练主要来自自己对优秀的史学作品的反复研读和模仿练习。②

在这一阶段，美国历史学家提供了关键的支持。改革开放后第一批到南开大学讲学的美国学者海曼·伯尔曼（Hyman Berman）、菲利普·方纳（Philip S. Foner）带来了上百本美国史著作。其他在20世纪80年代来访的历史学家——包括赫伯特·戈德曼（Herbert Gutman）、奥斯卡·汉德林（Oscar Handlin）、汤普逊（E. P. Thompson）——也传递了非常重要的学术信息。中美间的学术交流还采用了非常有创意的方式，如1991—1995年间在美国驻沈阳领事馆的协调下，东北师范大学先后举办了5次电话学术讨论会，中方学者和学生通过电话与美方学者进行问答式交流。美国史研究会在20世纪90年代的年会还邀请美国学者到会分享研究成果。2000年包括南开大学、北京大学、陕西师范大学、南京大学和复旦大学在内的5所国内大学联合邀请美国历史学会主席、哥伦比亚大学美国史教授埃里克·方纳（Eric Foner）访华讲学。③ 此外，富布赖特学者交流项目、美中学术交流委员会、福

---

① 作者与王旭的电话访谈，2009年10月30日。
② 作者与张友伦的访谈，天津，2009年8月24日；作者与李剑鸣的访谈，北京，2009年6月27日。
③ 作者与张友伦的访谈，天津，2009年8月24日；梁茂信电子邮件，2016年7月28日；中国美国史研究会编：《美国史研究通讯》1996年第3期，第1页。埃里克·方纳：《在新的现实中解释过去：在中国与历史和历史学家的短暂相遇》，王希译，《美国研究》2000年第4期，第146-152页。

特基金会等也提供难得的机会，安排中国学者前往美国高校访问和做研究，或为在中国出版的中文美国史著作提供出版资金。早期赴美的中国学者则充分利用机会，追踪美国历史学界的成果，并在回国后及时将访学成果转化成为教学内容，创建美国史的课程设置。无论是老一代学者、中生代学者、还是新生代学者都在这方面做了大量有心的工作，当今美国史研究生教学中的一些新领域和新课程，如城市史、殖民地史、早期政治文化史、妇女史、数字史学等，与这些学者的用心是分不开的。① 出访与交流虽然是个人行动，但因为行动者具有高度的专业敏感力、良好的专业训练，并分享一种因参加通史写作这样的项目而获得的集体责任感，他们能够在短时间内捕捉到高质量的专业信息，并在回国之后通过他们占据的有利位置将一些想法付诸实践。这也许是中国的美国史研究生教育为何能够在较短的时间从无到有、迅速成长的"秘密武器"。研究生队伍的成长带来美国史研究队伍的壮大，到 2011 年时，美国史研究会的登记会员达到 400 多人。②

2001—2009:"价值中立"

我选择 2001 年作为第二阶段的结束主要是因为它具有的象征意义。这一年，六卷本《美国通史》的最后两卷（第一、四卷）完成出版，其中包括李剑鸣教授写作的《美国的奠基时代》。这一卷覆盖了从殖民地时期到独立战争开始的美国历史，按历史时间顺序，是六卷本第一

---

① 作者从与张友伦、齐文颖、杨立文、黄安年、王旭、李剑鸣等教授的访谈中获知。这方面的例子很多，包括张友伦教授对西部开发的历史、齐文颖教授对早期史、美国妇女史，以及冯承柏教授和罗宣教授对网络资源教学等领域的引入等。
② 南开大学在 1985 至 2003 年间一共培养了 50 名美国史方向的博士研究生，在 1978 至 2003 年间一共培养了 115 名美国史方向的硕士研究生。中国美国史研究会网站称，该组织的累积成员达到 644 人，其中 400 人为该组织的活跃成员，但研究会秘书处认为该会实际会员大约有 241 人。梁茂信：《对"三十而立"的反思与期待——2001—2010 年中国美国史研究的回顾》，第 73 页。

卷，也是全书中唯一一部由单个作者完成和署名的一卷。这一举动并非有意事先安排的，但它具有特别的象征意义。具体说，它象征着一个旧时代的结束和一个新时代的开始。在那个正在结束的时代中，学者们必须在新旧意识形态的话语之间挣扎以寻找一个平衡点，人们喜好进行大规模的学术创作，协同作战，集体攻关，将个人的贡献融入在集体的成就当中。[①] 而正在来临的时代则更多提倡独立的和个性化的学术创作。《美国的奠基时代》象征了时代的交替：它孕育于一个集体项目的宏大思考之中，但从研究到写作都展现了一种极为精致的个人风格。

理论上，《美国通史》应该在较长的时间内成为中国读者的美国史标准读本，但21世纪初中国和中国学界的迅速发展改变了这一预期。中国在加入WTO之后（2001），与国际社会的接轨全面展开，经济全球化的速度大大加快，经济实力大大增强，与外部世界（包括美国）的相互了解的速度加快、要求变高、渠道增加、程度变深。这一切迫使美国史研究作为一个学科快速成长，不再围绕某一特定的意识形态或理论体系而展开，也不再由某一个学者或某一群学者为研究主力；研究内容和主题变得更加多元化，不再是仅限于传统的政治史和经济史，而即便政治史或经济史的研究，也不再局限那些具有"经典"意义的题目，一个新的研究环境和一种新的研究心态开始出现。

如果说第一、第二阶段的美国史研究带有明确的意识形态指向——美国要么是"头号敌人"，要么是"头号强国"——研究和教学的目的是为了做到知己知彼，第三阶段的美国史研究则更多的是一种对知识的更为纯粹的追求：美国是万国中的一国，美国历史是一种独特的、但并不例外的人类经验，既不需要对其顶礼膜拜，也不应该对

[①] 六卷本《美国通史》曾被纳入20世纪80年代的国家社会科学项目。该丛书一些单卷的出版获得过美国福特基金会的资助。

之嗤之以鼻；研究美国历史不是为了捍卫或批判某种指定的意识形态，也不再是为了某种政治上的需要而要给其贴上某种标签。换言之，对真实的美国史知识的追求、对美国人历史经验的客观思考和判断，成为新一代美国史研究者所追求的学术目标，也是他们信仰的"政治"。比起他们的前辈来，他们努力避免对美国史采取一种非白即黑的简单化的态度，更希望让史实而不是让先入为主的观点来说话。

在这一阶段，研究生的专业训练开始变得更加规范，训练体制有明显的改进，政府对研究生教育体制的财政投入也明显增强，研究条件和环境也大为改善。一方面，美国学者来华讲学的机会增多，中国学者和学生有更多的机会直接与美国学者进行面对面的交流；另一方面，美国历史学界的优秀作品开始被大量翻译成中文出版，不光是通史著作，也包括专题研究。最大、最关键的变化是研究资源的数字化和电子化的速度，凭借数据库和网络，研究生不仅可以较快地阅读到美国学界的最新创作，而且可以通过高校图书馆购买的数据库和美国图书馆、档案馆的开放资源直接接触到研究所需要的原始文献。一些研究生还通过富布赖特项目和中国教育部留学基金委的出国项目获得了到美国做原始档案研究的机会。他们通过这些机会，直接接触到美国学界的前沿成果，并与同领域的美国学者进行直接对话。[1] 此外，国内的业内交流在质量和数量上也发生了巨大的变化，闭门造车的情形

---

[1] 2012 年美国历史学家组织 (OAH) 与中国美国史研究会建立了正式的学会合作关系，并成功地于 2013—2015 年在东北师范大学、北京外国语大学和人民大学举办了 3 次暑期专题研讨班，由 9 位美国学者围绕移民史、族裔研究、宪政史、妇女研究、宗教史和文化史等主题，报告美国学界的最新成果，并与听讲的中国学者和学生进行集中阅读和讨论。该合作项目还提供机会，总共邀请 9 名中国学者前往美国参加 OAH 的年会，并在会上与美国学者分享自己的研究成果。目前这项合作的第二期的筹备已经开始。OAH 也在其国际事务委员会 (International Committee) 下专门组成了一个"中国分会"来专门负责与中国美国史学界的合作。在这之前，OAH 只有在与德国和日本的学术交流中建立过类似的专门委员会。

大大减少。所有这些变化在2001年之前是想都不敢想象的，也使新一代美国史研究者的训练从一开始就站在一个较高的起点上。自2009年开始，我亲眼目睹了北京大学美国史方向的硕士和博士论文在选题、研究材料和写作方面发生的质的变化。我注意到，这些论文在选题时所参照的学术史标准，不再是中国国内的美国史水平，而是国际学界的美国史水平。在这种背景之下，六卷本《美国通史》作为参考书和学术指南的有效性便受到了挑战。事实上，这套书作为一个整体在大学通史课上的使用也受到了挑战。这可能是作者们始料未及的。

我们可以从近期出版的专著（大多以博士论文为基础）题目和近几年的博士论文题目来窥见中国的美国史研究的深度和广度（见表2—4）。[①]

表2 近年来出版的以博士论文为基础的美国史专著（部分）

答辩年	作者	论文题目
2002	王崇兴	《制度的变迁与美国南部的崛起》
2002	钱　皓	《美国西裔移民研究——古巴、墨西哥移民历程及双重认同》
2003	吕庆广	《60年代美国学生运动》
2005	刘国柱	《美国文化的新边疆：冷战时期的和平队研究》
2005	孙群郎	《美国城市郊区化研究》
2006	杨卫东	《扩张与孤立——约翰·昆西·亚当斯外交思想研究》
2007	肖华峰	《舆论监督与社会进步：美国黑幕揭发运动研究》
2008	李翠云	《美利坚文明的开拓者——约翰·温斯洛普研究》
2008	林　广	《移民与纽约城市发展研究》

[①] 我在此特别感谢厦门大学王旭教授和韩宇教授、南开大学罗宣教授、杨令侠教授和孙晖同学以及东北师范大学梁茂信教授、伍斌博士为我收集和提供这里呈现的相关信息。

续表

2009	杨明佳	《自由与主权之间：美国制宪辩论的政治逻辑》
2009	周剑云	《美国劳资法律制度研究（1887—1947）》
2009	王书丽	《政府干预与1865—1935年间的美国经济转型》
2009	张勇安	《变动社会中的政策选择：美国大麻政策研究》
2010	何念	《20世纪60年代美国激进女权主义研究》
2010	李爱慧	《文化的移植与适应——东欧犹太移民的"美国化"之路》

表3 厦门大学美国史方向博士论文，2009—2013

答辩年	作者	论文题目
2009	杨长云	公众的声音：19世纪末20世纪初美国的市民社会与公共空间
2011	郭巧华	约翰·马歇尔和美国早期宪政
2011	王洋	新城：美国新城市化进程中的第三条道路
2012	李素英	美国韩裔新移民的适应和冲突
2013	曹升生	新城市化时期的美国县政府
2013	康丽颖	地铁交通与纽约大都市的一体化
2013	王玉平	20世纪后半期美国城市公共空间与公共生活

表4 南开大学美国史方向博士论文，2009—2013

答辩年	作者	论文题目
2009	李昀	经济合作署与战后初期西欧重建（1947—1951年）
2009	冯志伟	美国外交的悲剧：美国对南非种族隔离制度的演变
2009	谢文玉	自由与民主——20世纪60—90年代美国人对新左派学生运动的认知
2009	孙洁琼	社会对抗与美国革命的激进性
2009	张世轶	冲突与和解：美国对阿根廷的政策（1943—1955）
2009	房建国	美国对阿尔及利亚战争政策研究

续表

答辩年	作者	论文题目
2010	欧阳惠	传统信念下的改革与守成：威廉·詹宁斯·布赖恩研究
2010	叶凡美	"内部改进"与美国早期国家构建（1801—1833）
2010	梁红光	联邦制理念与美国早期的国家构建
2010	刘银萍	民族主义与韩国反美主义：以20世纪80年代为例
2010	杜娟	安全与发展的博弈：美国拉丁美洲冷战政策研究（1945—1969年）
2010	王娟娟	合作与纷争：艾森豪威尔时期美英核关系考察
2011	孙超	1935年美国联邦储备体系的改革
2011	王桂莲	马尔科姆·爱克斯思想研究
2011	董瑜	美国建国初期经济性社团引发的争论及其意义
2011	孙晨旭	香港问题的国际化：20世纪40年代美国对港政策研究
2011	温荣刚	理想与现实的矛盾：美国对老挝政策研究（1955—1963年）
2012	侯波	美国进步主义时代专家参政现象研究，1900—1920
2012	朱梅莹	开国先辈的共和观及其对美国早期内政外交的影响——以詹姆斯·麦迪逊为例
2012	刘合波	遏制与平衡：尼克松政府对中东危机的政策
2013	张树明	均衡中的困境：美国对阿富汗政策研究（1947—1961）
2013	刘长新	福特政府时期美国对苏联的缓和外交研究
2013	吴宇	联盟与遏制——美国对联邦德国重新武装政策研究

表4　东北师范大学美国史方向博士论文，2009—2013

答辩年	作者	博士论文题目
2009	高峰	威廉·詹姆斯实用主义思想的历史成因及社会影响
2009	宋涛	冷战初期美国中央情报局研究（1947—1961）
2009	国洪梅	美国对苏联的政策研究（1933—1941）
2009	岳志强	"文化传播"理论视角中的传教士与美国华人社会（1848—1900）
2009	王振海	戈尔巴乔夫时期苏联宗教政策及其影响（1985—1991）
2009	程早霞	美国中央情报局与中国西藏（1940s—1972）

续表

答辩年	作者	博士论文题目
2010	欧阳贞诚	1965年以来美国的外来移民及其经济影响
2010	李秀红	乔治·华盛顿与美国总统制的初步实践
2011	杨超	美国"肯定性行动"中黑人就业政策研究（1965—2000）
2011	吕洪艳	美国女性单亲家庭福利史研究（1935—1996）
2011	高卫红	20世纪上半期美国南方文化研究
2012	张颖	加州旅游业发展的历史考察（1960—1980）
2012	隋笑宇	美国东北部城市的外来移民及其影响（1880—1920）
2012	宋银秋	美国政府强制同化印第安人教育政策的制订与实施（1877—1928）
2012	杨绪	美国对外石油政策研究（1944—1954）
2013	杨旭	1954年以来美国最高法院在教育种族平等进程中的作用
2013	王彬	论地方主义在美国立国进程中的作用
2013	石光宇	纽约全球城市地位的确立及特征分析
2013	王春侠	二战后美国女性就业变化的研究（二战后至80年代）
2013	李娟	理想与现实的悖论——美国郊区新镇研究（1960s—1980s）

这些选题大多比较细致，选题领域的分布也非常广泛，虽然美国对外关系仍占有较大的比例，但也有博士生进入到南部史、城市史、移民史、女权运动、非裔美国人史、商业史等领域中。上面的表格也显示，论文选题与博士训练项目的学术传承（包括博士生导师的特长）有很深的联系。譬如，厦门大学的美国史研究以城市史见长，东北师大则以移民研究见长，南开前几年的师资较为雄厚，学生选题也较为多元化。

博士论文选题的多样化和细致化，说明学科发展在不断趋于成熟。2010—2011年的学科调整将世界史与中国史并列为一级学科，给美国史的发展带来了新的希望。但美国史隶属于世界史、世界史并不享有与中国史同等的资源配置（包括人力资源）的事实并没有得到根本的改变。随着美国史方向的博士生进入高校历史系任教，各大学开设的美国史课程的机会在增加，美国史教学和教材的多元化也将出现，但这些距离美国史作为中国大学人文学科的显学的出现还有很远的距离。显学的基础并不在人多势众，而在于是否能建立起一种不光对本学科而且对相近学科都有持续影响力的方法论。

6卷本《美国通史》的影响并没有消失，而是进入到了中学的历史教材之中。譬如，北京市的中学历史教科书在讲述"美国联邦政府的建立"时，就直接采用了《美国通史》的说法，指出"华盛顿等美国资产阶级领导人"为反对君主制、建立"统一而强大的共和制"做出了努力，认为带有"分权与制衡"机制的美国联邦宪法是"比较完整的资产阶级成为宪法……体现了一定的民主精神"。[①] 同本教材对罗斯福"新政"的评价直接照搬了六卷本《美国通史》的观点——新政"开创了国家干预经济发展的新模式……在不触动资本主义制度的前提下，对美国经济制度进行了深刻改造"，"缓和了美国的社会矛盾……为普通百姓提供了最低限度的经济安全保障……使美国避免在危机形势下走上法西斯道路……对以后资本主义世界的经济发展具有深远的影响"。[②]

即便如此，中学历史教材中的话语权也不再仅为教材编纂者所垄断。譬如，针对一些中学历史教科书中将"联邦制"解释为"权力集

[①] 人民教育出版社、课程研究所、历史课程教材研究开发中心编著：《普通高中课程标准实验教科书，历史（1）必修》，北京：人民教育出版，2005年，第41-42页。同一系列的选修本把《独立宣言》称为"一个伟大的历史文件"，称美国宪法是"一部活着的宪法"，并特别赞扬麦迪逊在制宪会议中发挥发挥的领袖作用。人民教育出版社、课程研究所、历史课程教材研究开发中心编著：《普通高中课程标准实验教科书，历史选修2 近代社会的民主思想与实践》，北京：人民教育出版，2005年，第26-27，51-54页。

[②] 人民教育出版社、课程研究所、历史课程教材研究开发中心编著：《普通高中课程标准实验教科书，历史（1）必修》，第86页。

中"的写法，两位中学历史教师提出了异议。他们认为，美国联邦制的核心理念是"联邦政府和地方的分权"，而不是中央集权，而"联邦主义者和州权主义者的思想和行为既相互冲突又相互补充"是"美国试验得以成功的保证"。①又如，在准备美国内战的课程设计时，另外一位中学教师希望另辟蹊径，"挖掘出这场战争所蕴含的现代宽容精神"。她决定将邦联将军罗伯特·李（Robert E. Lee）引入讨论，启发学生思考他为何"明知南方错误，明明反对奴隶制，却依然为南方而战"。李将军拥有的地域忠诚感"与我们所褒扬的'大义灭亲'的传统价值观大相径庭"，因此可以用来"拓展学生认知历史的视野"，"感受美国文化不同的价值观"，突破固有的成王败寇的"思维定势"。②从20世纪50年代《美国简明史》对南部奴隶主的无情批判到21世纪年轻的中学教师对李将军的价值观的"理解之同情"，我们可以看到中国的美国史教学经历了多么巨大的变化！

观察与反思

上述的一切告诉了我们什么？至少可以总结两点。首先，美国史作为一个学科领域在中国发展的历史并不长，可以说十分年轻，至今不过半个世纪，教学的历史则更短。第二，虽然时间不长，但美国史研究和教学在中国经历了一个从"极端政治化"到"弱政治化"、再到"去政治化"的过程。所谓"去政治化"不是说研究者不带政治立场或政治判断，而是说美国史的研究和教学不再受某一种僵硬的意识形态的限制，研究者和教师开始拥有了较大的进行独立思考和做出独立判断的空间。换言之，美国史研究的"政治性"并没有丧失，但"政治"

---

① 刘汝明、叶瑞碧：《美国联邦制建立应把握的几个特点》，《历史教学（中学版）》，2007年第10期，第64-67页，引语见67页。
② 姒吉霞：《"美国内战"备课札记》，《历史教学（中学版）》，2007年第9期，第44-47页。

的内容改变了。

未来与前景何在？全球化的进程将进一步激发中国内部和中国与外部世界的关系的变化，世界史被调整为一级学科彰显了伴随着中国"崛起"而来的需要透彻、全面、深入了解和研究外部世界的紧迫感，美国史作为一个国别史领域也有望获得进一步的成长。但这种期望能否实现仍将受制于几种现实。

第一种限定来自体制方面。目前很多大学历史系中的世界史教员人数较少，讲授美国史的专职教师更少，一般只有一人，许多情况下，连一人都没有。拥有3名或3名以上专职美国史研究者的历史系不超过5个。除非这种情况得到改变，人数的规模将阻止世界史和美国史领域的生长。换言之，如果世界史与中国史的教师人数能够在全国所有的历史系（院）做到平分秋色，中国高校的历史研究和教学水平将不仅达到并会超过现有的世界水平。

第二种限定是学术方面的，主要与研究生训练的程序与质量有关。前面提到的从第二阶段（1979—2001）中获得博士学位的一代人是极其优秀的。他们在学术上的成功在很大程度上是凭借自身的悟性、勤奋和志向获取的。他们从老一代人手中接过了培养人才的重担，并做出了极为重要的铺路搭桥的贡献。但目前进入研究生项目的一代人虽然有较好的环境和条件，能否成才取决于他们是否能够以整体的规模接受到第一流的训练。这种训练的内容包括独立从事原创性研究的思想能力和文字能力、对国内外学术传承与动态的准确把握，以及在数据化时代对新旧形式的史料的获取与使用。做到这些，需要一套严格的、有序的、富有逻辑感的课程设置，辅之以具有健康的专业学术氛围的学术共同体的支持。目前，这套体制并不存在，自古以来的"师傅带徒弟"的方法依然是训练学生的主要模式。

第三个限定与"政治"相关。中国人为什么要学习或研究美国史？中国人应该如何学习美国史？"为什么"的问题比较好回答，"如何"的问题则比较难。事实上，从一开始，这个问题就在纠缠中国学者。前人也一直没有停止探索所谓中国特色的美国史研究法。今天这种努力仍然在继续，但大多数的学习者在专业上仍然继续跟随美国学界的步伐。这也不奇怪，美国以外的美国史研究者似乎都是如此。问题是，这个过程需要延续多久？会不会导致中国的美国史研究、写作和教学的"学术殖民化"——即中国的美国史研究最终不过是美国的美国史研究的汉语版？国内学界关于世界史研究的"本土化"的讨论带有一种非常复杂的心理，除了包括创建中国特色的学术的强烈愿望之外，还带有一种担心丧失中国学术的话语权和独立性的失落与忧虑。主张外国史研究"本土化"的愿望和动机是可以理解的，关键是要弄清楚几个问题："本土化"是指研究者的立场的本土化还是方法的本土化？"本土化"本身会不会被"政治化"——即只要是或只有是"本土化"的学问才是好学问？谁来制定学术"本土化"的标准？又由谁来鉴定"本土化"研究的成果？如果一个人在立场上是"本土化的"，但在方法和材料上却是"非本土化的"，那他或她是在学术上是"政治正确"还是"政治不正确"呢？

这样，我们又回到了"作为政治的历史知识"的原点。

致 谢

本文最初是应纽约大学历史系托马斯·本德（Thomas Bender）教授邀请，为2011年美国历史学会年会的"世界范围内的美国史研究与教学"专题讨论而写作的，修订稿曾于2013和2014年分别在东京大学和河北大学的会议上宣读过，在此我向在上述会议参与本文讨论的诸位学者表示衷心的感谢。我同时向为建立和发展中国的美国史研究与教学的几代中国学者表示深深的敬意，他们中的一些人——包括杨生茂、张友伦、齐文颖、杨立文、黄安年、王旭、李剑鸣、杨令侠、李洪山、罗宣等——接受了我的访谈，慷慨地与我分享了他们的经历、观察与洞见。所有这一切为我构思和写作本文提供了极大的帮助，在此深表谢意。

作者、编者简介
（按姓氏中英文字母为序）

欧保罗（Arpaia, Paul）：美国乔治城大学欧洲史博士，美国宾夕法尼亚州印第安纳大学历史系副教授。教学领域包括：当代意大利史、德国史、民族主义、法西斯主义、犹太人大屠杀、罗马天主教史。近期发表文章有："Federzoni, Luigi（1878-1967）"（*Palgrave Encyclopedia of Imperialism and Anti-Imperialism*, Palgrave MacMillan, 2015）；"Luigi Federzoni and the Converging and Diverging 'Parallels' of Fascism and Catholicism"（*Catholicism and Fascism in Europe 1918-1945*, 2015）；"The Battle over Nationalism and the War for Libya"（*Annali della Fondazione Ugo La Malfa, Storia e Politica*, 2011）。目前的研究题目包括19世纪后期20世纪初期意大利的"文化战争"以及法西斯意大利时代的国家"神圣化"与"去神圣化"的历史进程。本科毕业于华盛顿与李大学，获历史学和法国文学学位，曾留学意大利，就读比萨高等师范学院。现任罗马美国研究院研究员和H-Italy学术网站主编。

贝柯丽（Baker, Christine）：美国得克萨斯大学奥斯丁校区历史学博士，美国宾夕法尼亚州印第安纳大学历史系助理教授。讲授伊斯兰史、西亚史、古代与近现代中东史等课程。研究领域为中世纪穆斯林认同的形成以及伊斯兰历史叙事。近期发表文章"The Lost Origins of the

Daylamites and the Construction of a New Ethnic Legacy for the Buyids"(*The Routledge Handbook of Identity and the Environment in the Classical and Early Medieval Worlds*, 2016)。新著 *Medieval Islamic Sectarianism: How Tenth-Century Political Competition Helped Forge a Narrative of Sunni-Shi'i Conflict* [中世纪伊斯兰教的教派冲突：公元 10 世纪的政治竞争如何造就了逊尼派—什叶派冲突的叙事] 将由 Arc Medieval Press 出版。

包安廉（Baumler, Alan）：美国伊利诺伊大学香槟校区历史学博士，美国宾夕法尼亚州印第安纳大学历史系教授、亚洲研究项目主任。讲授中国近代史和古代史、日本史和亚洲研究课程。研究方向为中华民国史，尤其集中在民国时代的禁烟运动、中国西部史和中国航空史。著有 *Modern China and Opium: A Reader* [现代中国与鸦片：史料读本]（University of Michigan Press, 2001）；*The Chinese and Opium under the Republic: Worse Than Floods and Wild Beasts* [民国时代的中国人与鸦片：猛于洪水猛兽]（State University of New York Press, 2007）。中国航空史研究的先期成果见："Keep Calm and Carry On: Airmindedness and Mass Mobilization during the War of Resistance"（*Journal of Chinese Military History*, 2015）。本科就读于北伊利诺伊大学历史系，曾就读于南京大学，并在国际大学中文联合课程项目（先前由台湾大学主持，现由清华大学主持）接受汉语训练。自 2003 年起任英文史学期刊 *The Chinese Historical Review* 副主编，现任亚洲问题博客群 *Frog in a Well* [井底之蛙]（http://www.froginawell.net）常务撰稿人。

薄卫恩（Bodle, Wayne）：美国宾夕法尼亚大学美国史博士，现任教于美国宾夕法尼亚州印第安纳大学历史系，同时担任宾夕法尼亚大学麦克尼尔美国早期史研究中心资深研究员及顾问委员会委员。教学领域包括美国殖民地史、美国革命史、美国早期史。研究和写作领域包括：殖民地与英国统治的政府体制、社会性别关系、大西洋史、法国革命时代的土地和商业投机。著有 *The Valley Forge Winter: Civilians and Soldiers in War*［瓦利福奇的冬天：战争中的平民与士兵］（Penn State University Press, 2002）以及多篇学术论文和大量书评。目前正在完成的专著讨论英属北美"中部殖民地"（由纽约、新泽西、宾夕法尼亚和特拉华组成）从1600年至美国革命时期的历史。本科就读于俄亥俄卫斯理大学历史系，曾分别于2007和2014年在中国举行的学术会议上宣读论文。

波　琳（Botelho, Lynn）：英国剑桥大学英国史博士，美国宾夕法尼亚州印第安纳大学历史系教授、宾夕法尼亚州印第安纳大学"杰出大学教授"（Distinguished University Professor），并担任妇女和社会性别研究项目主任。讲授近代早期英国史。撰写和编著学术著作6部，包括 *History of Old Age, 1600-1800*［老年的历史，1600—1800］和 *Old Age and the English Poor Law*［老年与英国济贫法］，并在近代早期英国和欧洲老年史领域发表有学术论文多篇。目前的研究题目为"The Ageing Body: Old Age, Money, and Medicine"［变老的身体：老年、金钱与医学］，旨在探讨近代早期英国的医疗实践、老年人的积极治疗以及原始资本主义在老年人应对变老过程中所扮演的角色。本科就读于俄勒冈大学，所获其他荣誉包括：美国—英国富布赖特学者奖励计划、罗斯—兰德斯纪念研究基金、伦敦大学佩恩研究基金和亨廷顿图书馆凯克与迈尔研究基金、英国皇家艺术学会会员和剑桥大学克拉克学院终身会员。曾任伦敦大学国王学院和埃塞克斯大学客座教授。

程爱勤（Cheng Aiqin）：中山大学历史学博士，河北大学历史学院世界史教授，东南亚研究会常务理事。主要研究领域包括东南亚古代史、中国与东南亚关系史。著有《叶调国研究》（中州古籍出版社，1993年）、《古代中印交往与东南亚文化》（大象出版社，2009年）、《古代中国与东南亚宗教关系研究》（中州古籍出版社，2012年）。

康艾琳（Conlin, Erin）：美国佛罗里达大学美国史博士，美国宾夕法尼亚州印第安纳大学历史系助理教授。讲授公共史学、口述史、20世纪美国史。目前研究关注20世纪中期到后期佛罗里达州现代农场劳动力体制的演进，分析农业工人的生活方式，考察政府与私人雇主如何设计一套依赖于低工资和流动性外国劳工的劳动力制度并将之规范化的过程。本科就读美国威斯康星大学麦迪逊校区历史系，曾制作关于佛罗里达中部农场工人的口述史资料。现任美国口述史学会（Oral History Association）教育委员会委员、宾夕法尼亚州印第安纳大学口述史项目负责人和学术实践项目协调人。

费凯伯（Finegan, Caleb）：美国佛罗里达大学历史学博士，美国宾夕法尼亚州印第安纳大学历史系副教授，库克荣誉学院（Robert E. Cook Honors College）院长。教学和研究领域包括拉丁美洲研究、中世纪西班牙史、非洲史和世界近现代史。本科就读美国范德堡大学，分别获西班牙语专业学士和拉丁美洲研究硕士学位。曾创办IUP拉丁美洲研究项目，并长期担任"另类春假项目"（Alternative Spring Break Program）的教师顾问，该项目在春假期间将在校大学生派往全国各地从事志愿者服务事业。近期研究关注1680—1730年间在玻利维亚拉巴斯居住和工作的教区牧师如何在西班牙王室与当地土著居民之间扮演文化使者的角色。目前的研究集中在西班牙境内的朝圣之旅上。自 2008 年起，作为体验式教学法实践的一部分，他每隔一年带领学生前往西班牙进行一次 500 英里长的步行朝圣之旅。

傅雪仑（Franklin-Rahkonen, Sharon）：美国印第安纳大学布鲁明顿校区东欧与俄罗斯史博士，美国宾夕法尼亚州印第安纳大学历史系副教授。教学领域为俄国史（含苏联史）、欧洲通史、北欧国家史、中学历史教育学。研究领域为芬兰史，尤其是芬兰少数民族的认同、芬兰教育体制的发展，以及芬兰的妇女选举权历史。博士论文研究居住在芬兰的犹太人认同问题。写作博士论文期间，获富布赖特研究基金资助。现任宾夕法尼亚州印第安纳大学教学实习指导导师。社会和专业兼职包括：美国芬兰人组织（FinnFest USA）和芬兰迪亚大学（Finlandia University）董事会成员，以及美国芬兰事务委员会委员。

郭云艳（Guo Yunyan）：历史学博士，河北大学历史学院世界史讲师。研究领域为拜占庭史、希腊近代史、中西交流史。著有《再论中国发现的六枚拜占庭中期索里得》、《萨珊波斯帝国在拜占庭金币东传过程中的影响》、《查士丁尼宗教政策失败原因初探》等论文。译著有《希腊的现代进程，从 1921 年至今》（上海人民出版社，2008 年）。目前主持国家社科基金后期资助项目"罗马—拜占庭帝国变迁与丝绸之路"。

韩　玲（Han Ling）：东北师范大学历史文化学院在读博士研究生，河北大学历史学院世界史讲师，主要研究方向为美国社会史、移民史，长期关注美国公平住房政策、当代美国社会居住隔离等问题，著有《美国联邦政府公平住房政策研究》、《当代美国社会种族居住隔离之原因分析》、《美国联邦政府与社会种族居住隔离问题的探讨》及《迈向种族融合的艰难一步——美国 1968 年〈公平住房法〉出台背景探析》等论文。

海安迪（Hazelton, Andrew J.）：美国乔治城大学美国史博士，美国得克萨斯 A&M 大学拉雷多校区历史学助理教授。本科毕业于美国宾夕法尼亚州印第安纳大学历史系，并在前往得克萨斯任教之前在该校历史系担任讲师。因为从小在乡村长大，长期保持对乡村问题的研究兴趣，尤其是关于土地、劳动力和农业的问题。目前正在完成一部专著，名为"Blue Sky Sweatshops: The Bracero Program, Farmworker Unionism, and American Agriculture, 1942-1965"［蓝天血汗工厂：布拉塞罗项目，农业工人工会活动与美国农业，1942—1965］。同时进行的其他项目探讨工会组织、族裔工人运动的组织以及墨西哥流向美国的移民潮。

连会新（Lian Huixin）：历史学博士，河北大学历史学院副研究员，主要研究方向为日本政治外交史，著有《日本的联合国外交研究》（天津社会科学院出版社，2007），目前主要从事日本对联合国中国代表权问题政策演变等项目研究，新著《日本对联合国中国代表权政策研究》即将在人民出版社出版。

刘　研（Liu Yan）：北京师范大学世界近现代史博士，河北大学历史学院世界史讲师。教学领域包括世界近代史、西方史学史、西方思想史、专业英语。博士论文研究列奥·施特劳斯。译著包括：《历史讲稿》（合译，三联书店，2009 年，2014 年再版），《时间的故事》（合译，中央编译出版社，2010 年，2013 年再版，获 2012 年度河北省社科优秀成果三等奖）。近期论文包括《迈涅克的历史主义》和《诸神遭遇的三种应对》。

卢淑贞（Lu Soo Chun）：美国俄亥俄大学美国史博士，并获妇女研究和当代史证书，美国宾夕法尼亚州印第安纳大学历史系副教授。教学领域包括美国对外关系、当代美国史、社会研究教学。研究一直关注东南亚海外华人与冷战关系的不同侧面，相关成果形成论文并在不同学术会议上宣读。目前的研究聚焦于冷战时期地缘政治的交集、去殖民化，以及东南亚华人跨国生活中的民族认同问题。本科就读于新加坡国立大学历史与英语文学专业，并从新加坡教育学院获得教育学学位。

马约夫（Mannard, Joseph），美国马里兰大学美国史博士，美国宾夕法尼亚州印第安纳大学历史系副教授。教学领域包括美国早期思想史与文化史、早期共和时代、美国妇女史、美国宗教史。研究方向包括美国天主教教会史、内战前美国思想史、废奴主义运动、内战前美国天主教会的发展，尤其是在这一进程中天主教修女所发挥的作用。近期发表的论文包括："'We Are Determined to Be White Ladies': Race, Identity, and the Maryland Tradition in Antebellum Visitation Convents"（*Maryland Historical Magazine*, 2014）；"*Mission and Duties of Young Women*: Charles White and the Promotion of Catholic Domesticity in Antebellum Maryland"（*American Catholic Studies: Journal of the American Catholic Historical Society*, 2010）。目前的研究包括：讨论巴尔的摩改革派牧师安德鲁·克劳斯（Rev. Andrew B. Cross）的生平以及乔治城修道院的文化分析。

莫思特（Moore, R. Scott）：美国俄亥俄州立大学古代史博士，美国宾夕法尼亚州印第安纳大学历史系教授、系主任。教学领域包括古希腊史、古罗马史、拜占庭帝国史、中世纪史、古典考古学和数字史学。一直参与在塞浦路斯和希腊进行的考古项目以及在北美地区进行的海底考古项目。自 2003 年起，担任 Pyla-Koutsopetria 考古项目共同负责人和塞浦路斯考古项目的陶瓷工艺专家。近期出版的专著包括：*Archaeology and History in Roman, Medieval, Post-Medieval Greece* [罗马时代、中世纪和后中世纪时代希腊的考古学与历史]（合著，2008）；*Pyla-Koutsopetria I: Archaeological Survey of an Ancient Coastal Town* [Pyla-Koutsopetria 一期研究：一个古代海岸城镇的考古概览]（合著，American Schools of Oriental Research, 2014）。目前研究关注公元 2 至 8 世纪东地中海地区的贸易与通讯交流史。本科就读于北卡罗来纳大学考古系，并从东卡罗来纳大学获得海洋史和海洋考古学硕士学位。

宋东亮（Song Dongliang），河北大学历史学院世界史副教授。主要从事世界近现代史、世界各主要国家现代化进程的教研工作。本科毕业于河北大学历史学系，曾在北京大学历史学系进修，师从罗荣渠、林被甸、谢有实等教授，主修世界现代史和现代化进程等课程。曾承担河北大学、河北省教委的有关人文社会科学研究项目，著有《中国现代化道路的探索》、《近代日本现代化抉择的精神动力》等论文，提倡和主张在马克思主义指导下开展"现代化"问题的研究。

孙艳萍（Sun Yanping）：历史学博士，河北大学历史学院世界史副教授。教学领域包括世界古代史、世界文化史、专业英语等课程。研究方向包括世界文化史、古希腊史。近期译著包括《修昔底德——神话与历史之间》(上海三联书店,2006)、《苏格拉底前后》(格致出版社、上海人民出版社,2009)和《大分离——旧大陆与新大陆的历史与人性》(格致出版社、上海人民出版社,2015)三部,发表学术论文十余篇。

王　希(Wang Xi),美国哥伦比亚大学美国史博士,美国宾夕法尼亚州印第安纳大学历史系教授,北京大学历史学系特聘教授。研究与教学领域包括美国内战与重建,美国宪政史,非裔美国人史。著、编学术著作6部,包括 *The Trial of Democracy: Black Suffrage and Northern Republicans, 1860-1910* [民主的考验:黑人选举权与北部共和党人的政治(1860—1910)](University of Georgia Press, 1997);《原则与妥协:美国宪法的精神与实践(增订版)》(北京大学出版社,2014,2000年初版)。译著包括:〔美〕埃里克·方纳:《美国自由的故事》(商务印书馆,2002),《给我自由!一部美国的历史》(上下卷)(商务印书馆,2010)。本科就读于河北大学外文系英文专业,现任河北大学特聘教授、重庆大学人文社会科学高等研究院学术委员,美国历史学家组织(OAH)国际委员会委员,教育部长江学者讲座教授。

慧黛米(Whited, Tamara):美国加州大学伯克利校区欧洲史博士,美国宾夕法尼亚州印第安纳大学历史系教授。教学和研究领域包括:环境史、法国革命与拿破仑时代、当代法国史、二战后的欧洲、一战史,并开设历史系荣誉学位高级班研讨课以及相关题目的研究生研讨课。著有: *Forests and Peasant Politics in Modern France* [当代法国的森林与农民政治](Yale University Press, 2000); *Northern Europe: An Environmental History* [北欧环境史](ABC-Clio, 2005,主要作者),后者综述了从史前到现代北欧地区的环境史。目前的研究关注食品生产的环境史，尤其是法国西部比利牛斯山脉的高山乳品制造业与公地区域的关系。本科毕业于哈佛大学，获历史学与文学学士学位。

肖红松（Xiao Hongsong）：历史学博士，河北大学历史学院教授、博士生导师。教学领域包括中国近代史、中国近现代社会史、经济史等课程，主要研究方向为中国近现代社会经济史、华北区域史、中日关系史。著有《近代河北烟毒与治理研究》（人民出版社，2008）和《中共政权治理烟毒问题研究——以1937—1949年华北乡村为中心》（人民出版社，2013）及学术论文三十余篇，近期关注1933—1937年日本在华北走私及中国各方应对问题研究。现任河北大学历史学院院长，兼任中国社会史学会理事。

张殿清（Zhang Dianqing）：历史学博士，河北大学历史学院世界史教授。研究和教学领域包括：世界中世纪史、英国史、国外汉学研究。著有《西方汉学著作对中国版图的误解与曲解》、《全球化的历史研究：理论、途径与个案学术研讨会综述》、《中古基督教选举的宪政意蕴》、《英国都铎王室领地流转的政治意蕴》、《中古英格兰王室财政收入演变及其对议会发展的影响》、《莫理循藏书与东洋文库》和《北京国民政府时期地方截留中央盐税浅析》等论文。

张家唐（Zhang Jiatang）：河北大学历史学院世界史教授、博士生导师。著有《拉丁美洲简史》（人民出版社，2009）和《全球化视野下的拉丁美洲历史研究》（人民出版社，2016）以及学术论文三十余篇。曾任河北大学历史系副主任，兼任教育部高等教育教学指导委员会第一届委员、中国拉丁美洲学会常务理事、中国拉丁美洲史学会常务理事、中国世界近代史研究会理事。

索　引

A
阿拔斯王朝　191-197, 204, 213-214

B
拜占庭史研究　171-190

波菲里奥·迪亚斯　285-290, 295, 297

C
朝圣之旅（西班牙）　423-449

慈善（慈善组织）　85-86, 218, 371-375, 381, 385-389, 464

D
大西洋研究　337, 341, 347, 393, 395

第二次世界大战　110, 157, 248, 263, 333, 399, 405, 464,

第一次世界大战　148, 239, 240-241, 243, 248, 250, 255, 263-266, 268, 398, 405, 407, 453, 463-464,

东南亚史研究　157-170

独裁统治　275, 285-289, 294-295, 297

都铎王朝（英国）　215-236

《独立宣言》（美国）　42, 330, 350-363, 404, 480, 488, 500

E
俄罗斯（俄国）　83, 306, 452-453, 462-463

俄国革命，463

F
法国革命　245-247, 250-251, 263, 330, 479, 490

法西斯主义　237-268, 479, 488

费正清　113-117, 128

非洲　142, 186, 358, 360, 462-465

芬兰　450-472

妇女史　3-36, 93, 389, 391, 493

妇女研究　3-36, 495

公共（公众）史学　48-49, 53, 55, 60; 参见：口述史研究

G

工业化（工业革命） 145-146, 148, 292, 296, 366, 369-370, 396-397, 401, 462

古登堡项目 41-42, 46

国家建构 152, 245

H

哈里发（哈里发制） 191-199, 204-206, 210-214

汉文化 157-158, 165-166

互联网 41, 96, 98

华裔（美国人） 100, 110, 112

环境史学 134-153

J

计量史学 40

记忆 38, 41, 423-425, 430, 432, 435, 448-449

记忆研究 61, 68-71, 115, 347, 414-415

家庭（家庭史） 12-16, 21, 23, 28, 107, 120, 129, 146, 259, 333, 339, 365, 369-370, 374, 381, 384, 388, 394, 431, 455-460, 469, 499

杰斐逊 357, 404-405, 479-480

K

可持续性 139-140, 143-145, 151

口述史研究 60-73

跨国史研究 74-89, 110-133

L

拉美洲史研究 285-297, 298-329

森林 137-140, 143-144, 146-152

劳工（劳工组织） 97, 99, 106, 239, 298-329, 403, 490, 492

劳工史研究 298-329

老年史研究 3-36

冷战史研究 74-89

历史教学 37-59, 60-73, 413-422, 423-449, 450-472, 473-504

罗马史研究, 171-190

M

贸易 100, 119, 144, 159, 162, 164-165, 168, 171-179, 182-183, 186-190, 275, 383, 394-395, 398, 461-462, 466；自由贸易 148, 188, 325；黑奴贸易 357

美国革命史研究 330-349

美国内战 332, 349, 358-359, 364-368, 375-380, 386-388, 391, 397, 478-482, 486-488, 490, 501

美国史教学 473-504

美国史研究 74-89, 90-109, 298-329, 330-349, 350-363, 364-391, 392-409, 473-504

《美国通史》（六卷本） 484-491, 493-494, 496, 500

民族建构 110-111, 129, 247

民族主义　115, 204, 241-242, 244, 246-247, 251, 261, 263, 265-266, 332, 366, 453, 462, 498

墨西哥史研究, 297-329, 298-329

N

难民　86, 91, 94, 96, 103-104, 108

能源　145-147

诺曼征服（英国）　215, 220, 229, 235-236

O

欧洲　79-81, 84, 103, 112, 116-117, 123, 306, 370, 373, 377, 393-398, 400, 405, 407, 436

欧洲例外论　137-138, 142, 145

欧洲史研究　3-36, 134-153, 215-236, 237-268, 414-422, 450-472

Q

全球史　117, 129, 134, 136, 354

R

日本　79, 112, 117, 142, 147, 398, 401-402, 416, 462, 465, 467, 475, 495；参见：日本政党政治

日本史研究　269-281

日本政党政治　269-281

儒家学说　121-122, 149, 354-356

S

3D 技术　53-54

世界历史　116, 126, 129, 350, 359, 401, 413-415, 418-421, 461-462, 476, 478, 480-481, 484-485, 499, 502-503

世界历史教学　413-422, 423-449, 450-472, 473-504

什叶派　191-196, 199-200, 203, 206-214

数据（数据库）　40-42, 47, 50, 53-54, 67, 96, 117, 121, 227, 229-230, 234, 259, 306, 334, 346-347, 368, 373-374, 376-381, 391, 456-460, 495, 502

苏联　83-84, 103, 318, 454, 463, 476, 478-479, 481-482, 483-485, 498

数字人文研究　45-46

数字史学　37-59, 493

丝绸之路　157, 171-190

T

太平洋　79, 113, 395

体验式学习　448

天主教（天主教会）　13, 238, 243, 248-250, 252-253, 258, 265-267, 288-289, 359, 418, 436-440；参见：修道院革命

天主教史研究　364-391

W

文化史 / 文化研究　4, 6, 8, 11, 18, 19-20, 22-23, 25, 63, 69-70, 77-88, 135, 140, 152, 171, 180, 201, 206, 209, 240-242, 246-257, 263-273, 335, 344, 356, 383, 390, 408, 464-465, 489, 493, 499, 501；参见：东南亚与中国

文化外交　75, 77-78

文化转向　74, 76-77, 80, 88.

X

西班牙　143-144, 191-193, 199, 244, 293, 393, 395, 401, 423, 428

希腊（希腊史）　37, 185, 204, 251, 413, 415-416, 418, 420

现代化　4, 83, 85, 87, 115-117, 119-121, 126, 270, 367, 484, 489；参见：285-297（墨西哥现代化）；392-409（美国现代化）

宪法　242, 244, 248, 253, 272, 277-280, 286, 289, 295, 335, 337, 343, 351-352, 454, 478-480, 488, 490, 500

宪政　248，268-281（日本），330, 358, 404, 495, 497

新军事史（美国）　330-349

修道院革命　364-391

逊尼派　191-192, 196, 198-203, 206-214

Y

1910年革命（墨西哥）　285

亚洲　82, 85, 94, 101, 112-113, 116, 140, 185, 452, 464-465

意大利史研究　237-268

伊朗　170, 191, 193-198, 204, 210-213

移民（美国）　90-109

移民政策（美国）　90-109

伊斯兰帝国史研究　191-214

印度（印度文明）　129, 157-170, 172-176, 186, 188, 208, 401, 413-416, 462

英国　5, 10-13, 15-22, 42, 62, 81, 84, 86, 110, 143-144, 146, 148-149, 237, 239, 244, 255, 293, 330, 334, 338, 340-344, 349, 357, 382, 392-398, 400, 402, 406, 490；参见：英国王室领地

英国史研究　215-236（王室领地）

Z

政党政治　269-281（日本）

殖民主义　81, 120, 135, 138, 142-143, 462-463

中国　60-66, 70, 75, 81-82, 86, 89, 147, 149-150, 172, 275, 330, 350, 354-356, 401, 413；参见：中国史研究，中国美国史研究，东南亚史研究，丝绸之路

中国史研究　110-133

中华民国研究 110-133

中世纪 9-10, 149, 192, 196, 200-202, 206-213, 230-231, 234, 242, 417, 423, 462

资本主义史研究 285-297, 298-329, 392-410

自由主义 237-268

宗教史研究 参见：天主教史研究，伊斯兰帝国史研究